suhrkamp taschenbuch
wissenschaft 2303

»Entzauberung« ist ein Schlüsselbegriff im Selbstverständnis der Moderne. Doch worum handelt es sich dabei eigentlich? Sind Max Webers kanonisch gewordene Vorstellungen überhaupt haltbar – oder alternativlos? Hans Joas unternimmt in seinem hochgelobten Buch den Versuch, »Entzauberung« zu entzaubern. In Auseinandersetzung mit Weber entwirft er eine Theorie, die dem machtstützenden Potential von Religion ebenso gerecht werden kann wie dem machtkritischen; und er setzt an die Stelle des Geschichtsbilds vom unaufhaltsamen Fortschritt der Entzauberung ein Spannungsfeld zwischen Sakralisierung, ihrer reflexiven Brechung und den Gefahren ihrer Aneignung in Machtbildungsprozessen. Das beinhaltet Zumutungen – für Gläubige wie für Säkulare.

Hans Joas ist Ernst-Troeltsch-Honorarprofessor an der Theologischen Fakultät der Humboldt-Universität zu Berlin sowie Professor für Soziologie an der Universität Chicago.

Zuletzt im Suhrkamp Verlag erschienen: *Kriegsverdrängung. Ein Problem in der Geschichte der Sozialtheorie* (stw 1912, hg. mit Wolfgang Knöbl), *Begriffene Geschichte. Beiträge zum Werk Reinhart Kosellecks* (stw 1927, hg. mit Peter Vogt) und *Die Sakralität der Person. Eine neue Genealogie der Menschenrechte* (stw 2070).

Hans Joas

Die Macht des Heiligen

Eine Alternative zur Geschichte von der Entzauberung

Suhrkamp

Klimaneutral
Druckprodukt
ClimatePartner.com/14438-2110-1001

2. Auflage 2022

Erste Auflage 2019
suhrkamp taschenbuch wissenschaft 2303

Umschlag nach Entwürfen von Willy Fleckhaus und Rolf Staudt
Satz: Satz-Offizin Hümmer GmbH, Waldbüttelbrunn
Druck und Bindung: C. H. Beck, Nördlingen
Printed in Germany
ISBN 978-3-518-29903-6

www.suhrkamp.de

Inhalt

Vorwort ... 7
Einleitung ... 11

1 Religionsgeschichte als Religionskritik?
David Hume und die Folgen ... 25
2 Religiöse Erfahrung und
die Lehre von den Zeichen ... 61
3 Das Ritual und das Heilige
Zur Anthropologie der Idealbildung ... 111
4 Vielfalt der Idealbildung oder Prozeß der Entzauberung?
Die Syntheseversuche von Ernst Troeltsch und Max Weber ... 165
5 Transzendenz als reflexive Sakralität
Die »Achsenzeit« als Einschnitt in der Religionsgeschichte ... 279
6 Spannungsverhältnisse
Eine neue Deutung von Max Webers »Zwischenbetrachtung« ... 355
7 Das Heilige und die Macht
Kollektive Selbstsakralisierung und ihre Überwindung . 419

Literatur ... 489
Namenregister ... 529
Sachregister ... 537

Vorwort

Es ist eine gute Tradition, im Vorwort eines Buches kurz Auskunft zu geben über die Institutionen und Personen, die zu seinem Gelingen beigetragen haben, und auf diesem Wege ein wenig von der angehäuften Dankesschuld abzutragen. Auch einige Angaben zur Entstehungsgeschichte sind damit leicht zu verbinden und hoffentlich nützlich für ein besseres Verständnis des Buches.

Institutionell läßt sich der Ausgangspunkt für dieses Buch eindeutig identifizieren. Er liegt in den Vorlesungen, die ich im Sommersemester 2012 an der Universität Regensburg unter dem Titel »Sakralisierung und Säkularisierung« gehalten habe. Den Rahmen für diese Vorlesungen bot die Gastprofessur der Joseph Ratzinger Papst Benedikt XVI.-Stiftung, deren erster Inhaber ich war. Mein Dank gilt der Stiftung und der Fakultät für Katholische Theologie an der Universität Regensburg für die Einladung und den Kollegen Bernhard Laux und Erwin Dirscherl sowie Florian Schuller, dem Direktor der Katholischen Akademie in Bayern, für Gastfreundschaft und Betreuung während meines Aufenthalts. Einen der Vorträge hielt ich unmittelbar vor den Regensburger Vorlesungen auf Einladung des Leiters der Carl Friedrich von Siemens Stiftung, Heinrich Meier, in München. Ihm und dem Mitorganisator der dortigen Vortragsreihe über »Religion und Politik«, Friedrich Wilhelm Graf, gilt ebenfalls mein herzlicher Dank.

Eine weiterentwickelte Version der Vorlesungsreihe konnte ich, damals noch am FRIAS, dem Institute for Advanced Study der Universität Freiburg, tätig, im Herbst 2013 im Rahmen des Lehrprogramms der Theologischen Fakultät der Universität Basel vortragen. Hier gilt mein Dank neben den Studierenden vor allem meinem Gastgeber, dem evangelischen Theologen Georg Pfleiderer. Einzelne Teile habe ich bei verschiedenen weiteren Gelegenheiten öffentlich vorgetragen. Deren Zahl ist aber zu groß, um sie hier im einzelnen aufzuführen. Ich nenne deshalb nur noch zwei weitere institutionelle Zusammenhänge, in denen ich jeweils mehrere Kapitel in vorläufiger Form vorstellen und erörtern durfte. Im Winter 2012 hatte ich die Gelegenheit dazu als William James Scholar an der Universität Potsdam dank einer Einladung von Logi Gunnarsson und Hans Peter Krüger vom dortigen Institut für Philosophie. Im März 2016 und im März 2017 schließlich folgte ich einer Einladung der Radboud-Universität Nijmegen in den Niederlanden zur Vorstellung des ganzen Gedankengangs im Rahmen von Seminaren, die die Thomas-More-Stiftung veranstaltete. Mein Dank gilt hier dem Direktor der Stiftung, Joost van der Net, und stellvertretend für alle weiteren Beteiligten Jean-Pierre Wils (Nijmegen).

Bei der Nennung meiner Regensburger Gastprofessur habe ich durchaus ein leichtes Zögern empfunden. Mir ist natürlich bewußt, daß im intellektuellen Leben in Deutschland, aber nicht allein dort, bei vielen große Skepsis herrscht gegenüber dem Christentum oder aller Religion, gegenüber der Wissenschaft Theologie, dem institutionellen Rahmen der Kirchen – insbesondere der katholischen – und dem Denken und Wirken von Papst Benedikt XVI. Mein Zögern entspringt der Sorge, daß manche die Lektüre des vorliegenden Buches bereits an dieser Stelle, im Vorwort also, abbrechen könnten oder doch zumindest allen folgenden Ausführungen nicht vorurteilsfrei gegenübertreten. Meine Angaben machen es leicht, dieses Buch, das sich sehr kritisch mit Max Webers Konzeption der Entzauberung auseinandersetzt und den Grundriß einer Alternative vorzulegen versucht, von vornherein auf religiöse Motive zurückzuführen und damit abzustempeln. Auch aus diesem Grunde habe ich mich entschlossen, den Stier bei den Hörnern zu packen und in den ersten Kapiteln das Verhältnis zwischen der wissenschaftlichen Beschäftigung mit Religion und dem religiösen Glauben grundsätzlich und ausführlich zu erörtern.

Der Zusammenhang dieses Buches mit einigen meiner vorausgehenden Publikationen ist eng und offensichtlich. In dem Buch *Glaube als Option. Zukunftsmöglichkeiten des Christentums* von 2012 habe ich mich unter anderem mit einer Kritik der sogenannten Säkularisierungstheorie und mit den Konsequenzen einer solchen Kritik für unser Verständnis von Moderne und Modernisierung beschäftigt. Dabei leugnet meine Kritik in keiner Weise die Phänomene von Säkularisierung; sie stellt allerdings deren historische Notwendigkeit oder Unvermeidlichkeit radikal in Frage. Mein Buch *Die Sakralität der Person. Eine neue Genealogie der Menschenrechte* von 2011 zielte im Gegenzug auf eine seit dem späten achtzehnten Jahrhundert an Stärke gewinnende Sakralisierung – die der »Person«, wie sie in der Geschichte der Menschenrechte erkennbar wird. In weiteren Arbeiten, vor allem zur sogenannten Achsenzeit, die in das fünfte Kapitel dieses Buches eingegangen sind, habe ich mich mit einer fundamentalen historischen Transformation im Charakter des Sakralen auseinandergesetzt. Auf diesen Grundlagen fühlte ich mich herausgefordert, aber auch gerüstet zur Auseinandersetzung mit den einschlägigen, außerordentlich einflußreichen Vorstellungen Max Webers über die religionsgeschichtliche Vorbereitung von Säkularisierung und moderner Rationalisierung. Dabei stelle ich mich in meinem Vorgehen auf die Schultern der großen Denker des amerikanischen Pragmatismus, des Begründers der französischen Soziologie Émile Durkheim und von Webers langjährigem Freund und Rivalen Ernst Troeltsch. Näher an unserer Gegenwart liegen die Einflüsse von drei bedeutenden, zutiefst von Max Weber geprägten, aber in ihren konkreten Darstellungen und Schlußfolgerungen oft weit von ihm abweichenden Soziologen auf mich: Robert Bellah, Shmuel Eisenstadt und David Martin. Ihnen fühle ich mich eng verbunden und zu Dank verpflichtet. Auch meine seit Jahrzehnten anhaltende Auseinandersetzung mit den Schriften Charles Taylors ist in diesem Buch erneut zu spüren, wenngleich ich in Hinsicht auf die Entzauberungskonzeption von ihm deutlich abweiche.

Ganz besonderen Dank schulde ich den Freunden und Kollegen, die mir zum ganzen Manuskript oder zu Teilen von ihm wertvolle Hinweise gegeben haben. Es handelt sich um den Theologen (und früheren evangelischen Bischof) Wolfgang Huber (Berlin), den Philosophen Matthias Jung (Koblenz) und den Soziologen Wolfgang Knöbl (Hamburg). Der Weber-Experte Johannes Weiß (Kassel) hat die auf Weber bezogenen Teile der Kapitel 4 und 6 gelesen und hilfreich kommentiert. Der Philosoph Dieter Thomä (St. Gallen) gab vor Jahren einen Anstoß, der für Kapitel 6 wichtig wurde; er meinte nämlich, daß meine im Buch *Die Entstehung der Werte* von 1997 vorgelegte Theorie geradezu danach rufe, zur Folie einer neuen Deutung von Max Webers »Zwischenbetrachtung« gemacht zu werden. Für diese Anregung und die kritische Lektüre meines entsprechenden Versuchs bin ich ihm sehr dankbar. In der Schlußphase der Arbeit bot mir das südafrikanische Institute for Advanced Study (STIAS) in Stellenbosch erneut wie schon einmal 2011 ausgezeichnete Arbeitsbedingungen; auch dafür an dieser Stelle meinen Dank. Seit 2014 wird meine Arbeit durch die Porticus-Stiftung, seit 1. Januar 2016 zudem durch die Mittel des Max-Planck-Forschungspreises großzügig unterstützt, was ich an dieser Stelle dankend hervorheben will. Meiner Mitarbeiterin Mechthild Bock danke ich für die stets zuverlässige und sorgfältige Erledigung aller anfallenden Arbeiten, Eva Gilmer vom Suhrkamp Verlag für die hervorragende Lektorierung und Christian Scherer – wie oft schon in der Vergangenheit – für vorzügliche Unterstützung beim Korrekturlesen und die Anfertigung der Register.

Schließlich gilt mein Dank meiner Frau Heidrun, mit der das Leben in Freud und Leid gemeinsam verbringen zu dürfen die größte aller Gaben ist.

Berlin, April 2017

Einleitung

Dieses Buch stellt einen Versuch dar, einen der Schlüsselbegriffe des Selbstverständnisses der Moderne zu entzaubern: den der Entzauberung. Dieser Begriff ist, wie sich zeigen wird, von einer tiefen Mehrdeutigkeit, welche auch noch den Gegenbegriffen wie Verzauberung und Wiederverzauberung anhaftet, die seit seiner Prägung zusätzlich in Umlauf geraten sind. Solche Mehrdeutigkeit kann zu Verwirrungen führen und hat in diesem Fall in der Tat vielfach zu solchen geführt. Sie kann auch, da sie ja mit dem Begriff unerkannt transportiert wird, ein Mittel zur Herstellung einer falschen Eindeutigkeit sein. Für die Geschichte von einem sich über Jahrtausende erstreckenden fortschreitenden Prozeß der Entzauberung trifft dies zu; sie kann, wenn meine Argumentation zutrifft, heute nicht einfach fortgeschrieben werden. Wir brauchen deshalb eine Alternative zu ihr oder vielleicht mehrere – neue Narrative der Religionsgeschichte in ihrer Verknüpfung mit der Geschichte der Macht, die an die Stelle des Entzauberungsnarrativs treten können.

Mit dem Namen keines anderen Denkers und Wissenschaftlers ist der Begriff der Entzauberung so eng verbunden wie mit dem Max Webers. In einem strategisch zentralen Teil dieses Buches werde ich mich mit seiner Verwendung dieses Begriffs und ihrer Problematik ausführlich und textnah auseinandersetzen. Für die Skizzierung einer Alternative genügt eine kritische Auseinandersetzung mit Weber aber keineswegs. Für sie sind neben vielfältigen empirischen Befunden auch andere denkerische Versuche der Vergangenheit als der Max Webers heranzuziehen. Bei allem Übergewicht der Narrative von Säkularisierung und Entzauberung – die natürlich nicht miteinander gleichgesetzt werden dürfen, aber auch nicht völlig unabhängig voneinander sind – blieben diese nie ohne Widerspruch und Gegnerschaft. An die berechtigten Motive in den Äußerungen dieser Denker muß deshalb heute anknüpfen, wer eine solche Alternative zusammenhängend entwickeln will.

Das ist auch deshalb nötig, weil eine Kritik an Weber in diesem Punkt, zumindest meiner persönlichen Erfahrung nach, nur allzu leicht auf unterstellte religiöse Motive des Kritikers zurückgeführt wird. Weber erscheint dann als der Inbegriff eines nüchternen und illusionslosen Denkers, dem nur die widersprechen, die eben nicht zum selben Maß an Nüchternheit und heroischer Illusionslosigkeit imstande sind. Ihre hilflosen oder schwärmerischen Versuche fallen, so gesehen, immer nur auf sie selbst zurück. Aber stehen sich hier wirklich Wissenschaft und Glaube, Realitätstüchtigkeit und Illusionismus, Rationalität und Bereitschaft zum Opfer des Intellekts gegenüber? Oder spielen auch auf der Seite Webers und anderer Vertreter der Geschichte von der Entzauberung spezifische religiöse oder antireligiöse Motive eine wichtige Rolle? Können Narrative solcher Größenordnung einfach von den Tatsachen abgelesen und an diesen eindeutig bestätigt oder widerlegt werden? Hätte Max Weber selbst sich jemals so verteidigt? Inwiefern gibt es überhaupt die Möglichkeit einer Wissenschaft von der Religion, wenn unbestreitbar sein sollte, daß religiöse oder antireligiöse Motive in ihr notwendig eine konstitutive Rolle spielen?

Um dieser Fragen willen und um zugleich dem Potential geistesgeschichtlicher Anregungen für eine mögliche Alternative zur Geschichte von der Entzauberung gerecht zu werden, setzt dieses Buch sehr grundsätzlich an. Die ersten drei Kapitel beschäftigen sich auf den Gebieten dreier Disziplinen mit den Problemen einer wissenschaftlichen Beschäftigung mit Religion überhaupt. Im ersten Kapitel geht es um die Geschichtswissenschaft, im zweiten um die Psychologie und im dritten um die Soziologie. Um enzyklopädische Ansprüche zu umgehen, beschränken sich alle drei Kapitel im wesentlichen auf je eine intellektuelle Konstellation, die mir im Rückblick auf die Wissenschaftsgeschichte besonders instruktiv zu sein scheint. Konkret geht es zunächst um den frühesten dieser Fälle, nämlich den Versuch des großen schottischen Philosophen und Historikers David Hume in der Mitte des achtzehnten Jahrhunderts, eine von allen theologischen Vorannahmen absehende, empirisch fundierte Universalgeschichte der Religion zu konzipieren. Dann wird das unbestritten klassische Gründungsdokument einer empirischen Religionspsychologie zum Thema, die bis heute in vielen Hinsichten inspirierende reichhaltige Phänomenologie individueller religiöser Erfahrungen, die der amerikanische pragmatistische Philosoph und Psychologe William James in den ersten Jahren des zwanzigsten Jahrhunderts vorgelegt hat. Für die Entstehung einer spezifisch soziologischen (und auch ethnologisch-anthropologischen) Religionsforschung ist die Lage, was die zu erörternde Konstellation betrifft, nicht ganz so eindeutig wie in den beiden anderen Fällen. Ich habe mich für den vornehmlich in Frankreich geführten Diskurs über die Bedeutung kollektiver Rituale entschieden, der von dem Historiker Numa Denis Fustel de Coulanges zu seinem Studenten, dem Klassiker der französischen Soziologie, Émile Durkheim, und dessen für die Religionssoziologie zentralem Meisterwerk von 1912 zur Religion australischer Aborigines und nordamerikanischer Indianer führt.

Es versteht sich von selbst, daß damit alle drei behandelten Fälle den Gründungsphasen moderner wissenschaftlicher Disziplinen entstammen und noch keine fest etablierten Abgrenzungen der Disziplinen voneinander zu erwarten sind. David Humes Programm für eine Geschichtsschreibung etwa beruht stark auf einer (bestimmten) psychologischen Theorie. Um disziplinhistorische Fragen, auch die der Herausbildung eines eigenständigen Faches namens Religionswissenschaft oder Comparative Religion, geht es im Folgenden nicht eigentlich. Es geht vielmehr um drei exemplarische Fälle, an denen sich die grundsätzliche Frage nach der Möglichkeit wissenschaftlicher Aussagen über Religion in sehr verschiedenen Kontexten erörtern läßt und zugleich Elemente einer umfassenderen Theorie gesammelt werden können. Für diese beiden Zwecke ist es nötig, über den jeweils zentralen Autor und sein Werk hinauszugehen und implizite oder explizite Gegner, Vorläufer und Nachfolger wenigstens ansatzweise in den Blick zu nehmen; aus diesem Grund habe ich von »Konstellationen« gesprochen. Im Fall der Geschichtswissenschaft gehe ich deshalb auch auf die Rezeption Humes bei Johann Gottfried Herder ein, da dieser als Christ in höchst aufschlußreicher Weise an das religionsskeptisch motivierte Projekt Humes produktiv anknüpfte und es weitertrieb. Im Fall der Psychologie ist von William James aus sowohl zurück wie nach vorne zu blicken. Zurückzublicken ist, weil in theologischen Kreisen die methodische Innovation von James gerne einhundert Jahre früher datiert und Friedrich Schleiermachers Reden über die Religion »an die Gebildeten unter ihren Verächtern« aus dem Jahr 1799 zugeschrieben wird. Nach vorne zu blicken ist, weil James' Psychologie schon von den Zeitgenossen als einseitig und mangelhaft in Hinsicht auf die Deutung intensivster menschlicher Erfahrungen durch die Subjekte selbst empfunden wurde. Ein Kollege und Freund von James an der Harvard University, der in Europa bis heute fast unbekannte Philosoph Josiah Royce, unternahm in seinem Spätwerk einen im Rückblick geradezu sensationell erscheinenden Versuch, diese Mängel mit Mitteln einer Theorie der Zeichen, der Semiotik also, zu überwinden. Im dritten Fall, der Soziologie, geht es ohnehin um die schrittweise Entwicklung eines methodischen Ansatzes in einem neu entstehenden Fach. Ich stelle diesen Ansatz in einer Weise vor, die sich von der konventionellen Deutung Durkheims weit entfernt; der Ansatz wird zudem durch den Vergleich mit späteren Versuchen der Ritualtheorie in seiner unüberholten Bedeutung für eine Anthropologie der Idealbildung profiliert.

Aus diesen drei Kapiteln soll ein erstes Bild erwachsen, das Religion auf historisch situierte menschliche Erfahrungen von etwas, das als heilig empfunden wird, zurückführt – Erfahrungen, die wir nur dann richtig verstehen, wenn wir sie in einer semiotisch transformierten Psychologie des Selbst verankern, in Praktiken verkörpert denken und nicht individualistisch verengen. An dieser Stelle kann diese verdichtete Formel zwar noch nicht voll verständlich sein. Der Vorgriff auf sie signalisiert aber schon, daß sich bereits früh Alternativen zu den Denkformen einer naturalistischen Religionskritik herausgebildet haben und die Geschichte dieser Kritik in Wechselwirkung steht mit anderen Denkformen, die der Wissenschaft *und* der Religion zugleich gerecht zu werden versuchen.

Erst im vierten Kapitel wende ich mich dann Max Weber und der Geschichte von der Entzauberung zu, aber auch in diesem Kapitel geht es nicht nur darum. Nachdem sich nämlich die Wissenschaften von der Religion in historischer, psychologischer und soziologisch-ethnologischer Forschung durch das ganze neunzehnte Jahrhundert hindurch breit entwickelt und eine große Fülle von Wissen zur Verfügung gestellt hatten, mußte auch das Bedürfnis zunehmen, dieses akkumulierte, aber auch fragmentierte Wissen neu zusammenzufügen, und dies sowohl in historischer wie in zeitdiagnostischer Hinsicht. Ich behaupte, daß die beiden kraftvollsten solchen Syntheseversuche von zwei Gelehrten vorgenommen wurden, die in engstem intellektuellen Austausch miteinander standen, ja sogar einige entscheidende Jahre lang im selben Haus in Heidelberg wohnten: Max Weber und Ernst Troeltsch. Für beide gilt, daß ihre genialischen Syntheseversuche die Dynamiken der Religionsgeschichte einbetten in eine umfassendere, selbst differenziert reflektierte Geschichte politischer, wirtschaftlicher, sozialer und militärischer Entwicklungen. Für diese umfassendere Geschichte verwende ich in diesem Buch das Kürzel einer Geschichte der Macht, angelehnt an Michael Manns mehrbändige soziologische Universalgeschichte am Leitfaden von vier Quellen sozialer Macht.[1]

1 Michael Mann, *The Sources of Social Power*, 4 Bde., Cambridge (Bd. 1:

Während heute von vielen diese beiden Gelehrten (Weber und Troeltsch) in jeder Hinsicht sehr nahe aneinandergerückt werden, sehe ich unter dem Gesichtspunkt der Religionsgeschichte und noch mehr dem einer religionsbezogenen Zeitdiagnose und Zukunftserwartung gravierende Differenzen zwischen ihnen. Man kann von zwei alternativen Synthesen sprechen. Bevor auf Weber eingegangen wird, soll deshalb anhand von Troeltschs historischer Soziologie des Christentums ein Geschichtsbild entwickelt werden, das vom empirischen Faktum der Neuentstehung von Idealen aus die Geschichte des Christentums als Wechsel von Sakralisierungs- und Entsakralisierungsprozessen darstellt und Charakter und Gegenstand dieser Prozesse wesentlich aus der Geschichte des Staates heraus erklärt. Damit – und mit den in den ersten drei Kapiteln gesammelten Elementen – ist dann auch eine Folie gegeben, von der sich die Besonderheiten von Webers Gedankengängen abheben und durch die sie sich kritisch beurteilen lassen.

Sowohl in Max Webers universalgeschichtlich angelegter und theologisch wohlinformierter Soziologie wie in Ernst Troeltschs historischer Theologie, die sich zunehmend um psychologische und soziologische Fundamente bemühte, konnte es Anfang des zwanzigsten Jahrhunderts so aussehen, als kämen religiös-theologische und säkular-wissenschaftliche Betrachtungsweisen in fruchtbarsten Austausch. Dies änderte sich jedoch bald wieder, und insofern fanden die Impulse von Weber und Troeltsch nicht den Nachhall, den sie verdienen. Zwar ist Max Weber zum unbestritten größten Klassiker der Soziologie aufgestiegen; mit der zunehmenden Abwendung dieses Faches von der Geschichte aber tat sich eine Kluft auf zwischen dem

1986; Bd. 2: 1993; Bd. 3: 2012; Bd. 4: 2013). Der erste Band und eine gekürzte Version des zweiten Bandes sind, herausgegeben von Heinrich Haferkamp und Wolfgang Knöbl, in deutscher Übersetzung, jeweils aufgeteilt auf zwei Bände, erschienen: Michael Mann, *Geschichte der Macht,* Frankfurt/M. 1990, 1991, 1998, 2001.

hohen Respekt vor Weber und der Zahl der Arbeiten, die tatsächlich ein ähnliches Programm verfolgten. Eine Erklärung für diesen Sachverhalt entwickle ich im sechsten Kapitel. Durch die zahlreichen Arbeiten, die sich eng an Webers Forschungen anlehnen, ohne den seither veränderten Forschungsstand hinreichend zu berücksichtigen, oder die gar seine Behauptungen schlicht kanonisieren, wird diese Kluft im übrigen nicht ernsthaft überbrückt. Noch krasser ist die Situation, was Ernst Troeltsch betrifft. Als Reaktion auf den Ersten Weltkrieg kam es in der deutschen protestantischen Theologie zu einer weitgehenden, später noch verstärkten Umorientierung, für die der Begriff »antihistoristische Revolution«[2] in Umlauf geraten ist. Damit wurde die Weiterarbeit an Troeltschs Programm in seiner Mutterdisziplin erschwert und außerhalb dieser unterlassen, weil sich der nur oberflächlich plausible Eindruck festsetzte, man habe es bei ihm mit einer bloßen inkonsequenten Variante von Max Webers scharf konturiertem Programm zu tun.

Dies ist hier zu erwähnen, weil die argumentative Stellung

2 Dieser Begriff geht auf Hermann Heimpel zurück und wird vor allem in Darstellungen der Theologiegeschichte verwendet. Vgl. Kurt Nowak, »Die ›antihistoristische Revolution‹. Symptome und Folgen der Krise historischer Weltorientierung nach dem Ersten Weltkrieg«, in: Horst Renz, Friedrich Wilhelm Graf (Hg.), *Umstrittene Moderne. Die Zukunft der Neuzeit im Urteil der Epoche Ernst Troeltschs* (= *Troeltsch-Studien*, Bd. 4), Gütersloh 1987, S. 133-171; Friedrich Wilhelm Graf, »Die antihistoristische Revolution in der protestantischen Theologie der zwanziger Jahre«, in: Jan Rohls, Gunther Wenz (Hg.), *Vernunft des Glaubens. Wissenschaftliche Theologie und kirchliche Lehre. Festschrift zum 60. Geburtstag von Wolfhart Pannenberg*, Göttingen 1988, S. 377-405 (jetzt auch in Graf, *Der heilige Zeitgeist*, Tübingen 2011, S. 111-138). Heimpel selbst sprach freilich von einer »zugleich antiliberalen und antihistorischen Revolution der protestantischen Theologie, mit der Karl Barth gegen Harnack den Triumph von David Friedrich Strauß und die Not von Ernst Troeltsch überwunden hat«. Vgl. ders., »Geschichte und Geschichtswissenschaft. Bericht über die 23. Versammlung deutscher Historiker in Ulm«, in: *Vierteljahrshefte für Zeitgeschichte* 5 (1957), S. 1-17, hier S. 2.

des folgenden (fünften) Kapitels von einem Verständnis dieser komplizierten Lage abhängt. Durch die genannte Entwicklung konnte sich ein Bedenken verstärken, das viele religiöse Denker schon vorher gehabt hatten. Es lautet, daß empirische Forschung historischer, psychologischer und soziologisch-ethnologischer Art zwar am Platze sei, wo es um »primitive« oder »archaische« Religionen gehe, aber zum Verständnis der auf wirklicher göttlicher Offenbarung beruhenden, wahren Religion – der jüdischen oder christlichen – nichts beizutragen habe. Für viele säkulare Denker ist ein solcher Einwand selbstverständlich absurd; die scharfe Grenze zwischen Offenbarungsreligionen und anderen wird von ihnen häufig gar nicht gezogen, da die Vorstellung einer göttlichen Offenbarung für sie nicht qualitativ von den »Illusionen« anderer Religionen differiert. Bei Troeltsch und Weber (und einigen anderen) war das anders gewesen; mit einem Konzept wie dem der »Erlösungsreligionen« versuchten sie, dem tiefreichenden empirischen Unterschied zwischen diesen und anderen Religionen gerecht zu werden. Meine Behauptung lautet nun, daß sich aus ganz verschiedenen religiösen oder antireligiösen Motiven heraus im zwanzigsten Jahrhundert ein Diskurs zu genau dieser Frage entwickelt hat, und zwar unter dem Stichwort »Achsenzeit«. Dieser Diskurs behandelt die Frage, wann und wo in der Geschichte der Menschheit unter welchen Bedingungen und mit welchen Folgen sich eine fundamentale Transformation im Verständnis des Heiligen abspielte, als deren Resultat im Zusammenhang mit einer grundsätzlichen Steigerung von Reflexivität ein Begriff von Transzendenz entstand im Sinne einer tiefen Kluft zu allem Irdischen. Entscheidend für diese fundamentale Transformation sind die politisch-sozialen Konsequenzen einer Desakralisierung der Strukturen politischer Macht und sozialer Ungleichheit. Das fünfte Kapitel stellt die Vielzahl solcher Denkversuche dar, faßt den empirischen Wissensstand auf diesem Gebiet zusammen und entwickelt daraus einen Begriff der Transzendenz als reflexiv gewordener Sakralität. Diese Überlegungen liefern zudem eine weitere wichtige Komponente für eine Alternative zur Geschichte von der Entzauberung.

Schon mit dem knappen Verweis auf entsakralisierende Wirkungen einer moralisch anspruchsvoll gewordenen Religion kommt ein Bruch mit allen Vorstellungen von einem linearen Verlauf der Geschichte zur Sprache. Teils von Max Weber, teils von Émile Durkheim ausgehend, manchmal freilich um deren eigentliche Gedankenführung recht unbesorgt, sind viele Zeitdiagnosen aber genau von der Unterstellung solcher Verläufe geprägt. Das sechste Kapitel geht auf die drei einflußreichsten solcher »gefährlichen Prozeßbegriffe« ein: den Max Weber entlehnten Begriff der Rationalisierung, den an Herbert Spencer, Georg Simmel und Émile Durkheim angelehnten Begriff fortschreitender funktionaler Differenzierung und den heute alles dominierenden Begriff der Modernisierung, der nach dem Zweiten Weltkrieg in den USA aufkam. Die Reflexion auf die meist unreflektierten Konsequenzen der Verwendung dieser Begriffe ermöglicht eine Neuinterpretation von Webers berühmter »Zwischenbetrachtung«, die diese von der Tradition einer differenzierungstheoretischen Lesart befreit. Es zeigt sich, daß Weber von einer Vielzahl fundamental unterschiedlicher Spannungsverhältnisse spricht, die sich nicht auf die Nenner »Rationalisierung« und »Differenzierung« bringen lassen. Damit wird endgültig das Feld frei für die Skizzierung einer Alternative zur Geschichte von der Entzauberung.

Diese Skizze liefert das siebte Kapitel. Es setzt noch einmal elementar an und führt die zentralen Gedanken einer Theorie des Heiligen beziehungsweise der Sakralisierungsprozesse, die ich in anderen Büchern vorgelegt habe, kurz zusammenhängend an, fügt diesen aber noch einen weiteren hinzu: den der Selbstsakralisierung als einer mit jeder Sakralisierung verbundenen Gefahr. Aus der Spannung zwischen den Forderungen der Transzendenz als einer reflexiv gewordenen Sakralität und den Tendenzen zur Selbstsakralisierung läßt sich ein Bild der Religionsgeschichte entwickeln, das sowohl dem machtkritischen wie dem machtstützenden Potential der Religionen gerecht wird. Die Macht des Heiligen zeigt sich bei der Rechtfertigung wie bei der Infragestellung politischer und sozialer Macht, weil die Bindung der Menschen an das von ihnen erfahrene Heilige eine ihrer stärksten Motivationsquellen darstellt. In solcher abstrakter Allgemeinheit klingt diese Behauptung vielleicht trivial. Sie muß ihre gegenstandserschließende Kraft natürlich im einzelnen bewähren. Das siebte Kapitel liefert nicht mehr, aber auch nicht weniger als den Grundriß einer solchen Geschichte.

So weit ein kurzer Vorblick auf den Gang der Argumentation. Auf zwei weitere Aspekte dieser Thematik soll in dieser Einleitung noch kurz eingegangen werden. Es handelt sich zum einen um die Gründe, warum mir gerade heute ein Bild der Religionsgeschichte wichtig scheint, das nicht am Leitfaden der »Entzauberung« orientiert ist, zum anderen um das Verhältnis der Frage einer Wissenschaft von der Religion zur Frage nach einer zeitgenössisch angemessenen Sprache für den Glauben.

Die Diskussionen über Religion sind – so habe ich in meinem Buch *Glaube als Option*[3] argumentiert – heute davon gekennzeichnet, daß zwei Pseudogewißheiten, die im neunzehnten und zwanzigsten Jahrhundert größten Einfluß hatten, beide ihre Glaubwürdigkeit verloren haben. Gläubige können nicht länger davor warnen, daß Säkularisierungsprozesse zum Verlust aller Moral führten, weil die Wirklichkeit stark säkularisierter Gesellschaften diese Befürchtungen nicht bestätigt hat. Nichtgläubige können ihren Abstand von aller Religion nicht länger als avantgardistischen Schritt in eine Zukunft, auf die die Menschheitsgeschichte von sich aus hinstrebt, interpretieren. Wenn meine Diagnose zutrifft, dann öffnen sich damit neue Dialogmöglichkeiten zwischen Gläubigen und Nichtgläubigen, aber auch ganz neue Fragestellungen. Zu diesen gehört an erster Stelle die Frage nach den Ursachen von Säkularisierungs-

3 Hans Joas, *Glaube als Option. Zukunftsmöglichkeiten des Christentums*, Freiburg 2012.

prozessen, da diese ja nicht mehr als selbstverständliche Folge von Modernisierungsprozessen aufgefaßt und damit immer schon für erklärt gehalten werden können. Mit dem Versuch einer rechten Erklärung aber kommen notwendig Individuen und Organisationen als Akteure mit Zielen und Vorstellungen in den Blick – Säkularisierung als Projekt.[4] In diesem Projekt spielte Wissenschaft immer eine zentrale Rolle, sei es im Sinn der wissenschaftlichen Widerlegung einzelner religiöser Lehren, sei es im Sinn einer wissenschaftlichen Erklärung der Existenz des als mysteriös empfundenen Phänomens Religion überhaupt. Heute ist der Punkt erreicht, an dem die beiden lange Zeit dominierenden Vorstellungen selbst historisiert werden müssen, die anthropologische Unentbehrlichkeitsthese, was den Zusammenhang von Religion und Moral betrifft, ebenso wie die selbstbewußten Vorstellungen, Religion wissenschaftlich erklären und dadurch auch wirkungslos und überflüssig machen zu können. Jenseits dieser notwendig gewordenen neuen Historisierung liegt dann die in diesem Buch verfolgte Frage nach einer Wissenschaft von der Religion, die nicht von der unfruchtbaren Dichotomie zwischen einer angeblich voraussetzungsfreien wissenschaftlichen und einer angeblich von unbewiesenen und unbeweisbaren Voraussetzungen ausgehenden theologischen Beschäftigung mit Religion geprägt ist. An die Stelle dieser Dichotomie tritt ein Bewußtsein von der Basiertheit aller menschlichen Wertbindungen und identitätskonstitutiven Überzeugungen in historisch situierten Erfahrungen. Doch das genügt natürlich nicht; dieses Bewußtsein erspart niemandem die Last argumentativer Rechtfertigung jeder einzelnen wertenden Stellungnahme. Aber es verändert unsere Haltung in solchen argumentativen Diskursen, unsere Erwartungen an

4 Besonders energisch verficht diese Sichtweise der amerikanische Religionssoziologe Christian Smith. Vgl. von ihm die Einleitung zu: Christian Smith (Hg.), *The Secular Revolution. Power, Interests, and Conflict in the Secularization of American Public Life*, Berkeley 2003, S. 1-96.

sie und unsere Bereitschaft, auch die Grenzen argumentativer Rechtfertigbarkeit zu erkennen und über Möglichkeiten vernünftiger Verständigung nachzudenken, die nicht den strikten Anforderungen rationaler Argumentation entsprechen.

In dieser veränderten Diskussionssituation, in der die Erwartung einer fortschreitenden Säkularisierung nur noch von wenigen gehegt wird, kann die Geschichte von der Entzauberung zwar weiterhin als Vorgeschichte der höchst kontingenten Geschichte der Säkularisierung einiger europäischer Länder gedacht werden, aber nicht mehr als Vorspiel von etwas, das weltweite Geltung erlangen wird. Die Reaktionen auf Entzauberung und Säkularisierung müssen dann in globalen Machtkonstellationen höchst vielfältig und können nicht einfach und ausschließlich nachahmend oder nachholend sein. Es ist meine Hoffnung, daß der hier unternommene Versuch, sowohl auf die Geschichte der wissenschaftlichen Beschäftigung mit Religion als auch auf die Geschichte der Religion selbst in einer Weise zu blicken, die nicht schon vom Entzauberungsnarrativ geprägt ist, selbst für die von Interesse ist, die letztlich an Weber und seinem Narrativ festhalten.[5]

Schließlich – und an dieser Stelle äußerst knapp – zur Frage nach einer angemessenen Sprache für den Glauben, angemessen im Licht der wissenschaftlichen Beschäftigung mit Religion. Eine neu aufkommende Wissenschaft wie die Soziologie konnte ebenso wie die Psychologie oder eine mythenzerstörende Geschichtswissenschaft als große Gefahr für den Glauben wahrgenommen werden. Im selben Jahr, in dem William James sein großes Werk einer nichtreduktionistischen Religionspsychologie veröffentlichte, schrieb Leo Tolstoi eine Erzählung mit

5 Auffallend ist, wie sehr eines der bedeutendsten und einflußreichsten Werke, die zur Überwindung der sogenannten Säkularisierungsthese beigetragen haben, nämlich das von Charles Taylor, selbst dem Narrativ der Entzauberung verhaftet bleibt; siehe Charles Taylor, *Ein säkulares Zeitalter*, Frankfurt/M. 2009.

dem Titel »Die Wiederherstellung der Hölle«. In dieser rühmt sich ein Teufel, daß er auf den Einfall gekommen sei, um die Menschen von der Orientierung an den Lehren Jesu abzuhalten, ihnen einzuflüstern, »daß jede religiöse Lehre, auch die christliche, eine Irrlehre und ein Aberglauben sei, während sie sich über die richtige Art zu leben nur mit Hilfe einer Wissenschaft orientieren können, die ich für sie ersonnen habe, die Soziologie genannt wird und in der Erforschung dessen besteht, auf wie verschiedene Art die Menschen in früheren Zeiten ihr Leben verunstalteten«.[6] Eine Wissenschaft, die sich als Überwinderin des Glaubens versteht, und ein Glaube, der sich von der Wissenschaft nur bedroht fühlt – das waren zwei Seiten derselben Medaille. Ähnlich ist es, wenn sich in der politischen Theorie säkulare Denker anmaßen, über die »Zulässigkeit« religiös motivierter oder auch religiös begründeter Stellungnahmen in öffentlichen Debatten zu befinden, und umgekehrt Gläubige sich der Rechtfertigung ihrer politischen Vorstellungen in einer Weise, die auch Nichtgläubige überzeugen kann, entziehen und statt dessen auf bloße Machtmittel setzen, um ihre Ziele zu erreichen. Bei allen Gefahren, die der wechselseitigen verzerrten Wahrnehmung von Gläubigen verschiedener Religionen oder von Gläubigen und Nichtgläubigen weiterhin entspringen, sehe ich in der veränderten intellektuellen Lage eine beträchtliche Chance dafür, daß sich eine Sphäre öffnet, in der alle ihre Erfahrungen und Annahmen artikulieren und aufeinander beziehen können.[7] Dies meine ich nicht im Sinne einer naiven Unterschätzung der Konflikte und Risiken solcher Versuche. Gerade denjenigen religiös Gläubigen etwa in den christlichen Traditionen wird viel zugemutet, die ihren Glau-

6 Leo Tolstoi, »Die Vernichtung der Hölle und ihre Wiederherstellung«, in: ders., *Volkserzählungen und Legenden*, Berlin 1947, S. 392-416, hier S. 411.

7 Vgl. meine Überlegungen zum Dialog zwischen Gläubigen und Nichtgläubigen in: Hans Joas, Nachwort zu Alfred Döblin, *Der unsterbliche Mensch/Der Kampf mit dem Engel*, Frankfurt/M. 2016, S. 613-636.

ben bisher im Sinne einer Zustimmung zu einem Lehrgebäude auffassen wollten. Das hier entwickelte Religionsverständnis mutet ihnen zu, ihren Glauben in neuer Weise zu artikulieren und dabei doch die Kontinuität mit den tradierten Formen nicht zu verlieren. Den säkularen Geistern mutet der folgende Gedankengang den Abschied von einem Geschichtsbild zu, das bei vielen, nicht allen, in tiefe Schichten ihres Selbstverständnisses eingegangen ist – dem Geschichtsbild eines unaufhaltsamen und fortschreitenden Prozesses der Entzauberung.

1
Religionsgeschichte als Religionskritik? David Hume und die Folgen[1]

Religion zum Gegenstand wissenschaftlicher Forschung und Theoriebildung zu machen erscheint heute meist als eine Selbstverständlichkeit. Wie jeder andere Bereich menschlichen Lebens Thema der Geschichtsschreibung, soziologischer oder psychologischer Analysen werden kann, so auch der der Religion. Wenn lange Zeit, etwa in den Jahrzehnten nach dem Zweiten Weltkrieg, der wissenschaftlichen Beschäftigung mit Religion international relativ wenig Aufmerksamkeit gewidmet wurde, so lag dies gewiß nicht an der Scheu vor einer Profanierung des Sakralen, sondern ganz im Gegenteil an der verbreiteten Einschätzung, daß Religion zumindest in der Gegenwart ihre Bedeutung weitgehend verloren habe. Warum sollte man sich mit etwas umständlich beschäftigen, das dabei ist, in einem umfassenden Prozeß der Säkularisierung seinem Verschwinden entgegenzugehen?

Als die wissenschaftliche Beschäftigung mit der Religion in Europa aufkam, war die Situation eine ganz andere. Von einem Gegenstandsbereich »Religion« sprach bis zum achtzehnten Jahrhundert ohnehin niemand. Ein solcher Begriff wurde, insbesondere wenn er den christlichen Glauben mit umgreifen sollte, schon deshalb verbreitet als anstößig empfunden, weil er die Unterschiede zwischen dem wahren (christlichen) Glauben und dem Judentum oder Islam, erst recht aber dem, was man traditionell mit einem Sammelnamen als Heidentum

1 Eine erste Fassung der Überlegungen dieses Kapitels ist erschienen in: Albrecht Beutel, Martha Nooke (Hg.), *Religion und Aufklärung*, Tübingen 2016, S. 3-17.

und Götzendienst bezeichnete, nivellieren mußte. Von »Religion« in einem solchen umfassenden Sinn zu sprechen, setzt in irgendeiner Weise eine Distanzierung vom eigenen Glauben voraus und eine Einsicht in Gemeinsamkeiten, die diesen mit anderen Formen verbinden. Vor allem in England scheint sich schon im siebzehnten und frühen achtzehnten Jahrhundert aus den ständigen Konfessionsstreitigkeiten zunehmend eine Abstraktion von jeder Konfession des Christentums und schließlich ein Gegenbild zu allen entwickelt zu haben.[2] Dieser war ein langer Prozeß vorausgegangen, in dem sich durch die »Entdeckung« einer »neuen Welt« das Bewußtsein der religiösen Vielfalt ausgeweitet und die seit der Renaissance verstärkte philologische Beschäftigung mit den klassischen und orientalischen Sprachen das Verständnis der Religionsgeschichte vertieft hatte.[3] Das Gegenbild nahm zunehmend die Züge eines Weltbilds der Immanenz an, das heißt eines Verzichts auf Transzendenz oder eine Ablehnung von ihr. Ein solches Weltbild aber ist die intellektuelle Voraussetzung für eine bewußte Abwendung von aller Religion, für eine »säkulare Option«,[4] der gegenüber alles ande-

2 Peter Harrison, *›Religion‹ and the Religions in the English Enlightenment*, Cambridge 1990. James Turner sieht vor allem den Deismus als entscheidend für die Herausbildung des modernen Religionsbegriffs und meint: »Every religion department should erect a little altar in the department chair's office to venerate its household gods«, nämlich die wichtigsten Vertreter des Deismus im siebzehnten und achtzehnten Jahrhundert. Vgl. James Turner, *Religion Enters the Academy. The Origins of the Scholarly Study of Religion in America*, Athens 2011, hier S. 14.

3 Guy G. Stroumsa, *A New Science. The Discovery of Religion in the Age of Reason*, Cambridge, Mass., 2010; eine zusammenfassende Darstellung desselben Autors ist: ders., »The Scholarly Discovery of Religion in Early Modern Times«, in: Jerry Bentley, Sanjay Subrahmanyam, Merry E. Wiesner-Hanks (Hg.), *The Cambridge World History*, Bd. VI, Teil 2: *The Construction of a Global World 1400-1800 CE*, Cambridge 2015, S. 313-333.

4 Der Begriff der »säkularen Option« stammt von Charles Taylor, der den umfassendsten Versuch unternommen hat, den Aufstieg eines Weltbilds der Immanenz in Europa darzustellen. (Vgl. dessen Buch *Ein säkulares Zeitalter*, Frankfurt/M. 2009.) Daran anknüpfend: Hans Joas,

re zu Varianten von etwas Eigentümlichem, eben der »Religion«, werden konnte. Ein solcher Allgemeinbegriff konnte nur schrittweise entstehen und wurde lange Zeit als problematisch empfunden.

Noch im späten neunzehnten Jahrhundert konnte der große deutschstämmige Oxforder Indologe und Sanskritforscher Max Müller deshalb bemerken, daß »schon der Name Religionswissenschaft [...] für manche Ohren etwas Verletzendes [hat]«.[5] Dieses Verletzungspotential steckte für Gläubige schon darin, daß ihr Glaube auf diese Weise als bloßes menschliches Phänomen behandelt wird. Es nimmt noch beträchtlich zu, wenn wissenschaftliche Forschungen sogar mehr beanspruchen, als bloße Tatsachen des religiösen Lebens festzustellen, sobald sie nämlich darüber hinaus das Geheimnis zu lüften versuchen, das aller Religion im Prinzip zugrunde liege. Dies ist überall dort der Fall, wo religiöse Phänomene als Folge von etwas anderem gedacht werden: als »Seufzer der bedrängten Kreatur« oder als »Opium des Volkes« (Marx), als »Illusion« oder »Projektion« (Freud), als Selbstmißverständnis der Effekte ekstatischer Erfahrungen menschlicher Kollektive (Durkheim) oder gar als bloße Manifestation von Hirnvorgängen (Dawkins). Für diese Art von Erklärungen in der Wissenschaft von der Religion hat der amerikanische Psychologe und Philosoph William James bereits 1902 die treffende Bezeichnung »nothing but«-Erklärungen gefunden;[6] ihnen zufolge sind religiöse Phänomene jeweils nichts Eigenes, sondern »nichts als« Folgen nichtreligiöser Phänomene, als deren verzerrte Gestalt sie auftreten.

Glaube als Option. Zukunftsmöglichkeiten des Christentums, Freiburg 2012.

5 Max Müller zitiert nach Hans-Joachim Klimkeit, »Friedrich Max Müller (1823-1900)«, in: Axel Michaels (Hg.), *Klassiker der Religionswissenschaft. Von Friedrich Schleiermacher bis Mircea Eliade*, München 1997, S. 29-40, hier S. 35.

6 William James, *The Varieties of Religious Experience* (1902), New York 1982, S. 12; dt.: *Die Vielfalt religiöser Erfahrung*, Frankfurt/M. 1997, S. 46.

Unleugbar ist die Geschichte der wissenschaftlichen Beschäftigung mit Religion seit ihrem Beginn mit solchen Motiven der Religionskritik und des Säkularismus beziehungsweise deren Zurückweisung eng verknüpft. Dies klingt auch noch in unserer Zeit nach, wenn etwa in wissenschaftspolitischen Debatten über die Stellung der Theologie an den Universitäten behauptet wird, daß religiös Gläubige zur unvoreingenommenen wissenschaftlichen Analyse von Religion grundsätzlich ungeeignet seien. Ihr ganzes Denken, so heißt es, sei so sehr von ihrem Glauben und seinen Annahmen, für die es eben keine wissenschaftlichen Belege gebe, durchdrungen, daß sie keine ernsthaften Kandidaten für die Wissenschaft der Religion sein könnten. Dem wird natürlich von Gläubigen entgegengehalten, daß Säkularisten in Sachen Religion doch ebenfalls keineswegs neutral oder voraussetzungslos seien. Ihr Argument wird noch stärker, wenn hinzugefügt wird, daß es den *einen* Säkularismus als solchen gar nicht gebe, vielmehr nur vielerlei Varianten, deren jede von einer spezifischen Opposition zu spezifischen Formen von Religion geprägt sei. Außerdem könnte es doch sein, so lautet ein weiteres Argument gegen den Anspruch einer säkularistischen Religionswissenschaft, daß ein zumindest imaginärer Zugang zu religiösen Phänomenen eine wenigstens hilfreiche, wenn nicht sogar notwendige Voraussetzung für deren Studium ist. Darf man wirklich »religiös unmusikalisch sein«, wenn man über Religion arbeitet? Dürfte man im wörtlichen Sinn unmusikalisch sein, wenn man die Musikwissenschaft zu seinem Arbeitsgebiet gewählt hat?

Diese Bemerkungen zielen nicht auf eine Polemik zwischen Gläubigen und Nichtgläubigen, sondern vielmehr auf die Frage der grundsätzlichen Möglichkeit einer Wissenschaft von der Religion, insbesondere im Sinne eines Ortes, an dem Gläubige (der verschiedensten Art) und Nichtgläubige (der verschiedensten Art) in fruchtbarer Weise miteinander ins Gespräch kommen können. Ein solcher Ort könnte die Religionsgeschichtsschreibung sein. Oder ist diese notwendig ein Teil der

Religionskritik? Das ist die Frage, der ich in diesem Kapitel nachgehen will.

Ein methodischer Durchbruch

Der epochale Durchbruch zu einer sich konsequent aller theologischen Annahmen methodisch enthaltenden, in diesem Sinne rein profanen Universalgeschichte der Religion geht auf den schottischen Philosophen und Historiker David Hume zurück. Er nannte sein 1757 erstmals erschienenes, rasch eine weite internationale Verbreitung erfahrendes Buch eine »Naturgeschichte der Religion« – *The Natural History of Religion* – und signalisierte dadurch vermutlich schon mit dem Titel, daß es ihm um eine Geschichte der Religion als eines rein menschlichen (»natürlichen« und nicht »übernatürlichen«) Phänomens gehe und um nichts sonst.[7] Es ist allerdings nicht gesichert, daß diese Vermutung zutrifft, da Hume den Begriff der Naturgeschichte an keiner Stelle seines Werks definiert und ihn übrigens auch in der in Rede stehenden Schrift selbst außer im Titel nirgends verwendet. Vor Hume wurde der Begriff im engsten Sinn zunächst für Arbeiten in Anspruch genommen, die natürliche Phänomene wie Mineralien oder Fossilien selbst in ihrer historischen Dimension behandeln.[8] Er wurde aber in der Folgezeit

7 David Hume, *The Natural History of Religion* (1757), in: ders., *Principal Writings on Religion*, Oxford 1993, S. 134-193; dt.: *Die Naturgeschichte der Religion*, Hamburg 2000. Zitate aus dieser Schrift werden im folgenden nicht in den Anmerkungen, sondern durch Klammern im Text belegt. Für alle Fragen, die die Textkonstitution und Humes Quellen betreffen, ist die ausgezeichnete kritische Ausgabe heranzuziehen: Tom L. Beauchamp (Hg.), *A Dissertation on the Passions/The Natural History of Religion*, Oxford 2007.

8 Am besten zum Thema ist: Michel Malherbe, »Hume's ›Natural History of Religion‹«, in: *Hume Studies* 21 (1995), S. 255-274. Vgl. aber auch Tom L. Beauchamp, »The Intellectual Background«, in: ders. (Hg.), *A Dissertation*, hier S. 215 f.

zunehmend auch als Bezeichnung für Untersuchungen verwendet, die moralische, das heißt kulturelle Phänomene aus natürlichen Bedingungen, etwa denen des Klimas, heraus zu erklären versuchten. Wieder andere sprachen von Naturgeschichte, wenn die Sammlung von Tatsachen aus einem bestimmten Phänomenbereich und darauf aufbauend eine induktive Ermittlung von Gesetzmäßigkeiten in Angriff genommen wurde oder, ganz anders, gerade der unkalkulierbaren Vielfalt der Phänomene ein idealisiertes theoretisches Modell einer eigentlich »natürlichen« Entwicklung entgegengesetzt wurde. Manche dieser Verwendungen des Begriffs »Naturgeschichte« passen besser, andere schlechter zu Humes faktischem Vorgehen. Vielleicht war es, wie schon Zeitgenossen vermuteten, Hume schlicht um Provokation zu tun, was ihm gewiß gelang. Einer seiner stärksten Widersacher, Bischof Warburton, meinte, daß das Projekt einer Naturgeschichte der Religion so sinnvoll sei wie das einer »moral history of meteors«.[9] Wie immer der Titel also genau gemeint ist, es liegt nahe, daß eine sich von theologischen Voraussetzungen emanzipierende Geschichtsschreibung sich historisierend auf die Herkunft des lange dominierenden Rahmens richten wird.

Zu Recht hat man dieses Buch »den Beginn der modernen sozialwissenschaftlichen Behandlung der religiösen Problematik«[10] genannt. Obwohl Hume zu Beginn seines Buches erklärt, daß »die gesamte Struktur der Welt [...] einen intelligenten Urheber« verrate »und kein vernünftiger Forscher [...] nach ernsthaftem Nachdenken hinsichtlich der grundlegenden Prinzipien des echten Theismus und der Religion auch nur einen Augen-

---

9 Zitiert nach ebd., S. 219.

10 M. Andreas Weber, *David Hume und Edward Gibbon. Religionssoziologie in der Aufklärung*, Frankfurt/M. 1990, S. 20f. Ähnlich Robert A. Segal, »Hume's ›Natural History of Religion‹ and the Beginning of the Social Scientific Study of Religion«, in: *Religion* 24 (1994), S. 225-234. Für ihn stehen – im Unterschied zu mir – die Sozialwissenschaften freilich in einem Gegensatz zur Geschichtswissenschaft.

blick lang im Zweifel sein« (S. 1) könne, wissen wir heute auf der Basis seiner anderen Schriften und seiner Briefe,[11] daß Hume in Wirklichkeit gegenüber jedem solchen Gottesbeweis aus der Natur der Welt heraus zutiefst kritisch eingestellt war; aus berechtigter Sorge vor den Konsequenzen, die eine offen religionskritische Haltung für ihn haben könnte, etwa der Exkommunikation aus der Church of Scotland, glaubte er aber vermutlich, sich verstellen und ein Lippenbekenntnis zum Theismus ablegen zu müssen. Wie sehr Hume mit seiner Schrift indirekt eine Subversion von traditionellen Glaubensbindungen anstrebte, ist selbst in der neuesten Literatur zu ihm umstritten, und erst recht natürlich, ob die vielleicht beabsichtigte Wirkung seiner Darstellung auf den persönlichen Glauben der Leser in argumentativ gedeckter Weise eintreten kann oder muß. Viel wichtiger für uns aber als die Frage nach Humes persönlicher religiöser Überzeugung, seiner Veröffentlichungstaktik und seinen genauen Absichten bei der Abfassung des Werks ist sein dieses Werk bestimmender und – wie ich meine – epochal neuer methodischer Zugriff. Eine göttliche »Offenbarung« konnte für ihn in den Wissenschaften nicht mehr im Sinne einer kausalen Erklärung oder einer eigenständigen Erkenntnisquelle herangezogen werden, sondern nur selbst als Gegenstand wissenschaftlicher Untersuchung auftauchen.

Hume betonte jenseits einer bis dahin üblichen Betrachtung aller Religionen vom Standpunkt des Christentums aus die enorme Vielzahl und Unterschiedlichkeit der Religionen auf der Welt und benutzte diese Tatsache als Argument gegen alle

11 Ernest Campbell Mossner, *The Life of David Hume*, Oxford 1980, S. 601. Ich beschränke mich im folgenden auf Humes Schrift zur Naturgeschichte der Religion und verfolge nicht ihr Verhältnis zu den ganz erkennbar religionskritischen Schriften in seinem Œuvre und zu seiner Philosophie im ganzen. Damit muß ich auch auf die Frage möglicher Widersprüche zwischen verschiedenen Teilen seines Lebenswerks oder die Rolle dieser einen Schrift in einem strategisch komplexen Angriff auf Religion nicht eingehen.

Versuche, Religionen »aus einem ursprünglichen Instinkt oder einem ersten Eindruck der Natur« (S. 1) abzuleiten. Diese Feststellung ist freilich in sich noch zweideutig. Sie könnte besagen, daß Religion als solche ein universelles, gewissermaßen anthropologisches Phänomen sei, sich aber die einzelnen Varianten ebendeshalb nicht aus der von allen Menschen geteilten Natur einfach ableiten ließen. Gemeint sein kann aber auch, daß Religion kein ausnahmslos bei allen Völkern anzutreffendes Phänomen sei. Da Hume anführt, man habe »einige Völker entdeckt, die – wenn man Reisenden und Geschichtsschreibern Glauben schenken darf – keinerlei religiöse Empfindungen besaßen« (S. 1), wird schnell deutlich, daß er in der Tat die Universalität von Religion bestreiten wollte. Wahrscheinlich dachte er bei den religionslosen Völkern vor allem an brasilianische Indianervölker wie die Tupinamba, die er an anderer Stelle in seinem Werk erwähnt,[12] vielleicht aber auch an China, da diese Vorstellung im achtzehnten Jahrhundert weit verbreitet war und zur Popularität Chinas unter aufklärerischen Geistern wesentlich beitrug. Voltaire soll ein Bild von Konfuzius über seinem Schreibtisch in Ferney gehabt haben, weil er in diesem Denker zwar keinen völligen Atheisten, aber doch einen praktisch religionslosen Lehrer der Gerechtigkeit im Staat und der Weisheit in der Lebensführung sah. Humes Bezugnahme auf Völker ohne Religion hatte selbstverständlich vor allem einen Zukunftsbezug. Wenn es in der Vergangenheit solche Völker möglicherweise schon gegeben hat, dann mußte die Vorstellung eines Lebens ohne Religion in der Zukunft plausibler werden.

In diesem Sinn war Humes Projekt einer Naturgeschichte der Religion Teil des Aufstieges einer »säkularen Option«. Ich ziehe diesen Begriff, wenn es um Stärke oder Schwäche religiösen Glaubens geht, dem der »Säkularisierung« vor, weil er klarer macht, daß Säkularismus eine Option ist, die in verschiedenen

12 Vgl. Beauchamp (Hg.), *A Dissertation*, S. 113.

Ländern, Regionen oder Milieus in sehr unterschiedlichem Ausmaß wahrgenommen wird und neben der der »Glaube als Option« erhalten bleibt; die säkulare Option ist demnach eine neue Option, die zum Glauben hinzukommt, den Glauben aber eben auch in eine Option unter mehreren verwandelt. Wie aber können Gläubige sich zum Projekt einer »Naturgeschichte der Religion« verhalten? Gibt es auch auf dem Gebiet der Wissenschaften von der Religion nur den Konflikt zwischen Glauben und Unglauben, oder gibt es die Möglichkeit einer Wissenschaft von der Religion jenseits dieses Konflikts? Diese Frage läßt sich nur im Konkreten beantworten, in Hinsicht auf die Aussagen einer solchen Forschung einerseits, auf die faktischen Reaktionen auf Humes Pionierleistung andererseits. Diesen beiden Komplexen wende ich mich jetzt zu.

Vier religionsgeschichtliche Thesen

Humes empirische Behauptungen lassen sich in vier Thesen zusammenfassen. Erstens behauptet er, daß eine vorurteilslose Erforschung der Religionsgeschichte eindeutig zeige, daß der Monotheismus, auch wenn er unter Gesichtspunkten der Vernünftigkeit einleuchtender sei, historisch nicht den Primat habe. »Es wäre ebenso vernünftig, sich vorzustellen, die Menschen hätten Paläste bewohnt, bevor sie Hütten und Katen hatten, oder hätten eher Geometrie als Ackerbau betrieben, wie die Behauptung aufzustellen, sie hätten die Gottheit als reinen, allwissenden, allmächtigen und allgegenwärtigen Geist erkannt, ehe sie als ein mächtiges, obgleich eingeschränktes Wesen mit menschlichen Leidenschaften und Neigungen, Knochen [Gliedmaßen, H. J.] und Organen aufgefaßt worden sei.« (S. 3) Während bisher der Polytheismus häufig als eine korrumpierte Form des ursprünglichen Monotheismus aufgefaßt wurde, da dem Menschen eine Art natürlicher Neigung zu den von der Vernunft beglaubigten Inhalten des christlichen Glaubens zugesprochen wurde, negiert Hume dies in historischer Hinsicht komplett. Für ihn ist eindeutig der Polytheismus in fast allen Fällen die ursprüngliche und lange Zeit fast ausschließlich geltende Religionsform, und mit dieser historischen These will er bewußt nicht nur dem biblischen Bild der Selbstoffenbarung Gottes gegenüber den ersten Menschen, sondern auch den aufklärerischen Vorstellungen von einer »natürlichen Religion« der Menschheit einen tödlichen Schlag versetzen. Die »Naturgeschichte der Religion« ist in diesem Sinne keine Stütze der Vorstellungen von einer »natürlichen Religion«, sondern gerade deren Gegner.

Die zweite These beantwortet die Frage, was denn die Grundlage dieses ursprünglichen Polytheismus sei, wenn die Vernunfterkenntnis dafür ausscheidet. Für Hume ist es klar, daß es dann eben die Leidenschaften, die Emotionen der Menschen sein müssen, aus denen solcher polytheistische Glaube erwächst. Insbesondere seien es »die Sorge um das tägliche Leben und (die) unaufhörlichen Hoffnungen und Ängste, die den menschlichen Geist bewegen« (S. 8). Nicht »spekulative Wißbegierde« oder »reine Wahrheitsliebe« (S. 9) nähmen bei »ungebildeten Menschen« die entscheidende Stelle im Seelenleben ein, sondern »die gewöhnlichen Gemütsbewegungen des menschlichen Lebens«: »die ängstliche Sorge um Glück, die Furcht vor künftigem Elend, der Schrecken des Todes, der Durst nach Rache, der Hunger und andere Bedürfnisse«. Hume stellt sich vor, daß die Menschen von Hoffnung, vor allem aber von Furcht getrieben, »mit banger Neugier den Lauf künftiger Ursachen [untersuchen] und [...] die vielfältigen und einander entgegengesetzten Ereignisse des menschlichen Lebens« erforschen und in diesem »verwirrten Schauspiel [...] mit noch verwirrteren und erstaunteren Blicken die ersten dunklen Spuren einer Gottheit« (S. 9) erblicken. In heutiger Sprache würden wir sagen, daß Hume in den Kontingenzerfahrungen der menschlichen Existenz die psychologischen Wurzeln der Religion zu erkennen meint. Er schreibt der Religion deshalb eine Rolle bei der Bewältigung solcher Kontingenzerfahrungen zu, da die Menschen eben durch Gebete, Opfer und in anderer Weise versuchen, ihre Götter oder Götzen günstig zu stimmen. Besonders ausgeprägt sei dies, wo der Zufall am stärksten regiere: auf hoher See, im Krieg oder beim Glücksspiel.

Die dritte These zielt auf die Dynamik der Religionsgeschichte. Für Hume läßt sich die Vorstellung empirisch einfach nicht halten, daß die Religionsgeschichte ein zielgerichteter Prozeß ist, der vom ursprünglichen Polytheismus zum Monotheismus führe. Noch weniger treffe natürlich das Gegenteil zu. In der Religionsgeschichte könne man vielmehr ein Schwanken zwischen den beiden Extremen, eine Oszillation zwischen Polytheismus und Monotheismus, vergleichbar dem Wechsel der Gezeiten, feststellen (»Lex Hume«).[13] Zwar ergebe sich der Monotheismus meist aus vernünftigem Denken, doch sei die Vernunft gegenüber den Leidenschaften meist schwach und weitgehend machtlos, und dies ganz besonders bei den ungebildeten niederen Klassen. Dadurch wird es wahrscheinlich, daß diese auch unter den Bedingungen eines offiziellen Monotheismus, weil dieser bei ihnen nicht vernunftbegründet sei, sondern sich aus der bloßen Sehnsucht nach dem stärksten Gott ergebe, immer wieder zum Polytheismus zurückstrebten. Dieser kann deshalb zumindest überleben oder sogar neu an Kraft gewinnen. Es war vor allem Humes Freund Edward Gibbon, der große Historiker des Niedergangs und Endes des römischen Imperiums, der diesen Gedanken aufgriff und mit ihm die Entstehung des christlichen Heiligenkults in der Spätantike zu erklären unternahm.[14] Aber auch Hume selbst sprach schon in diesem Sinn vom Marienkult des lateinischen Christentums und der Nikolausverehrung in der russischen Orthodoxie. Islam und Protestantismus

13 Nach einer Formulierung von Anton Thomsen, »Hume's ›Natural History of Religion‹«, in: *The Monist* 19 (1909), S. 264-288, hier S. 284.

14 Edward Gibbon, *Verfall und Untergang des römischen Imperiums* (1776-1788), 6 Bde., München 2003, Bd. 4, S. 176-186.

lassen sich so als Gegenbewegungen zu polytheistischen Deformationen interpretieren.

Die vierte These schließlich hat besondere Sprengkraft. Ihr zufolge ist der Polytheismus seinem Wesen nach toleranter als der Monotheismus, da es leicht sei, in ein heterogenes Pantheon auch neue Götter zu integrieren, während Monotheismen per definitionem darauf drängten, die Verehrung keines anderen Gottes zuzulassen. Angesichts ihrer Tendenz zur Unterdrükkung oder Vernichtung konkurrierender Religionen und der in die Monotheismen eingebauten Spaltungs-, Missions- und Expansionstendenzen sei Toleranz nur schwer mit ihren Prämissen vereinbar. Für Gibbon war es deshalb völlig verständlich, daß sich der römische Staat gegen seine intoleranten christlichen Bürger mit allen Mitteln zur Wehr setzte.[15] Auch hier ist hervorzuheben, wie stark Hume und Gibbon von dem abweichen, was wir uns landläufig als aufklärerisches Religionsdenken vorstellen. In einer Zeit, in der auch die meisten aufgeklärten Kritiker des Christentums nicht an der moralischen Überlegenheit des Christentums gegenüber anderen Religionen zweifelten, erhob Hume den sensationellen Anspruch, unter dem Gesichtspunkt des Friedens nicht nur allen Religionen ein gefährliches Potential, sondern der vernünftigeren Religion sogar ein größeres Gefahren-, ja sogar Gewaltpotential zuzuschreiben. Überhaupt drängten gerade anspruchsvollere Religionen natürliche moralische Regungen eher zurück. Doch sei auch schon die bloße Betonung von strikt einzuhaltenden Ritualvorschriften in Religionen eine Gefahr für die Befolgung natürlicher moralischer Impulse.

Zumindest einzelne der vier Thesen, auf die ich hier Humes Argumentation gebracht habe, sind heutigen Lesern möglicherweise bekannt – selbst dann, wenn sie sich mit David Humes Werk selbst nie beschäftigt haben. Denn es ist wohl nicht übertrieben, zu behaupten, daß Humes Thesen bis in unsere Zeit we-

15 Ebd., Bd. 2, S. 210f.

sentliche Bestandteile, ja geradezu Topoi der Religionskritik darstellen. Dies gilt etwa für die Thesen, daß es keine natürliche Disposition zum Monotheismus gebe und daß Religion aus dem Versuch zur Bewältigung von Kontingenzerfahrungen erwachse. Manchmal werden von Hume inaugurierte Thesen heute eher unter Bezug auf andere Religionskritiker von Feuerbach bis Freud erörtert, aber es ist nicht zu leugnen, daß sich auch die Ideen von Anthropomorphismus und Projektion schon bei Hume finden. Im übrigen klingt selbst das nietzscheanische Motiv einer antichristlichen Aufwertung des Heldischen gegenüber dem Heiligen bei Hume bereits an, wenn er die Religionsformen in Hinsicht auf Mut und Erniedrigung miteinander vergleicht und dabei den Unterschied »zwischen den Maximen eines griechischen Helden und eines katholischen Heiligen«[16] im Umgang mit Ungeziefer und niedrigen Tieren herausarbeitet. Die These zum Gewaltpotential des Monotheismus schließlich ist irritierenderweise hierzulande heute als »Assmann-These« bekannt, obwohl sie sich in sehr ähnlicher Gestalt schon zweieinhalb Jahrhunderte früher bei Hume findet. Es ist faszinierend, die frühen Formulierungen all dieser Gedanken wie in einem Kompendium gesammelt sehen zu können. Zu allen vier Thesen gibt es seit Hume auch eine reiche empirische und theoretische Literatur. Ein kurzer Blick auf diese, wie ich ihn jetzt werfen will, kann der Komplexität der Gegenstände gewiß nicht völlig gerecht werden. Aber er dient hier ja auch nicht dazu, ein endgültiges empirisches Urteil zu sprechen, sondern die Möglichkeit einer empirischen Wissenschaft von der Religion jenseits des Konflikts von Glauben versus Unglauben darzutun.

Der entscheidende Schritt hinsichtlich der ersten These bestand in der religionsgeschichtlichen Forschung darin, die simple Alternative von Polytheismus und Monotheismus zu überwinden. Hume bewegte sich in dieser Alternative, als schöpfe

16 Hume, *Naturgeschichte*, S. 41.

sie die Möglichkeiten aus und als böte sie das selbstverständliche Schema für die Klassifikation der Religionen. Das lag daran, daß auch für ihn trotz aller Betonung der Leidenschaften und Gefühle Religionen vornehmlich Glaubenssysteme darstellten, wie sich in seiner Polemik gegen die Rolle von Erzählungen, »zusammenhanglosen und unsicheren Erdichtungen« (S. 52) in den »heidnischen Religionen« zeigt. Das aber änderte sich im neunzehnten Jahrhundert an vielen Fronten. Für die Polytheismus-Frage am wichtigsten waren dabei die Arbeiten des französischen Historikers Fustel de Coulanges zur Religion in der griechisch-römischen Antike.[17] Er demonstriert, daß wir diese überhaupt nicht richtig verstehen, wenn wir sie im Sinne eines Glaubens an ein unübersichtliches Pantheon auffassen. Wir müßten unsere Aufmerksamkeit statt dessen völlig umlenken, nämlich weg von Glaubensvorstellungen und hin zu den Praktiken der in der Antike ausgeführten Rituale. Zentral für ihn waren etwa der Kult um das heimische Herdfeuer als Haus- und Familienkult und Rituale, in denen sich die Polis oder der Staat und das Reich selbst feiern konnten. Ganz unabhängig von der Frage, wie zutreffend diese Analysen waren, ist festzustellen, daß von ihnen ein enorm wichtiger Anstoß ausging, auch andere Religionen ganz neu in Hinsicht auf die konstitutive Rolle von Ritualpraktiken in den Blick zu nehmen. Dieser Impuls wurde auch in der Erforschung der »semitischen« Religionsgeschichte, wie man sagte, aufgenommen[18] und dann, außerhalb des Feldes der Religionsgeschichte, in der Ethnologie oder Anthropologie. Robert Ranulph Marett etwa spricht Ende des neunzehnten Jahrhunderts unter Bezug auf Ritualpraktiken und die damit verknüpften Erfahrungen von »Theoplasma«,[19]

17 Numa Denis Fustel de Coulanges, *Der antike Staat. Kult, Recht und Institutionen Griechenlands und Roms* (1864), München 1988.

18 William Robertson Smith, *Die Religion der Semiten* (1889), Freiburg 1899. Zu ihm und Fustel vgl. unten, Kap. 3.

19 Robert Ranulph Marett, *A Jerseyman at Oxford*, London 1941, S. 161.

einem Stoff gewissermaßen, aus dem die verschiedensten Gottesvorstellungen sich ergeben – als Versuche von Menschen, die gemachten Erfahrungen zunächst in mythischen Erzählungen und später vielleicht sogar in abstrakten Glaubenssätzen zu deuten. Diese Arbeiten flossen um 1900 ein in den breiten Diskurs über das »Heilige« in den Wissenschaften, die sich mit Religion beschäftigen, ganz besonders in der Schule des französischen Begründers der Soziologie, Émile Durkheim – der übrigens ein Student von Fustel de Coulanges gewesen war. Indem das Heilige zum Definitionsmerkmal von Religion wurde, rückte die Rede vom einen Gott oder von mehreren Göttern aus der Zentralposition heraus. Es wurde nun möglich, apersonale sakrale Kräfte ebenso zu denken wie variierende Weisen, sich das Heilige personal verkörpert vorzustellen.[20]

Mit seiner zweiten These, daß Religion psychologische Wurzeln habe, konnte Hume durchaus seinerseits an Vorläufer seit der Antike (wie Lukrez) und Denker wie Hobbes, Mandeville und Spinoza anknüpfen. Als Inspiration für die sich entwickelnde empirische Religionspsychologie kann man ihn aber kaum bezeichnen, da sich die einfache Vorstellung eines irregeleiteten Begreifenwollens unerwarteter oder gefürchteter Lebensereignisse doch als viel zu eng erwies. Schon der Akzent auf negativer Kontingenz (Furcht und Leid) ist einseitig; in der späteren Literatur werden viel mehr als bei Hume positive Kontingenzerfahrungen wie die der ekstatischen Begeisterung oder überströmenden Dankbarkeit – etwa gegenüber der Schönheit der Schöpfung oder für die Sicherheit des Geliebtwerdens – als ebenso wichtig oder gar wichtiger hervorgehoben. Dies geschah etwa in der brillanten Synthese der frühen religionspsychologischen Forschung bei William James (1902) in seinem

20 Zu diesen Zusammenhängen Hans Joas, »Säkulare Heiligkeit. Wie aktuell ist Rudolf Otto?«, in: Rudolf Otto, *Das Heilige*, Neuausgabe, München 2014, S. 255-281, und Kap. 3 unten.

Buch *Die Vielfalt religiöser Erfahrung*,[21] ebenso bei Émile Durkheim, der hervorhebt, daß »an der Wurzel des Totemismus [...] eher Gefühle freundlicher Zuversicht als Gefühle des Schrekkens und des Zwanges« stünden.[22] Das Bild wurde noch viel reichhaltiger, sobald das Wechselspiel von Erfahrung und Deutung, von dem bei Hume keine Rede ist, ernst genommen wurde: die Versuche, der Erfahrung kreativ Ausdruck zu geben, und die Bedeutung, die Religionen dabei haben, Erfahrungen überhaupt erst möglich zu machen oder auch zu verhindern.

Was die dritte These und damit die angebliche Oszillation zwischen Monotheismus und Polytheismus betrifft, sind besonders die Forschungen des großen Kirchenhistorikers und Augustinus-Biographen Peter Brown zur Entstehung des christlichen Heiligenkults bahnbrechend gewesen.[23] In direkter Auseinandersetzung mit Hume und Gibbon hat er nachzuweisen versucht, daß wir uns diesen Prozeß nicht als paganen Rückfall vorstellen dürfen. Zum einen gab es auch schon im hellenistischen Judentum Märtyrerverehrung und, was Christoph Markschies hervorhebt, eine Personalisierung guter (und böser) Mächte etwa in der Lehre von den Engeln und Erzengeln und dem ganzen himmlischen Hofstaat.[24] Zum anderen trifft es empirisch einfach nicht zu, daß vor allem das ungebildete Volk solche Tendenzen zeigte. Auch die Bildungselite und führende Theologen waren daran beteiligt. Die These vom Rückfall würde es nahelegen, den jüngst Christianisierten eine höhere Verführbarkeit

21 Vgl. Anm. 4. Ausführlich dazu Kap. 2 dieses Buches.

22 Émile Durkheim, *Die elementaren Formen des religiösen Lebens* (1912), Frankfurt/M. 1981, S. 307.

23 Peter Brown, *The Cult of the Saints. Its Rise and Function in Latin Christianity*, Chicago 1981, v.a. S. 1-50, dort auch eine differenzierte Darstellung der Stellungnahmen von Augustinus und Hieronymus.

24 Christoph Markschies, *Das antike Christentum. Frömmigkeit, Lebensformen, Institutionen*, München 2006, S. 111f., dort (S. 115) auch der Verweis auf Basilius und dessen Betonung der Tatsache, daß es sich bei der Heiligenverehrung nicht um ein Phänomen ungebildeter Volksreligiosität handelte.

zur Repaganisierung zu unterstellen; dies ist aber nicht nachzuweisen. Heute hat sich deshalb die Auffassung durchgesetzt, daß wir im Heiligenkult einen Teil einer neu konstituierten sozialen Ordnung zu sehen haben, in der Patronage- und Klientelerwartungen, wie sie in der spätantiken Ordnung üblich waren, von Welt und Staat distanziert auf Märtyrer oder andere Heilige übertragen wurden.

Die vierte These – Toleranz des Polytheismus, Intoleranz des Monotheismus – wurde in den letzten Jahrzehnten zunächst eher etwas spielerisch in der deutschen Philosophie aufgenommen.[25] Zur Prominenz kam sie, wie erwähnt, durch den Ägyptologen Jan Assmann, der von der »mosaischen Unterscheidung« zwischen Wahrheit und Unwahrheit auf dem Gebiet der Religion schrieb.[26] Assmann legt großen Wert darauf, daß er mit seiner These Hume nicht einfach wiederhole. Er spricht von dessen These als einer »uralten Argumentation, in deren ausgefahrenen Bahnen« er sich mit seinem ursprünglichen Moses-Buch »eher nicht bewegen wollte«.[27] Nicht der Monotheismus, sondern die Wahrheitsorientierung sei ausschlaggebend bei der Frage nach Intoleranz und Gewalt. Mit dieser Verschiebung wird eine höhere Plausibilität erreicht. Es wäre ja absurd, mythischen Kulturen ein Ethos der Toleranz zuzuschreiben. Worum es geht, ist vielmehr, daß mythische Erzählungen nebeneinander bestehen können, ohne einander zu verdrängen.[28] Von Hume her kommend ist allerdings zu fragen, ob dann nicht auch die

25 Odo Marquard, »Lob des Polytheismus. Über Monomythie und Polymythie«, in: ders., *Abschied vom Prinzipiellen* (1981), Stuttgart 1991, S. 91-116.

26 Jan Assmann, *Die Mosaische Unterscheidung oder Der Preis des Monotheismus*, München 2003, und zahlreiche weitere Publikationen dieses Autors, zuletzt ders., *Exodus. Die Revolution der Alten Welt*, München 2015. Parallel zu Assmann entwickelte in den USA eine ähnliche Argumentation: Regina M. Schwartz, *The Curse of Cain. The Violent Legacy of Monotheism*, Chicago 1997.

27 Assmann, *Mosaische Unterscheidung*, S. 26.

28 So auch, unter Bezug auf Assmann, Robert N. Bellah, *Religion in Hu-*

Philosophen (und nicht nur die Propheten) der Geschichte von Intoleranz und Gewalt Vorschub geleistet haben.[29] Assmann ist allerdings keineswegs eindeutig; immer wieder bejaht er ausdrücklich die zentrale Bedeutung des Monotheismus für die Entstehung einer »neuartigen, rein religiösen Motivation für Gewalt und Intoleranz«.[30] Die Hervorhebung der Wahrheitsfrage bei Assmann erscheint dann nicht als Alternative zu Humes These, sondern als deren Begründung.

Seine These führte zu einer außerordentlich verzweigten Debatte, die keineswegs beendet ist, hier aber nicht rekapituliert werden soll. In deren Verlauf hat Jan Assmann seine These immer weiter eingeschränkt und damit partiell zurückgenommen; er hat sie dann auch von der Frage nach der Wahrheit zu der nach Treue und Verrat hin verschoben. Nicht aller Monotheismus sei gewaltaffin, nur ein exklusiver – was allerdings in Gefahr ist, auf die Tautologie hinauszulaufen, einer intoleranten Form von Religion die Neigung zu ebendieser Intoleranz zu attestieren.

Diese ganze Debatte blieb sehr stark auf die abrahamitischen Religionen und ihr vermeintliches oder wirkliches Gewaltpotential beschränkt. Sie bedarf dringend der Öffnung gegenüber der Forschung zur Rolle der Gewalt in Konflikten, die von nichtmonotheistischen Religionen inspiriert sind. Für das Verständnis des langjährigen Bürgerkriegs in Sri Lanka oder des heutigen Konflikts in Myanmar ist dies von höchster aktueller Bedeutung. Ein Beispiel aus der historischen Forschung soll dies zunächst veranschaulichen. Der Buddhismus-Experte Perry Schmidt-Leukel hat in faszinierender Weise gezeigt, wie der

---

man Evolution. From the Paleolithic to the Axial Age, Cambridge, Mass., 2011, S. 276.

29 In dieser Richtung argumentiert John G. A. Pocock, »Superstition and Enthusiasm in Gibbon's History of Religion«, in: *Eighteenth-Century Life* 18 (1982), S. 83-94, v. a. S. 85.

30 So in einer Entgegnung auf Peter Schäfers Kritik: Jan Assmann, »Alle Götter sind eins!«, in: *Süddeutsche Zeitung*, 15. 9. 2004, S. 14.

Hinduismus im Zeichen der Bedrohung durch den Buddhismus einen apokalyptischen Gewaltmythos produzierte.[31] Buddhas Lehre mußte eine Bedrohung der indischen Tradition darstellen, da das Privileg der Brahmanenkaste zur Lehre des Dharma durch sie ebenso in Frage gestellt wurde wie der Ausschluß der untersten Kaste aus dem Kreis der Empfänger dieser Lehre. Der Mythos besagt nun, daß der Gott Vishnu in einer zukünftigen Inkarnation in Gestalt eines »Kalkin« auftreten wird, der alle Kräfte des Bösen vollständig ausrotten wird, zunächst eben alle Buddhisten, deren Blut in solchen Mengen fließen wird, »daß die Pferde darin wie Boote erscheinen«. Dies läßt sich noch als Phantasie der Rückgängigmachung des buddhistischen Universalismus durch einen in seinen Privilegienstrukturen bedrohten religiös-politischen Partikularismus interpretieren. Deshalb ist es noch faszinierender, daß dieser Kalkin-Mythos im zehnten oder elften Jahrhundert von den Buddhisten selbst rezipiert und nun allerdings mit einer anderen Stoßrichtung versehen wurde. In dieser Version des Mythos werden die Brahmanen für den Buddhismus gewonnen; mit ihnen zusammen soll nun ein gewaltiges Heer aufgestellt werden, um »die Rasse der Barbaren« auszurotten. Der Ort dieser apokalyptischen Schlacht wird Mekka sein; als Barbaren gelten nun nämlich die Muslime, die nach Beginn ihrer Invasionen in Indien als gemeinsamer Feind von Hinduismus und Buddhismus wahrgenommen werden. Auch im tibetischen Buddhismus wurde dieser Mythos tradiert und ausgebaut. Von dort aus wurde er wiederum in einem islamisierten ethnisch tibetischen Gebiet rezipiert und nun islamisch umgedeutet. Hier wird an eine Entscheidungsschlacht in Jerusalem gedacht, nach der die ganze Welt zum Islam bekehrt ist. Das Beispiel soll zeigen, daß bei allem Potential des Buddhismus, sich vorhandene religiöse Traditionen einzu-

---

31 Perry Schmidt-Leukel, »Drei Kalkins und die Frage nach den Wurzeln religiöser Gewalt«, in: *Zeitschrift für Missions- und Religionswissenschaft* 97 (2013), S. 91-101.

verleiben, sich an diese anzupassen oder multireligiöse Identitäten zuzulassen, auch dieser wie der Hinduismus in gewaltaffiner Richtung ausgedeutet werden kann. Über die genaue Rolle solcher Deutungen bei der Entstehung von Gewalt ist damit natürlich noch nichts gesagt.

Richtet man das Augenmerk mehr auf die Geschichte der Praktiken – des tatsächlichen Lebens von Menschen, die sich Buddhisten nennen – als auf Lehren und Mythen und bezieht man die Vielfalt existierender »Buddhismen« und ihre Einbettung in politisch-soziale Ordnungen mit ein, dann verliert die Vorstellung von einer durch und durch mystisch-pazifistischen Religion[32] endgültig ihre Überzeugungskraft. Zwar steht in buddhistischen Lehrtexten oft ein Verbot der Tötung im Vordergrund, das sogar über Menschen hinaus sich auf die Unantastbarkeit auch tierischen Lebens erstreckt, doch gibt es in den buddhistischen Traditionen (ebenso wie etwa in den christlichen) ein reichhaltiges Repertoire von Gewaltrechtfertigungen. Ob die öffentliche Ordnung vom Herrscher auch mit Gewalt geschützt werden dürfe, ob Mönche sich auch mit Gewalt gegen Angriffe zur Wehr setzen dürften, ob zur Ausbreitung oder zum Schutz des Buddhismus Nichtbuddhisten getötet werden dürften – solche Fragen wurden keineswegs selbstverständlich verneint, sondern häufig bejaht. Wie in der Geschichte des Naturrechts im christlich geprägten Kulturraum konnten Ebenen religiöser Wahrheit so unterschieden werden, daß die radikalen Ideale mit einer vollständigen Anpassung an die Gegebenheiten der staatlichen Ordnung koexistierten. Wo der Staat das Mönchtum unterstützte, war auch der Einsatz buddhistischer Mönche im Krieg keine Seltenheit; am bekanntesten ist die Geschichte der japanischen Kriegermönche, die bis in den

32 So Michael K. Jerryson in der Einleitung zu: ders., Mark Juergensmeyer (Hg.), *Buddhist Warfare*, Oxford 2010, S. 3-16, hier S. 9. Dieser Band enthält vorzügliche Studien zu historischen Fällen buddhistischer Gewaltrechtfertigung.

Zweiten Weltkrieg und den Versuch einer japanischen imperialen Expansion hineinreicht. Es ist dann nicht mehr überraschend, daß auch Bauernrebellionen mit umstürzlerischen Zielen und millenaristischen Hoffnungen auf das Kommen eines neuen Buddha[33] die von ihnen ausgeübte Gewalt religiös rechtfertigten. Festzuhalten ist also, daß nicht nur der Monotheismus ein Gewaltpotential zu haben scheint und daß aus dem Monotheismus wiederum wesentliche Impulse für eine religiös begründete Idee der Religionsfreiheit und Toleranz hervorgehen konnten.

Keinesfalls darf ich nach diesem kurzen Überblick über die Forschung, die für eine Überprüfung von Humes Hypothesen und damit einiger Topoi der Christentums- und Religionskritik von Bedeutung ist, den Anspruch erheben, den schottischen Denker nun empirisch umfassend widerlegt zu haben. Zwar glaube ich in der Tat, daß seine vier Thesen alle empirisch nicht haltbar sind, aber in der einschlägigen Forschung gibt es bezogen auf sie nur selten einhelligen und definitiven Konsens und keinesfalls wurden die Gründe für einen solchen hier umfassend entwickelt. Doch auf die empirische Widerlegung (oder Bestätigung) von Hume in einem abschließenden Sinn kommt es an dieser Stelle auch nicht an. Es ist zudem völlig klar, daß sein empirischer Kenntnisstand, verglichen mit dem heutigen, sehr begrenzt war. Als Bibliothekar hatte er umfassenden Zugang zu überkommenen Werken aus der griechischen und römischen Antike, auf die er auch laufend Bezug nahm. Über nichteuropäische Kulturen wußte er wohl einiges aus Reiseberichten – von denen er aber keinen einzigen mit Namen nannte –, aber was er wußte, war für das Projekt einer Universalgeschichte der Religion offensichtlich völlig unzulänglich. Wenn er die hochentwickelten Kulturen Indiens und Japans als »wilde und unwissende Völker« (S. 59) bezeichnete, dann empfinden wir dies heute aus guten Gründen als engstirnig und eurozentrisch, doch als

33 Bernard Faure, »Afterthoughts«, in: ebd., S. 211-225, hier S. 221.

Vorwurf wären diese Formulierungen anachronistisch. Außerdem ist es ja kein Wunder, daß der Initiator einer methodologischen Neuerung nicht selbst imstande ist, gleich auch eine umfassende und empirisch abgesicherte Theorie zustande zu bringen. Entscheidend ist vielmehr der genaue Charakter dieser methodischen Innovation. So wenig umstritten ist, daß Humes Schrift epochale Bedeutung zukommt, so sehr weichen doch die Meinungen voneinander ab, wie genau diese zu verstehen ist. Gerade auch einige der besten Hume-Kenner stellen in Frage, ob man seine Arbeit überhaupt als empirisch-historisch bezeichnen sollte. Dafür sei sie zu anekdotisch und abstrakt,[34] selbst nach den Maßstäben des achtzehnten Jahrhunderts. Da Hume gewiß nicht geduldig deskriptiv vorgegangen sei und noch nicht einmal die zeitgenössisch vorliegende empirische Literatur umfassend ausgewertet habe, gebe es keinen Grund, seine *Naturgeschichte der Religion* der Religionsgeschichtsschreibung im konventionellen Sinn zuzurechnen.[35] Es handle sich eher um eine philosophische Darstellung der Bedingungen für eine adäquate Religionsgeschichtsschreibung.[36]

Diese Sichtweise könnte zwar erklären, warum es in der Tat bedeutende Darstellungen der Religionswissenschaft des achtzehnten Jahrhunderts gibt, in denen Hume schlicht fehlt.[37] Aber sie ist doch, wie mir scheint, viel zu defensiv; Humes empirische oder auch methodische Mängel werden hier der Kritik dadurch entzogen, daß sein Anspruch einfach radikal zurückgenommen wird. Treffender scheint es mir, Hume in der Tat die Entwicklung einer »Methodik der empirischen Geschichte«[38]

34 Malherbe, »Hume's ›Natural History of Religion‹«, S. 263.

35 So Beauchamp, »The Intellectual Background«, S. 226.

36 Malherbe, »Hume's ›Natural History of Religion‹«, S. 267.

37 Z. B. Stroumsa, *A New Science.*

38 So Ernst Troeltsch in einer scharfsinnigen Rezension von Julius Goldstein, *Die empiristische Geschichtsauffassung David Humes mit Berücksichtigung moderner methodologischer und erkenntnistheoretischer Probleme. Eine philosophische Studie*, Leipzig 1903, ursprünglich in: *Histo-*

zuzuschreiben, zugleich aber mit deren Vorzügen auch deren Mängel wahrzunehmen. Epochal war der Versuch, auch die Universalgeschichte der Religion der vorbehaltlosen empirischen Untersuchung zu öffnen. Die konkrete Gestalt, die dieser Öffnungsversuch annahm, war aber von der Spezifik von Humes psychologischen Annahmen geprägt. Diese erlaubten es zwar, Regelmäßigkeiten des Auftretens von kausalen Zusammenhängen psychischer Elemente festzustellen; an eigentlich schöpferischen Prozessen und der Selbständigkeit ideeller Gehalte aber mußte ein so begründetes Vorgehen scheitern. Diese Einschränkung ergibt sich allerdings keineswegs zwingend aus Humes Innovation selbst. Meine These an dieser Stelle ist also nicht, daß Humes Methode über alle Kritik erhaben sei oder daß seine einzelnen Thesen empirisch widerlegt seien – obwohl sie dies vermutlich sind –, sondern daß es wichtig ist, seine Befunde empirisch zu überprüfen, daß dies aber auch möglich ist und daß seine Methode gerade die Möglichkeit dazu eröffnet hat. Ich will die Auseinandersetzung mit Hume als erstes Anzeichen dafür verstanden wissen, daß die unterschiedlichen Ausgangspunkte von Gläubigen oder Nichtgläubigen nicht einfach auf die Ergebnisse religionswissenschaftlicher Forschung durchschlagen müssen, sondern daß es in der Tat jenseits der Gegensätze die Möglichkeit gibt, sich über Sachverhalte und Erklärungen sachlich zu verständigen.

---

rische Zeitschrift N. F. 56 (1904), S. 477-482, jetzt in: Ernst Troeltsch, *Rezensionen und Kritiken (1901-1914)*, hg. von Friedrich Wilhelm Graf in Zusammenarbeit mit Gabriele von Bassermann-Jordan, Berlin 2004 (= *Kritische Gesamtausgabe*, Bd. 4), S. 330-336, hier S. 334.

Ein zweites, noch viel stärkeres Anzeichen dafür finden wir, wenn wir die Rezeption von Humes Schrift in verschiedenen europäischen Ländern in der zweiten Hälfte des achtzehnten Jahrhunderts in den Blick nehmen. Schon zwei Jahre nach dem englischsprachigen Original erschienen eine französische und eine deutsche Übersetzung. Im vorrevolutionären Frankreich war Humes Popularität unter Christentums- oder Religionskritikern so groß, daß er bei seinem Aufenthalt in Paris – wie er in einem Brief nach Hause berichtete – »nur Nektar trinke und Ambrosia esse, Weihrauch atme und über Blumen wandle«.[39] Seine *Naturgeschichte der Religion* wurde dort ursprünglich von Voltaire und Denis Diderot[40] mit Interesse, aber auch Kritik aufgenommen, dann aber von radikalen Religionskritikern zunehmend als eine Art empirischer Nachweis dafür genommen, daß Religionen freies Denken ersticken und gesellschaftlichen Fortschritt verhindern, also endlich zu überwinden seien. Dabei geriet in Vergessenheit, daß der Skeptiker Hume, der eher agnostisch als atheistisch war,[41] einen materialistischen Dogmatismus so sehr fürchtete wie einen religiösen. Für ihn war alle »Schwärmerei« oder »Raserei« ein Rückfall ins Animalische; sein Lob galt einer gemäßigten Lebensführung und einem stoischen Rückzug aus öffentlichen Kämpfen in das »ruhige, wenn auch dunkle Gebiet der Philosophie« (S. 72). In seinen Memoiren hat Humes Freund Gibbon dessen Ablehnung der französischen materialistischen Philosophen wie d'Holbach und Helvétius ganz deutlich gemacht: »Sie lachten über den

39 David Hume, *Letters*, Bd. 1, S. 416, zitiert nach Gerhard Streminger, *David Hume. Der Philosoph und sein Zeitalter*, München 2011, S. 467.

40 Nähere Angaben bei Beauchamp (Hg.), *A Dissertation*, S. CXVII (zu Diderot) bzw. S. CXXIX (zu Voltaire).

41 Humes Verständnis von »true religion« wird heute neu aufgenommen bei: André C. Willis, *Toward a Humean True Religion. Genuine Theism, Moderate Hope, and Practical Morality*, University Park 2015.

Skeptizismus von Hume, predigten die Lehren des Atheismus mit der Selbstgerechtigkeit von Dogmatikern und verdammten alle Gläubigen, indem sie sie der Lächerlichkeit und Verachtung preisgaben.«[42] Der arme Hume, schrieb einer seiner Freunde in einem Brief aus Paris, werde jenseits des Ärmelkanals wegen eines Mangels an Religion kritisiert, gelte diesseits aber als noch zu religiös.[43]

Die britische Rezeption blieb in dieser Hinsicht näher an Hume. Hier führte sein Buch zu einer reichen Tradition positivistisch-evolutionistischer Religionsgeschichtsschreibung[44] bei Herbert Spencer und anderen, die sich in religiöser Hinsicht agnostisch verstand, in deren Fluchtlinie auch eine Soziologie der Moral lag, die Normen aus gesellschaftlichen Bedürfnissen und Herrschaftsverhältnissen »abzuleiten« versuchte. Aus der Perspektive der empirischen Forschung, die von dieser Tradition hervorgebracht wurde, konnte Humes Anstößen zwar Respekt gezollt werden; letztlich aber wurde es eben als zu wenig empirisch empfunden. Charakteristisch ist der Rückblick auf Humes Werk, den wir etwa hundert Jahre später in Henry Thomas Buckles berühmter *Geschichte der Civilisation in England* finden.[45] Er nennt die *Naturgeschichte der Religion* mit einem vergifteten Kompliment »ein bewunderungswürdiges Beispiel der deduktiven Methode«, deren Fehler es eben sei, die Resultate für sicher zu halten, »die diese Methode über einen solchen Gegenstand erbringen konnte«. Die äußerst selektive Berücksichtigung von Tatsachen und ihre nur illustrative Rolle

---

42 Zitiert nach Weber, *David Hume und Edward Gibbon*, S. 96 f., Anm. 66 (Übersetzung H. J.).

43 Sir James Macdonald, Brief vom 6. Juni 1764, zitiert nach Willis, *Toward a Humean True Religion*, S. 1.

44 Vgl. dazu die Darstellung bei Ernst Troeltsch, »Der Deismus«, in: ders., *Aufsätze zur Geistesgeschichte und Religionssoziologie. Gesammelte Schriften*, Bd. 4, Tübingen 1925, S. 429-487.

45 Henry Thomas Buckle, *Geschichte der Civilisation in England*, Bd. 2, Leipzig 1874 (Original: 1861), S. 460-464, hier S. 461.

in einer letztlich spekulativen Argumentation werden Hume vorgeworfen.

Der spannendste Fall aber ist Deutschland. Weithin bekannt ist hier nur, daß Kant auf Hume als den verwies, der ihn durch seinen erkenntnistheoretischen Skeptizismus aus dem dogmatischen Schlummer umfassenden Rationalitätsvertrauens aufgeweckt und damit erst in die Richtung seiner kritischen Philosophie bewegt habe. In der deutschen Philosophie ist angesichts der überragenden Stellung Kants die Rolle Humes damit oft auf die eines Vorläufers oder Stichwortgebers reduziert. Als Alternative zu Kant, gar als radikalere Version einer Rationalitätskritik und als Inspiration für nachkantsche philosophische Neuerungen wie den Pragmatismus kommt Hume dadurch nicht oder nur abwertend in den Blick.[46]

Dabei waren es zeitgenössisch nicht vorrangig Skeptiker, Religionskritiker oder Materialisten, die sich in Deutschland für Humes Philosophie insgesamt und seine *Naturgeschichte der Religion* begeisterten, sondern leidenschaftliche Vertreter und Verteidiger des Christentums wie Johann Georg Hamann, Johann Gottfried Herder und Friedrich Heinrich Jacobi. Hamann übersetzte mehrere von Humes Schriften und machte ihn auch Kant erst zugänglich, Herder fertigte ein ausführliches Exzerpt des Werks an, Jacobi schrieb eine umfangreiche Auseinandersetzung mit Hume.[47]

46 In der Einleitung zu einer seiner Aufsatzsammlungen schrieb Arnold Gehlen, seine »empirische Philosophie« verteidigend, pointiert: »Für die deutsche Philosophie ist Sokrates von Plato verschlungen worden, haben Hobbes und Hume, W. James und Dewey vergebens gelebt.« (Arnold Gehlen, *Studien zur Anthropologie und Soziologie*, Neuwied 1963, S. 9).

47 Zu diesem Thema die ausgezeichnete Dissertation von Thomas Brose, *Johann Georg Hamann und David Hume. Metaphysikkritik und Glaube im Spannungsfeld der Aufklärung*, 2 Bde., Frankfurt/M. 2006. Herders Exzerpt findet sich in seinen *Sämtlichen Werken*, hg. von Bernhard Suphan, Bd. 32, Berlin 1899, S. 193-197. Auf Friedrich Heinrich Jacobi gehe ich nicht näher ein, da er sich zwar mit Hume, auch mit dessen *Dia-*

Wie war dies möglich? Handelt es sich hier um ein komplettes Mißverständnis, eine abwegige und reaktionäre Fehldeutung, eine bewußte »Konterrevolution in der Philosophie«[48] oder eine unbewußte Folge vielleicht der schlechten Englischkenntnisse in Deutschland? Durch einen einflußreichen Aufsatz Isaiah Berlins haben sich solcherlei Eindrücke in der englischsprachigen Welt durchgesetzt.[49] Ich glaube aber, daß diese Deutungen nicht zutreffen. Hamann etwa hatte beträchtliche Zeit in London verbracht, übrigens im Jahr 1758, als Humes Buch gerade erschienen war, und war sich nachweislich der Differenzen zwischen Humes Intentionen und seinen eigenen deutlich bewußt. Dieses Bewußtsein minderte aber weder bei ihm noch bei seinen deutschen Mitstreitern den Enthusiasmus für Hume. Warum? Drei Hauptgründe bieten sich dafür an. Der erste liegt auf erkenntnistheoretischem Gebiet. Hume hatte, wie erwähnt, in der *Naturgeschichte*, aber auch in anderen Schriften herausgearbeitet, daß »Glauben viel eigentlicher Akt des fühlenden als des denkenden Teils unserer Natur«[50] sei und daß wir in aller Erkenntnis auf fundamentale Gewißheiten – wie die hinsichtlich der Realität der Außenwelt – zurückgreifen, für die wir selbst keinen logischen Beweis haben. Ein solcher kognitiver (nicht religiöser) Glaube (*belief*, nicht *faith*) liege allem praktischen

---

logues Concerning Natural Religion, aber nicht mit der *Natural History* schriftlich auseinandergesetzt hat. (Mit Dank an Walter Jaeschke.) Auch Hegel kannte die *Natural History* und stützte sich auf sie: Norbert Waszek, »Hume, Hegel, and History«, in: *Clio* 14 (1985), S. 379-392, v. a. S. 383-385. Umfassend, aber nicht an der hier verfolgten Fragestellung orientiert: Günter Gawlick, Lothar Kreimendahl, *Hume in der deutschen Aufklärung. Umrisse einer Rezeptionsgeschichte*, Stuttgart 1987.

48 So die Formulierung von Frank Manuel, *The Eighteenth Century Confronts the Gods*, Cambridge, Mass., 1959, S. 285.

49 Isaiah Berlin, »Hume und die Quellen des deutschen Antirationalismus«, in: ders., *Wider das Geläufige. Aufsätze zur Ideengeschichte*. Frankfurt/M. 1982, S. 259-290.

50 David Hume, *A Treatise of Human Nature* (1739/40), Oxford 1978, S. 183.

Handeln, aber auch der wissenschaftlichen Forschung zugrunde. Hier nun sah etwa Hamann eine neue Chance für den religiösen Glauben. »Unser eigen Daseyn und die Existenz aller Dinge außer uns muß geglaubt und kann auf keine andere Art ausgemacht werden«, schrieb er in einem Brief an Jacobi am 27. April 1787.[51] Er verwechselt dabei nicht die Argumentationsebenen, bahnt aber einen Weg von der Rolle »subjektiver Evidenz« im Erkenntnisprozeß zur »subjektiven Evidenz« im religiösen Glauben, der eben wesentlich als gefühlsmäßige Gewißheit und nicht als rationale Akzeptanz von Lehrsätzen gedacht werden muß. Das zweite Motiv für die Zustimmung lag in Humes Abstand von allem einfachen Fortschrittsdenken, seinem antiteleologischen Geschichtsverständnis also, in dem wirklich Platz sein konnte für historisches Auf und Ab, für Aufstieg, Niedergang und Fall, für überraschenden Neubeginn, Bruch und Zusammenbruch. Gerade die Religionsgeschichte zwingt, nimmt man ihre empirische Vielfalt ernst und die Aufstiegsgeschichte des Christentums nicht einfach apologetisch als Siegeszug der Wahrheit, zu einer solchen neuen, den Historismus vorbereitenden Sicht. Es ist kein Wunder, daß Hume deshalb später – von Ernst Cassirer und Friedrich Meinecke – eine wichtige Rolle bei der »Entstehung des Historismus« zugesprochen wurde.[52]

Das dritte Motiv der Hume-Begeisterung aber ist das wichtigste. Es lag darin, daß diese deutschen Denker Humes psychologische Annahmen zum Ursprung der Religion als Herausforderung auffaßten, den literarischen Status religiöser Texte, insbesondere der Bibel, neu zu formulieren. Vor allem Herder machte sich nicht die vielfältige Ablehnung Humes seitens

51 Johann Georg Hamann, *Hauptschriften*, Bd. VII, Gütersloh 1956, S. 167-169.

52 Friedrich Meinecke, *Die Entstehung des Historismus*, Bd. 1, München, Berlin 1936, S. 208 ff. Die Idee schon bei Ernst Cassirer, *Die Philosophie der Aufklärung* (1932), Hamburg 2007, S. 237-239.

der theologischen Fachkollegen zu eigen, sondern akzeptierte uneingeschränkt, daß ein Abschied von der orthodoxen Vorstellung einer direkten göttlichen Inspiration jedes Bibelworts nötig sei.

Wie Hamann schon Humes Ablehnung der »Wunder« in einen Sinn für das Wunderbare an der Tatsache der Schöpfung selbst und jeder individuellen Existenz transformiert hatte, so nahm sich Herder vor, Humes Bild der Urgeschichte der Religion eine Alternative entgegenzusetzen, ohne in die Vorstellung einer supranaturalen Inspiration sakraler Texte zurückzufallen. Das versuchte er speziell am Buch Genesis vorzuführen, da er mit vielen Zeitgenossen annahm, daß es sich bei diesem Text tatsächlich um die »Älteste Urkunde des Menschengeschlechts« – so der Titel von Herders umfangreicher Schrift[53] – handelte. Das ist natürlich, wie wir heute wissen, empirisch nicht haltbar, entwertet aber keineswegs von vornherein Herders Leistung, seine methodologische Innovation über Hume hinaus. Herders Idee bestand darin, den Begriff »Poesie« in die Urszene der Religionsgeschichte einzuführen und Hume ein Unverständnis für Poesie vorzuhalten. Schon Hamann hatte in Anknüpfung an Humes Rationalitätskritik und gleichzeitiger Zurückweisung von dessen Religionsskepsis von der »Poesie als der

53 In: Johann Gottfried Herder, *Schriften zum Alten Testament* (= *Werke*, Bd. 5), Frankfurt/M. 1993, S. 179-660. Dieser Band enthält nicht nur diese Schrift (ursprünglich veröffentlicht 1774), sondern auch eine erst 1980 wiederentdeckte Vorfassung und die Arbeit »Vom Geist der Ebräischen Poesie« sowie sehr wichtige Erläuterungen des Herausgebers Rudolf Smend. In meiner Interpretation stütze ich mich insbesondere auf das ausgezeichnete Buch von Christoph Bultmann, *Die biblische Urgeschichte in der Aufklärung. Johann Gottfried Herders Interpretation der Genesis als Antwort auf die Religionskritik David Humes*, Tübingen 1999 (dort S. 120f. auch Informationen über die theologische Kritik an Hume in Herders Zeit). Außerdem: Hans Frei, *The Eclipse of Biblical Narrative. A Study in Eighteenth and Nineteenth Century Hermeneutics*, New Haven 1974, S. 183-201 (»Herder on the Bible: The Realistic Spirit in History«).

Muttersprache des menschlichen Geschlechts«[54] gesprochen und unterstellt, diese sei in der biblischen Offenbarung, insbesondere in den Büchern Mose, für uns greifbar. Herder selbst hatte schon früh dem Ausdruckscharakter der menschlichen Sprache und den Spezifika poetischen Redens besondere Aufmerksamkeit geschenkt. »Poesie« sollte dabei heißen, daß Menschen nicht umhinkönnen, intensive existentielle Erfahrungen symbolisch zu artikulieren. Solche »Poesie« ist nicht eine unreife Vorform wissenschaftlicher Erkenntnis und die Schöpfungsgeschichte nicht eine empirisch gescheiterte paläontologische Theorie. Wir hören heute vermutlich stärker als zu Herders Zeit in den Begriff der Poesie die Bedeutungskomponente bloßer Fiktionalität hinein, aber wir müssen bedenken, daß Herder die später üblicher gewordenen Begriffe »Mythos« und »Mythologie« in ihrer wertfreien Bedeutung für das Gemeinte noch nicht eindeutig zur Verfügung standen. Die Begriffe finden sich zwar bei ihm, aber mit schwankender Bedeutung.[55] Der die Welt erfahrende Mensch wird demnach als ein Sinneswesen gedacht, das die Sinnenwelt selbst als die Schöpfung eines »Urpoeten« (Hamann) erlebt und sich in dem Bewußtsein um Ausdruck bemüht, daß sein Ausdruck, auch der poetisch gelungenste Hymnus etwa, an die Größe und Kraft des Schöpfers nie heranreicht. Der Mensch muß deshalb Bilder für die erfahrene Kraft gebrauchen, welche nicht geringeren Wert haben als eine begriffliche Sprache. Während Hamann dabei die theologische Denkfigur der »Kenosis« bemüht, das heißt die Schöpfung als Entäußerung und freiwillige Selbstbeschränkung Gottes denkt, betont Herder stärker die anthropologischen Konsequenzen, die sich aus der Gottesebenbildlichkeit des Menschen erge-

---

54 In seiner »Aesthetica in nuce«, zitiert nach Brose, *Johann Georg Hamann und David Hume*, S. 41.

55 Vgl. dazu den Artikel »Mythos, Mythologie« von Axel Horstmann, in: Joachim Ritter, Karlfried Gründer (Hg.), *Historisches Wörterbuch der Philosophie*, Bd. 6, Basel 1984, Sp. 281-318, hier Sp. 288f.

ben.[56] Damit wird es möglich, die christlichen Lehren konsequent anthropologisch neu zu deuten und anderen Religionen eine vergleichbare Wucht des symbolischen Ausdrucks menschlicher Erfahrungen der Selbsttranszendenz zuzusprechen. Das bedeutete einen ganz neuen Impuls zunächst für die Exegese des Alten Testaments, dann aber für die Wissenschaft von der Religion überhaupt.

Schon für die Zeitgenossen war es freilich nicht leicht, das fundamental Neue in Herders Schrift vollständig zu erfassen. Das lag gewiß wesentlich daran, daß Herder selbst nicht begrifflich über die Möglichkeiten poetischer und religiöser Sprache redete, sondern seine Gedanken in einer enthusiastischen Rhetorik präsentierte, die seinen Freund Goethe von »dämmerndem, wetterleuchtendem hier und da morgenfreundlich lächelndem Orphischen Gesang«[57] sprechen ließ. Herder konnte also an den »vortrefflichen Hume«[58] anknüpfen, wenn er alle Religion vom Menschen aus verstehen wollte, zugleich aber Humes religionskritisches Programm scharf ablehnen,[59] da es für ihn auf einem unangemessenen Verständnis von Sprache und Ausdruck, Tradition und Geschichte beruhte. Aus Humes Naturgeschichte der Religion wurde bei Herder das Programm einer historischen Hermeneutik aller Religion, ein Programm, das Ernst Troeltsch

---

56 Darüber kam es zum Streit zwischen Hamann und Herder. Vgl. die Rekonstruktion bei Brose, *Johann Georg Hamann und David Hume*, S. 486-501.

57 Johann Wolfgang von Goethe, Brief an Schönborn vom 8. 6. 1774, zitiert nach Smend, in: Herder, *Schriften zum Alten Testament*, S. 1373. Auch Goethe selbst war von Hume und Herders Auseinandersetzung beeinflußt. So argumentiert zumindest in seiner Interpretation von Goethes Prometheus-Ode: David Wellbery, »Die Imagination der Freiheit. Goethe als Zeitgenosse Hegels«, in: Axel Honneth, Gunnar Hindrichs (Hg.), *Freiheit. Stuttgarter Hegel-Kongress 2011*, Frankfurt/M. 2013, S. 31-54. An dieser Stelle möchte ich anmerken, daß ich diesem Aufsatz meines Chicagoer Kollegen einen wesentlichen Impuls für die Abfassung dieses Kapitels verdanke.

58 Herder, »Älteste Urkunde«, S. 254, Anm. 9.

59 Ebd., S. 287f.

noch im Jahr 1903, mehr als ein Jahrhundert später, »das modernste Programm einer religionsgeschichtlichen Theologie«[60] nennen konnte. Herder nahm Humes epochalen Neuansatz damit nicht zurück, sondern trieb ihn weiter.

Ohne also Hume mißzuverstehen oder zu verzerren, fanden diese deutschen Denker in ihm einen Bundesgenossen in ihrem Widerstand gegen den Rationalismus der Aufklärung und dessen rasche Identifikation des Christentums mit einer zeitlosen rational-universalen Moral. Im Projekt einer empirischen Universalgeschichte der Religion sahen sie eine Chance, den christlichen Glauben zu reinigen oder zu »verjüngen«,[61] weil auf diesem Weg das Selbstmißverständnis der Dogmatik überwunden werden und ein symbolbezogenes Verständnis des Menschlichen entwickelt werden konnte. Da über Gott nicht wie über ein Ding in der Welt gesprochen werden kann, ist die reflexive Brechung nötig – die Reflexion auf die, die da sprechen, und auf die Möglichkeiten ihres Sprechens. »Offenbarung« und Historizität der biblischen Religion erhielten damit einen neuen Sinn. Hume und einige seiner Anhänger überzogen ihr Blatt, sobald sie aus dem Projekt einer »Naturgeschichte« der Religion die Stütze einer prinzipiell religionsfeindlichen neuen Metaphysik des Naturalismus zu machen versuchten. Das empirische Studium der Religion darf eben nicht zum Opfer spezifischer religiöser oder säkularistischer Annahmen gemacht werden. Es kann von diesen allerdings auch nicht freigehalten werden. Es muß vielmehr die Arena fruchtbaren Austauschs über sie sein.

Die Beschäftigung mit David Hume und den vielfältigen Fol-

60 Ernst Troeltsch, »Religionswissenschaft und Theologie des 18. Jahrhunderts«, zuerst in: *Preußische Jahrbücher* 114 (1903), S. 30-56, jetzt in: ders., *Schriften zur Religionswissenschaft und Ethik (1903-1912)*, hg. von Trutz Rendtorff in Zusammenarbeit mit Katja Thörner (= *Kritische Gesamtausgabe*, Bd. 6.1), Berlin 2014, S. 69-95, hier S. 95.

61 Hermann August Korff, *Geist der Goethezeit*, Leipzig ²1966, Bd. 1, S. 108.

gen seiner methodischen Innovation, vor allem auch denen bei Herder, ist wichtig nicht nur aus diesem Grund, sondern auch, weil sie die simple Frontstellung Aufklärung versus Religion gleich in mehreren Richtungen überwindet. Weder waren alle Religiösen Vertreter eines supranaturalistischen und apologetischen Offenbarungspositivismus, noch waren alle Aufklärer antireligiös, noch alle antireligiösen Aufklärer Anhänger der Vorstellung einer natürlichen Religion. Dadurch konnte es zu überraschenden Bündnissen und Argumentationsverknüpfungen kommen, aus denen eine empirisch orientierte Wissenschaft von der Religion hervorging, die wiederum die Theologie unter Druck setzen mußte. Selbstverständlich fand die eigentliche Ausfaltung des neu Entstandenen, das heißt, fanden eine umfassendere Erforschung der Vielfalt individueller und kollektiver religiöser Erfahrung und Deutung, die wirkliche Berücksichtigung der verschiedenen Religionstraditionen, auch die ernsthafte soziologisch-historische Erforschung der Geschichte des Christentums innerhalb und außerhalb der Theologie erst später, das heißt im neunzehnten Jahrhundert, statt. Aber in dieser Geburtsstunde einer methodisch reflektierten Universalgeschichte der Religion stellten sich einige der fundamentalen Probleme in besonderer Klarheit. Herders Vorgehen konnte zwar den Eindruck erwecken, als sei er vom Extrem eines dogmatischen Offenbarungsverständnisses und Wahrheitsbesitzes nur ins andere Extrem verfallen, nämlich das einer rein ästhetischen Würdigung aller religiösen Ausdrucksformen unter relativistischer Vernachlässigung der Fragen von Geltung und Wahrheit. Aber das ist keineswegs der Fall. Der Eindruck kann nur entstehen, wenn die vorhin als empirisch unhaltbar bezeichnete Annahme, in den Schöpfungsgeschichten des Buches Genesis liege wirklich das älteste Zeugnis der Menschheitsgeschichte vor, ignoriert wird. Bei Herder diente die Annahme, daß im Buch Genesis die wirkliche Erinnerung der Menschheit an Gottes Schöpfungshandeln nachklinge, dazu, den Ursprung aller Religion in einer unbestreitbaren göttlichen Offenbarung nachzuweisen. Diese Annahme kann zwar vom Programm einer historischen Hermeneutik aller Religion abgelöst werden, was aber dann die Geltungsproblematik gegen Herders Argumentationsabsicht wieder als ungelöste aufwirft. Seine umfangreiche Bemühung, den historischen Primat der jüdischen vor der ägyptischen Religion nachzuweisen,[62] stellte also keine bloße Idiosynkrasie dar. Sie war vielmehr Teil dessen, was ihn selbst von einem »historischen genetischen Beweise«[63] sprechen ließ.

Damit begegnen wir bei Herder einem Problem, das auch für die Würdigung von Humes Schrift kennzeichnend ist. Offensichtlich scheint ja, daß Hume mit ihr zur Lockerung der Bindung seiner Leser an den christlichen Glauben oder an alle Religion beitragen wollte. Doch ist keineswegs ebenso klar, wie er sich diese Wirkung genau vorgestellt hat. Gerade Hume mit seinem nichts weniger als rationalistischen Menschenbild und seinem geringen Vertrauen in die Durchsetzungskraft rationaler Argumentation dürfte nicht gedacht haben, seine Schrift übe einen unwiderstehlichen logischen Zwang aus, die Irrationalitäten des Glaubens endlich hinter sich zu lassen. Doch die Mühe, steile Thesen zur Universalgeschichte der Religion zu entwickeln, dürfte er sich kaum gemacht haben, wenn er keinerlei Wirkung von ihnen auf das Selbstverständnis der Gläubigen erwartet hätte.[64] Treffender ist wohl die Vorstellung, daß er auf

62 Dazu Bultmann, *Die biblische Urgeschichte*, S. 165-169.

63 Herder, »Älteste Urkunde«, S. 289.

64 Ich widerspreche damit sowohl Yandell, der eine Folgenlosigkeit für möglich hält, wie O'Connor, der – übrigens ganz unbesorgt um die empirische Berechtigung von Humes Thesen – eine »rationale Destabilisierung« des Glaubens für zwingend hält: Keith Yandell, *Hume's »Inexplicable Mystery«. His Views on Religion*, Philadelphia 1990, S. 340; David O'Connor, »Psychological Explanations of Religious Belief«, in: Alan Bailey, Dan O'Brien (Hg.), *The Continuum Companion to Hume*, London 2012, S. 265-278. Energisch entwickelt die These, daß diese Destabilisierung Humes Absicht gewesen sei: P. J. E. Kail, »Understanding Hume's Natural History of Religion«, in: *The Philosophical Quarterly* 57 (2007), S. 190-211. Yandell hat seine Sicht weiterentwickelt in: ders.,

die Affekte der Leser zielte, die durch den Nachweis von Absurditäten und schädlichen Folgen vom Glauben abgebracht werden könnten und denen eine Darstellung der Entstehungsgeschichte von Religion die Augen öffnen würde für das, was sie da im Banne hält. Man könnte so in Hume einen Vorläufer der destruktiven, Bindungen erschütternden Genealogien von Nietzsche und Foucault, in Herders »historisch-genetischem Beweis« hingegen einen Ahnherrn des konstruktiven oder affirmativen, Bindungen sogar verstärkenden Gegenstücks dazu sehen.[65] Aber von beiden läßt sich nicht behaupten, sie hätten die sich hier stellenden Fragen klar durchdrungen.

Die Religionsgeschichtsschreibung als eine empirische Wissenschaft erweist sich damit – so lassen sich diese Überlegungen vorläufig zusammenfassen – als möglich; sie steht aber auch notwendig in einem Spannungsfeld zwischen Religionskritik und Apologetik, ohne daß ihre ersten Vertreter sichere Führung für ihre Nachfolger auch in dieser Hinsicht hätten bieten können. Weiterhelfen kann in dieser Lage nur eine gegenüber Hume verbesserte psychologische Analyse derjenigen menschlichen Erfahrungen, auf denen religiöser Glaube beruht, einerseits, und andererseits eine über Herder hinausgehende Aufschlüsselung der Medien des Ausdrucks, der Zeichenhaftigkeit der Artikulation solcher Erfahrungen. Diesen Aufgaben und zugleich einer anderen Disziplin in den Wissenschaften von der Religion, nämlich der Psychologie, wendet sich das nächste Kapitel zu. Auch dort wird zusätzlich nach dem Verhältnis von empirischer Wissenschaft und dem Geltungsanspruch religiöser Rede zu fragen sein. Weder darf ja

»Hume's ›Natural History of Religion‹«, in: Paul Russell (Hg.), *The Oxford Handbook of Hume*, Oxford 2016, S. 646-659.

65 Vgl. Hans Joas, »Weder Kant noch Nietzsche. Was ist affirmative Genealogie?«, in: ders., *Die Sakralität der Person. Eine neue Genealogie der Menschenrechte*, Berlin 2011, S. 147-203.

auf diesen Geltungsanspruch einfach verzichtet werden, noch läßt sich das Problem durch seine schlichte Einklammerung lösen.[66]

66 Eine scharfsinnige Argumentation zur Unverzichtbarkeit des Geltungsanspruchs hat in einem klassisch gewordenen Aufsatz vorgelegt: Alasdair MacIntyre, »Läßt sich das Verstehen von Religion mit religiösem Glauben vereinbaren?« (1964), in: Hans G. Kippenberg, Brigitte Luchesi (Hg.), *Magie. Die sozialwissenschaftliche Kontroverse über das Verstehen fremden Denkens*, Frankfurt/M. 1978, S. 52-72.

2
Religiöse Erfahrung und die Lehre von den Zeichen

Nicht bei der Geschichte der Religion durch alle Zeiten und Kulturen hindurch, sondern bei den in jeder Gegenwart und Kultur möglichen, die Menschen überwältigenden oder tiefergreifenden intensiven Erfahrungen, die unter Umständen als »religiöse« Erfahrungen bezeichnet werden, setzt ein anderer Versuch ein, sich dem Phänomen des Religiösen zu nähern und es zum Gegenstand wissenschaftlicher Analysen zu machen: die Religionspsychologie. Selbstverständlich enthalten sowohl Theologie wie Religionskritik immer schon psychologische Annahmen. Die Religionen speichern ein vielfältiges Wissen über solche Erfahrungen und ihre Rolle bei der Entstehung und Weitergabe, Stärkung und Schwächung religiösen Glaubens, wenn sie denn einen individualisierten Glauben überhaupt von Ritualpraxis und Tradition unterscheiden. In den sogenannten mystischen Strömungen und Religionsvarianten oder etwa in Pietismus und Methodismus werden erfahrungszentrierte Formen des religiösen Lebens gegen die Starre von Institutionen oder orthodoxen Lehrgebäuden ausgespielt. Zwischen dem dabei entwickelten Verständnis von Erfahrung und den Prämissen der dominanten Strömungen neuzeitlicher Erkenntnistheorie besteht ein enormes Spannungsverhältnis, da sich die Besonderheiten mystischer Erfahrung gar nicht mehr formulieren lassen, wenn die Erfahrung ausschließlich im Sinne einer inneren, auf Erkenntnis zielenden Verarbeitung von außen einströmender Sinnesreize gedacht wird. Eine Religionspsychologie, die den Besonderheiten religiöser Erfahrungen wirklich gerecht werden will und sie nicht einfach einem vorgefaßten Verständnis möglicher Erfahrungen unterwirft, kann deshalb gar nicht anders, als mit Reflexionen darüber einzusetzen, was dies denn prinzipiell für Erfahrungen seien. Sie muß ihren Ausgangspunkt erst finden und steht dabei vor demselben Problem, das auch den Beginn einer empirisch fundierten Religionsgeschichtsschreibung kennzeichnete. Es muß darum gehen, diese Religionspsychologie so anzulegen, daß sie weder einfach bestimmte theologische Deutungen religiöser Erfahrungen apologetisch übernimmt noch religionskritisch die religiösen Erfahrungen auf etwas zurückführt, was besser ohne alle Religion gedeutet werden kann. Die Frage in unserem Zusammenhang ist eben, ob es eine solche Ebene der Analyse religiöser Erfahrung überhaupt geben kann und was sich, wenn es sie gibt, auf ihr über religiöse Erfahrungen und ihre Deutung aussagen läßt.

Das bedeutendste Werk, das sich diesen Fragen in klassischer Weise gestellt hat, ist das Buch *The Varieties of Religious Experience*, das William James 1902 vorgelegt hat. William James war ein brillanter Schriftsteller; sein Buch hat auch mehr als einhundert Jahre nach seiner Veröffentlichung nichts von seiner ursprünglichen Frische verloren und ist zumindest in der englischsprachigen Welt zu einem wahren Klassiker auch für ein breites Publikum geworden. Es wäre zu eng, es nur als einen Beitrag zur Psychologie der Religion aufzufassen. In ihm steckt vielmehr die Inauguration einer methodologischen Revolution in der Erforschung der Religion in einem viel allgemeineren Sinn, da es die empirische Untersuchung religiöser Erfahrung zum wahrhaft fruchtbaren Ausgangspunkt für ein Verständnis von Religion erklärt. Nach einer knappen Darlegung, worin diese Revolution besteht, gehe ich in einem längeren Exkurs auf einen Denker zurück, der aus guten Gründen als einer der größten Theologen überhaupt gilt und dem manche den Schritt schon zuschreiben, für den hier William James als Urheber genannt wird: Friedrich Schleiermacher. Die leitende Frage dabei ist, ob Schleiermacher und James wirklich einander so ähnlich waren und James vielleicht nur aufnahm, was von Schleiermacher kam. In der Hauptsache geht es in diesem Kapitel aber um etwas anderes, nämlich darum, einen wesentlichen Schritt zu erörtern, der im Kontext der philosophischen Schule, die James selbst verkörperte – des amerikanischen Pragmatismus –, über James hinausgegangen wurde. Religiöse Erfahrungen müssen ja immer auch gedeutet werden; die Psychologie der religiösen Erfahrung bedarf deshalb der Verknüpfung mit einer Theorie der Artikulation oder Interpretation von Erfahrungen, welche sich im amerikanischen Kontext bei James selbst noch nicht findet. Erst mit dieser Verknüpfung von Religionspsychologie und Semiotik, der Lehre von den Zeichen, entsteht hier – so meine These – ein angemessener Denkansatz. Dieser stellt, wie sich zeigen wird, auch die Frage nach der Geltung von Aussagen, die aus religiöser Erfahrung erwachsen, auf eine neue Grundlage. Er ist also sowohl für ein empirisch angemessenes Verständnis religionspsychologischer Fragen als auch für eine philosophisch adäquate Konzeption des Wahrheitsanspruchs religiöser Rede fundamental.

Die Wende zur Erfahrung im Studium der Religion

Worin bestand die Besonderheit des Vorgehens von William James?[1] Es ist nicht übertrieben, James die Konstitution des wissenschaftlichen Untersuchungsgegenstands »religiöse Er-

1 Ich habe dies ausführlicher dargestellt in: Hans Joas, *Die Entstehung der Werte*, Frankfurt/M. 1997, v.a. S. 72-86; ein wenig lehne ich mich hier an die damals gefundenen Formulierungen an. Dort finden sich auch zahlreiche Angaben zur Sekundärliteratur. Aus der seither erschienenen Literatur möchte ich hervorheben: David C. Lamberth, *William James and the Metaphysics of Experience*, Cambridge 1999; Christoph Seibert, *Religion im Denken von William James*, Tübingen 2009; Felicitas Krämer, *Erfahrungsvielfalt und Wirklichkeit. Zu William James' Realitätsverständnis*, Göttingen 2006, v.a. S. 81-142; Michael Hampe (mit Felicitas Krämer), »Befreiende Erfahrungen. Religion bei William James«, in: ders., *Erkenntnis und Praxis. Zur Philosophie des Pragmatismus*, Frankfurt/M. 2006, S. 254-291. Ganz unplausibel ist mir aber dort

fahrung« zuzuschreiben. Der Ausdruck »religious experience« fand sich schon vor James häufig in religiösen Autobiographien vornehmlich amerikanischer Protestanten. Aber erst bei James wurde der Begriff aus allen spezifischen religiösen Traditionen und theologischen Kontexten gelöst und als Gegenstand psychologischer Analyse über all diese Unterscheidungen hinweg gedacht.[2] James erfand nicht die Subdisziplin »Religionspsychologie«, sondern griff ganz offenbar auf die Materialien und Theorien mehrerer Vorläufer zurück. Zieht man Versuche aus derselben Zeit heran, denen es um die Verteidigung der »Selbständigkeit der Religion«[3] gegen alle säkularistischen Reduktionismen und spekulativen Verflüchtigungen zu tun war, dann sieht man, auf welche vielfältigen Bestrebungen schon Ende des neunzehnten Jahrhunderts zurückgegriffen werden konnte. Es ist deshalb kein Wunder, daß James' Buch gleich nach seinem Erscheinen ein breites, äußerst lebendiges Echo fand – nicht nur in den USA, sondern auch in Europa. Max Weber und Ernst Troeltsch, Émile Durkheim und Henri Bergson, Rudolf Otto und Paul Tillich, Max Scheler und Ludwig Wittgenstein – um nur die wichtigsten zu nennen – wurden von James tief beeinflußt. In der Theologie gab es eine Fülle teils enthusiastischer, teils kritischer

---

(S. 288) die These, daß James »eine immanentistische und keine Transzendenzkonzeption des Göttlichen vertrete«. Vgl. dazu unten, Kap. 5, Anm. 13. M. E. geht es James um die immanenten Folgen transzendenzbezogenen Handelns. Außerdem die so umfassende wie ausgezeichnete Biographie: Robert D. Richardson, *William James. In the Maelstrom of American Modernism*, Boston 2006.

2 So Ann Taves, *Fits, Trances, and Visions. Experiencing Religion and Explaining Experience from Wesley to James*, Princeton 1999, S. 351.

3 Ernst Troeltsch, »Die Selbständigkeit der Religion«, in: *Zeitschrift für Theologie und Kirche* 5 (1895), S. 361-436, und 6 (1896), S. 71-110 sowie S. 167-218, jetzt in: ders., *Schriften zur Theologie und Religionsphilosophie (1888-1902)* (= *Kritische Gesamtausgabe* [KGA], Bd. 1), hg. von Christian Albrecht in Zusammenarbeit mit Björn Biester, Lars Emersleben und Dirk Schmid, Berlin 2009, S. 364-535; dazu Hans Joas, »Die Selbständigkeit religiöser Phänomene. Ernst Troeltsch als Vorbild der Religionsforschung«, in: *Fuge* 6 (2010), S. 15-28.

Stellungnahmen und Kontroversen über das Verhältnis solcher religionspsychologischer Empirie zur theologischen Dogmatik.[4]

Am besten erkennt man die Ursachen für die Anziehungskraft von James' Buch und die von ihm ausgelösten Irritationen, wenn man sich vor Augen hält, wovon sich sein Vorgehen abgrenzt. Seine »Wende zur Erfahrung« unterscheidet sich radikal von zwei anderen, lange Zeit dominierenden Vorgehensweisen in der wissenschaftlichen Beschäftigung mit Religion: der Befassung mit Religionen vornehmlich als Lehrgebäuden einerseits, als sozialen Institutionen andererseits. Man würde James mißverstehen, würde man ihm unterstellen, er lehne diese Arten der Beschäftigung in Bausch und Bogen ab. Er vertritt nur die Auffassung, daß wir auch religiöse Doktrinen und religiöse Institutionen erst dann richtig verstehen und analysieren können, wenn wir sie vom Ausgangspunkt menschlicher Erfahrung aus betrachten. Religiöse Lehren werden dann als Artikulationsversuche religiöser Erfahrung, Kirchen und Religionsgemeinschaften aller Art als organisatorische Versuche, religiöse Erfahrungen weiterzugeben und auf Dauer zu stellen, erkennbar. Gegen die in seiner Zeit – ebenso wie heute – verbreiteten Versuche, das Religiöse als bloßen verschobenen Ausdruck eigentlich wirksamer anderer Bedürfnisse des Menschen aufzufassen, öffnet James den Freiraum dafür, die Vielfalt religiöser Phänomene überhaupt zur Kenntnis zu nehmen und sie je einzeln sorgfältig zu beschreiben, statt sie als Einbildungen ungenügend aufgeklärter Menschen abzutun. Für seine Studie zog James hauptsächlich Material von zweierlei Art heran. Zum einen stützte er sich auf Schriften, Zeugnisse und Selbstdarstellungen von Heiligen, Sektengründern und anderen religiösen Virtuosen, zum anderen auf autobiographische Dokumente von Konversions-

4 Ein nützlicher typologisierender Überblick bei Christian Henning, »Die Funktion der Religionspsychologie in der Protestantischen Theologie um 1900«, in: ders., Erich Nestler (Hg.), *Religion und Religiosität zwischen Theologie und Psychologie*, Frankfurt/M. 1998, S. 27-78.

erfahrungen amerikanischer Zeitgenossen. Eine scharfe begriffliche Unterscheidung von Religion und Moral stellt für ihn einen wesentlichen Schritt in der Annäherung an religiöse Erfahrungen dar. Während die Moral restriktiven Charakter habe, das heißt, uns bestimmte Ziele oder Wege des Handelns untersagt, lebt der religiöse Mensch für James aus einer Leidenschaft heraus, die seine Handlungsmöglichkeiten über das Alltägliche hinaustreibt. James interessiert sich entsprechend für Ausnahmezustände im menschlichen Leben, in denen das Ergriffensein von etwas, das den Menschen übersteigt, besonders anschaulich wird. Aber es geht ihm auch um eine dauerhafte Veränderung im Weltverhältnis des religiösen Menschen. Der Begriff dafür ist der »faith state«[5] (»Vertrauens-Zustand«) in seinen affektiven und kognitiven Zügen, das heißt etwa Gefühle des inneren Friedens und der Daseinsbereitschaft, aber auch Annahmen über eine unsichtbare Ordnung der Welt und die Präsenz von Kräften in der Welt, die dem Menschen wiederum ein Gefühl der Sicherheit und Geborgenheit geben. In einer ausführlichen Analyse mystischer Erfahrungen beschreibt James die Erfahrung plötzlicher Erhellungen, Einsichten und Offenbarungen, die oft nur schwer in eine begriffliche Sprache zu transponieren sind, aber gleichwohl eine enorme Autorität ausstrahlen und die Artikulationsversuche der Individuen antreiben und leiten. Alle Beschreibungen des religiösen Glaubens werden von James kontrastiert nicht mit säkularen Weltbildern – es geht ja eben um Erfahrungen und nicht um Lehren –, sondern mit Zuständen der Melancholie und Depression, des existentiellen Sinnverlusts. Das Gebet betrachtet James, wenn es mehr ist als eine Bitte oder die rituelle Wiederholung geheilig-

5 James übernimmt diesen Ausdruck von James Leuba, einem der frühen Religionspsychologen. Vgl. ders., »Studies in the Psychology of Religious Phenomena«, in: *American Journal of Psychology* 7 (1896), S. 345-347, hier S. 345; siehe William James, *Die Vielfalt religiöser Erfahrung* (1902), Frankfurt/M. 1997, S. 485.

ter Formeln, als aktiven Versuch, mit eben den Kräften eine Verbindung herzustellen, aus denen die Lebenskraft der Individuen hervorgeht. In der Religion sieht James – im Unterschied zur Disziplin des moralischen Menschen – vornehmlich die Fähigkeit zur Hingabe am Werk (»self-surrender«). Konversionen, mit deren Analyse er sich besonders ausführlich beschäftigt, deutet er als Transformationen des Selbst, als Überwindung einer Zerrissenheit. Mit James' packenden und tief bewegenden Beschreibungen religiöser Erfahrung wurde der Religionspsychologie, aber weit über die Psychologie hinaus der Wissenschaft von der Religion, ein Impuls gegeben, der bis heute in intensivster Weise nachwirkt.

Exkurs: Schleiermacher als Quelle?[6]

Vor allem in Deutschland und insbesondere im Milieu protestantischer Theologie wird die epochale Wende im Verständnis des christlichen Glaubens und aller Religion allerdings einem anderen, wesentlich älteren Autor zugeschrieben, nämlich Friedrich Schleiermacher und seinen *Reden über die Religion* von 1799. Für die Jamesianer etwa in den USA und außerhalb der Theologie ist Schleiermacher höchstens ein Vorläufer; für die Schleiermacherianer hingegen stellt James nur die Ausarbeitung dessen dar, was Schleiermacher im Prinzip schon entdeckt hatte. Durchaus häufig findet sich in der Literatur sogar die Behauptung, James habe sich mehr oder minder direkt von Schleiermacher inspirieren lassen.[7] Aber das ist eben die Frage. Das

6 Eine vorläufige, teils aber auch ausführlichere Fassung dieser Überlegungen habe ich in englischer Sprache veröffentlicht: Hans Joas, »Schleiermacher and the Turn to Experience in the Study of Religion«, in: Dietrich Korsch, Amber L. Griffioen (Hg.), *Interpreting Religion. The Significance of Friedrich Schleichermacher's ›Reden über die Religion‹ for Religious Studies and Theology*, Tübingen 2011, S. 147-161.

7 Um ein neueres Beispiel zu nehmen: Birgit Weyel schreibt ohne jeden

genaue Verhältnis von Schleiermacher und James bedarf offensichtlich der Klärung – und dieser Aufgabe ist dieser Exkurs gewidmet, der von denjenigen Lesern übersprungen werden kann, denen es weniger um die wissenschaftsgeschichtlichen Fragen sowie den Zusammenhang von Religionspsychologie und Theologie, sondern fast ausschließlich um die systematischen Aufgaben der Religionstheorie geht.[8]

Ich werde in zwei Schritten vorgehen. Zunächst (1) will ich untersuchen, welche Belege es eigentlich dafür gibt, daß Schleiermacher einen Einfluß auf James und die anderen amerikanischen Pragmatisten ausgeübt hat. Dann (2) will ich kurz auf das Verhältnis von Pragmatismus und Hermeneutik in einem etwas allgemeineren Sinn zu sprechen kommen und dabei die Ähnlichkeiten und die Unterschiede zwischen Schleiermacher und der vom Pragmatismus inspirierten Tradition des Religionsdenkens untersuchen. Ich nenne diese Tradition mit einem schwer ins Deutsche zu übersetzenden Begriff »experientialist«, »erfahrungsbezogen«, und meine dies als Gegenbegriff sowohl gegen ein »naturalistisches« wie ein »kulturalistisches« Religionsverständnis.

Beleg, daß Schleiermachers Definition der Religion als eines »Gefühls« von James aufgenommen worden sei: »Sie wird knapp 100 Jahre später bei William James aufgenommen und unter einem religionspsychologischen Blickwinkel interpretiert.« Vgl. Birgit Weyel, »Religion und Gefühl. Religionspsychologische Aspekte im Anschluß an William James«, in: *Arcadia. International Journal for Literary Studies* 44 (2009), S. 64-72, hier S. 67. Sydney Ahlstrom nennt James' Werk »a twentieth-century version« von Schleiermachers *Reden*, in: Sydney Ahlstrom (Hg.), *Theology in America. The Major Protestant Voices from Puritanism to Neo-Orthodoxy*, Indianapolis 2003, S. 496.

8 Umfassend informiert ein mehrbändiges Werk zur Geschichte der amerikanischen Schleiermacher-Rezeption: Jeffrey A. Wilcox, Terrence N. Tice, Catherine L. Kelsey (Hg.), *Schleiermacher's Influences on American Thought and Religious Life (1835-1920)*, 3 Bde., Eugene 2014. Zum Verhältnis des Pragmatismus, v. a. John Deweys, zu Schleiermacher darin v. a. Bd. 2, S. 113-124 und S. 198-264.

(1) Mustert man direkte Erwähnungen Schleiermachers in den Schriften der Pragmatisten durch, dann fällt sofort auf, wie dünn gesät diese sind. Bei Charles Sanders Peirce, dem Begründer des Pragmatismus, kommt der Name ein paarmal vor, aber nicht mit Bezug auf Religion und nie im Kontext einer ernsthaften Erörterung von Aspekten des Schleiermacherschen Denkens.[9] Noch spektakulärer aber ist es, daß auch in James' Werk der Name Schleiermacher praktisch nicht vorkommt. Kurz fällt er in dem frühen Aufsatz »Reflex Action and Theism« von 1881, aber eher schnodderig und selbstironisch. James sagt dort seinen Zuhörern, einer Versammlung unitarischer Geistlicher in Princeton, daß er sich des Zeitgeists voll bewußt sei, der dazu neige, Naturwissenschaftler viel ernster zu nehmen als romantische Dichter und Denker: »[M]an hat heute mehr Chancen, gehört zu werden, wenn man Darwin und Helmholtz zitieren kann, als wenn man nur Schleiermacher oder Coleridge kennt.«[10] Das Fehlen von Belegen ließe sich natürlich noch so interpretieren, als sei James schlicht nicht willens gewesen, einzugestehen, was er Schleiermacher verdanke. Doch zeigt ein Blick auf die einzige andere Erwähnung Schleiermachers bei James, wie unplausibel eine solche Annahme wäre. In einem Brief nämlich, den er seiner Schwester Alice am 17. Oktober 1867 aus Berlin schickte,[11] berichtet er kurioserweise davon, daß er einen deutschen Professor kennengelernt habe, der gerade an einer Bio-

9 Z. B. Charles Sanders Peirce, *Collected Papers*, Cambridge, Mass., 1931, Bd. 1, S. 575, und Bd. 6, S. 590.

10 William James, »Reflex Action and Theism«, in: ders., *The Works*, Bd. 19, Cambridge, Mass., 1979, S. 90-113, hier S. 91. Auf S. 265 dieser Ausgabe teilen die Herausgeber mit, daß die Widener Library an der Harvard University James' persönliches Exemplar von Schleiermachers Buch *Der christliche Glaube* aufbewahrt, daß dieses Exemplar aber keine Spuren einer Lektüre durch James trägt. (Mit Dank auch an Paul Croce, einen der besten Kenner aller Materialien von James.)

11 William James, Letter to Alice James, October 17, 1867, in: *The Correspondence of William James*, Bd. 4, Charlottesville 1995, S. 212-217, hier S. 213.

graphie Schleiermachers arbeite – das kann kein anderer als Wilhelm Dilthey gewesen sein –, daß es ihm aber nicht gelungen sei, den Namen dieses Professors zu verstehen. Der Verfasser der bedeutendsten James-Biographie interpretiert diese Äußerung wohl zu Recht als Symptom eines zumindest in dieser Lebensphase völlig fehlenden Interesses seitens James' an Schleiermacher, da er sich sonst leicht nach dem Namen des großen Schleiermacher-Interpreten hätte erkundigen können.[12] Es trifft allerdings auch zu, daß man bei einzelnen Passagen von James' Religionsbuch den Eindruck haben kann, daß auf Schleiermacher angespielt wird – vor allem dort, wo James im zweiten und dritten Kapitel darauf zu sprechen kommt, daß das Individuum das Gefühl der »Abhängigkeit« von der Gnade des Göttlichen habe;[13] aber es ist keineswegs sicher, daß es sich um solche Anspielungen handelt, der Name fällt jedenfalls nicht.

An diesem Punkt scheint es offensichtlich, daß die Vorstellung einer entscheidenden Prägung des Jamesschen Denkens durch Schleiermacher geradezu abwegig ist. Bevor man diesen Schluß zieht, sollten allerdings auch die weiteren klassischen pragmatistischen Denker unter diesem Gesichtspunkt untersucht werden: Josiah Royce, George Herbert Mead und John Dewey. Was Royce betrifft, ist der Befund wirklich überraschend. Obwohl Royce der große Kenner der klassischen deutschen Philosophie unter diesen Denkern und überhaupt in Nordamerika war, finden sich auch bei ihm nur kurze Bemerkungen zu Schleiermacher. In seinen (unveröffentlichten) Notizbüchern aus der Studentenzeit ist der Plan dokumentiert, während des bevorstehenden Studiums in Deutschland »wenigstens 500 Seiten Schleiermacher« zu lesen – aber es gibt keine Spuren einer Realisierung dieser ehrgeizigen Absicht.[14] In meh-

12 Richardson, *William James*, S. 85.

13 James, *Vielfalt der religiösen Erfahrung*, S. 60 bzw. S. 83.

14 Josiah Royce Papers, Box B »Student in Germany«, Harvard Archives,

reren seiner Bücher taucht der Name auf, aber nie finden wir eine gründliche Erörterung.[15]

Anders stellt sich das Bild dar, wenn wir George Herbert Mead betrachten. Mead spricht in einer seiner ersten Veröffentlichungen von Schleiermacher in einem geradezu begeisterten Ton, und da Mead ein Student Diltheys war, wäre es auch überraschend, wenn er Schleiermacher völlig ignoriert hätte. Es handelt sich bei diesem Text um die Rezension eines Buches von Gustav Class, übrigens einem der wichtigsten Lehrer Ernst Troeltschs.[16] Mead nimmt Class' Selbstbeschreibung, es gehe ihm um die Verbindung von Schleiermachers Begriff der »persönlichen Eigentümlichkeit« mit Hegels Begriff des »objektiven Geistes«, auf. Schleiermachers Auffassung, so Mead, werde »durch die Probleme der persönlichen Verpflichtungen bestimmt«. Die Lösung aber entspringe »dem erstaunlich tiefen geistigen Sinn dieses religiösen Heros, dessen Ahnungen seiner Zeit weit voraus waren«. Hegel dagegen wird von Mead als jemand bezeichnet, der sich »in spekulativen Auffassungen [bewegt habe], welche klar definiert und bis in die Einzelheiten abgeleitet werden konnten, *ohne den geistigen Horizont seiner eigenen Zeit zu überschreiten*« [Hervorhebung H. J.]. Schleiermachers Wort in den *Monologen*, »daß jeder Mensch auf *eigene* Art die Menschheit darstellen soll«, war in Meads Augen viel vorwärtsweisen-

---

zitiert nach Frank M. Oppenheim, S. J., *Reverence for the Relations of Life*, Notre Dame 2005, S. 473, Anm. 2.

15 Josiah Royce, *The Spirit of Modern Philosophy*, Boston 1892, S. 172; ders., *Fugitive Essays*, Cambridge, Mass., 1920, S. 267 und S. 314. Die erstgenannte Stelle findet sich in einem Essay zu George Eliot, der eine Skizze der Geschichte deutschen Religionsdenkens von Lessing bis zu Feuerbach und David Friedrich Strauß enthält.

16 George Herbert Mead, »Rezension von: Gustav Class, ›Untersuchungen zur Phänomenologie und Ontologie des menschlichen Geistes. Leipzig 1896‹«, in: *American Journal of Theology* 1 (1897), S. 789-792, v. a. S. 789; dt.: G. H. Mead, *Gesammelte Aufsätze*, hg. von Hans Joas, Bd. 1, Frankfurt/M. 1980, S. 30-34, v. a. S. 30.

der und kann als Inspiration für die Meadsche Theorie der Selbstbildung genommen werden.

In John Deweys Werk schließlich finden sich ebenfalls nur wenige Bezugnahmen auf Schleiermacher. Meist fallen diese en passant; die wichtigste ist im Schlußkapitel seiner großen Studie über Kontingenz enthalten, die den Titel *Die Suche nach Gewißheit* trägt.[17] Dort kommt er darauf zu sprechen, daß der Mensch Natur und Gesellschaft nicht nur in ihrer Faktizität erfährt, sondern auch in Hinsicht auf die in ihnen enthaltenen »idealen Möglichkeiten«. Auch wenn wir die Natur nicht als göttlich verehren, könnte sie »als Quelle von Idealen, von Möglichkeiten, als Quelle der Sehnsucht danach und als einzig möglicher Ort aller erreichten Güter und Werke aufrichtigen Respekt hervorrufen«. Ohne sich wirklich auf das Feld der Religionspsychologie begeben zu wollen, das heißt »auf das Gebiet der persönlichen Haltungen, die in der religiösen Erfahrung enthalten sind«, so Dewey, »dürfte wohl niemand bestreiten, daß das Gefühl der Abhängigkeit, das zum Beispiel Schleiermacher betont, dem Kern der Sache ziemlich nahe kommt«. Deweys Anliegen war es natürlich, die im Gefühl der Abhängigkeit steckende »edle Demut« und das »unauslöschliche Feuer« authentischer Idealbindung zu erhalten, es aber in der Richtung eines die ganze Menschheit umfassenden »Gefühls gemeinsamer Teilhabe an den unvermeidlichen Ungewißheiten der Existenz«,[18] des Gefühls »gemeinsamer Anstrengung und gemeinsamen Schicksals« zu transformieren und insofern seine religiöse Gestalt gerade zu überwinden. Dies ist hier nicht weiterzuverfolgen.[19] In unserem Zusammenhang ist nur festzuhalten, daß Mead und Dewey eine bestimmte Kenntnis Schleiermachers hatten, die

17 John Dewey, *Die Suche nach Gewißheit* (1929), Frankfurt/M. 1998, S. 306f. Andere Bezugnahmen finden sich in: ders., *Early Works* 4, S. 149; 5, S. 137; *Middle Works* 8, S. 145 und S. 177.

18 Ebd., S. 308.

19 Zu meiner Kritik an Deweys »Sakralisierung der Demokratie« vgl. Joas, *Die Entstehung der Werte*, S. 191-194.

sich aber nicht auf die *Reden über die Religion* zu beziehen scheint, sondern (in Meads Fall) auf die *Monologen*, in Deweys Fall auf die isolierte Bestimmung des Glaubens als schlechthinniges Abhängigkeitsgefühl in Schleiermachers *Glaubenslehre*. Deweys Lehrer G. Stanley Hall hatte Schleiermacher gelesen,[20] und zuvor gab es schon eine Rezeption im Transzendentalismus der Neuenglandstaaten, aber von gründlicher Kenntnis und wesentlicher Beeinflussung kann keine Rede sein.

James' Pionierwerk, das läßt sich nun zusammenfassend sagen, bezog für die Schlüsselidee einer »Wende zur Erfahrung« seine Inspiration nicht von Schleiermacher. Die Quelle scheint vielmehr in amerikanischen religiösen Traditionen, in amerikanischer Theologie und Philosophie gelegen zu haben. Jonathan Edwards' *A Treatise Concerning Religious Affections* von 1746 sticht hier zentral hervor, und in der Tat enthält James' Werk zahlreiche Bezugnahmen darauf.[21] Doch der unmittelbare Bezugspunkt liegt im amerikanischen Transzendentalismus. Hier aber haben wir eine Verbindung zu Schleiermacher, da »der zentrale religiöse Impuls des Transzendentalismus der frühen religiösen Stellungnahme von Friedrich Schleiermacher höchst ähnlich ist und viele der entscheidenden Momente und Dokumente des Transzendentalismus deutlich seinen direkten Einfluß zeigen«.[22] Als beispielsweise Ralph Waldo Emerson wegen des unorthodoxen Charakters seiner »Divinity School Ad-

---

20 Steven Rockefeller, *John Dewey. Religious Faith and Democratic Humanism*, New York 1991, S. 89.

21 Wayne Proudfoot, »From Theology to a Science of Religion. Jonathan Edwards and William James on Religious Affection«, in: *Harvard Theological Review* 82 (1989), S. 149-168; eine umfassende Einbettung der Religionspsychologie von James in die amerikanische Religions- und Wissenschaftsgeschichte bietet: Taves, *Fits, Trances, and Visions*.

22 Robert D. Richardson, »Schleiermacher and the Transcendentalists«, in: Charles Capper, Conrad Edick Wright (Hg.), *Transient and Permanent. The Transcendentalist Movement and Its Context*, Boston 1999, S. 121-147, hier S. 121. So keine deutschsprachigen Quellen für Zitate angegeben sind, stammen die Übersetzungen von mir, H.J.

dress« von 1838 angegriffen wurde, sprachen seine Verteidiger wie Gegner von Parallelen zwischen ihm und Schleiermacher. Sein wichtigster Unterstützer (George Ripley) erklärte sogar, daß er Schleiermacher für »den größten Denker halte, der es je unternommen habe, die Philosophie der Religion auszuloten«.[23] Auch für den beträchtlichen Einfluß Schleiermachers auf mehrere andere religiöse Denker des Transzendentalismus wie Orestes Brownson, Henry David Thoreau und Horace Bushnell gibt es gute Belege. Obwohl Schleiermachers *Reden* damals nicht vollständig ins Englische übertragen wurden, kursierten doch längere übersetzte Fragmente in Nordamerika. Bemerkenswert ist im übrigen, daß sich die Rezeption Schleiermachers im Deutschland des neunzehnten Jahrhunderts von der in den USA beträchtlich unterschied; in Deutschland waren die *Reden* gar nicht Schleiermachers einflußreichstes Werk.[24] Das änderte sich erst nach der Neuausgabe einhundert Jahre später, 1899, durch Rudolf Otto. In Amerika war es dagegen der frühe Schleiermacher, der »Emerson, Brownson, Parker und Ripley darin bestätigte, Religion im persönlichen religiösen Gefühl, in der individuellen religiösen Erfahrung zu verorten«.[25] Aber »bestätigen« ist eben etwas anderes als »hervorrufen«. Schon vor James, will ich sagen, hatte Amerika eine authentische eigene erfahrungsbezogene Tradition des Religionsdenkens – und James ist deren reife Frucht und nicht ein bloßer Epigone des deutschen Theologen Schleiermacher.

Eine letzte Beobachtung bestärkt mich in dieser Schlußfolgerung. Als James' Buch über Religion 1902 erschien, wäre es für

23 Aus einem Brief George Ripleys an Theodore Parker von 1852, gedruckt in: Octavius Brooks Frothingham, *Ripley*, Boston 1882, S. 229, hier zitiert nach Richardson, »Schleiermacher and the Transcendentalists«, S. 122.

24 So Ulrich Barth, »Friedrich Schleiermacher«, in: Friedrich Wilhelm Graf (Hg.), *Klassiker der Theologie*, Bd. 2, München 2005, S. 58-88, hier S. 68f.

25 Richardson, »Schleiermacher and the Transcendentalists«, S. 141.

deutsche Denker ein leichtes gewesen, auf mögliche Verbindungen zwischen James und Schleiermacher hinzuweisen und auf dem Primat des letzteren zu bestehen. Doch geschah dies weder bei Dilthey noch bei Troeltsch, um nur diese beiden zu nennen. In einem interessanten Fragment – »Das Problem der Religion« von 1911[26] – stellt Dilthey James in die Tradition des Nachdenkens über das, was er »religiöses Erlebnis« nennt, und erwähnt als Vorläufer Pascal, Arnauld, Fénelon, Lavater, Hamann und Herder – aber nicht Schleiermacher! Außerdem bezeichnet er James' Buch als das wichtigste von allen. Und Troeltsch nennt in einer Rede 1904 in St. Louis James' Buch ein Meisterwerk und beklagt sich darüber, daß die deutschen Theologen sich zu sehr auf Kant, Schleiermacher, Hegel und Fries stützten, in deren Werken die Psychologie der Religion allzu sehr mit erkenntnistheoretischen und metaphysischen Fragestellungen belastet werde – im Unterschied zur amerikanischen Psychologie im allgemeinen und James im besonderen. In der deutschen Ausgabe seiner Rede meint Troeltsch sogar hervorheben zu müssen,[27] daß seine Bewunderung für James echt sei und seine Formulierungen nicht auf Höflichkeit gegenüber dem amerikanischen Publikum zurückgehen. Trotz der Affinitäten von Dilthey und Troeltsch zu Schleiermacher und trotz der verbreiteten Arroganz im damaligen Deutschland gegenüber allen Produkten des intellektuellen Lebens in Amerika, speziell gegenüber dem Pragmatismus,[28] waren beide und viele andere voller Be-

26 Wilhelm Dilthey, »Das Problem der Religion« (1911), in: ders., *Gesammelte Schriften*, Bd. VI, Leipzig, Berlin 1924, S. 288-305, hier S. 293.

27 Ernst Troeltsch, *Psychologie und Erkenntnistheorie in der Religionswissenschaft*, Tübingen 1905, S. 11 bzw. S. 14, jetzt in: ders., *Schriften zur Religionswissenschaft und Ethik (1903-1912)* (= KGA, Bd. 6.1), hg. von Trutz Rendtorff in Zusammenarbeit mit Katja Thörner, Berlin 2014, S. 215-256, hier S. 220 bzw. S. 223f.

28 Hans Joas, »Amerikanischer Pragmatismus und deutsches Denken. Zur Geschichte eines Mißverständnisses«, in: ders., *Pragmatismus und Gesellschaftstheorie*, Frankfurt/M. 1992, S. 114-145.

wunderung für James' Buch. Dies wäre gewiß nicht der Fall gewesen, wenn sie es als bloße Kopie Schleiermachers oder nur als dessen geringfügige Erweiterung empfunden hätten.

Als schließlich im Jahr 1907 James' Buch in einer stark gekürzten und bearbeiteten Form erstmals in deutscher Sprache erscheint, begründet der Übersetzer Georg Wobbermin, selbst ein bedeutender systematischer Theologe, seine Initiative gerade damit, daß James' Buch »dem deutschen Publikum etwas zu bieten hat, was es so in der bisherigen deutschen Literatur nicht findet«[29] und was als Standardwerk einer sich vornehmlich in der englischsprachigen Welt abspielenden wissenschaftlichen Entwicklung gelten dürfe. Was Schleiermacher erreicht habe, sei in der »nachschleiermacherschen Theologie zunächst wieder fast ganz ausgeschaltet worden«.[30] Grundsätzlich zielt Wobbermin auf eine »Kombination und gegenseitige Korrektur der Positionen von Schleiermacher und James«.[31] Mit großem Augenmaß spricht er Schleiermacher zwar das historische Verdienst zu, die christliche Religion als ganze einem religionspsychologischen Verständnis unterzogen zu haben, aber er weiß eben auch, daß bei ihm von einer »methodischen Schulung«[32] weder in psychologischer noch in historischer Hinsicht die Rede sein könne.

(2) Mit Herder und Schleiermacher, Dilthey und Troeltsch auf der einen, James und den anderen Klassikern des Pragmatismus auf der anderen Seite habe ich mich auf Denker bezogen, die sich von der klassischen deutschen Philosophie von Kant bis Hegel in wesentlichen Hinsichten unterscheiden. Von den

29 Vgl. Georg Wobbermin, »Vorwort des Übersetzers«, in: William James, *Die religiöse Erfahrung in ihrer Mannigfaltigkeit*, Leipzig 1907, S. III-XVIII, hier S. IV.

30 Ebd., S. VII.

31 So Wobbermin im Vorwort zur zweiten Auflage, Leipzig 1914, S. XIII-XXXI, hier S. XVI.

32 Wobbermin, »Vorwort des Übersetzers«, S. XI.

einen werden sie deshalb als näher an unseren heutigen Problemlagen empfunden, von den anderen als bedauerlicher Rückfall hinter ein schon einmal erreichtes Reflexionsniveau. Auf die Gemeinsamkeiten und Unterschiede von pragmatistischer und hermeneutischer Philosophie kann hier nicht genauer eingegangen werden.[33] Das Verhältnis von James und Schleiermacher berührt aber jedenfalls nicht nur einen vielleicht abseitig erscheinenden Punkt in der Geschichte des europäisch-amerikanischen Ideentransfers, sondern ist weit darüber hinaus von Bedeutung, wenn wir auf einem bestimmten sachlichen Gebiet, hier dem der Religion, nach der Bedeutung der gemeinsamen pragmatistisch-historistischen Abwendung von Empirismus, Rationalismus und Kantischer Philosophie fragen. Schleiermacher verkörpert diese Wende freilich nur partiell, wie der genaue Vergleich mit James nun zeigen wird.

Natürlich gibt es wichtige Ähnlichkeiten zwischen Schleiermacher und James. Gäbe es diese nicht, wäre die Idee, James' Denken stamme von Schleiermacher ab, nie aufgekommen. Beide betonen, daß die Analyse der Religion nicht auf der Ebene religiöser Lehren oder Institutionen einsetzen solle. Beide unterscheiden klar zwischen Religion auf der einen Seite, Moral und Metaphysik auf der anderen. Für beide besteht die Alternative zu den von ihnen abgelehnten Vorgehensweisen darin, religiöse Virtuosen zu studieren oder – so bei James – besonders intensive Momente religiöser Erfahrung überhaupt. Beide betonen die »passive« Dimension dieser Erfahrungen, die Tatsache, daß wir diese Erfahrungen nicht willentlich herbeiführen können und daß diese Erfahrungen die Befestigungen erschüttern, die wir immer wieder um unser Selbst herum errichten. In all diesen Hinsichten zielen Schleiermacher und James gewiß in dieselbe Richtung.

---

33 Ausführlich dazu: Hans Joas, »Pragmatismus und Historismus. Meads Philosophie der Zeit und die Logik der Geschichtsschreibung«, in: *Deutsche Zeitschrift für Philosophie* 63 (2015), S. 1-21.

Aber die Unterschiede sind noch instruktiver, und drei davon möchte ich nun etwas genauer betrachten:

A. Einen wichtigen Unterschied sehe ich zunächst hinsichtlich der Frage, ob es so etwas wie ein einzigartiges, spezifisch *religiöses* Gefühl überhaupt gibt. James bestreitet dies in aller Deutlichkeit. Sein Schlüsselbegriff ist überhaupt nicht »Gefühl«, sondern »experience«. Am Beginn seines großen Buches läßt er seine sonstigen Schlüsselbegriffe bewußt relativ vage, weil er befürchtet, daß präzisere Festlegungen uns von der Beobachtung der Phänomene in all ihrem Reichtum eher abhalten und unsere Sensibilität behindern. Er unterstellt ausdrücklich kein Wesen aller Religion und bestreitet, daß ein spezifisch religiöses Bedürfnis, Gefühl oder Organ am Ursprung der religiösen Erfahrung liegt. Für ihn ist »Religion« vielmehr ein übergreifender Terminus, der ein schwer einzugrenzendes Phänomen des menschlichen Lebens bezeichnet. Wenn wir dies akzeptierten, erkennten wir auch, daß alle religiösen Gefühle nichts anderes seien als unsere natürlichen Gefühle, auf religiöse Objekte gerichtet. Vielleicht, sagt James, gibt es keinerlei gemeinsames Wesen aller religiösen Objekte und Handlungen, doch heiße dies nicht, daß es keine religiöse Erfahrung per se gibt, sondern nur, daß diese nicht aus der Totalität unserer Erfahrung herausgelöst werden kann. Das Studium religiöser Erfahrung ist für James deshalb nicht das Studium eines abgelegenen und nur ausgewählten Menschen zugänglichen Gebiets der Erfahrung, sondern ein Studium der menschlichen Erfahrung in einer ihrer intensivsten und universal aufzufindenden Formen. Diese Erfahrungen sind im Prinzip allen Menschen zugänglich, auch wenn wir sie bei den Talentiertesten, den religiösen Virtuosen, studieren. Deshalb zieht James sowohl Material von Sektengründern, Heiligen usw. als auch von gewöhnlichen Menschen heran – in Gestalt autobiographischer Zeugnisse, die Religionspsychologen gesammelt hatten. Ausnahmezustände sind für seine Charakterisierung religiöser Erfahrungen wichtig, aber wichtig sind auch dauerhaft gewordene Haltungen, die das ganze Weltverhältnis einer Person kennzeichnen. James spricht in diesem Sinn, wie erwähnt, vom »Vertrauens-Zustand« und nennt dessen affektive Seite »Sicherheits-Zustand« (»state of assurance«) – »der Verlust aller Sorge, das Empfinden, daß es letztlich gut mit einem steht, der Friede, die Harmonie, die *Daseinsbereitschaft*, auch wenn sich die äußeren Lebensbedingungen nicht ändern [...]. Eine Leidenschaft des Wollens, des Ergebens, des Bewunderns ist das glühende Zentrum dieses Geisteszustands.«[34] Hier zeigt sich auch, daß sein Ansatz bei der Erfahrung ihn nicht davon abhält, die Gefühlsdimensionen dieser Erfahrung herauszuarbeiten, ihre Tiefe, ihren Ernst, ihre Feierlichkeit.[35] So gesehen, ist James in empirischer Hinsicht viel aufgeschlossener und in einem tiefen Sinn egalitärer oder demokratischer als Schleiermacher, denn er schreibt wirklich allen Menschen die Fähigkeit zu, religiöse Erfahrungen (auf unterschiedliche Weise) zu machen. Da die Überwindung der cartesianischen Dualismen eines der Hauptziele des Pragmatismus war, ist es nicht überraschend, daß wir bei James keine herablassenden oder polemischen Bemerkungen über mythologische Erzählungen und über Ritualpraktiken finden. Im Gegenteil, er ist sehr sensibel für die körperliche Dimension religiöser Erfahrung und die Tatsache, daß wir nicht nur in der religiösen Erfahrung das Gefühl subjektiver Evidenz haben, sondern auch, wenn wir diese artikulieren oder wenn wir mythologischen Erzählungen begegnen. In diesem Sinn war James »katholischer«, das heißt inklusiver als Schleiermacher.

B. Der zweite große Unterschied betrifft das Verständnis des Handelns. Für Schleiermacher ist der Kern der Religion Kontemplation, besonders die Betrachtung des Unendlichen; und diese Kontemplation wird strikt vom Handeln unterschieden. Er kontrastiert sie nicht nur mit der Arbeit, sondern auch mit dem Spiel, und er zeichnet ein Bild des bürgerlichen Le-

34 James, *Vielfalt*, S. 263 f.
35 Ebd., S. 71.

bens, in dem beide, Arbeit und Spiel, zweckhaft und nutzenorientiert sind. Dies ist insofern verständlich, als es ja anstrengende Freizeitaktivitäten gerade in unserer Zeit gibt, die die Menschen von der Kontemplation abhalten. Bei Schleiermacher aber ist der Grund weniger ein zeitdiagnostischer, sondern ein begrifflicher. Für ihn fällt alles Handeln in das Gebiet der Moral. »Alles eigentliche Handeln soll moralisch sein und kann es auch.«[36] Da die Religion aber etwas anderes sei als die Moral, muß sie auch außerhalb der Welt des Handelns liegen. Kontemplation ist für Schleiermacher nicht etwas, was aus dem Handeln entsteht und für dieses folgenreich ist: »Auch muß Euer innerstes Gefühl ihr [der Religion, H. J.] darin beipflichten, daß es mit all diesen Empfindungen nicht auf Handeln abgesehen ist, sie kommen für sich selbst und endigen in sich selbst als Funktionen Eures innersten und höchsten Lebens.«[37] Während alles Handeln und Wirken etwas Spezifisches sei und seine eigenen inhärenten Vollkommenheitsmaßstäbe habe, mache es die Handelnden »kalt, einseitig und hart«.[38] Nicht durch eine andere Weise des Tätigseins, sondern so, »daß er sich ohne bestimmte Tätigkeit vom Unendlichen affizieren lasse«,[39] indem also über das Tätigsein hinausgegangen werde, indem »dem zusammenziehenden Streben nach etwas Bestimmtem und Vollendetem das erweiternde Schweben im Unbestimmten und Unerschöpflichen an die Seite«[40] trete, wende sich der Mensch der Religion zu. Religiöse Handlungen gebe es deshalb, strenggenommen, gar nicht. Religiöse Gefühle könnten zwar das menschliche Tun begleiten wie »heilige Musik«.[41] Aber ein in religiö-

---

36 Friedrich Schleiermacher, *Über die Religion. Reden an die Gebildeten unter ihren Verächtern* (1799), Stuttgart 1969, S. 47. Zum Spiel vgl. ebd., S. 99.

37 Ebd., S. 75.

38 Ebd., S. 76.

39 Ebd.

40 Ebd.

41 Ebd., S. 47.

sem Enthusiasmus begründetes Handeln sei immer falsch. »[...] bei ruhigem Handeln, welches aus seiner eigenen Quelle hervorgehen muß, die Seele voll Religion haben, das ist das Ziel der Frommen.«[42] Epidemischer Enthusiasmus sei die Quelle alles Verderbens.

Im Vergleich mit dem Pragmatismus erscheint hier alles als begrifflich verzerrt. Bei James ist es so, daß es gerade kein spezifisch religiöses Gefühl gibt und deshalb religiöse Erfahrung auch nicht vom Handeln in ein Reich der Kontemplation abgetrennt werden kann. Die Erfahrungen der Selbsttranszendenz, das heißt einer Überschreitung des eigenen Selbst, auf die James zielt, entstehen in verschiedenen Handlungszusammenhängen, nicht aber durch Abwendung vom Handeln. Der grundlegende Unterschied zwischen Moral und Religion ist nicht wie bei Schleiermacher der von Aktion und Kontemplation, sondern der von Restriktion und Attraktion. Handeln werde vom Attraktiven motiviert, von unseren Wünschen einerseits, unseren Werten oder Idealen andererseits. Wir können nicht beim Handeln den Enthusiasmus einklammern, den unsere Ideale in uns auslösen; wir können nicht intentional in einen rein kontemplativen Modus umschalten – außer durch Zuhilfenahme von rituellen Praktiken. Auf diesem Gebiet gibt es also eine klare Uneinigkeit zwischen Schleiermacher und James. Schleiermacher ist einfach noch von der Tradition der Bewußtseinsphilosophie geprägt, die die Pragmatisten (und andere) überwinden wollten. Mit dieser Bemerkung will ich keine anachronistische Kritik an Schleiermacher üben, aber doch vor einer unmodifizierten Revitalisierung seines Denkens warnen.[43]

42 Ebd., S. 48.

43 Diese Bemerkungen zielen auf Schleiermachers *Reden*. In seiner *Sittenlehre* führt er die berühmte Unterscheidung von »wirksamem« und »darstellendem« Handeln ein, die über die Bewußtseinsphilosophie hinausweist und eine fruchtbare Wirkungsgeschichte bis in die Gegenwart hat. Vgl. Friedrich Schleiermacher, *Die christliche Sitte nach den Grundsätzen der evangelischen Kirche im Zusammenhange dargestellt*,

C. Während Schleiermacher aus guten Gründen als einer der Klassiker der Hermeneutik angesehen wird, der Kunst, Texte auszulegen, kann man über seine *Reden* sagen, daß sie erstaunlich unhermeneutisch sind. Ich meine damit, daß er unsere Aufmerksamkeit nicht wirklich auf das Wechselspiel von Erfahrung und Deutung ausrichtet oder auf das, was ich die Vermittlung von Situation, präreflexiver Erfahrung, Artikulation und kulturellen Mustern nenne.[44] Er ist sich der enthusiastischen Artikulation religiöser Gefühle sehr bewußt, aber er analysiert nicht, wie diese Artikulation, ja sogar die Gefühle selbst von kulturellen Mustern geformt werden. Das hat Auswirkungen auf die Rolle der Geschichte in seinem Verständnis von Religion. In Hinsicht auf die hermeneutische Dimension des Studiums der Religion hat James ähnliche Defizite. Recht sorglos entnimmt auch er seine Beispiele den verschiedensten Geschichtsepochen, ohne der eigentlich historischen Dimension große Aufmerksamkeit zu widmen.

Aber die Tatsache, daß James' Phänomenologie der Religion so viel reicher ist als die Schleiermachers und so viel kompatibler mit einer Theorie des Handelns, macht sie auch geeigneter für historische Analysen. Schon Ernst Troeltsch stellte in seinem frühen, außerordentlich bedeutenden Artikel »Die Selbständigkeit der Religion« fest, daß Schleiermachers Begeisterung für die Geschichte eine abstrakte war, ohne echte historische Sensibilität: »Seine Entwicklungslehre war im Grunde nur eine Lehre von der unerschöpflichen Individualisation eines und desselben religiösen Vorgangs, dessen verschiedene Typen verbindungslos nebeneinander stehen.«[45] Man findet bei ihm kei-

Berlin 1843 (Nachdruck Waltrop 1999, hg. von Ludwig Jonas); ders., *Christliche Sittenlehre* (Vorlesung im Wintersemester 1826/27) (hg. von Hermann Peiter), Berlin 2011. (Mit Dank für Hinweise an Wolfgang Huber und Michael Moxter.)

44 Joas, *Die Entstehung der Werte*, S. 210ff.

45 Troeltsch, »Selbständigkeit«, S. 493. Zum Vorwurf mangelnder Historizität auch Martin Jay, *Songs of Experience. Modern American and Euro-*

nen Ansatz dazu, die geschichtliche Verknüpfung religiöser Erfahrungen zu bedenken, also zu fragen, wie eine Tradition Erfahrungen präformiert oder wie Erfahrungen sogar Traditionen voraussetzen können, um überhaupt möglich zu werden. Dies hat auch eine wichtige theologische Dimension. Die Frage ist ja, ob wir uns das Objekt unserer religiösen Erfahrung als unbeweglichen Abhängigkeitsgrund vorstellen müssen, als starr, unveränderlich und nur in subjektiven Bewußtseinszuständen verschieden gespiegelt – oder als einen lebendigen Gott, der sich in historischen Handlungen offenbart.

Wenn wir Schleiermacher und James miteinander vergleichen, dann vergleichen wir über die Kluft hinweg, die den Pragmatismus und die historistische Hermeneutik von der Bewußtseinsphilosophie scheidet. In dieser Hinsicht sind die beiden durch einen epochalen Einschnitt voneinander getrennt. Wenn wir aber an eine andere Frontstellung denken, diejenige nämlich zwischen den Verteidigern der Irreduzibilität des Religiösen und denjenigen, die die Religion aus von ihr erfüllten psychologischen oder soziologischen Funktionen erklären wollen, dann stehen James und Schleiermacher auf einer Seite.[46] Dann

---

pean Variations on a Universal Theme, Berkeley 2005, S. 100. Dieses Buch liefert eine hervorragende Ideengeschichte des Themas »Erfahrung«; hier einschlägig ist v.a. Kap. 3, »The Appeal of Religious Experience: Schleiermacher, James, Otto, and Buber«, ebd., S. 78-130.

46 Es ist bemerkenswert, daß Ludwig Feuerbach – eine zentrale Figur der Religionskritik in Gestalt einer Überführung der Theologie in Anthropologie – Schleiermacher gegen Hegels polemische Kritik in Schutz nahm. Hegel hatte bekanntlich in Schleiermachers Hervorhebung des »Gefühls« Atheismusgefahr gewittert; man könnte in unserem Zusammenhang sagen: einen Rückfall in Humes Religionskritik, die Gottesvorstellungen etwa aus Furchtgefühlen ableitet. Feuerbach aber widerspricht: »Ich tadle Schleiermacher nicht deswegen, wie Hegel, daß er die Religion zu einer Gefühlssache machte, sondern nur deswegen, daß er aus theologischer Befangenheit nicht dazu kam und kommen konnte, die notwendigen Konsequenzen seines Standpunktes zu ziehen, daß er nicht den Mut hatte, einzusehen und einzugestehen, daß objektiv Gott nichts anderes ist als das Wesen des Gefühls, wenn subjektiv

stellen beide intellektuell und rhetorisch glänzende Versuche dar, im Verständnis der Religion eine *Wende zur Erfahrung* herbeizuführen.

Die Interpretation religiöser Erfahrung: Josiah Royce[47]

Das Buch von William James war nun allerdings zwar die wichtigste, aber gewiß nicht die einzige Wurzel einer pragmatistischen Religionstheorie.[48] Ganz durchsichtig war bei diesem

---

das Gefühl die Hauptsache der Religion ist. Ich bin so wenig gegen Schleiermacher, daß er mir vielmehr zur tatsächlichen Bestätigung meiner aus der Natur des Gefühls gefolgerten Behauptung dient.« (Ludwig Feuerbach, »Zur Beurteilung der Schrift ›Das Wesen des Christentums‹« [1842], in: ders., *Werke*, hg. von Erich Thies, Frankfurt/M. 1975, Bd. 3, S. 210-222, hier S. 211.) Im weiteren Verlauf der geistigen Auseinandersetzungen über Religion konnte Feuerbachs Schleiermacher-Verteidigung als Beleg dafür genommen werden, daß Schleiermachers »Wende zum Gefühl« tatsächlich dem Verlust der Transzendenz Gottes und der Religionskritik Vorschub leistete. Doch unterstellt dies, daß Feuerbach Schleiermacher richtig verstand, was aber keineswegs der Fall ist. Feuerbach übernahm vielmehr Hegels Unterstellung einer subjektivistischen Gefühlskonzeption Schleiermachers, die aber der Komplexität von Schleiermachers Vorstellungen nicht gerecht wird. Noch viel weniger würde ein solches Argument gegen James' »Wende zur Erfahrung« ins Feld geführt werden können. Interessanterweise tradiert auch Martin Jay in seiner Geschichte der Konzeption »Erfahrung« dieses Mißverständnis: Jay, *Songs of Experience*, S. 101f.; instruktiv dagegen: Maciej Potepa, »Feuerbach und Schleiermacher«, in: Hans-Jürg Braun, Hans-Martin Sass, Werner Schuffenhauer, Francesco Tomasoni (Hg.), *Ludwig Feuerbach und die Philosophie der Zukunft*, Berlin 1990, S. 165-177.

47 Eine erste Fassung dieser Überlegungen habe ich in englischer Sprache veröffentlicht: Hans Joas, »Religious Experience and Its Interpretation: Reflections on James and Royce«, in: Hermann Deuser, Hans Joas, Matthias Jung, Magnus Schlette (Hg.), *The Varieties of Transcendence. Pragmatism and the Theory of Religion*, New York 2016, S. 219-235.

48 Zum Überblick über Primärtexte und die Diskussion vgl. die folgenden beiden Sammelbände: Stuart Rosenbaum (Hg.), *Pragmatism and Religion*, Urbana 2003; Deuser u. a. (Hg.), *The Varieties of Transcendence*.

Werk ohnehin nicht, worin der Pragmatismus in der reichhaltigen Phänomenologie religiöser Erfahrung genau bestand. Eine – die – zweite Wurzel ist viel weniger als solche bekannt. Es handelt sich um die Philosophie von Charles Sanders Peirce. Für religionsphilosophische Fragen von Bedeutung sind dabei einerseits die direkt diesem Thema gewidmeten Schriften, andererseits seine Theorie der Zeichen, die sein ganzes Werk mit seiner enormen Spannbreite durchzieht. Peirce' Schriften sind oft Fragment geblieben und berüchtigt für ihre Schwerverständlichkeit. Wie in James' Werk geht es um die Möglichkeit, unter den Bedingungen moderner Wissenschaft, das heißt des Darwinismus, der experimentellen Psychologie, der kritischen Geschichtsschreibung, in intellektuell verantwortbarer Weise religiös zu sein. Anders als bei James schlagen diese Arbeiten aber nicht die Richtung einer empirischen Wissenschaft von der Religion ein, sondern beschäftigen sich mit Fragen der Logik, der Metaphysik und der Kosmologie. Peirce entwickelt sogar einen neuartigen Versuch eines Gottesbeweises.[49] Diese Schriften müssen uns im vorliegenden Zusammenhang nicht im einzelnen beschäftigen.

Eines der großen Probleme in der Geschichte der pragmatistischen Religionstheorie war aber, daß ihre beiden Wurzeln oft getrennt blieben oder, besser ausgedrückt, daß die aus den beiden verschiedenen Quellen sich speisenden Impulse sehr häufig

49 Vgl. Charles Sanders Peirce, »Ein vernachlässigtes Argument für die Realität Gottes« (1908), in: ders., *Religionsphilosophische Schriften*, hg. von Hermann Deuser, Hamburg 1995, S. 329-359. Dieser Band enthält in deutscher Übersetzung alle wesentlichen Texte von Peirce über Religion. Der Herausgeber hat sich überhaupt wie kein anderer um die Rezeption von Peirce' Religionsphilosophie verdient gemacht. In den für die deutsche Peirce-Rezeption so zentralen Arbeiten von Karl-Otto Apel und Jürgen Habermas blieb diese ja am Rande. Vgl. Hermann Deuser, *Gottesinstinkt. Semiotische Religionstheorie und Pragmatismus*, Tübingen 2004; ders., *Was ist Wahrheit anderes als ein Leben für eine Idee? Kierkegaards Existenzdenken und die Inspiration des Pragmatismus*, Berlin 2011, S. 291-663; ders., *Religionsphilosophie*, Berlin 2009.

nicht aufeinander bezogen wurden, von ihrer Kombination oder wechselseitigen Stärkung ganz zu schweigen. Im Denken von James und obwohl er seine Aufsatzsammlung *The Will to Believe* seinem alten Freund Peirce widmete, spielt Peirce' Semiotik keine erkennbare Rolle, sieht man von kurzen Passagen in seiner *Psychologie* über die Rolle von Zeichen im Denkprozeß ab; und Peirce war umgekehrt, wie erwähnt, auf metaphysische und logische Fragen konzentriert und gewiß nicht auf die methodologischen Fragen der Geisteswissenschaften im allgemeinen und einer empirischen Wissenschaft von der Religion im besonderen. Für meine Zwecke ist deshalb James' Werk deutlich wichtiger als die Religionsphilosophie von Peirce, allerdings nur, wenn einige seiner inneren Schwächen überwunden werden können. Das Problem, um das es vorrangig geht, ergibt sich daraus, daß bei James die Selbstdeutung einer intensiven oder ekstatischen Erfahrung aus der Erfahrung selbst schlicht herauszuwachsen scheint. Schon Émile Durkheim war so scharfsinnig gewesen, James vorzuwerfen, er unterscheide nicht richtig zwischen der fraglosen Gewißheit individueller Erfahrung und der keineswegs fraglosen, vielmehr eminent fragwürdigen Deutung dieser Erfahrung durch die Betroffenen selbst.[50] Doch auch in Durkheims eigener Analyse scheint die kollektive Interpretation einer Erfahrung kollektiver Ekstase aus dieser in einem Prozeß der Emanation zu entstehen, ohne daß der Tatsache Rechnung getragen wird, daß doch die verschiedenen Individuen, die an der kollektiven Erfahrung teilhatten, in der Regel unterschiedliche Deutungen von dieser entwickeln.[51] Beide Denker scheinen also an einer entscheidenden Stelle die Rolle zu vernachlässigen, die Artikulation und Deutung von Erfahrungen spielen. In James' großem Buch über Religion ist nicht wirklich zu sehen, daß die Individuen doch auch bei der Deu-

50 Émile Durkheim, *Die elementaren Formen des religiösen Lebens* (1912), Frankfurt/M. 1981, S. 559.

51 Joas, *Die Entstehung der Werte*, S. 107-109.

tung ihrer intensivsten persönlichen Erfahrungen von einer gemeinsamen Sprache und einem geteilten Repertoire kultureller Deutungsmuster abhängig bleiben.

Diese Kritik wurde bereits in den 1910er Jahren von Josiah Royce vorgetragen, einem von James' früheren Studenten, der es dann zu seinem Kollegen in Harvard brachte und sein enger persönlicher Freund wurde. Zwei der Bücher, die Royce nach dem Tod seines Freundes publizierte, müssen als Antworten auf James' *Varieties of Religious Experience* angesehen werden, vor allem im Sinne der Hinzufügung einer Theorie der Interpretation zu James' Ansatz. Für die Zwecke einer solchen Theorie der Interpretation zog Royce in einer sensationell anmutenden Weise[52] die Semiotik von Peirce heran. In den Schriften von Royce aus seinen letzten Lebensjahren – er starb 1916 – haben wir deshalb den ersten Versuch, die beiden separaten Wurzeln der pragmatistischen Religionstheorie miteinander zu verknüpfen und so mögliche hermeneutische Defizite in James' Phänomenologie religiöser Erfahrung zu überwinden. Weder Peirce noch James hatten je selbst einen ernsthaften Versuch dieser Art unternommen. Diese Sichtweise läßt plötzlich Royce' Spätwerk als dramatisch relevant erscheinen. Es geht dabei, wie gesagt, insbesondere um zwei Bücher, die außerhalb der USA und der Kreise von Spezialisten für die Geschichte der amerikanischen Philosophie fast unbekannt sind:[53] die Bücher *The Sour-*

52 Ich wähle eine so starke Formulierung, weil mir zwar die Schwäche von James, nicht aber der Lösungsversuch von Royce bekannt war, als ich *Die Entstehung der Werte* schrieb.

53 In deutscher Sprache existiert bisher nur ein Buch über Royce: Karl-Theo Humbach, *Das Verhältnis von Einzelperson und Gemeinschaft nach Josiah Royce. Eine Untersuchung zum Zentralproblem der Sozialphilosophie*, Heidelberg 1962. Vgl. aber auch die umfangreichen Studien von Eilert Herms, »Metaphysik und Christentumstheorie. Beobachtungen und Erwägungen zu Josiah Royces ›religiöser Philosophie‹ und Fundamentaltheologie«, in: *Zeitschrift für Theologie und Kirche* 71 (1974), S. 410-455; ders., »Josiah Royces Beitrag zur Theorie des Christentums: Beobachtungen und Erwägungen zu seinen Hibbert Lectures über ›The

ces of Religious Insight und *The Problem of Christianity.*[54] Wenn Royce seine Absichten erfolgreich verwirklichen konnte, muß er als eine der absolut entscheidenden Figuren in der Geschichte der Religionstheorie betrachtet werden. Aber die Frage ist eben, ob er in der Tat erfolgreich war.

Um diese Frage zu beantworten, werde ich in drei Schritten vorgehen. Zuerst werde ich die Vorschläge von Royce darstellen und ihre Tragweite erörtern. Dann will ich kurz James' Werk jenseits seines berühmten Religionsbuches in den Blick nehmen, um zu untersuchen, ob die angeblichen hermeneutischen Defizite seiner Theorie auch dort festzustellen sind. Und schließlich will ich zu zeigen versuchen, daß Royce für seine Leistung einen bestimmten Preis bezahlt, was es möglich macht, eine imaginäre Gegenkritik von James zu formulieren, insbesondere auf dem Gebiet eines angemessenen Verständnisses von Geschichte. Dieser letzte Schritt deutet dann über den Dialog von Royce und James hinaus und hin zu einer Position, die ihren Konflikt transzendieren kann.

Wie also kritisiert Royce James' Religionsdenken und worin bestehen seine eigenen Vorschläge? In einer Gedächtnisrede am ersten Jahrestag von James' Tod nennt Royce den Verstorbe-

---

Problem of Christianity‹«, in: *Theologische Zeitschrift* 36 (1980), H. 5, S. 286-310, und H. 6, S. 355-373. Der zuletzt genannte zweite Teil dieses Aufsatzes enthält eine scharfsinnige Kritik an Royce' Christentumsverständnis (dazu unten, S. 99, Anm. 88).
In den letzten Jahren hat der österreichische Philosoph Ludwig Nagl einige wichtige Artikel über Royce (und James) vorgelegt. Vgl. seine Aufsatzsammlung: Ludwig Nagl, *Das verhüllte Absolute. Essays zur zeitgenössischen Religionsphilosophie*, Frankfurt/M. 2010, S. 221-329. Das wichtigste Buch in Frankreich stammt von dem großen »christlich existentialistischen« Philosophen Gabriel Marcel: *La métaphysique de Royce*, Paris 1945.

54 Josiah Royce, *The Sources of Religious Insight*, New York 1912; ders., *The Problem of Christianity* (1913), Washington, D.C. 2001. (Diese Ausgabe enthält ein Vorwort von Frank Oppenheim und eine für das Verständnis von Royce wichtige Einleitung von John E. Smith.)

nen zwar *den* repräsentativen Philosophen des zeitgenössischen Amerika in dem Sinne, wie Jonathan Edwards und Ralph Waldo Emerson in und für frühere Epochen repräsentativ waren.[55] Doch trotz der Tradition, in diesem rhetorischen Genre nur Positives über den Verstorbenen zu sagen – *de mortuis nil nisi bene* –, nennt Royce James' Religionsphilosophie hier nicht nur inadäquat, sondern sogar »chaotisch«.[56] Nichtsdestoweniger will er sie nicht in toto zurückweisen, sondern sie verbessern, indem er sie in eine weitere Perspektive einbringt (»taking it up into a larger view«), wahrscheinlich im Hegelschen Sinne »aufzuheben«. Einer der Begriffe im Titel seines Buches *The Sources of Religious Insight* zeigt die Richtung an, in die er mit seiner Argumentation zielt: Es ist der Begriff »insight«, der im Deutschen wörtlich als »Einsicht« wiedergegeben werden könnte. Royce führte diesen Begriff ein, weil er gleichen Abstand halten wollte zu einem rein kognitivistischen Verständnis religiösen Glaubens – der Glaube etwa als Kenntnis kirchlicher Lehren – und zu James' rein erfahrungsbezogener Auffassung. »Insight« behält für Royce, was er bei James »closeness of personal touch« nennt, aber es ist auch nah an »Wissen« und »Kenntnis« (»knowledge«) wegen der Rolle, die »Weite des Gesichtsfelds, Kohärenz und Einheitlichkeit des Gesichtspunkts« darin spielen.[57] Erfahrung ist für Royce eine notwendige, aber nicht hinreichende Bedingung für »Einsicht«. In diesem Sinn ist Royce auf der Seite von James, wenn es um die polemische Abgrenzung von dem geht, was Troeltsch und andere »Offenbarungspositivismus« nennen – der Vorstellung, daß der Glaube an eine Offenbarung in strikter Opposition zur Betonung subjektiver Erfahrung stehe, als ob die Einwilligung in eine Offenbarung nichts mit den Lebens- und Erkenntnisbedingungen der erfahrenden Individuen zu tun habe. Royce widmet

55 Josiah Royce, *William James and Other Essays on the Philosophy of Life*, New York 1911, S. 6f.

56 Ebd., S. 25.

57 Royce, *The Sources of Religious Insight*, S. 6.

ein ganzes Kapitel seines Buches der individuellen religiösen Erfahrung, die er als »die elementarste und intimste, aber auch krudeste und unzuverlässigste Quelle religiöser Einsicht«[58] bezeichnet. Was bei James die einzige Quelle des Glaubens zu sein scheint – eine Quelle von extremer Instabilität –, ist für Royce nur eine von mindestens sieben solchen Quellen. Er fügt dem Kapitel über individuelle Erfahrung deshalb gleich eines über soziale Erfahrung hinzu, zumindest im Sinne eines Mittels zur Korrektur der Erfahrungen, die wir »in unserer Einsamkeit« machen.

Ein Mensch korrigiert seine eigene Beschränktheit, indem er versucht, den Standpunkt eines seiner Mitmenschen einzunehmen. Unsere sozialen Verantwortlichkeiten können unserem Schwanken Grenzen setzen. Gesellschaftliche Disziplin enthebt uns einiger unserer inneren Konflikte, indem sie uns lehrt, unseren Launen nicht nachzugeben. Menschliche Geselligkeit kann unsere Sichtweise ruhiger und stetiger machen, uns mit dem in Austausch bringen, was im allgemeinen viel besser ist als das unbewußte Selbst eines Menschen, nämlich sein öffentliches, sein humanes, sein umfassenderes soziales Selbst, in dem er seine Seele und seine Interessen ausgedrückt findet.[59]

Ungerechterweise tadelt Royce James sogar dafür, Freundschaft und Liebe als mögliche Wege zur Erfahrung des Göttlichen zu vernachlässigen, obwohl James doch gerade das Gefühl, geliebt zu werden, auch bei physischer Abwesenheit des geliebten Partners, zur Veranschaulichung des Lebensgefühls der Gläubigen heranzieht.[60] Royce nennt die dritte Quelle religiöser Einsicht Vernunft (mit großem »r«: *Reason*). Wieder versucht er, James' negativer Einstellung gegenüber folgenlosen Abstraktionen und einer Analyse um der Analyse willen gerecht zu werden, aber doch einen mittleren Kurs zu verfolgen, indem er die Mög-

58 Ebd., S. 27.

59 Ebd., S. 55. Schon früh wurde deshalb die Anschlußfähigkeit von Royce' später Philosophie an die Soziologie erkannt: George P. Adams, »The Interpretation of Religion in Royce and Durkheim«, in: *The Philosophical Review* 25 (1916), S. 297-304.

60 James, *Varieties*, S. 72.

lichkeit betont, daß man »einen Abstraktionsprozeß als eine Art von Vorbereitung benutzt, bestimmte artikulierte und edle Intuitionen hervorzubringen, denen wir uns mit unserem menschlichen Bewußtsein auf keine andere Weise nähern können«.[61] Royce' Loblied auf die »Vernunft« als Möglichkeit zur Bereicherung unserer Erfahrung geht einher mit einem äußerst polemischen Protest gegen das, was er »das exklusive Interesse an den unartikulierten Quellen religiöser Einsicht« nennt, eine Position, die er sogar als »Okkultismus« bezeichnet und von der er behauptet, ihre Vertreter verließen sich auf Hexen und Mystiker, die nicht imstande seien, mitzuteilen, was sie meinen.[62]

Aber erneut will Royce nicht einfach als altmodischer Rationalist aufgefaßt werden. Er behauptet, näher an James und den Pragmatisten zu sein, weil auch er auf der inneren Verbindung von Vernunft und Handeln besteht. Wiederholt macht er klar, daß »für ihn diese Verbindung lange vor dem Ausbruch der modernen Pragmatismuskontroverse klar wurde«:[63] »[J]ede Meinung drückt eine Willenseinstellung aus, eine Bereitschaft zum Handeln, eine Entscheidung, einen Handlungsplan in Übereinstimmung mit einer Idee auszuführen.«[64] Aus diesem Grund fügt er den »Willen« als vierte Quelle religiöser Einsicht seiner Liste hinzu und setzt in diesem Zusammenhang seine langwierige Debatte mit James über das Verständnis von Wahrheit fort – eine Debatte, die ich hier beiseite lasse, obwohl sie geeignet ist, ein Licht auf den spezifisch handlungsorientierten oder »voluntaristischen« Idealismus von Royce und sein Verhältnis zum Pragmatismus zu werfen.[65]

61 Royce, *The Sources of Religious Insight*, S. 89f.

62 Ebd., S. 128.

63 Ebd., S. 145.

64 Ebd.

65 Für eine umfassende Studie zum Verhältnis zwischen Royce und James in allen beiderseits relevanten Gebieten der Philosophie vgl. Frank M. Oppenheim, S. J., *Reverence for the Relations of Life. Re-imagining*

Auch die übrigen drei Quellen sind nur kurz zu benennen. Als fünfte Quelle bezeichnet Royce »loyalty«, die Hingabe an eine Sache, die man nicht einfach gewählt habe, sondern die einen ergriffen, die sich einem offenbart habe. Diese Quelle führt Royce im Zusammenhang einer ausführlichen Diskussion über das Verhältnis von Religion und Moral ein. Kummer oder Leid (»sorrow«) ist die sechste Quelle, der »tragische Aspekt des menschlichen Lebens«,[66] der oft nur ein »Hindernis für religiöse Einsicht aller Art« zu sein scheint, aber eben auch zu deren Quelle werden kann. Und schließlich führt Royce das ein, was er »the crowning source of religious insight«[67] nennt, nämlich die Kirche »mit ihren Traditionen, dem Leben ihrer Diener, ihren Diensten, ihren Lehren«.[68] Was er mit »Kirche« meint, ist allerdings nicht eine spezifische irdische oder sichtbare Institution, sondern die »Gemeinschaft aller, die durch Loyalität zur Unsichtbaren Kirche nach Erlösung gestrebt haben«,[69] also eine Art universeller Solidarität aller Menschen, die als solche nicht an ein spezifisches Bekenntnis oder eine Religion gebunden ist.

Man könnte nun jede einzelne dieser »Quellen« mit James' Denken vergleichen. Das soll hier nicht im einzelnen geschehen. Heraus käme dabei jedoch gewiß, daß die Betonung auf der Kirche weit entfernt ist von allem, wofür James jemals eingetreten ist, während die Rolle der Moral und des Tragischen

---

Pragmatism via Josiah Royce's Interactions with Peirce, James, and Dewey, Notre Dame 2005, S. 61-280. Mit spezieller Konzentration auf ihre jeweiligen Religionstheorien: John E. Smith, »William James and Josiah Royce«, in: Ninian Smart, John Clayton, Steven Katz, Patrick Sherry (Hg.), *Nineteenth Century Religious Thought in the West*, 2 Bde., Cambridge 1985, Bd. 2, S. 315-349. Zur hier beiseite gelassenen Debatte zur Wahrheitsfrage vgl. James Conant, »The James/Royce Dispute and the Development of James's Solution«, in: Ruth Anna Putnam (Hg.), *The Cambridge Companion to William James*, Cambridge 1997, S. 186-213.

66 Royce, *The Sources of Religious Insight*, S. 214.

67 Ebd., S. 276.

68 Ebd., S. 277.

69 Ebd., S. 280.

durchaus Gegenstände von James' Denken betreffen und ihm nicht so fern liegen, wie Royce vorgibt. Natürlich ist eine solche Auflistung weniger einseitig als James' zumindest methodisch ausschließliche Konzentration auf die individuelle Erfahrung. Es handelt sich aber um eine bloße Auflistung. Es sieht zudem so aus, als habe Royce für sie auch keinen Vollständigkeitsanspruch erhoben, da in seinen späten Vorlesungen noch weitere Quellen auftauchen (»Schönheit«, »Totenkult«).[70] Aber eine solche Auflistung ist auch immer etwas enttäuschend, da man ja gerne wüßte, wie sich ihre einzelnen Bestandteile zueinander verhalten. Royce hat diese Schwierigkeit erkannt[71] und versucht zunächst, alle einzelnen Quellen religiöser Einsicht in seiner philosophischen Konzeption von »Loyalität« zusammenzuführen.

Wichtiger als die Diskussion all dieser einzelnen Aspekte für unseren Zusammenhang ist jedoch, auf den zusätzlichen Schritt einzugehen, den Royce ein Jahr später, also 1913, unternimmt, und der sich in dem Buch niederschlägt, das zunehmend als sein Meisterwerk betrachtet wird: *The Problem of Christianity*. Vom großen Einfluß Peirce' war in dem bisher Behandelten noch kaum die Rede. Der Grund ist, daß Peirce in den *Sources of Religious Insight* nur einmal vorkommt, dort nämlich, wo Royce gegen James argumentiert, daß nicht nur die Erfahrung, sondern auch die Vernunft selbst produktiv sein könne. Dabei stützte er sich auf Peirce' Verständnis mathematischer Innovation.[72] Im neuen Werk von 1913 aber nimmt Peirce jetzt wirklich eine Zentralstellung ein. Royce hatte sich erneut gründlich mit dessen Ideen[73] beschäftigt und scheint dabei zum erstenmal

70 Oppenheim, *Reverence for the Relations of Life*, S. 464, Anm. 15.

71 Royce, *The Sources of Religious Insight*, S. 166.

72 Ebd., S. 98f.

73 Es scheint eindeutig, daß Royce sich nicht auf seine frühere Beschäftigung mit Peirce bezieht, wenn er im Vorwort zu *The Problem of Christianity* (S. 39) schreibt: »I now owe much more to our great and unduly neglected American logician, Mr. Charles Peirce, than I do to the common tradition of recent idealism, and certainly very much more than I

die revolutionären Implikationen von Peirce' Semiotik für ein Studium der Religion begriffen zu haben.

Peirce hatte bekanntlich den Ehrgeiz, eine allgemeine Theorie der Zeichen zu entwickeln. In einem unveröffentlichten Manuskript von 1904 zählte er die verschiedenen Phänomene auf, die man als »Zeichen« bezeichnen kann:

> Bilder, Diagramme, natürliche Schreie, zeigende Finger, Augenzwinkern, Knoten im Taschentuch, Erinnerungen, Träume, Phantasien, Begriffe, Pfänder, Symptome, Briefe, Zahlen, Wörter, Sätze, Kapitel, Bücher, Bibliotheken, kurzum, was immer – sei es im physischen Universum, sei es in der Welt des Denkens, durch die Verkörperung irgendeiner Art von Idee [...] oder durch die Verbindung mit einem existierenden Objekt oder durch den Bezug auf zukünftige Ereignisse durch eine allgemeine Regel – etwas anderes, sein interpretierendes Zeichen (oder seinen Interpretanten) dazu bringt, von einer korrespondierenden Beziehung zur selben Idee, zum selben existierenden Ding oder zum selben Gesetz bestimmt zu werden.[74]

---

have ever owed, at any point of my own philosophical development, to the doctrines which, with technical accuracy, can be justly attributed to Hegel.« Eine Passage in seinem Buch von 1914 über Krieg ist noch expliziter: »The present Address differs from any of my former efforts to define the nature of loyalty through its very explicit use of the ideas of Charles Peirce [...]« (Josiah Royce, *War and Insurance. An Address*, New York 1914, S. 85). – Randall Auxier hat auf der Basis von Material, das für John E. Smith in den späten 1940er Jahren nicht leicht verfügbar war, sehr deutlich die langanhaltende und wechselseitige intellektuelle Beziehung zwischen Peirce und Royce herausgearbeitet. Dadurch ist definitiv klar, daß Royce in der Tat von einem frühen Punkt an mit Peirce' Verständnis der »Zeichen« vertraut war. Für Auxier war die neue Einsicht, auf die Royce selbst sich bezog, kein größerer Wendepunkt in seiner denkerischen Entwicklung, sondern nur »an insight about how to *use* Peirce's theory of signs (which Royce had known for years) as a tool for the *application* of his own (long-held) theory of community to historical and present and future communities« (Randall Auxier, *Time, Will and Purpose. Living Ideas from the Philosophy of Josiah Royce*, Carbondale 2009, S. 18). In meinem Zusammenhang verdient es aber gerade diese Einsicht, als größerer Wendepunkt bezeichnet zu werden.

74 Charles Sanders Peirce, »Ideas, Stray or Stolen, about Scientific Writing.

Sein Projekt war, eine umfassende Typologie der Zeichen und der inneren Dynamik semiotischer Prozesse zu entwickeln. Besonders wichtig ist dabei seine Unterscheidung ikonischer, indexikalischer und symbolischer Zeichen, also etwa von Bildern (»ikonisch«), Fingerabdrücken, die als Indizien dienen (»indexikalisch«), und durch Konvention geltenden Bezeichnungen (»symbolisch«).[75] Diese Typologien und Analysen sollten dann dazu dienen, alle philosophischen Fragen auf ganz neue Art zu durchdenken. Royce hatte sich den Papieren von Peirce aus den 1860er Jahren neu zugewandt und deren Bedeutung so gut erfaßt, daß Peirce ihn – Royce – »Amerikas größten Pragmatisten«[76] nennt und dessen Interpretation seines Denkens ausdrücklich beglaubigt.[77]

Royce erkennt noch deutlicher als Peirce selbst, daß durch diese Betonung der Rolle von Zeichen in der Weltbeziehung der Menschen das Verständnis des »Selbst« und der »Gemeinschaft« fundamental transformiert wird. Bezogen auf das »Selbst« heißt das, daß wir die Vorstellung aufzugeben haben, es gebe so etwas wie einen nicht über Zeichen vermittelten Zugang zu uns, eine Intuition unserer selbst, die dann als Grundlage für ein analogisches Verständnis anderer Menschen dienen könne. Bezogen auf »Gemeinschaften« heißt das, daß wir sie als das Resultat von Kommunikationsprozessen ansehen müssen, die konstitutiv sind für die Herausbildung individueller und kol-

No. 1«, in: *The Essential Peirce* (hg. von Peirce Edition Project), Bd. 2, Bloomington 1998, S. 325-330, hier S. 326.

75 Peirce hat diese Unterscheidung schon in seinem Frühwerk eingeführt und immer weiter verwendet und raffiniert. Eine besonders klare knappe Definition findet sich in seinem Brief an die britische Philosophin Victoria Lady Welby vom 12.10.1904, in: Charles Sanders Peirce, *Values in a Universe of Chance (Selected Writings)*, hg. von Philip P. Wiener, New York 1958, S. 381-393, hier S. 391 f. Als einführende Darstellung in die Semiotik von Peirce zu empfehlen: Ludwig Nagl, *Charles Sanders Peirce*, Frankfurt/M. 1992, S. 21-61.

76 Joseph Brent, *C. S. Peirce. A Life*, Bloomington 1993, S. 293.

77 Ebd., S. 317.

lektiver Identitäten – und nicht als bloße Aggregationen von in sich verschlossenen Individuen. Weder ein adäquater Begriff von »Selbst« noch ein adäquater Begriff von »Gemeinschaft« ist möglich, wenn wir im dualistischen Denkrahmen von *perception* und *conception*, Anschauung und Begriff, verbleiben. Beide erfordern eine triadische Struktur – wie Royce im Anschluß an Peirce' Zeichentheorie sagt –: *jemand interpretiert jemanden (oder etwas) für jemanden.* Das gilt sogar für Prozesse der Selbstreflexion, in denen, so Royce, man sagen kann, daß »ein Mensch sich selbst für sich selbst interpretiert«.[78] »Interpretation« wird damit zur zentralen Kategorie für das Selbstverständnis der Geistes- und Sozialwissenschaften und für eine Philosophie, die den Kontakt zu diesen nicht verliert. Eine Interpretation, wie diese Wissenschaften sie leisten, wie sie aber auch im Alltagsleben ständig vorkommt, ist nie ein einsames Unternehmen, sondern immer ein Beitrag zu einem fortlaufenden Gespräch. Wichtig am »interpretierten Gegenstand« ist nicht hauptsächlich seine materiale Qualität, sondern die Tatsache, daß er einen Ausdruck von Mentalem darstellt. Und jede neue Interpretation wird sofort zu einem neuen Zeichen in der Welt und kann selbst zum Gegenstand anderer Interpretationsakte werden. Ein Ende dieses Prozesses der Interpretation ist nicht vorstellbar.[79] In den extrem wichtigen Kapiteln 11-14 von *The Problem of Christianity* zieht Royce eine Vielzahl von zusätzlichen Schlußfolgerungen aus Peirce' semiotischem Paradigmenwandel. Zeitlichkeit, zum Beispiel, erscheint so »in einem neuen Licht durch den Bezug auf den Prozeß der Interpretation [...], die Gegenwart interpretiert potentiell die Vergangenheit für die Zukunft, und so immer weiter ad infini-

78 Royce, *The Problem of Christianity*, S. 387.

79 Alle diese Gedanken klingen nach der Tradition der Hermeneutik, der sich Royce eigenständig nähert. Den Begriff verwendete er nie. Vgl. Kenneth W. Stikkers, »Royce and Gadamer on Interpretation as the Constitution of Community«, in: *The Journal of Speculative Philosophy* 15 (2001), S. 14-19.

tum«.[80] In dieser Perspektive werden die Rolle des Gedächtnisses und der Vergangenheitsrekonstruktion einerseits, der Hoffnung und der Zukunftsantizipation andererseits jeweils sowohl für das Selbst als auch für die Gemeinschaft zentral. Wie der Vergleich erfordert die Etablierung einer neuen Verbindung zweier Zeichen ein *tertium comparationis*, ein vermittelndes Drittes; auf einer hohen Verallgemeinerungsstufe können wir sagen, daß die ernsthafte Konfrontation einer kulturellen Tradition mit einer anderen zu innovativen neuen kulturellen Artikulationen führen kann.[81] Selbst dann, wenn nach Einsichten von zeitloser Bedeutung gestrebt wird, bleibt dieses Streben wie jede Handlung ein zeitliches Ereignis.[82]

Ist *The Sources of Religious Insight* ein Buch des Dialogs mit James' Religionstheorie, so könnte man *The Problem of Christianity* ein Buch des Dialogs mit Peirce *und* James nennen.[83] Royce erwähnt ausdrücklich, daß James nie angemessene Aufmerksamkeit für Peirce' Konzept der Interpretation entwickelt hat. Seine auch von ihm selbst als unbefriedigend empfundene Auflistung von Quellen religiöser Einsicht ver-

80 Royce, *The Problem of Christianity*, S. 288.

81 Hier besteht eine deutliche Ähnlichkeit mit Talcott Parsons' Begriff »value generalization« und dem Gebrauch, den ich in meinem Buch zur Geschichte der Menschenrechte davon gemacht habe: Hans Joas, *Die Sakralität der Person. Eine neue Genealogie der Menschenrechte*, Berlin 2011, S. 260-265; Talcott Parsons, »Comparative Studies and Evolutionary Change«, in: ders., *Social Systems and the Evolution of Action Theory*, New York 1977, S. 279-320, besonders S. 307ff.

82 Royce, *The Problem of Christianity*, S. 357. Hier gibt es auffallende Parallelen zum Denken von Ernst Troeltsch, vgl. Ernst Troeltsch, *Der Historismus und seine Probleme (1922)*, 2 Bde. (= KGA, Bd. 16.1 und 16.2), hg. von Friedrich Wilhelm Graf in Zusammenarbeit mit Matthias Schloßberger, Berlin 2008, S. 379.

83 Zusätzlich zu Oppenheim, *Reverence*, vgl. John E. Smith, *Royce's Social Infinite. The Community of Interpretation*, New York 1950; Michael L. Raposa, »In the Presence of the Universe: Peirce, Royce, and Theology as Theosemiotic«, in: *Harvard Theological Review* 103 (2010), S. 237-247.

wendet er in dem neuen Werk nicht wirklich für seine Argumentation. Er stützt sich vielmehr fast ausschließlich auf die »crowning source«, die unsichtbare Kirche, die universelle Interpretationsgemeinschaft. Für ihn legt James zu viel Betonung auf die quasimystische Erfahrung der interpersonalen Verschmelzung; er stellt diese außeralltägliche Erfahrung den Kommunikationsprozessen im Alltag gegenüber: »Denn unsere Funktionen als interpretierter Geist beziehungsweise Geist, für den der andere interpretiert wird, beziehungsweise Interpret blieben dann so getrennt voneinander, wie sie es jetzt sind. Es gäbe dann keine Verschmelzung, keine Vermischung, kein mystisches Verschwimmen, keinen Rückfall in bloße Intuition.«[84] Royce zieht sogar einen größeren quasitheologischen Schluß aus seiner ausführlichen Verteidigung und Ausarbeitung von Peirce' Ideen über Interpretation. Die Kirche – und nicht die Idee einer individuellen Beziehung zum Erlöser Jesus Christus – ist für ihn die zentrale Idee des Christentums; aus der Gemeinschaft der ersten Christen und in diesem Sinne aus der »Kirche« sei die erste Formulierung der Ideen des Christentums hervorgegangen. »Paulus selbst war gewiß nicht der Begründer des Christentums. Aber die paulinischen Gemeinden waren sich als erste des Wesens des Christentums bewußt.«[85] Mehr noch, er schlägt sogar vor, die Natur des Göttlichen in der Vorstellung einer Interpretationsgemeinschaft zu sehen, »vor allem in Gestalt des einen Interpreten, der alle allen verständlich

---

84 Royce, *The Problem of Christianity*, S. 315.

85 Ebd., S. 43. Diesem Gedanken werden wir bei der Erörterung von Ernst Troeltschs historischer Soziologie des Christentums erneut begegnen (vgl. Kap. 4). Royce kannte Troeltschs *Soziallehren* und bezieht sich auf diese. Eine umfassende Erörterung der Stellung von Royce zur »liberalen« deutschen Theologie seiner Zeit bleibt ein Desiderat. Mathews geht zwar einen Schritt in diese Richtung, erörtert aber faktisch nur Harnack: Matthew T. Mathews, »The Theological Framework of Josiah Royce's ›The Problem of Christianity‹«, in: *American Journal of Theology and Philosophy* 19 (1998), S. 275-291.

macht und jedes Individuum der Welt und die Welt des Geistes jedem Individuum«.[86] Im »Willen zur Interpretation« – das ist der Titel eines Kapitels, von dem nicht klar ist, ob er eine Anspielung auf Schopenhauer und Nietzsche darstellen soll – im »Willen zur Interpretation« also scheinen »das Göttliche und das Menschliche in engster Berührung miteinander« zu stehen.[87] Man könnte hier von einer Sakralisierung des Prozesses der Kommunikation und Interpretation sprechen, der Herausbildung einer universalen Gemeinschaft, die an Karl Jaspers einerseits, Jürgen Habermas und Karl-Otto Apel andererseits erinnert. Diese Sakralisierung allerdings ist in einer Hinsicht zutiefst zweideutig. Denkt Royce hier an einen persönlichen (und im christlichen Sinn dreifaltigen) Gott als den einzigen, der zu so umfassender Interpretation fähig ist – oder wird bei ihm der Prozeß der Interpretation zum säkularisierten Ersatz für die Idee eines persönlichen Gottes? Hat »Kirche« bei ihm überhaupt noch einen Bezug auf eine spezifische Institution – oder repräsentiert sie nur abstrakt die Idee einer universalen Gemeinschaft?[88]

Diese Fragen kann ich nicht klar beantworten, und ich bin mir nicht einmal sicher, ob Royce selbst eine klare Antwort gehabt hätte. Die erste Frage wird zudem durch eine gewisse Dop-

86 Royce, *The Problem of Christianity*, S. 318.

87 Ebd., S. 319.

88 Eilert Herms weist darauf hin, daß für Royce »der Begriff des Absoluten und Gottes [...] mit dem Begriff alles möglichen welthaften Seins« zusammenfalle und kritisiert: »Der für den christlichen Gottesgedanken entscheidende Punkt: nämlich der Gedanke an Gott als an eine jedem möglichen welthaften Seienden insofern überlegene Instanz, daß sie welthaftes Sein allererst wirklich sein und bleiben läßt, kommt bei Royce nicht vor. Mag Royce das System aller Realität als System allen möglichen welthaften Seins gegenüber jedem realisierten Zustand von Welt transzendent [...] nennen – diejenige Transzendenz und Nähe Gottes zu seiner Schöpfung, welche der biblische Glaube kennt, ist bei Royce nicht gedacht.« (Herms, »Josiah Royces Beitrag«, S. 367; zum Kirchenverständnis ebd., S. 369.)

peldeutigkeit im Gebrauch der Begriffe »Interpretation« und »Interpret« bei Royce noch weiter kompliziert. Der Begriff »Interpretation« kann sich auf den Akt der Suche nach etwas beziehen, was dann, wenn es gefunden wurde, ebenfalls »Interpretation« genannt wird. Diese Doppeldeutigkeit, also die mangelnde Unterscheidung zwischen dem Entdeckungsprozeß und seinem Resultat, war schon von einem der zeitgenössischen Rezensenten von Royce' Buch moniert worden.[89] Und auch der Begriff »interpreter«, »Interpret«, ist, wie John E. Smith bemerkt,[90] uneindeutig: »Manchmal meint Royce denjenigen, der die Interpretation vorlegt, manchmal die Idee der Zeichen, durch die die Interpretation vorgetragen wird.« Beide Zweideutigkeiten sind höchst relevant für die Frage, ob das Christentum als eine Interpretation im Sinne einer bestimmten theologischen Lehre verteidigt werden kann oder ob es nur einen Anstoß darstellt zu einem viel allgemeineren und unendlichen Prozeß menschlicher Kommunikation.

Wie hätte William James auf diese Kritik von Royce und auf die Entwicklung von Royce' Denken in seinen letzten Lebensjahren antworten können, wenn er noch Gelegenheit dazu gehabt hätte? Die beiden Denker hatten ja eine lange Tradition freundschaftlicher wechselseitiger Kritik. Der Versuchung, zwei Beispiele für James' unnachahmlich charmanten und witzigen Stil sogar in solchen Kontroversen zu geben, läßt sich nicht widerstehen. In einem Brief vom September 1900, als James gerade die Gifford Lectures, aus denen sein Religionsbuch hervorging, vorbereitete, schrieb er an Royce: »Wenn ich schreibe, dann habe ich ein Auge auf der Seite vor mir und eines auf Dir. Wenn ich meine Gifford-Vorlesungen im Geiste komponiere, dann

89 L. P. Jacks, in: *Hibbert Journal* 12 (1913), S. 215-220, hier S. 219 f., und Smith, *Royce's Social Infinite*, S. 96-98.

90 Vgl. seine Einführung in *The Problem of Christianity*, S. 30, Anm. 26. Zur mangelnden Unterscheidung von Zeichen- und Interpretationsrelation bei Royce auch Herms, »Josiah Royces Beitrag«, S. 360 f.

ausschließlich mit der Absicht, Dein System umzustürzen und Deinen Frieden zu ruinieren.«[91] Und als Royce im Vorwort zu seinem 1908 erschienenen Buch *The Philosophy of Loyalty* erwähnte, wieviel er James verdanke,[92] aber daß er dennoch mit dessen Verständnis von Wahrheit nicht übereinstimme, schrieb James zurück, daß ihre einzige Differenz damit das Verständnis des »Absoluten« sei – »and surely such a trifle as that is not a thing for two gentlemen to be parted by« (»und eine solche Lappalie kann doch zwei Gentlemen gewiß nicht entzweien«).[93]

In einer imaginären (posthumen) Antwort hätte James sechs Punkte aufführen können:

1. Er hätte betonen können, daß seine hochgradig individualistische Definition von Religion in den *Varieties* nicht als erschöpfend gemeint war. Die meisten Leser neigen dazu, zu übersehen, daß er sich in seinem Buch eben auf diesen sehr spezifischen Zweck beschränken wollte und sein Publikum sogar explizit bittet, seine Definition *für diesen einen Anlaß* und nicht im Prinzip zu akzeptieren.

2. Er hätte sagen können, daß es unfair ist, seine anderen Schriften zu ignorieren, insbesondere diejenigen, in denen er größere Sensibilität für die Probleme von Artikulation und Interpretation zeigt als im Religionsbuch. In *Some Problems of Philosophy*, seinem letzten Buch, findet sich beispielsweise eine schöne Analyse des Prozesses des Briefeschreibens als eines flüssigen Prozesses der Artikulation,[94] und Christoph Seibert

91 William James, Brief an Josiah Royce, Nauheim, Sept. 26, 1900, zitiert nach Ralph Barton Perry, *The Thought and Character of William James*, 2 Bde., Boston 1935, hier Bd. 1, S. 817.

92 Josiah Royce, *The Philosophy of Loyalty*, New York 1908, S. X.

93 Perry, *The Thought and Character of William James*, Bd. 1, S. 822. Zusätzliche Informationen über die persönliche Beziehung zwischen James und Royce bei John Clendenning, *The Life and Thought of Josiah Royce*, Nashville 1999.

94 William James, *Some Problems of Philosophy*, New York 1911, S. 210 f. Eine Interpretation von James' Philosophie unter diesem Gesichtspunkt bietet William Joseph Gavin, *William James and the Reinstate-*

hat das ganze Lebenswerk von James höchst fruchtbar als Leitfaden einer Hermeneutik der konkreten »Welthabe«[95] interpretiert.

3. James hätte die Unterstellung von sich weisen können, daß er nur Institutionen als soziale Erfahrung zur Kenntnis genommen habe; er erwähnt nämlich en passant auch die Rolle von Suggestion und Imitation in »erregten Versammlungen«.[96]

4. James hätte gegen Royce auf die Tatsache hinweisen können, daß er bei seiner Analyse mystischer Erfahrungen nicht nur deren »Ineffabilität«, sondern auch ihre »noetische Qualität«[97] betont hat. Es ist gerade charakteristisch für mystische Zustände, daß diejenigen, die sie haben, sie als »states of knowledge«, als Zustände reicher Erkenntnis, erleben. »Verbunden mit diesem Zustand sind Einsichten in Tiefen der Wahrheit, die vom diskursiven Verstand nicht ausgelotet werden. Es handelt sich um Erleuchtungen, um Offenbarungen, die bedeutungsvoll und wichtig erscheinen, so unartikuliert sie im ganzen bleiben, und in der Regel haben sie einen merkwürdigen Nachgeschmack von besonderer Autorität.«[98] Es kennzeichnet gerade die Größe von James, daß er beiden Charakteristika mystischer Erfahrungen gerecht werden will, ihrer Ineffabilität *und* ihrer noetischen Qualität.

5. James hätte sagen können, daß sein Schwerpunkt auf der individuellen Erfahrung nicht als These über ein ahistorisches Wesen aller Religion gemeint ist, sondern einen Versuch dar-

---

ment of the Vague, Philadelphia 1992. Zum Problem der Artikulation: Hans Joas, »Über die Artikulation von Erfahrungen«, in: ders., *Braucht der Mensch Religion? Über Erfahrungen der Selbsttranszendenz*, Freiburg 2004, S. 50-62.

95 Seibert, *Religion im Denken von William James*. Ich glaube allerdings, daß Seibert zu weit geht, wenn er aus der Tatsache, daß James sich auf Texte stützte, auf dessen hermeneutische Orientierung schließt.

96 James, *Die Vielfalt religiöser Erfahrung*, S. 247.

97 Ebd., S. 384.

98 Ebd.

stellt, wichtige religiöse Tendenzen seiner Zeit, eben eine Intensivierung der religiösen Individualisierung, zu diagnostizieren.[99]

6. Er hätte Royce' Auflistung von Quellen religiöser Einsicht dadurch zurückweisen können, daß er Royce der Verwechselung zweier Problemstellungen bezichtigt. Man kann eine ausschließliche Berücksichtigung individueller Erfahrung entweder kritisieren, weil sie andere Dimensionen nicht berücksichtigt oder weil sie sogar das Wesen individueller Erfahrung verkennt. Die Aufzählung der Quellen religiöser Einsicht dient dem ersten Zweck, die semiotische, peirceianische Kritik an James dem zweiten. Diese zweite Kritik erscheint aber als viel tiefgreifender als die erste. Die Auflistung verliert an Relevanz, wenn man erkennt, daß doch alle Quellen letztlich etwas mit individueller Erfahrung zu tun haben. Die semiotische Kritik könnte dagegen James' methodische Eingrenzung auf individuelle Erfahrung akzeptieren und ihm vielleicht sogar alle anderen Punkte seiner imaginären Replik schenken, aber doch darauf beharren, daß James' Theorie intersubjektivitätstheoretische Mängel hat.

Mit James' imaginärer Replik auf Royce erscheint seine Konzeption in etwas anderem Licht, und doch bleibt James in allen genannten Hinsichten gewissermaßen in der Defensive. Er wird ständig an einem Maßstab gemessen, den er selbst nicht gesetzt hat und dem er nie ganz gewachsen ist. Es gibt aber noch einen Punkt, in dem James sogar hätte in die Offensive gehen können. Er hätte Royce fragen können, ob es wirklich sinnvoll ist, so wie Royce es tut, die Sensibilität für die Idee der Interpretation mit einer neuen Verteidigung einer teleologischen Geschichtsphilosophie zu verknüpfen. Denn Royce diskutiert in *The Problem of Christianity* unmittelbar nach seiner Darlegung der Zeichentheorie die Verbindung zwischen dem Geschichtlichen und

99 Das ist der Hauptgrund, warum Charles Taylor etwas zur gegenwärtigen Debatte über James beigetragen hat. Vgl. Charles Taylor, *Varieties of Religion Today: William James Revisited*, Cambridge, Mass., 2002.

dem »Wesentlichen«, wie er sagt, und proklamiert als seine metaphysische Schlußfolgerung, daß die Welt in der Tat der Prozeß des Geistes ist im Sinne einer Entwicklung, »in der jedem Problem im Verlauf der endlosen Zeitalter seine Lösung entspricht, jeder Antithese ihre Auflösung, jeder Entfremdung ihre Versöhnung, jeder Tragödie der sühnende Triumph, der dem Bösen Sinn gibt«.[100] Im Schlußkapitel wiederholt er diese Botschaft in ähnlichen Worten: »[....] daß für jedes Unrecht irgendwo das entsprechende Mittel zur Abhilfe auftauchen wird, und daß für jede Tragödie und Verzweiflung in der individuellen Existenz die universale Gemeinschaft den Weg finden wird – wo und wann, wissen wir nicht –, die entsprechende Einigung, den angemessenen Triumph zu liefern. Durch und in der Gemeinschaft sind wir erlöst.«[101] Das ist seine tiefste philosophische Botschaft – eine Botschaft, von der er zudem behauptet, sie stehe »in Übereinstimmung mit dem, was am Christentum lebendig ist«.[102]

In James' Ohren hätten solche Feststellungen sehr merkwürdig, um nicht zu sagen skandalös geklungen. In einer berühmten Passage der letzten seiner Pragmatismus-Vorlesungen, derjenigen über Religion, richtet sich James gegen alle teleologische Geschichtsphilosophie, vielleicht sogar gegen seinen Freund Royce persönlich. James schreibt: »Ich bin dazu entschlossen, die Welt zu nehmen, wie sie ist, voll wirklicher Gefahren und Abenteuer [...] Ich bin entschlossen, es hinzunehmen, daß es wirkliche Verluste und wirkliche Verlustträger gebe, und daß nicht alles, was ist, erhalten bleibe. Ich kann an das Ideal glauben, aber als an ein Letztes, nicht als den Ursprung, als eine Quintessenz, aber nicht als das Ganze.«[103] Auch in den *Varieties* gibt es kraftvolle Passagen dieser Art zur unaufhebbaren Prekarität

---

100 Royce, *The Problem of Christianity*, S. 381.
101 Ebd., S. 388.
102 Ebd.
103 William James, *Der Pragmatismus* (1907), Hamburg 1977, S. 190.

unserer Existenz,[104] über Krankheit, Gefahr, Katastrophe als ständige Möglichkeiten, über Melancholie, die unerwartet aus jeder Quelle des Vergnügens aufsteigen kann. Ein führender James-Forscher hat seinem Buch über James treffend den Untertitel »eclipse of certainty«[105] (»Niedergang der Gewißheit«) gegeben, Durchbruch eines vollen Bewußtseins von der Kontingenz unserer individuellen Existenz und der Geschichte, ließe sich sagen.

Royce behauptete von sich, er habe den Hegelianismus hinter sich gelassen,[106] und wollte damit das Image ablegen, eine überholte Gestalt des neunzehnten Jahrhunderts zu sein. Es trifft auch in der Tat zu, daß sein Verständnis von Teleologie nicht quietistisch war, sondern die Menschen ermutigen wollte, sich für »lost causes« der Vergangenheit zu engagieren, für schöpferische Wiedergutmachung im Sinne einer »Transformation des Sinnes ebenjener Vergangenheit, die nicht ungeschehen gemacht werden kann«.[107] Er distanzierte sich auch von einem Glauben an göttliche Wunder oder einem Schopenhauerschen kosmischen Willen oder Bergsonschen *élan vital*; diese waren für ihn unhaltbare Formen von Teleologie.[108] Aber dennoch liegt sein Hauptnachdruck auf einer zukunftsbezogenen *Gewißheit eines zukünftigen irdischen (!) Ausgleichs.* John E. Smith hat die Differenz zwischen James und Royce hinsichtlich religiösem Glauben und Kontingenz überzeugend so bestimmt: »Für James ist der Glaube an Gott das ultimative Risiko, für Royce dagegen die Anerkennung einer Wirklichkeit, die nicht *nicht*-sein kann«.[109]

Wenn James' imaginäre Replik in ihren defensiven und offensiven Teilen berechtigt ist, kommen wir zu dem Schluß, daß kei-

104 Z. B. James, *Die Vielfalt religiöser Erfahrung*, S. 161.

105 Paul Jerome Croce, *Science and Religion in the Era of William James. The Eclipse of Certainty, 1820-1880*, Chapel Hill 1995.

106 Royce, *The Problem of Christianity*, S. 39.

107 Ebd., S. 180 f.

108 Ebd., S. 400.

109 Smith, *William James and Josiah Royce*, S. 344.

ner der beiden eine völlig befriedigende Lösung anzubieten hat. Erst in der folgenden Generation pragmatistischer Denker, namentlich in George Herbert Meads Buch *The Philosophy of the Present* und teilweise in John Deweys Werk *The Quest for Certainty* und vor allem in der *Logik*, finden wir das Desiderat erfüllt, eine semiotische Theorie von Selbst und Gemeinschaft mit einem nichtteleologischen Verständnis von Geschichte zusammenzuführen.[110] Doch bei Mead und zu einem gewissen Grad auch bei Dewey war die Beziehung zum Problem der Religion weggefallen, und so bleibt die Aufgabe bestehen, alle drei Stränge zu verbinden. Das wäre ein wichtiger Schritt zur Synthese von amerikanischem Pragmatismus und deutschem Historismus auf dem Gebiet der Religionstheorie, einer Synthese, die, von der anderen Seite her, eindeutig Ernst Troeltsch in seinen letzten Schriften vor seinem Tod (1923) ebenfalls anbahnte, als er dem Historismus eine existentielle Wende gab. Diese Synthese ist nicht hauptsächlich ein Problem der Ideengeschichte, sondern eine zentrale methodologische Aufgabe für die historisch-vergleichende Religionsforschung heute.[111]

Durch eine semiotisch ergänzte Phänomenologie religiöser Erfahrungen, das heißt durch die Verknüpfung einer reichhaltigen Beschreibung solcher Erfahrungen mit einer ebenso reichhaltigen Typologie der Zeichenarten, eröffnet sich der Religionspsychologie ein Weg heraus aus einem alten Dilemma. Weder ist ja die Vorstellung plausibel, Menschen seien, was ihre Erfah-

---

110 George Herbert Mead, *The Philosophy of the Present*, La Salle 1932, deutsch, um die »Supplementary Essays« gekürzt, in: ders., *Philosophie der Sozialität*, Frankfurt/M. 1969, S. 229-324; John Dewey, *The Quest for Certainty. A Study of the Relation of Knowledge and Action* (1929), New York 1980 (dt.: *Die Suche nach Gewißheit. Eine Untersuchung des Verhältnisses von Erkenntnis und Handeln*, Frankfurt/M. 1998); ders., *Logic. The Theory of Inquiry*, New York 1938 (dt.: *Logik. Die Theorie der Forschung*, Frankfurt/M. 2002).

111 Zu den geistesgeschichtlichen Fragen vgl. Joas, »Pragmatismus und Historismus«.

rungsmöglichkeiten betrifft, auf die Angebote einzelner religiöser Traditionen so völlig angewiesen, daß sie in diese förmlich eingesperrt wären, noch kann umgekehrt eine Theorie überzeugen, der zufolge den Menschen jenseits aller Religion und Kultur ein völlig zeichenfreier Erfahrungsstoff zur Verfügung steht. Ohne ganzheitliche leibliche Erfahrungen hätten Zeichenprozesse gar keinen Ausgangspunkt. Ohne die Erzeugung gemeinsamer Bedeutungen in Situationen bliebe aber jeder Mensch in seine subjektive Erfahrungswelt eingeschlossen. Ohne situationsunabhängige Symbole und die durch sie ermöglichten Abstraktionen gäbe es keine kritische Prüfung der Berechtigung von Geltungsansprüchen. Mit der konsequenten Berücksichtigung der semiotischen Dimension kann von der Wende zur Erfahrung in der Religionspsychologie aus auch eine Brücke geschlagen werden zu religiösen Traditionen und Institutionen und damit zur Geschichte überhaupt – wie dies schon Herders Intuitionen in seiner Auseinandersetzung mit Hume entspricht. Sowohl in der Theologie wie in den Wissenschaften von der Religion wurden diese Anstöße vielfältig aufgenommen – durchaus häufig, aber nicht notwendig in direkter Anknüpfung an William James, eher selten in unmittelbarer Fortsetzung von Peirce und Royce. Eine Schlüsselstellung in der Theologie hat dabei der »symbolische Realismus« von Paul Tillich; unter Tillichs Einfluß, aber auch unter Heranziehung späterer Ansätze der Zeichen- und Symboltheorie entwickelten der Religionsanthropologe Roy Rappaport und der Soziologe Robert Bellah[112]

112 Paul Tillich, *Wesen und Wandel des Glaubens*, Berlin 1961; Roy A. Rappaport, *Ritual and Religion in the Making of Humanity*, Cambridge 1999. Zu den methodologischen Fragen im Zusammenhang mit den semiotischen Grundlagen von Robert Bellahs Werk (*Religion in Human Evolution. From the Paleolithic to the Axial Age*, Cambridge, Mass., 2011) vgl. die Kapitel von mir, Merlin Donald und Matthias Jung in: Robert Bellah, Hans Joas (Hg.), *The Axial Age and Its Consequences*, Cambridge, Mass., 2012 (S. 9-29, 47-76, 77-101).

ihre wegweisenden Arbeiten. Auch vielfältige Anknüpfungen in Theologie und Religionsphilosophie an das Denken von Ernst Cassirer, insbesondere seine *Philosophie der symbolischen Formen*, weisen in dieselbe Richtung.[113] Bemerkenswert ist erneut, daß die Theologie und die Wissenschaften von der Religion damit keineswegs zwei getrennt sich fortspinnende Diskurse darstellen, sondern vielfältige Wechselwirkungen zwischen ihnen feststellbar sind. Auch auf dem Gebiet der Religionspsychologie, wie auf dem der Religionsgeschichtsschreibung, stehen sich nicht dogmatische und voraussetzungsfreie Denkweise feindlich gegenüber, sondern verschlingen sich die empirischen wissenschaftlichen Fragen und die Fragen nach der Berechtigung der Geltungsansprüche religiöser Rede vielfältig miteinander. Auch hier kann die Lösung nicht in einer simplen Auftrennung dieser Verschlingungen bestehen; auch hier sind Einigungen über empirische Sachverhalte möglich und wird die Geltungsdiskussion durch die empirische Forschung zwar nicht entschieden, aber wesentlich bereichert.

William James meinte keineswegs, seine Religionspsychologie sei nur in dem Sinne empirisch, daß theologische und philosophische Geltungsdiskussionen von diesem Wissen letztlich untangiert blieben. Obwohl man ihn immer wieder so mißverstanden hat oder mißverstehen wollte – in seinem Buch zur Religions*psychologie* sind die Ansätze zu einer Religions*philosophie* unübersehbar; darauf weist unter anderem der letzte Satz seines großen Buches hin, in dem er der Hoffnung Ausdruck gibt, auf alle diese Fragen in einem anderen Buch zurückzukommen.[114] Wir verfügen sogar über Entwürfe von seiner Hand für diese Fortsetzung und können auf dieser Grundlage extrapolieren, wohin ihn sein Weg geführt hätte, wenn ihm die Lebenszeit zur Aus-

113 Ernst Cassirer, *Philosophie der symbolischen Formen* (1923-29), 3 Bde., Darmstadt 1958.

114 James, *Die Vielfalt religiöser Erfahrung*, S. 503.

führung seiner Pläne geblieben wäre.[115] Von einer Ignoranz etwa gegenüber der Gottesfrage und ihrer Ersetzung durch empirische Wissenschaft kann bei ihm ebensowenig die Rede sein wie bei den meisten anderen Teilnehmern dieses Diskurses. Anfang der 1920er Jahre erkannten mehrere Denker in Auseinandersetzung mit der Religionspsychologie von James (oder ähnlichen Versuchen wie dem von Rudolf Otto[116]), was sich hier an epochaler Problemverschiebung ergeben hatte. Wenn die Frage nach Gott reflexiv gebrochen wird, muß sie durch das Studium der Religionen hindurch gestellt werden.[117] Die Nötigung zu dieser reflexiven Brechung ergibt sich wiederum aus dem Aufstieg der säkularen Option. In einer Welt des Glaubens, so schrieb der junge Leo Strauss anschaulich, mußte die Theologie das Recht des Rationalen zur Anerkennung bringen, nun aber »in einer von der Ratio beherrschten geistigen Welt ›das Irrationale in der Idee des Göttlichen‹ durch das Medium des theoretischen Bewußtseins dem Zeitalter lebendig machen. Die frühere Theologie spekulierte in einem religiös geschlossenen Gewölbe – die neue Theologie lebt unter freiem Himmel und hat nach ihren Kräften selbst am Bau des Gewölbes mitzuhelfen. Damals war die erste Tatsache Gott – heute: Welt, Mensch, religiöses Erlebnis.«[118]

---

115 Lamberth, David C., *William James and the Metaphysics of Experience*, S. 106-110 mit den genaueren Angaben zu den entsprechenden Materialien.

116 Rudolf Otto, *Das Heilige. Über das Irrationale in der Idee des Göttlichen und sein Verhältnis zum Rationalen* (1917), München 2014. Zur Auseinandersetzung mit ihm und zum Vergleich mit James dort mein Nachwort »Säkulare Heiligkeit. Wie aktuell ist Rudolf Otto?«, S. 255-281.

117 So Max Scheler, *Vom Ewigen im Menschen* (1920), Bern 1954, S. 126.

118 Leo Strauss, *Das Heilige* (1923), jetzt in: ders., *Philosophie und Gesetz – Frühe Schriften* (= *Gesammelte Schriften*, Bd. 2), hg. von Heinrich Meier, Stuttgart 1997, S. 307-310, hier S. 308.

3
Das Ritual und das Heilige
Zur Anthropologie der Idealbildung

Die ersten beiden hier behandelten Durchbrüche zu einer wissenschaftlichen Beschäftigung mit der Religion erfolgten also auf den Gebieten Geschichte und Psychologie, genauer gesagt in Gestalt des Projekts einer Universalgeschichte der Religion und einer Psychologie religiöser Erfahrungen. In beiden Fällen stand das Individuum im Mittelpunkt der Betrachtung. David Hume beantwortete die Frage nach den Ursachen der Entstehung von Religion durchgehend so, als entwickelten die einzelnen Menschen je für sich die Vorstellungen, die dann als Religion fixiert würden;[1] eine andere Sichtweise tauchte bei ihm noch nicht einmal als Möglichkeit auf. Bei William James wiederum wird die Wende zur Erfahrung von vornherein als Wende zu den einsamen Erfahrungen der Individuen – »in their solitude« – angelegt, obwohl er sich der Spezifik dieser definitorischen Setzung durchaus bewußt war. In beiden Fällen gab der bewußte oder unbewußte einseitige Individualismus in der Religionsanalyse den Anstoß zu weitertreibenden denkerischen Ansätzen, in denen überindividuelle Phänomene des Religiösen hervorgehoben wurden: so »Poesie« und »Mythologie« bei Herder, Zeichen und Symbole sowie die Vielfalt der Quellen religiöser »Einsicht« bei Royce. Im Verlauf des neunzehnten Jahrhunderts entstand nun aber eine weitere wissenschaftliche Disziplin, die von vornherein ein Programm verfolgte, das über jeden ontologischen oder methodologischen Individualismus hinausgeht:

1 In Anlehnung an Robert A. Segal, »Hume's ›Natural History of Religion‹ and the Beginning of the Social Scientific Study of Religion«, in: *Religion* 24 (1994), S. 225-234, hier S. 228.

die Soziologie. Von einer prinzipiell anderen, eigenständigen Perspektive dieser Disziplin kann selbstverständlich nur dann die Rede sein, wenn es in ihr nicht einfach um die gesellschaftliche Verteilung individueller religiöser Einstellungen oder die Wirkungen solcher Einstellungen und ihrer Verteilung auf das Handeln von Individuen geht.[2] Gemeint ist vielmehr eine Denkweise, die gesellschaftliche Institutionen als etwas betrachtet, das zwar aus dem menschlichen Handeln hervorgeht, aber mehr ist als die bloße Aggregation individueller Handlungen, und das konstitutiv ist sogar für die Herausbildung von Individualität.

Um diese Disziplin und ihr Verhältnis zur Religion geht es im nun folgenden Kapitel. Der ehrgeizigste Versuch zur intellektuellen und institutionellen Verselbständigung dieser neuen Wissenschaft wurde Ende des neunzehnten und Anfang des zwanzigsten Jahrhunderts in Frankreich von Émile Durkheim unternommen; in diesem Versuch ist der Gegenstand Religion von zentraler Bedeutung. Sowohl in Hinsicht auf die Aufdekkung des Geheimnisses, das der Existenz religiöser Phänomene zugrunde liege, wie in Hinsicht auf die Demonstration der Leistungsfähigkeit, die der neuen Disziplin Soziologie zugesprochen wird, waren die Ansprüche Durkheims enorm. Die beiden Ansprüche hängen zudem innerlich miteinander zusammen. Wie sich Durkheim in einer früheren Arbeit den Selbstmord als Gegenstand gewählt hatte und damit eine Tat, die als schlechthin unübertreffbar in ihrem individuell-existentiellen Charakter erscheinen muß, um daran den Erkenntnisgewinn durch sozialstatistische Analysen nachzuweisen, so sollte jetzt dem neuen Fach durch eine triumphale Leistung auf dem Gebiet der Religion zur weiteren Anerkennung verholfen werden. Und umgekehrt sollte damit der im zeitgenössischen Frankreich mit den Kämpfen um den Laizismus und eine radikale Trennung von Staat und Kirche erbittert geführte Streit durch die Soziologie

2 Hans Joas, »Die soziologische Perspektive«, in: ders. (Hg.), *Lehrbuch der Soziologie*, Frankfurt/M. [3]2007, S. 11-38.

auf ganz neue Grundlagen gestellt werden. In diesem Kapitel wird zu fragen sein, ob diese Ansprüche nicht völlig überzogen waren. Auch wenn sich dies erweisen sollte und Durkheims Werk demgemäß massiver empirischer und theoretischer Korrekturen bedarf, bleibt es doch – so meine Argumentation – von epochaler Bedeutung. Diese Bedeutung liegt, so behaupte ich, zum einen in der Konzentration auf kollektive körperliche Praktiken, zum anderen im Aufweis, daß aus diesen Praktiken die Zuschreibung einer Erfahrungsqualität hervorgeht, die sich von aller alltäglichen Erfahrung unterscheidet. Für die kollektiven körperlichen Praktiken verwendet Durkheim den Begriff »Ritual«, für die den Alltag überschreitende Erfahrungsqualität den des »Heiligen«. Beide Begriffe werden häufig mißverstanden: der des Rituals in Richtung sinnentleerter Wiederholungszwänge, der des »Heiligen« im Sinn spezieller Glaubensvorstellungen bestimmter Religionen. Es wird deshalb hier nötig sein, zunächst sich der ganzen Wucht des Ritualphänomens zu erinnern, wie Durkheim es angezielt hat, und mit ihm zu erkennen, daß sich »Heiligkeit« in seinem Sinn auch außerhalb institutionalisierter Religionen vielfältig findet und der Herausbildung aller, auch der säkularen, »Ideale« zugrunde liegt.

Auf den ersten Blick könnte es so scheinen, als sei ein größerer Abstand gar nicht denkbar als der zwischen dem Individualismus von James und einer solchen ritualzentrierten Religionsanalyse. Bei näherer Betrachtung zeigt sich aber, daß es sich unter dem hier interessierenden Gesichtspunkt in vielerlei Hinsicht nicht um eine Alternative, sondern um eine Parallele handelt. Die Wende zur individuellen Erfahrung des Individuums in seiner einsamen Kommunikation mit Gott und die Wende zum Ritual teilen nämlich miteinander, daß ihnen Religionen nicht vornehmlich als Systeme von Glaubenssätzen erscheinen. Bei beiden bleibt der Bezug der Religion auf die *Erfahrung* von Individuen beziehungsweise Kollektiven erhalten, die in der Vorstellung von einer Religion, die sich davon abtrennt, verlorengeht. Sicher richtet sich gegen die Wende zur individuellen

Erfahrung der Verdacht, eine protestantische oder eine modernistische Schlagseite zu haben; ähnlich ist es mit dem Argwohn gegenüber der Wende zum kollektiven Ritual, hier liege eine katholische oder eine »primitivistische« Tendenz vor. Blickt man aber auf beide zusammen, erkennt man die in beiden liegende Chance, gemeinsam der Fülle der religiösen Phänomene in der Geschichte der Menschheit gerecht zu werden.

Nachdem mit dem Ritual und seiner Bedeutung für die Entstehung von Heiligkeitsvorstellungen zunächst der Kerngedanke der frühen Religionssoziologie eingeführt und kritisch erörtert werden wird, soll im Anschluß daran zunächst noch in die Vorgeschichte von Durkheims Theorie zurückgegangen werden. Der Grund dafür ist einfach: Durkheim hat sein Buch *Die elementaren Formen des religiösen Lebens* von 1912 nämlich sehr direkt an einen bestimmten empirischen Komplex gebunden, den sogenannten Totemismus. Der – in der deutschen Übersetzung fehlende – Untertitel des Werkes lautet entsprechend *Le système totémique en Australie* (*Das totemistische System in Australien*). Um die theoretische Leistung seines Werkes von den empirischen Mängeln seiner Totemismus-Analyse abzuheben und freizusetzen, lohnt sich die Beschäftigung mit zwei anderen Werken, die größten Einfluß auf Durkheim ausübten und ganz andere empirische Gegenstände hatten: die Religion der antiken Griechen und Römer bei Numa Denis Fustel de Coulanges und die Religion der Semiten bei W. Robertson Smith. Nach diesem Blick auf die Vorgeschichte wird auf die Nach- und Wirkungsgeschichte dieses dritten »Durchbruchs« in der wissenschaftlichen Beschäftigung mit Religion zu blicken sein. Auch in dieser finden sich vielfältige Raffinierungen der theoretischen Grundidee. Vor allem aber interessiert die Frage, ob es sich beim Ritual in der Religion oder der Kultur insgesamt um etwas »Primitives« handelt, das im Verlauf der Geschichte immer mehr überwunden wird oder überwunden werden sollte. Was aber könnte, wenn Durkheims These von der Herausbildung der Ideale im Ritual zutrifft, an seine Stelle treten? Oder gibt es gute

Gründe, von einer *Persistenz des Rituals* in der Geschichte auszugehen?

Die Wende zum Ritual

Wir müssen uns ein religiöses Ritual der australischen Urbevölkerung, wie es um 1900 praktiziert wurde, etwa folgendermaßen vorstellen: Mehrere Tage lang feiert der Stamm der Warramunga das Fest der Schlange Wollunqua. Die beiden Untereinheiten des Stammes, wissenschaftlich in Anlehnung an die griechische Antike als Phratrien bezeichnet, nehmen dabei ganz unterschiedliche Rollen ein. Nur die eine Hälfte darf bei einem bestimmten Anlaß die Riten zelebrieren; die andere Hälfte ist darauf beschränkt, »die Akteure zu schmücken, den Platz und die Instrumente vorzubereiten und die Rolle der Versammelten zu spielen. Dazu müssen sie im vorhinein aus feuchtem Sand einen Hügel errichten, auf dem mit roten Flaumfedern eine Figur ausgeführt wird, die die Schlange Wollunqua darstellt.«[3] Erst mit Einbruch der Nacht beginnt dann die eigentliche Zeremonie. Die Mitglieder der beiden Phratrien betreten in getrennten Gruppen den Hügel und beginnen zu singen. Von den zurückliegenden Tagen des religiösen Festes her und durch die aufregenden Vorbereitungen auf diesen Höhepunkt verursacht, befinden sie sich bereits in einem Zustand der Überreizung. Zu einem bestimmten Zeitpunkt der ständig steigenden Erregung holen die Männer der den Ritus zelebrierenden Phratrie ihre Frauen und übergeben sie den Männern der anderen Phratrie, aus der diese Frauen stammen, damit diese mit den Frauen Ge-

3 Émile Durkheim, *Die elementaren Formen des religiösen Lebens* (1912), Frankfurt/M. 1981, S. 298f. Durkheim stützt sich dabei auf: Baldwin Spencer, F. J. Gillen, *The Northern Tribes of Central Australia*, London 1904, S. 226-256, hier S. 237. Dieses Werk enthält Illustrationen zum Ritual.

schlechtsverkehr haben. Damit geschieht etwas, was außerhalb des Festes aufs strengste verboten wäre. Nach einiger Zeit werden die erst kürzlich initiierten Jugendlichen hinzugeholt und in die Geheimnisse des Rituals durch dessen Schilderung in allen Einzelheiten eingeführt. Nach stundenlangem weiteren Singen beginnt die eine Phratrie, im Licht der überall errichteten Feuer den Hügel in einer Art Springprozession zu umkreisen. Ihre Mitglieder knien rhythmisch nieder, erheben sich wieder, neigen den Körper nach rechts und links und stoßen dabei ein Geheul aus, auf das die Mitglieder der anderen Phratrie mit einem Geräusch reagieren, das sie mit ihren Bumerangs hervorbringen. Beim Morgengrauen schließlich stürmen die einen, von den anderen angefeuert, mit Lanzen, Stöcken und Bumerangs den Hügel, zerstören ihn und bringen die Feuer zum Ersterben. Alles endet in einer großen Stille.

Der Wucht dieser Schilderung kann sich wohl niemand leicht entziehen. Auch Menschen aus ritualfernen und säkularisierten Kulturen haben durch Erlebnisse auf Festen in Kindheit und Jugend, Karneval oder Rockkonzert oder Fußballstadion oder Massendemonstration in wie auch immer abgeschwächter Form imaginären Zugang zur hier beschriebenen Erfahrung. Es ist eine Erfahrung radikaler Veränderung des eigenen Selbst, plötzlicher Verwandlung in ein anderes Wesen. Dem wird durch Verkleidung, Masken oder Färbung des eigenen Gesichts oder des ganzen Körpers noch zusätzlich Vorschub geleistet. Da diese Verwandlung zudem nicht auf den einzelnen beschränkt bleibt, sondern auch die anderen ergreift, erscheint nicht einfach nur das eigene Selbst als verwandelt, sondern die ganze Gruppe, ja die ganze Welt. Es ist eine neue Welt, eine Welt voll unbekannter intensiver Kräfte, die die erlebte Verwandlung des Selbst bewirken. Diese andere und neu erfahrene Welt scheint selbständig jenseits der Begegnung mit ihr zu bestehen, bestimmten Orten immer schon innezuwohnen, zu bestimmten Zeiten sich für uns aufzutun, in bestimmten Tieren, Pflanzen oder etwa den Gebeinen von Ahnen wirksam zu sein. Es scheint

»zwei verschiedene und miteinander nicht vergleichbare Welten« zu geben. In den Worten Durkheims: »In der einen schleppt der Mensch träge sein tägliches Leben dahin, in die andere kann er [...] nicht eindringen, ohne alsbald mit außerordentlichen Mächten in Verbindung zu treten, die ihn bis zur Raserei aufpeitschen. Die erste ist die profane Welt, die zweite die Welt der heiligen Dinge.«[4]

Das Ritual, soll dies heißen, ist die Quelle der Heiligkeit. Obwohl selbstverständlich viele Rituale an bereits geheiligten Orten stattfinden und ein heiliges Geschehen nur in Erinnerung rufen, indem sie es zelebrieren, wäre es in dieser Perspektive falsch, das Heilige grundsätzlich einfach vorauszusetzen oder den Begriff des Heiligen gar auf religiöse Zusammenhänge im engeren Sinn zu beschränken, im Unterschied zum Säkularen also. Das zeigt sich ganz deutlich an Durkheims Definition von Religion.

An einem frühen Punkt seiner großen Studie faßt Durkheim seine einführenden Überlegungen in einer Definition von Religion zusammen, die gut geeignet ist, die Spezifik seines Denkens zu charakterisieren. Die Definition lautet: »Eine Religion ist ein solidarisches System von Überzeugungen und Praktiken, die sich auf heilige, das heißt abgesonderte und verbotene Dinge, Überzeugungen und Praktiken beziehen, die in einer und derselben moralischen Gemeinschaft, die man Kirche nennt, alle vereinen, die ihr angehören.«[5] Obwohl, wie bei vielen Definitionen, fast jeder Bestandteil der Formulierung selbst nach genauerer Kennzeichnung verlangt, soll hier die Aufmerksamkeit nur auf die drei Besonderheiten gerichtet werden, die für Durkheims Vorgehen ausschlaggebend sind. Durch die Betonung von »Praktiken«, die gleichberechtigt mit Überzeugungen

4 Durkheim, *Die elementaren Formen*, S. 300.

5 Ebd., S. 75. Im folgenden stütze ich mich auf meine ausführlichere Darstellung in: Hans Joas, *Die Entstehung der Werte*, Frankfurt/M. 1997, v.a. S. 90-97.

erwähnt werden, grenzt Durkheim sich erstens von der Vorstellung ab, es komme vornehmlich auf Glaubensinhalte an und rituelle Praktiken seien lediglich deren Ausdruck; für ihn sind vielmehr alle kognitiven Klassifikationen der Welt in Praktiken fundiert.[6] Zweitens ist wesentlich, daß Durkheim Religionen nicht über einen Bezug zum »Übernatürlichen« oder über einen Gottes- oder Götterglauben definiert, sondern über das »Heilige«, das an dieser Stelle ohne nähere Bestimmung zunächst wie eine bloße Verschiebung der Definitionslast erscheinen muß. War vorher unklar, was Religion sei, so ist jetzt gewiß noch näher zu klären, wie wir das Heilige zu verstehen haben. Und drittens legt sich Durkheim in seiner Definition unzweideutig auf den sozialen Charakter der Religion fest. In dem Satz, der seiner Definition im Buch folgt, hebt er ausdrücklich noch einmal hervor, daß die Betonung der »Kirche« eben darauf zielte, »daß die Religion eine im wesentlichen kollektive Angelegenheit ist«.[7] Schon vorher hieß es bezogen auf Riten, diese seien »Handlungen, die nur im Schoß von versammelten Gruppen entstehen können und die dazu dienen sollen, bestimmte Geisteszustände dieser Gruppen aufrechtzuerhalten oder wiederherzustellen«.[8] Für Durkheim sind alle individuellen Beziehungen zum Heiligen notwendig vom Kollektiven abgeleitet, da dieses Heilige sich für ihn nur in den kollektiven Praktiken bilden kann. Die Magie ist für ihn deshalb nicht etwa ursprünglicher als die Religion, sondern im Gegenteil parasitär von ihr abhängig; sie stellt einen Versuch dar, das kollektiv konstituierte Heilige individuellen Zwecken dienstbar zu machen.

Was auf dieser begrifflichen Ebene wie ein schwer durchschaubares Gespinst definitorischer Setzungen aussieht und

---

6 Dazu ausführlicher: Hans Joas, »Durkheim und der Pragmatismus«, in: *Kölner Zeitschrift für Soziologie und Sozialpsychologie* 37 (1985), S. 411-430.

7 Durkheim, *Die elementaren Formen*, S. 75.

8 Ebd., S. 28.

sich im Buch Durkheims in der Auseinandersetzung mit großenteils längst vergessenen Forschern und Theorien entfaltet, gewinnt seine Plausibilität heute am stärksten in den suggestiven Phänomenanalysen, auf die Durkheim abzielt. Da er aber viele davon, wie das obige Beispiel, durch die Reinterpretation ethnographischer Beschreibungen australischer Aborigines (und gelegentlich nordamerikanischer Indianer) gewinnt, mindert die Exotik der Beispiele ihre unmittelbare Kontrollierbarkeit. Durkheims Versuche, an zeitgenössische Erfahrungen aus der modernen Welt anzuknüpfen, sind deshalb häufig leichter zugänglich; dies gilt etwa dort, wo er an die wohlvertraute Tatsache erinnert, daß eine Versammlung von Menschen, wenn sie über einen längeren Zeitraum anhält, tendenziell die Selbstkontrolle der Teilnehmer vermindert und machtvolle stimulierende Wirkungen auf sie ausübt. Wenn die gewöhnliche Selbstdisziplin der Teilnehmer gering ist, wie es etwa bei Kindern der Fall ist, geschieht dies um so intensiver. Durkheim zieht auch den »Dämon der Beredsamkeit« heran,[9] der Redner ergreift, wenn sie spüren, daß die Kommunikation mit den Zuhörern gelingt. Ihr Tonfall steigert sich dann, aber sogar die Gedanken, die geäußert werden, ändern sich aufgrund des Gefühls der Redner, von Kräften beseelt zu sein, die nicht einfach aus ihnen selbst kommen, sondern sie übersteigen.

Die Selbststeigerung in einer ekstatischen Kollektiverfahrung kann an einem bestimmten Punkt sogar in einen momentanen Verlust des Selbst umschlagen. In diesen Erfahrungen der Selbststeigerung und des Selbstverlusts wird eine Kraft empfunden, die das Individuum mitreißt und an deren Existenz in der Begegnung selbst kein Zweifel sein kann. Die Frage ist dann allerdings, wie diese Kraft zu deuten ist. Für Durkheim ist es eine zentrale Einsicht der Soziologie, in dieser Kraft nichts anderes zu sehen als den Effekt der phasenweisen Vereinigung der Indi-

9 Ebd., S. 290.

viduen zu einem miteinander handelnden Kollektiv. Von den Betroffenen aber, so Durkheim, werde die unerhörte Erfahrung einer alles Alltägliche übersteigenden Kraft gerade nicht mit kühlem Verstand so gedeutet, wie es die Soziologie tut. Die Teilnehmer an einem solchen ekstatischen Gruppenprozeß führen vielmehr ihre Erfahrung auf ihnen vorausgehende Mächte zurück, mit denen sie am Ort und zur Zeit ihrer Versammlung in erschütternde Berührung kamen. Die affektive Gewißheit vom Wirken höherer Mächte, die sich aus den Erfahrungen der Selbststeigerung und des Selbstverlusts zwingend ergibt, schlägt deshalb bei den Betroffenen um in eine affektiv intensive Bindung an Attribute der Situation, in der eine solche Erfahrung gemacht wurde. Dieser Akt der Attribuierung ist für Durkheim der Quell der »Heiligkeit« – einer Klassifikation der Welt in zwei Bereiche, nämlich je nachdem, ob ein Ding, ein Wesen, eine Handlung, ein Vorstellungsgehalt mit dieser Erfahrung innerlich verknüpft ist oder nicht. Profan ist, was keine solche Verknüpfung aufweist; sakral, was mit dieser Erfahrung korrespondiert.

Durkheim ist weit davon entfernt, nur aus dem Alltag absichtlich ausgegrenzte Zeiten und Orte in den Blick zu nehmen, wenn es um die Fahndung nach ekstatischen Gruppenprozessen geht. Er interessiert sich, zutiefst beeinflußt von der Geschichte der Französischen Revolution und den revolutionären Ereignissen im Laufe des neunzehnten Jahrhunderts, für revolutionäre Phasen im allgemeinen, in denen die Wechselwirkung zwischen den Menschen sich intensiviert und die Individuen eine Bereitschaft zu heroischen oder eine Verführbarkeit zu barbarischen Handlungen entwickeln, die ihnen in ihrem Alltag fremd geblieben wären. Wie Durkheim sich vorstellt, daß die Ureinwohner Australiens sich in ihren Ritualen die Lebenskraft holen, die ihnen ein alltägliches Leben in räumlicher Zerstreuung ermöglicht, so hebt er hervor, daß auch das Individuum unter modernen Bedingungen ständig auf die »Bezeugungen an Sympathie, Wertschätzung und Zuneigung, die seine

Mitbürger für ihn empfinden«,[10] angewiesen bleibt. Wir brauchen Anerkennung durch unsere Mitmenschen, um die Motivation für die Pflichten unseres Alltags nicht zu verlieren.

Den Zusammenhang zwischen der Entstehung von »Heiligkeit« und von »Idealen« aus den Erfahrungen des Rituals und der alltäglichen Motivation der Individuen hält Durkheim ganz offensichtlich für eine anthropologische Tatsache, für gegeben mit der menschlichen Natur und insofern nicht historisch veränderlich. Wandelbar ist für ihn nur die Art dieser Ideale, der genaue Charakter der kollektiven Praktiken, die Struktur der Kollektive und die Stellung der Individuen in ihnen. Bei aller Selbstsicherheit, mit der Durkheim die jüdische und die christliche Religion als solche für überholt erklärt und teilweise auch aktiv bekämpft, ist es deshalb nicht möglich, ihn als Vertreter einer simplen Säkularisierungsthese zu deuten. Auch »in unserer Zeit des Unglaubens«, so sagt er ausdrücklich in einer Diskussion zu seinem Buch, die 1913 in Paris stattfand, könnten wir doch »die Geburt neuer Götter« erleben;[11] an anderer Stelle nennt er die Ideen des Fortschritts und der Demokratie »heilig« für die, die an sie glauben.[12] Es wäre also nur dann richtig, ihn

10 Ebd., S. 291.

11 Vgl. das Diskussionsprotokoll »Le problème religieux et la dualité de la nature humaine«, in: Émile Durkheim, *Textes*, Bd. 2, Paris 1975, S. 23-59, hier S. 58. Auf diese Stelle wurde ich aufmerksam durch den lesenswerten Aufsatz von Jean Terrier, »›Auch in unserer Zeit werden Götter in den Massen geboren‹. Émile Durkheims Erklärungsansätze zur Entstehung gesellschaftlicher Ideale in der Moderne«, in: *Berliner Journal für Soziologie* 22 (2013), S. 497-516. Das genannte Diskussionsprotokoll erscheint mir als eine der wichtigsten Quellen zum Verständnis von Durkheims Intentionen bei der Abfassung seines Religionsbuchs und zur Abwehr der zahlreichen Mißverständnisse seines Werks. Ausführlich setzten sich mit dem Diskussionsprotokoll schon früh auseinander: Robert Alun Jones, W. Paul Vogt, »Durkheim's Defense of ›Les formes élémentaires de la vie religieuse‹«, in: *Knowledge and Society* 5 (1984), S. 45-62.

12 »Débat sur la possibilité d'une science religieuse«, in: Durkheim, *Textes*, Bd. 2, S. 142-144, hier S. 143.

einen Theoretiker der Säkularisierung zu nennen, wenn wir unter der Säkularisierung auch die Entstehung neuer Sakralitäten, neuer – säkularer – Ideale verstünden.

Wie Durkheim im weiteren Verlauf aus den hier dargestellten Grundgedanken die Entstehung von Seelen-, Geister- und Gottesvorstellungen zu erklären versucht, wie er verschiedene Arten von Riten klassifiziert und seine Aufmerksamkeit insbesondere den Opferritualen zuwendet, soll hier beiseite gelassen werden. Entscheidend im vorliegenden Zusammenhang ist, daß Durkheim selbst am Ende seines Buchs und in späteren Rückblicken vor allem hervorhebt, daß es ihm um eine wissenschaftliche Aufklärung über den Prozeß der Entstehung von Idealen ging. Es ging ihm nicht einfach, wie manchmal unterstellt wird, um die Entstehung von Solidarität unter den Mitgliedern eines Kollektivs, und schon gar nicht um die Funktionalisierung von Ritualen oder Idealen für die Herstellung oder Wahrung gesellschaftlichen Zusammenhalts. Die Prozesse der Entstehung von Idealen sind so, wie Durkheim sie beschreibt, von keiner Macht der Welt einfach in den Griff zu nehmen. Der Zusammenhalt, um den es ihm ging, entsteht über die gemeinsame Bindung an Ideale – nicht also einfach über die Bindung ans Kollektiv, wie es ist oder wie eine Macht es definiert. Durkheim wehrte sich leidenschaftlich dagegen, im Sinne des historischen Materialismus mißverstanden zu werden. Zwar sieht er wie die Marxisten die Religion als gesellschaftliches Phänomen, er will aber weder sie noch Ideale allgemein als bloße Übersetzung materieller Interessen in illusionäre Formen verstehen. Das soziale Leben schafft vielmehr Ideale, die weder auf individuelle Vorstellungen noch auf »idealfreie« materielle Verhältnisse reduziert werden dürfen. Die Entstehung von Idealen ist kein »Luxus, den der Mensch entbehren könnte«,[13] sie ist vielmehr eine Bedingung für die Existenz von Gesellschaften.

13 Durkheim, *Die elementaren Formen*, S. 566.

Eine Gesellschaft kann nicht entstehen, noch sich erneuern, ohne gleichzeitig Ideale zu erzeugen. Diese Schöpfung ist für sie nicht irgendeine Ersatzhandlung, mit der sie sich ergänzt, wenn sie einmal gebildet ist, sie stellt vielmehr den Akt dar, mit dem sie sich bildet und periodisch erneuert. [...] Die ideale Gesellschaft steht nicht außerhalb der wirklichen Gesellschaft; sie ist ein Teil von ihr; statt zwischen ihnen geteilt zu sein, wie zwischen zwei Polen, die sich abstoßen, kann man nicht der einen angehören, ohne auch der anderen anzugehören.[14]

Zu einer Gesellschaft – heißt das – gehört zentral die Idee, die sie sich von sich selbst macht und der sie nicht notwendig entspricht. Der Prozeß der Entstehung von Idealen ist mit dem Prozeß der Entstehung des Selbstbilds von Kollektiven verknüpft. Darin liegt die Chance zur Selbstveränderung der Kollektive im Sinne ihrer Ideale, aber auch die Gefahr einer Verwendung der Ideale für die Selbstsakralisierung des Kollektivs.[15]

Vom Totemismus zur säkularen Religion?

Seit mehr als hundert Jahren ist Durkheims Religionstheorie Gegenstand weitverzweigter Auseinandersetzung.[16] Aus dieser sollen nur drei kritische Punkte herausgegriffen werden, weil sie

---

14 Ebd., S. 565f. (Übersetzung leicht verändert, H. J.)

15 Diesem hier nur angedeuteten Gedanken kommt im Kap. 7 dieses Buches eine zentrale Rolle zu. Er wird erst dort näher erläutert.

16 Ich verweise hier auf die Angaben zur Sekundärliteratur in meinem Buch *Die Entstehung der Werte*, S. 90, Anm. 8, und wiederhole diese hier nicht. Seither hat die Erforschung der Entstehung von Durkheims Theorie und ihrer frühen Rezeption sowie die Interpretation beträchtliche Fortschritte gemacht. Besonders hervorzuheben und für meine kritische Diskussion wichtig sind dabei: Marcel Fournier, *Émile Durkheim*, Paris 2007 (die umfassendste Durkheim-Biographie überhaupt); Jeffrey Alexander, Philip Smith (Hg.), *The Cambridge Companion to Durkheim*, Cambridge 2005; William Watts Miller, *A Durkheimian Quest. Solidarity and the Sacred*, New York 2012 (darin eine Darstellung des Entstehungsprozesses von Durkheims Buch, S. 233-256); Sondra L. Hausner (Hg.), *Durkheim in Dialogue. A Centenary Celebration of*

für die hier verfolgten Fragen nach der grundsätzlichen Möglichkeit einer wissenschaftlichen Beschäftigung mit Religion und nach dem bleibenden Gewinn durch die Entstehung einer spezifischen disziplinären Perspektive von Bedeutung sind. Es sind die Fragen nach der empirischen Überzeugungskraft von Durkheims Totemismusanalyse, nach dem Verhältnis dieser Religionssoziologie zur Religionskritik und nach möglichen Mängeln von Durkheims soziologischem Programm:

1. Als Durkheim sich entschloß, den (angeblichen) Totemismus der australischen Urbevölkerung zur elementarsten Form noch auffindbaren religiösen Lebens und zum Ausgangspunkt einer evolutionären Religionstheorie zu erklären, traf er eine höchst riskante Entscheidung. Empirisch band er sich damit an ein Wissen, das nicht seiner eigenen Forschung entsprang, sondern machte sich völlig abhängig von den Beschreibungen, die Kolonialbeamte, Missionare und vereinzelte ethnologische Forschungsreisende vorgelegt hatten. Diese unterlagen künftiger Erweiterung und Revision in Weisen, für die jedem letztlich das Fingerspitzengefühl fehlen mußte, der nicht selbst in Kontakt mit der erforschten Kultur gekommen war. Theoretisch

»*The Elementary Forms of Religious Life*«, New York 2013; Edward A. Tiryakian, *For Durkheim. Essays in Historical and Cultural Sociology*, Farnham 2009; Günter Thomas, *Implizite Religion. Theoriegeschichtliche und theoretische Untersuchungen zum Problem ihrer Identifikation*, Würzburg 2001, S. 125-198; Matthias Sellmann, *Religion und soziale Ordnung. Gesellschaftstheoretische Analysen*, Frankfurt/M. 2007, S. 203-330; Tanja Bogusz, Heike Delitz (Hg.), *Émile Durkheim. Soziologie – Ethnologie – Philosophie*, Frankfurt/M. 2013; Bruno Karsenti, »Sociology Face to Face with Pragmatism: Action, Concept, and Person«, in: *Journal of Classical Sociology* 12 (2012), S. 398-427; Thomas Idinopulos, Brian C. Wilson (Hg.), *Reappraising Durkheim for the Study and Teaching of Religion Today*, Leiden 2002; N. J. Allen, W. S. F. Pickering, William Watts Miller (Hg.), *On Durkheim's ›Elementary Forms of Religious Life‹*, London 1998. Über das Verhältnis von Durkheims und James' Religionstheorie: Sue Stedman Jones, »From ›Varieties‹ to ›Elementary Forms‹. William James and Émile Durkheim on Religious Life«, in: *Journal of Classical Sociology* 3 (2003), 2, S. 99-121.

wiederum setzte Durkheim auf die Motive eines zeitgenössischen Diskurses über den Totemismus als ursprüngliche Religion – einen Diskurs, der im Erscheinungsjahr von Durkheims Buch bereits seinen Höhepunkt überschritten hatte und seinem Ende entgegenging.[17] Schon vor der Veröffentlichung begann sich unter den empirisch forschenden Anthropologen die Einsicht durchzusetzen, daß Durkheim und andere zwar mit Recht drei Phänomene gleichzeitig in den Blick nehmen wollten: »die Clanorganisation, die Zuteilung von Tier- und Pflanzennamen oder -emblemen an die Clans und den Glauben an eine Verwandtschaft zwischen dem Clan und seinem Totem«.[18] Es stellte sich aber auch heraus, daß der Zusammenhang der drei Phänomene keineswegs so eng war, wie Durkheim und andere Theoretiker des Totemismus behauptet hatten. »So haben die Indianer vom Thompson-Fluß Totems, aber keine Clans, die Irokesen Clans mit Tiernamen, die keine Totems sind, während die Yukagir, die in Clans eingeteilt sind, eine Religion haben, in der die Tiere eine große Rolle spielen, doch nur durch Vermittlung individueller Schamanen, nicht aber sozialer Gruppen.«[19] Was Durkheim für ein höchst integriertes »solidarisches System von Überzeugungen und Praktiken« gehalten hatte, war kein solches, sondern eine relativ kontingente Verknüpfung von Elementen, die nicht notwendig aufeinander angewiesen sind. Durkheim hatte von einer viel zu schmalen empirischen Basis aus argumentiert. Sogar innerhalb Australiens stellten sich der Verallgemeinerung der herangezogenen Fälle Hindernisse in den Weg.

17 Die deutsche Ausgabe der kritischen Bilanz des Totemismus-Diskurses, die Claude Lévi-Strauss 1962 unter dem Titel »Le totémisme aujourd'hui« vorgelegt hat, trägt sinnigerweise den Titel *Das Ende des Totemismus* (Frankfurt/M. 1965).

18 Ebd., S. 12.

19 Ebd. Lévi-Strauss schließt sich hier vornehmlich der Argumentation von Alexander Goldenweiser an. Dieser veröffentlichte auch eine sehr differenzierte kritische Besprechung von Durkheims Buch (in: *American Anthropologist*, n. s. 17 [1915], S. 719-735).

Diese Schwierigkeit ergab sich erst recht, wo über Australien hinaus auch die nordamerikanischen Indianer einbezogen wurden. Problematisch war auch, daß Durkheim den untersuchten Fällen die Eigenschaft geringer Komplexität zuschrieb. Durch seine evolutionistischen Hintergrundüberzeugungen wurde er dazu verleitet, angeblich »elementare« Formen für einfacher zu halten als alle späteren; ausdrücklich meinte er, daß für eine sich noch in ihren Anfängen befindliche wissenschaftliche Disziplin wie die Soziologie seiner Zeit es noch zu früh sei, »höherentwickelte« Formen von Religion zu analysieren, sie aber durch das Wissen über einfachere Formen, die angeblich am Anfang der Entwicklung standen, die Grundlagen erarbeiten könne, die dann auch ein Verständnis komplexer Formen ermöglichten.[20] Kein Wunder, daß Durkheims Werk durch diese Entscheidungen bei Anthropologen und Historikern der Religion auf Ablehnung stieß und sogar in Verruf geriet. Einige aber verstanden, daß Einwände gegen die empirische Korrektheit von Durkheims Deutung des religiösen Lebens der Aborigines nicht automatisch zu einer Falsifizierung seiner ganzen Theorie Anlaß gaben. So wurde seine Theorie des Rituals partiell von der Kritik ausgenommen, und erst recht der Grundgedanke vom sozialen Ursprung der Religion, der ja relativ unabhängig davon ist, ob Durkheims Darstellung der sozialen Organisation der Aborigines exakt war oder nicht.[21] Es kommt freilich alles darauf an, diesen Grundgedanken nicht im Sinne einer Gleich-

---

20 So in der Einleitung zu *Die elementaren Formen des religiösen Lebens* und ganz explizit in Diskussionsbemerkungen von 1914: »Remarques sur l'évolution religieuse et son étude«, in: Durkheim, *Textes*, Bd. 2, S. 146-148, hier S. 147. (»C'est qu'une science qui débute doit se poser les problèmes sous leurs formes les plus simples, sauf à les compliquer ensuite progressivement.«)

21 Sehr interessant in dieser Hinsicht ist die briefliche Stellungnahme des großen britischen Anthropologen und Australien-Forschers Alfred Radcliffe-Brown gegenüber Durkheims Neffen und Mitarbeiter Marcel Mauss: Brief vom 6. August 1912, in: *Études durkheimiennes* 4 (1979), S. 2-7. Zum Überblick über die ethnologische Durkheim-Rezeption jetzt

setzung von Religiösem und Sozialem zu simplifizieren. Durkheims scharfe Trennung des Heiligen vom Profanen und entsprechend zweier Formen des kollektiven Lebens, des alltäglichen und des außeralltäglich-ekstatischen, hat ja genau den Sinn, diese simple Gleichsetzung zu verhindern: »Diese Unterschiedlichkeit erlaubt es, zu verstehen, wie das Religiöse sozial sein kann, ohne daß alles Soziale religiös wäre.«[22] Nicht die Theorie des Totemismus ist also entscheidend, sondern die Wendung zum Ritual, und auch diese nicht im Sinne einer Wendung zu kollektiven Praktiken als solchen, sondern zu Handlungszusammenhängen, in denen Erfahrungen der Selbsttranszendenz gemacht werden können. Selbst wenn sich dann zeigen sollte, daß die kollektiven Ekstasen, an die Durkheim denkt, nicht der einzige Ort sind, an dem solche Erfahrungen gemacht werden können, fällt Durkheims Theorie nicht in sich zusammen. Es ist dann nur nötig, eine reichere Phänomenologie solcher Erfahrungen der Selbsttranszendenz zu entwickeln, nicht aber, die Idee eines Zusammenhangs zwischen der Dynamik solcher Erfahrungen, der Entstehung von Idealen und deren Rolle in der Motivation von Handlungen aufzugeben.

Durkheim selbst bezeichnete in einer Verteidigung seines Buches als eine seiner beiden Kernthesen, neben der von einer Dualität im Menschen zwischen Idealem und Realem, die der »vertu dynamogénique« aller Religion,[23] ihrer »dynamogenen

---

auch: Hans Peter Hahn, »Durkheim und die Ethnologie. Schlaglichter auf ein schwieriges Verhältnis«, in: *Paideuma* 58 (2012), S. 261-282.

22 Durkheim, *Le problème religieux*, S. 41.

23 Ebd., S. 26. In der Geschichte der Durkheim-Interpretation hat meines Wissens als erster auf diesen entscheidenden Punkt aufmerksam gemacht: Edward Tiryakian, »Durkheim's ›Elementary Forms‹ as ›Revelation‹«, in: Buford Rhea (Hg.), *The Future of the Sociological Classics*, Boston 1981, S. 114-135, v. a. S. 121 f. Tiryakian bezieht sich freilich (ausschließlich) auf die einzige andere Stelle, an der Durkheim diesen Ausdruck verwendet: Émile Durkheim, Marcel Mauss, »Selbstrezension der ›Formes élémentaires‹ 1913«, jetzt in: Émile Durkheim, *Journal sociologique*, Paris 1969, S. 700-707, hier S. 706: »Bien qu'elle [la reli-

Kraft«. Mit diesem Begriff bezeichneten französische Psychologen der 1880er Jahre kraftsteigernde Wirkungen bestimmter sensorischer Reize auf motorische Reaktionen. Es war aber kein anderer als William James gewesen, der diesen Begriff aus dem »Slang der Psychologen«, wie er selbst formulierte, übernahm, um damit im Rahmen seiner Analyse von Konversionserfahrungen und gespaltener Identitäten die biographische Situation darzustellen, in der ein Mensch sich nur abstrakt an höheren Zielen orientiert, aber diese nicht tatsächlich wirksam werden in seiner eigenen Lebensführung.[24] Es scheint eindeutig zu sein, daß Durkheim diesen Begriff, mit dem er den Kerngedanken seiner Theorie der Religion und seiner Anthropologie der Idealbildung bezeichnet, von James übernommen und in Richtung seiner Ritualkonzeption ausgebaut hat.[25]

So einfach, wie Durkheim sich die Sicherung der Grundlagen für eine Theorie der Evolution von Religion vorgestellt hatte, war dieses Ziel also offensichtlich nicht zu erreichen. Nicht nur dieser erste Schritt aber war fragwürdig, sondern auch die Unterstellung einer prinzipiellen Kontinuität in der Religionsentwicklung und die daraus sich ergebende Diagnose der religiösen Situation der Gegenwart. Gewiß ist Durkheim offen für die Veränderungen, die Religion durch den Wandel gesellschaftlicher Organisationsformen in der Geschichte erfährt; genau eine solche Theorie zielt er ja an und glaubt er, grundgelegt zu haben. Doch wird nicht erkennbar, daß er eine mögliche Aufspren-

---

gion, H. J.] ait un rôle spéculatif à jouer, sa fonction principale est dynamogénique. Elle donne à l'individu des forces qui lui permettent de se dépasser lui-même, de s'élever au-dessus de sa nature et de la dominer.«

24 Eine Stelle in den »Bekenntnissen« des heiligen Augustinus erscheint James als die perfekte Beschreibung dieses Zustands. Vgl. William James, *Die Vielfalt religiöser Erfahrung* (1902), Frankfurt/M., 1997, S. 194.

25 Ich schließe damit an die Ausführungen an von: Robert Alun Jones, »Practices and Presuppositions: Some Questions about Durkheim and ›Les formes élémentaires de la vie religieuse‹«, in: Alexander/Smith (Hg.), *Cambridge Companion*, S. 80-100, v. a. S. 92f.

gung des Zusammenhangs von Sakralisierung und Selbstsakralisierung, von Idealbildung und Solidaritätsbildung in einem partikularen Kollektiv, als epochalen Einschnitt in der Religionsgeschichte der Menschheit gesehen hätte.[26] Er nahm nicht wahr, daß bei den von ihm analysierten religiösen Phänomenen möglicherweise die Ideale sozusagen weniger »ideal« waren als bei später entstehenden Religionen, das heißt, ihr Abstand von der gesellschaftlichen Wirklichkeit geringer war und entsprechend auch ihre Kraft zu deren Relativierung und Veränderung.[27] Ohne einen solchen Kontinuitätsbruch mußte auch die Religion der Zukunft eine fundamental ähnliche Verbindung von Idealbildung und Solidaritätsbildung aufweisen wie der Totemismus als »elementare« Form der Religion.

2. Damit fällt Licht auf das Verhältnis von Religionssoziologie und Religionskritik. Durkheim war gewiß in den Auseinandersetzungen seiner Zeit ein militanter Laizist, legte aber als Wissenschaftler größten Wert darauf, nicht einfach mit den aufklärerisch-rationalistischen oder marxistischen Religionskritikern in einen Topf geworfen zu werden. Er entwickelte seine Religionssoziologie in einer Zeit, in der ein führender jüdischer Intellektueller, prononcierter Voltairianer, sein weitverbreitetes Buch zur Religionsgeschichte mit der Definition beginnen konnte, Religion sei »ein Ensemble von Skrupeln, die der freien Aus-

---

26 Vgl. dazu Kap. 5 dieses Buches. Der Einwand wurde zum erstenmal gegen Durkheim formuliert in der großen Auseinandersetzung seitens des katholischen Modernisten Alfred Loisy, »Sociologie et religion«, in: *Revue d'histoire et de littérature religieuses* 4 (1913), S. 45-76.

27 Das war gemeint, als Talcott Parsons kurz vor Ende seines Lebens auf die enorm einflußreiche Durkheim-Interpretation in seinem Frühwerk zurückblickend schrieb: »We may very broadly say that the closeness of this identification of ritual symbolism with societal content is, at least in part, an index of the primitiveness of the religious system Durkheim is analyzing.« Vgl. Talcott Parsons, »Durkheim on Religion Revisited. Another Look at the Elementary Forms of the Religious Life«, in: Charles Y. Glock, Philip E. Hammond (Hg.), *Beyond the Classics? Essays in the Scientific Study of Religion*, New York 1973, S. 156-180, hier S. 169.

übung unserer Fähigkeiten Hindernisse in den Weg legen«.[28] Durkheim machte ganz klar, daß es keinesfalls Aufgabe der Soziologie sein dürfe, als »Kriegsmaschine gegen die Religion«[29] zu dienen. Es reicht auch nicht hin, sich Durkheim als einen leidenschaftlichen Gegner der existierenden Religionsgemeinschaften vorzustellen, der lediglich aus biographischen Gründen – der Herkunft aus einer »Dynastie« von Rabbinern – von Religionen aller Art fasziniert war und sie vor allem deshalb zum Gegenstand wählte, weil er seine Soziologie einer schwierigen Bewährungsprobe unterziehen wollte. Entscheidend scheint mir vielmehr, daß Durkheim für seinen Laizismus selbst religiöse Qualitäten in Anspruch nahm. Es ging ihm um eine neue Religion, in der der Glaube an die Menschenrechte eine zentrale Rolle spielt, in der also die Sakralität jeder Person respektiert, in Praktiken verkörpert und rituell revitalisiert wird.[30] Diese

---

28 Salomon Reinach, *Orpheus. Histoire générale des religions* (1909), Paris 2002, S. 4, hier zitiert nach Guillaume Cuchet, »La réception catholique des ›Formes élémentaires de la vie religieuse‹ (1912) d'Émile Durkheim«, in: *Archives de sciences sociales des religions* 159 (2012), S. 29-48, hier S. 33. Dieser ausgezeichnete Aufsatz ist auf die katholische Rezeption beschränkt. Auch die protestantische Rezeption schließt ein: W. S. F. Pickering, »The Response of Catholic and Protestant Thinkers to the Work of Émile Durkheim. With Special Reference to ›Les formes élémentaires‹«, in: *Durkheimian Studies* 14 (2008), S. 59-93.

29 Durkheim, *Die elementaren Formen*, S. 18.

30 Vgl. meine kritische Auseinandersetzung mit seinem Programm: Hans Joas, »Der Glaube an die Menschenwürde als Religion der Moderne?«, in: ders., *Braucht der Mensch Religion? Über Erfahrungen der Selbsttranszendenz*, Freiburg 2004, S. 151-168. Zu erwähnen ist an dieser Stelle auch, daß ich – einen Gedanken Émile Durkheims aufgreifend – eine eigene Darstellung der Geschichte der Menschenrechte und ihres Verhältnisses zu den religiösen Traditionen vorgelegt habe: Hans Joas, *Die Sakralität der Person. Eine neue Genealogie der Menschenrechte*, Berlin 2011. In der Diskussion über dieses Buch hat sich meine Interpretation von Durkheim als kontrovers erwiesen. Dies zeigt sich v. a. in dem Sammelband: Hermann-Josef Große Kracht (Hg.), *Der moderne Glaube an die Menschenwürde. Philosophie, Soziologie und Theologie im Gespräch mit Hans Joas* (darin v. a. die Beiträge von Matthias Koe-

neue Religion entspricht für ihn den modernen Bedingungen fortgeschrittener funktionaler Differenzierung so, wie jede vorherige Religion den Bedingungen entsprochen habe, aus denen sie entstand und in denen sie vital bleiben konnte. Damit konnte Durkheim etwa dem Judentum und dem Christentum eine Vielzahl historischer Verdienste zubilligen und sie doch zugleich für historisch überholt erklären. Er geht so weit, von seiner Methode zu behaupten, daß sie nicht nur alle jemals in der Geschichte der Menschheit praktizierten Riten zu *erklären* vermöge, sondern sie sogar *rechtfertige*; sie seien alle unter ihren jeweiligen Bedingungen notwendig und angebracht. Das gelte für die »wüsten Praktiken« der Australier nicht weniger als für die idealistischsten Religionen.[31] Den drängenden Fragen seiner gläubigen Leser und Zuhörer, ob denn der Erklärungsanspruch seiner Soziologie den Glauben auch nur prinzipiell intakt lassen könne, entzieht er sich so durch den Hinweis auf einen neuen Glauben, der den neuen Bedingungen entspricht und aus den religiösen Traditionen alles ausscheidet, was nur Relikt einer untergegangenen Gesellschaftsordnung ist.[32]

Kein gläubiger Jude, Christ oder Muslim wird diese Lösung als befriedigend empfinden; es ist nämlich nicht zu erkennen, was von den Glaubensinhalten der religiösen Traditionen Durkheim zufolge erhalten bleiben soll außer einer universalistischen Moral. Damit beginnt allerdings der Begriff der Religion zwischen einer engen und einer weiten Bedeutung zu changieren. Im engen Sinn existierender religiöser Traditionen erwartet Durkheim eher ein Verschwinden, im weiten Sinn universalistischer

---

nig, Bijan Fateh-Moghadam und des Herausgebers sowie meine Replik, v. a. S. 244-249). Außerdem die Rezension der englischsprachigen Ausgabe meines Buches durch Edward Tiryakian in: *Contemporary Sociology* 43 (2014), S. 187-190.

31 Durkheim, »Débat sur la possibilité«, S. 146.

32 Eine differenzierte Auseinandersetzung mit diesen Fragen bei Steven Lukes, »Ist Durkheims Religionsverständnis mit dem Glauben vereinbar?«, in: *Berliner Journal für Soziologie* 22 (2013), S. 457-472.

Ideale und immer neuer Sakralisierungen dagegen ist für ihn kein Zeitalter ohne Religion vorstellbar. Die Differenz von engem und weitem Begriff wird aber von ihm nicht selbst zum Thema gemacht, obwohl sie doch für das Selbstverständnis vieler Menschen zentral ist. Die meisten Menschen, die mit Durkheims Auffassungen sympathisierten, werden sich nicht selbst als religiös bezeichnet haben, sondern grenzten sich gerade von den Religionen ab. Festzustellen ist kritisch, daß Durkheim »die Abwesenheit der Selbstzuschreibung von ›Religion‹ [nicht] nochmals in seine Rekonstruktion einholt oder auch nur als Problem anzeigt«.[33] Durkheims Religionssoziologie erweist sich damit zwar nicht als religionskritisches Projekt, wohl aber als innerlich verknüpft mit der Idee einer neuen »säkularen Religion«.[34]

3. Eine Theorie, die wie die Durkheims kollektive Praktiken und den sozialen Charakter der Religion stark in den Vordergrund rückt und damit sogar die Notwendigkeit einer soziologischen Perspektive zu demonstrieren versucht, kann nicht ohne eine Zeichentheorie gelingen. Nur durch diese wird ja verhindert, daß Kollektive einfach wie überindividuelle Wesenheiten erscheinen oder ein Begriff wie der des »Kollektivbewußtseins« als mysteriöse Parallele zum individuellen Bewußtsein erscheint. Eine eigentliche Zeichentheorie findet sich in Durkheims Œuvre allerdings nicht; man kann ihm aber auch nicht vorwerfen, daß er keinerlei Sinn für die Rolle der Zeichen im kollektiven Handeln gehabt habe. Er hebt sogar hervor, daß »das soziale Leben unter allen seinen Aspekten und zu allen Augenblicken seiner Geschichte nur dank eines umfangreichen Symbolismus möglich«[35] sei. Anders als in der Zeichentheorie

33 So Günter Thomas in seiner scharfsinnigen Durkheim-Interpretation: *Implizite Religion*, S. 174.

34 Dazu hilfreich W. Watts Miller, »Secularization and the Sacred. Is There Really Something Called ›Secular Religion‹?«, in: Idinopulos/Wilson (Hg.), *Reappraising Durkheim*, S. 27-44.

35 Durkheim, *Die elementaren Formen*, S. 317.

des amerikanischen Pragmatismus[36] denkt er freilich so, als sei das individuelle Bewußtsein zunächst »in sich verschlossen« und kommuniziere dann erst mit dem Bewußtsein der anderen über Zeichen, und zwar dadurch, daß sich in diesen seine »Innenzustände ausdrücken«.[37] So stellt sich die Sache dar, wenn das Bewußtsein als vor der Zeichenkommunikation gegeben gedacht wird. Weil Durkheim sich vor allem für die Entstehung eines »sentiment commun«, eines Gefühls der Gemeinschaftlichkeit, interessiert, beschäftigt er sich ausschließlich mit den Typen von Zeichen, die aus dem Ritual selbst hervorgehen und die intensiven Zusammengehörigkeitsgefühle auf Dauer stellen. Das sind einerseits die Bewegungen innerhalb der Ritualhandlung, die die Individuen gleichzeitig vollziehen; diese werden im Gefolge der von ihnen ausgelösten Erfahrungen zu wiederholbaren Bewegungen stereotypisiert und können so selbst die entstandenen Vorstellungen symbolisieren. Vor allem aber geht es ihm andererseits um die Verknüpfung dieser Bewegungen mit Dingen, die in die Rituale einbezogen sind und für die Beteiligten die intensiven ekstatischen Erfahrungen auch dann ausstrahlen, wenn die Versammlung selbst vorbei ist. »Diese Dinge graben diese Gefühle unablässig ins Gedächtnis ein und halten sie ständig wach; es ist, als ob die ursprüngliche Ursache, die sie hervorgerufen hat, weiterwirkte. So ist die Verwendung von Emblemen, die zur Ausbildung dieser Selbstbesinnung der Gesellschaft notwendig war, nicht weniger unentbehrlich, um die Fortdauer dieses Bewußtseins zu sichern.«[38] In der Analyse des Totemismus nimmt die Symbolisierung der Gemeinsamkeit des Kollektivs im »Totem« und die materielle Präsentation dieses Totems in Zeichen für ihn die zentrale Stelle ein. Das Totem kann ein gemeinsamer Name sein; seine materielle Präsenta-

36 Vgl. dazu oben, Kap. 2.

37 Durkheim, *Die elementaren Formen*, S. 315. Die deutsche Übersetzung ist an dieser Stelle fehlerhaft.

38 Ebd., S. 316.

tion nimmt die Form eines »Wappens«[39] an, die sich etwa auf Fahnen findet oder als Tätowierung auf der Haut der Mitglieder des Kollektivs. Dabei wäre es falsch, den Namen für das eigentliche Zeichen zu halten und materielle Präsentationsformen für sekundär. Durkheim geht es um die affektive Aufladung von Gegenständen, die in die Erfahrung der Selbsttranszendenz einbezogen waren. Diese Symbole selbst besitzen das Maximum an Heiligkeit.[40] Deshalb nimmt er an, daß sich diejenigen Tiere und Pflanzen, auch die kleinsten und unbedeutendsten, am besten als Totem eignen, die für den Ort der Versammlung charakteristisch sind, an denen ein Kollektiv seine Gemeinsamkeit am stärksten erfährt.

Mit dieser engen, aber unzweifelhaft fruchtbaren Theorie von den Zeichen verbindet Durkheim allerdings ein weit über den unmittelbaren Gegenstand hinausgehendes Ziel. Er fragt nämlich weiter, was nun eigentlich, wenn das Totem ein Symbol sei, von diesem symbolisiert werde. Im Selbstverständnis der Gläubigen ist es ja das Totemprinzip oder der Totemgott, die im materiellen Totem greifbare Form annehmen. Es ist aber eindeutig »auch das Symbol jener spezifischen Gesellschaft, die Klan genannt wird. Es ist die Klansfahne; das Zeichen, mit dem sich die Klane voneinander unterscheiden; das sichtbare Zeichen ihrer Persönlichkeit; das Zeichen, das alle tragen, die zum Klan gehören: Menschen, Tiere und Dinge.«[41] Und diese Doppelung, daß etwas zugleich den Gott und die Gesellschaft symbolisiert, verlangt für Durkheim nach Auflösung; sie erlaubt für ihn die Schlußfolgerung, daß dann doch Gott und die Gesellschaft eins sein müßten. Im Totem vergottet sich der Klan. Zwingend erscheint ihm: »Der Gott des Klans, das Totemprinzip kann also

39 Durkheim spricht von »emblème« und »emblématisme«, die deutsche Übersetzung von »Emblem« und »Wappen«. Tanja Bogusz schlägt vor, statt dessen von »Wahrzeichen« zu sprechen (vgl. Bogusz/Delitz [Hg.], *Émile Durkheim*, S. 533, Anm. 4).

40 Durkheim, *Die elementaren Formen*, S. 284.

41 Ebd.

nichts anderes als der Klan selber sein, allerdings vergegenständlicht und geistig vorgestellt unter der sinnhaften Form von Pflanzen- oder Tiergattungen, die als Totem dienen.«[42]

Die Selbstsicherheit, mit der Durkheim diese Folgerung als zwingend vorträgt, macht auf einen gravierenden Mangel seiner Zeichentheorie aufmerksam. Er unterstellt schlicht, daß ein Symbol nur eine einzige Referenz haben könne und deshalb, wenn es zwei habe, diese miteinander identisch sein müßten oder die eine nur ein unwahres Substitut für die wahre Referenz sein könne.[43] Diese Unterstellung beruht aber auf der Annahme, daß Symbole notwendig diskursiven Charakter hätten, das heißt die Bezeichnung für einen Sachverhalt anstrebten. Sie können jedoch auch »präsentativen« Charakter haben,[44] also ganzheitlich auf etwas verweisen, was sich in ihnen niederschlägt. Für den gläubigen Christen kann etwa die Liebe eines Menschen auf die göttliche Liebe, die Schönheit der Schöpfung auf die Güte des Schöpfers verweisen, ohne daß sich die von Durkheim aufgeworfene Frage, ob nun das eine *oder* das andere gelte, stellt und sinnvoll stellen ließe. Religiösen Symbolen ist Durkheims rudimentäre Zeichentheorie gerade nicht gewachsen.[45]

---

42 Ebd.

43 Ich schließe mich hier der ausgezeichneten Argumentation von Günter Thomas (*Implizite Religion*, S. 142-150) an, dort (S. 145, Anm. 193) weitere Literatur.

44 Damit verwende ich die Terminologie von Susanne K. Langer, *Philosophie auf neuem Wege. Das Symbol im Denken, im Ritus und in der Kunst* (1942), Frankfurt/M. 1965, v. a. Kap. 4.

45 Den ehrgeizigsten Versuch, eine vom Pragmatismus inspirierte Zeichenkonzeption in Durkheims Ritualtheorie zu integrieren, hat vorgelegt: Roy A. Rappaport, *Ritual and Religion in the Making of Humanity*, Cambridge 1999. Ein anderes Problem von Durkheims zeichentheoretischen Vorstellungen, auf das im Text nicht eingegangen werden konnte, besteht darin, daß Durkheim den semantischen Gehalt ritueller Neuschöpfung von Symbolen wie eine »creatio ex nihilo« behandelt. Dieses Problem behandelt vorzüglich: Andreas Pettenkofer, *Radikaler Protest. Zur soziologischen Theorie politischer Bewegungen*, Frankfurt/M. 2010, S. 220-230.

Während William James in seiner Religionspsychologie eine methodische Ebene zu erreichen versuchte, auf der Gläubige und Nichtgläubige sich über die Deskription religiöser Phänomene einigen können, belastet Durkheim sein in vieler Hinsicht paralleles, von James auch beeinflußtes Projekt einer Religionssoziologie trotz gelegentlicher anderslautender Bekundungen damit letztlich doch mit einem Argument, aus dem sich das religiöse Bewußtsein als illusionär ergibt. Zwar handle es sich nie um pure Illusion, aber die angebliche Aufdeckung der wirklichen Realität hinter den religiösen Vorstellungen entwertet diese doch komplett. Damit wird die Religionssoziologie zur Alternative zum religiösen Bewußtsein.

Durkheim hätte die Möglichkeit gehabt, der Soziologie die kollektiven Praktiken, ihre Ursachen und Folgen als spezifischen Gegenstand zuzuordnen,[46] er wollte aber die Soziologie nicht nur als neue und zusätzliche Disziplin und Perspektive begründen, sondern als synthetische Disziplin, die die anderen geistes- und sozialwissenschaftlichen Disziplinen als Subdisziplinen in sich eingliedert und damit auch die Philosophie beerbt. An diesem Überanspruch aber ist er gescheitert. Weder hat seine Religionssoziologie definitiv aufgedeckt, was das Geheimnis aller Religion sei, noch hängt die Fruchtbarkeit der soziologischen Perspektive daran, dies aufgedeckt zu haben.

Die Vorgeschichte der Ritualtheorie Émile Durkheims

Durkheims Theorie hat eine Vorgeschichte, die aufs engste mit dem Diskurs über Religion im Spannungsfeld von Säkularisierung und Neubegründung des Glaubens verwoben ist. Im Regelfall stellt Durkheim zwar Glaubensinhalte und Ritualprakti-

46 So auch Thomas, *Implizite Religion*, S. 146.

ken als gleich bedeutsam nebeneinander, läßt aber letztlich keinen Zweifel daran, daß zumindest genetisch für ihn die Ritualpraktiken den Primat haben. Diese These aber, »daß der Ritus dem Dogma vorangehe und daß ein Verständnis des letzteren nur aus dem des ersteren zu gewinnen sei«, hat Ernst Cassirer – im vierten Band seiner Geschichte des Erkenntnisproblems[47] – als das bezeichnet, was nun als eine »Kardinalwahrheit« der Anthropologie wahrgenommen werde. Diese Einsicht setzt eine Abwendung von der aufklärerischen Vorstellung voraus, daß der religiöse Glaube von allem Mythischen zu reinigen oder, weil er notwendig mythisch bleibe, als unvernünftig zu verurteilen sei. Wird der Mythos dagegen als Auslegung der im Ritus gemachten Erfahrungen gesehen und der Ritus eben als Quelle unerhörter, »außeralltäglicher« Erfahrungen, ändert sich das Bild. Der eigentliche Pionier einer solchen Analyse war nun aber, wie schon Cassirer wußte, nicht Durkheim, sondern einer seiner akademischen Lehrer, nämlich Numa Denis Fustel de Coulanges, dessen Frühwerk *La cité antique* (1864) in seiner Zeit enormes Aufsehen erregte. Seine Idee bestand darin, die griechische und römische Religion nicht von ihrem Pantheon aus, den Göttervorstellungen, und auch nicht von den Mythen aus, in denen das Handeln dieser Götter erzählt wird, zu untersuchen – und erst recht nicht ausschließlich von Politik und Wirtschaft aus –, sondern von den Vorschriften alltäglicher Lebensführung, vor allem aber von den Kultpraktiken aus.

Auf seinen Gedankengang soll gleich noch etwas näher eingegangen werden. Zunächst aber ist hervorzuheben, daß es noch einen weiteren Kandidaten für die Rolle gibt, um die es hier geht, nämlich die des Inaugurators einer soziologischen Perspektive im Studium der Religion. Dieser weitere Kandidat ist der schottische Alttestamentler und Arabist W. Robertson Smith,

47 Ernst Cassirer, *Das Erkenntnisproblem in der Philosophie und Wissenschaft der neueren Zeit*, Bd. 4: *Von Hegels Tod bis zur Gegenwart* (1950), Darmstadt 1973, S. 324.

der vor allem in seinem Buch *The Religion of the Semites* von 1889[48] die Aufmerksamkeit auf die Ritualpraktiken der antiken Juden und vorislamischen Araber gerichtet hatte. Da Durkheim sowohl von Fustel wie von Smith stark beeinflußt wurde, hilft ein Blick auf diese beiden Gelehrten, die Konturen seiner Theorie genauer wahrzunehmen und die Abhängigkeit der Durkheimschen Religionssoziologie von einem überholten Stand der Forschung zum Totemismus und den Aborigines zu überwinden. Wie auch immer das ideengeschichtliche Urteil ausfällt – ob die beiden genannten Wissenschaftler als bloße Vorläufer Durkheims oder schon als eigentliche Begründer der Religionssoziologie beurteilt werden –, gewiß ist, daß wichtige Arbeiten der religionsgeschichtlichen Forschung des neunzehnten Jahrhunderts aus ihren eigenen Motiven heraus und ganz ohne Verbindung mit den Plänen zur Begründung einer neuen wissenschaftlichen Disziplin in Richtung einer soziologischen Analyse tendierten. Die innere Logik dieser Entwicklung hat Ernst Cassirer meisterlich herausgearbeitet.[49] Entscheidend war, wie erwähnt, die Verabschiedung eines aufklärerischen Verständnisses von Mythen und Mythologie, wie sie in der Philosophie Friedrich Schellings begann. Solange in den Mythen nur Irrtümer und Phantastereien gesehen wurden, konnten sie auch als Quellen für das Verständnis von Geschichte nicht in Betracht kommen. Der Mythos mußte so lange als »Schranke des geschichtlichen Wissens« erscheinen; neu war nun die Idee, die Mythen auf neue Weise ernst zu nehmen und sie zu »Instrumenten des Wissens« umzubilden.[50] Anders als im historischen Materialismus wurde dadurch (bei Fustel) das gesamte Institutio-

48 Ich zitiere im folgenden nach der deutschen Übersetzung, der die zweite Auflage von Smith' Buch aus dem Jahr 1894 zugrunde liegt: W. Robertson Smith, *Die Religion der Semiten* (1889), Freiburg 1899.

49 Cassirer, *Das Erkenntnisproblem*, S. 298-328. Er hebt hier auch die Rolle der aufsehenerregenden christentumskritischen Bücher von David Friedrich Strauß und Ernest Renan für die Entwicklung hervor.

50 So Cassirer, ebd., S. 312.

nengebäude der antiken Griechen und Römer (sowie der »arischen« Inder) oder (bei Smith) der »Semiten« von ihrem Glauben aus durchsichtig gemacht, dieser Glaube wiederum aber aus den Praktiken des alltäglichen Lebens. Es ging damit nicht um eine Rückwendung von den neuen materialistischen zu alten idealistischen Erklärungen im Sinne eines Determinismus der Ideen, sondern um die Konzentration auf das faktisch gelebte Leben in einer durch und durch von Religion geprägten Kultur. In dieses Leben dürfen eben weder die Glaubensvorstellungen der eigenen Zeit und Kultur zurückprojiziert werden noch gar die Vorstellungen eines völlig glaubenslosen individualistischen oder kollektivistischen Utilitarismus, dem zufolge wir dem Verständnis am nächsten kämen, wenn wir Individuen oder soziale Klassen in erster Linie als Verfolger eines materiellen Nutzens auffassen. Entscheidend sind deshalb auch bei Fustel und Smith nicht ihre empirischen Thesen im einzelnen – obwohl die intuitive Kraft dieser Bücher auch eine anhaltende empirische Herausforderung darstellt. Entscheidend ist vielmehr erneut die methodische Wende. Fustel ist zu Recht mit einem Bergmann verglichen worden, »der einen neuen Stollen treibt und dabei auf eine Goldmine stößt«.[51]

Fustel war Durkheim als akademischer Lehrer so wichtig, daß er 1892 seine in lateinischer Sprache verfaßte Dissertation über Montesquieu und dessen Beitrag zur Gründung der Soziologie dem Gedächtnis des großen Historikers widmete.[52] Ein Interpret von Durkheims Entwicklung hat nahegelegt, sie am Leitfaden seiner Stellung zum Werk des verehrten akademischen Lehrers darzustellen; das Buch zum Totemismus steht dann als »cité primitive« dem Werk über die »cité antique« ebenso gegenüber wie die »cité moderne«, deren Grundriß Durkheim in seiner Analyse

51 Ebd., S. 323.

52 Vgl. Émile Durkheim, *Frühe Schriften zur Begründung der Sozialwissenschaft*, hg. von Lore Heisterberg, Darmstadt 1981, S. 85. Fustel de Coulanges war 1889 verstorben.

der modernen Arbeitsteilung vorgelegt hat.[53] Das muß nicht heißen, daß der Einfluß ein kontinuierlicher war; Durkheims wachsendes Interesse an der wissenschaftlichen Analyse der Religion könnte ihn auch später zu den Ursprüngen seines erwachsenen Denkens wieder zurückgeführt haben.[54] Unbestreitbar scheint, daß der erste umfassende Versuch, soziale Organisationsformen und institutionellen Wandel unter Heranziehung eines analytischen Begriffs des Heiligen zu analysieren, bei Fustel vorliegt und nicht von Durkheim selbst stammt.[55] Denn obwohl Fustels Werk sich auf den ersten Blick wie eine stufenweise Entwicklungsgeschichte der antiken griechischen und römischen Gesellschaft ansieht, liegt ihr Schwerpunkt nicht auf den rechtlichen und politisch-ökonomischen Verhältnissen selbst. Der Autor hat die Versuche etwa der französischen Revolutionäre vor Augen, sich an der antiken Politik und ihren Institutionen zu orientieren, lehnt diese aber entschieden ab und betont gegen sie die tiefe Fremdheit der Antike, die bei jedem Versuch zur Wiederbelebung in die Irre führen muß. Diese Fremdheit ergibt sich daraus, daß wir die Institutionen der Alten nicht verstehen können, wenn wir nicht die ihnen zugrundeliegenden Glaubensvorstellungen nachvollziehen. Sein Programm ist es, diese Glaubensvorstellungen umfassend zu rekonstruieren und dabei das in den Quellen enthaltene Wissen über Ritualpraktiken und sich darauf beziehende Ritualvorschriften zum Leitfaden zu nehmen.

---

53 Jean-Claude Chamboredon, »Émile Durkheim: Le social, objet du science. Du moral au politique?«, in: *Critique* 445/446 (1984), S. 460-531, hier S. 512.

54 Die These vom kontinuierlichen Einfluß verficht: Christopher Prendergast, »The Impact of Fustel de Coulanges' ›La Cité antique‹ on Durkheim's Theories of Social Morphology and Social Solidarity«, in: *Humboldt Journal of Social Relations* 11 (1983/84), S. 53-73. Die Gegenthese findet sich in der gründlichsten Arbeit zum Thema: Robert Alun Jones, »Durkheim and ›La Cité antique‹. An Essay on the Origins of Durkheim's Sociology of Religion«, in: Stephen Turner (Hg.), *Émile Durkheim. Sociologist and Moralist*, London 1993, S. 25-51, hier S. 35.

55 So Robert A. Nisbet, *The Sociological Tradition*, New York 1966, S. 238.

Ausgangspunkt aller Religionsgeschichte zumindest bei den von ihm untersuchten Völkern, aber keineswegs nur bei diesen, war für Fustel die Konfrontation des Menschen mit dem Tod, wobei er nicht vornehmlich an die Antizipation des eigenen Sterbenmüssens denkt, sondern an die unausweichliche Konfrontation mit dem Tod anderer, der Verwandlung bekannter und nahestehender menschlicher Partner in starre, nicht antwortende, angsterzeugende Wesen: »Bevor der Mensch für den Glauben an Indra oder Zeus reif war, verehrte er die Toten; er fürchtete sie und richtete seine Gebete an sie. Hier hat das religiöse Gefühl seinen Ursprung. Der Mensch hat zweifellos angesichts des Todes zum erstenmal eine Vorstellung des Übernatürlichen entwickelt und über das Sichtbare hinaus zu hoffen begonnen. Der Tod war das erste Mysterium; er wies den Menschen den Weg zu anderen Mysterien.«[56] Fustel verbindet dieses angeblich erste Mysterium mit dem der Fortpflanzung, der Erzeugung von Nachwuchs,[57] was den Tod des Erzeugers zur doppelten Herausforderung macht. Aus dieser Grundannahme heraus denkt Fustel an die Verehrung des eigenen Vaters, der eigenen Familie und der eigenen Vorfahren als eine wesentliche Quelle frommer Gefühle, die er ausdrücklich nicht nur bei den von ihm behandelten Völkern und Kulturen, sondern auch bei den Chinesen, in Afrika und der »Neuen Welt« als auffindbar behauptet.[58] In seiner Entwicklungsrekonstruktion steht dementsprechend das um den Herd und das Ahnengrab zentrierte Familienleben am Anfang. Anschaulich beschreibt er den Kult des Herdfeuers, die Bestattungspraktiken und Verehrung der eigenen Ahnen bei Griechen und Römern als »primitive Urreligion« von »rein häuslichem Charakter«.[59] Für die Familie zu-

56 Numa Denis Fustel de Coulanges, *Der antike Staat. Kult, Recht und Institutionen Griechenlands und Roms*, München 1988, S. 41.

57 Ebd., S. 57.

58 Ebd.

59 Ebd., S. 53.

mindest erscheint ihm damit die Religion als »konstitutives Prinzip«: »Was die Mitglieder der frühen Familie vereint, ist etwas Mächtigeres als die Geburt, als das Gefühl, als die körperliche Kraft. Es ist die Religion des Herdfeuers und der Ahnen.«[60]

Die eigentliche Geschichte, die Fustel erzählt, führt von dieser angeblich primären Familie und ihrer Religion zu immer größeren Sozialverbänden, die durch den Zusammenschluß mehrerer Familien zu einer »gens«, dann einer Kurie und einem Stamm, zur Entstehung des Stadtstaats und zur Gründung eines Imperiums führt. Für jede dieser Entwicklungsstufen markiert Fustel Triebkräfte und Anpassungsnotwendigkeiten auf dem Gebiet der Religion. Wieder und wieder hebt er den zutiefst partikularistischen Charakter von Religion und Moral in allen diesen Sozialverbänden hervor.

Die Religion sagte zum Menschen – in bezug auf einen anderen – nicht: Das ist dein Bruder. Sie sagte ihm: Das ist ein Fremder; er kann nicht an deinen religiösen Herdzeremonien teilnehmen; er kann sich nicht dem Grab deiner Familie nähern, er hat andere Götter als du, und er kann sich nicht im Gebet mit dir vereinen; deine Götter verwerfen seine Anbetung und betrachten ihn als ihren Feind; er ist auch dein Feind.[61]

Trotz aller Umwälzungen in der Antike und trotz aller universalistischen Impulse in Philosophie und Religion sei der tiefe Partikularismus der antiken Ordnung erst durch das Christentum fundamental erschüttert worden – eine Religion, die alle Menschen den einen universalen Gott anbeten ließ:

Für diesen Gott gab es keine Fremden mehr. Der Fremde entweihte nicht mehr den Tempel, befleckte nicht mehr das Opfer durch seine bloße Gegenwart. Der Tempel war für jeden offen, der an Gott glaubte. Das Priestertum hörte auf, erblich zu sein, weil die Religion kein Erbe mehr war. Der Kult war nicht mehr geheim. Die Riten, die Gebete, die Dogmen wurden nicht mehr verborgen; im Gegenteil, es gab von nun

60 Ebd., S. 61 bzw. S. 62.
61 Ebd., S. 129.

an eine religiöse Lehre, die sich jedem, auch dem Fernsten und Gleichgültigsten, anbot.[62]

Mit diesem neuen Glauben kommt ein welthistorisch neues, alle Institutionen in Frage stellendes Prinzip in die Welt, das auch die Fragen des Zusammenhalts eines partikularen Gemeinwesens in neuer Weise zu stellen zwingt. Denn um das »gesellschaftliche Band« zu knüpfen, bedarf es – so Fustel – »stärkerer Mittel als des Zwanges, höherer als der Selbstsucht, verläßlicherer als einer philosophischen Theorie, beständigerer als einer Übereinkunft, kurz eines Etwas, das die Herzen aller gleichermaßen beherrscht«.[63] Für eine Untersuchung, wie ein universalistischer Glaube den Zusammenhalt partikularer Gemeinwesen gewährleisten kann, war der Gegenstand von Fustels Buch freilich zu überschreiten.

Bei aller Verehrung für den akademischen Lehrer hat sich Durkheim von vielen Einzelheiten in dessen Geschichtswerk mit guten Gründen auch distanziert. Er wirft diesem auf methodischer Ebene vor, bei aller enormen historischen Bildung zu wenig den Vergleich mit ethnographischem Material gesucht zu haben und dadurch in Fehldeutungen geraten zu sein.[64] Inhaltlich widerspricht er der Einengung des häuslichen Kults auf den Totenkult und stellt dem entgegen, daß die familiale Religion »weitaus komplexer« gewesen sei und all die Dinge umfaßte, die im Leben der Familie eine Rolle spielten.[65] Energisch

62 Ebd., S. 508.

63 Ebd., S. 176.

64 Insbesondere der Entstehung der »gens« aus vorgeordneten Familien. Vgl. Émile Durkheim, »Préface« zum ersten Band der Zeitschrift *L'Année sociologique* (1896/97), hier zitiert nach ders., *Journal sociologique*, Paris 1969, S. 31-36, hier S. 32; in seinem Werk über die »Arbeitsteilung« von 1893 hatte er Fustels Betonung der Religion noch quasi-materialistisch kritisiert. Vgl. Émile Durkheim, *Über soziale Arbeitsteilung*, Frankfurt/M. 1988, S. 234.

65 Vgl. Émile Durkheim, *Physik der Sitten und des Rechts. Vorlesungen zur*

bestreitet er auch die Annahme eines ursprünglichen familialen Patriarchalismus und die daraus abgeleitete Annahme Fustels, die archaischen politischen Ordnungen seien »lediglich vergrößerte Familien«.[66] Mit diesen Einwänden, die teilweise auch schon von anderen Zeitgenossen erhoben worden waren,[67]

Soziologie der Moral, hg. von Hans-Peter Müller, Frankfurt/M. 1991, S. 216-221.

66 Ebd., S. 69.

67 Besonders hervorheben möchte ich die Kritik Eduard Meyers, der sich – m. E. zu Recht – gegen die Vorstellung von der Familie als ursprünglichster Sozialform wendet und entsprechend die Vorstellung ablehnt, größere soziale Verbände seien notwendig durch den Zusammenschluß kleinerer entstanden. Vgl. Eduard Meyer, *Geschichte des Altertums* (1884), Bd. 1, Darmstadt 1953, S. 5f.; dazu Camilla Warnke, »Antike Religion und antike Gesellschaft. Wissenschaftshistorische Bemerkungen zu Fustel de Coulanges' ›La cité antique‹«, in: *Klio* 68 (1986), S. 287-304. – An dieser Stelle ist auch der Hinweis angebracht, daß sowohl Ernst Troeltsch wie Max Weber das Werk Fustels kannten. Troeltsch würdigt es kurz in seinem großen Werk über den Historismus: »An der Grenze zwischen Prähistorie und Historie steht Fustel de Coulanges, der in seiner äußerst lehrreichen Cité Antique den engen Zusammenhang der religiösen Idee mit den sozialen Institutionen und der letzteren mit den ersteren nachweist, im übrigen der religiösen Idee ihren qualitativ-selbständigen Inhalt läßt und das Christentum im Gegensatz zu Comte nicht wesentlich als Organisation, sondern als individualistische Zerbrechung des religiös-soziologischen Bannes der antiken Stadt versteht.« (Ernst Troeltsch, *Der Historismus und seine Probleme [1922]*, 2 Bde., Berlin 2008 [= *Kritische Gesamtausgabe* (KGA), Bd. 16.1 und 16.2, hier 16.1, S. 648f.] Auch Max Weber scheint Fustel gelesen zu haben, wie die sehr weitgehende Ähnlichkeit von Passagen in seinen *Religiösen Gemeinschaften* mit Formulierungen von Fustel nahelegt. Vgl. François Héran, »L'institution démotivée. De Fustel de Coulanges à Durkheim et au-delà«, in: *Revue française de sociologie* 28 (1987), S. 67-97, v.a. S. 92ff. Da Weber Fustel nicht nennt, geht der Verfasser dieser wichtigen Studie so weit, von einem »Plagiat« (S. 96) zu sprechen. Es ist allerdings zu bedenken, daß Webers Text von ihm selbst nicht veröffentlicht wurde und vermutlich vor der Veröffentlichung noch mit den entsprechenden Belegen versehen worden wäre.

befindet sich Durkheim durchaus in Übereinstimmung mit heutigen Relativierungen von Fustels genialischem Wurf.[68]

Alle diese Fragen, so wichtig sie für eine Einschätzung der Rolle des Heiligen in der Geschichte der Macht sind, müssen hier zurücktreten hinter diejenige nach der Bedeutung von Fustels Konzeption für die Herausbildung einer soziologischen Analyse der Religion und insbesondere der Bedeutung des Rituals in der Genese von Institutionen. Hier aber ergibt sich ein widersprüchliches Bild. Denn auf der einen Seite trifft zu, daß schon Fustel und nicht erst Durkheim eben das Ritual ins Zentrum der Analyse des religiösen und allen sozialen Lebens stellte. Scharf wendet sich Fustel gegen Montesquieu – den Denker, den Durkheim in seiner Fustel gewidmeten Dissertation als wichtigen Vorläufer der neuen Wissenschaft Soziologie behandelte –, weil dieser »die Religion der Alten für einen Betrug«, für ein bloßes Mittel, »um das Volk im Zaum zu halten«, gehalten hatte. »Doch ist eine Religion niemals aus einem solchen Ursprung hervorgegangen, und jede Religion, die ihr Entstehen einzig dem Prinzip des öffentlichen Nutzens verdankte, ist nur von kurzer Dauer gewesen.«[69] Religion, das hebt Fustel

68 Die kritische Literatur zu Fustel ist umfangreich und in einzelnen Fragen, etwa hinsichtlich des Totenkults, durchaus kontrovers. (Für wichtige Hinweise danke ich Ralf von den Hoff, Freiburg.) So reagiert Holloway mit einer Antikritik auf die scharfe Kritik Humphreys': Vgl. S.C. Humphreys, *The Family, Women and Death. Comparative Studies*, Ann Arbor 1983, S. 135-147; R. Ross Holloway, »›La cité antique‹ of Fustel de Coulanges and Its Modern Critics«, in: *Revue des archéologues et historiens d'art de Louvain* 32 (1999), S. 1-5. Weitere wichtige Literatur: Arnaldo Momigliano, »Der antike Staat des Fustel de Coulanges«, in: ders., *Wege in die Alte Welt*, Berlin 1991, S. 192-208; Karl Christ, »Fustel de Coulanges und die antike Gesellschaft«, in: Fustel, *Der antike Staat*, S. 9-20; M.I. Finley, »The Ancient City: From Fustel de Coulanges to Max Weber and Beyond«, in: *Comparative Studies in Society and History* 19 (1977), S. 305-327; Georges Dumézil, »Réflexions sur ›La Cité Antique‹«, in der Ausgabe von Fustels Buch (Paris 1982), S. 7-30; François Hartog, »Préface«, in der Ausgabe Paris 1984, S. V-XXIV.

69 Fustel, *Der antike Staat*, S. 224. Erst für die Zeit der Scipionen gelte – so

immer wieder hervor, war schlicht etwas anderes als »ein System von Dogmen, eine Lehre von Gott, ein Symbol des Glaubens für die Rätsel, die in und um uns sind; dasselbe Wort ›Religion‹ stand bei den Alten für Riten, Zeremonien, Handlungen des äußeren Kults«.[70] Nicht Glaubensüberzeugungen waren obligatorisch, sondern Bräuche, so stark, daß der ganze Tag von rituellen Vorschriften durchsetzt war, jeder Weg unvermeidlich zu heiligen Gegenständen führte und die Zeit nach den vielfältigsten rituellen Verpflichtungen strukturiert wurde.[71] In diesen Beschreibungen geht es fast ausschließlich um den Ritus.

Auf der anderen Seite jedoch findet sich bei Fustel eine Fülle von Formulierungen, die so klingen, als seien für ihn die Rituale nur Ausdruck der eigentlich entscheidenden Glaubensvorstellungen.[72] Hinzu kommt, daß er neben den Kultpraktiken ausdrücklich eine zweite Quelle religiöser Vorstellungen annimmt, nämlich ähnlich wie David Hume eine Art spekulativen Denkens über die Erfahrung der Naturgewalten und deren Verarbeitung im »freien Gedankenflug«.[73] Die These vom doppelten Ursprung religiöser Vorstellungen enthält in sich keinen Widerspruch, sondern könnte den Tatsachen angemessen sein; die Formulierungen über den Ritus als bloßen Ausdruck vorgängiger Glaubensvorstellungen könnten jedoch ein Indikator für ein unzulängliches Verständnis der Dynamik von Zeichenprozessen sein. Begrifflich muß der Ausweg aus diesen Verwirrungen darin bestehen, den religiösen Glauben zunächst nicht im Sinne einer theoretischen Aussage über Gott und die Welt, sondern im Sinne einer Explikation obligatorischer Praktiken zu denken. Fustel versuchte ja gar nicht, Glaubensvorstellungen als solche, getrennt von Ritualen, zu ermitteln; er extrapolierte lediglich aus den ob-

---

ebd., S. 295 –, daß die Regierungen die Religion für nützlich erklärt hätten – »aber da war die Religion in den Seelen der Menschen bereits tot«.

70 Ebd., S. 226.

71 Ebd., S. 292.

72 Z. B. ebd., S. 23, S. 513.

73 Ebd., S. 166.

ligatorischen Praktiken diejenigen Vorstellungen, die sie den Beteiligten als sinnvoll erscheinen lassen. Es besteht kein Zweifel daran, daß es – etwa mit der Entstehung des Christentums – bei einem solchen völlig atheoretischen Verständnis des Glaubens nicht bleiben konnte; aber das heißt keineswegs, daß der Rückgang von einem späteren theorieartigen Verständnis des Glaubens auf die religionsgeschichtlich ältere, konstitutive Dimension instituierter Praktiken im Prinzip verfehlt gewesen wäre.[74] Im Gegenteil wird sich diese Dimension als für alle Religion entscheidend erweisen.

Der andere Kandidat für die Rolle des entscheidenden Inspirators Durkheims und damit des Inaugurators einer soziologischen Analyse der Religion ist der schottische Bibelwissenschaftler und Orientalist W. Robertson Smith.[75] In seinem Fall liegt ein geradezu emphatisches Bekenntnis Durkheims zur Beeinflussung vor. Im Jahr 1907, nachdem er in einer katholischen Zeitschrift beschuldigt worden war, fälschlich als eigene Ideen

---

74 Zum hier zugrundeliegenden Verständnis des Glaubens vgl. Hans Joas (Hg.), *Was sind religiöse Überzeugungen?*, Göttingen 2003 (meine Einleitung und die vornehmlich in Auseinandersetzung mit Ludwig Wittgenstein entwickelten Argumentationen der Beiträger). Für ein entsprechendes Verständnis Fustels vgl. neben Héran, »L'institution démotivée« auch: Bruno Karsenti, »De l'historiographie ancienne à la science sociale. Une nouvelle lecture de ›La Cité antique‹ de Fustel de Coulanges«, in: Fustel, *La cité antique* (Paris 2009), S. 3-29, v.a. S. 15-19.

75 In den letzten Jahren wird noch eine dritte religionswissenschaftliche Einflußbahn behauptet, nämlich die der Indologie von Sylvain Lévi: Vgl. Ivan Strenski, *The New Durkheim*, New Brunswick 2006, v.a. S. 134-157 (»The Rise of Ritual and the Hegemony of Myth. Sylvain Lévi, the Durkheimians, and Max Müller«). Ähnlich argumentieren in dieser Hinsicht Alexander Tristan Riley, *Godless Intellectuals? The Intellectual Pursuit of the Sacred Reinvented*, New York 2010, S. 63-65 und S. 128-132; Marcel Fournier, »›Les Formes élémentaires‹ comme œuvre collective. Les contributions d'Henri Hubert et de Marcel Mauss à la sociologie de la religion tardive d'Émile Durkheim«, in: *Canadian Journal of Sociology* 39 (2014), S. 523-546, hier S. 528. Der Komplexität der Einflußverhältnisse innerhalb der Durkheim-Schule kann ich hier nicht gerecht werden.

auszugeben, was in Wirklichkeit von dem großen Psychologen Wilhelm Wundt und damit aus den deutschen Wissenschaften stamme, griff Durkheim binnen eines Monats gleich zweimal zur Feder, um diese Beschuldigung abzuwehren. Es ging dabei nicht nur um seine wissenschaftliche Ehre und um Prioritätsansprüche eines Forschers; im nationalistisch aufgeheizten Klima Europas weniger als ein Jahrzehnt vor dem Ausbruch des Ersten Weltkriegs war für einen französischen Juden mit deutsch klingendem Namen eine angebliche Abhängigkeit von Einflüssen aus Deutschland durchaus von höchstem Risiko. Im zweiten dieser Briefe schrieb Durkheim nun, daß er sich zwar schon 1887 mit Schriften Wundts beschäftigt habe, aber erst Jahre später, genauer 1895, ihm die zentrale Rolle der Religion im sozialen Leben ganz klargeworden sei:

> Es war in diesem Jahr, daß ich zum ersten Mal das Mittel fand, das Studium der Religion auf soziologische Weise anzugehen. Das war für mich eine Offenbarung. Der Kurs von 1895 markiert so sehr eine Demarkationslinie in der Entwicklung meines Denkens, daß alle meine vorherigen Forschungen neu aufgenommen werden mußten, um sie in Harmonie mit diesen neuen Einsichten zu bringen. Die »Ethik« von Wundt, die ich acht Jahre vorher gelesen hatte, spielt in dieser Veränderung meiner Orientierung keine Rolle. Sie war gänzlich auf die von mir unternommenen Studien der Religionsgeschichte zurückzuführen und namentlich die Lektüre der Arbeiten von Robertson Smith und seiner Schule.[76]

Was aber genau soll es gewesen sein, das Durkheim zu dieser schlagartigen Einsicht, die er sich nicht scheut, eine »Offenbarung« zu nennen, verholfen hat? Durkheim spezifiziert den entscheidenden Punkt nicht, und der Streit der Experten über diese Frage hat zu keiner befriedigenden, allseits gebilligten Antwort geführt.[77] Die Ansichten weichen extrem weit vonein-

76 Die Briefe vom 20.10. bzw. 8.11.1907 an den Direktor der Zeitschrift *Revue néo-scolastique* sind wiederabgedruckt in: Durkheim, *Textes*, Bd. 1, S. 401-405. Das Zitat findet sich auf S. 404.

77 In einer der besten Studien zum Thema heißt es deshalb ironisch: »The tantalizingly elusive statement of indebtedness to Smith is the equiva-

ander ab und reichen von spezifischen Auffassungen über Totemismus und Opfer bis zu der hier insbesondere interessierenden Frage nach der Rolle des Rituals im Verständnis der Religion. Die ideengeschichtlichen Fragen werden zusätzlich kompliziert durch die Frage, ob Robertson Smith selbst schon von Fustel beeinflußt war.[78]

Tatsächlich lesen sich wichtige Passagen bei Smith verblüffend ähnlich wie bei Fustel, vor allem in Hinsicht auf die Frage der Bedeutung des Rituals. Auch er plädiert dafür, beim Studium einer antiken Religion sich nicht am Christentum und seiner Zentrierung auf Glaubensvorstellungen zu orientieren, sondern bei den Riten zu beginnen und zu akzeptieren, daß aufs strengste festgelegte Bräuche mit sehr unterschiedlichen und

---

lent in Durkheimian scholarship of Fermat's Last Theorem.« (Vgl. Robert Segal, »Robertson Smith's Influence on Durkheim's Theory of Myth and Ritual«, in: Idinopulos/Wilson [Hg.], *Reappraising Durkheim*, S. 59-72, hier S. 63.) Vgl. außerdem neben den Biographien von Steven Lukes, *Emile Durkheim: His Life and Work. A Historical and Critical Study*, London 1973, und Fournier, *Émile Durkheim*, auch die Arbeiten von Robert Alun Jones, v.a. ders., »Robertson Smith, Durkheim, and Sacrifice: An Historical Context for ›The Elementary Forms of the Religious Life‹«, in: *Journal of the History of the Behavioral Sciences* 17 (1981), S. 184-205; ders., »Durkheim, Frazer, and Smith and the Sociology of Religion«, in: *American Journal of Sociology* 92 (1986), S. 596-627; und (mit teilweiser Selbstkorrektur) ders., »Pragmatism and Protestantism in the Development of Durkheim's Sociology of Religion«, in: Idinopulos/Wilson (Hg.), *Reappraising Durkheim*, S. 45-58. Jones betont jetzt stärker den Einfluß von William James auf Durkheim und die deutlich nach 1895 aufkeimende Einsicht in die Attraktivität der Ideale. Außerdem Pickering, »The Response«, S. 62-70, und Alexandra Maryanski, »The Birth of the Gods. Robertson Smith and Durkheim's Turn to Religion as the Basis of Social Integration«, in: *Sociological Theory* 32 (2014), S. 352-376.

78 Einen Beleg dafür gibt es nicht. Lukes, *Emile Durkheim*, S. 238 und S. 450, Anm. 1, hat behauptet, daß ein indirekter Einfluß über J.F. McLennan vorliege; allerdings scheint es auch dafür keinen Beleg zu geben. Vgl. T.O. Beidelman, *W. Robertson Smith and the Sociological Study of Religion*, Chicago 1974, S. 142, Anm. 142.

keineswegs festgelegten Vorstellungen verbunden sein können: »Mit einem Worte: der Ritus stand nicht mit einem Dogma, sondern mit einem Mythos in Zusammenhang.«[79] Außerdem geht es ihm bei diesen Praktiken nicht um die Individuen, sondern um Kollektive, wobei wir uns diese Kollektive nicht als ausschließlich aus Menschen bestehend vorstellen dürfen.

> Der Kreis, in den ein Mensch geboren war, beschränkte sich nicht auf eine Gruppe seiner Stammesverwandten und Mitbürger; er umschloß auch gewisse göttliche Wesen, die Gottheiten der Familie und des Staates, die für die antike Anschauung ebenso sehr ein Teil der einzelnen Gemeinschaft waren, mit der sie in Verbindung standen, wie die menschlichen Glieder des sozialen Lebenskreises.[80]

Smith wehrte sich gegen die – etwa von Hume vertretene – Vorstellung einer Entstehung der Religion aus Gefühlen der Furcht und gegen die Konzeption eines ursprünglichen Polytheismus,[81] auch aber gegen die Vorstellung einer ursprünglichen Magie. »Die Religion« – so seine Bestimmung – »ist nicht die freie Beziehung des Individuums zu einer höheren Macht, sondern die Beziehung aller Glieder einer Gemeinschaft zu einer Macht, der das Wohl der Gemeinschaft am Herzen liegt, die ihre Gesetze wie ihre sittliche Lebensform beschützt.«[82] Auf dieser Grundlage einer Betrachtung zumindest der »primitiven« und der antiken Religion in Begriffen kollektiver Praktiken entwickelt er denjenigen Fustels ähnelnde Analysen der Religion der Semiten. Während Fustel nicht frei davon war, die von ihm untersuchten »Arier« in einen prinzipiellen Gegensatz zu den »Semiten« zu stellen, wendet Smith sich ausdrücklich gegen eine Übertreibung der Unterschiede und die Annahme, daß feststellbare Differenzen »im Wesen der Rasse und einer ihr ange-

---

79 Robertson Smith, *Die Religion der Semiten*, S. 12.
80 Ebd., S. 20.
81 Ebd., S. 39 bzw. S. 26.
82 Ebd., S. 39.

borenen Richtung begründet« gewesen seien; er führt sie vielmehr auf das »Einwirken besonderer lokaler und historischer Ursachen«[83] zurück. Der Anspruch seiner Analysen eines ursprünglichen Totemismus und der zentralen Bedeutung von Opferritualen bei den Semiten sowie der Kraft des Rituals, zur Idealisierung des eigenen Sozialverbands zu führen, war deshalb auch nicht auf die antiken Semiten begrenzt, sondern von anthropologischer Qualität. Kein Wunder, daß Durkheim die neu aufkommende Ethnographie Australiens mit der ihn beschäftigenden Religionsgeschichte der Semiten bei Smith und der Religionsgeschichte der griechischen und römischen Antike bei Fustel zusammenziehen und daraus seinen Anspruch einer soziologischen Analyse der Religion ableiten konnte.

Ein Blick auf die Differenzen zwischen Smith und Durkheim ist allerdings gerade für die hier leitende Frage nach der Möglichkeit einer wissenschaftlichen Beschäftigung mit Religion höchst instruktiv. Smith war Theologe und gläubiger protestantischer Christ. Wie schon die große Anthropologin Mary Douglas erkannt hat, nahm er die historische Bedeutung des Rituals durch die Brille protestantischer Ritualskepsis wahr.[84] Eine ritualzentrierte Religion ist in dieser Sichtweise primitiv; das katholische Christentum gilt deshalb als Rückfall in die Primitivität.[85] In der »Moderne« müsse dagegen, wie vom Protestantismus vorgelebt, das Ritual hinter die Glaubensüberzeugungen zurücktreten. Insofern radikalisiert Durkheim Smith' quasisoziologische Vorgehensweise, wenn er sie auch auf mo-

---

83 Ebd., S. 22.

84 Vgl. Mary Douglas, *Purity and Danger*, Harmondsworth 1966, S. 8-35, v. a. S. 29f.; dies., *In the Active Voice*, London 1982, S. 34-37; dies., *Ritual, Tabu und Körpersymbolik. Sozialanthropologische Studien in Industriegesellschaft und Stammeskultur*, Frankfurt/M. 1981, S. 22-24. Dazu auch Robert A. Segal, »William Robertson Smith vis-à-vis Émile Durkheim as Sociologist of Religion«, in: *Journal of Scottish Thought* 1 (2008), 2, S. 1-12.

85 Ebd., S. 9.

derne Gesellschaften, die Religion in ihnen und insbesondere sogar den Kult des Individuums ausweitet. Eine Betrachtung, die das Christentum insgesamt oder nur das protestantische Christentum oder nur dessen moderne Varianten a priori von der soziologischen Analyse ausnimmt, kann gewiß die Verletzung religiöser Gefühle bei den Begünstigten mindern, aber wissenschaftlich nicht befriedigen. Doch geht Durkheims Radikalisierung dort zu weit, wo er in seinen theoretischen Konstruktionen keine andere erfahrungsmäßige Grundlage für die Religion als ekstatische Ritualpraktiken zuläßt und wo er durch den Nachweis solcher Erfahrungen die religiösen Selbstdeutungen der Menschen ein für allemal für überholt erklärt.[86] Der Blick auf die Vorgeschichte von Durkheims Ritualtheorie bei Fustel de Coulanges und Smith macht damit die spätere Anknüpfung an sie beweglicher. Er erlaubt aber auch, besser zu verstehen, wie die soziologische Religionsanalyse aus den Diskursen der Theologie und anderer Disziplinen der Beschäftigung mit Religion hervorging. Die Wirkungsgeschichte exemplarischer Werke und großer Forschungsleistungen bleibt ja nicht auf eine Disziplin beschränkt. In die Herausbildung der Soziologie der Religion gehen die Forschungen zur Geschichte der Religion und zur Psychologie der Religion, die auch miteinander in Wechselwirkung stehen, immer schon ein, und von einer scharfen Trennlinie zwischen der Theologie und diesen Wissenschaften kann ebenfalls keine Rede sein. Hier liegt ein noch keineswegs zureichend erforschtes Feld wissenschaftsgeschichtlicher Forschungen. Aber noch wichtiger erscheint der durch solche Arbeiten sich verändernde Blick auf systematische

86 Im Unterschied zu Segal, ebd., S. 11, und vielen anderen finde ich nicht, daß Durkheim generell das Kollektiv selbst zum Gegenstand religiöser Verehrung erklärt hat. Zumindest wäre Durkheims These von einer zunehmenden Sakralisierung der Person in sein Verständnis moderner Kollektivität einzubauen; vor allem aber verkennt eine solche Wiedergabe die Grundidee einer Theorie der Idealbildung, die eben etwas ganz anderes ist als eine Projektionstheorie.

Fragen. Durkheims Anthropologie der Idealbildung scheint ihre Wurzeln sowohl in der Religionspsychologie von William James wie in der Religionsgeschichtsschreibung von Fustel de Coulanges und Robertson Smith zu haben. Smith selbst aber war schon zutiefst von Albrecht Ritschl und der Göttinger religionsgeschichtlichen Schule beeinflußt,[87] die sich in kritischer Auseinandersetzung mit Ritschl gebildet hatte. Hier waren selbst wiederum starke Impulse von Schleiermacher am Werk, zu dem James eine bemerkenswerte Affinität aufwies. Damit zeichnet sich eine komplexe »Genealogie« – im alten Sinn einer Ahnenreihe – dieser Theorie ab, die für die Einschätzung der Versuche von Ernst Troeltsch und Max Weber, welche im nächsten Kapitel zu erörtern sind, von großer Bedeutung ist. Was häufig als unerklärlich gilt – Ähnlichkeiten zwischen Durkheim einerseits und Weber oder Troeltsch andererseits –, verliert an Mysteriosität, wenn der lange wissenschaftsgeschichtliche Vorlauf ihrer Werke konkret in den Blick genommen wird.[88]

Stellt man Durkheim in den Kontext der ihn beeinflussenden Religionshistoriker und -ethnologen, dann wird deutlich, wie einseitig seine Theorie der Idealbildung ist und was der Grund für diese Einseitigkeit ist. Durkheim verengte das Spektrum der Er-

87 Jones, »Pragmatism and Protestantism«, S. 56-58; Bernhard Maier, *William Robertson Smith*, Tübingen 2009.

88 Von der Kenntnis Fustels bei Troeltsch und Weber war in Anm. 67 die Rede. Beide kannten auch das Werk Smith'. Vgl. Ernst Troeltsch, »Religionsphilosophie« (1907), in: ders., *Schriften zur Religionswissenschaft und Ethik (1903-1912)* (= KGA, Bd. 6.1), S. 543-613, hier S. 587. Dort wird Smith zusammen mit Julius Wellhausen als am bedeutendsten für die Aufgabe genannt, die Entstehung »höherer« aus »niederen« Religionen zu erklären. Es scheint mir unklar, ob Troeltsch sich dabei auf Smith' Buch zur Religion der Semiten bezieht, wie die Herausgeber (ebd., Anm. 39) annehmen, oder nicht vielmehr auf dessen 1882 in Edinburgh erschienenes Buch *The Prophets of Israel.* Max Webers Judentumsstudie ist direkt oder indirekt durch Robertson Smith beeinflußt, vgl. seine dortige Erwähnung: Max Weber, *Gesammelte Aufsätze zur Religionssoziologie*, 3 Bde., Tübingen 1921, hier Bd. 3, S. 3, Anm.

fahrungen der Selbsttranszendenz von vornherein auf den einen Fall der kollektiven Ekstase (oder kollektiven Efferveszenz, wie er selbst formuliert), weil ihm daran gelegen war, diese Erfahrung auf die Mobilisierung kollektiver Kräfte zurückzuführen. Sein Vorschlag, Religion aus der irregeleiteten Attribution von Heiligkeit durch die Betroffenen zu erklären, funktioniert nur, wenn alle stärker individuellen Formen der Erfahrung der Selbsttranszendenz und damit der Attribution von Heiligkeit von vornherein als bloß von der Erfahrung kollektiver Kräfte abgeleitet aufgefaßt werden. Dies wird aber den individuellen religiösen Erfahrungen etwa des Gebets ebensowenig gerecht wie den individuellen Erfahrungen etwa der Liebe, der Fusion mit der Natur, der Sexualität oder des erschütternden Mitleids. Selbst im Fall der australischen Aborigines verengte Durkheim die außeralltäglichen Erfahrungen der Menschen auf die des totemistischen Rituals. Überhaupt schrieb er dem Totemismus eine systematische Geschlossenheit zu, die noch nicht einmal in den doktrinär durchrationalisierten Systemen der »Weltreligionen« gegeben ist. Die ethnologische Forschung nach Durkheim zu den australischen Aborigines,[89] aber auch Malinowskis Arbeiten zu den Trobriandern in der Südsee haben nachgewiesen, daß auch dort

> die Steigerung der Gefühle und das Außersichgeraten des einzelnen sich keineswegs nur auf Versammlungen und Massenphänomene beschränken. Der Liebhaber bei seiner Liebsten, der verwegene Abenteurer, der seine Angst angesichts wirklicher Gefahr besiegt, der Jäger im Kampf mit wilden Tieren, der Handwerker beim Vollenden eines Meisterstücks wird sich, ob primitiv oder zivilisiert, unter solchen Bedingungen verändert, erhoben und mit höheren Kräften begabt fühlen.

89 W. E. H. Stanner, »Religion, Totemism and Symbolism«, in: Ronald M. Berndt, Catherine H. Berndt (Hg.), *Aboriginal Man in Australia. Essays in Honour of Emeritus Professor A. P. Elkin*, Sydney 1965, S. 207-237; zum ganzen Fragekomplex auch Robert N. Bellah, *Religion in Human Evolution. From the Paleolithic to the Axial Age*, Cambridge, Mass., 2011, hier S. 117-174.

Und es kann kein Zweifel bestehen, daß von vielen dieser einsamen Erfahrungen, wenn der Mensch eine Todesahnung, die Qualen der Angst oder die Exaltation des Glücks fühlt, ein großer Teil der religiösen Inspiration ausgeht. Obwohl die meisten Zeremonien öffentlich abgehalten werden, ereignet sich manche religiöse Offenbarung in der Einsamkeit.[90]

Auch dort ist also vieles Sakrale individuell und vieles Kollektive profan.

Teilweise, aber keineswegs durchgängig wurden in der verzweigten Wirkungsgeschichte von Durkheims Ritualkonzeption diese Defizite bemerkt und behoben. In der Soziologie wurde diese Konzeption zunächst allerdings eher weiter verengt, insofern – bei Talcott Parsons – hauptsächlich die Wirkungen des Rituals auf soziale Integration betont wurden, nicht aber die flüssigen Prozesse des Ritualhandelns selbst. Dies wurde erst von Parsons' Schülern und deren Schülern teilweise korrigiert, wenn sie etwa heutige liturgische Vorschriften und Abläufe untersuchten (so Robert Bellah) oder gesellschaftliche Krisen und Skandale (Watergate; Kriegsbeginn) als Formen zeitgenössischer kollektiver Efferveszenz interpretierten (Jeffrey Alexander). In der Anthropologie (im Sinn von Ethnologie) wurde die transformierende Kraft des Rituals viel stärker betont und verfolgt (von Victor Turner bis Roy Rappaport).[91]

In Frankreich gab es in der Zwischenkriegszeit höchst merkwürdige Versuche zu einer nietzscheanischen Lektüre Durkheims und zur Anwendung seiner Ritualtheorie auf die Erfahrung des

90 Bronislaw Malinowski, *Magie, Wissenschaft und Religion* (1925), Frankfurt/M. 1983, S. 42.

91 Talcott Parsons, *The Structure of Social Action*, New York 1937; Robert N. Bellah, »Liturgy and Experience«, in: James D. Shaugnessy (Hg.), *The Roots of Ritual*, Grand Rapids 1973, S. 217-234; Jeffrey Alexander, »Culture and Political Crisis. ›Watergate‹ and Durkheimian Sociology«, in: ders. (Hg.), *Durkheimian Sociology: Cultural studies*, Cambridge 1988, S. 187-244; Victor Turner, *Das Ritual. Struktur und Anti-Struktur* (1969), Frankfurt/M. 1989; Rappaport, *Ritual and Religion.*

Krieges und der Gewalt (Collège de Sociologie). Vor dem Zweiten Weltkrieg unternahm Roger Caillois einige der wichtigsten Versuche, eine Theorie des Heiligen für die Aufschlüsselung moderner Phänomene – vom Fest über die Ferien bis zum Krieg – zu entwickeln. Er legte großen Wert darauf, die vielfältigen Regelverstöße und Grenzüberschreitungen, die auf Festen geschehen oder von diesen verursacht werden, nicht einfach als bloße Entladungen von im Alltag unterdrückten Kräften aufzufassen und damit als Epiphänomene zu behandeln, sondern in ihnen eine Rückkehr in ein ursprüngliches schöpferisches Chaos und damit eine Aktualisierung der mythischen Schöpfungszeit zu sehen. Diese sei von vitaler Bedeutung für die Lebenskraft von Kollektiven; ohne sie gingen diese den Weg alles Irdischen, nämlich den des Alters und Absterbens der Kräfte, wie ihn die Individuen aus ihrer alltäglichen Erfahrung kennen.[92]

Jürgen Habermas machte aus Durkheim und seiner Ritualtheorie den zweiten Bezugsklassiker des von ihm deklarierten Paradigmenwechsels »von der Zwecktätigkeit zum kommunikativen Handeln«. Randall Collins interpretierte im Anschluß an Erving Goffman selbst alltägliche Interaktionsrituale wie das Grüßen in quasiphysikalischen Begriffen der Erzeugung und der Übertragung emotionaler Energie. Ich selbst habe versucht, die Entstehung unserer Wertbindungen aus Erfahrungen der Selbsttranszendenz heraus zu erklären, dieser Erklärung aber eine viel reichere Phänomenologie von Erfahrungen zugrunde zu legen und viel mehr als Durkheim selbst auch die Prozesse der Artikulation von Erfahrungen zu berücksichtigen. Damit sollte auch der säkularistische Überschuß in Durk-

92 Denis Hollier (Hg.), *Das Collège de Sociologie 1937-1939*, Berlin 2012; dazu: Stephan Moebius, *Die Zauberlehrlinge. Soziologiegeschichte des Collège de Sociologie (1937-1939)*, Konstanz 2006; Riley, *Godless Intellectuals*; Andreas Pettenkofer, »Sakralisierung und Abweichung. Das Collège de Sociologie, Marcel Mauss und die Aktualität der Durkheim-Schule«, in: *Mittelweg 36* 23 (2014), S. 95-110; Roger Caillois, *Der Mensch und das Heilige* (1939), München 1988.

heims Erklärungen von Fällen des Wertewandels, etwa im Fall der Entstehung und Verbreitung der Menschenrechte, getilgt werden. Das Verhältnis von individueller und kollektiver Erfahrung und von Erfahrung und Deutung ist viel komplizierter, als es bei Durkheim erscheint, aber seine Theorie bleibt gewiß ein wesentlicher Baustein für jede Theorie der Idealbildung.[93]

Die Persistenz des Rituals

Selbst radikale Vertreter der Säkularisierungstheorie, die Religionen für eine Sache der Vergangenheit halten und es als ausgeschlossen ansehen, daß heutige neuentstandene Religionen eine Zukunft haben, können das Faktum der Idealbildung nicht für obsolet erklären. Die Geschichte des neunzehnten und zwanzigsten Jahrhunderts hat viel Neues auf diesem Gebiet hervorgebracht: von der unbestreitbar kreativen Synthese von Nationalismus und Sozialismus im Faschismus über den Leninismus zur überraschenden massenhaften Verbreitung des Orientierungswerts der Selbstverwirklichung vor allem in den kulturellen Umwälzungen der 1960er Jahre. Damit sind nur die säkularen Phänomene genannt und religiöse – wie die Entstehung und enorme Expansion der Pfingstbewegung und auch der politische Islamismus in allen seinen Formen – noch beiseite gelassen. Wenn aber Idealbildung immer wieder neu stattfindet, dann kann man dieses Faktum nicht nur als Anthropologicum betrachten, sondern auch umgekehrt als Ausgangspunkt nehmen, wenn es um die Desiderate der philosophischen Anthropologie geht, einer Anthropologie, die den Problemstellungen der heutigen Geistes- und Sozialwissenschaften gewachsen ist. Dann treten die Auswirkungen einer oft gar nicht bewußten Ri-

93 Jürgen Habermas, *Theorie des kommunikativen Handelns*, Bd. 2, Frankfurt/M. 1981, S. 7-169; Randall Collins, *Interaction Ritual Chains*, Princeton 2004; Joas, *Die Entstehung der Werte*, S. 87-109.

tualskepsis oder einer schlicht unterstellten historischen Tendenz fortschreitender Entritualisierung in den Blick.

Dies läßt sich zunächst an der Stellung des Rituals und der Durkheimschen Ritualtheorie in Jürgen Habermas' *Theorie des kommunikativen Handelns* vorführen. In seinem Hauptwerk (von 1981) hat Habermas bekanntlich zwei Denker zu den Initiatoren des von ihm selbst dann breit ausgeführten Paradigmenwechsels »von der Zwecktätigkeit zum kommunikativen Handeln« ernannt: George Herbert Mead und Émile Durkheim. Während diese Sichtweise für Mead unmittelbar einleuchtet, für den Forscher also, der die konstitutive Rolle der leiblichen sozialen Interaktion für die Identitätsbildung des Kindes und sogar für die Entwicklung seiner kognitiven Fähigkeiten so konsequent wie wohl niemand sonst zu dieser Zeit herausarbeitete und damit die Ergebnisse heutiger Forschungen wie der von Michael Tomasello[94] in verblüffender Weise vorwegnahm, ist die Nennung Durkheims an dieser zentralen Stelle des Buches überraschend und sicher nicht unmittelbar plausibel. In negativer Hinsicht leuchtet die Klassifikation Durkheims ein: Die Ritualtheorie läßt sich nicht auf dem Boden einer Handlungstheorie formulieren, für die nach utilitaristischem Muster einzelne Handelnde und ihre Nutzenerwägungen oder strategischen Zielsetzungen typisch sind. Ebensowenig paßt die Ritualtheorie zu einer Theorie normativ orientierten Handelns, da es in ihr ja nicht um die Orientierung an gegebenen Normen (oder Werten), sondern um die Entstehung neuer Werte geht, aus denen dann auch Normen abgeleitet werden können. Habermas spürte also richtig, daß die Ritualtheorie mehr erfordert, als die auch von

94 Z. B. Michael Tomasello, *Die kulturelle Entwicklung des menschlichen Denkens. Zur Evolution der Kognition*, Frankfurt/M. 2006, und viele andere Werke dieses Autors. Zum Vergleich Tomasello/Mead jetzt weiterführend: Frithjof Nungesser, »Mead Meets Tomasello: Pragmatism, the Cognitive Sciences, and the Origins of Human Communication and Sociality«, in: Hans Joas, Daniel R. Huebner (Hg.), *The Timeliness of George Herbert Mead*, Chicago 2016, S. 252-275.

ihm kritisierten Handlungstheorien zu leisten imstande waren. Richtig ist auch, daß die kollektiven Erregungszustände im Ritual in Durkheims Sinn eine äußerst intensive Form menschlicher Kommunikation darstellen. Aber wenn Habermas von kommunikativem Handeln spricht, meint er ja nicht jegliche menschliche Kommunikation gleichermaßen. Er zielt vielmehr auf den rational-argumentativen Diskurs als die seines Erachtens höchste Form kommunikativen Handelns. Andere Formen der Kommunikation werden dadurch zu bloßen Vorstufen des eigentlichen kommunikativen Handelns degradiert. Es ist deshalb nur konsequent, wenn Habermas Durkheims Ritualtheorie dadurch in seinen Rahmen integriert, daß er sie gewissermaßen säkularisierungstheoretisch stillstellt. »Die Versprachlichung des Sakralen« lautet Habermas' berühmte Formel. Damit meinte er zunächst eben nicht die Probleme einer sprachlichen Artikulation der Sinngehalte von Heiligkeitserfahrungen, sondern die stufenweise Umstellung etwa der Funktionen sozialer Integration vom Ritual auf die Sprache, »die intersubjektive Anerkennung der mit Sprechhandlungen erhobenen Geltungsansprüche«.[95] Nicht recht klar ist dabei, ob es nur um die Eröffnung eines Raumes zur Problematisierung von Institutionen geht – von Institutionen, die aber sehr wohl weiterhin in Sakralität fundiert sind – oder wirklich um die Ablösung von Ritual und Heiligkeit durch Diskussion und rationale Begründung. Durkheim hätte der Betonung von Diskussion und rationaler Begründung als Charakteristika eines modernen Wertsystems nicht widersprochen; er sah aber deren Wertschätzung als Dogmen und die Praktiken als Rituale der neuen Sakralisierung jeder Person und ihrer Autonomie.

Wer annimmt, daß Habermas' öffentlich so stark wahrgenommener Sinneswandel hinsichtlich der Legitimität religiös begründeter Argumente im öffentlichen Diskurs und sein partieller Abschied von der Säkularisierungstheorie bis in die an-

95 Habermas, *Theorie des kommunikativen Handelns*, Bd. 2, S. 136.

thropologische Begründung seiner Handlungstheorie hinein Wirkungen haben müßte, sieht sich allerdings enttäuscht. Zwar hat sein Interesse an der Religionsgeschichte zugenommen, aber auch in neuesten Arbeiten wird dem Sakralen und dem Ritual – dem, was er jetzt den »sakralen Komplex« nennt – nur eine sekundäre Rolle zugeschrieben.[96] Für ihn bringt die Umstellung des Sozialitätsmediums auf Symbole in der Geschichte der Menschwerdung eine Fragilität der sozialen Beziehungen hervor, die dann durch Riten bewältigt werden muß. Primär erscheint damit die Umstellung auf Symbole, sekundär die Bewältigung der Probleme einer symbolvermittelten Sozialintegration. Die Perspektive einer Ersetzung der Rituale und des weiterhin von ihm als »archaisch« bezeichneten »sakralen Komplexes« bleibt damit erhalten.

Hätte Habermas nicht bei der Reflexion auf die Passung seiner Handlungstheorie zur Ritualtheorie säkularisierungstheoretische Prämissen zugrunde gelegt, dann wäre schon an diesem Punkt deutlich geworden, daß Durkheims Ritualtheorie nicht als Vorläufer der Theorie kommunikativen Handelns eingeordnet werden kann, sondern eine viel radikalere Revision unserer Vorstellungen vom menschlichen Handeln erfordert. Das Ritual erfordert wie das Spiel und wie alle Kreativität eine Handlungstheorie, in der nicht Zwecksetzung, Körperbeherrschung und Individualautonomie zentral sind, sondern Öffnung der Identitätsgrenzen, Freisetzung des Körpers und Bereitschaft zur Imagination neuer attraktiver Wirklichkeiten.[97] Die Vorstellung, es handle sich beim Ritual um etwas Archaisches, ist auch em-

96 Besonders deutlich in Jürgen Habermas, »Eine Hypothese zum gattungsgeschichtlichen Sinn des Ritus«, in: ders., *Nachmetaphysisches Denken II. Aufsätze und Repliken*, Berlin 2012, S. 77-95. Zur kritischen Auseinandersetzung mit Habermas' Ritualverständnis vgl. Massimo Rosati, »The Archaic and Us: Ritual, Myth, the Sacred and Modernity«, in: *Philosophy and Social Criticism* 40 (2014), S. 363-368.

97 Dies sind die grundlegenden Thesen in: Hans Joas, *Die Kreativität des Handelns*, Frankfurt/M. 1992.

pirisch nur durch erstaunliche Ausblendungen erklärbar. Vielleicht ist ja eine Zukunft ohne Religion vorstellbar, aber ist es auch eine Zukunft ohne Musik und Tanz und Theater, um nichtrationale Formen menschlicher Kommunikation zu nennen, eine Zukunft – wenn dies erwähnt werden kann – ohne sexuelle Interaktion? Oder wollen wir auch dieses alles nur als Vorstufen in der Evolution zum Diskurs sehen?

Randall Collins hat Durkheims Ritualtheorie in origineller Weise zu einer Theorie der sexuellen Interaktion als »Ritual der Liebe« entwickelt, mit äußerst einleuchtenden Resultaten.[98] Wie beim von Durkheim beschriebenen religiösen Ritual ist in der sexuellen Interaktion gemeinsame physische Präsenz erforderlich, intensive Konzentration auf den eigenen und den anderen Körper, eine scharfe Abgrenzung von den Nichtmitwirkenden. Es gibt wie in allen Ritualen ritualisierte Formen der Spannungssteigerung und die Synchronisation rhythmischer Bewegungen. Als Folge der geteilten außeralltäglichen Erfahrung ergibt sich die Entstehung einer emotionalen Bindung an den Partner, selbst wenn Liebe nicht der Ausgangspunkt der sexuellen Interaktion war. Die intensive Erfahrung strahlt dann auf »heilige« Gegenstände, in denen sich die Paarbeziehung symbolisiert, aus, an erster Stelle natürlich auf den Körper des Partners in allen seinen Teilen. An alldem ist nichts archaisch; man könnte im Gegenteil davon sprechen, daß sich im Verlauf von Zivilisationsprozessen die Ritualqualität sexueller Interaktion gesteigert hat.

Wenn es damit einleuchtet, daß wir von einer Persistenz des Rituals und der in ihm entstehenden Sakralität ausgehen sollten und nicht von einer Versprachlichung des Sakralen,[99] dann

98 Randall Collins, »A Theory of Sexual Interaction«, in: ders., *Interaction Ritual Chains*, S. 223-257.

99 In der Einleitung zu seinem neuesten einschlägigen Aufsatzsammelband nimmt Jürgen Habermas selbstkritisch die radikale These von einer »Versprachlichung des Sakralen«, wie sie sich in seiner Theorie des kommunikativen Handelns findet, zurück. Damit ändert sich auch

können wir sogar nach der Rolle des Rituals bei der Entstehung der Sprache fragen. Es ist anthropologisch keineswegs offensichtlich, dem Ritual nur kompensatorische Funktionen für eine über sprachliche Kommunikation laufende Sozialität zuzusprechen. Wir können vielmehr umgekehrt dem Ritual selbst eine treibende Rolle bei der Entstehung der Sprache zuschreiben. Das eben hat Robert Bellah in seinem Meisterwerk von 2011 *Religion in Human Evolution* versucht.[100] Er stützt sich dabei auf Überlegungen des Kognitionsforschers Terrence Deacon, die er allerdings mit anderen Forschungen so kombiniert, daß das Ritual als »external support system for language«[101] verständlich wird. Er zieht aber auch Arbeiten evolutionärer Musikologen heran und stützt sich auf das Konzept einer »musilanguage« (Steven Brown). Gemeint ist, daß wir uns die Entstehung von Sprache und von Musik nicht als zwei getrennte Prozesse vorstellen sollten. Gerade rhythmisches Sprechen und Gesang, die rituelle Wiederholung und daraus entstehende Redundanz arbeiten Symbole heraus, die in Erinnerung bleiben. Was die Augenzeugen des Rituals der Aborigines – im Beispiel am Beginn des Kapitels – als Geheul und Geräusch abgetan haben, war sicher viel mehr als dies – Bellah spricht von »speech before language«.[102]

Dieser kurze Hinweis könnte nicht nur deutlich machen, wie eine von gegenwärtigen ritualskeptischen intellektuellen Posi-

---

der Sinn des Ausdrucks »Versprachlichung des Sakralen« oder engt sich ein auf den »Bedeutungstransfer aus Quellen sakraler Kommunikation in die Alltagssprache«. (Vgl. Habermas, *Nachmetaphysisches Denken II*, S. 13-15.) Die genauere Erörterung der verbleibenden oder dadurch neu entstehenden Probleme dieser Konzeption gehört nicht hierher.

100 Bellah, *Religion in Human Evolution*, v. a. S. 120-138.

101 Ebd., S. 132, mit Verweis auf Terrence Deacon, *The Symbolic Species: The Co-Evolution of Language and the Brain*, New York 1997.

102 Bellah, *Religion in Human Evolution*, S. 128; Steven Brown, »The ›Musilanguage‹ Model of Music Evolution«, in: Nils L. Wallin, Björn Merker, Steven Brown (Hg.), *The Origins of Music*, Cambridge 2000, S. 271-301.

tionen bestimmte Sicht in anthropologischer Hinsicht problematische Auswirkungen hat, sondern auch, daß umgekehrt ein von überbrachten Verengungen befreites »Menschenbild« zu produktiven Fragestellungen führen kann. Die empirische Tatsache der immer wieder neu stattfindenden Idealbildung scheint mir ein solcher produktiver Ausgangspunkt zu sein; das Ritual und andere Handlungs- und Erfahrungsformen, die damit in den Blick kommen, müssen auf die anthropologischen Bedingungen ihrer Möglichkeit hin reflektiert werden. Der Schlüsselgedanke dieses Kapitels läßt sich damit abschließend auf die Formel bringen, daß *ein Ritual eine kontrollierte Umwelt schafft, die die Mechanismen des Alltagslebens zeitweise außer Kraft setzt. Damit können Idealzustände erlebbar gemacht werden, und zwar so, daß sie nach Rückkehr in den Alltag als intensive Erfahrungen im Gedächtnis bleiben.*[103]

103 Diese Bestimmung ist beeinflußt von der Definition bei: Jonathan Z. Smith, »The Bare Facts of Ritual«, in: ders., *Imagining Religion: From Babylon to Jamestown*, Chicago 1982, S. 53-65, hier S. 63, deutsch in (leider schlechter) Übersetzung bei Andréa Belliger, David J. Krieger (Hg.), *Ritualtheorien. Ein einführendes Handbuch*, Wiesbaden 2006, S. 221.

4
Vielfalt der Idealbildung oder Prozeß der Entzauberung? Die Syntheseversuche von Ernst Troeltsch und Max Weber

Der Durchgang durch die Grundkonstellationen der wissenschaftlichen Beschäftigung mit Religion in den drei Disziplinen Geschichtswissenschaft, Psychologie und Soziologie sollte demonstrieren, daß eine empirisch kontrollierte und theoretisch konsistente, in diesem Sinne wissenschaftliche Erforschung der Religion in der Tat möglich ist. Zwar sind bei jedem einzelnen Beitrag auf diesem Gebiet unverkennbar spezifische religiöse oder antireligiöse Motive der Verfasser am Werk, aber in den meisten Fällen treibt die Konfrontation mit den empirischen und theoretischen Fragen über die Ausgangsannahmen hinaus – wenn schon nicht beim Verfasser des jeweiligen Beitrags selbst, dann immerhin in dessen Rezeption. Die Erörterung sollte zugleich Grundlagen für ein angemessenes Verständnis von Religion erarbeiten, und dies in einer Weise, die nachvollziehbar macht, warum das sich herausbildende Verständnis manchen Vorstellungen des Alltagsverstands überlegen ist. Religion wird so erfahrungszentriert verstanden, allerdings keineswegs auf die Erfahrungen von Individuen in ihrer Einsamkeit beschränkt. Auch diese einsamen Erfahrungen haben sich als immer schon historisch situiert, durch Zeichen vermittelt und in Praktiken verkörpert erwiesen.

Selbstverständlich kann die bisherige Darstellung nicht den Ansprüchen an eine umfassende Geschichte der Wissenschaft von der Religion genügen.[1] Diese dürfte ja nicht auf Ausgangs-

1 Vgl. dafür Eric J. Sharpe, *Comparative Religion. A History*, Chicago ²1986; Hans Gerhard Kippenberg, *Die Entstehung der Religionsgeschichte. Religionswissenschaft und Moderne*, München 1997. Beide Bü-

konstellationen in den einzelnen Disziplinen beschränkt bleiben, sondern müßte vorführen, welch reiches Wissen im Verlauf der Zeit durch diese Forschungen zutage gefördert und angesammelt wurde. Am meisten gilt dies für die Religionsgeschichtsschreibung, die nicht nur das Wissen über die Vielfalt der Religionen enorm vergrößerte, sondern eben auch das Christentum selbst mit seiner eigenen inneren Vielfalt und Zeitabhängigkeit konfrontierte. Es müßte in einer umfassenden Darstellung auch herausgearbeitet werden, daß – etwa in der Disziplin Psychologie – Paradigmen die Herrschaft antreten konnten, die eine produktive Auseinandersetzung mit Religion praktisch unmöglich machen. Ein solcher Fall war der in den mittleren Jahrzehnten des zwanzigsten Jahrhunderts die akademische Psychologie beherrschende Behaviorismus, der allem »Geistigen« so sehr den Ort bestritt, daß an das »Spirituelle« schon gar nicht mehr zu denken war. Außerakademisch dominierte in psychologischen Fragen eher die Psychoanalyse, deren Begründer Sigmund Freud sie allerdings als radikal säkularistisches Projekt angelegt hatte. Dort gab es aber immer auch Gegenströmungen und die Auslotung anderer Möglichkeiten, das eigene theoretische Rüstzeug produktiver auf die religiöse Erfahrung der Menschen zu beziehen, als es in der Rede von der »Illusion« aufscheint. Rechnet man zur soziologischen Beschäftigung die ethnologische hinzu, kann auch dort von einer enormen Wissensakkumulation gesprochen werden. Eine umfassende Darstellung müßte schließlich auch die Disziplin Theologie (und diese in ihren verschiedenen konfessionellen oder religiösen Ausprägungen) einbeziehen, vor allem dort, wo sie sich selbst ausdrücklich als Wissenschaft im Konzert der universitären wissenschaftlichen Disziplinen versteht und sich faktisch in einem ständi-

---

cher leiden m. E. darunter, daß sie die intellektuelle Entwicklung zu sehr auf die Herausbildung einer eigenen Disziplin »Religionswissenschaft« hin verengen. Meine Interpretationen und Bewertungen weichen von beiden immer wieder deutlich ab.

gen Austausch mit den Entwicklungen in den anderen Wissenschaften von der Religion befindet.[2]

Um 1900 mußte sich das Feld der Wissenschaften von der Religion als äußerst dynamisch, zutiefst erregend, aber auch fragmentiert und zeitdiagnostisch unfruchtbar darstellen. Die Konsequenzen aber, die aus diesen Forschungen für eine Einschätzung der religiösen Lage der Gegenwart und der wichtigen Zukunftstendenzen gezogen wurden, waren häufig spürbar idiosynkratisch – Ausdruck der vorgängigen persönlichen Einstellungen von Forschern mehr als Resultat der Würdigung der Forschungslage insgesamt. Diese Situation mußte nach neuen Syntheseversuchen geradezu rufen. Im vorliegenden Kapitel geht es um die beiden bedeutendsten und ehrgeizigsten solchen Versuche vom Anfang des zwanzigsten Jahrhunderts, die von dem protestantischen Theologen und Christentumshistoriker Ernst Troeltsch und dem Juristen und Nationalökonomen Max Weber, der zum Klassiker der Soziologie aufsteigen sollte, unternommen wurden. Beide Gelehrte lassen sich nur schwer einer einzelnen wissenschaftlichen Disziplin zuordnen; für beide gilt, daß sie von substantiellen Fragen so angetrieben, ja besessen waren, daß sich ihre Arbeit der disziplinären Zuordnung weitgehend entzieht. Ernst Troeltsch sprach sogar selbst davon, daß er mit seinem Werk zur Geschichte des Christentums nichts Geringeres geleistet habe als die Schaffung einer »neuen Disziplin«.[3] Wenn hier also von einer Zusammenführung der Diszi-

2 Exemplarisch für die in dieser Hinsicht wichtigste Theologie, nämlich die protestantische Theologie im Deutschland des neunzehnten Jahrhunderts: Johannes Zachhuber, *Theology as Science in Nineteenth-Century Germany. From F.C. Baur to Ernst Troeltsch*, Oxford 2013. Zum komplexen Verhältnis von katholischer Theologie und modernem historischen Denken: Gregor Klapczynski, *Katholischer Historismus? Zum historischen Denken in der deutschsprachigen Kirchengeschichte um 1900*, Stuttgart 2013.

3 Brief Ernst Troeltschs an seinen Verleger Oskar Siebeck vom 18. September 1910, in: Ernst Troeltsch, *Briefe III (1905-1915) (= Kritische Gesamt-*

plinen die Rede ist, klingt dies viel zu sehr nach dem heute üblichen akademischen Werbejargon. »Interdisziplinarität« war für Troeltsch und Weber nicht ein unabhängig vom Forschungsgegenstand vorschwebendes Ideal oder bloße Behauptung, sondern unvermeidliche Folge der motivierenden Fragestellung.

Die beiden großen Syntheseversuche sind keineswegs unabhängig voneinander entstanden. Vielmehr fand zwischen Ernst Troeltsch und Max Weber zumindest in den gemeinsamen Heidelberger Jahren 1897 bis 1915 ein intensiver gedanklicher Austausch statt, der für beide äußerst prägend wurde.[4] Manche Beobachter gingen schon damals, erst recht aber in der Folgezeit so weit, die tiefreichenden Unterschiede in den Syntheseversuchen gar nicht wahrzunehmen. Dabei sind diese Unterschiede für die Argumentation des vorliegenden Buches zentral. Es werden deshalb größtenteils völlig getrennt die Grundlinien der beiden Syntheseversuche dargestellt, wobei im Falle Troeltschs ein einziges seiner Hauptwerke, im Falle Webers die auf viele Schriften verstreute Diagnose fortschreitender »Entzauberung« im Mittelpunkt steht. Andere Schriften Troeltschs und andere Aspekte des Werkes von Max Weber kommen deshalb nur in den Blick, wo Relativierungen oder Erweiterungen der Interpretation aus ihnen abgeleitet werden können.[5] Das Verständnis

---

ausgabe [KGA], Bd. 20), hg. von Friedrich Wilhelm Graf in Zusammenarbeit mit Harald Haury, Berlin 2016, S. 396-398, hier S. 398.

4 Bahnbrechend für die detaillierte Erforschung dieser Wechselwirkung, aber auch für die klare Herausarbeitung der Unterschiede zwischen Troeltsch und Weber sind die Arbeiten von Friedrich Wilhelm Graf. Sie liegen jetzt gesammelt vor in: ders., *Fachmenschenfreundschaft. Studien zu Troeltsch und Weber*, Berlin 2014.

5 In zahlreichen Arbeiten der letzten Jahre habe ich mich bemüht, die große Bedeutung Troeltschs für die Religionssoziologie im weitesten Sinn darzulegen. Vgl. z. B. Hans Joas, »Selbsttranszendenz und Wertbindung. Ernst Troeltsch als Ausgangspunkt einer modernen Religionssoziologie«, in: Friedrich Wilhelm Graf, Friedemann Voigt (Hg.), *Religion(en) deuten. Transformationen der Religionsforschung*, Berlin 2010, S. 51-64; ders., »Gesellschaft, Staat und Religion. Ihr Verhältnis in der

von Religion, das sich in der bisherigen Darstellung abgezeichnet hat, wird immer wieder als Maßstab herangezogen werden müssen, wenn zu fragen ist, ob ein Syntheseversuch tatsächlich überzeugen kann.

Eine historische Soziologie des Christentums: Ernst Troeltschs *Soziallehren* und die Frage nach den Wirkungen religiöser Innovationen

Aus Ernst Troeltschs riesigem Lebenswerk ragen zwei äußerst umfangreiche Bücher hervor, in denen es dem sich immer wieder auch zersplitternden Denker am besten gelang, das zu verwirklichen, was in ihm angelegt war und seinen eigenen Maßstäben entsprach. In seinem späten Hauptwerk *Der Historismus und seine Probleme*[6] bahnte Troeltsch, zumindest nach meinem Verständnis, einen Weg aus den Relativismusgefahren des Historismus hinaus. Mit dieser Behauptung widerspreche ich natürlich all denen, die Troeltschs Bemühungen für gescheitert erklären oder sogar das Gerücht verbreiten, Troeltsch habe sein Scheitern in diesem Fall und seine Resignation angesichts der Aufgabe selbst erklärt. Der zentrale Punkt meiner Interpretation, wie ich sie in meinem Buch zur Geschichte der Menschenrechte ausführlich vorgetragen habe,[7] liegt in der These, daß Troeltsch

---

Sicht der Weltreligionen. Eine Einleitung«, in: ders., Klaus Wiegandt (Hg.), *Säkularisierung und die Weltreligionen*, Frankfurt/M. 2007, S. 9-43. Erste Andeutungen meiner Kritik an Max Weber in: Hans Joas, »Max Weber und die Entstehung der Menschenrechte. Eine Studie über kulturelle Innovation«, in: Gert Albert, Agathe Bienfait, Steffen Sigmund, Claus Wendt (Hg.), *Das Weber-Paradigma*, Tübingen 2003, S. 252-270.

6 Ernst Troeltsch, *Der Historismus und seine Probleme (1922)*, 2 Bde., Berlin 2008 (= KGA, Band 16.1 und 16.2).

7 Hans Joas, *Die Sakralität der Person. Eine neue Genealogie der Menschenrechte*, Berlin 2011, S. 147-203 (Taschenbuchausgabe mit neuem Vorwort 2015).

in seinen Überlegungen über Geschichte und Werte vom *»Faktum der Idealbildung«* ausgeht, mit anderen Worten von der empirischen Tatsache, daß im geschichtlich-gesellschaftlichen Leben notwendig *Ideale* entstehen. Diese Ideale unterscheiden sich prinzipiell von bloßen Tatsachenbehauptungen, aber auch von Normen. Methodisch erfordert dieser Ausgangspunkt, also das Faktum der Ideal*bildung*, das Studium der dynamischen Prozesse, in denen solche Ideale entstehen, sowie den reflexiven Rückgang auf diese Entstehungsprozesse, um überhaupt zu erfassen, worum es sich bei einem entstandenen Ideal (oder »Wert«) handelt.

In seinem großen Werk über den Historismus ging es Troeltsch vor allem um grundlegende Fragen der Geschichtsphilosophie und nicht – noch nicht – um das Angebot einer konkreten Analyse, in welchem Konflikt von Idealen sich Europa gegenwärtig, das heißt in der Zeit nach dem Ersten Weltkrieg, befindet. Die für einen zweiten Band versprochene materiale Geschichtsdeutung, die in Aussicht gestellte »Kultursynthese«, wurde durch Troeltschs frühen und plötzlichen Tod verhindert. Ich bin allerdings der Meinung, daß wir in den Aufsätzen Troeltschs zur Geistesgeschichte und Religionssoziologie, wie sie Hans Baron 1925 herausgegeben hat,[8] einen Leitfaden für das haben, was Troeltsch uns in seinem Werk im nächsten Schritt geboten hätte.

Die Tatsache aber, daß wir die materiale Geschichtsanalyse Troeltschs nicht in ausgereifter Form vorliegen haben und daß es deshalb keine transparente wechselseitige Durchdringung seiner methodischen und substantiellen Überlegungen gibt, hat Vor- und Nachteile. Der Vorteil ist, daß die methodischen Überlegungen im Historismusbuch so angelegt sind, daß sie für alle Ideale gelten, keineswegs nur für religiöse und schon gar nicht nur für christliche. Der Bedarf an einer »Kultursynthese« hätte

8 Ernst Troeltsch, *Aufsätze zur Geistesgeschichte und Religionssoziologie*, hg. von Hans Baron, Tübingen 1925.

ja gar nicht bestanden und würde nicht bestehen, wenn sich Europa nicht im Spannungsfeld heterogener Traditionen und Tendenzen befunden hätte und befände. Der Nachteil der Literaturlage ist aber, daß wir nicht im Detail verfolgen können, wie Troeltsch aus seinen methodischen Grundideen heraus nun die Analyse einer spezifischen, zum Beispiel religiösen Tradition behandelt sehen möchte und behandelt.

Bei Troeltschs anderem großen Buch, dem fast tausendseitigen Werk *Die Soziallehren der christlichen Kirchen und Gruppen*,[9] liegen Vor- und Nachteile genau umgekehrt. Der empirische Gegenstand ist hier zwar riesig, aber klar begrenzt und eindeutig identifizierbar. Es geht Troeltsch um eine soziologische Geschichte oder eine historische Soziologie des Christentums. Die von ihm dabei verfolgte Methode wird allerdings in diesem Buch, sieht man von verstreuten längeren Fußnoten ab, nicht explizit. Sie wird in einigen anderen Texten ein wenig deutlicher, bleibt aber auch dort recht verborgen, und war dem Autor vielleicht selbst in dieser Zeit mehr intuitiv plausibel als klar bewußt.

Das Ziel der folgenden Ausführungen ist es, diese implizite Methodologie Troeltschs in seiner historischen Soziologie des Christentums ans Licht zu heben, weil in ihr eine Pionierleistung vorliegt, an die auch auf anderen Themengebieten als dem der Geschichte des Christentums, in der soziologischen Analyse anderer Religionen etwa und säkularer Wertetraditionen, angeknüpft werden könnte und sollte. Mit diesem Nachweis soll Troeltschs Status als der eines Klassikers der Sozialwissenschaften restituiert werden. Die Formulierung »restituieren« wird gewählt, weil in frühen Rückblicken auf die deutsche Soziologie, etwa bei Karl Mannheim und Otto Hintze in den 1920er Jah-

---

9 Ernst Troeltsch, *Die Soziallehren der christlichen Kirchen und Gruppen*, Tübingen 1912. Aus der Literatur dazu zentral: Friedrich Wilhelm Graf, Trutz Rendtorff (Hg.), *Ernst Troeltschs Soziallehren. Studien zu ihrer Interpretation*, Gütersloh 1993 (= *Troeltsch-Studien*, Bd. 6).

ren,[10] Troeltsch wie selbstverständlich als einer der Klassiker des Fachs in einem Atemzug mit Max Weber genannt wurde. Noch bei Talcott Parsons, dem bedeutendsten soziologischen Theoretiker in der Mitte des zwanzigsten Jahrhunderts, ist die Kenntnis von Troeltschs *Soziallehren* ständig spürbar; im Spätwerk, als Parsons selbst sich um eine Soziologie des Christentums bemühte, ist der starke Einfluß Troeltschs sogar unübersehbar.[11] Doch schon bei seinen Schülern, auch den größten wie Robert Bellah und Shmuel Eisenstadt, oder bei Nachfolgern wie Jürgen Habermas und Niklas Luhmann ist zwar Weber allgegenwärtig, aber Troeltsch ganz oder fast ganz verschwunden. Den krassesten Ausdruck der sich durchsetzenden Fehleinschätzung lieferte der einflußreiche amerikanische Ideenhistoriker H. Stuart Hughes in seinem Werk über die Entwicklung der europäischen Sozialtheorie von 1890 bis 1930, *Consciousness and Society*, in dem er über Troeltschs monumentales Werk zum Christentum Folgendes zu sagen hatte: Es sei »eine gröbere, weniger kohärente und unendlich viel längere Version derselben Art von Untersuchung über das Wechselspiel ökonomischer und religiöser Kräfte, an der Weber gleichzeitig arbeitete«. Trotz aller Gelehrsamkeit seines Autors bleibe das Buch im Kern unklar; Troeltsch beziehe seine Kategorien im wesentlichen von Max Weber, wende diese aber nur mechanisch an, als habe er sie nicht ganz verstanden; Webers sorgfältige Analysen von Autonomie und Verknüpfung von Religion und Sozial-

---

10 Karl Mannheim, »Zur Problematik der Soziologie in Deutschland« (1929), in: ders., *Wissenssoziologie*, Neuwied 1964, S. 614-624, hier S. 614; Otto Hintze, »Kalvinismus und Staatsräson in Brandenburg zu Beginn des 17. Jahrhunderts«, in: *Historische Zeitschrift* 144 (1931), S. 229-286, hier S. 229f. Hintze spricht dort von der »Heidelberger Soziologenschule« und meint damit Weber, Troeltsch und Jellinek.

11 Die entsprechenden Arbeiten von Parsons sind größtenteils gesammelt in: Talcott Parsons, *Action Theory and the Human Condition*, New York 1978. Zur Interpretation Hans Joas, »Das Leben als Gabe. Die Religionssoziologie im Spätwerk von Talcott Parsons«, in: *Berliner Journal für Soziologie* 12 (2002), S. 505-515.

struktur würden bei Troeltsch zur bloßen Behauptung eines Hin und Her, und Webers Typologie sozialer Organisationsformen des Christentums erscheine in Troeltschs Händen gezwungen und gekünstelt. Hinzu komme, daß Troeltsch als Christ im Unterschied zu Weber unfähig gewesen sei, das Christentum ebenso distanziert zu betrachten wie die Religion in China; bei ihm wechselten sich deshalb erhabener ethischer Tonfall und gequälte Unsicherheit in unerquicklicher Weise ab.[12]

Falscher kann man nicht liegen, peinlicher kann man sein Unverständnis und seine Unkenntnis kaum dokumentieren.[13] Aber es ist eine Tatsache, daß sich dieses Bild vom voreingenommenen Theologen Troeltsch, der dem radikal wirklichkeitsorientierten Soziologen Weber eindeutig unterlegen sei, rezeptionsverhindernd festgesetzt hat und nur zerstört werden kann, wenn die Grundzüge von Troeltschs methodischem Vorgehen, auch als einer soziologischen Alternative zu Weber, deutlicher sichtbar gemacht werden. Dabei ist natürlich mitzubedenken, daß Troeltschs Buch zum Christentum nicht einfach so neben das Historismuswerk gestellt werden darf, als sei das eine die völlig adäquate Anwendung einer Methode, die im anderen nur noch expliziert werde. Eine solche Betrachtungsweise würde davon absehen, daß Troeltsch in den zehn Jahren, die zwischen beiden Büchern liegen, sich entwickelt haben könnte. Das ist aber der Fall gewesen. Die Entwicklung bestand zum

12 H. Stuart Hughes, *Consciousness and Society. The Reorientation of European Social Thought 1890-1930*, Cambridge, Mass., 1958, S. 235f.

13 Oder vielleicht doch: Vgl. die ähnlich vorurteilsvollen Ausführungen von René König in seinem autobiographisch getönten Rückblick: René König, »Soziologie in Berlin um 1930«, in: ders., *Soziologie in Deutschland. Begründer, Verfechter, Verächter*, München 1987, S. 258-297, v. a. S. 270-274. Er wirft Troeltsch vor, sich »nicht vom christlichen Hintergrund« (S. 272) befreit zu haben, und meint, daß das Buch über die »Soziallehren« »eigentlich nur eine (dogmatische) Soziallehre der christlichen Kirchen statt einer soziologischen Analyse religiöser Phänomene« (ebd.) darstelle. Es ist schwer vorstellbar, daß dieses Urteil auf der Lektüre des Buches beruht.

einen[14] in einer fortschreitenden Entessentialisierung seiner Vorstellungen vom Christentum und zum anderen in einer Überwindung neoidealistischer Reste in seinem Geschichts- und Handlungsverständnis. Aber diese Entwicklungen sind auch schon im früheren Werk deutlich angelegt und nur noch nicht immer, wie sich zeigen wird, konsistent durchdacht und begrifflich eindeutig formuliert. Die Spezifik von Troeltschs Vorgehen in den *Soziallehren* soll hier in sieben Schritten dargelegt werden. Zunächst (1) werden der Hintergrund für Troeltschs Soziologisierung der Dogmengeschichte erläutert und (2) die Schlüsselrolle des »Faktums der Idealbildung« für seine methodische Vorgehensweise herausgearbeitet. Dann geht es (3) darum, unter der Voraussetzung, daß Ideale im Kern nicht gedanklicher Art sind, die Möglichkeiten darzulegen, die zur Erfassung der Spezifika einer Religion gegeben sind, und (4) die Komplexität des Verhältnisses von Ideal und Wirklichkeit in der Geschichte von Religionen aufzuschlüsseln. Daraus ergibt sich eine neue Sicht auf die Typologie der sozialen Organisationsformen des Christentums (5), die Erschließung der Wirkungen religiöser Innovationen (6) und des Einflusses politischer und sozialer Organisationsformen auf die religiöse Gemeinschaftsbildung (7). Insgesamt soll damit der Charakter von Troeltschs imponierendem Syntheseversuch klare Kontur gewinnen.

Der *erste Schritt* muß darin bestehen, klarzumachen, warum Troeltsch überhaupt ein in wesentlichen Hinsichten auch soziologisches Projekt verfolgte und sich bei der Beschäftigung mit den »Soziallehren« der christlichen Kirchen und Gruppen nicht damit begnügte, als theologischer Schuster bei seinem Leisten, der Dogmengeschichte, zu bleiben. Der Titel des Buches ist in dieser Hinsicht nicht hilfreich, ähnlich wie dies beim Titel des großen Historismusbuches der Fall ist. *Der Historismus und*

14 Überzeugend dargestellt bei Lori Pearson, *Beyond Essence. Ernst Troeltsch as Historian and Theorist of Christianity*, Cambridge, Mass., 2008.

seine Probleme – das klingt, als ginge es um die Sonderprobleme einer spezifischen Schule der Geschichtswissenschaft; *Die Soziallehren der christlichen Kirchen und Gruppen* könnte annoncieren, daß es nur um einen spezifischen Ausschnitt der Dogmengeschichte geht, zudem einen, den viele Theologen als relativ marginal einstufen dürften. Ganz irreführend ist es dann, wenn die englische Übersetzung den Plural der Lehren durch den Singular ersetzt (»The Social Teaching«) und auf die Nennung der christlichen »Gruppen« im Titel gleich ganz verzichtet,[15] als gäbe es eine einheitliche Soziallehre des Christentums, die sich nur über Zeit entfaltet habe – während Troeltsch doch gerade die innere Vielfalt des Christentums herausarbeitet und uns auffordert, das »relative historische Recht« jeder »Sonderart« des Christentums zu erkennen, statt es als Abweichung vom richtigen Pfad zu verdammen.[16]

Drei Gründe für Troeltschs Soziologisierung der Dogmengeschichte lassen sich ausmachen. Zwei davon sind zwar nicht trivial, aber heute vermutlich unkontrovers. Im dritten steckt das radikalste Innovationspotential.

Unumstritten dürfte zunächst der Gedanke sein, daß die Dogmengeschichte ohne sozialhistorische Einbettung schlicht unverständlich bleibt. Theologische Kontroversen der Vergangenheit können ohne eine solche leicht als sinnloser Streit um des Kaisers Bart zum Gespött gemacht werden und als Exempel dafür dienen, wie befreiend die Überwindung der Religion für die menschliche Vernunft wirken muß. Schon in einer frühen Rezension des zweiten Bands von Reinhold Seebergs evangelischem *Lehrbuch der Dogmengeschichte* und noch ohne jeden

15 Vgl. Brian A. Gerrish, *Continuing the Reformation. Essays on Modern Religious Thought*, Chicago 1993, S. 228.

16 Ernst Troeltsch, »Rezension Reinhold Seeberg, *Lehrbuch der Dogmengeschichte*, 2. Hälfte« (Erlangen, Leipzig 1898), ursprünglich in: *Göttingische gelehrte Anzeigen* 163 (1901), S. 15-30, hier nach dem Wiederabdruck in: Ernst Troeltsch, *Rezensionen und Kritiken (1901-1914)* (= KGA, Bd. 4), Berlin 2004, S. 89-111, hier S. 92.

Bezug zur Soziologie weist Troeltsch darauf hin, daß die konventionelle Dogmengeschichte – in welcher konfessionellen Ausprägung auch immer – von der »neuen historischen Methode« notwendig zerstört werden mußte. Der Grund dafür sei, daß von dem sich in dieser Methode ausdrückenden radikalen Bewußtsein der Geschichtlichkeit alles Menschlichen ein »konstantes, einheitliches, übernatürliches Subjekt« Kirche nicht mehr anerkannt werden könne und in der Regel auch nicht oder nur noch sehr verschämt anerkannt worden sei. Dieses neue Geschichtsbewußtsein »hat alles flüssig, beweglich und relativ gemacht und daher die großen kulturellen und institutionellen Zusammenhänge in den Vordergrund gestellt, auf denen die Einheitlichkeit der jeweiligen, ein bestimmtes Gebiet beherrschenden religiösen Gedankenbildung beruht«.[17] Diese historistische Einsicht mußte Troeltsch dann, als er sich konstruktiv mit der Geschichte des Christentums beschäftigte, in Richtung Kultur- und vor allem Sozialgeschichte treiben.

Das zweite Motiv benennt Troeltsch in der Einleitung zu den *Soziallehren* selbst ganz deutlich. Anstoß seiner historischen Beschäftigung war ja auch, daß ihm vorhandene Versuche in seiner Zeit, eine christliche Soziallehre für die Gegenwart vorzutragen, beklagenswert inadäquat erschienen. Ohne eine genaue Durchdringung der gesellschaftlichen Problemlagen der Gegenwart konnte sich dies nicht ändern. Troeltsch entledigte sich dieser Aufgabe nicht mit einem pauschalisierenden Begriff wie dem der »Moderne« oder mit irgendeiner anderen Kurzformel monothematischer Art, wie es gegenwärtig häufig der Fall ist,[18] sondern benannte ein Spannungsfeld kapitalistischer, bürokratischer, militaristischer und anderer Tendenzen, wenn er

17 Ebd., S. 91f. Troeltsch hat diese Rezension später selbst als Skizzierung des Programms verstanden, das er in den *Soziallehren* ausführte. Vgl. Troeltsch, *Soziallehren*, S. 950, Anm. 510.

18 Zur Kritik daran vgl. Hans Joas, *Glaube als Option. Zukunftsmöglichkeiten des Christentums*, Freiburg 2012, S. 106-128.

sich an einer solchen Charakterisierung versuchte. In eins mit der soziologischen Uninformiertheit seiner theologischen Kollegen geißelte Troeltsch auch das Versäumnis, die Fremdheit der vergangenen Christentümer oder der vielfältigen Vergangenheiten des Christentums wirklich zu erkennen. Auch die Erkenntnis dieser Fremdheit setzte für ihn die Reflexion auf die sozialgeschichtlichen Konstellationen voraus, in denen sich die Christen und ihre Gemeinschaften jeweils befanden.

Während diese beiden Motive ein Jahrhundert nach dem Aufstieg der Sozialwissenschaften und angesichts einer verbreiteten Soziologisierung des allgemeinen Bewußtseins nichts Spektakuläres mehr an sich haben, ist dies bei dem dritten Impuls anders. In Troeltschs eigenen Worten besteht dieser in der Erkenntnis, daß es eine »innere Beziehung jeder dogmatischen Gedankenbildung auf einen vorschwebenden Gemeinschaftskreis«[19] gebe. Was das genau heißt, kann erst an späterer Stelle erläutert werden. Aber schon hier wird deutlich, daß Troeltsch ein komplexes Verhältnis von Dogmen und Sozialformen vorschwebt, das sich jedem Basis-Überbau-Schema oder Faktorenmodell, dem zufolge etwa religiöse und soziale Faktoren äußerlich aufeinander einwirken, gerade entzieht.

Troeltschs Buch zur Geschichte des Christentums grenzt sich deshalb ebenso wie von der konventionellen theologischen Dogmengeschichte von materialistischen Erklärungen ab, für die bei ihm stellvertretend meist Karl Kautsky, der führende sozialdemokratisch-marxistische Theoretiker der Zeit, behandelt wird. Er hält diesem nicht nur vielfältige empirische Schnitzer vor, sondern lehnt auch vehement jede Darstellung von Religionsgeschichte ab, in der Religion nur als ideologische Verhüllung eigentlich am Werk befindlicher ökonomischer, sozialer und politischer Kräfte gedeutet wird. Solche Vorstellung vom epiphänomenalen Charakter der Religion ist zutiefst säkularistisch, ihr hat Troeltsch in seinem großen Aufsatz »Die Selb-

19 Troeltsch, *Soziallehren*, S. VIII.

ständigkeit der Religion« schon 1896 ausführlich widersprochen.[20]

An dieser Stelle kann nun tatsächlich der Eindruck entstehen, als verwickle Troeltsch sich in seinem Zweifrontenkampf in Widersprüche. Den Materialisten hält er laufend die eigene »Dialektik der religiösen Ideen« entgegen, während er doch den Ideengeschichtlern immer zu bedenken gibt, daß sich die Ideen nicht aus sich selbst entwickeln. Den Materialisten gegenüber bestreitet er, daß religiöse Bewegungen schlicht klassenkämpferisch interpretiert werden dürften; den Dogmengeschichtlern aber redet er ins Gewissen, sie dürften die Affinitäten zwischen spezifischen Klassenlagen, sozialen Organisationsformen und religiösen Dogmen nicht ignorieren.

Der Schlüssel für den Ausweg aus dieser unfruchtbaren Entgegensetzung idealistischer und materialistischer Erklärungen ist die Umstellung auf ein Verständnis aller sozialen Prozesse in Begriffen menschlichen Handelns. Diesen Ausweg fanden Max Weber und einige seiner Zeitgenossen in Frankreich und den USA. Talcott Parsons hat damit in den späten 1930er Jahren die Kanonisierung dieser Denker als der eigentlichen Begründer der modernen Sozialwissenschaften gerechtfertigt.[21] Ich behaupte, daß Troeltsch in dieser Hinsicht in der Tat in dieselbe Richtung wie Weber zielt, daß aber sein Verständnis vom menschlichen Handeln genauer betrachtet sich deutlich von dem Webers unterscheidet. Bei Weber ist die Orientierung am Handlungsverständnis der Ökonomie, das wir heute als »rationales Handeln« bezeichnen, und an neukantianischen Philosophien ausschlaggebend, was ihn in Schwierigkeiten bringt, wenn er bestimmte Handlungsformen von zentraler Bedeutung für seine

20 Ernst Troeltsch, »Die Selbständigkeit der Religion« (1895/96), in: ders., *Schriften zur Theologie und Religionsphilosophie (1888-1902)* (= KGA, Bd. 1), Berlin 2009, S. 364-535. Dazu als Interpretation: Hans Joas, »Die Selbständigkeit religiöser Phänomene. Ernst Troeltsch als Vorbild der Religionsforschung«, in: *Fuge* 6 (2010), S. 15-28.

21 Talcott Parsons, *The Structure of Social Action*, New York 1937.

Religions- und Herrschaftssoziologie wie die des charismatischen Handelns in seiner eigenen Handlungstypologie unterbringen und angemessen begrifflich fassen will.[22] Bei Troeltsch dagegen dominiert die Orientierung an dem, was heute (bei Isaiah Berlin und Charles Taylor) »expressivistisches« Handlungsverständnis heißt und nicht auf die Ökonomie oder Kant, sondern auf Herder, Hamann, Humboldt, Schleiermacher und Dilthey zurückgeht. In diesem Bezugsrahmen ist ein Gedanke wie der charismatischer Innovationen nicht nur problemlos formulierbar, sondern geradezu naheliegend.

Im vorliegenden Zusammenhang läßt sich nicht weiter ausführen, was alles aus dem expressivistischen Handlungsmodell theoretisch und empirisch folgt und wie sehr es sich eignet, ein widerspruchsfreies Bild von Troeltschs Denken zu erzeugen. Ich beschränke mich deshalb darauf, als *zweiten Schritt* in meinem Argumentationsgang hervorzuheben, daß aus diesem Boden auch der zu Beginn genannte Gedanke vom Faktum der Idealbildung erwächst. Troeltsch sieht in der Religionsgeschichte kreative Aufbrüche, Gestalten, deren »Fühlen und Denken nicht aus Klassenkämpfen und ökonomischen Interessen hergeleitet werden«[23] könne, am Werk. Drei solcher Aufbrüche dominieren seine Geschichte des Christentums: Jesus selbst; dann Paulus, dem Troeltsch die eigentliche Urheberschaft an der Kirche zuschreibt; und – bei einem protestantischen Theologen nicht überraschend – Martin Luther. Aber in Troeltschs eigener Aufzählung gilt der Status authentischer religiöser Neuerungskraft auch für »Origenes, Augustin, den hl. Thomas, den hl. Franz, den hl. Bonaventura und Calvin«[24] sowie in seiner Darstellung nach meinem Eindruck etwa auch für Papst Gregor VII. und John Wiclif. Beim Versuch, Troeltschs Methode zu klären, ist

---

22 Das habe ich zu zeigen versucht in: Hans Joas, *Die Kreativität des Handelns*, Frankfurt/M. 1992, S. 69-76.

23 Troeltsch, *Soziallehren*, S. 975.

24 Ebd.

natürlich nicht entscheidend, welche Figuren er selbst empirisch genauer betrachtet oder hervorhebt. Wenn kritisiert wurde, daß der Beginn seiner Darstellung mit Jesus dessen jüdische Voraussetzungen unbeachtet lasse, scheint mir dies insofern ungerecht, als jede Darstellung einen Nullpunkt wählen muß und Troeltsch in anderen Schriften, etwa zu den hebräischen Propheten,[25] sich durchaus für diese Voraussetzungen interessiert hat. Methodisch entscheidend sind dagegen andere Fragen, vor allem die nach dem Verhältnis der These von den kreativen Aufbrüchen in der Religionsgeschichte zum supranaturalen Anspruch der religiösen Neuerungen und die nach dem richtigen Vorgehen bei der Identifikation und Beschreibung solcher Innovationssprünge.

Für Troeltsch gilt, was die erste Frage betrifft, ohne Einschränkungen, daß der supranaturale Anspruch religiöser Neuerer oder vorhandener Institutionen für den Historiker, Psychologen und Soziologen der Religion nur als empirische Tatsache eine Rolle spielen kann – in dem Sinne, daß eben Menschen oder Institutionen solche Ansprüche erheben und von anderen Menschen diese Ansprüche anerkannt werden. Darin besteht für ihn gerade der Grundzug moderner wissenschaftlicher Beschäftigung mit Religion; sie kann an keiner Stelle selbst mit »Wundern« oder »Offenbarungen« argumentieren. Aber Troeltsch meint dies nicht säkularistisch, als zeige die wissenschaftliche Beschäftigung, indem sie die menschlichen Erfahrungen von »Wunder« und »Offenbarung« beschreibt, daß diese nichts weiter seien als eben menschliche Erfahrungen. Er meint dies auch nicht defensiv, als müsse die Theologie in einem Prozeß schrittweisen Zurückweichens vor moderner Wissenschaft einräumen, daß manches an der Geschichte des Christentums entgegen seinem bisherigen Selbstverständnis doch nur menschlich sei, ein letzter supranaturaler Kern aber verteidigt werden müsse

25 Ernst Troeltsch, »Glaube und Ethos der hebräischen Propheten« (1916), in: ders., *Aufsätze zur Geistesgeschichte und Religionssoziologie*, S. 34-65.

und gerettet werden könne. Im Gegenteil sieht er in seinem Vorgehen und dem aller, die in dieselbe Richtung zielen, zum Beispiel William James und Wilhelm Dilthey, eine Methode »ohne Vorurteil für oder wider«[26] die Religion, einen Schritt über die Alternative von Apologetik und Säkularismus hinaus, der geeignet sei, unter den gewandelten Bedingungen der Zeit überhaupt erst ein neues Bewußtsein für den Sinn der Glaubensvorstellungen und -symbolisierungen zu schaffen. Die Möglichkeit einer wissenschaftlichen Beschäftigung mit Religion schließt dabei auch eine relative Befreiung von konfessionellen Dogmatiken innerhalb des Christentums ein. Troeltsch beschreibt auch Differenzen zwischen Katholizismus und Protestantismus so angemessen wie möglich und bricht in den *Soziallehren* dort jeweils seine Erörterung ab, wo die Bewertung einer konfessionellen Spezifik als »Schranke« oder »ewige Wahrheit« zu treffen wäre.[27]

Wie Dilthey die »Verknüpfung psychologischer und vergleichend-historischer Einsichten« zum Königsweg aller Zweige der »Wissenschaften von den menschlich-gesellschaftlichen Zuständen« erklärt hatte,[28] so verficht Troeltsch dies für die Wissenschaft von der Religion, die aber eben auch damit nicht etwa eine Neutralisierung der religiösen Fragen bewirken solle, sondern eine neue Möglichkeit zu deren je individueller Beantwortung eröffnen könne. Die Religionspsychologie, die er am glänzendsten bei William James ausgearbeitet sieht, ermöglicht die Anknüpfung an religiöse Erfahrungen der Gegenwart; die Religionsgeschichtsschreibung ein neues Verständnis der alten

26 Ernst Troeltsch, »Psychologie und Erkenntnistheorie in der Religionswissenschaft« (1905), in: ders., *Schriften zur Religionswissenschaft und Ethik (1903-1912)* (= KGA, Bd. 6.1), Berlin 2014, S. 215-256. Dort schreibt Troeltsch: »Es bleibt die Aufgabe einer reinen Empirie, einer wirklichen Psychologie der Religion, die religiöse Erfahrung ohne Vorurteil für oder wider zu studieren [...]« (S. 220).

27 Troeltsch, *Soziallehren*, S. 458, Anm. 210.

28 Wilhelm Dilthey, *Das Erlebnis und die Dichtung*, Leipzig 1907, S. 159.

Symbolisierungen der Glaubenstraditionen. Im Unterschied zu James und Dilthey sind Troeltsch aber Psychologie und Geschichte nicht genug. Er hält es für nötig, auch die Soziologie mit ins Spiel zu bringen und dies nicht, weil diese gerade modisch wurde.

Der Grund für seine Heranziehung der Soziologie bei der Analyse der Dogmengeschichte ist vielmehr ein sehr tiefer. In einer Fußnote der *Soziallehren*, in der Troeltsch sein Vorgehen von dem Adolf von Harnacks in seiner »glänzenden Dogmengeschichte« abgrenzt, wird dies ganz deutlich. Zwar habe schon Harnack die bloße »dialektische Entwicklung« der Ideen aus sich heraus überwunden und sich auf psychologische Erklärungen von Ideenbildungen verlegt. Es sei aber wichtig, noch weiter zu gehen und soziologische Forschungen und Fragestellungen einzubeziehen, und zwar aus einem substantiellen Grund: Nur diese würden der Bedeutung des Rechts und des Kultus für die Dogmenentwicklung gerecht. »Recht« und »Kultus« dürften nicht abgetrennt von der Dogmengeschichte dem Kirchenrecht oder der Kultusgeschichte überlassen werden, weil in ihnen doch gerade »die Hauptwurzeln des Dogmas« lägen.

Der Christuskult und das Christusmahl gehen dem altkirchlichen Christusdogma voran und bedingen es zum größten Teil. Das Kirchenrecht geht dem Kirchendogma ebenso zum guten Teil voran. Die Bedeutung der Glaubensvorstellungen in ihrer Logik rein für sich ist überhaupt sehr viel geringer, als man denkt; in Kult und Recht liegen ihre Hauptwurzeln. Gerade eine soziologische Betrachtung der Kirchen zeigt im Kultus das eigentliche Bindemittel und im Recht ihre Bindeform; es ist nur natürlich, daß diese soziologischen Grundelemente vor allem im Dogma sich widerspiegeln, und daß die rein logisch-theoretisch-spekulativen Elemente mehr daneben hergehen als Interessen der obersten Theologenschicht. Eine reine Gedankenreligion mit bloß accidenteller Bedeutung des Kultus und des Rechtes ist erst der Protestantismus […].[29]

29 Troeltsch, *Soziallehren*, S. 209, Anm. 98.

Aus diesem Zitat erhellen nicht nur Motive Troeltschs für die Rezeption der Soziologie, sondern auch seine Position, den Protestantismus als »Gedankenreligion« nicht in die Geschichte des Christentums oder der Religion insgesamt zurückzuprojizieren. Auch für den Protestantismus in vielen seiner gelebten Formen wäre dies in der Tat unangemessen. Für den zentralen Gedanken, daß das einzige besondere christliche Urdogma, das »Dogma von der Göttlichkeit des Christus«,[30] »aus dem Christuskult [entsprang] und dieser wiederum aus der Notwendigkeit der Zusammenscharung der Gemeinde des neuen Geistes«, beruft Troeltsch sich bekanntlich auf Adolf Deißmann;[31] der Gedanke findet sich ausgearbeitet auch bei Wilhelm Bousset.[32] Er deckt sich mit dem zentralen Impuls der frühen Religionssoziologie, der – wie ich in Kapitel 3 geschildert habe – von Fustel de Coulanges' Arbeit zum griechisch-römischen Polytheismus über Robertson Smith' Analyse der »Religion der Semiten« zu Émile Durkheims klassischer Analyse der »elementaren Formen des religiösen Lebens« im Totemismus der australischen Aborigines und der nordamerikanischen Indianer führt. Es ist die These vom Primat des Ritus gegenüber dem Dogma in der Geschichte der Religion.

Schon in der Seitenbemerkung Troeltschs, daß nur die »oberste Theologenschicht« sich für die systematische gedankliche Ordnung einer Religion interessiere, klang an, daß in dieser These ein Verständnis von Religion steckt, dem zufolge die religiösen Grundideen nicht bewußt seien und oft implizit blieben; die »Gemeinschafts- und Kulturideen« seien dagegen das Entscheidende und Primäre. Methodisch heißt dies aber, daß mit

30 Ebd., S. 968.

31 Ebd., S. 58.

32 Wilhelm Bousset, *Kyrios Christos*, Göttingen 1913. Vgl. auch Karsten Lehmkühler, »Die Bedeutung des Kultus für das Christentum der Moderne. Eine Diskussion zwischen Wilhelm Bousset und Ernst Troeltsch«, in: Gerd Lüdemann (Hg.), *Die »religionsgeschichtliche Schule«. Facetten eines theologischen Umbruchs*, Frankfurt/M. 1996, S. 207-224.

religiösen Phänomenen wissenschaftlich umzugehen bedeutet, sie im Zustand ihres Entstehens zu beobachten oder sie als längst Entstandene gedankenexperimentell *wieder in ihren* status nascendi *zu versetzen*.

Ich behaupte nun, daß Troeltsch tatsächlich in seiner historischen Soziologie des Christentums so zu verfahren versucht hat und daß er damit ganz nah an dem Verfahren nicht so sehr Max Webers, sondern Émile Durkheims liegt. Seine Darstellung der Entstehung von »Kirche« als Sozialform des Christentums ist gerade deshalb so erregend, weil er eben nicht die Gewöhnung an die Existenz der Institution »Kirche« zum Ausgangspunkt macht, sondern den Blick auf Kirche »verfremdet« und uns so die Unwahrscheinlichkeit ihrer Existenz und ihre Unverwechselbarkeit im Vergleich der Religionen bewußt macht.[33] Aber genauso verfährt Troeltsch mit anderen religiösen Innovationen. So fragt er nach langen Darlegungen dazu, daß der Gedanke einer durchgeformten, innerlich einheitlichen christlichen Kultur dem Altertum fremd gewesen sei, wie im Mittelalter »dieses Ideal entstehen konnte [...] aus der altkirchlichen Überlieferung, der neuen Lage und den neuen Gedankenbildungen«.[34] Entsprechend wird die Lehre des Thomas von Aquin bei Troeltsch nicht als endlich erreichte und fortan unüberholbare, quasi zeitlose Systematisierung der christlichen Grundideen behandelt, sondern als höchst voraussetzungsreiches »kompliziertes geschichtliches Produkt«.[35] Auch die Reformation wird nicht als Reinigung des Christentums von Auswüchsen und als Rückführung zu den Ursprüngen präsentiert, sondern als »innere Wandelung und Fortentwicklung der christlichen Idee selbst [...] zu neuen Idealen einer christlichen Gesell-

33 Dadurch wird auch die Problematik des Begriffs Kirche bei Fustel de Coulanges und Durkheim deutlich. Beide nennen jede Religionsgemeinschaft so, auch wenn diese nicht von der politischen Gemeinschaft differenziert ist.

34 Troeltsch, *Soziallehren*, S. 181.

35 Ebd., S. 294.

schaftslehre«.[36] Dasselbe gilt für seine Darstellung von Entstehung und christlicher Rezeption des Naturrechts, der Entstehung einer »Hochschätzung des gewöhnlichen Lebens« (Charles Taylor)[37] im späten Mittelalter und früher Neuzeit oder der Entstehung von Askese-Idealen. Es handelt sich wirklich jeweils um die Entstehung neuer Ideale und nicht etwa, wie materialistisch-soziologische Erklärungen meinen, um Verschiebungen vorhandener »innerirdischer Sozialideale« ins Transzendente. »Es ist eine Veränderung in den Werten überhaupt, nicht eine Zuweisung der für Menschen nicht erreichbaren Organisation innerweltlicher Werte an die Kraft der Gottheit.«[38]

Die Annahme faktischer Prozesse der Idealbildung und die methodische Rückversetzung entstandener Ideale in den *status nascendi* erlauben Troeltsch auch den Brückenschlag zur typisch soziologischen Frage nach den Schichten- oder Klassenlagen von Religion. Natürlich entstehen Ideale nicht im luftleeren, von Klassenlagen und -interessen unbeeinflußten Raum. Aber jedes Basis-Überbau- oder Faktorendenken verbietet sich, wenn es darum geht, die politisch-ökonomische Konstellation des Idealbildungsprozesses, die Affinitäten des neuen Ideals zu sozialen Lagen, die Umformungen des Ideals in seiner Rezeption in verschiedenen Sozialmilieus und die unterschiedliche gemeinschaftsbildende Kraft verschiedener Ideale zu untersuchen. Darin steckt ein ganzes Forschungsprogramm. So erklärt Troeltsch die »Richtung auf die unteren Klassen« im frühen Christentum »nicht aus der angeblichen Herausbildung aus einem sozialen Prozeß, sondern gerade aus dem Wesen religiöser Neubildungen«.[39] Troeltsch meint, daß nur die Bildungsschichten auf Kritik und Spekulation ansprächen, »die eigentlich schöpferischen, gemein-

36 Ebd., S. 429.

37 Charles Taylor, *Quellen des Selbst. Die Entstehung der neuzeitlichen Identität*, Frankfurt/M. 1994.

38 Troeltsch, *Soziallehren*, S. 32.

39 Ebd., S. 26.

debildenden religiösen Grundlegungen« dagegen »das Werk der unteren Schichten seien«.[40] Gewiß ist schon vom zweiten Jahrhundert an das Christentum in die Bildungsschichten eingedrungen und mit deren Reflexionskultur in Berührung gekommen; aber bemerkenswert ist eben, daß es daran nicht zerbrochen ist, sondern sich fortentwickelt hat. Der Prozeß der Idealbildung wird hier eben nicht idealistisch verklärt, sondern soziologisch nüchtern analysiert.

Damit bin ich beim *dritten Schritt* meiner Argumentation. Wenn die sich herausbildenden Ideale im Kern nicht gedanklich sind und sich der kritisch-spekulativen Explizierung gerade immer auch entziehen, wie soll dann die Spezifik einer Religion, etwa des Christentums, überhaupt bestimmt werden? Troeltsch macht sehr wohl den Versuch einer solchen reflexiven Bestimmung, und in der Tat kann kein Theologe und kein gläubiger Christ sich einer solchen Bestimmung des eigenen Glaubens ganz entziehen. Aber Troeltsch ist eben »Expressivist« und weiß, daß jeder Artikulationsversuch gegenüber dem heißen Inspirationskern einer Religion unzulänglich und immer vorläufig bleibt. Oft verwendet er Ausdrücke, die wir heute wohl nicht mehr für dieses Problem der Artikulation verwenden würden. Er spricht von »instinktiv gebildeten Idealen«,[41] von der Situierung der religiösen Grundideen im »Unbewußten«,[42] aber es ist klar, was er meint. Er will sagen, daß Dogmen in einer Religion »durch allgemeine Zustände und Wendungen bedingte Fixierungen [seien], die entstehen und vergehen und die vor allem erst dann richtig verstanden werden, wenn auch das berücksichtigt wird, was in ihnen nicht gesagt, als selbstverständlich vorausgesetzt wird oder neben ihnen als praktische Volksreligion lebt«.[43] Troeltsch ist so selbstreflektiert, daß er in dieser Denk-

40 Ebd., S. 27.
41 Ebd., S. 977.
42 Ebd., S. 969.
43 Troeltsch, »Rezension Reinhold Seeberg«, S. 91.

weise, die er auch »kritischen Symbolismus«[44] nennt, selbst eine Verwandtschaft zu spiritualistischen Traditionen und eine neue Wendung in der Geschichte des christlichen Selbstverständnisses erkennt. Deshalb rückt er immer weiter von der Suche nach einem »Wesen« des Christentums ab. Das war oben mit der fortschreitenden »Entessentialisierung« seiner Vorstellung vom Christentum gemeint. Zumindest muß dieses Wesen anders gedacht werden denn als im Ursprung gegebene Reinform oder als fixes Telos des Christentums.

Zwei Bestimmungen, mit all diesen Vorbehalten, gibt Troeltsch, um das Christliche in erstem Zugriff zu charakterisieren: Universalismus und Individualismus. Der Universalismus meint ein auf die gesamte Menschheit zielendes »neues Ideal des Menschentums, wie es aus der Zerbrechung der militaristischen und polytheistischen National- und Eroberungsstaaten [der Antike, H. J.] hervorgeht«.[45] Mit dem »Individualismus« zielt Troeltsch auf einen »verinnerlichten Gottesglauben, der im Gegensatz zu den Staat, Recht, Krieg, Gesellschaft heiligenden polytheistischen Kulturen emporsteigt [und dem] eine Menschheit der inneren Freiheit und der Gesinnungsgemeinschaft ohne Macht, Recht, Krieg und Gewalt«[46] entspricht. Troeltsch weiß, daß diese doppelte Bestimmung noch nicht zureichen kann. Zum einen nämlich gelten die beiden Charakteristika gewiß nicht ausschließlich für das Christentum. Er selbst spricht beide auch der Stoa und »weiteren verwandten, von der Forschung

44 Ernst Troeltsch, »Auguste Sabatier: Esquisse d'une philosophie de la religion d'après la psychologie et l'histoire« (1897), ursprünglich in: *Deutsche Litteraturzeitung* 19 (1898), S. 737-742, hier in: Ernst Troeltsch, *Rezensionen und Kritiken (1894-1900)* (= KGA, Bd. 2), hg. von Friedrich Wilhelm Graf in Zusammenarbeit mit Dina Brandt, S. 328-333. Der Ausdruck »kritischer Symbolismus« findet sich auf S. 329 und S. 332.

45 Troeltsch, *Soziallehren*, S. 57. Hier ist Troeltsch in der Tat stark von Max Webers Arbeiten zur Antike und zum Untergang der antiken Kultur beeinflußt. Vgl. ebd., S. 22, Anm. 14, und Max Weber, *Gesammelte Aufsätze zur Sozial- und Wirtschaftsgeschichte*, Tübingen 1924, S. 1-311.

46 Troeltsch, *Soziallehren*, S. 57.

erst aufzuhellenden Bildungen des späten Altertums zu«.[47] Zumindest der Universalismus würde nach den Forschungen der letzten Jahrzehnte auf dem Gebiet der sogenannten Achsenzeit oder der »axial civilizations« auch für Buddhismus und Konfuzianismus gelten.[48] Auch Formen des religiösen Individualismus sind diesen religiösen Traditionen nicht abzusprechen, und auch die antiken Polytheismen sind nicht ganz auf die Vorstellung vom Familien- und Staatskult zu bringen. Troeltsch bleibt in seinen Kenntnissen hier viel enger als Weber auf das Christentum bezogen, wenngleich er dieses ständig auf die Wirkungsgeschichte der Stoa in der Geschichte des Naturrechts bezieht. Hierin äußert sich sein Interesse an einer Geschichte des »Universalismus«, die mehr ist als eine Geschichte des Christentums, am deutlichsten. Zum anderen muß zu »Universalismus« und »Individualismus« bei der Charakterisierung des Christentums immer noch das hinzutreten, was am schwersten zu fassen ist, das aus der jüdischen Tradition kommende Ideal der Gottes- und Nächstenliebe, »die Emporhebung und Verschmelzung der Seelen in der Gottesliebe«.[49] Im Ergriffensein durch dieses Ideal steckt auch für Troeltsch der tiefste Inspirations- und Motivationskern des Christentums.

Dieses Ideal, das in solchen dürren Worten gewiß ganz unzulänglich artikuliert ist und das der Narrationen, Symbolisierungen und kultischen Vergegenwärtigungen bedarf, um lebensprägend zu werden, steht in allen seinen Schattierungen in einem schwierigen Verhältnis zur sozialen Wirklichkeit. Es kann als Ideal »dauernder Besitz« werden, aber es steht auch »dauernd im Kampfe [...] gegen die realistischen Forderungen der Naturtriebe, der materiellen Existenzbedürfnisse und gegen die politisch rechtlichen Machtbildungen«.[50] Der Verweis darauf, daß

47 Ebd., S. 56f.
48 Vgl. dazu unten, Kap. 5.
49 Troeltsch, *Soziallehren*, S. 57.
50 Ebd., S. 58.

Europa dieses Ideal bis ins zwanzigste Jahrhundert nicht aufgegeben hat, heißt deshalb nicht, daß es das Ideal auch verwirklicht hat.[51]

Die Frage lautet, wie eine Verwirklichung des Ideals in einer bestimmten sozialen Wirklichkeit überhaupt ausgesehen hätte und ob die Christen jeweils sich überhaupt um diese Verwirklichung bemüht haben. Selbstverständlich ist diese Frage an alle anderen »Universalismen« religiöser und säkularer Art genauso zu richten. In Troeltschs Bild des Christentums ist zentral, daß er – und dies ist der *vierte Schritt* meiner Argumentation – die Geschichte des Christentums keineswegs einfach als eine Geschichte des Zusammenpralls von Ideal und Wirklichkeit behandelt. Das wäre aus mehreren Gründen zu simpel. Der wichtigste Grund ist, daß wir uns Ideale nicht notwendig aktivistisch vorstellen dürfen, als Aufforderung an uns, die Wirklichkeit nach dem Ideal zu formen und in erlebbarer Zukunft in den Genuß der veränderten Welt zu kommen. Das Ideal kann in ferner Zukunft liegen, seine Herbeiführung vom menschlichen Willen unabhängig sein. Dann bleibt dem Menschen nur die Vorbereitung auf die kommende Veränderung, aber nicht deren Herbeiführung. Troeltsch interpretiert »die große Erlösungshoffnung des kommenden Gottesreiches, von der Jesus seinen Ausgang nimmt und die über der gesamten Gemeinde liegt«, als »ethischen und religiösen Idealzustand einer rein von Gott beherrschten Welt, wo alle wahren Werte des reinen Innenlebens zu ihrer wirklichen Geltung und Anerkennung kommen werden«.[52] Das ist im Gegensatz zu den Interpretationen des Evangeliums im Sinne eines von Gott herbeizuführenden »vollendeten Sozialzustands« oder einer Jenseitsvertröstung für die Besitzlosen gesagt. Weder Jenseitshoffnung noch irdischer Sozialzustand also, sondern »Reich Gottes«; eine Erlösung »als rein innerliche, ethi-

51 Dazu Hans Joas, *Sind die Menschenrechte westlich?*, München 2015.
52 Troeltsch, *Soziallehren*, S. 16.

sche und geistige […]: Das ist die Grundtatsache, von der ausgegangen werden muß.«[53]

In dieser Grundtatsache liegt die Möglichkeit der Weltablehnung und -abwertung näher als die der aktiven Wirklichkeitsgestaltung. Das ändert sich auch nicht, wenn die Erwartung enttäuscht wird, daß der von Gott bewirkte Wandel in naher Zukunft eintreten werde. Auch für Paulus gilt lediglich die »Anerkennung und Benützung der sozialen Bildungen als nicht ohne Gottes Willen geworden und ein Element des Guten enthaltend, zugleich aber innere Ablehnung und Unabhängigkeit gegen sie als zur untergehenden Welt gehörend und überall mit dem Heidentum durchflochten«.[54] Troeltsch sieht zwar sowohl einen radikalen Liebeskommunismus im frühen Christentum angelegt wie eine sozialkonservative Beschränkung auf die Bildung von Christengemeinden, aber nicht die dritte, uns Heutigen so leicht vorstellbare Möglichkeit, nämlich die Gestaltung sozialer Ordnungen nach Maßgabe religiös-ethischer Ziele. Ein eigentliches Gesellschaftsideal, das dem Eigengewicht der sozialen Ordnungen gerecht wird und diese doch nicht einfach hinnimmt, ist zunächst nicht zu erkennen.

Das ändert sich, wie es bei allen achsenzeitlichen Durchbrüchen ebenfalls geschehen war, im Lauf der Zeit. Robert Bellah spricht davon, daß in alle diese religiösen Innovationen ein »utopisches« Potential eingeschrieben sei, das sich in der Neuschöpfung von Institutionen auswirkt. Diese Institutionen sollen die Innovation tradieren und ihre Anhänger beschützen, »relaxed fields within the ›gentle violence‹ of established social orders and sometimes the not so gentle violence in times of political turmoil«.[55] Als Beispiel nennt er die erbliche Brahmanen-

53 Ebd., S. 17.

54 Ebd., S. 73.

55 Robert N. Bellah, *Religion in Human Evolution. From the Paleolithic to the Axial Age*, Cambridge, Mass., 2011, S. 596. Ausführlich zur sogenannten Achsenzeit Kap. 5 des vorliegenden Buches.

Kaste in Indien, die buddhistische Erfindung des Mönchtums, die griechischen und chinesischen Philosophenschulen. Dies ist der Kontext, in dem wir zu verorten haben, was Troeltsch über die Kirche sagt – und über andere Sozialformen, die das Christentum hervorgebracht hat.

Erst im *fünften Schritt* taucht damit die berühmte Typologie der Sozialformen des Christentums bei Troeltsch auf. Wie alle universalistischen Idealbildungen kann sich das Christentum nicht völlig in die gegebenen sozialen Organisationen eingliedern, sondern bedarf der organisatorischen Aufdauerstellung seines Ideals. Deshalb wäre Troeltschs Typologie Kirche – Sekte – Mystik in ihrem Status völlig unterschätzt, wenn man sie nur als Versuch zur Klassifikation der sozialen Organisationsformen des Christentums verstünde. Es geht nicht nur darum, begriffliche Ordnung in ein großes Datenmaterial zu bringen und die ohnehin vorhandenen »christlichen Kirchen und Gruppen«, wie der Buchtitel sie nennt, irgendwie überschaubar zu machen. Troeltschs Versuch ist viel ehrgeiziger. Erwähnt wurde schon, daß er wie die Ideale auch die Institutionen in ihren *status nascendi* zurückversetzt. Jetzt geht es darum, hervorzuheben, daß er mit dieser Methode die innere Verknüpfung von Ideal- und Institutionengenese durchdenkt, aber eben nicht einfach im Sinne dessen, was Parsons als idealistischen »Emanationismus« bezeichnet hat, als erzeugten Ideale aus sich heraus Institutionen. Troeltsch denkt wie Weber und Durkheim handlungstheoretisch, obwohl einzuräumen ist, daß er sprachlich in den *Soziallehren* immer wieder auch idealistisch-emanationistisch klingt. Nicht die Ideale produzieren Institutionen von sich aus, sondern Menschen schaffen angesichts der Schwierigkeiten der Idealverwirklichung für sie plausible Institutionen, die dann selbst Wirkung auf die Weitergabe der Ideale und die Möglichkeiten ihrer Verwirklichung entfalten.

An dieser Stelle muß Troeltschs Typologie nicht im einzelnen dargestellt werden. Andere haben das ausführlich getan und auch die Entwicklung der Typologie bei Weber und Troeltsch brillant nachgezeichnet.[56] Ich kann mich deshalb auf zwei Charakteristika beschränken, die von herausragender methodischer Bedeutung sind. Das erste Charakteristikum liegt darin, daß Troeltsch hier überhaupt von einem Pluralismus ausgeht. An erster Stelle der Zusammenfassung seiner Ergebnisse nennt er, es sei »klar geworden, wie wenig eindeutig bestimmt das Evangelium in der Gestaltung der religiösen Gemeinschaft selbst war«.[57] Dieser Pluralismus der Organisationsformen wird ohne Wertung präsentiert. Sekten und spiritualistische Gemeinschaftsbildungen werden nicht als Abweichler von der alleinseligmachenden Kirche denunziert, doch ebensowenig wird (werden) die Kirche(n) als solche vom Standpunkt der Sekten oder der Mystik aus als korrupt, dekadent, autoritär oder was auch immer verdammt. Allen Organisationsformen ist eine bestimmte eigene »soziologische Logik« nicht abzusprechen. Damit ist jede historische Teleologie hin zur ausschließlichen Geltung einer dieser Organisationsformen im Keim verhindert. Es muß in dieser Sicht immer Spannungen zwischen den verschiedenen Organisationsformen des Christentums geben. Die historische Entwicklung verläuft notwendig in Gegensätzen: Wenn sich aus der ursprünglichen Kultgemeinschaft eine priesterlich-sakramentale Kirche bildet, die zwar »im eigenen Kreise diejenigen Folgen der Verhältnisse nach Möglichkeit aufheb[t], die mit dem neuen ethischen Ideal nicht verträglich sind«, nach außen hin jedoch »gegenüber den bestehenden Verhältnissen und Ordnungen eine duldende, aber konservative Stellung« einnimmt,[58] dann ist es naheliegend, daß sich »das Evangelium« »gegen diese Verdinglichung und gegen diese Relativierung«[59] zur Wehr setzt. Der religiöse Individualismus und »der Radika-

56 Arie L. Molendijk, *Zwischen Theologie und Soziologie. Ernst Troeltschs Typen der christlichen Gemeinschaftsbildung: Kirche, Sekte, Mystik*, Gütersloh 1996.

57 Troeltsch, *Soziallehren*, S. 967.

58 Ebd., S. 422f.

59 Ebd., S. 424.

lismus des ethischen Gesetzes des Evangeliums [...] unter Verwerfung der Konzessionen an das relative Naturrecht des Sündenstandes« werden dann wieder neu zur Geltung gebracht und kreieren eine eigene Organisationsform, die auf »persönlicher Religiosität und ethischer Leistung« beruht. Mancherlei Vorläufer weisen wie eine »Weissagung kommender Entwicklungen« auch schon auf den immer wichtiger werdenden Typus eines »organisationslosen religiösen Individualismus«[60] voraus, der sich von Kirche und Sekte unterscheidet, dessen Anhänger aber in ihrer individuellen Biographie durchaus den Weg zu Kirche oder Sekte wiederfinden können. Nicht nur sind diese drei Typen natürlich Abstraktionen von der Vielfalt real existierender Organisationen. Troeltsch nennt sie auch ausdrücklich »Haupttypen«, was ja wohl bedeuten muß, daß es auch andere Typen gibt. In der Tat hat Troeltsch in seinen Schriften bewiesen, daß er seine Typologie nicht als abschließend betrachtet hat. In seiner Rezension des Buches von Peter A. Clasen zur Heilsarmee,[61] einer Dissertation bei Alfred Weber, setzt sich Troeltsch etwa mit der Frage auseinander, warum eine religiöse Bewegung in Organisation und Terminologie die weltliche Analogie des Militärs »bemüht«. Seine Antwort lautet: Die Verbindung von ordensartiger Geschlossenheit mit innerweltlicher Askese habe diese Lösung nahegelegt. Auch im Anschluß an Troeltsch wurden neue oder modifizierte Typen eingeführt, um bestimmten sozialen Wirklichkeiten gerecht zu werden, etwa der der »Denomination« bei H. Richard Niebuhr unter Bezug auf die etablierten und stabilisierten pluralen Freikirchen der USA.[62] In der Soziologie wurde die Typologie zunächst so sehr kanonisiert, daß dann die Kritik an ihr immer lauter werden mußte. Troeltschs

---

60 Alle Zitate ebd.

61 Ernst Troeltsch, »Peter A. Clasen: Der Salutismus« (1915), ursprünglich in: *Historische Zeitschrift* 115 (1915), S. 327-330, hier in: ders., *Rezensionen und Kritiken (1915-1923)* (= KGA, Bd. 13), Berlin 2010, S. 84-87.

62 H. Richard Niebuhr, *The Social Sources of Denominationalism*, New York 1929.

flexible Handhabung und leitende Intentionen wurden dabei leicht vergessen.

Das zweite Charakteristikum, das hier wenigstens kurz benannt werden muß, besteht darin, daß Troeltsch die Organisationstypen nicht einfach als neutrale »Transmissionsriemen« für das christliche Ideal behandelt, sondern daß er ihnen eine je eigene Wirkungskraft bei der Weitergabe des Christentums und der Geltendmachung der Ideale zuspricht. Sobald die Christen die »eschatologische Vollendung ihres Universalismus«[63] nicht mehr allein von Gottes Wirken und nicht mehr in naher Zukunft erwarteten, mußten sie diese selbst in die Hand nehmen – durch Mission und Organisation. Das hieß aber auch, die Latte für die Zugehörigkeit zur Christenheit nicht allzu hoch zu legen, sondern vielmehr die Christlichkeit der Christenheit »von der subjektiven Beschaffenheit und Leistung der Gläubigen unabhängig zu machen und sie in ihrem objektiven Besitz an religiösen Wahrheiten und religiösen Kräften zu konzentrieren«.[64] Für eine solche Massenkirche waren vielfältige Kompromisse mit Staat und Wirtschaft möglich, aber auch unausweichlich. Um sich in diesen Kompromissen nicht zu verlieren, erwiesen sich zusätzliche Maßnahmen zur »Seelenleitung« der Kirchenmitglieder (etwa durch das Bußsakrament) oder der klaren Durchsystematisierung und Verbindlichmachung der Lehre als soziologisch funktional. Von Buße, Ketzerbekämpfung und Glaubensüberwachung gingen dann aber höchst folgenreiche Wirkungen aus, die im christlichen Ideal als solchem gewiß nicht angelegt sind. Die Sekten wiederum steigerten häufig die Intensität des religiösen Lebens, erlebten aber auch stärker die Grenzen der Wirksamkeit ihrer Organisation, was sie mehr zu eschatologischen Erwartungen prädisponiert hat und zu einer stärkeren Betonung des Gesetzes Gottes. Damit produzierten sie aber auch leichter eine Dynamik der Spaltungen. Jedes dieser Merk-

63 Troeltsch, *Soziallehren*, S. 368.
64 Ebd.

male bedarf natürlich der jeweiligen empirischen Verifizierung. Darum kann es hier nicht gehen, sondern nur darum, den Gedanken der spezifischen Wirksamkeit der jeweils gefundenen Organisationsform in Richtung auf die »Welt« und auf das Verständnis des christlichen Ideals zu betonen.

Damit ist bereits der *sechste Schritt* benannt, nämlich die Frage, wie methodisch an die Wirkungen religiöser Innovationen heranzukommen sei. Die *Soziallehren* enthalten eine Fülle von Thesen zu Wirkungen des Christentums auf soziale Entwicklungen, etwa der Familie, des Staates, der Kultur, des Rechts, der Wirtschaft, des Verständnisses von Europa und vom Individuum. Jede einzelne könnte empirisch auf den Prüfstand der heutigen Forschung gestellt werden. Auffällig ist die Schärfe, mit der Troeltsch sich von Apologetiken des Christentums abgrenzt. Zur Frage der Haltung des Christentums zur Sklaverei im Mittelalter lesen wir etwa: »Alle in theologischen Werken üblichen Verherrlichungen des Christentums, daß es im Mittelalter wenigstens die Sklaverei abgeschafft habe, beruhen auf krasser Unwissenheit oder verlogener Apologetik. Ungefähr das Gegenteil ist wahr.«[65] Die Art, wie Troeltsch diese Wirkungen behandelt, zeigt, daß sie als solche nicht seine Hauptfragestellung ausmachen. Man hat auch beobachtet,[66] daß er sich nicht für alle faktischen Wirkungen gleichermaßen interessiert, sondern hauptsächlich für solche, die mit der religiösen Grundinspiration direkt oder indirekt verbunden sind. Er ist auch weit davon entfernt, den Geist des modernen Kapitalismus auf einen Flügel der Reformation zurückzuführen. Wer einer simplizistischen Lesart der sogenannten Weber-These anhängt, wird überrascht sein oder gar erschrecken, wenn er bei Troeltsch, der ja angeblich zur selben Firma gehörte, liest: »Es darf heute als selbstverständlich gelten, daß die großen wirtschaftlichen und sozialen Umwäl-

65 Ebd., S. 356, Anm. 160. Zu diesem Thema jetzt Hans Joas, *Sind die Menschenrechte westlich?*, München 2015.

66 Molendijk, *Zwischen Theologie und Soziologie*, S. 188.

zungen des 16. Jahrhunderts unabhängig eintraten von der religiösen Bewegung und daß in ihnen das Luthertum zunächst eine wesentlich reaktionäre Stellung einnahm, während die kasuistische Ethik des Katholizismus mit ihr Kompromisse abzuschließen im Stande war.«[67] Troeltsch unterscheidet auch schon deutlich zwischen intendierten und nichtintendierten Wirkungen und ordnet etwa die Stärkung der merkantilistisch-absolutistischen Territorialstaaten wesentlich den unintendierten Wirkungen der Reformation zu.

All dies scheint mir aber nicht die eigentliche Pointe seines Vorgehens auszumachen. Gewiß sind Wirkungsfragen empirisch besser zu behandeln als die umgekehrten Fragen nach der Herkunft eines sozialen Phänomens, weil die Isolierung der relativen Bedeutung eines religiösen Faktors zwar in statistischen Analysen als möglich erscheint, nach der Überwindung von Faktorenmodellen durch die Umstellung auf ein handlungstheoretisches Verständnis aber ihre Plausibilität verliert. Das habe ich hier unter Bezug auf Troeltsch durchgehend behauptet. Mit seinem »expressivistischen« Verständnis des menschlichen Handelns und seiner Gemeinschaftsbildungen ist Troeltsch über Faktorenmodelle bei der Erklärung sozialen Wandels hinaus. Durch seinen damit zusammenhängenden Historismus ist er dagegen gefeit, »ganze Zeiten und Gruppen nur als Vorbereitungsstufen für ein in der Historie doch nie auffindbares Absolutes zu betrachten«.[68] Er nennt eine solche Geschichtsbetrachtung eine »Unart« und beruft sich gegen sie auf Rankes »tiefsinniges

67 Troeltsch, *Soziallehren*, S. 572, Anm. 264. Natürlich ist dies keine zureichende Stellungnahme zur Differenz von Weber und Troeltsch in dieser Frage. Für eine Einschätzung besonders wichtig ist hier: Ernst Troeltsch, »Die Bedeutung des Protestantismus für die Entstehung der modernen Welt« (1906/11), jetzt in: ders., *Schriften zur Bedeutung des Protestantismus für die moderne Welt (1906-1913)* (= KGA, Bd. 8), Berlin 2001, S. 199-316. Vgl. dazu auch Weiteres in diesem Kapitel unten zum Thema Reformation.

68 Troeltsch, *Soziallehren*, S. 977.

Wort«, »daß jede Epoche – nicht mit ihrer groben Wirklichkeit, aber mit ihren von ihr selbst instinktiv gebildeten Idealen und Zielen – unmittelbar ist zu Gott«.[69] Konkret wird dies etwa, wenn er davon spricht, daß die »mit dem zwölften Jahrhundert einsetzende Periode städtischer Kultur« politisch und wirtschaftsgeschichtlich »auch als Vorbereitung und Grundlegung der modernen Welt« erscheint.[70]

Für Troeltsch ist aber dieser Gesichtspunkt einer Rekonstruktion der Genese der »Moderne«, so möchte ich behaupten, gerade nicht der einzige und nicht der leitende. Eine »Geschichte der Ethik und des religiösen Lebens« nämlich hat andere Gesichtspunkte, und in ihr erscheint diese Epoche »mit ihren großen Domen und ihrem intensiven kirchlichen Leben, mit ihren religiös geweihten Gilden und Zünften, ihrer sozialpolitischen Fürsorge für geistliches und weltliches Wohl, ihren christlichen Pfarrschulen und Liebesanstalten, ihrem Frieden und ihrem Gemeingeist« eben vornehmlich als »Höhepunkt der Entwicklung des mittelalterlichen Geistes«.[71] Wir müssen ganz ernst nehmen, daß Troeltsch in seiner Berufung auf Ranke davon spricht, das Absolute sei in der Historie doch nie auffindbar. Damit weigert er sich – antihegelianisch sozusagen – die Geschichte des Christentums in irgendeiner Weise als die Geschichte der schrittweisen Verwirklichung von dessen Idealen zu behandeln. Die Frage nach den Wirkungen des Christentums ist über empirisch konstatierbare faktische Wirkungen hinaus die kontrafaktische Frage, inwiefern jeweils christlich gerechtfertigte und gestützte Ordnungen sich tatsächlich christlich rechtfertigen lassen. Das heißt aber auch, daß die partiellen rechtfertigbaren Verwirklichungen immer weiter als kontingent erscheinen und immer neu an ihrem Anspruch zu messen sind. Es heißt auch, daß die Ideale in ihrem nie ganz ausschöpfbaren Ge-

69 Ebd., vgl. auch ebd., S. 186.
70 Ebd., S. 250.
71 Ebd., S. 250f.

halt in jeder Epoche erhalten bleiben und ihr nie ganz verwirklichter Anspruch weiterhin historische Wirkungen entfalten können wird. Das christliche Ideal verlangt »zu seiner vollen Durchführung eine neue Welt«,[72] macht aber zugleich alle Gesellschaftsutopien überflüssig. Troeltschs Satz »Das Jenseits ist die Kraft des Diesseits« meint genau die motivierende Kraft eines Ideals, die durch die »von der Erfahrung gepredigte Unmöglichkeit, das Ideal voll zu begreifen und zu verwirklichen«, nicht abgeschwächt oder in die Irre gelenkt wird.[73]

Mit dieser These wurde schon auf die religiöse Dimension von Troeltschs Vorgehen vorgegriffen, auf die abschließend noch einzugehen ist. Sein Forschungsprogramm enthält aber noch einen letzten – *siebten – Schritt*, der vorher noch kurz zu erwähnen ist. In einer historischen Soziologie des Christentums (oder anderer Religionen) darf auch nicht fehlen, wie Formen existierender politischer und sozialer Organisation sich auf die religiösen Gemeinschaftsbildungen auswirken oder wie verschiedene religiöse Gemeinschaftsformen selbst einander beeinflussen. Bei Troeltsch tritt so immer wieder die Frage auf, inwiefern die Sozialform »Kirche« selbst schon vom römischen Reichsmodell beeinflußt wurde, wie die frühe episkopale Sakraments- und Traditionskirche eine eigene Rechtssubjektivität herausbildete, die sich *neben* dem Staat zu behaupten versuchte, die Liegenschaften und Sklaven erwarb und eine eigene hierarchische Ordnung entwickelte; wie in der frühmittelalterlichen Landeskirche durch die Übertragung der Missionsaufgabe die Kirche zum großen Grundherrn wurde, allerdings in Abhängigkeit vom König als oberstem Lehnsherrn; wie der Investiturstreit auf einen geradezu theokratischen Herrschaftsanspruch der Kirche über Staat und Imperium zurückging; wie sehr sich die

72 Ebd., S. 973.

73 Ebd., S. 979. Zum Thema jetzt: Hans Joas, »Was dürfen wir hoffen?«, in: Rudolf Walter (Hg.), *Inspiration für das Leben. Im Dialog mit der Bibel*, Freiburg 2015, S. 205-218.

frühneuzeitliche Staatsbildung auf die Herausbildung postreformatorischer Christentümer auswirkte oder sich in Nordamerika unter den Bedingungen schwacher Staatlichkeit die Idee des Freikirchentums immer mehr mit dem ursprünglich theokratisch-kirchlichen Calvinismus verband.[74]

Hinzufügen könnte man die jenseits des von Troeltsch untersuchten Zeitraums liegende Frage, was etwa der Verlust des Kirchenstaats und schon vorher die Säkularisation fürstbischöflicher und anderer geistlicher Territorialherrschaften für das Selbstverständnis der (katholischen) Kirche bedeutete. In einem fulminanten Aufsatz hat in Anknüpfung an Troeltsch, aber diesem durch die tiefere Historisierung des Katholizismus auch überlegen, Franz Xaver Kaufmann die Zuspitzung quasistaatlicher Autoritätsansprüche der Kirche im neunzehnten Jahrhundert gerade auf ihre faktische politische Schwächung zurückgeführt.[75] Troeltsch interessiert sich für alle derartigen Rückwirkungen, achtet aber streng darauf, daß sie die Rekonstruktion dessen, was aus der eigenen »soziologischen Logik« des Christentums hervorgeht, nicht verdecken. Denn der Kern seiner Argumentation ist, daß religiöse Ideale universalistischer Art entstehen und immer nur unzulänglich sowohl in ihren eigenen organisa-

---

74 Sehr aufmerksam mit Blick auf diese Fragen und nützlich unter dem Gesichtspunkt der untergründigen Soziologisierung der Kirchengeschichtsschreibung schon vor Troeltsch ist: Manfred Wichelhaus, *Kirchengeschichtsschreibung und Soziologie im neunzehnten Jahrhundert und bei Ernst Troeltsch*, Heidelberg 1965.

75 Franz Xaver Kaufmann, »Wissenssoziologische Überlegungen zu Renaissance und Niedergang des katholischen Naturrechtsdenkens im 19. und 20. Jahrhundert« (1973), in: ders., *Soziologie und Sozialethik. Gesammelte Aufsätze zur Moralsoziologie*, hg. von Stephan Goertz, Freiburg (Schweiz) 2013, S. 321-354. Vgl. dort S. 350, Anm. 91: »Unsere Analyse trifft sich hier weitgehend mit derjenigen von Troeltsch, allerdings mit umgekehrten Vorzeichen. Die Rezeption des stoischen Naturrechtsdenkens hatte eine ›Kirche‹ und ›Gesellschaft‹ *integrierende*, die Urgierung des Naturrechtsdenkens durch die Päpste seit Pius IX. eine ›Kirche‹ und ›Gesellschaft‹ *segregierende* Funktion.«

torischen Formen als auch in den umfassenden politischen und sozialen Ordnungen verwirklicht werden können.

Troeltschs historische Soziologie des Christentums und damit sein Geschichtswissenschaft, Psychologie, Soziologie und Theologie verbindender Syntheseversuch kann, wie hier zu zeigen versucht wurde, methodisches Vorbild für weitere Forschungen – und keineswegs nur zum Christentum – sein. Aber sein Ansatz hat auch größte Bedeutung für die religiöse Selbstverständigung. Er widerspricht in seinem Vorgehen der Säkularisierungstheorie, aber auch dem Entzauberungsnarrativ seines Freundes und Rivalen Max Weber. Troeltsch markiert in den Anmerkungen der *Soziallehren* immer wieder Differenzen zwischen Webers Fragestellung und seiner eigenen. Diese Differenzen sind oft übersehen worden, zum Schaden von Troeltsch. Für ihn bestand kein Zweifel, daß die Zeit des Christentums nicht um sei. »Der christliche Weltgegensatz« bricht nach seiner Erwartung »aus den religiösen Grundgedanken und aus der Selbstauflösung jedes rein innerweltlichen Optimismus immer neu hervor«.[76] Dies sagt er im Bewußtsein dessen, daß diese Grundrichtung des Christentums in seiner Zeit »von der modernen Lebensbewegung mit ihrem Utilitarismus, ihrem Optimismus, ihrer Immanenz, ihrem Naturalismus und ihrer ästhetischen Naturverherrlichung empfindlich gebrochen, oft bis zum völligen Unverständnis ihrer selbst gebracht worden«[77] sei. Dem Vorwurf an Troeltsch, er habe gegenüber dem Christentum nicht eine reine Außenperspektive eingenommen, ist entgegenzuhalten, daß ihm die Verschränkung von Innen- und Außenperspektive Ziel war und besser gelang als Weber. Auch der Typus »Mystik«, der bei Troeltsch so wichtig ist für das Verständnis religiöser Individualisierung, wird bei ihm nicht überflüssigerweise eingeführt beziehungsweise von Weber einfach übersehen. In ihm steckt vielmehr ein Element dessen, was Troeltsch

76 Troeltsch, *Soziallehren*, S. 974.
77 Ebd.

für eine zeitgemäß lebbare Form des Christentums hält. Man könnte Troeltschs historische Soziologie des Christentums deshalb auch eine affirmative Genealogie eines modernen vitalen Christentums nennen. Zu diesem gehört bekanntlich die Verknüpfung der drei historisch gezeitigten Haupttypen christlicher Religionsgemeinschaftsbildung: eine weltumspannende Kirche, die auch Spielräume autonomer Selbstorganisation nach dem Modell der Sekte eröffnet und von den Individuen als Ermöglichung und nicht Behinderung individueller Spiritualität erlebt wird. Unter den Bedingungen des konfessionellen Pluralismus des Christentums heißt das auch, daß die Konfessionen organisatorisch, praktisch und dogmatisch voneinander zu lernen haben.[78]

Max Weber und die Geschichte von der Entzauberung

Auch Max Weber schreibt vor dem Hintergrund und in Kenntnis der reichen religionshistorischen, religionspsychologischen und religionssoziologischen Forschungen des neunzehnten Jahrhunderts – wie sein langjähriger Kollege, Hausgenosse und Rivale Ernst Troeltsch und in engem Austausch mit diesem.[79]

78 Zu diesen Fragen auch: Hans Joas, *Kirche als Moralagentur?*, München 2016.

79 Zur persönlichen und fachlichen Beziehung zwischen Weber und Troeltsch und mit einigen bedenkenswerten Argumenten, warum Troeltsch weder politisch noch theologisch einfach als Liberaler gekennzeichnet werden sollte: Heinz Eduard Tödt, »Max Weber und Ernst Troeltsch in Heidelberg«, in: Wilhelm Doerr (Hg.), *Semper Apertus. Sechshundert Jahre Ruprecht-Karls-Universität Heidelberg 1386-1986. Festschrift in sechs Bänden*, Bd. 3, Berlin 1985, S. 215-258; v. a. aber Graf, *Fachmenschenfreundschaft* (mit einer umfangreichen Einleitung: S. 1-79). Kluge Gedanken zu den Differenzen von Weber und Troeltsch auch bei: Kristian Fechtner, *Volkskirche im neuzeitlichen Christentum. Die Bedeutung Ernst Troeltschs für eine künftige praktisch-theologische Theorie der Kirche*, Gütersloh 1995, v. a. S. 51-78.

Aber es wäre nicht richtig, Weber im selben Sinn die Absicht zur Synthetisierung dieses Wissens zuzusprechen, wie Troeltsch dies, etwa in seiner Rede in St. Louis aus Anlaß des Congress of Arts and Science im September 1904, zu dem er mit Max Weber gereist war, ausdrücklich für sich kundgetan hatte.[80] Weber wird vielmehr von seinen eigenen, fast manisch verfolgten Interessen am Verständnis des modernen Kapitalismus, seiner Entstehung und seiner kulturellen Wirkungen sowie der religiösen Dimension dieser Prozesse in Fragestellungen hinein und immer weiter getrieben, die er ohne Kenntnis der entsprechenden Forschungen in mehreren Disziplinen nicht bearbeiten konnte. Wenn sich für Troeltsch und einige andere Exponenten der Forschungen über Religion – wie William James und Émile Durkheim – davon sprechen ließ, daß sie die Dynamik der Entstehung von Werten oder der Bildung neuer Ideale aufzuklären versuchten und damit ein Geschichtsbild entwarfen, in dem immer neue Sakralisierungen und immer neue Entsakralisierungen vorkommen, dann trifft auch diese Bestimmung für Max Weber nicht einfach ebenfalls zu. Erst recht kann man nicht davon sprechen, daß Troeltschs zentraler religiöser Impuls, nämlich die Frage nach den Bedingungen eines zeitgenössischen vitalen Christentums, seiner intellektuellen und institutionellen Gestalt, von Weber geteilt worden wäre.

Ebensowenig wie bei Troeltsch kann nun im Falle Webers hier das Gesamtwerk interpretierend herangezogen werden. Die Reduktion auf ein handhabbares Maß muß aber anders erfolgen als bei Troeltsch. Troeltsch hat, so meine These im vorhergehenden Teil, sein methodisches Programm an dem ihn am meisten beschäftigenden Gegenstand, der Geschichte und Gegenwart des Christentums, in seinem großen Werk *Die Soziallehren der christlichen Kirchen und Gruppen* in der Tat und trotz aller faktischen Einschränkungen weitgehend verwirklicht. Max

80 Troeltsch, »Psychologie und Erkenntnistheorie in der Religionswissenschaft«.

Webers einschlägiges Werk liegt dagegen, was die systematische Darstellung betrifft, nur als Fragment vor; gemeint ist der Text *Religiöse Gemeinschaften*, der seine Wirkung vor allem als religionssoziologisches Kapitel von Webers angeblichem Hauptwerk *Wirtschaft und Gesellschaft* entfaltet hat.[81] Doch sind auch die von Weber noch selbst zum Druck gegebenen vergleichenden Studien zur Wirtschaftsethik der Weltreligionen, posthum als *Gesammelte Aufsätze zur Religionssoziologie* publiziert, nicht nur in dem Sinne unvollständig, daß Weber weitere Studien hinzufügen wollte. Auch die Art, wie sie geschrieben sind, zeigt, daß Zeitumstände und seelische Lagen den Verfasser häufig daran hinderten, seine Argumente in völlig ausgereifter und leserfreundlicher Weise vorzutragen. Der eruptive und übermäßig kondensierte Charakter von Webers Schreibstil ist immer wieder kommentiert worden und zum Teil dafür verantwortlich, daß heute eine riesige Literatur existiert, die erörtert, was Weber in diesen Texten nun eigentlich behauptet habe. Das enorm hohe Ansehen Max Webers steht in einem merkwürdigen Kontrast zur Umstrittenheit dessen, worin genau seine Theorien bestanden. Dies gilt für viele Teile seines Werks, etwa auch die Rechtssoziologie, aber gewiß ganz besonders für die Schriften zur Religion.

Ein Begriff Max Webers aus diesen Schriften bietet sich an, wenn in dieser unübersichtlichen Lage ein Leitfaden gesucht wird: »Entzauberung«. In einer Weise, die Weber niemals hätte voraussehen können, ist dieser Begriff von anderen wichtigen Denkern aufgenommen und weitergeführt worden, bis er zu einem der Schlüsselbegriffe des Selbstverständnisses westlicher Gesellschaften, zu einem wesentlichen Merkmal der »Moderne«

81 Max Weber, *Religiöse Gemeinschaften*, hg. von Hans Gerhard Kippenberg (= *Max-Weber-Gesamtausgabe*, Abt. I, Bd. 22.2), Tübingen 2001, bzw. ders., »Religionssoziologie (Typen religiöser Vergemeinschaftung)«, in: ders., *Wirtschaft und Gesellschaft*, Tübingen 1922, S. 227-356. Ich zitiere im folgenden diesen Text nach der Edition in der *Max-Weber-Gesamtausgabe*.

im Diskurs über diese, wurde – und dies nicht nur im deutschen Sprachraum. In einer seiner englischsprachigen Übersetzungsvarianten – als »disenchantment«[82] – wurde er seit den späten 1950er Jahren so geläufig, daß – so Hartmut Lehmann[83] – kaum ein Jahr vergeht, an dem nicht mindestens ein Buch erscheint, das diesen Begriff im Titel trägt. Aus dem übersetzten Begriff Webers wurden auch neue Begriffe abgeleitet, die sich bei Weber selbst gar nicht finden, wie »re-enchantment« (»Wiederverzauberung«) und auch »enchantment«,[84] und diese werden jetzt auch in der deutschen Sprache geläufig. So nennt Jörg Lauster seine bedeutende Kulturgeschichte des Christentums *Die Verzauberung der Welt*, offensichtlich um damit Max Webers Geschichte von der Entzauberung eine Alternative entgegenzusetzen.[85] Und in Diarmaid MacCullochs umfassender Geschichte des Christentums ist das Kapitel zum neunzehnten Jahrhundert überschrieben mit: »Europe Re-enchanted or Disenchanted?«[86]

Wählt man den Begriff der Entzauberung zum Leitfaden durch Webers Religionsschriften, tut man nichts Ungewöhnliches. Die Schlüsselstellung der mit diesem Begriff bezeichneten Geschichtsdeutung für ein Verständnis Webers wird viel-

---

82 Eine andere Übersetzungsvariante im Englischen wurde von Talcott Parsons gewählt: »elimination of magic from the world«. Diese ist eindeutiger, aber auch enger. Sie wird den verschiedenen Bedeutungsgehalten des Begriffs bei Weber nicht gerecht und setzte sich nicht durch. Allerdings wählten weitere Übersetzer weitere Varianten, weshalb es schwer ist, in den englischen Übersetzungen von Weber überhaupt einen Überblick über Webers Verwendung des Begriffs zu erhalten.

83 Hartmut Lehmann, *Die Entzauberung der Welt. Studien zu Themen von Max Weber*, Göttingen 2009, S. 7.

84 Dieser Begriff ist älter; er findet sich schon bei William James, *The Varieties of Religious Experience* (1902), New York 1982, S. 47 (zweimal).

85 Jörg Lauster, *Die Verzauberung der Welt. Eine Kulturgeschichte des Christentums*, München 2014.

86 Diarmaid MacCulloch, *Christianity. The First Three Thousand Years*, New York 2009, S. 817.

mehr weithin anerkannt. Johannes Weiß, einer der besten Weber-Kenner, stellte seine Darstellung von Webers ganzem Lebenswerk in einer Sammlung zu den Grundproblemen großer Philosophen unter die Überschrift »Die Entzauberung der Welt«.[87] Ähnlich war schon die Würdigung Webers durch Karl Löwith zum 100. Geburtstag ausgefallen.[88] Selbst das Sonderheft der Zeitschrift der Bayerischen Akademie der Wissenschaften zum 150. Geburtstag Max Webers im Jahr 2015 trägt diesen Titel.[89] Ein führender amerikanischer Weber-Forscher, Lawrence Scaff, sieht in der Entzauberungsdiagnose die Summe all dessen, was Weber zum Thema Moderne zu sagen hatte.[90] Und der weltweit führende Kenner und Systematisierer Webers, Wolfgang Schluchter, benennt als Webers »zweiten Durchbruch«, nach dessen Erarbeitung einer spezifischen Position zur Logik der historischen und theoretischen Kulturwissenschaft, die These, »daß nicht nur die Ökonomie, sondern die ganze moderne okzidentale Kultur von einem spezifischen Rationalismus durchdrungen« sei.[91] Es ist nur konsequent, daß Schluchter an anderer Stelle Max Webers »Sicht auf die Moderne« ganz unter das Stichwort der Entzauberung der Welt stellt und eines seiner Bücher zu Weber selbst so benennt;[92] die Geschichte der Entzauberung ist ja in dieser Sichtweise

87 Johannes Weiß, »Max Weber: Die Entzauberung der Welt«, in: Josef Speck (Hg.), *Grundprobleme der großen Philosophen*, Bd. 4, Göttingen 1981, [2]1991, S. 9-47.

88 Karl Löwith, »Die Entzauberung der Welt durch Wissenschaft. Zu Max Webers 100. Geburtstag«, in: *Merkur* 18 (1964), S. 501-519.

89 *Akademie Aktuell. Zeitschrift der Bayerischen Akademie der Wissenschaften*, Ausgabe 01 (2014), Schwerpunkt: Die Entzauberung der Welt. 150 Jahre Max Weber.

90 Lawrence Scaff, *Fleeing the Iron Cage. Culture, Politics, and Modernity in the Thought of Max Weber*, Berkeley 1989.

91 Wolfgang Schluchter, *Religion und Lebensführung*, 2 Bde., Frankfurt/M. 1988, hier Bd. 1, S. 102f.

92 Wolfgang Schluchter, *Die Entzauberung der Welt. Sechs Studien zu Max Weber*, Tübingen 2009, v.a. S. 1-17.

die Voraussetzung für und die Kehrseite der Geschichte eines sich durchsetzenden Rationalismus.

An allen diesen Orten und vielen weiteren wird Webers Konzeption freilich weitestgehend affirmativ, um nicht zu sagen apologetisch behandelt. Die Mühen der Rekonstruktion von Webers denkerischer Entwicklung erscheinen als lohnend, weil es um die Geschichte einer fundamentalen Entdeckung zu gehen scheint. Es gibt Stimmen, die Webers Werk eine ähnliche Bedeutung wie dem Einsteins zuschreiben,[93] wodurch seine Denkbewegungen in das Schema des wissenschaftlichen Fortschritts gepreßt werden. Die Auseinandersetzungen über die richtige Interpretation laden sich dadurch mit größter Energie auf. Wie die Frage der Kant-Interpretation in der deutschen Philosophie des neunzehnten Jahrhunderts, nach einem Wort Hans Vaihingers, zum »Turnierplatz aller Kämpfe«[94] wurde, so gilt dies für die Weber-Interpretation und den internationalen Moderne-Diskurs der letzten Jahrzehnte. Dem Vorteil, mit dem Begriff der Entzauberung einen Leitfaden durch Webers Labyrinthe gefunden zu haben, steht deshalb der Nachteil gegenüber, ein vermintes Gelände durchschreiten zu müssen. Wenn schon die richtige Deutung Webers auch unter den besten Kennern und größten Verehrern dieses Denkers Anlaß zu leidenschaftlichen Polemiken gibt, wieviel mehr ist dies zu befürchten, wenn Webers Werk nicht selbstverständlich als Ausdruck einer überlegenen Erkenntnis behandelt wird, sondern als Erzeugung eines äußerst einflußreichen, aber auch zutiefst problematischen Narrativs: der Geschichte von der Entzauberung.

Um diesen Chancen und Gefahren gleichermaßen Rechnung zu tragen, beginnt die folgende Darstellung, nach einigen

93 Z. B. Charles Lemert, »1905: Weber in the Year of Miracles«, in: William H. Swatos Jr., Lutz Kaelber (Hg.), *The Protestant Ethic Turns 100: Essays on the Centenary of the Weber Thesis*, London 2005, S. IX-XII, hier S. IX.

94 Hans Vaihinger, »Zur Einführung«, in: *Kant-Studien* 1 (1896), S. 1-8, hier S. 5. Vaihinger wollte mit diesem Ausdruck die Aufgabe der neuen Zeitschrift bezeichnen.

knappen Bemerkungen zur Herkunft des Entzauberungsbegriffs, deshalb nicht sofort mit anspruchsvollen Thesen zu Geschichte und Moderne, sondern mit einer vorsichtigen Interpretation der einzelnen Stellen in Webers Schriften, an denen dieser den Begriff der Entzauberung verwendet. Die Hoffnung ist, durch die Aufmerksamkeit auf Detail und Kontext dieser Begriffsverwendungen der Vielschichtigkeit von Webers Konzeption auf die Spur zu kommen, ohne dabei schon von der Annahme der Konsistenz und Berechtigung dieser Konzeption geleitet zu sein. In der Tat wird sich zeigen, daß Webers Begriffsverwendung in wesentlichen Hinsichten vieldeutig ist. Nur durch die Berücksichtigung von Webers Religionsschriften insgesamt unter dem Gesichtspunkt, wie es zu dieser Mehrdeutigkeit kommt und wie sie aufgelöst werden könnte, kann dann die zentrale These entwickelt werden. Sie lautet, daß wir für die von Weber als *Entzauberung* bezeichneten geschichtlichen Prozesse drei verschiedene Begriffe benötigen: *Entmagisierung*, *Entsakralisierung* und *Enttranszendentalisierung*. Es geht mir dabei natürlich nicht um diese teils unschönen Wortschöpfungen, sondern um die begriffliche Unterscheidung der damit gemeinten Sachverhalte. Meine These bedeutet nämlich nicht einfach, daß Weber an dieser Stelle unklar geblieben sei, sondern – viel radikaler – daß das ganze so überaus wirkungsvolle Narrativ der Entzauberung auf dieser begrifflichen Uneindeutigkeit beruht. In unerhört suggestiver Weise hat Weber im Narrativ der Entzauberung Geschehnisse miteinander verknüpft, die von den Propheten des Alten Testaments über die Reformation und die Aufklärung bis zur tiefen Sinnkrise Europas im sogenannten Fin de siècle und am Vorabend des Ersten Weltkriegs reichen. Deckt man die begriffliche Uneindeutigkeit allerdings auf, zerfällt auch dieses Narrativ und verliert es seine Suggestionskraft. Es eröffnen sich damit alternative Möglichkeiten, die Zusammenhänge zwischen diesen Geschehnissen zu deuten, insbesondere auch andere Möglichkeiten zum Verständnis der Religionsgeschichte, der Zukunftsmöglichkeiten des Christentums oder anderer Religionen und der potentiellen Geschichtsmächtigkeit universalistischer Moral überhaupt. Bei der Vielschichtigkeit von Webers Lebenswerk wird es nicht überraschen, daß sich in ihm sehr wohl auch Ansätze finden, die gegen das Entzauberungsnarrativ angeführt werden können oder zumindest nicht recht in dessen Rahmen passen. Das gilt insbesondere für Webers Konzeption charismatischer Neuerungen, deren Parallelen zu Durkheims Theorie der Sakralisierung schon sehr häufig bemerkt worden sind.[95] Ich werde deshalb auch immer wieder auf innere Spannungen in Webers Werk und dessen unabgeschlossenen Charakter hinweisen. Ein Urteil über die Geschichte von der Entzauberung ist deshalb kein abschließendes Wort zu allen Aspekten von Webers Lebenswerk. Allerdings genügen Hinweise auf andere Werkteile auch nicht zur Zurückweisung der Kritik an den Grundlagen des Entzauberungsnarrativs.

Das Wort »Entzauberung« hat nicht Max Weber in die deutsche Sprache eingeführt. Die Wortfamilie Zauber/zaubern/Zauberer findet sich schon im Alt- und Mittelhochdeutschen, und auch die Worte »bezaubern« und »verzaubern« sind seit dem Mittelalter belegt.[96] Für den Gegensatz zu »bezaubern« (im Sinne der Ausübung eines großen Reizes) und »verzaubern« (im Sinne einer Verwandlung oder Gefangennahme) gibt es schon im späten achtzehnten Jahrhundert das Wort »entzaubern«. Es ist mehrfach in den Dichtungen Christoph Martin Wielands belegt, dort im Sinne der Lösung oder Befreiung eines Menschen oder einer Sache »aus dem Bann eines Zaubers, des Rausches, des Wahns«. An keiner dieser Stellen meint der Begriff aber einen langfristigen historischen Prozeß, ein epochales Schwinden magischer Kräfte etwa oder des Glaubens an diese

---

95 So am einflußreichsten: Parsons, *The Structure of Social Action.*

96 Vgl. hierzu Walter M. Sprondel, »Entzauberung«, in: Joachim Ritter (Hg.), *Historisches Wörterbuch der Philosophie*, Bd. 2, Darmstadt 1972, Sp. 564/565. Dort Angaben zu Belegstellen.

im ganzen. Das ist vermutlich der Grund dafür, warum in der Literatur immer wieder eine andere Quelle für Weber genannt wird, nämlich Friedrich Schiller und sein Gedicht »Die Götter Griechenlands«.[97] In diesem wird in der Tat das Gefühl eines unwiederbringlichen Verlustes artikuliert. Schiller kontrastiert die Zeit, da die »schönen Wesen aus dem Fabelland« der griechischen Mythologie noch die Welt regierten und »der Dichtung zauberische Hülle sich noch lieblich um die Wahrheit wand«, mit seiner Gegenwart, in der »die entgötterte Natur« nur den Gesetzen der Physik zu folgen scheint. Im Kontrast von »zauberischer Hülle« und »entgötterter Natur« blitzt der Gedanke einer historischen Entzauberung gewiß auf, aber weder findet sich das Wort Entzauberung bei Schiller, noch hat Weber ausdrücklich jemals auf dieses Gedicht Bezug genommen.[98] Bei Friedrich Heinrich Jacobi und August Wilhelm Schlegel finden sich dagegen Stellen, die eher auf Weber vorausweisen. Jacobi sieht die moderne Astronomie als Himmelsmechanik. Der menschliche Verstand verstehe es, so sagt er in diesem Zusammenhang, »durch Wissenschaft dem Wunder ein Ende zu machen, den Himmel seiner Götter zu berauben, das Weltall zu entzau-

97 Friedrich Schiller, »Die Götter Griechenlands«, in: ders., *Werke in drei Bänden*, Bd. II, München 1966, S. 673-676.

98 In seiner »Einleitung« zu den gesammelten religionssoziologischen Aufsätzen findet sich bei Weber der Ausdruck »entgottet«: »Die Einheitlichkeit des primitiven Weltbildes, in welchem alles konkrete Magie war, zeigte dann die Tendenz zur Spaltung in ein rationales Erkennen und eine rationale Beherrschung der Natur einerseits, und andererseits ›mystische‹ Erlebnisse, deren unaussagbare Inhalte als einziges neben dem *entgotteten* Mechanismus der Welt noch mögliches Jenseits: in Wahrheit als ein ungreifbares, hinterweltliches Reich gottinnigen, individuellen Heilsbesitzes, übrig bleiben« (Hervorhebung H. J.); in: Weber, *Gesammelte Aufsätze*, Bd. 1, S. 254. Zur Kritik an der Behauptung, Weber habe auf Schiller zurückgegriffen, wie sie sich exemplarisch bei Morris Berman findet (vgl. dessen Buch: *The Reenchantment of the World*, Ithaca 1981, S. 69), überzeugend Lehmann, *Die Entzauberung der Welt*, S. 13, Anm. 15.

bern«.[99] Merkwürdig wenig Aufmerksamkeit hat die Tatsache gefunden, daß der Begriff sich schon 1902/03 bei Georg Simmel findet, und zwar bei ihm unzweifelhaft im Zusammenhang mit der Religion, ja sogar der Kennzeichnung des Gegensatzes, der zwischen den Propheten und dem »vorprophetischen Judentum« liegt. Simmel kennzeichnet die höhere Form des Heilsverständnisses, das darin besteht, für den Gehorsam gegen Gottes Gesetz keinen Lohn zu erwarten, als Erlösung und nennt sie eine »Entzauberung des Wertes, der zwar in der Seele von je vorhanden ist, aber mit Fremdem, Unreinem, Zufälligem gemischt« – was dem Sinn von Entzauberung als Entmagisierung, für Simmel als »Erweiterung und Erhöhung des empirischen Menschen durch das innere Ideal seiner selbst«, doch sehr gut entspricht.[100]

---

99 Friedrich Heinrich Jacobi, »Einleitung in des Verfassers sämtliche philosophische Schriften« (1815), in: ders., *Schriften zum transzendentalen Idealismus*, Hamburg 2004, S. 373-433, hier S. 399. Bei August Wilhelm Schlegel findet sich das Wort »entzaubern« in einer Kritik aufklärerischer Vorstellungen zum methodischen Sprachunterricht. Vgl. ders., »Allgemeine Übersicht des gegenwärtigen Zustandes der deutschen Literatur« (1802/03), in: ders., *Geschichte der klassischen Literatur*, Stuttgart 1964 (= *Kritische Schriften und Briefe*, hg. von Edgar Lohner, Bd. 3), S. 22-85, hier S. 66. Den Hinweis darauf verdanke ich dem Buch von Christian Begemann, *Furcht und Angst im Prozeß der Aufklärung*, Frankfurt/M. 1987, S. 79.

100 Zitate vgl. Georg Simmel, »Vom Heil der Seele«, hier zitiert nach der Ausgabe von Horst Jürgen Helle (Hg.), Georg Simmel, *Gesammelte Schriften zur Religionssoziologie*, Berlin 1989, S. 61-66, hier S. 64. Den Hinweis darauf verdanke ich Volkhard Krech, *Wissenschaft und Religion*, Tübingen 2002, S. 234, Anm. 1. Der Hinweis auf Simmel findet sich schon 1930 bei Dietrich Bonhoeffer, *Sanctorum communio. Dogmatische Untersuchung zur Soziologie der Kirche*, München 1954, S. 150, Anm. 1. Bei Krech findet sich auch die Behauptung (im Anschluß an Werner Gephart, *Strafe und Verbrechen*, Frankfurt/M. 1990, S. 83), daß Émile Durkheim in seinem Selbstmord-Buch den Begriff verwende: *Le suicide* (1897), Paris 1973, S. 229 (dt.: *Der Selbstmord*, Neuwied 1973, S. 238f.). »Ainsi, se forment des courants de dépression et de désenchantement.« Ins Deutsche übersetzt als »Enttäuschung«. Ich fand das Wort »désenchantement« im sachlichen Zusammenhang mit Selbstmordstatistik auch in Durkheim, *L'éducation morale* (1934),

Wegen der unklaren Herkunft des Begriffs wurden auch andere mögliche Quellen oder Parallelen angeführt, etwa Alfred de Mussets Buch *Confession d'un enfant du siècle* von 1836, in dem sich eine postaufklärerische und postrevolutionäre Stimmung tatsächlich auf den Begriff »désenchantement« gebracht findet; hinzu kommt, daß die erste deutsche Übersetzung, 1915 erschienen, diesen Begriff als »Entzauberung« ins Deutsche bringt.[101] Allerdings fehlt erneut jeder Beleg, daß Weber dieses Buch kannte und von der Übersetzung einen Anstoß zur Begriffsverwendung erhielt.[102] Es muß also dahingestellt bleiben,

---

Paris 1963, S. 52 (»Nous voyons la société saisie d'une tristesse, d'un désenchantement qui se traduisent dans la courbe des suicides.«). Die Übersetzungen lauten nicht »Entzauberung«: Im Deutschen steht »Enttäuschung« (S. 118), im Englischen »pessimism« (S. 52). In der Tat kann bei Durkheims Benutzung dieses Wortes ja nicht von einem Begriff und schon gar nicht von einem Vorläufer der Weberschen Begrifflichkeit die Rede sein.

101 Alfred de Musset, *La confession d'un enfant du siècle* (1836), Paris 1995, S. 26: »Ce fut comme une dénégation de toutes choses du ciel et de la terre, qu'on peut nommer désenchantement, ou si l'on veut, désespérance.« In der ersten deutschen Übersetzung wird dies so wiedergegeben: »Es war, als versagte man jeglichem Ding auf Erden und im Himmel den Glauben, und man konnte von einer Entzauberung oder, wenn man will, von einer völligen Verzweiflung sprechen.« Vgl. Alfred de Musset, *Bekenntnisse eines Kindes seiner Zeit*, Berlin o. J. (1915), S. 16. Die neue Übersetzung (Zürich 1999, S. 21) verzichtet auf das Wort »Entzauberung« und spricht von »Enttäuschung«.

102 Die Behauptung, daß der Begriff »désenchantement« und damit Webers Begriff der »Entzauberung« sich zuerst bei Musset finde, stammt von Rémi Brague, *Die Weisheit der Welt. Kosmos und Welterfahrung im westlichen Denken*, München 2006, S. 339, Anm. 55. Angesichts der Belege für ein früheres Vorkommen dieses Begriffs im Deutschen muß ich Brague widersprechen. Doch selbst im Französischen gibt es ältere Belege, so bei Balzac 1831. (Vgl. Honoré de Balzac, »Lettres sur Paris, 9.1.1831«, in: ders., *Œuvres diverses*, Paris 1925, Bd. 2, S. 114f.) – Wolfgang Schluchter spekuliert über eine Anregung Webers durch Emil Ludwig (*Wagner oder die Entzauberten*, Berlin 1913), allerdings ebenfalls ohne jeden Beleg (vgl. Schluchter, *Entzauberung*, S. 1f.) und nicht plausibel. Hartmut Lehmann wiederum (*Die Entzauberung*

wie Weber darauf kam, diesen Begriff in seine Darstellungen einzufügen.

Gewiß ist aber, daß er bald Nachahmer fand, was die Verwendung dieses Begriffs angeht. Zwei Denker, die unter Webers intensivem Einfluß standen, verwendeten den Begriff in ihren Schriften schon, bevor er selbst ihn erstmals in einer Veröffentlichung benutzte: Georg Lukács und Emil Lask. Bei Lukács in seiner (vormarxistischen) Theorie des Romans scheint allerdings eher der ältere, nichthistorische Sinn des Entzauberungsbegriffs gemeint, wenn er davon spricht, daß es für den »abstrakten Idealismus«, der »in dämonischer Verblendung« die Nichtentsprechung der Wirklichkeit gegenüber dem Ideal »als ihr Verzaubertsein ansieht, das von bösen Dämonen vollbracht, durch das Finden des lösenden Wortes oder durch das mutige Bekämpfen der Zaubermächte zur Entzauberung und Erlösung geführt werden kann«.[103] Es ist deshalb nicht ganz sicher, ob hier wirklich an Weber angeknüpft wurde. Wenn es der Fall sein sollte, muß der Einfluß auf mündlichem Wege erfolgt sein, etwa durch Webers Lesungen unveröffentlichter Manuskripte in seinem Haus. Anders verhielt es sich bei Lask.[104] Der 1915 gefallene Philosoph bringt in einem aus dem Nachlaß veröffentlichten Manuskript »Entzauberung« mit »Entdeutung der Natur« zusammen, der »Herausarbeitung des Bedeutungsfremden« der Natur, die er gerade als den »bedeutungsfremden Bestand« betrachtet. Bei den Schriften so wichtiger Denker wie Franz Ro-

---

der Welt, S. 13) hält es für denkbar, daß Weber durch ein Werk des niederländischen Theologen Balthasar Bekker aus dem späten siebzehnten Jahrhundert beeinflußt wurde, das in deutscher Übersetzung »bezauberte Welt« im Titel trägt. Diese Vermutung auch schon bei Begemann, *Furcht und Angst*, S. 78.

103 Georg Lukács, *Die Theorie des Romans. Ein geschichtsphilosophischer Versuch über die Formen der großen Epik* (1916), Darmstadt, Neuwied 1971, S. 83.

104 Emil Lask, »Zum System der Wissenschaften«, in: ders., *Gesammelte Schriften*, Bd. III, Tübingen 1924, S. 239-293, hier S. 258.

senzweig, Martin Buber, Max Horkheimer und Theodor Adorno scheint Webers Einfluß, obwohl erneut sein Name nicht genannt wird, dann ganz offensichtlich. Rosenzweig charakterisiert in *Der Stern der Erlösung* von 1921[105] das Weltbild, das unter dem Einfluß der Wissenschaften seit dem siebzehnten Jahrhundert an die Stelle des antiken Weltbilds getreten sei, mit dem Begriff der »Entzauberung«, und Martin Buber spricht in *Ich und Du* 1923 von der Entzauberung des Ich im Unterschied zu seiner Erlösung.[106] Horkheimer/Adorno eröffnen ihre *Dialektik der Aufklärung* von 1944 mit einer Kennzeichnung der Aufklärung als eines Programms der »Entzauberung der Welt«: »Sie wollte die Mythen auflösen und Einbildung durch Wissen stürzen.« Kurz darauf wird Entzauberung als »Ausrottung des Animismus« bestimmt.[107] Den zwiespältigen Folgen solcher Aufklärung, auch einer von dieser erzeugten neuen Mythologie, gilt dann ihr Gedankengang, für den sie die Formel einer »Dialektik« verwenden. Auch ihr beträchtlicher Einfluß und somit eine indirekte Wirkung Webers hat zur Zentralstellung des Entzauberungsbegriffs im Diskurs über die Moderne gewiß wesentlich beigetragen. Auch der katholische Philosoph Peter Wust nimmt in seiner Analyse »Die Krisis des abendländischen Menschentums« von 1927 zustimmend Bezug auf Webers »Entzauberungs«-Diagnose: »[...] wie sehr die Welt von heute ›entzaubert‹ ist, um in der Sprache Max Webers und damit des modernen Geistes selbst zu reden, oder wie sehr die heutige Kultur entweiht, entgöttlicht, entchristlicht ist, um es in der Formulierung gläubiger Katholiken auszudrücken.«[108] Wust nennt Weber beim Namen und nimmt ihn als Sprecher des »modernen

105 Franz Rosenzweig, *Der Stern der Erlösung* (1921), Frankfurt/M. 1988, S. 246f.

106 Martin Buber, *Ich und Du* (1923), in: ders., *Das dialogische Prinzip*, Gütersloh 1986, hier S. 72.

107 Max Horkheimer, Theodor W. Adorno, *Dialektik der Aufklärung* (1944), Frankfurt/M. 1969, S. 9 bzw. S. 11.

108 Peter Wust, »Die Krisis des abendländischen Menschentums« (1927),

Geistes«, verunklart die Lage aber sofort durch die Gleichsetzung von Webers »Entzauberung« mit Entweihung, Entgöttlichung und Entchristlichung.

Das angekündigte Vorgehen, die einzelnen Stellen, an denen bei Weber von »Entzauberung« die Rede ist,[109] zu sammeln und zunächst einmal je einzeln unters Mikroskop zu legen, empfiehlt sich auch deshalb, weil es die *eine* Stelle, an der Weber klar bestimmt hätte, was er meinte, nicht gibt. Der Begriff taucht auch erst relativ spät in Webers Werkentwicklung auf. Als erste Stelle gilt eine Passage in dem 1913 in der Zeitschrift *Logos* veröffentlichten Text »Über einige Kategorien der verstehenden Soziologie«. Da Weber dort angibt,[110] daß ein Teil des Textes »Fragment aus einer schon vor längerer Zeit geschriebenen Darlegung« sei,

---

in: ders., *Weisheit und Heiligkeit. Vorträge und Aufsätze* (= *Gesammelte Werke*, Bd. VI), Münster 1966, S. 254-312, hier S. 305.

109 Ich konnte insgesamt siebzehn Stellen in Webers Schriften identifizieren, an denen von Entzauberung/entzaubert usw. die Rede ist. Die erste Stelle findet sich in dem Aufsatz »Über einige Kategorien der verstehenden Soziologie«; im Konvolut *Wirtschaft und Gesellschaft* kommt der Begriff ein einziges Mal im religionssoziologischen Kapitel vor. Vier Stellen sind in der Neufassung der *Protestantischen Ethik* festzustellen, vier weitere in anderen Passagen der *Gesammelten Aufsätze zur Religionssoziologie*, davon zwei in der »Zwischenbetrachtung«. Im Text »Wissenschaft als Beruf« finden sich sechs Verwendungen. Die *Wirtschaftsgeschichte* enthält ebenfalls eine Fundstelle. Um sicherzugehen, daß ich keine Stelle übersehen habe – etwa im Briefwechsel –, habe ich Edith Hanke, Generalredaktorin der *Max-Weber-Gesamtausgabe* bei der Bayerischen Akademie der Wissenschaften, um zusätzliche Recherche gebeten. Diese hat keine weitere Stelle zutage gefördert. (Mit Dank an Edith Hanke für die Unterstützung.) – Die Literatur zu Webers Entzauberungsnarrativ ist so enorm, daß ich keine Auflistung versuche, sondern nur die unmittelbar herangezogenen Titel erwähne. Als jüngster Überblick über die Diskussionslage sei hier nur genannt: Hans Kippenberg, »Dialektik der Entzauberung. Säkularisierung aus der Perspektive von Webers Religionssystematik«, in: Thomas Schwinn, Gert Albert (Hg.), *Alte Begriffe – Neue Probleme. Max Webers Soziologie im Lichte aktueller Problemstellungen*, Tübingen 2016, S. 81-116.

110 Max Weber, »Über einige Kategorien der verstehenden Soziologie«, in:

wir aber nicht genau wissen, um welchen Teil es sich dabei handelt,[111] läßt sich nicht genau sagen, wann Weber – vielleicht vor 1913 – auf den Einfall zu dieser Begriffsprägung gekommen ist.

Die Stelle, um die es geht, lautet:

> An magischen Vorstellungen orientiertes Handeln beispielsweise ist subjektiv oft weit zweckrationaleren Charakters als irgendein nicht magisches »religiöses« Sichverhalten, da die Religiosität ja gerade mit zunehmender Entzauberung der Welt zunehmend (subjektiv) zweckirrationalere Sinnbezogenheiten (»gesinnungshafte« oder mystische z. B.) anzunehmen genötigt ist.[112]

An dieser Stelle soll ganz offensichtlich nicht definiert werden, was unter »Entzauberung« zu verstehen sei. Es wird vielmehr auf einen historischen Prozeß Bezug genommen, der selbst aber im Hintergrund verbleibt. Das ist im Zusammenhang eines Aufsatzes, der sich mit grundlegenden Kategorien einer »verstehenden« Soziologie beschäftigt, also einer Soziologie, die sich nicht blindlings an naturwissenschaftlichen Methodenidealen orientiert, sondern einen Sinn für die Spezifika einer Wissenschaft vom menschlichen Handeln bewahrt, auch völlig legitim. Im engeren Zusammenhang einer Abgrenzung von verstehender Soziologie und Psychologie behauptet Weber, daß »das subjektiv streng rational orientierte Handeln [...] die unmittelbar verständlichste Art der sinnhaften Struktur eines Handelns«[113]

---

ders., *Gesammelte Aufsätze zur Wissenschaftslehre*, Tübingen 1973, S. 427-474, hier S. 427, Anm. 1.

111 Es ist unklar, ob Weber sich mit der Formulierung »der zweite Teil des Aufsatzes« auf Teil II oder auf die zweite Hälfte des aus sieben Teilen bestehenden Textes bezog. Unterschiedliche Auffassungen dazu bei Schluchter, *Entzauberung*, und bei Johannes Winckelmann, »Die Herkunft von Max Webers ›Entzauberungs‹-Konzeption. Zugleich ein Beitrag zu der Frage, wie gut wir das Werk Max Webers kennen können«, in: *Kölner Zeitschrift für Soziologie und Sozialpsychologie* 32 (1980), S. 12-49.

112 Weber, »Kategorien«, S. 433.

113 Ebd., S. 432.

darstelle. »Je eindeutiger ein Handeln dem Typus der Richtigkeitsrationalität entsprechend orientiert ist, desto weniger wird sein Ablauf durch irgendwelche psychologischen Erwägungen überhaupt sinnhaft verständlicher.«[114] Als Beispiel für »irrationale« Vorgänge, bei denen dann eine psychologische Erklärung ihr Recht habe, nennt er die Börsenpanik. In dieser Denkweise Webers zeigt sich meines Erachtens recht deutlich, wie stark seine Vorstellungen vom Handeln durch die moderne ökonomische Theorie und das in ihr enthaltene Modell menschlichen Handelns beeinflußt sind. Aber auf diese Problematik kommt es hier nicht an.[115] Vielmehr ist der springende Punkt, daß Weber zwischen einer subjektiv zweckrationalen Orientierung und einem »am objektiv Gültigen ›richtig‹ orientierten [...] Handeln«,[116] das Weber »richtigkeitsrational« nennt, in aller gewünschten Deutlichkeit unterscheidet. Für die Beurteilung, ob ein Handelnder sich vorgenommen hat, zweckrational zu handeln, spielt es deshalb keine Rolle, ob auch der Forscher nach seinem Wissensstand in dieser Lage so handeln würde. Die Annahmen, die ein Handelnder zugrunde legt, können falsch, ja abwegig sein; dies wird zwar Konsequenzen haben für den möglichen Erfolg seines Handelns, aber der subjektiven Zweckorientierung des Akteurs wird damit kein Abbruch getan.

Diese grundsätzlichen handlungstheoretischen Überlegungen kommen hier deshalb ins Spiel, weil Weber größten Wert darauf legt, dem an *magischen* Vorstellungen orientierten Handeln subjektiv zweckrationalen Charakter zuzusprechen. Wie sich im weiteren noch deutlicher zeigen wird, sieht Weber in der Magie als einer Grundschicht der Religionsentwicklung gerade vornehmlich subjektive Zweckrationalität am Werk. Weil die magischen Vorstellungen im Licht moderner Wissenschaften

114 Ebd.

115 Zur prinzipiellen Kritik daran und einer möglichen Alternative: Joas, *Die Kreativität des Handelns*.

116 Weber, »Kategorien«, S. 433.

als unbegründet oder nicht zielführend erscheinen, wird dies dem Beobachter oft nicht unmittelbar deutlich. Damit gehört es zur Aufgabe wissenschaftlicher Analysen, den subjektiven Sinn des magischen Handelns aufzudecken. Darin liegt die erste Lehre aus der Betrachtung dieser Passage.

Eine zweite Lehre, die an dieser Stelle gewonnen werden kann, ist aber noch wichtiger. Weber spricht ja davon, daß mit der zunehmenden Entzauberung der Welt sich Formen der Religiosität herausbilden, für die die subjektive Zweckorientierung im Sinne der Magie *weniger* gilt. Zumindest an dieser Stelle kann mit Entzauberung also, und dies ist festzuhalten, nicht Säkularisierung im Sinne einer Schwächung oder eines Verschwindens von Religion gemeint sein. Es ist ja davon die Rede, wie Religion sich unter den Bedingungen »zunehmender Entzauberung der Welt« wandelt oder wandeln muß. Als solche Wandlungsmöglichkeiten nennt Weber exemplarisch zum einen eine stärker »gesinnungshafte« Orientierung; darunter ist eine Orientierung zu verstehen, die etwas als gut auch dann anerkennt und zur Maxime des Handelns macht, wenn es subjektiven Nutzenerwägungen widerspricht. Zum anderen spricht er von einer mystischen Form der Religiosität, für die gilt, daß in ihr ebenfalls nicht das Subjekt und seine Zwecke leitend sind, sondern gerade versucht wird, vom eigenen Ich und seinen vorgefaßten Zwecken abzugehen oder diese gar aufzugeben.

Was Entzauberung genau sein soll, läßt sich dieser Stelle also nicht entnehmen. Gewiß ist vorerst nur, daß sie nicht mit Säkularisierung gleichzusetzen ist und etwas mit einer Schwächung oder Überwindung des – in der Regel subjektiv zweckrationalen – Magischen zu tun hat.

Vermutlich ebenfalls aus dem Jahr 1913 stammt der große Entwurf einer soziologischen Religionssystematik aus der Feder Max Webers. Dieser enthält viele weitere Ausführungen, aus denen sich ein genaueres Bild von Webers Verständnis der Magie und der wichtigsten Umbrüche in der Religionsgeschichte der Menschheit gewinnen läßt. Darauf wird zurückzukommen sein. Wenn der Leitfaden der Untersuchung Webers Verwendung des Wortes »Entzauberung« ist, ist allerdings nur eine einzige Stelle dieses Textes zu betrachten; an keiner anderen Stelle in dem ganzen riesigen Konvolut ist davon die Rede. Auch das Register der ersten Ausgabe von *Wirtschaft und Gesellschaft* führt den Begriff bemerkenswerterweise nicht auf. Nur in dem Teil, in dem Weber sich mit der Rolle von Klassen und Ständen in der Religionsgeschichte befaßt, fällt das Wort »Entzauberung« nämlich, und zwar dort, wo von den Spezifika der Intellektuellenreligiosität die Rede ist. Dabei ist dieser zu Webers Zeit erst richtig in Gebrauch kommende Begriff des Intellektuellen natürlich in diesem Kontext anachronistisch, doch Weber gefällt es häufig, anachronistische Begriffe zur Pointierung in seinen Darstellungen historischer Sachverhalte zu verwenden. Weber brauchte, so meine Vermutung, einen Gegenbegriff zu all den Bezeichnungen, die auf das Leben von nichtprivilegierten Schichten zielen oder derjenigen Privilegierten, die über keine Muße verfügen. Er will über diejenigen Menschen sprechen, die sich nicht hauptsächlich mit »äußerer Not« herumschlagen, sondern in deren religiösem Leben »innere Not« dominiert. Sie seien es, die Sinnfragen prinzipieller und systematischer stellen, als diejenigen es können, denen ihr Leben dazu keine Gelegenheit gibt. Weber sieht auch die Kehrseite solcher Freisetzung zu prinzipieller und systematischer Reflexion, nämlich die drohende Lebensfremdheit der Versuche, der »Lebensführung einen durchgehenden ›Sinn‹ zu verleihen, also ›Einheit‹ mit sich selbst, mit den Menschen, mit dem Kosmos«[117] herzustellen. Der Intellektuelle sei es, »der die Konzeption der ›Welt‹ als eines ›Sinn‹-Problems vollzieht«.[118] An dieser Stelle wird nun die Entzauberung zum Thema. Es heißt: »Je mehr der Intellektualismus den Glauben an die Magie zurückdrängt, und so die Vorgänge der Welt ›entzaubert‹ werden, ihren magischen Sinngehalt verlieren,

117 Weber, *Religiöse Gemeinschaften*, S. 273.
118 Ebd.

nur noch ›sind‹ und ›geschehen‹, aber nichts mehr ›bedeuten‹, desto dringlicher erwächst die Forderung an die Welt und ›Lebensführung‹ je als Ganzes, daß sie bedeutungshaft und ›sinnvoll‹ geordnet seien.«[119]

In einer Hinsicht bestätigt diese Stelle, was von der Passage im Kategorien-Aufsatz abgelesen werden konnte: Entzauberung hat in beiden Äußerungen Webers mit Zurückdrängung des Glaubens an die Magie zu tun. Hier wird nun allerdings erstmals eine Kraft genannt, die für diese Zurückdrängung verantwortlich sei. Im Gegensatz zu Webers erfreulicher Neigung, in der Regel nicht abstrakte Entitäten, sondern reale Akteure zu nennen, wenn es um das Handeln geht, spricht er allerdings hier nicht von den »Intellektuellen«, sondern vom »Intellektualismus« als der am Werke befindlichen Triebkraft. Darin scheint mir freilich kein grundsätzliches Problem zu liegen. Sehr wohl problematisch sind aber zwei andere Aspekte. Es leuchtet weder unmittelbar ein, warum der Intellektualismus eine Zurückdrängung des Glaubens an die Magie anstreben und, mehr noch, bewirken soll, noch, inwiefern die Zurückdrängung der Magie zu einer Welterfahrung führen soll, in der nichts mehr von sich aus etwas »bedeutet«.

Diese Zweifel sind kurz zu erläutern, obwohl von Webers Formulierung an dieser Stelle allein gewiß keine weitere Aufklärung erwartet werden kann. Der erste Zweifel richtet sich darauf, daß die Freisetzung zu intellektueller Systematisierung unter Bedingungen der Magie doch zunächst schlicht zur Systematisierung des magischen Wissens führen müßte – und nicht zu dessen Zurückdrängung. In seinen Analysen von Hinduismus und Buddhismus ebenso wie in seinen Studien zu Konfuzianismus und Daoismus ist sich Weber dieses Sachverhalts sehr wohl bewußt. An einer Stelle, beim Vergleich von Konfuzianismus und Puritanismus, unterscheidet er selbst ausdrücklich den Grad, in dem eine Religion »die Magie abgestreift hat«, von dem »Grad

119 Ebd.

systematischer Einheitlichkeit, in welche das Verhältnis von Gott und Welt und demgemäß die eigene ethische Beziehung zur Welt von ihr gebracht worden ist«. Aber er sieht in dieser Unterscheidung zwei »in vielfacher innerer Beziehung stehende Maßstäbe« für ein und dasselbe Phänomen, nämlich das einer Rationalisierung der Religion.[120] Weber kennt aus der Forschungsliteratur den Reichtum etwa der Formen chinesischer intellektueller Raffinierung und Systematisierung der Magie bei »Chronomanten, Geomanten, Hydromanten, Meteoromanten«[121] und müßte deshalb auch an dieser Stelle näher bezeichnen, unter welchen spezifischen Bedingungen »der Intellektualismus« in der Tat die Magie zurückzudrängen versucht. Hinzu kommt, daß eine Zurückdrängung auf seiten der Intellektuellen keineswegs zu einer Schwächung des Glaubens an die Magie auch bei den mit »äußerer Not« kämpfenden Nichtintellektuellen führen muß. Ein Automatismus der Diffusion des Intellektualismus besteht hier gewiß nicht. Ebensogut kann es hier zu einer Entgegensetzung von intellektueller Elite und »nichtprivilegierten Schichten« kommen, ja, diese Entgegensetzung kann selbst eine Rolle spielen für eine Distanzierung der Intellektuellen von der tradierten »magischen« Religion oder für das Beharren anderer Schichten auf dieser.

Solange Weber nur von den Intellektuellen selbst spricht, darf diese Frage nach den Breitenwirkungen des Intellektualismus eingeklammert werden. Innerhalb der Analyse der Intellektuellenreligiosität ist aber die andere Problematik virulent: ob tatsächlich die Zurückdrängung der Magie die Vorgänge der Welt in dem Sinne entzaubert, daß sie in der alltäglichen Erfahrung nichts mehr »bedeuten«, sondern nur noch »sind« und »geschehen«. Ich denke, daß sich an dieser Stelle eine Problematik andeutet, die Webers Religionstheorie durchzieht und mit grundsätzlichen Fragwürdigkeiten seiner ganzen Soziolo-

---

120 Weber, *Gesammelte Aufsätze zur Religionssoziologie*, Bd. 1, S. 512.
121 Ebd., S. 513.

gie zusammenhängt. Die Frage, die an ihn gestellt werden muß, lautet zunächst, ob denn tatsächlich der Verlust magischer Bedeutung gleichzusetzen ist mit dem Verlust alles vorgefundenen – und nicht selbst erzeugten – Sinns. Wenn wir deutlicher, als Weber das getan hat, zwischen Weltbildern und der Dynamik alltäglicher oder gewöhnlicher Erfahrung unterscheiden, dann sehen wir, daß die Entwertung eines magischen Weltbilds die Erfahrung intrinsischen Handlungssinns oder von unmittelbar als wertvoll erlebten Qualitäten der Welt üblicherweise gar nicht unmittelbar tangiert.[122] Ein vergleichender Blick auf eine alternative Denkweise ist hier von Nutzen. Für den Pragmatisten John Dewey etwa bleibt alle Wissenschaft auf eine Fundierung in gewöhnlicher Erfahrung angewiesen und stehen sich wissenschaftliches und alltägliches Wissen nicht einfach antagonistisch gegenüber. Im Anschluß an Dewey illustriert Matthias Jung diese andere Denkmöglichkeit am beliebten Beispiel unserer Wahrnehmung des Sonnenaufgangs. Der zeitgenössische Mensch weiß selbstverständlich, daß »die phänomenale Realität des Sonnenaufgangs in ihrer physikalischen Gestalt als Effekt der Erdrotation verstanden werden muß. [...] Eine Rückkehr zur vorwissenschaftlichen Naivität ist damit ausgeschlossen. Den Erfahrungsqualitäten selbst wird aber durch diese Neubestimmung nichts genommen.«[123] Auch die Intellektuellen – wer immer damit genau gemeint ist – führen ihr Leben in dieser Dimension gewöhnlicher Erfahrung und erzeugen Bedeutung und

122 Dies ist ein Punkt, an dem mir Charles Taylor zu nahe an Weber zu bleiben scheint. Auch er schreibt, daß die »entzauberte« Welt eine ohne Sinn zu sein scheint, wendet sich dann allerdings zu Recht gegen die historische Rückprojektion, der zufolge die Sinnfrage ausschlaggebend für die Entstehung und Entwicklung von Religion gewesen sei. (Charles Taylor, *Ein säkulares Zeitalter*, Frankfurt/M. 2009, S. 1127.)

123 Matthias Jung, *Gewöhnliche Erfahrung*, Tübingen 2014, S. 118f. Von John Dewey sind einschlägig: ders., *Logik. Die Theorie der Forschung* (1938), Frankfurt/M. 2002, S. 80-103; ders., *Erfahrung und Natur* (1925), Frankfurt/M. 1995, S. 15-54.

Sinn nicht aus dem Nichts, sondern auf der Grundlage von ihnen erfahrenen Handlungssinns und von ihnen erlebter, sie anziehender oder abstoßender Qualitäten der Welt.

Auch dieser Gedanke kann vorläufig nur als Merkposten notiert und nicht in seinen Verästelungen für ein angemessenes Verständnis der Religion verfolgt werden. Festzuhalten ist aber, daß Entzauberung, wenn sie denn einen Glaubwürdigkeitsverlust der Magie bedeuten soll, keineswegs einfach gleichzusetzen ist mit einem Prozeß, in dem auf der Ebene der gewöhnlichen Erfahrung Sinnverlust eintritt. Für diesen müßte deshalb ein anderer Begriff gefunden werden.

Als Max Weber sich 1919/20 zur gesammelten Veröffentlichung seiner vorliegenden religionssoziologischen Arbeiten entschloß, begann er, diese einer neuen Bearbeitung zu unterziehen, auch seinen berühmtesten Text, die Arbeit zur protestantischen Ethik und dem Geist des Kapitalismus. Erst bei dieser Bearbeitung fügte er den Begriff der Entzauberung in den alten Aufsatz ein. Er verwendete ihn auch in Scharnierstücken der Sammlung, die er vermutlich ebenfalls erst zu dieser Zeit abfaßte. Friedrich Tenbruck hat 1975 in einem genialischen, wenngleich nicht in jeder Hinsicht haltbaren Aufsatz[124] darauf aufmerksam gemacht, daß der Begriff »Entzauberung« für Weber so wichtig gewesen sein muß, daß er ihn an zentralen Stellen nachträglich einfügte, daß dies aber auch einen Hinweis darauf darstellt, wie wenig der damit ausgedrückte Gedanke schon am Anfang von Webers Denkbewegung vorhanden war. Die erste dieser Einfügungen findet sich an strategisch zentraler Stelle, nämlich bei der Charakterisierung des asketischen Protestantismus. »Absolut entscheidend« sei für diesen, so Weber, der »im Luthertum noch keineswegs in allen Konsequenzen vollzogene Fortfall kirchlich-sakramentalen Heils« – im Kontrast zu dessen zentraler Stellung im Katholizismus. Dieser Bruch wird freilich nicht ein-

124 Friedrich H. Tenbruck, »Das Werk Max Webers«, in: *Kölner Zeitschrift für Soziologie und Sozialpsychologie* 27 (1975), S. 663-702.

fach als ein spezifisch radikaler Weg in der beginnenden Aufspaltung der lateinischen Kirche in konkurrierende Konfessionen dargestellt, sondern mit einer außerordentlich steilen historischen These zum Gipfelpunkt eines langfristigen welthistorischen Prozesses erklärt: »Jener große religionsgeschichtliche Prozeß der *Entzauberung* der Welt, welcher mit der altjüdischen Prophetie einsetzte und, im Verein mit dem hellenischen wissenschaftlichen Denken, alle *magischen* Mittel der Heilssuche als Aberglaube und Frevel verwarf, fand hier seinen Abschluß.«[125] Diesem Satz fügte Weber eine Fußnote bei, die auf die anderen Aufsätze als Erläuterung der Entzauberungsthese verweist, offensichtlich insbesondere den zur jüdischen Religion und »altisraelischen Ethik«, für die er behauptet, sie beruhten »seit der Prophetenzeit« »ganz und gar auf diesem Grundsachverhalt: die Ablehnung der sakramentalen Magie als Heilsweg«.[126]

Was hier behauptet wird, geht sehr weit über das hinaus, was an den bisherigen Stellen zu lesen war, aber auch über alles, was die ursprüngliche Fassung der *Protestantischen Ethik* enthielt. Tenbruck hat diesen Sachverhalt dramatisch ausgedrückt: »Es ist klar: die Stelle ist ein völliger Fremdkörper in der *Protestantischen Ethik*. Sie stand nicht nur nicht im Original, sondern sie konnte dort auch gar nicht stehen, weil sie den Rahmen völlig sprengt und ganz neue Dimensionen ausmißt.«[127] Hier wird nicht nur auf eine fallweise Zurückdrängung des Glaubens an die Magie Bezug genommen, sondern auf einen großen welthistorischen Prozeß, der den Namen »Entzauberung« verdient und dem ein Beginn und ein Abschluß zugesprochen wird. Es geht also nicht nur um einzelne Bemühungen um Entmagisierung, etwa durch Intellektuelle, oder um die Erfolglosigkeit eines bestimmten, an magischen Vorstellungen orientierten Handelns, auf das ein anderes ebenso magisches folgen kann, sondern um

125 Weber, *Gesammelte Aufsätze zur Religionssoziologie*, Bd. 1, S. 94f.
126 Ebd., Anm. 1.
127 Tenbruck, »Das Werk Max Webers«, S. 667.

einen religionsgeschichtlichen Wandel, der mit den Propheten des Alten Testaments eingesetzt habe und im Puritanismus gipfelte.

Klammern wir zunächst ein, ob Webers breite Ausführungen zu den Propheten des Alten Testaments und zur Reformation die empirische Beweislast für diese große These tragen können, und bleiben wir weiterhin ganz nah an seinen Formulierungen. Diese scheinen mir in drei Hinsichten ganz offensichtlich klärungsbedürftig. Erstens ist zu fragen, wie wir uns den Zusammenhang zwischen den Propheten und der Reformation vorstellen sollen. Selbst wenn wir vorläufig annehmen, daß sowohl die Propheten wie die asketischen Protestanten tatsächlich durch ihre Magiefeindschaft charakterisiert werden können, liegt es ja zunächst nahe, beide lediglich als zwei religionsgeschichtliche Fälle religiös motivierter radikaler Entmagisierungsbestrebungen aufzufassen. Dies gilt auch dann, wenn im späteren Fall, der Reformation, auf den früheren Fall, die Propheten, ausdrücklich und bewußt zur Legitimation der eigenen Absichten zurückgegriffen wurde. Warum aber sollen wir in diesen beiden Fällen Anfang und Ende eines Prozesses sehen? Dies setzt ja voraus, daß ein früher Anstoß kontinuierliche Wirkungen auslöste, die jedoch nicht so stark gewesen sein können, daß sie vor dem Versickern bewahrt worden wären, denn sonst hätte es ja eines neuen »reformatorischen« Anstoßes nicht bedurft. Was also konstituiert wirklich den einen »großen religionsgeschichtlichen Prozeß der Entzauberung«, von dem Weber spricht? Und weiter: Warum ist es gerechtfertigt, im asketischen Protestantismus einen Abschluß dieses Prozesses zu sehen? Wenn die nichtasketischen Protestanten, die Katholiken und erst recht die meisten Nichtchristen nicht bis zu dieser radikalen Entmagisierung vorgestoßen sind, dann kann von einem Abschluß des Prozesses der Entzauberung für den größten Teil der Menschheit ja gar nicht die Rede sein – oder doch nur in dem Sinne, daß diese spezifische Magiefeindschaft nicht weiter gesteigert werden konnte. Können dann aber die asketischen Protestanten nicht selbst hinter diese radikale Entmagisierung auch wieder zurückfallen? Wie wird es bei ihren Nachfahren sein, wenn die ursprüngliche religiöse Intensität des asketischen Protestantismus an Kraft verliert?

Der zweite Fragenkomplex ergibt sich durch den Einschub Webers, dem zufolge der große Prozeß der Entzauberung, obwohl er mit der altjüdischen Prophetie einsetzte, einen wesentlichen zusätzlichen Impuls durch das »hellenische wissenschaftliche Denken« erhielt. Hier läßt sich der betreffenden Stelle auch in ihrem weiteren Zusammenhang nichts Näheres entnehmen. Anzunehmen ist, daß er an die Hellenisierung des jüdischen Denkens in der Antike dachte und mehr noch an die Wirkungen des Versuchs christlicher Denker in der Spätantike, ihren Glauben mit den Mitteln griechischer Philosophie intellektuell zu rechtfertigen. Dafür sprechen eindeutige Passagen in anderen Schriften Webers, auf deren Bedeutung für die Entzauberungskonzeption noch einzugehen sein wird. Aber vorläufig ist zu fragen, ob nicht auch durch diesen Verweis eine zu starke Kontinuitätsunterstellung in Anspruch genommen wird und wie wir uns ein mögliches Zusammenspiel religiös motivierter und rein intellektueller Entmagisierung überhaupt vorstellen sollen. Die christliche Theologie der Spätantike zeigt zwar die Bedeutung hellenischen Denkens für die Geschichte des Christentums, kann aber doch nicht wie selbstverständlich als Stufe in einem religionsgeschichtlichen Prozeß der Entzauberung in Anspruch genommen werden.

Eine dritte Richtung des Fragens schließlich betrifft Webers Umgang mit den Sakramenten im katholischen Verständnis. Schon an der zitierten Stelle war von »sakramentaler Magie« die Rede. Sehr häufig verwendet Weber, vor allem gezielt auf das katholische Christentum, mit einem Bindestrich verbunden die Doppelbezeichnung »magisch-sakramental«. Ich habe schon an anderer Stelle[128] darauf hingewiesen, daß Webers Charakte-

128 Hans Joas, *Was ist die Achsenzeit? Eine wissenschaftliche Debatte als Diskurs über Transzendenz*, Basel 2014, S. 31.

risierungen damit in direkter Kontinuität stehen zur Konfessionspolemik seit der Reformation. Andere Einschübe in den Text des alten Protestantismus-Aufsatzes, in denen der Begriff »Entzauberung« auftaucht, verstärken den Eindruck, daß Webers Bild vom Katholischen selbst keineswegs unvoreingenommen und wertneutral ist, sondern calvinistisch gefärbt. So nennt er bei der Kennzeichnung des katholischen Bußsakraments den Priester ausdrücklich einen »Magier« und spricht erneut davon, daß in der katholischen Frömmigkeit die »Entzauberung« der Welt: »die Ausschaltung der Magie als Heilsmittel«,[129] nicht zu den Konsequenzen durchgeführt worden sei, »wie in der puritanischen (und vor ihr nur in der jüdischen) Religiosität«. Eine Anmerkung hebt auch hier »die absolut zentrale Bedeutung *dieses* Moments« hervor, ohne anzugeben, worin diese genau besteht. Klar wird aber, daß Weber unter Entzauberung, wenn er die Sakramente als eine Form von Magie klassifiziert, auch die Zurückdrängung des Glaubens an die Sakramente versteht.[130]

Drei Fragen sind an dieser Stelle also unausweichlich. Sie lassen sich in vorläufiger Zusammenfassung als die Frage nach der Konstruktion des einen großen religionsgeschichtlichen Prozesses der Entzauberung, die Frage nach der Bedeutung nichtreligiöser, etwa rein intellektueller und wissenschaftlicher Impulse für einen solchen Prozeß, und die Frage nach einer möglichen konfessionellen Schlagseite von Webers Sicht auf die Reformation und ihre Wirkungen bezeichnen.

Drei weitere Erwähnungen von »Entzauberung« in den *Gesammelten Aufsätzen zur Religionssoziologie* erbringen zunächst Aufschluß hinsichtlich der Frage, warum Weber der Entmagisierung eine solche überragende welthistorische Bedeutung zu-

129 Weber, *Gesammelte Aufsätze zur Religionssoziologie*, Bd. 1, S. 114.

130 Ganz entsprechend Weber, ebd., S. 156: »Die täuferischen Denominationen vollzogen, neben den Prädestinatianern, vor allem die strengen Calvinisten, die radikalste Entwertung aller Sakramente als Heilsmittel und führten so die religiöse ›Entzauberung‹ der Welt in ihren letzten Konsequenzen durch.«

spricht. Vor allem bei seiner Schilderung der Quäker hebt Weber hervor, welche Folge der Entzauberung der Welt er für die entscheidende hält: »Die radikale Entzauberung der Welt ließ einen anderen Weg als die innerweltliche Askese nicht zu.«[131] Sein ursprüngliches Interesse in dieser Studie hatte ja nicht den Folgen der Entzauberung gegolten – von der er zunächst noch gar nicht sprach –, sondern den Ursprüngen der innerweltlichen Askese und damit, für ihn, des Geistes des Kapitalismus. Auch in der auf die Protestantismus-Texte folgenden »Einleitung« zu Webers vergleichenden Studien zur Wirtschaftsethik der Weltreligionen lesen wir: »Voll erreicht wurde beides: Entzauberung der Welt und Verlegung des Weges zum Heil von der kontemplativen ›Weltflucht‹ hinweg in die aktiv asketische ›Weltbearbeitung‹, – wenn man von einigen kleinen rationalistischen Sekten, wie sie sich in aller Welt fanden, absieht, – nur in den großen Kirchen- und Sektenbildungen des asketischen Protestantismus im Okzident.«[132] Die Entzauberung tritt hier also ins Blickfeld, weil sie eine Entwertung aller anderen Heils- und Erlösungswege beinhalte als den eines rastlosen Strebens in der beruflichen Arbeit. Die Frage nach den religiösen Wurzeln einer solchen Mentalität ist zweifellos von höchstem sozialgeschichtlichen Interesse, ebenso die nach ihren Auswirkungen auf Wirtschaft, Gesellschaft und Kultur. Doch ist es keineswegs unmittelbar plausibel, die Genese dieser Mentalität als unabdingbare Voraussetzung für die Entstehung des modernen Kapitalismus aufzufassen.

Über diese Zusammenhänge gibt es seit der ersten Veröffentlichung von Webers Protestantismus-Aufsatz im Jahr 1904 eine vielschichtige und nicht enden wollende Kontroverse. Es würde vom hier beschrittenen Weg nur ablenken, auf diese und die in ihr verhandelten Fragen näher einzugehen. Weber war unter dem Druck der zeitgenössischen Kritik an der ursprünglichen

---

131 Ebd., S. 158.
132 Ebd., S. 263.

Fassung seiner These nicht etwa zurückgewichen, sondern erweiterte laufend den Gegenstand seiner Untersuchungen und erhöhte damit zugleich den Anspruch dieser ursprünglichen These. So wurde aus der Frage, welche Rolle genau diese Arbeits- und Wirtschaftsmentalität innerhalb der vielfältigen Kontingenzen der Wirtschaftsgeschichte für die Entstehung des modernen Kapitalismus spielte, eine doppelte erweiterte Fragestellung: wie nämlich die langfristigen Voraussetzungen der Entstehung dieser Mentalität beschaffen waren und welche langfristigen Wirkungen sich ergeben, wenn diese Mentalität nicht entstand oder, zumindest zum Teil auch aus religiösen Gründen, nicht entstehen konnte. Die nächste zu erörternde Stelle bei Weber gewinnt nur in diesem erweiterten Fragerahmen ihren Sinn. An die Protestantismus-Studie schließt sich in den *Gesammelten Aufsätzen* nämlich zunächst die Arbeit über »Konfuzianismus und Taoismus« an und in deren Rahmen als Schlußabschnitt unter dem Titel »Resultat« ein Vergleich des Konfuzianismus mit dem Puritanismus. Beide bringt Weber – wie wir bereits gesehen haben – dort als Formen des Rationalismus zusammen.[133] Unbefriedigend ist, daß das genaue Verhältnis der beiden Maßstäbe »Entmagisierung« und »systematische Einheitlichkeit« dort unklar bleibt. Fast wörtlich wie in bestimmten Passagen der Protestantismus-Studie wird dann die Magiefeindschaft der Puritaner herangezogen, wobei die Sakramente hier immerhin als »sublimierte Form«[134] der Magie bezeichnet werden. Dann heißt es ebenfalls wie früher: »Die gänzliche *Entzauberung der Welt* war *nur* hier in alle Konsequenzen durchgeführt.«[135] Differenzierter als vorher erwähnt Weber unter Nennung der Hexenprozesse im puritanischen Neuengland, daß die Entmagisierung aber nicht einfach als Verschwinden aller Magie gedacht werden solle, als »Freiheit von dem, was wir heute als ›Aberglau-

133 Ebd., S. 512.

134 Ebd., S. 513.

135 Ebd.

ben‹ zu werten pflegen«. Alles Magische sei im Puritanismus allerdings teuflisch geworden, also gewissermaßen nur in negativer, zu bekämpfender Form übriggeblieben. Der Konfuzianismus dagegen habe die Magie »in ihrer positiven Heilsbedeutung unangetastet« gelassen, und für die heterodoxe Lehre des Daoismus gelte dies a fortiori. Weber spricht in einer auch in seiner Indien-Studie auftauchenden Metaphorik vom »Zaubergarten« dieser Lehre und erklärt, daß bei einer solchen fehlenden Entmagisierung »eine rationale Wirtschaft und Technik moderner okzidentaler Art einfach ausgeschlossen war«. Das war offensichtlich eines seiner wesentlichen Argumentationsziele in der Arbeit zu China, das er nun erreicht zu haben glaubt. Wie die Entmagisierung durch den asketischen Protestantismus die Voraussetzung für rationale Wirtschaft und Technik geschaffen habe, so müsse eine ausbleibende Entmagisierung, »die Erhaltung dieses Zaubergartens«, die entsprechende Entwicklung unterbinden. Eine besonders unzweideutige Formulierung dieser These findet sich in dem Text, der aus einer der letzten universitären Vorlesungen Webers erstellt und unter dem Titel »Wirtschaftsgeschichte« posthum publiziert wurde: »Prophetien haben die *Entzauberung der Welt* herbeigeführt und damit auch die Grundlage für unsere moderne Wissenschaft, die Technik und den Kapitalismus geschaffen.«[136] Gleich im nächsten Satz folgt auch hier eine kontrastierende Behauptung zu China, das keine eigenen Propheten hervorgebracht habe – ein Satz, der insofern merkwürdig anmutet, als er ja auch über Europa geschrieben werden könnte. In der radikalen Entmagisierung, das ist festzuhalten, sieht Weber nicht nur eine radikale Form von Religion und auch nicht nur eine Krönung der Religionsgeschichte, sondern eine notwendige Bedingung für die Entstehung des Geistes des Kapitalismus und darüber hinaus die Entwicklung der neuzeitlichen Wissenschaft und Technik. Ohne

136 Max Weber, *Wirtschaftsgeschichte. Abriß der universalen Sozial- und Wirtschaftsgeschichte* (1923), Berlin 1981, S. 309.

ausbuchstabiert zu werden, wird von Weber hier vermutlich unterstellt, daß nur eine entmagisierte Welt Gegenstand methodischer wissenschaftlicher Erforschung und umfassender technischer Beherrschung werden kann. Gerne verweist er deshalb auf in magischen Vorstellungen begründete Widerstände etwa gegen den Eisenbahnbau in China. Die genaueren Zusammenhänge bedürfen aber gewiß zusätzlicher Klärung.

Nach die China- und vor die Indien-Studien hat Weber in der Komposition der *Gesammelten Aufsätze* seinen vielleicht rätselhaftesten Text, die über alle Maßen berühmte »Zwischenbetrachtung«, eingeschaltet, der in der Geschichte der Soziologie häufig im Sinne einer fortschreitenden Differenzierung kultureller Wertsphären gelesen wurde. Ob dies berechtigt ist, werde ich an einer anderen Stelle dieses Buches[137] ausführlich erörtern. Hier geht es, am Leitfaden der Frage nach der »Entzauberung«, zunächst nur darum, daß Weber sich an zwei Stellen der »Zwischenbetrachtung« zur Stellung der Wissenschaft im Entzauberungsprozeß näher äußert. Allerdings erfahren wir an diesen Stellen nichts Zusätzliches zur Bedingtheit der wissenschaftlichen Entwicklung durch eine vorausgehende oder mitwirkende religiös bedingte Entmagisierung. Jetzt geht es Weber eher um die Wirkungen der Wissenschaft auf religiös-metaphysische Weltbilder und die daraus resultierenden Spannungen. In den Worten Webers: »Wo immer aber rational empirisches Erkennen die Entzauberung der Welt und deren Verwandlung in einen kausalen Mechanismus vollzogen hat, tritt die Spannung gegen die Ansprüche des ethischen Postulates: daß die Welt ein gottgeordneter, also irgendwie ethisch *sinnvoll* orientierter Kosmos sei, endgültig hervor.«[138] Die genannte Wirkung des »rational empirischen Erkennens« ist nun aber keineswegs nur die einer Zurückdrängung des Glaubens an die Magie, wie es im Kategorien-Aufsatz geheißen hatte, sondern der Ver-

137 Vgl. unten, Kap. 6.

138 Weber, *Gesammelte Aufsätze zur Religionssoziologie*, Bd. 1, S. 564.

wandlung der Welt in einen kausalen Mechanismus. Damit muß ein Wandel des Weltbilds – nicht der Welt – gemeint sein. Erneut, wie in der diskutierten Passage der *Religiösen Gemeinschaften*, trennt Weber nicht zwischen der Entstehung eines neuen Weltbilds und dem Wandel der Bedingungen alltäglicher und gewöhnlicher Erfahrung. Unbestreitbar ist, daß es in der frühen Neuzeit und sicher unter dem Einfluß der Wissenschaft zur Entstehung eines Weltbilds im Sinn eines »kausalen Mechanismus« kam. In einem solchen Weltbild wird die Selbsterfahrung des Menschen, in seinem Handeln frei zu sein, und werden moralische Kategorien ortlos und unverständlich. In der Geschichte des philosophischen Denkens wurde diese Spannung aber zum Ausgangspunkt auch von Versuchen, dualistisch (wie Kant) oder expressivistisch und pragmatistisch zu denken, das heißt aus der Selbsterfahrung moralischer Freiheit heraus dem kausal determinierten Universum den Rückgang auf die Erkenntnisbedingungen des erkennenden Subjekts entgegenzuhalten (so Kant und die Folgen) oder (so Herder oder William James und die Folgen) zu einer fundamentalen Revision des Bildes von der Natur des Menschen und aller Organismen anzusetzen. Auch bei Weber selbst hätte an dieser Stelle eine Reflexion erfolgen können, inwiefern denn der Begriff der Handlung, der für ihn so zentral ist, sich dem Schema des »kausalen Mechanismus« entzieht. Diese unterbleibt, und an anderen Stellen seines Werkes behauptet Weber sogar ausdrücklich, daß die kulturwissenschaftliche Erkenntnis »natürlich rein *kausale* Erkenntnis genau in dem gleichen Sinn [ist] wie die Erkenntnis bedeutsamer individueller Naturvorgänge, welche qualitativen Charakter haben«.[139] Damit aber vergibt er die Möglichkeit, aus der Tatsache intentionalen und normativ orientierten Handelns heraus einen Ausweg aus dem Dualismus von »kausalem Me-

139 Max Weber, »Die ›Objektivität‹ sozialwissenschaftlicher und sozialpolitischer Erkenntnis«, in: ders., *Gesammelte Aufsätze zur Wissenschaftslehre*, S. 146-214, hier S. 182.

chanismus« und »ethisch sinnvoll orientiertem Kosmos« zu bahnen. Dies ist auch in sich inkonsequent. Wenn nämlich die Welt durch und durch als »kausaler Mechanismus« zu denken wäre und der Unterschied zwischen Naturkausalität und Handlungskausalität ignoriert werden dürfte, dann würde die Suche nach dem Ort ethischen Handelns doch insgesamt zur Illusion, da doch auch die handelnden Menschen selbst dann nur Rädchen im Mechanismus wären. Man könnte in Webers Fall deshalb von einer *halbierten Entzauberung* sprechen, da seine Konzeption einer Entzauberung der Welt nicht die Entzauberung des Subjekts einzuschließen scheint, wie es bei einem konsequenten Materialismus oder reduktionistischen Naturalismus der Fall ist. Diese Phänomene der Subjektivität: menschliches Fühlen, die Vorstellungskraft, das Denken, die Moral aber zwingen Naturalisten zur Entwicklung nichtreduktionistischer Formen und erfüllen selbst Materialisten mit Ehrfurcht.[140] Weber war weder Materialist noch reduktionistischer Naturalist. Deshalb kann er das Weltbild des »kausalen Mechanismus« nicht geteilt haben. Aber er scheint, zumindest an dieser Stelle, nicht hinreichend zu unterscheiden zwischen der Beschreibung einer bestimmten Phase der Ideengeschichte, in der ein Weltbild entstand, das nie ohne Gegner und Alternativen war, und einer notwendigen und unausweichlichen Folge der Prozesse, die den Wandel des Weltbilds auslösten, auf der Ebene gewöhnlicher Erfahrung.

Die eigentliche Pointe der in Rede stehenden Passage aber ist eine andere. Weber behauptet nämlich, daß durch die Entstehung dieses Weltbilds des »kausalen Mechanismus« die Spannung zwischen der Erkenntnis von dessen Gesetzmäßigkeiten und der Vorstellung eines ethisch sinnvoll orientierten Kosmos nun in aller Schärfe hervorgetreten sei. Hier betrifft die Entzau-

---

140 Charles Taylor, »Disenchantment – Reenchantment«, in: ders., *Dilemmas and Connections. Selected Essays*, Cambridge, Mass., 2011, S. 287-302.

berung offensichtlich nicht mehr einfach die Magie, sondern ein religiös-metaphysisches Weltbild, das doch wesentlich gerade das Resultat philosophisch-intellektueller und prophetisch-religiöser Entmagisierung war.[141] Die Differenz zwischen Magie und (philosophischer) Metaphysik wird hier mit dem Begriff der Entzauberung planiert. Die Entzauberung als Entmagisierung, die angeblich im asketischen Protestantismus ihren Abschluß gefunden hat, scheint sich als welthistorischer Prozeß nun in den Weltbildwandel von früher Neuzeit und Aufklärung hin auszudehnen und den Konflikt zwischen »Wissenschaft« und »Religion« in diesen Epochen miteinzubegreifen. Wohlgemerkt: Weber ist natürlich im Recht, wenn er diesem Konflikt seine Aufmerksamkeit schenkt und – so an der einzigen anderen Stelle in der »Zwischenbetrachtung«, an der von Entzauberung die Rede ist[142] – danach fragt, welche Konsequenzen »nicht etwa nur das theoretische Denken, welches die Welt entzauberte, sondern gerade der Versuch der religiösen Ethik, sie praktisch ethisch zu rationalisieren«, für das Selbstverständnis der Religion haben mußte. Aber es ist keineswegs selbstverständlich, die Entwertung magischer Praktiken durch die Propheten, die Überwindung des Mythos durch die antiken Philosophen und die Immanentisierung und ethische Neutralisierung der Natur in der, verkürzt gesagt, Aufklärung mit demselben Begriff zu bezeichnen oder zu Phasen eines einzigen großen voranschreitenden welthistorischen Prozesses der »Entzauberung« zu erklären.

Für unseren Gang durch Webers Schriften am Leitfaden des Entzauberungsbegriffs fehlt nun nur noch ein einziger Text, der ursprünglich 1917 gehaltene, aber erst 1919 beträchtlich erweitert publizierte Vortrag »Wissenschaft als Beruf«. In diesem Text, der auch eines der »Monumente der Weber-Rezep-

141 Vgl. zum Wandel von Mythos in Logos die Literatur zur »Achsenzeit« und Kap. 5 unten.

142 Weber, *Gesammelte Aufsätze zur Religionssoziologie*, Bd. 1, S. 571.

tion«[143] darstellt, werden wir sogar sechsmal fündig.[144] Zunächst ist dort zweimal von Entzauberung die Rede,[145] wo Weber über die Tatsache reflektiert, daß alle wissenschaftliche Arbeit »eingespannt« sei »in den Ablauf des *Fortschritts*«.[146] Die Wissenschaft und der wissenschaftliche Fortschritt erscheinen hier als »Glied und Triebkraft« eines umfassenderen Prozesses zunehmender Intellektualisierung und Rationalisierung. Weber spricht hier erneut von einem »in der okzidentalen Kultur durch Jahrtausende fortgesetzten Entzauberungsprozeß«.[147] Besonders hebt er den Weltbildcharakter der Vorstellungen hervor, zu denen die Wissenschaft Anlaß gab:

> Die zunehmende Intellektualisierung und Rationalisierung bedeutet also *nicht* eine zunehmende allgemeine Kenntnis der Lebensbedingungen, unter denen man steht. Sondern sie bedeutet etwas anderes: das Wissen davon oder den Glauben daran: daß man, wenn man *nur wollte*, es jederzeit erfahren *könnte*, daß es also prinzipiell keine geheimnisvollen unberechenbaren Mächte gebe, die da hineinspielen, daß man vielmehr alle Dinge – im Prinzip – durch *Berechnen beherrschen* könne. Das aber bedeutet: die Entzauberung der Welt.[148]

Und Weber fährt erneut fort, ein solches, man könnte sagen, Weltbild optimistischer Wissenschaftsgläubigkeit mit dem magischen Weltbild zu kontrastieren: »Nicht mehr, wie der Wilde, für den es solche Mächte gab, muß man zu magischen Mitteln

---

143 Dirk Kaesler, *Max Weber. Preuße, Denker, Muttersohn. Eine Biographie*, München 2014, S. 752.

144 Es erscheint als sicher, daß Weber den Begriff auch schon im mündlichen Vortrag verwendete, da ein Zeitungsbericht über den Vortrag den Begriff enthält. Der Bericht der *Münchner Neuesten Nachrichten* vom 9.11.1917 (Morgenausgabe) ist abgedruckt bei Wolfgang Mommsen, *Max Weber und die deutsche Politik*, Tübingen [2]1974, S. 290, Anm. 292.

145 Max Weber, »Wissenschaft als Beruf«, in: ders., *Gesammelte Aufsätze zur Wissenschaftslehre*, S. 582-613, hier S. 594.

146 Ebd., S. 592.

147 Ebd., S. 594.

148 Ebd.

greifen, um die Geister zu beherrschen oder zu erbitten. Sondern technische Mittel und Berechnung leisten das. Dies vor allem bedeutet die Intellektualisierung als solche.«[149]

Diese Kontrastierung erscheint auf den ersten Blick als eindeutig, erweist sich auf den zweiten Blick aber als durchaus doppelbödig. Wenn es nicht um eine tatsächliche überlegene Kenntnis und Beherrschung der eigenen Lebensbedingungen geht, sondern nur um den Glauben an deren Erkennbarkeit und Beherrschbarkeit, dann ähneln sich die Menschen über die Unterscheidung von magischem und wissenschaftlich-technischem Weltbild hinweg beträchtlich. In ihrer subjektiven Zweckrationalität greifen sie zu den Mitteln, die sie für geeignet halten, und um zu entscheiden, welche Mittel das sind, greifen sie auf gesellschaftlich etabliertes Wissen zurück und vertrauen Experten, sei es Magiern, sei es Wissenschaftlern und Technikern. Sie unterscheiden sich dann auf den ersten Blick nur in der Art des Wissens und in der Art der Experten, denen sie vertrauen. Das Wissen des »Zivilisierten« beruhe allerdings, wie es am Ende des Kategorien-Aufsatzes heißt, auf der Unterstellung, daß es sich bei den Bedingungen des Alltagslebens prinzipiell um »der rationalen Kenntnis, Schaffung und Kontrolle zugängliche menschliche Artefakte« handle,[150] deren Verhalten nicht willkürlich, sondern kalkulierbar sei. Die Betonung auf den Glauben an die Wissenschaft eröffnet auch die Möglichkeit, über Konjunkturen dieses Glaubens selbst nachzudenken. Es kann ja sein, daß der Glaube an die Beherrschbarkeit der Welt die Form falschen Vertrauens in Großtechnologien annimmt, deren Risiken sich als unbeherrschbar erweisen. Mit diesem Gedanken haben Soziologen wie Ulrich Beck und Charles Perrow seit den 1980er Jahren den Nerv einer zunehmend weniger wissenschaftsgläubigen Öffentlichkeit getroffen.[151] Der von Weber

149 Ebd.
150 Weber, »Kategorien«, S. 473.
151 Ulrich Beck, *Risikogesellschaft. Auf dem Weg in eine andere Moderne,*

beschriebene Glaube bezeichnet durchaus auch ein Phantasma, das bewirkt, daß die abwegigsten Vorstellungen etwa rassistischer Art, wenn sie sich als wissenschaftlich präsentieren (»Rassenbiologie«), auf Glaubensbereitschaft stoßen konnten. Soziologisch kann die Verbreitung solcher Wissenschaftsgläubigkeit nicht einfach als unproblematisch gegeben unterstellt werden. Diese Wissenschaftsgläubigkeit hat selbst ihre sozialen Träger, ihre Verbreitung wird von Interessen geleitet, ihre Zeit kommt und geht.

Schon an dieser Stelle wird aus der rückwärtsgerichteten These vom welthistorischen Prozeß der Entzauberung ein Element der Zeit- und Gegenwartsdiagnose, und diese Tendenz verstärkt sich im weiteren Verlauf des Vortrags »Wissenschaft als Beruf« noch. Ein wesentliches Motiv des Vortrags ist die Warnung vor »Kathederprophetie« im Sinne »eines Aufdrängens persönlicher Stellungnahme«[152] durch den Professor, wenn dieser die Grenzen dessen überschreitet, was wissenschaftlich mit guten Gründen behauptet werden darf, noch mehr aber als diese Warnung die ernste Einsicht, daß es keine wissenschaftliche Beantwortung von Wertfragen gebe. Weber vertritt hier eine sehr markante, bis heute umstrittene Position, die an dieser Stelle nicht weiter erörtert werden soll. Für ihn, soviel sei gesagt, ist eine wissenschaftliche Beantwortung von Wertfragen nicht möglich, »weil die verschiedenen Wertordnungen der Welt in unlöslichem Kampf untereinander stehen«.[153] Er analogisiert diesen Konflikt der Werte mit der Rivalität der Götter im antiken Polytheismus. Der Unterschied, so heißt es mehrfach und unter dreimaliger Verwendung des Entzauberungsbegriffs innerhalb eines Absatzes, liege erneut nur in der Entzauberung. Man könnte dann von einem »entzauberten Polytheismus« als einem Si-

---

Frankfurt/M. 1986; Charles Perrow, *Normale Katastrophen. Die unvermeidbaren Risiken der Großtechnik* (1984), Frankfurt/M. 1987.

152 Weber, »Wissenschaft als Beruf«, S. 603.

153 Ebd.

gnum der Gegenwart sprechen: »Die alten vielen Götter, entzaubert und daher in Gestalt unpersönlicher Mächte, entsteigen ihren Gräbern, streben nach Gewalt über unser Leben und beginnen untereinander wieder ihren ewigen Kampf.«[154] Mit großem Pathos fordert Weber von den Zeitgenossen und gerade seinen jungen studentischen Zuhörern, keine Ausflüchte zu suchen, »denn Schwäche ist es: dem Schicksal der Zeit nicht in sein ernstes Antlitz blicken zu können«.[155]

Es soll dahingestellt bleiben, ob das Verhältnis der Götter zueinander im polytheistischen Pantheon mit der Vorstellung des »ewigen Kampfes« gut getroffen ist, ebenso, ob das Verhältnis der Werte zueinander sich so beschreiben läßt. Zumindest im archaischen Griechenland konnte die latente Tragik des Lebens unter polytheistischen Bedingungen, daß nämlich das »Handeln immer zur Verletzung der Wertforderung eines Kompetenzgottes führte«,[156] den Menschen durchaus verborgen bleiben. Sie brach wohl erst in den Tragödien auf und wurde dann zum Gegenstand philosophischer Reflexion. Auch dann aber ist der Kampf der Götter im Polytheismus etwas anderes als ein Kampf zwischen Monotheismen.[157] In unserem Zusammenhang, der Erörterung der Entzauberungskonzeption Webers, ist etwas anderes entscheidend. Nicht nur der antike Polytheismus wird hier von Weber als Opfer der Entzauberung gedeutet, sondern auch die Religion, die einst »diese Vielgötterei entthront«[158] hatte. Auch das Christentum erscheint hier ohne weitere Rechtfertigung als vergangen oder zumindest nicht als Kraft, die dem entzauberten Polytheismus ernsthaft etwas entgegenzusetzen

154 Ebd., S. 605. Weber bezieht sich hier nicht auf David Hume und dessen im ersten Kapitel dieses Buches behandelte Theorie, sondern auf John Stuart Mill.

155 Ebd.

156 Tenbruck, »Das Werk Max Webers«, S. 694.

157 Dazu Hartmann Tyrell, »Max Weber: Wertkollision und christliche Werte«, in: *Zeitschrift für Evangelische Ethik* 37 (1993), S. 121-138.

158 Weber, »Wissenschaft als Beruf«, S. 605.

hätte. Auch keine andere religiöse oder säkulare Kraft ist in Sicht, der dies zuzutrauen wäre. Weber begrüßt dies nicht, wie es ein militanter Säkularist oder ein geschworener Gegner jedes Versuchs zur Erzeugung einer harmonischen Werteordnung wohl getan hätte. Er bestreitet nur vehement jeden intellektuell und moralisch vertretbaren religiösen Ausweg aus der Lage und belegt zeitgenössische Formen des religiösen Glaubens mit dem Verdikt, sie seien nur um den Preis des »sacrificium intellectus«, des Verzichts auf die Forderungen der Vernunft, möglich.

Auch der letzte Abschnitt des Vortrags beginnt mit dem Bezug auf den Entzauberungsprozeß und erklärt alle öffentliche Rolle der Religion gegenwärtig für unmöglich: »Es ist das Schicksal unserer Zeit, mit der ihr eigenen Rationalisierung und Intellektualisierung, vor allem: Entzauberung der Welt, daß gerade die letzten und sublimierten Werte zurückgetreten sind aus der Öffentlichkeit, entweder in das hinterweltliche Reich mystischen Lebens oder in die Brüderlichkeit unmittelbarer Beziehungen der Einzelnen zueinander.«[159] Mystik im privaten Leben einzelner, intensivstes Leben in kleinsten Gemeinschaftskreisen, vielleicht sogar »bedingungslose religiöse Hingabe« (allerdings bei unvermeidlichem Opfer des Intellekts) seien weiterhin möglich. »Neue Propheten und Heilande«[160] jedoch, nach denen sich viele sehnten, seien nicht in Sicht. Statt sich nur nach diesen zu sehnen und ihrer zu harren, müsse jeder Mensch heute seinen eigenen »Dämon« finden und ihm gehorchen.

Ich halte den Rat des Weber-Biographen Kaesler, »aus diesem kontextgebundenen Gelegenheitsvortrag keinen philosophischen Text [zu] machen«,[161] für weise. Die Diagnose aus der Zeit des Endes des Ersten Weltkriegs sollte nicht zur bleibenden

---

159 Ebd., S. 612.

160 Ebd., S. 613.

161 Kaesler, *Max Weber*, S. 759. Anders Wolfgang Schluchter, für den diese Rede und die über »Politik als Beruf« philosophische Texte sind. Vgl. seine umfassend informierende Einleitung zur neuen Ausgabe der beiden Reden in: Max Weber, *Wissenschaft als Beruf/Politik als Beruf*

oder einzig intellektuell rechtschaffenen Sicht auf die Möglichkeiten zeitgenössischer Religion oder moralisch angetriebener sozialer Bewegungen überhöht werden. Bemerkenswert ist auch, daß Weber selbst keineswegs prinzipiell ausschließt, daß »am Ende dieser ungeheuren Entwicklung ganz neue Propheten oder eine mächtige Wiedergeburt alter Gedanken und Ideale stehen werden«.[162] Er sieht allerdings solche noch nicht einmal an irgendeinem Horizont auftauchen und will auch der Möglichkeit »männlich« ins Auge sehen, daß jede solche Erneuerung ausbleibt und an deren Stelle sich abzeichnet: »mechanische Versteinerung, mit einer Art von krampfhaftem Sich-wichtig-nehmen verbrämt«.[163] Was von einzelnen seiner bedeutendsten intellektuellen Zeitgenossen wie William James, Émile Durkheim und Ernst Troeltsch – wie in diesem Buch mehrfach erwähnt – so stark in den Vordergrund gerückt wurde, nämlich die Dynamik immer neuer Idealbildung, wird von Webers Theorie also keineswegs prinzipiell ausgeschlossen. Er hält allerdings in seiner Zeit eine solche für empirisch unwahrscheinlich. Der Grund dafür liegt für ihn im welthistorischen Prozeß der Entzauberung.

Damit ist das Ende dieses Durchgangs durch Webers Ausführungen zu diesem Prozeß der Entzauberung erreicht. Das gewählte Verfahren sollte durch seine große Textnähe die Interpretation davor bewahren, existierende Großdeutungen von Webers Werk einfach fortzuschreiben. Gleichzeitig wurde versucht, methodisch sich der Annahme zu enthalten, es ginge bei dieser Interpretation um die Genese einer Entdeckung oder den Ausgleich oberflächlicher Inkonsistenzen in einer im Grunde konsistenten Konzeption. Jetzt aber müssen die vielen in der Interpretation der einzelnen Stellen liegengebliebenen Fäden auf-

---

(= *Max-Weber-Gesamtausgabe*, Abt. I, Bd. 17), Tübingen 1992, S. 1-46, hier S. 1.

162 Weber, *Gesammelte Aufsätze zur Religionssoziologie*, Bd. 1, S. 204.

163 Ebd.

genommen, geordnet und verknüpft werden. Dabei wird sich zeigen, daß Webers eigene Konzeption überschritten werden muß, wenn seine verschiedenen Behauptungen wirklich in ein Ganzes integriert werden sollen.

Ein Versuch zur Systematisierung

Für die Systematisierung der erwähnten Gedanken Webers und der angeführten Zweifel bietet sich die Unterscheidung von vier Fragekomplexen an, von denen zwei eher anthropologischer Art und zwei historischer Natur sind. Der erste Fragenkomplex (1) betrifft die Identifizierung der elementarsten Schicht von Religion. Sie wurde hier schon bei der Erörterung der frühesten Stelle, an der Weber von »Entzauberung« sprach, berührt, als der Magie subjektive Zweckrationalität zugesprochen wurde. Sie tauchte aber auch überall dort auf, wo Weber von der Stellung der Magie in der Religionsgeschichte und von ihrer Infragestellung, Relativierung oder Sublimierung (in den Sakramenten) sprach. Als zweiten quasi anthropologischen Fragenkomplex (2) bezeichne ich all diejenigen Stellen, an denen direkt oder indirekt von der Konstitution eines Sinnes der Welt oder des Lebens die Rede war. Hierzu gehören auch Webers Gedanken über die spezifische Rolle des Intellektualismus beziehungsweise der gewöhnlichen Erfahrung sowie die Frage, ob er mit seiner Konzeption einer Entzauberung der Welt nicht merkwürdig halbherzig vor dem Gedanken einer Entzauberung auch des Subjekts haltgemacht habe. Zentral im vorliegenden Zusammenhang sind dann die beiden historischen Fragenkomplexe, die die ganze Konstruktion eines, in Webers Worten, »in der okzidentalen Kultur durch Jahrtausende fortgesetzten«[164] Entzauberungsprozesses betreffen. Einem Vorschlag Wolfgang Schluchters folgend, kann man die sich stellenden Fragen in die nach den Pro-

164 Weber, »Wissenschaft als Beruf«, S. 594.

zessen religiöser und kognitiver Entzauberung aufteilen.[165] Zum Komplex religiöser Entzauberung (3) gehören dann zunächst alle Fragen, die sich ergeben, wenn Zweifel an Webers Thesen von Entmagisierung aufkommen, bis hin natürlich zu seinen Behauptungen über die Konsequenzen ausbleibender Entmagisierung. Weiterhin ist es hier unvermeidlich, auf das angebliche Ende dieses Prozesses einzugehen und zu klären, ob dieses in einer Entmächtigung aller Religion zu sehen ist. Dem vierten Fragenkomplex (»kognitive Entzauberung«) (4) lassen sich all die Argumente und Einwände zuordnen, die sich auf intellektuelle Triebkräfte des (angeblichen) Entzauberungsprozesses vor der Reformation beziehen sowie auf die Bedingungen und Wirkungen der Wissenschaftsentwicklung seit der frühen Neuzeit.

(1) Kein Zweifel kann daran bestehen, daß es für den behaupteten Entzauberungsprozeß laut Weber einen historischen Anfang gibt, den er – wie erwähnt – im Judentum, vor allem bei den alttestamentlichen Propheten, sieht. Ebenso wird von ihm als Höhepunkt religiöser Entzauberung, in einer nicht ganz geklärten Weise sogar als Abschluß des Prozesses, die Reformation in Gestalt der Entstehung des asketischen Protestantismus aufgefaßt. Jedoch bleiben, wie Friedrich Tenbruck in seinem bahnbrechenden Aufsatz mit Recht festgestellt hat, »die dazwischen liegenden Etappen [...] einigermaßen unbestimmt«.[166] Über die hier schon genannten Verweise auf die hellenische Geisteskultur hinaus findet sich bei Weber vor allem noch, unter speziellem Bezug auf Westeuropa, die Hervorhebung »des römischen Rechts und der auf dem römischen Amtsbegriff fußenden römischen Kirche«.[167] Um dem offensichtlichen Mangel einer lückenhaften Geschichte abzuhelfen, haben andere Gelehrte heroische Versuche unternommen, aus Webers Schriften all das zusammenzutragen, was in einer Geschichte der Ent-

---

165 Schluchter, *Entzauberung.*

166 Tenbruck, »Das Werk Max Webers«, S. 668.

167 Weber, *Gesammelte Aufsätze zur Religionssoziologie*, Bd. 3, S. 7.

zauberung, die Weber eben nicht vorgelegt hat, vorkommen müßte. Schluchter nennt in seinem Versuch sechs zentrale Bestandteile einer solchen Geschichte und hebt – mehr als dies hier bisher möglich war – Webers Aufmerksamkeit auf die Befreiung der Jesusbewegung »aus ethischen und sozialen Schranken durch die Mission des Paulus« und »die spezifische Vermittlung von hierokratischer und politischer Gewalt durch die Lösung des Investiturstreits« hervor; er ist sich aber auch bewußt, daß er sich dabei interpretatorisch »auf teilweise ungesichertem Grund« befindet.[168] Selbst wenn sich so aus Webers Schriften oder auch unabhängig von diesen ein überzeugendes und zusammenhängendes Bild des faktischen historischen Verlaufs konstruieren lassen sollte, bleiben noch grundsätzliche Fragen, was den Prozeß im ganzen angeht. Gegen die Kritik an der Vorstellung einer linear fortschreitenden Entzauberung wird regelmäßig auf die Verschränkung der Entzauberung der Welt mit ihrer »ständigen Wiederverzauberung«[169] verwiesen – von denselben Interpreten wird aber zugleich die Irreversibilität des Entzauberungsprozesses behauptet.[170] Das kann doch nur bedeuten, daß einerseits die Entzauberung Gegenkräfte wachruft, die aber andererseits nie so stark werden können, daß der Prozeß tatsächlich zum Erliegen kommt. Woher aber soll ein Wissen über diesen Sachverhalt stammen? Ist dieser Gedanke historisch verifizierbar und auch für die Zukunft plausibel? Oder muß vielleicht die ganze Konstruktion *eines* Entzauberungsprozesses in Frage gestellt werden?

Ob der Mensch aus den Grundvoraussetzungen des Menschseins heraus auf Religion angelegt sei oder nicht, ist zwischen Religionskritikern und Glaubensapologeten seit langem kontrovers. Wenn die Frage verneint wird, ist eine religionslose Zukunft gut vorstellbar; wenn sie bejaht wird, erscheint auch noch

168 Schluchter, *Entzauberung*, S. 8 bzw. S. 7.
169 Ebd.
170 Schluchter, *Religion und Lebensführung*, Bd. 2, S. 518.

die säkularisierteste Epoche als bloßes Zwischenspiel, auf das unweigerlich eine religiöse Revitalisierung folgen muß. Max Weber hätte die Frage nicht mit einem einfachen Ja oder Nein beantwortet. Für ihn ist die Grundschicht aller Religion die Magie. Im »primitiven Weltbild«, so schrieb er, war »alles konkrete Magie«.[171] Sein Ausgangspunkt war »die Annahme eines urwüchsig pragmatischen diesseitigen Handelns, das auf Erfolg im Umgang mit der Umwelt zählt«.[172] Da der Erfolg dieses Handelns aber keineswegs gesichert ist, sind Erfahrungen des Mißerfolgs unvermeidlich. Diese können die Gestalt der absoluten Frustration der eigenen Bedürfnisse annehmen oder des Gefühls einer relativen Benachteiligung gegenüber den Mitmenschen, die mehr Erfolg bei ihrem Streben haben. Das so entstehende und erfahrene Leid bedarf der Bewältigung. Es muß daraus ein Bedürfnis entstehen, bessere Mittel in die Hand zu bekommen, als bisher zur Verfügung standen. »Die ursprüngliche Antwort darauf ist die Suche nach Charisma [...], also nach einer auf magische Mittel gegründeten Überlegenheit über die Unsicherheiten einer leidvollen Welt. Das Erlebnis des menschlichen Alltags, in der natürlichen wie in der sozialen Ordnung, gibt nicht genügend her, und deshalb sucht der Mensch von Anfang an nach außeralltäglichen Erlebnissen, in denen er magische Kraft über die Umwelt erlangt und dadurch Träger von Charisma wird.«[173]

Diese Beschreibung zielt auf die Anfänge der Menschheitsgeschichte und die historische Entstehung dessen, was wir Magie oder Religion nennen. Aber Weber teilt nicht mit den Fortschrittsoptimisten den Glauben, daß durch Wissenschaft und Technik eine Welt herbeigeführt werden könne, in der die Kontingenzen des zweckrationalen Handelns oder des sozialen Lebens ein für allemal bewältigbar sind. Deshalb bleibt das Leid

171 Weber, *Gesammelte Aufsätze zur Religionssoziologie*, Bd. 1, S. 254.
172 Tenbruck, »Das Werk Max Webers«, S. 686.
173 Ebd.

Teil des menschlichen Lebens ebenso wie das Bedürfnis nach dessen Überwindung, nach seinem Vergessen oder nach seiner Erklärung. Gleich zu Beginn seiner systematischen Skizze *Religiöse Gemeinschaften* betont Weber, daß »das religiöse oder ›magische‹ Handeln oder Denken [...] gar nicht aus dem Kreise des alltäglichen Zweckhandelns auszusondern [sei], zumal auch seine Zwecke selbst überwiegend ökonomische sind«.[174] Nicht geringere Zweckorientierung, sondern die Rolle »außeralltäglicher Kräfte«[175] grenzten den in Rede stehenden Untersuchungsbereich bei den magisch Handelnden ab. Weber wußte offensichtlich aus der ethnologischen Literatur der Zeit,[176] daß es in vielen Sprachen eigene Bezeichnungen für diese außeralltäglichen Kräfte gab und nennt den geläufigsten dieser Begriffe (das melanesische »mana«), aber auch »orenda« (aus der Sprache der Irokesen) und das altiranische »maga«, von dem unser Begriff »magisch« abgeleitet ist. Er entscheidet sich aber gegen die Verwendung aller dieser Begriffe und setzt »ein für allemal«[177] dafür den christlichen, griechischsprachigen Begriff »Charisma« ein, in dem nicht nur wie in den anderen Begriffen das Element der außeralltäglichen Kraft, sondern besonders auch deren Gabecharakter hervorgehoben ist.

Um die Besonderheit, aber auch die Problematik von Webers Vorstellungen deutlich zu machen, ist ein vergleichender Blick auf andere (zeitgenössische) Denkweisen hilfreich. Am wichtigsten ist dabei die Differenz zu der – im dritten Kapitel dieses Buches dargestellten – Religionstheorie von Émile Durkheim. Für Durkheim werden in der Ekstaseerfahrung des Kollektivs

174 Weber, *Religiöse Gemeinschaften*, S. 122.

175 Ebd.

176 Stefan Breuer bezweifelt mit guten Gründen, daß Weber diese Literatur tatsächlich kannte; er meint, daß Weber vermutlich nur die entsprechenden Handbücher konsultiert hatte. Vgl. ders., »Magie, Zauber, Entzauberung«, in: Hans G. Kippenberg, Martin Riesebrodt (Hg.), *Max Webers »Religionssystematik«*, Tübingen 2001, S. 119-130, hier S. 126.

177 Weber, *Religiöse Gemeinschaften*, S. 122.

außeralltägliche Kräfte erlebt, die bei der Reintegration in den Alltag bestimmten Attributen der Erfahrungssituation als Heiligkeitsqualitäten zugeschrieben werden. Sein komplexer Gedankengang muß an dieser Stelle nicht wiederholt werden. Entscheidend ist, daß sich in dieser Konzeption der Gedanke verbietet, Magie sei die Grundschicht des Religiösen und zweckorientiertes Handeln Ursprungskontext für Sakralität. Bei Durkheim verhält sich die Magie vielmehr parasitär zur Religion. Ohne die in der kollektiven Ekstase konstituierten Kräfte des Heiligen haben die Individuen, auch und gerade die Magier als Quasiexperten für den zweckorientierten Einsatz dieser Kräfte, überhaupt nichts, worüber sie in ihrem alltäglichen Handeln verfügen könnten. Durkheim ging so weit, in den außeralltäglichen Kräften überhaupt nichts anderes sehen zu wollen als die unbegriffenen eigenen Kräfte des Kollektivs. Um die Berechtigung dieser zutiefst »säkularistischen Annahme« geht es hier nicht, wohl aber um den fundamentalen Kontrast zu den Annahmen Webers. Wenn Magie, wie bei Weber, die Grundschicht der Religion darstellt, kann die weitere Entwicklung ja nur entweder in deren Verstärkung und Systematisierung oder aber in ihrer Schwächung und Zurückdrängung bestehen. Ganz anders bei Durkheim. In seinem Bezugsrahmen muß es um die immer neuen Dynamiken der Sakralisierung und um die immer neuen Aneignungen des Heiligen in zweckrationalen Handlungen gehen. In Webers Logik liegt es, aus dem Fehlen eines Magieverbots auf die Dominanz des Magischen in einer Tradition zu schließen. Aus Durkheims Sicht ist dieser Schluß nicht zwingend, da die Konstitution von Sakralität außerhalb zweckrationaler Zusammenhänge stattfindet und aus der Existenz des Glaubens an sakrale Kräfte keineswegs auf eine Dominanz des zweckrationalen Umgangs mit diesen geschlossen werden kann.[178]

---

178 In diesem Punkt argumentiert Charles Taylor ähnlich wie Durkheim: »Auch in der Vorachsenzeit war das Ritual nicht bloß ein Versuch, die

Nun ist es nicht so, daß Weber den fundamentalen Unterschied zwischen einem zweckrationalen und einem anderen Umgang mit dem Heiligen nicht gesehen hätte. In der Entzauberungspassage des Kategorien-Aufsatzes war, wie erwähnt, von solchen Alternativen – der »gesinnungshaften« und der »mystischen« – ausdrücklich die Rede. Im Text *Religiöse Gemeinschaften* führt Weber die wichtige begriffliche Unterscheidung von »Gotteszwang« und »Gottesdienst« ein; er meint damit im einen Fall den Versuch, Gott nach dem eigenen Willen zu nötigen, im anderen Fall die Bereitschaft, den eigenen Willen von dem göttlichen Willen formen zu lassen. Allerdings glaubt Weber – im krassen Gegensatz zu Durkheim – »die orgiastischen und mimischen Bestandteile des religiösen Kultes, vor allem Gesang, Tanz, Drama, daneben die typischen festen Gebetsformeln«[179] auf eben die Absicht zum Gotteszwang zurückführen zu können. In seinen Analysen des nachprophetischen Judentums gebraucht er die Unterscheidung von »Zauber« und »Wunder« – ebenfalls, um einer fundamentalen Veränderung gerecht zu werden. Im nachprophetischen Judentum sei »die Vorstellung: daß man durch Zauber die Gottheit zwingen könne, radikal ausgerottet. Die prophetische Gotteskonzeption schloß diese Vorstellung ein für allemal aus. Die Magie in diesem ursprünglichen Sinn gilt dem Talmud daher als unbedingt verwerflich und gotteslästerlich.«[180] Weber kennt auch die Ausnahmen – in Exorzismus und Krankenheilung, bei denen es aber nicht um Zwang gegenüber Gott, sondern gegenüber Dämonen gehe, und verweist auf die Forderungen an Jesus, wie die Evange-

höheren Mächte im Sinne der heutigen Auffassung zu manipulieren, denn das Ritual ging mit großer Ehrfurcht vor diesen höheren Mächten einher und häufig auch mit dem als ›Hybris‹ bezeichneten Gefühl, im Falle des Zuwiderhandelns Unrecht getan zu haben, sowie mit Empfindungen der Verehrung und der Dankbarkeit für gewährte Gnaden.« (*Ein säkulares Zeitalter*, S. 733.)

179 Weber, *Religiöse Gemeinschaften*, S. 154.

180 Weber, *Gesammelte Aufsätze zur Religionssoziologie*, Bd. 3, S. 411.

lien sie schildern, seine Gottgesandtheit durch Zeichen zu beglaubigen. Es gehe dabei aber für die Juden eben um die Legitimierung der Gottgesandtheit und gerade nicht um die eigene Göttlichkeit Jesu. Die Entgegensetzung von Magie und Religion findet sich damit auch bei Weber, aber im Sinne eines religionsgeschichtlichen Folgeverhältnisses bei einem Primat der Magie. Selbstverständlich bedeutet »Folgeverhältnis« hier nicht »schlichte Abfolge«, da die prinzipielle Überwindung der Magie für Weber »evolutionär unwahrscheinlich«[181] war und die Magie auch nach dieser Überwindung etwa unter den Bauern weiterleben oder als Dekadenzphänomen wiedererstehen konnte.[182]

Eine Unterscheidung, die Weber innerhalb der angeblichen magischen Grundschicht des Religiösen vornimmt, ist dazu geeignet, auf die Spezifik und Problematik seiner Denkweise noch näher hinzuweisen. Er nimmt – wie es der Diskurs über »mana« und das Heilige um 1900 insgesamt tat – an, daß eine Erfahrung von außeralltäglichen Kräften am Ursprung der Religionsentwicklung liege, zusätzlich aber, daß der anfängliche Bezugsrahmen dieser Erfahrung der eines präsymbolischen Naturalismus sei. Erst in einem zusätzlichen Entwicklungsschritt werde der Zauber »aus einer direkten Kraftwirkung zu einer Symbolik«.[183] In einer Formulierung, die der ähnelt, mit der er die Entzauberung durch die moderne Wissenschaft oder das an diese angelehnte Weltbild charakterisiert, spricht Weber davon, »daß jetzt nicht nur Dinge und Vorgänge eine Rolle spielen, die da sind und geschehen, sondern außerdem solche, welche und weil sie etwas ›bedeuten‹«.[184] Das klingt so, als stelle ein moderner szientistischer Naturalismus ein urwüchsiges Weltverhältnis des

---

181 So Hartmann Tyrell, »Potenz und Depotenzierung der Religion. Religion und Rationalisierung bei Max Weber«, in: *Saeculum* 44 (1993), S. 300-347, hier S. 305.

182 Hartmann Tyrell, »›Das Religiöse‹ in Max Webers Religionssoziologie«, in: *Saeculum* 43 (1992), S. 172-230, hier S. 192.

183 Weber, *Religiöse Gemeinschaften*, S. 127.

184 Ebd.

Menschen wieder her. Die Entstehung von Vorstellungen über »Seelen, Dämonen und Götter« stellt für Weber ein Reich dar, das »ein nicht im Alltagssinn greifbares, sondern ein regelmäßig nur durch Vermittlung von Symbolen und Bedeutungen zugängliches hinterweltliches Dasein« führt, und er spricht in krassen Worten sogar davon, daß an einem bestimmten Punkt, wesentlich auch bewirkt von den Machtinteressen der Magier, »eine Flutwelle symbolischen Handelns [...] den urwüchsigen Naturalismus unter sich begräbt«.[185] Damit aber wird religiöser Sinn wie eine überflüssige Sekundärschicht des Welterlebens gedeutet – erneut in massivem Gegensatz zu Durkheim und all den Denkern (von diesem über Mircea Eliade bis Robert Bellah), für die es ein nichtsymbolisch konstituiertes Weltverhältnis des Menschen nicht gibt.[186] An dieser Stelle kann es nicht darum gehen, die Frage nach der Berechtigung von Webers Denkweise definitiv zu entscheiden. Festzuhalten ist aber, daß der religionshistorische Ausgangspunkt von Webers Narrativ der Entzauberung eine problematische Annahme enthält, nämlich die von der Priorität der Magie in der Entwicklung der Religion.

(2) Eine wohlwollende Deutung Webers – und damit öffnet

185 Ebd., S. 129.

186 Hinzuzufügen ist, daß – worauf z. B. Hans Gerhard Kippenberg und Joachim Radkau hingewiesen haben – Weber sich immer mehr auch der Ekstase-Thematik öffnete, nicht unter dem Einfluß Durkheims freilich, sondern dem Nietzsches und Erwin Rohdes, diese Ekstase aber bei ihm nicht konsequent als Konstitution von Sakralität gedacht wurde. Vgl. Joachim Radkau, *Max Weber. Die Leidenschaft des Denkens*, München 2005, S. 599; Hans Gerhard Kippenberg, »Religionsanalyse im Zusammenhang mit einer pragmatistischen Handlungstheorie«, in: Heinrich Wilhelm Schäfer (Hg.), *Hans Joas in der Diskussion. Kreativität – Selbsttranszendenz – Gewalt*, Frankfurt/M. 2012, S. 59-78, v. a. S. 73; in dem Band auch meine »Antwort auf Kippenberg« (S. 79-85); Erwin Rohde, *Psyche. Seelencult und Unsterblichkeitsglaube der Griechen* (1898), Darmstadt 1961; zum Einfluß Rohdes auf Weber: Stefan Breuer, »Max Weber, das Charisma und Erwin Rohde«, in: *Zeitschrift für Religions- und Geistesgeschichte* 67 (2015), S. 1-16.

sich der zweite Fragenkomplex – könnte einwenden, daß Weber im magischen oder religiösen Symbolismus eine Art sekundären Symbolismus gesehen habe, der zum primären etwa der gestischen und sprachlichen Verständigungszeichen hinzugekommen sei und deshalb eben auch wieder wegfallen könne. So spricht er in der Tat davon, daß in Ägypten nach der »Entwertung der traditionellen Religion durch den monotheistischen Anlauf«[187] Echnatons dem urwüchsigen Naturalismus sofort wieder Luft verschafft worden sei. Die Frage ist aber, ob wir uns die Entstehung auch der Sprache so vorstellen dürfen; in der Auseinandersetzung mit Jürgen Habermas' Ritual-Verständnis im dritten Kapitel wurden Gründe gegen diese Vorstellung genannt.[188] Auch wenn bestimmte religiöse Symbole die Sprache schon voraussetzen, heißt dies nicht, daß für die Entstehung sprachlicher Symbole nicht schon eben jene Erfahrungen zentral waren, die man als religionskonstitutiv bezeichnen kann. Das Weltverhältnis des Menschen ist schon in seiner körperlichen Dimension semiotisch vermittelt und nicht ursprünglich »naturalistisch«.

Die anschaulichste Methode, aufzuzeigen, wie sehr die Welterfahrung des Menschen fundamental von sinngebenden Wertgehalten durchdrungen ist, hat William James gefunden. Er forderte in seinen religionspsychologischen Vorlesungen seine Zuhörer zu einem Gedankenexperiment auf:

> Stellen Sie sich vor, wenn es Ihnen möglich ist, Sie seien plötzlich aller Ihrer Gefühle entkleidet, die Ihre gegenwärtige Welt in Ihnen auslöst, und versuchen Sie sich vorzustellen, wie diese Welt nun ganz allein für sich existiert, ohne Ihre positive oder negative, zuversichtliche oder besorgte Deutung. Es wird Ihnen kaum möglich sein, sich einen derarti-

187 Weber, *Religiöse Gemeinschaften*, S. 131.

188 Sie zielten dort auf einen der konsequentesten sprachtheoretischen Denker. Weber dagegen schrieb vor dem eigentlichen »linguistic turn«, kannte die Semiotik des amerikanischen Pragmatismus nicht und weist in hermeneutischer Hinsicht, wie ein Vergleich mit Dilthey oder Troeltsch zeigt, beträchtliche Defizite auf.

gen Zustand von Negativität und Totsein realistisch vorzustellen. Kein Teil des Universums wäre dann wichtiger als ein anderer; und die ganze Ansammlung seiner Dinge und die gesamte Folge seiner Ereignisse wäre ohne Bedeutung, ohne Eigenheit, Ausdruck oder Perspektive.[189]

James will darauf hinaus, daß wir in einer puren Welt der Tatsachen nicht leben könnten, weil eine solche Welt für uns tot wäre. Es wäre nicht das Weltverhältnis des illusionslosen Realisten, sondern des Depressiven, das damit gekennzeichnet ist. Obwohl wir durch Reflexion feststellen können, daß es unsere Bedürfnisse sind, die der Welt für uns Interesse und Bedeutung geben, erleben wir solche vorreflexive Sinnkonstitution gerade nicht als Hinzufügung zur Welt, sondern als die Welt. Wer liebt – so James –, sieht das geliebte Geschöpf, aber auch sich selbst und die ganze Welt in einem anderen Licht. Es wäre aber ganz irreführend, solche Liebe als bloße Projektion zu interpretieren, als sei die Welt natürlicherweise frei von Bedeutung gegeben. Was James sagt, gilt für die Welterfahrung im allgemeinen, aber gesteigert noch dort, wo wir etwas als »ideal« erleben. »Liebe« und »Glaube« sind in diesem Sinne Steigerungen der natürlichen Welterfahrung des Menschen, nicht aber projektive Hinzufügungen zu einer urwüchsig bedeutungslosen Weltwahrnehmung.[190]

---

189 William James, *Die Vielfalt religiöser Erfahrung* (1902), Frankfurt/M. 1997, S. 173. Zur Interpretation vgl. Hans Joas, *Die Entstehung der Werte*, Frankfurt/M. 1997, S. 82. Bei Philosophen ist in Hinsicht auf vorreflexive Sinnkonstitution oft nicht der amerikanische Pragmatismus der hauptsächliche Bezugspunkt. Sie verweisen statt dessen auf das Denken von Martin Heidegger und Maurice Merleau-Ponty.

190 Hervorzuheben ist, daß die Zeichenvermitteltheit der menschlichen Wahrnehmung bei James kaum durchdacht wurde; vgl. dazu oben, Kap. 2. Die Art und Weise, in der Wolfgang Hellmich Max Weber als Quasipragmatisten behandelt, erscheint mir als irreführend. Vgl. ders., *Aufklärende Rationalisierung. Ein Versuch, Max Weber neu zu interpretieren*, Berlin 2013, v. a. S. 187-223. Auch der pakistanische Soziologe Basit Bilal Koshul scheint mir die Ähnlichkeiten zwischen Weber und dem Pragmatismus zu überschätzen (ders., *The Postmodern*

Eine der Tücken der Entzauberungsmetapher Webers liegt, wie auch seine entschiedensten Verteidiger erkennen, darin, daß sie auf eine vorhergehende »Verzauberung der Welt« verweist: »[*E*]*ntzaubert* kann nur werden, was *verzaubert* ist.«[191] Das Bild der Verzauberung im Sinne einer Projektionstheorie ist aber für die Entstehung derjenigen vitalen Grundhaltung des Menschen, in der die Welt als werthaltig erlebt wird, ganz unangemessen. Wenn Menschen eine Tätigkeit um ihrer selbst willen genießend ausüben, wie es im Spiel oder bei einer lustvollen Arbeit[192] der Fall ist, dann projizieren sie nichts, geben sich nicht Illusionen hin und werden nicht Opfer eines Zaubers, von dem sie sich wieder befreien sollten. Weber kommt, gewiß unter dem Einfluß seiner Lektüre von James' religionspsychologischem Klassiker, selbst immer wieder auf die unmittelbare Gewißheit der religiösen Erfahrung oder die Inkommunikabilität des Mystischen zurück, doch er spricht über diese so, als sei der Mensch vor allem verpflichtet, sich diesen Erfahrungen nicht hinzugeben. Nun lautet die Gegenposition dazu gewiß nicht, sich jedwedem Wunschdenken und allen Selbsttäuschungen bereitwillig zu öffnen oder gar sich voluntaristisch den gewünschten Glauben selbst zu schaffen. So aber stellt Weber – etwa in »Wissenschaft als Beruf« – den gläubigen Menschen als einen dar, der sich zum Opfer seines Intellekts entschlossen habe, also wider bessere Vernunfteinsicht aus Glaubenssehnsucht Lehren akzeptiert, die er selbst nicht rechtfertigen kann. Mit einer Wendung, die er fälschlich mit Augustinus in Verbindung zu bringen scheint, spricht er vom »sacrificium intellectus«, das speziell

---

Significance of Max Weber's Legacy. Disenchanting Disenchantment, New York 2005). Er versucht, die These zu begründen, daß Weber selbst wesentlich dazu beigetragen habe, den entzaubernden Rationalismus zu entzaubern. Damit verfolgt er ein anderes Ziel als ich, wenn ich von der Entzauberung des Entzauberungsnarrativs spreche.

191 Schluchter, *Entzauberung*, S. 3.

192 Vgl. Radkau, *Max Weber*, S. 341, zu Webers mangelndem Verständnis für libidinös besetzte Arbeit.

der katholische Christ zu erbringen verpflichtet sei.[193] Diese Wendung, die auf das Mönchtum zurückgeht, war vornehmlich Bestandteil aufklärerischer Religionskritik und in Webers Zeit der protestantischen Konfessionspolemik, mit Ausnahme integralistischer Versionen aber keineswegs der katholischen Glaubenslehre selbst.[194] Sowohl in seinem Verständnis des Verhältnisses von alltäglicher und außeralltäglicher Erfahrung wie in seinen Vorstellungen über Vernunft und Glaube macht Weber aus Unterscheidungen, die in einem Kontinuum sinnvoll sind, Dichotomien. Damit aber entstehen künstliche Alternativen wie die zwischen rein vorgegebenen und ganz selbst zu setzenden Werten – Alternativen, die in die Sackgasse des Wertedezisionismus führen. Denkt man dagegen an ein Kontinuum von präreflexiver Erfahrung und Reflexion, dann wird man auf die Vielfalt von Wegen aufmerksam, auf denen Menschen präreflе-

193 Weber, »Wissenschaft als Beruf«, S. 611.

194 Damit soll nicht geleugnet werden, daß diese Versionen gerade auch zu Webers Zeit im Gefolge der Auseinandersetzungen über das Erste Vatikanische Konzil bis in das Lehramt hinein höchst einflußreich waren. Zur Geschichte dieses Begriffs vgl. Matthias Laarmann, »Sacrificium intellectus«, in: Ritter u. a. (Hg.), *Historisches Wörterbuch der Philosophie*, Bd. 8, Sp. 1113-1116; Andreas Speer, »Sacrificium intellectus«, in: *Archivio di filosofia* 76 (2008), S. 57-70. Zur Verteidigung eines positiven Sinns Max Scheler, *Vom Ewigen im Menschen* (1921), Bern 1954, S. 342-345. Auch Joseph Ratzinger hat sich in einer vielbeachteten Rede im November 1999 zu diesen Fragen geäußert und dabei deutlich gemacht, daß es bei der Anerkennung der Grenzen wissenschaftlichen Erkennens nicht um die Aufforderung zu Akten des Gehorsams geht: Joseph Ratzinger, »Das Christentum – die wahre Religion?«, in: ders., *Glaube – Wahrheit – Toleranz. Das Christentum und die Weltreligionen*, Freiburg 2003, S. 131-147. Speziell zum *sacrificium intellectus* des Priesters, der in der Verkündigung des Wortes Gottes nicht seine private Lebensphilosophie vorzutragen und doch mehr als ein »Telegrammbote« sein müsse, der sich also dem »Wort« zur Verfügung zu stellen habe: ders., »Bereitung zum priesterlichen Dienst«, in: ders., *Künder des Wortes und Diener eurer Freude* (= *Gesamtausgabe*, Bd. 12), Freiburg 2010, S. 423-450, hier S. 442f. (Mit Dank an Christian Schaller.)

xiv erfahrenen, nicht von ihnen selbst gestifteten Sinn in ihre expliziten Weltbilder integrieren.[195] Erneut sind hier nicht alle Implikationen des dichotomisierenden Irrwegs zu verfolgen, aber festzuhalten ist, daß die alltägliche Erfahrung der Werthaftigkeit der Welt nicht als Verzauberung und entsprechend ihr Verlust nicht als Entzauberung bezeichnet werden sollte.

(3) Was die beiden historischen Fragenkomplexe betrifft, sollen die strikt empirischen Fragen – wie zutreffend Webers Bild der Propheten oder der Reformation ist – vorläufig ausgespart werden. Es geht mir in beiden Fällen, bei der »religiösen« und bei der »kognitiven« Entzauberung, zunächst nur um die Grundlagen der ganzen Konstruktion. In Hinsicht auf die »religiöse Entzauberung« brauche ich, um meinen zentralen Einwand verständlich zu machen, die Unterscheidung dreier Begriffspaare, die in den Diskussionen immer wieder ineinanderfließen.[196] Es geht um die Unterscheidungen heilig/profan, transzendent/immanent (oder mundan) und religiös/säkular. Die Begriffe »sakral«, »transzendent« und »religiös« sind keine Synonyme. Der Begriff des »Heiligen« (oder »Sakralen«) zielt auf ein universales anthropologisches Phänomen, das sich aus den menschlichen Erfahrungen der Selbsttranszendenz ergibt. Der Begriff des »Transzendenten« bezeichnet die Vorstellungen von einer Trennung zwischen dem Reich des Göttlichen und dem des Irdischen, zugleich eine Lokalisierung des Wahren im Reich des

195 Treffendes dazu bei Charles Taylor, »Recovering the Sacred«, in: *Inquiry* 54 (2011), S. 113-125.

196 Ich nehme für mich in Anspruch, diese Unterscheidung seit Jahren zu verfechten (vgl. Joas, *Die Sakralität der Person*, S. 94f. zur Unterscheidung säkular/religiös versus profan/sakral; zu transzendent/immanent die Arbeiten zur Achsenzeit). Besonders klar ausgedrückt findet sie sich bei José Casanova, »Religion, the Axial Age, and Secular Modernity in Bellah's Theory of Religious Evolution«, in: Robert N. Bellah, Hans Joas (Hg.), *The Axial Age and Its Consequences*, Cambridge, Mass., 2012, S. 191-221. Sie ist jetzt auch die Grundlage für die Religionstheorie in: Reinhard Schulze, *Der Koran und die Genealogie des Islam*, Basel 2015, S. 109ff.

Göttlichen; diese Vorstellungen stellen keineswegs ein universales anthropologisches Phänomen dar und sind historisch an identifizierbaren Orten und Zeitpunkten entstanden. Der Begriff des Religiösen schließlich ist nur sinnvoll, wo ihm ein Gegenbegriff gegenübersteht; dies ist vollständig erst seit dem Aufstieg der »säkularen Option« (Charles Taylor) im Europa des siebzehnten und achtzehnten Jahrhunderts der Fall.[197] Wenn diese Unterscheidung dreier Gegensatzpaare, die an dieser Stelle nur ganz kurz eingeführt wird,[198] einleuchtet, dann folgt aus ihr, daß es drei verschiedene Prozesse des Wechsels von einer Seite zur anderen geben muß, und diese in beiden Richtungen: Es gibt dann *Prozesse der Sakralisierung und Profanisierung (oder Entsakralisierung);* es gibt *Prozesse der Transzendentalisierung und Immanentisierung (oder Enttranszendentalisierung);* es gibt *Prozesse der religiösen Revitalisierung und der Säkularisierung.* Keineswegs ist es zwingend, diese verschiedenen Prozesse so aufzufassen, als stünden sie in einer Art Folgeverhältnis zueinander. An einem einzigen Beispiel sei dies zunächst illustriert. In Webers Darstellung kommt dem Wirken Calvins eine zentrale Stellung zu, als der »Abschluß« oder Höhepunkt der religiösen Entzauberung durch radikale Magiefeindschaft. Weber übertreibt zwar, wenn er – ohne Beleg – in der Entzauberungspassage des »Resultate« betitelten Unterkapitels seiner *Gesammelten Aufsätze*[199] schreibt, »daß der strenge Puritaner selbst die Leichen seiner Lieben formlos verscharren ließ, um nur jeder ›Superstition‹, und das hieß hier: jedem Vertrauen auf Ma-

197 Zur Entstehung des Begriffs »Religion« im Sinne einer Opposition zum »Säkularen« vgl. die Bemerkungen in Kap. 1 dieses Buches; zur Entstehung von Transzendenzvorstellungen vgl. Kap. 5.

198 Zum Begriff des Heiligen ausführlicher oben, Kap. 2; Joas, *Die Sakralität der Person*, S. 84f.; ders., »Säkulare Heiligkeit. Wie aktuell ist Rudolf Otto?«, in: Rudolf Otto, *Das Heilige. Über das Irrationale in der Idee des Göttlichen und sein Verhältnis zum Rationalen* (1917), München 2014, S. 255-281.

199 Weber, *Gesammelte Aufsätze zur Religionssoziologie*, Bd. 1, S. 513.

nipulationen magischen Charakters die Quelle abzugraben«, denn Calvin selbst billigte Bestattungsriten durchaus.[200] Doch grundsätzlich trifft es zu, daß Calvin auf der »Negation aller Anhaltspunkte für eine *innerweltlich* vorzunehmende Scheidung von sakral und profan – also für die Auszeichnung bestimmter Orte, Zeiten, Zahlen, Objekte, Handlungen usw. als heilig und mit sakraler Dignität«[201] bestand. Die Pointe des Kampfes gegen alle »Kreaturvergötterung« ist dabei natürlich gerade nicht eine totale Entsakralisierung oder gar Säkularisierung, sondern die verstärkte, ja ausschließliche Sakralisierung Gottes, das heißt seine radikale Transzendentalisierung.[202] Mit diesem Beispiel sollte plausibel gemacht werden, daß wir die dreifache Unterscheidung der Begriffspaare und zusätzlich die Relativierung des angeblichen religionshistorischen Ausgangspunkts der Magie brauchen, um den Fallen des Entzauberungsnarrativs zu entgehen. Entmagisierung muß im Fall des asketischen Protestantismus als Transzendentalisierung verstanden werden. Ähnlich verhält es sich schon bei dem, was Weber das »prophetische Zeitalter« nennt.[203] Wir können das, was Weber im Begriff der Entzauberung einebnet, zumindest versuchsweise auseinanderziehen. Dann werden wir fragen, ob *Entmagisierung, Entsakralisierung, Enttranszendentalisierung* und *Säkularisierung* nicht völlig unterschiedliche Prozesse sind. Es liegt dann auch nicht mehr nahe, einen dieser Prozesse zum Vorbereiter oder Schrittmacher eines der anderen zu erklären. Vielmehr ergibt sich eine Fülle unterschiedlicher Herausforderungen, denen religiöse Traditionen gerecht werden und an denen sie scheitern können.

(4) Beim zweiten historischen Fragenkomplex, der sogenannten kognitiven Entzauberung, bestätigt sich der Druck in Richtung einer begrifflichen Differenzierung, die über den Entzau-

200 Vgl. dazu Tyrell, »Potenz und Depotenzierung«, S. 306, Anm. 20.
201 Ebd., S. 323.
202 Ebd., S. 311.
203 Vgl. Joas, *Was ist die Achsenzeit?*, S. 26-35.

berungsbegriff hinausweist. Die Frage nach dem Anteil nichtreligiöser Impulse in der Geschichte der Entzauberung vor der Reformation ist doch eine ganz andere als die der religiösen oder antireligiösen Motive und Wirkungen in der modernen Wissenschaftsgeschichte. Im ersten Fall geht es, wenn Webers Schriften den Ausgangspunkt bilden, vor allem um die Eigenarten des antik-griechischen Denkens als eines, wie Yehuda Elkana es genannt hat, Denkens »zweiter Ordnung«, das heißt eines Denkens, das sich etwa in Logik und Geometrie der Richtigkeit des eigenen Schlußfolgerns oder Vermessens reflexiv vergewissern will.[204] Robert Bellah hat die Entstehung von »Theorie« als einer Dimension kritisch-reflexiver Brechung des Mythos zum Kennzeichen der griechischen Achsenzeit erklärt.[205] Weber war sich der enormen Bedeutung der Rezeption griechischen Denkens im Christentum, vor allem für die Entwicklung einer systematisierten Lehre, aufs höchste bewußt. »Nur bei den Christen hat sich eine umfangreiche, streng bindende und systematisch rationalisierte Dogmatik theoretischer Art teils über kosmologische Dinge, teils über den soteriologischen Mythos (Christologie), teils über die Priestergewalt (die Sakramente) gebildet.«[206] Die Erklärung dafür ist bei dem Soziologen Weber nicht einfach geistesgeschichtlich. Sie beruht vielmehr wesentlich auf der »Eigenart des von der hellenischen Bildung herkommenden Intellektuellentums« und der Bedeutung der Rechtfertigung des Glaubens gegenüber der nichtchristlich verbleibenden Bildungsschicht, zugleich aber auf der »sozial bedingten, den reinen Intellektualismus […] mißtrauisch ablehnenden Art«[207]

---

204 Yehuda Elkana, »Die Entstehung des Denkens zweiter Ordnung im antiken Griechenland«, in: Shmuel N. Eisenstadt (Hg.), *Kulturen der Achsenzeit. Ihre Ursprünge und ihre Vielfalt*, Bd. 1, Frankfurt/M. 1987, S. 52-88.

205 Bellah, *Religion in Human Evolution*. Zum Themenkomplex »Achsenzeit« vgl. ausführlich das folgende Kap. 5.

206 Weber, *Religiöse Gemeinschaften*, S. 211f.

207 Ebd., S. 212.

der von kleinbürgerlichen Laien geprägten christlichen Gemeindereligiosität. Geht man über Webers Schriften hinaus, fällt selbstverständlich die Rolle von Wissenschaft und Intellektualismus in der asiatischen, vor allem in der chinesischen Geschichte in den Fragenkomplex der »kognitiven Entzauberung«. Hier ist heute unumstritten, daß Webers Wissen von der chinesischen Wissenschaftsgeschichte, wie das seiner westlichen Zeitgenossen allgemein, völlig unzulänglich war und ihn zu falschen Behauptungen über die Besonderheiten des Okzidents verführte.[208] Diese Fragen betreffen also das Wechselspiel von religiösen und kognitiven Impulsen innerhalb der verschiedenen Kulturen und die Berechtigung, auf die so zustande kommenden Entwicklungen überhaupt den Begriff der Entzauberung wie eine Klammer anzuwenden.

Ganz anders aber liegt die Geschichte im zweiten Fall, nämlich dort, wo es um die Entstehung der modernen Wissenschaft und vor allem um die Herausbildung eines auf Transzendenz verzichtenden oder diese militant bestreitenden Weltbilds geht, für das Charles Taylor den Begriff des »immanent frame« geprägt hat,[209] also eines bewußt rein immanent verbleibenden Rahmens. Niemand wird heute mehr ernsthaft alle zentralen Figuren der frühneuzeitlichen Wissenschaftsgeschichte selbst als getrieben von Säkularisierungsmotiven darstellen; allgemein hat sich vielmehr das Wissen durchgesetzt, daß es gerade häufig religiöse Motive waren, die große Naturforscher zu ihrem Studium der Natur etwa als eines Buches Gottes trie-

208 Nathan Sivin, »Chinesische Wissenschaft. Ein Vergleich der Ansätze von Max Weber und Joseph Needham«, in: Wolfgang Schluchter (Hg.), *Max Webers Studie über Konfuzianismus und Taoismus. Interpretation und Kritik*, Frankfurt/M. 1983, S. 342-362. Positiver zu Weber im selben Vergleich: Benjamin Nelson, »Wissenschaften und Zivilisationen, ›Osten‹ und ›Westen‹ – Joseph Needham und Max Weber«, in: ders., *Der Ursprung der Moderne. Vergleichende Studien zum Zivilisationsprozeß*, Frankfurt/M. 1986, S. 7-57.

209 Taylor, *Ein säkulares Zeitalter.*

ben.[210] Ebendeshalb genügt es auch nicht, die Entstehung des »immanent frame«, eines Weltbildes der Immanenz, auf die empirischen Fortschritte der Wissenschaft zurückzuführen. Für ein angemessenes Bild der Zusammenhänge stellen sich hier mindestens drei Aufgaben. Es sind erstens neben dem kausalmechanistischen Weltbild alle diejenigen neuen Denkansätze zu berücksichtigen, die in Reaktion auf dieses entstanden sind und dieses einschränken oder überwinden. Weder die Philosophie Kants mit ihrer Zentrierung auf die Bedingungen der Möglichkeit menschlichen Erkennens und moralischer Freiheit, noch die expressivistische und hermeneutische Tradition von Herder, Humboldt und Schleiermacher mit ihrer Betonung des menschlichen Ausdrucks, noch die komplexen Versuche zur Synthese dieser neuen Philosophien bei Hegel oder ihrer kreativen Fortführung im Pragmatismus lassen sich somit in das Bild eines Siegeszugs des kausal-mechanistischen Weltbildes einfügen. Zweitens ist zu fragen, wie sich die Transzendenzvorstellungen religiöser Traditionen, etwa der christlichen, ändern, wenn die räumliche Metaphorik für die Lokalisierung der Transzendenz (im »Himmel«) nicht mehr zur Verfügung steht. Das simplizistische Bild, daß die Astronomie der frühen Neuzeit die achsenzeitlichen Transzendenzvorstellungen einfach erledigt habe, trifft ja die Geschichte des christlichen Diskurses über Kosmologie keineswegs. Drittens ist beim neu entstehenden Weltbild der Immanenz zu unterscheiden zwischen

210 Aus einer riesigen, natürlich auch kontroversen Literatur nenne ich an dieser Stelle nur einen ausgezeichneten Übersichtsartikel: Rivka Feldhay, »Religion«, in: *The Cambridge History of Science*, Bd. 3: *Early Modern Science*, hg. von Katharine Park, Lorraine Daston, Cambridge 2008, S. 727-755. Sie unterscheidet drei hauptsächliche Narrative zum historisch sich entwickelnden Verhältnis Religion und Wissenschaft (ewiger Konflikt; friedliche Koexistenz; Affinitäten und Interaktionen), weist jedem Narrativ sein relatives Recht zu und betont vor allem, wie die religiösen Umwälzungen der frühen Neuzeit und die Herausbildung der modernen Wissenschaft zu Veränderungen führten, die sich jedem der drei Narrative in ihrer Komplexität entziehen.

denjenigen Versionen, denen es darum geht, den moralischen Universalismus der transzendenzbezogenen Religionen, vielleicht in säkularisierter Gestalt, zu bewahren, und denjenigen, für die die Wissenschaft und das Pathos der Immanenz ein Mittel sind, um auch diesen moralischen Universalismus zu beseitigen. Die Begriffe »Entzauberung« oder »Verzauberung« werden allen diesen Aufgabenstellungen gewiß nicht gerecht. Wenn der Sinn des Begriffs »Entzauberung« durch Einschränkung auf »Entmagisierung« präzisiert werden soll, dann ist empirisch zu fragen, wie sich die Bekämpfung von Magie oder Wunderglauben in der Neuzeit abgespielt hat und welche Rolle religiöse oder andere Motive dabei spielten.[211] Es kann ebenso untersucht werden, welche Rolle der Bezug auf Wissenschaft in den verschiedenen Prozessen der Entmagisierung, Enttranszendentalisierung, Entsakralisierung und Säkularisierung spielt; von einer automatischen einseitigen Wirkung sollte dabei in keinem der Fälle ausgegangen werden. Die Ausdrucksformen religiösen Glaubens werden von diesen Auseinandersetzungen vielfach geprägt, aber das Ergebnis ist jeweils durchaus offen und nicht von den Wissenschaften her determiniert. Die kurze Auffächerung dieser Fragen dient hier hauptsächlich dazu, die vorgeschlagene begriffliche Unterscheidung plausibler zu machen. Die Geschichte der Entmagisierung seit der Reformation ist eine andere als die

211 Das Standardwerk von Keith Thomas, *Religion and the Decline of Magic*, New York 1971, ist mit Webers Entzauberungsnarrativ durchaus gut verträglich. Zur Diskussion darüber vgl. die Einleitung der Herausgeber zu: Jonathan Barry, Marianne Hester, Gareth Roberts (Hg.), *Witchcraft in Early Modern Europe. Studies in Culture and Belief*, Cambridge 1996, S. 1-45. Zur Geschichte des »Wunders«: Lorraine Daston, Katharine Park, *Wunder und die Ordnung der Natur 1150-1750*, Berlin 2002. Zur Kritik daran: Michael Saler, »Modernity and Enchantment: A Historiographic Review«, in: *American Historical Review* 111 (2006), S. 692-716, v. a. S. 703-705. Dort (S. 703) die Formulierung: »In this respect, enchantment waxed rather than waned by the time of the Enlightenment, countering more linear narratives of progressive disenchantment.«

der Enttranszendentalisierung, und beide sind mit einer Entsakralisierung im Sinne des Verlusts eines motivierenden Weltverhältnisses nicht gleichzusetzen. Um möglichen Wirkungen des einen Prozesses auf den anderen auf die Spur zu kommen und um zu beurteilen, welche Rolle alle im Zusammenhang mit Säkularisierung (im Sinne einer Schwächung aller Religion) spielen, ist der Begriff der Entzauberung zu überwinden.

Er ist auch deshalb zu überwinden, weil es der Mangel an Differenzierung zwischen diesen sehr unterschiedlich gearteten Prozessen ist, der das suggestive Narrativ eines jahrtausendelangen Prozesses überhaupt möglich macht. Dieses Narrativ hat zwei weitere Züge, auf die bisher kaum eingegangen wurde. Diese betreffen seine zeitdiagnostische und seine kulturspezifische Dimension. Ihre existentielle Bedeutung gewinnt die Geschichte von der Entzauberung wesentlich daraus, daß sie die empirische Begründung für ein Gefühl der Sinnkrise oder des Sinnverlusts zu liefern scheint. Weber erscheint dabei als der illusionslos-nüchterne Analytiker, der seinen Zeitgenossen mit durchaus prophetischem Gestus klarmacht, daß sie in einer prophetenlosen und gottfernen Zeit leben. Er beruft sich vor allem auf Tolstoi, um dem Gedanken Nachdruck zu verleihen, daß es keine Möglichkeit gebe, auf wissenschaftlichem Wege existentielle Fragen zu beantworten. Die Diagnose selbst lag durchaus in der Luft. In ihr spiegelt sich die generationstypische »Erfahrung des Nihilismus, die Nietzsche so eindrucksvoll dramatisiert hatte«, schreibt Jürgen Habermas[212] und fügt hinzu, daß nicht die Diagnose selbst, sondern ihre Begründung aus dem religionsgeschichtlichen Prozeß der Entzauberung das eigentlich Originelle an Weber sei. Webers Schlußfolgerung aus dieser Diagnose war, »daß ›Weltanschauungen‹ niemals Produkt fortschreitenden Erfahrungswissens sein können, und daß also die höchsten Ideale, die uns am mächtigsten bewegen,

212 Habermas, *Theorie des kommunikativen Handelns*, Bd. 1, S. 336.

für alle Zeit nur im Kampf mit anderen Idealen sich auswirken, die anderen ebenso heilig sind, wie uns die unseren«.[213] Die Sinnkrise zerstört damit nicht die Möglichkeit, sich an Idealen zu orientieren, und es ist bemerkenswert, daß Weber für diese Ideale sogar die Bezeichnung »heilig« verwendet, aber der Weg der Idealbildung erscheint als radikal individuell, aktivistisch und von der Durchforschung der Geschichte durch eine Kluft getrennt. Dies ist die Kehrseite seiner Geschichtserzählung, die die immer neuen Prozesse der Sakralisierung und Idealbildung in einem Narrativ fortschreitender Entzauberung untergehen läßt.

In der Geschichte von der Entzauberung steckt aber auch neben der melancholischen Zeitdiagnose, der zufolge die Entzauberung in eine erschütternde Sinnkrise geführt habe, ganz wesentlich die Idee einer sich über einen langen Zeitraum herausbildenden, kulturell bedingten Überlegenheit des Westens. Die Entzauberung führt zwar in die Sinnkrise, sie ist aber auch Voraussetzung und Teil eines Rationalisierungsprozesses, der mit dem modernen Kapitalismus und dem modernen bürokratischen Machtstaat eine dynamische Ordnung hervorgebracht hat, der andere religiöse oder kulturelle Traditionen nichts Vergleichbares entgegenzusetzen haben. Dabei ist Webers anderer Schlüsselbegriff neben dem der Entzauberung, nämlich der der Rationalisierung, mindestens genauso vieldeutig und ähnlich stark in der Gefahr, ganz unterschiedliche Prozesse nicht als solche zu betrachten und auf ihre kausalen Wirkungen aufeinander hin zu untersuchen, sondern unter einen fiktiven Metaprozeß zu subsumieren.[214] In seinen Aufsätzen zur Wirtschaftsethik der Weltreligionen werden diese immer wieder unter dem Ge-

---

213 Max Weber, »Objektivität«, S. 154. An Stellen wie diese knüpft eine Deutung an, die ihn als Verteidiger einer unintellektuellen Wertbindung darstellt: Joachim Vahland, »Entzauberung. Max Weber und seine Interpreten«, in: *Kant-Studien* 90 (1999), S. 410-433; ausführlicher ders., *Max Webers entzauberte Welt*, Würzburg 2001.

214 Dazu ausführlicher Kap. 6 dieses Buches.

sichtspunkt ihrer spezifischen Defizienzen im Vergleich mit dem »okzidentalen Rationalismus« interpretiert und damit in ihrer internen Variabilität und ihrem eigenen Modernisierungs- und Universalisierungspotential unterschätzt.[215] Die Leitfrage von Webers Forschungen – ursprünglich nach der Entstehung des »Geistes« des Kapitalismus, dann nach den Bedingungen und Ursachen des Siegeszugs des »okzidentalen Rationalismus« – bot zwar einen Rahmen für die intensive Beschäftigung mit Konfuzianismus und Daoismus, Hinduismus und Buddhismus, mit dem antiken Judentum und in Ansätzen auch der Geschichte des Christentums und des Islam. Aber diese offensichtliche Faszination Webers durch die »Weltreligionen«, die seiner Selbstcharakterisierung als »religiös unmusikalisch« in einem Brief an Ferdinand Tönnies zu widersprechen scheint,[216] blieb letztlich in religiöser Hinsicht steril. Damit erweist sich sein Selbstbild doch als zutreffend. Von der Bereitschaft, in anderen religiösen Traditionen tatsächlich existentielle Inspiration im Hier und Heute zu erfahren – wie sie bei Max Schelers Öffnung gegenüber Ostasien in den 1920er Jahren, auch bei Karl Jaspers nach dem Zweiten Weltkrieg und am meisten im literarischen Werk Alfred Döblins[217] zu finden ist –, kann bei Weber keine Rede sein. Weber sah zwar nicht – obwohl dies immer wieder, auch von Weberianern, behauptet wird – die totale Säkularisierung im Sinne eines Verschwindens aller Religion als zukünftiges Resultat des Entzauberungsprozesses; er konnte sogar kämpferisch vor der Gefahr warnen, daß in der Zukunft neben dem Büro-

215 Auch hierzu ist die Literatur riesig. Ich nenne an dieser Stelle nur als Beispiel einer Alternative zu dieser Schwäche der Weberschen Analysen: Peter van der Veer, *The Modern Spirit of Asia. The Spiritual and the Secular in China and India*, Princeton 2014.

216 Brief von Max Weber an Ferdinand Tönnies, 19.2.1909, in: *Max-Weber-Gesamtausgabe*, Abt. II, Bd. 6, Tübingen 1994, S. 64f. Mehr zu diesem Brief in Kap. 5.

217 Vgl. dazu Hans Joas, »Nachwort«, in: Alfred Döblin, *Der unsterbliche Mensch/Der Kampf mit dem Engel*, Frankfurt/M. 2016, S. 613-636.

kratismus im Staat auch »die virtuose Maschinerie der katholischen Kirche [...] die denkbar günstigsten Chancen [habe], alles andere unter die Füße zu bekommen« – und dies in einem Brief an eine zum Katholizismus konvertierte Frauenrechtlerin![218] Aber eine moderne Religion im Sinne intellektueller Rechtfertigbarkeit und institutioneller Wirkmächtigkeit unter den strukturellen Bedingungen der zeitgenössischen und zukünftigen Gesellschaft schloß er aus. Private Religiosität vielleicht, Weiterbestehen der religiösen Institutionen, Rechtfertigung politischer Ordnungen durch religiöse Bezüge ja – aber mehr nicht.

Die begriffliche Zerlegung der »Entzauberung«, wie sie hier vorgenommen wurde, ruft nun förmlich danach, auf die Religionsgeschichte angewendet zu werden und sich dabei zu bewähren. Ein einziges Beispiel für die mögliche Fruchtbarkeit wurde bisher gegeben, als von der Reformation im Sinne einer Steigerung der Sakralität Gottes, seiner verstärkten Transzendentalisierung, und nicht nur einer Entmagisierung der Welt, die Rede war. En passant wurden auch die verschiedenen Möglichkeiten einer Neudeutung des religiösen Glaubens nach dem Aufstieg des Weltbilds der Immanenz erwähnt, was eine adäquate Sicht auf die Aufklärung und ihre Folgen ermöglichen kann. Weiterhin führt die Betonung der Tatsache, daß sich ein kultureller Sinnverlust nicht oder nicht in erster Linie aus Weltbildern ergibt, sondern aus Veränderungen der alltäglichen Erfahrung, dazu, daß für die Sinnkrise in Europa am Vorabend des Ersten Weltkriegs andere Ursachen benannt werden müssen als der angebliche Siegeszug des kausal-mechanistischen Weltbilds. Erst recht gilt dies dann für kulturelle Sinnkrisen zu anderen Zeiten und an anderen Orten. Ebenso wird Webers Bild der asiatischen »Zaubergärten«, aus denen für ihn kein Weg zu einer rationalen innerweltlichen Lebensführung zu finden war, beträchtlich

218 Brief von Max Weber an Elisabeth Gnauck-Kühne vom 15.7.1909, in: *Max-Weber-Gesamtausgabe*, Abt. II, Bd. 6, S. 176.

zu revidieren sein. Für die Beurteilung der asiatischen Kulturen muß viel stärker, als dies in Webers Darstellungen geschah, auch die Beherrschung von Naturkausalität im alltäglichen Handeln berücksichtigt werden, was die Vorstellung des Eingesponnenseins der Menschen in eine »höchst antirationale Welt des universellen Zaubers«,[219] der auch der ökonomische Alltag angehört habe, beträchtlich relativiert. Und da für Weber das hier Gesagte für alle Kulturen gilt, die unter dem Bann des »Zaubers« stehen, betrifft diese Relativierung auch die früheren Stufen der Kulturentwicklung außerhalb Asiens, etwa das mittelalterliche Europa.

Die größte Herausforderung besteht freilich darin, auch dort Webers Darstellungen zu überprüfen, wo sie am gründlichsten ausgefallen sind und sich am besten ins Bild des welthistorischen Prozesses der Entzauberung zu fügen scheinen. Damit ziele ich auf seine Analyse der alttestamentlichen Propheten und der Reformation. Auch bezogen darauf, so die These, vermag es der hier vorgeschlagene veränderte begriffliche Rahmen besser, unser heutiges empirisches Wissen zu integrieren. An dieser Stelle kann dies natürlich nicht zureichend geschehen, wenige Sätze müssen genügen:

Webers Darstellung der altisraelitischen Propheten ist von größter Anschaulichkeit, seine Prosa nimmt an dieser Stelle selbst prophetischen Schwung an.[220] Er gibt das Bild von ekstatischen Einzelnen, die unter größtem persönlichen Risiko (bis

219 Weber, *Gesammelte Aufsätze zur Religionssoziologie*, Bd. 2, S. 370f.

220 Weber, *Gesammelte Aufsätze zur Religionssoziologie*, Bd. 3, v. a. S. 292-314. So packend Webers Schriften hierzu und zu den anderen Weltreligionen sind, empfinde ich immer wieder ein Unbehagen. Sie beruhen ganz offensichtlich zu großen Teilen auf umfangreichen Exzerpten der verarbeiteten Forschungsliteratur, werden aber wie die Ergebnisse von Primärforschungen präsentiert. Eine abwägende Erörterung des Für und Wider widerstreitender Positionen der Forschung wird fast nie gegeben. Statt dessen entscheidet Weber autoritativ, was richtig und was falsch ist.

hin zur Gefahr der Hinrichtung) dem König und dem Volk Gottes Unwillen und Strafe androhen, wenn sie nicht umkehren. Weber hebt die ursprüngliche Mündlichkeit der Prophetie, ihren zutiefst emotionalen Charakter und die Wucht des sprachlichen Ausdrucks hervor, den die Artikulation des in der Ekstaseerfahrung gewonnenen Sinns annimmt. »Selbst in der teilweise verstümmelten Überlieferung wird die an sich große Macht der Rhythmik noch überboten durch die Glut der geschauten Bilder, die immer konkret, anschaulich, gedrungen, schlagend, erschöpfend, oft von ganz unerhörter Herrlichkeit und Furchtbarkeit, zu dem Grandiosesten gehören, was in dieser Hinsicht die Weltdichtung hervorgebracht hat.«[221] Entscheidend sei aber, daß der Prophet nicht »wie ein gewöhnlicher pathologischer Ekstatiker« über seine außeralltäglichen Erfahrungen spreche, sondern daß er den Stoff seiner Erfahrung in verständliche Worte transformiere, weil nur diese ja als Gottes Botschaft aufgenommen werden können: »Das ungeheure Pathos, in dem er spricht, ist in manchen Fällen eine sozusagen postekstatische Erregung von wiederum halbekstatischem Charakter.«[222]

Im Zentrum von Webers Darstellung der Propheten stehen damit die ekstatische Erfahrung und ihre Deutung durch den Ekstatiker selbst. Durch seinen vergleichenden Blick kann Weber Spezifika der alttestamentlichen Prophetie schärfer herausarbeiten, und zwar sowohl in Hinsicht auf die Verursachung der ekstatischen Erfahrungen wie auf den Inhalt der durch diese Erfahrungen beglaubigten Botschaft. Weder durch Rauschmittel noch durch asketische Übungen werde die Ekstase willentlich herbeigeführt. Die Ekstase erfasse auch nur den Einzelnen, nicht etwa eine Gemeinde, deren bloßes Sprachrohr ein Einzelner dann wird. »Die Propheten scharten daher keine Gemeinde um sich, innerhalb derer Massen-Ekstasen oder massenbedingte Ekstasen oder überhaupt ekstatische Erweckungen als Heilsweg

221 Ebd., S. 305.
222 Ebd.

gepflegt worden wären.«[223] Und das Ziel der aus Ekstaseerfahrungen hervorgehenden Prophetie sei nicht ein jenseitiges Heil für wenige Empfänger der Botschaft, sondern die Einhaltung der Alltagssittlichkeit, die damit allerdings

zum Gegenstand der ethischen Sonderpflicht eines von seinem Gott, dem mächtigsten von allen, erwählten Volkes gemacht und mit utopischen Prämien und Strafen eingeschärft wurde. Auf das sittlich richtige Handeln, und zwar das Handeln gemäß der Alltagssittlichkeit, kam für das besondere, Israel in Aussicht gestellte Heil alles an. So trivial und selbstverständlich das scheinen könnte – nur hier ist es zur Grundlage religiöser Verkündigung gemacht worden und sehr besondere Bedingungen führten dazu.[224]

Auch in Hinsicht auf diese besonderen Bedingungen ist Webers vergleichender Blick sacherschließend. Weber nimmt die innen- und außenpolitischen Konstellationen wahr, in denen prophetisches Sprechen dieser Art sich herausbildete und durchsetzte. Besonders hebt er die außenpolitische Dimension hervor: »Um Sein oder Nichtsein des nationalen Staatswesens gegenüber dem Gegensatz der assyrischen Weltmacht auf der einen, der ägyptischen auf der anderen Seite handelt es sich.«[225] Auf dem eigenen Boden dieser Weltmächte wäre solche öffentliche Prophetie unmöglich gewesen.[226] Innenpolitisch vertraten die Propheten »leidenschaftlich die sozial-ethischen Karitätsgebote der levitischen Paränese zugunsten der kleinen Leute und schleuderten ihre zornigen Flüche mit Vorliebe gegen die Großen und Reichen«.[227] Doch trotz aller Aufmerksamkeit auf den politisch »demagogischen« Charakter der Prophetie bestreitet Weber eine Dominanz der politischen Motive in ihrem Handeln. Im Gegenteil: Seine Analysen sind durchzogen von Behauptungen, daß rein religiöse Motive bei den Propheten ausschlaggebend

223 Ebd., S. 308.
224 Ebd., S. 311.
225 Ebd., S. 287.
226 Ebd., S. 282.
227 Ebd., S. 291.

gewesen seien. Im Hintergrund steht dabei das die ganze Serie vergleichender Studien zur Wirtschaftsethik der Weltreligionen durchziehende Motiv, weder Ideen und Ideale auf ihre Entstehungskontexte zu reduzieren noch umgekehrt ihnen jede kausale Wirkungsmacht abzusprechen. Eine Rolle spielte gewiß auch die anhaltende Absicht, die Bedeutung der religiösen Ursachen welthistorischer Entwicklungen – wie bei der Frage nach dem Zusammenhang von asketischem Protestantismus und kapitalistischem Geist – immer erneut hervorzuheben. Im vorliegenden Fall besteht der weitere Rahmen ja darin, die Frage zu beantworten, warum das, was Weber in höchst kontroverser Weise als jüdischen »Paria-Kapitalismus«[228] bezeichnete, nicht zum modernen Kapitalismus geführt habe und warum der Universalismus der Propheten so gebrochen worden sei, daß aus ihm ein sich rituell absondernder Konfessionsverband geworden sei. Entscheidend ist in Webers Augen dafür die Brechung, ja »Erstickung« des prophetischen Charismas durch die Priesterschaft unter den Bedingungen »des in die (relativ) befriedete Welt zuerst des Perserreichs, dann des Hellenismus eingebetteten Volks«.[229] Die Steigerung des Universalismus, wie sie sich bei Deuterojesaja findet – in der Konzeption eines Gottes, der nicht nur die Geschichte Israels, sondern die *Universal*geschichte lenkt, und des unschuldig leidenden Gottesknechts –, wird von Weber als »Verklärung der Pariavolkslage und des geduldigen

228 Diese Bezeichnung und dieses Thema haben die Auseinandersetzung mit dieser Schrift Webers lange dominiert; ihre Problematik muß hier aber beiseite gelassen werden. Eine der frühesten Kritiken an Weber dazu ist immer noch lesenswert: Julius Guttmann, »Max Webers Soziologie des antiken Judentums« (1925), in: Wolfgang Schluchter (Hg.), *Max Webers Studie über das antike Judentum. Interpretation und Kritik*, Frankfurt/M. 1981, S. 326; ebenso: Arnaldo Momigliano, »A Note on Max Weber's Definition of Judaism as a Pariah Religion«, in: *History and Theory* 19 (1980), S. 313-318; zusammenfassend: Schluchter, *Religion und Lebensführung*, Bd. 2, S. 182-192.

229 Weber, *Gesammelte Aufsätze zur Religionssoziologie*, Bd. 3, S. 399.

Ausharrens in ihr«[230] gedeutet, auch als wichtige Vorform des späteren Christusverständnisses zwar, aber doch vor allem als Deutung einer welthistorischen Mission des »Pariavolks«. Die Fragen nach der Entstehung des moralischen Universalismus werden so immer wieder in den Rahmen einer anderen Frage, nämlich der nach den Ursachen für die Nichtentstehung einer rationalen Wirtschaftsgesinnung, zurückgezwängt.

Webers Darstellungen sind – wie sollte es anders sein? – zutiefst vom Forschungsstand seiner Zeit abhängig.[231] An dieser Stelle betrifft dies vor allem die damalige Prophetenforschung der protestantischen Theologie, aber auch disziplinbestimmende Werke der Althistoriker. In vor allem einer Hinsicht hat die Forschung nach Webers Zeit das Bild so verändert, daß der Frage nicht ausgewichen werden kann, was dies für unser heutiges Verhältnis zu Webers Ausführungen bedeutet. Die Vorstellung, wir könnten in den Prophetenbüchern »genialische Einzelgestalten« namentlich identifizieren und aus den überlieferten Texten vielleicht alle späteren Überformungen so entfernen, daß wir der ursprünglichen Fassung ganz habbar werden,[232] ist nach

230 Vgl. ebd., v.a. S. 384-395. Als »Deuterojesaja« (= zweiter Jesaja) bezeichnet man den (fiktiven?) Verfasser der Kapitel 40-55 des Jesaja-Buches.

231 Umfassend die Rekonstruktion von Eckart Otto, *Max Webers Studien des Antiken Judentums*, Tübingen 2002. Kürzer gefaßt und vor allem mit Webers Zeitgenossen vergleichend: ders., »Die hebräische Prophetie bei Max Weber, Ernst Troeltsch und Hermann Cohen. Ein Diskurs im Weltkrieg zur christlich-jüdischen Kultursynthese«, in: Wolfgang Schluchter, Friedrich Wilhelm Graf (Hg.), *Asketischer Protestantismus und der ›Geist‹ des modernen Kapitalismus. Max Weber und Ernst Troeltsch*, Tübingen 2005, S. 201-255. Außerdem nützlich: Bernhard Lang, »Prophet, Priester, Virtuose«, in: Kippenberg/Riesebrodt (Hg.), *Max Webers »Religionssystematik«*, S. 167-191. Zur Bedeutung einer latenten Auseinandersetzung mit Nietzsche vgl. Joas, *Die Entstehung der Werte*, Frankfurt/M. 1997, S. 47-52.

232 Vgl. dazu den ausgezeichneten Aufsatz von Konrad Schmid, »Klassische und nachklassische Deutungen der alttestamentlichen Prophetie«, in: *Zeitschrift für neuere Theologiegeschichte* 3 (1996), S. 225-250.

und nach aufgegeben worden. Immer deutlicher wurde, daß es sich bei den Prophetenbüchern um das Produkt einer komplexen Literaturgeschichte handelt. »Die exegetische Beschäftigung mit den herkömmlicherweise als unecht betrachteten Stellen in den Prophetenbüchern machte deutlich, daß diese sich nicht in Glossen und Textfehlern erschöpften, sondern vielfach, ja meistenorts als sinntragende Nachinterpretationen vorgegebenen Textmaterials zu deuten sind. Im Gefolge solcher Entdeckungen rückten die Ergänzer von stümperhaften Glossatoren zu schriftgelehrten Redaktoren auf und gelten der neueren Forschung bereits selbst als Propheten.«[233] Damit aber wird die Prophetie doch wieder zu einem kollektiven Phänomen. Das Wirken charismatischer Einzelgestalten mag in sie eingegangen sein, obwohl dies keineswegs durchgehend sicher ist. Wir haben es bei den Prophetengestalten, die Weber psychologisch und soziologisch interpretierte, damit zumindest zu einem beträchtlichen Teil mit textlichen Fiktionen zu tun. Ihre Fiktionalität, die Legendenhaftigkeit der Urheber, beraubt die Texte aber nicht ihres innovativen Charakters.

Zwei wesentliche Bestandteile von Webers Argumentation verlieren damit allerdings deutlich an Plausibilität. Die Hervorhebung der »rein religiösen« Motivation mag bei der Vorstellung des persönlichen Widerstands von einzelnen gegen die politischen und ökonomischen Verhältnisse überzeugen. Wenn wir aber an einen jahrhundertelangen Prozeß der Textkonstitution denken, wird die Isolierbarkeit eines Typus von Motivation schwer vorstellbar.[234] Die verschiedensten Motive müssen sich in einem solchen langdauernden Geschehen miteinander in unauflösbarer Weise verwickelt haben.[235] Ebenso ist der Gedanke

233 Ebd., S. 247.

234 Wenn Tony Fahey Webers Schrift geradezu als methodisches Vorbild für die Analyse von Individuen lobt, entsteht so natürlich eine ironische Situation: Tony Fahey, »Max Weber's Ancient Judaism«, in: *American Journal of Sociology* 88 (1982), S. 62-87.

235 Von hier aus ließe sich auch der Vergleich von Webers Sicht mit der

eines einmaligen Schubs prophetischer Entmagisierung dann unhaltbar. Die magiefeindlichen Äußerungen einzelner Propheten müssen ja ohnehin nicht zum Erfolg in Form einer weitgehenden Zurückdrängung der Magie geführt haben.[236] Die Prophetenbücher als Produkt einer langen innerbiblischen Geschichte zeigen dann deutlich an, daß die magiekritischen Äußerungen ihren Gegenstand nicht verloren hatten. Weber war sich dessen auch sehr wohl bewußt. Dies zeigt sich, wenn er davon spricht, daß »die Magie in Israel so wenig wie irgendwo jemals aus der Praxis der Massen ganz verschwunden«[237] sei, und wenn vom Widerstand der Massen gegen die Magiefeindschaft der Propheten und Thoralehrer die Rede ist.[238] Wichtig ist deshalb vor allem, daß die Verwerfung der Magie, für die Weber auch weitere Gründe anführt, die Priester daran hinderte, sie »zwecks Domestikation der Massen«[239] zu systematisieren. Nicht ein definitiver Bruch mit der Magie, sondern die immer neue Durchsetzung eines anspruchsvolleren Verständnisses der Heiligkeit Gottes erweist sich dann als das Ziel der Prophetenbücher. Diese Differenz darf nicht durch die These von einem einmaligen radikalen Akt im Prozeß der Entzauberung verdeckt werden.

Noch größer aber ist der Revisionsbedarf im Hinblick auf Webers Bild der Reformation und des Protestantismus. Seine

---

aus einer anderen Fragestellung hervorgegangenen Prophetendeutung von Ernst Troeltsch neu aufrollen. Vgl. Troeltsch, »Glaube und Ethos der hebräischen Propheten«, S. 34-65. Eckart Otto stellt sich in seinem Vergleich »Die hebräische Prophetie« in erstaunlichem Maße auf die Seite von Webers Fragestellung. Zum Verständnis von Troeltschs Sicht besser geeignet: Johann Hinrich Claussen, *Die Jesus-Deutung von Ernst Troeltsch im Kontext der liberalen Theologie*, Tübingen 1997, S. 72-78. – Weiteres zum Thema Propheten in Kap. 5.

236 So richtig Stefan Breuer, *Max Webers Herrschaftssoziologie*, Frankfurt/M. 1991, S. 66f.

237 Weber, *Gesammelte Aufsätze zur Religionssoziologie*, Bd. 3, S. 233.

238 Ebd., S. 238.

239 Ebd., S. 236.

entsprechenden Texte sind so bekannt – sie sind überhaupt die bekanntesten soziologischen Texte, die das zwanzigste Jahrhundert hervorgebracht hat –, daß sich eine Zusammenfassung erübrigt. Bei einer Zusammenfassung müßte zudem in dem nicht enden wollenden Streit über das richtige Verständnis dieser Texte Stellung genommen werden. Unklar ist ja schon ihr Explanandum, ihr eigentlicher Erklärungsgegenstand. Wenn dieser die Entstehung des modernen Kapitalismus im Nordwesteuropa des sechzehnten Jahrhunderts sein soll, dann wäre eine Abwägung von religiösen und anderen »Faktoren« – wie der Ursachen für die Verlagerung von Handelsströmen weg vom Mittelmeer und hin zum nördlichen Atlantik – nötig. Auch die unterstellte Überlegenheit gegenüber China seit dieser Zeit würde sich dann in ihrer Fragwürdigkeit in den Vordergrund drängen.[240] Weber hat sich gegen solche kruden Einwände abgesichert, indem er nicht einfach vom Kapitalismus, sondern von seinem »Geist« sprach. Aber was ist dieser »Geist« eigentlich, und wie verhält er sich zu anderen Dimensionen, die berücksichtigt werden müssen, wenn es tatsächlich um die Geschichte des Kapitalismus gehen sollte?[241] Wenn es aber umgekehrt weniger um dessen Entstehung als um die umfassende Analyse der gesellschaftlichen Folgen der Reformation gehen sollte, dann dürfte sich die kapitalismuszentrierte Fragestellung als einengend erweisen; das Netz der Fragen müßte dann viel weiter ausgeworfen werden, und es wäre der Tatsache Rechnung zu tragen, daß die Impulse der Reformation vielfältig waren, sich zeitgenössisch in den Machtkämpfen nur wenige durchsetzten und neue Generationen auch immer neue Anknüpfungsmöglichkeiten

---

240 Kenneth Pomeranz, *The Great Divergence: China, Europe, and the Making of the Modern World Economy*, Princeton 2000.

241 Eine Zusammenfassung und Radikalisierung aller Einwände findet sich bei: Heinz Steinert, *Max Webers unwiderlegbare Fehlkonstruktionen. Die protestantische Ethik und der Geist des Kapitalismus*, Frankfurt/M. 2010. Dazu die Rezension von Johannes Weiß, »Was steckt dahinter?«, in: *Archives européennes de sociologie* 52 (2011), S. 580-587.

finden konnten und können.[242] Im Zusammenhang der Prüfung von Webers Entzauberungsnarrativ sollen alle diese Möglichkeiten der Reflexion am Rande bleiben und lediglich eine Frage genauer beantwortet werden, nämlich die, inwiefern die Reformation tatsächlich – wie Weber schrieb – den endgültigen Sieg der Entmagisierung bedeutete.

Hier ist zunächst festzustellen, daß Weber ganz gewiß das Ausmaß des reformatorischen Bruches schon deshalb überschätzen mußte, weil er sich der vorreformatorischen Entwicklungen, die schon in dieselbe Richtung zielten, und erst recht der postreformatorischen katholischen Selbstreform nicht ausreichend bewußt war.[243] Heute hat sich gegenüber einem punktuellen Bild der Reformation eher das einer langgezogenen und vielfältigen Entwicklung durchgesetzt. Wichtiger aber noch als diese Korrektur sind die Folgen, die sich aus den Forschungen zur Reformation auf der Ebene der gelebten Religion ergeben.[244]

---

242 Unter diesem Gesichtspunkt scheinen mir die Arbeiten von Troeltsch deutlich überlegen: Vgl. neben den Angaben im ersten Teil dieses Kapitels v. a.: ders., *Schriften zur Bedeutung des Protestantismus für die moderne Welt (1906-1913)* (= KGA, Bd. 8), Berlin 2001.
In der neueren Literatur hebt vor allem die Verzerrtheit unseres Bildes von der Reformation durch die Konzentration auf ihre »überlebenden« Varianten in einem provokativen Werk hervor: Brad Gregory, *The Unintended Reformation. How a Religious Revolution Secularized Society*, Cambridge, Mass., 2012.

243 Am stärksten beeindruckt haben mich auf diesem Gebiet die Forschungen von Wolfgang Reinhard. Vgl. etwa seinen klassischen Aufsatz: »Gegenreformation als Modernisierung? Prolegomena zu einer Theorie des konfessionellen Zeitalters« (1977), jetzt in: ders., *Ausgewählte Abhandlungen*, Berlin 1997, S. 77-102, und eine reiche Literatur im Anschluß daran.

244 Bahnbrechend: Robert W. Scribner, »The Reformation, Popular Magic, and the ›Disenchantment of the World‹«, in: *Journal of Interdisciplinary History* 23 (1993), S. 475-494. Wesentlich für meine Argumentation sind neben den Veröffentlichungen Scribners, die jetzt gesammelt in deutscher Übersetzung vorliegen (ders., *Religion und Kultur in Deutschland 1400-1800*, hg. von Lyndal Roper, Göttingen 2002), die Ar-

Dabei besteht der erste wichtige Schritt schon in einem korrekten Verständnis des Verhältnisses von Magie und Religion im Mittelalter. Wenn dieses als purer Rückfall des Christentums in die Magie mißdeutet wird, wird der Kampf der mittelalterlichen Kirche gegen Remagisierungstendenzen unverständlich. In der protestantischen Polemik gegen das angeblich magische katholische Sakramentsverständnis, die auch Max Weber geprägt hat, wird nicht nur das Verständnis der Sakramente verfehlt, sondern auch ein angemessenes Bild dessen, was tatsächlich magischen Charakter hatte. Die Kirche wehrte sich ständig gegen überlebende vorchristliche Formen etwa magischen Liebes- und Heilungszaubers. Sie versuchte, dem Bedürfnis nach diesen auch durch die Integration vorchristlicher Formen gerecht zu werden, und niemand kann daran zweifeln, daß nichtmagische Formen magisch instrumentalisiert wurden.[245] Insofern stehen magiefeindliche Äußerungen von Reformatoren in einer Kontinuitätslinie mit der mittelalterlichen Kirche und stellen keineswegs eine epochale Neuaufnahme eines seit den alttestamentlichen Propheten untergegangenen Motivs dar.

Was nun aber die Wirkungen der reformatorischen Magiebekämpfung betrifft, so ist diese den Texten der Reformatoren ebensowenig direkt zu entnehmen, wie dies bei den Prophetenbüchern des Alten Testaments der Fall war. Wenn die gelebte

---

beiten von Alexandra Walsham. Vgl. dies., »Reformation Legacies«, in: Peter Marshall (Hg.), *The Oxford Illustrated History of the Reformation*, Oxford 2015, S. 227-268; dies., »The Reformation and ›The Disenchantment of the World‹ Reassessed«, in: *The Historical Journal* 51 (2008), S. 497-528; und grundsätzlichere Konsequenzen ziehend: dies., »Migrations of the Holy: Explaining Religious Change in Medieval and Early Modern Europe«, in: *Journal of Medieval and Early Modern Studies* 44 (2014), S. 241-280. Man könnte allerdings durchaus behaupten, daß Weber selbst schon durch seine Berücksichtigung populärer Erbauungsliteratur auf die Ebene des gelebten Glaubens zielte. Allerdings ist wohl unbestreitbar, daß seine Quellen dafür keineswegs hinreichten.

245 Sehr gut dazu Scribner, »The Reformation«, S. 476-480.

Religion statt doktrinärer Äußerungen untersucht wird und der Fokus nicht allein auf der ersten, sondern auch auf den folgenden Generationen liegt, dann zeigt sich schnell, daß in vielen Hinsichten nicht so heiß gegessen wurde, wie gekocht war. Die ursprünglichen Versuche, auf die Sakralisierung von spezifischen Zeiten, Orten und Personen konsequent zu verzichten und die Formen religiöser Praxis zu entritualisieren, ließen sich nicht auf breiter Front durchsetzen. Neue, evangelische Formen der »Weihe« von Kirchengebäuden, Orgeln, Altären, Friedhöfen und Kirchenglocken entstanden, die ebenfalls immer wieder gegen magische Instrumentalisierungen abgesichert werden mußten.[246] Wo die katholische eucharistische Prozession zum Schutz der Ernte verpönt war, konnte dasselbe Ziel protestantisch mit dem Mittel der »Hagelfeier«, das heißt »einem von evangelischen Kirchenliedern begleiteten Umgang statt der eucharistischen Prozession« und später dann der »Hagelpredigt« mit ihrem »eigenen apotropäischen Charakter« verfolgt werden.[247] Überhaupt wäre die Vorstellung abwegig, die ursprünglichen reformatorischen Lehren seien unflexibel gegenüber den Bedürfnissen der Gläubigen geblieben. Das ist auch die Erklärung dafür, warum spätere Generationen von Calvinisten gar nicht mehr angeben können, welche Rolle der Prädestinationsglaube für sie spielt.[248] Wirtschaftliche Aktivität war keineswegs die einzige Form der Angstbewältigung, was Erlösung oder ewige Verdammnis betraf. Doch sogar in den unverwässertsten

---

246 Ebd., S. 483. Eine faszinierende Studie über die spontane Sakralisierung von Räumen unter den Bedingungen eines strikten theologischen Antisakramentalismus liefert: Brian C. Wilson, »Altars and Chalkstones. The Anomalous Case of Puritan Sacred Space in Light of Durkheim's Theory of Ritual«, in: Thomas A. Idinopulos, Brian C. Wilson (Hg.), *Reappraising Durkheim for the Study and Teaching of Religion Today*, Leiden 2002, S. 163-182.

247 Scribner, *Religion und Kultur in Deutschland 1400-1800*, S. 358; zum historischen Wandel in dieser Hinsicht: Heinz-Dieter Kittsteiner, »Das Gewissen im Gewitter«, in: *Jahrbuch für Volkskunde* 10 (1987), S. 7-26.

248 Vgl. unten, Kap. 5, S. 283, Anm. 10.

Schriften ist der reformatorische Kampf gegen magischen Zauber nicht gegen eine Illusion gerichtet und in diesem Sinne entzaubernd, sondern gegen unbestritten existierende teuflische und dämonische Kräfte. Das hat auch Weber eingeräumt.[249] Luthers Teufelsglaube ist sprichwörtlich, doch ist auch Calvins Welt- und Geschichtsbild eines des kosmischen Kampfes von Gott und Teufel, eines Kampfes, der weitere Kräfte – Engel und Dämonen, für die es ja ein biblisches Zeugnis gibt – durchaus einschließt. In den Wirren der nachreformatorischen Kriege und Bürgerkriege konnte der Glaube an dieses nun wirklich nicht entzauberte Weltbild sogar noch intensiviert werden. Robert Scribner kommt zu dem Schluß, daß die These von einer Entzauberung der Welt als historisch treffende Beschreibung dieser Zeit keinen Bestand haben könne,[250] und Alexandra Walsham meint, daß künftige Gelehrtengenerationen die ausgedehnte Debatte darüber als interpretative Sackgasse und »historiographical red herring«[251] ansehen werden. Und es gibt sogar Historiker, die die Zeit von 1500 bis 1650 als eine Epoche des »super-enchantment«, also einer gesteigerten »Verzauberung« beschreiben.[252] Hinzufügen möchte ich, daß auch die weitere Geschichte des Protestantismus dazu zwingt, sich von diesem Entzauberungsnarrativ zu verabschieden. Was immer der genaue Zusammenhang von Reformation und Aufklärung ist, das achtzehnte Jahrhundert ist nicht nur eines der Aufklärung, sondern auch des Pietismus, des Methodismus und des ameri-

---

249 Vgl. oben, S. 228f.

250 Scribner, »The Reformation«, S. 493.

251 Walsham, »The Reformation«, S. 528. Der britische Historiker Owen Chadwick hat in seinem bedeutenden Buch über Säkularisierung schon 1975 vor den Gefahren des Entzauberungsbegriffs gewarnt. Vgl. ders., *The Secularization of the European Mind in the 19th Century*, Cambridge 1975, S. 258.

252 Den Hinweis entnehme ich Walsham, »Migrations of the Holy«, S. 247, unter Verweis auf Ulinka Rublack und Robin Briggs. Für ein vollständiges Bild wäre auch die Forschung über die Hexenverfolgungen und den Hexenwahn der frühen Neuzeit stärker zu berücksichtigen.

kanischen »Great Awakening«.[253] Auch diese und dann die großen globalen Erneuerungsbewegungen der Pfingstkirchen verlangen einen veränderten theoretischen Rahmen.[254]

Ich werde im letzten Kapitel dieses Buches auf diesen alternativen Rahmen zurückkommen. An dieser Stelle sei daran erinnert, daß die Leitfrage der ersten Kapitel die nach der Möglichkeit einer Wissenschaft von der Religion war – einer Wissenschaft in dem Sinne, daß die Aussagen eines Autors nicht einfach aus seinen religiösen oder antireligiösen Voraussetzungen heraus vorhersagbar sind, sondern sich empirischer Forschung und theoretischer Durchdringung von empirischem Material verdanken. Auch für die beiden umfassendsten Versuche vom Anfang des zwanzigsten Jahrhunderts, eine Synthese des empirischen Wissens über Religion und ein universalhistorisches Narrativ vorzubereiten, gilt diese Frage. Sie nimmt hier die Gestalt an, die fundamentale Differenz zwischen den Forschungen Troeltschs und Webers unter dem Gesichtspunkt zu betrachten, ob sie einfach darauf zurückzuführen ist, wie unterschiedlich die beiden die Chancen der Religion in ihrer Zeit beurteilt haben. Unleugbar besteht ein Zusammenhang zwischen Ernst Troeltschs Interesse an einem zeitgenössisch vitalen Christentum und seiner Theorie immer neuer Idealbildungen. Dasselbe gilt für die Ver-

253 Walsham, »Reformation Legacies«, S. 267.

254 Bezogen auf die Geschichte des Pietismus hat dies in Auseinandersetzung mit Max Weber immer wieder angemahnt: Hartmut Lehmann, *Die Entzauberung der Welt. Studien zu Themen von Max Weber*, Göttingen 2009; ders., *Religiöse Erweckung in gottferner Zeit. Studien zur Pietismusforschung*, Göttingen 2010. Unter Bezug auf die globale Pfingstbewegung des zwanzigsten Jahrhunderts ist heranzuziehen das Lebenswerk des britischen Religionssoziologen David Martin, z.B. sein Aufsatz: »Das europäische Modell der Säkularisierung und seine Bedeutung in Lateinamerika und Afrika«, in: Hans Joas, Klaus Wiegandt (Hg.), *Säkularisierung und die Weltreligionen*, Frankfurt/M. 2007, S. 435-464; zu Martin jetzt Hans Joas, »More Weberian than Weber? David Martin's Political Sociology of Religion«, in: ders. (Hg.), *David Martin and the Sociology of Religion*, Oxford 2018.

bindung zwischen Max Webers Wahrnehmung, daß die für ihn einzig konsistenten Formen von Religion, der asketische Protestantismus und die akosmistische Brüderlichkeitsethik Indiens, beide erschöpft und nicht länger geschichtlich wirkmächtig sind, und seiner Konstruktion eines welthistorischen Prozesses der Entzauberung. Aber es wäre in beiden Fällen äußerst ungerecht, sich der Herausforderung ihrer Argumentation durch die Zurückführung auf leitende Motive zu entziehen. Mit keiner wissenschaftlichen Theorie und mit keiner Kritik an einer solchen kann die Frage nach dem Glauben entschieden werden. Doch ist auch die Vorstellung paradox, eine Wissenschaft sei frei von »Totalitätsansprüchen«,[255] die den unterstellten Prozeß der Entzauberung zur Grundlage ihrer selbst macht und sich selbst zentral als Reflexion dieses Prozesses versteht. Es zeigt sich, daß die Frage nach der Möglichkeit einer Wissenschaft von der Religion unabdingbar mit der Frage korrespondiert, was eine solche Wissenschaft an Herausforderungen und Chancen für die Gläubigen und die Nichtgläubigen bedeutet.

255 So Weiß, *Entzauberung*, S. 26.

5
Transzendenz als reflexive Sakralität
Die »Achsenzeit« als Einschnitt in der Religionsgeschichte

In meiner Darstellung der Entstehung von Religionsgeschichtsschreibung, Religionspsychologie und Religionssoziologie – die die ersten Kapitel dieses Buches einnahm – war kontinuierlich auch von der Spannung die Rede, die durch den Anspruch auf Wissenschaftlichkeit in den Diskurs über den Glauben hineinkam. Dieser Anspruch auf Wissenschaftlichkeit konnte immer religionsskeptisch oder sogar radikal religionskritisch gemeint sein, als Widerlegung einzelner Glaubensannahmen oder als Aufdeckung des Geheimnisses, das der Existenz der Religion als solcher zugrunde liege, und somit als Erklärung der Religion. Gezeigt wurde allerdings auch, wie dieselben Argumente, die von Skeptikern wie David Hume oder Religionskritikern wie Ludwig Feuerbach und Émile Durkheim vorgetragen wurden, von anderen Denkern desselben Kalibers – etwa von Johann Gottfried Herder, Friedrich Schleiermacher, W. Robertson Smith und William James – durchaus selbständig entwickelt oder aufgenommen, aber dann ganz anders, nämlich für ein neues positives Verständnis des Glaubens herangezogen werden konnten.

Auch die beiden – im vierten Kapitel dieses Buches – geschilderten Syntheseversuche unterscheiden sich in dieser Hinsicht. Bei Ernst Troeltsch war in seinem ganzen Lebenswerk das Interesse leitend, die Möglichkeiten für ein vitales Christentum unter radikal gewandelten Bedingungen in der europäischen Kultur zu erkunden. Seine Schriften sind von dem Vertrauen getragen, daß Europa nicht einfach vor einer religionslosen Zukunft steht oder vor der »beginnenden Auflösung der europäischen Kultur überhaupt, die ein neues religiöses Lebenselement nicht wird bilden können und doch auch ein solches nicht entbehren kann«.[1] Gegen solche Szenarien beharrt Troeltsch zumindest auf der Möglichkeit, den neuen intellektuellen Herausforderungen, vor die sich das Christentum gestellt sieht, gerecht zu werden und durch eine tiefgreifende Reform der sozialen Organisation der Christen zu einer neuen Sammlung der religiösen Kräfte zu gelangen.[2] Bemerkenswert ist auch, daß Troeltsch in einer Zeit, in der fortschreitende und irreversible Säkularisierung zu einer verbreiteten und scheinbar keiner weiteren Erklärung bedürfenden Annahme wurde, den Atheismus Feuerbachs und Schopenhauers, Marx' und Nietzsches für ein historisch vorübergehendes Phänomen gehalten zu haben scheint. Er verteidigt nämlich ihre denkerischen Leistungen, die er ausdrücklich würdigt, als solche, die ihre Bedeutung auch dann behalten werden, »wenn der Atheismus, aus dem sie zunächst entsprungen sind, einmal der Geschichte angehören wird«.[3]

Auf Max Weber läßt sich diese Einschätzung gewiß nicht übertragen. Zwar stand er in vielfältiger Weise liberal-protestantischen Kreisen des deutschen Kaiserreichs nahe und beteiligte sich sogar gelegentlich an deren reformerischen und antikatholischen Aktivitäten.[4] Aber die Differenz zu Troeltschs selbstbewußtem und zukunftszugewandtem Christentum ist unver-

1 Ernst Troeltsch, »Die Zukunftsmöglichkeiten des Christentums«, in: *Logos* 1 (1910/11), S. 165-185, hier S. 168.

2 Zu den intellektuellen Herausforderungen im Anschluß an Troeltsch: Hans Joas, *Glaube als Option. Zukunftsmöglichkeiten des Christentums*, Freiburg 2012, v. a. S. 201-218; zu den organisatorischen: ders., *Kirche als Moralagentur?*, München 2016.

3 Ernst Troeltsch, *Der Historismus und seine Probleme (1922)*, 2 Bde., Berlin 2008 (= *Kritische Gesamtausgabe* [KGA], Bd. 16.1 und 16.2), hier S. 763.

4 Dazu Friedrich Wilhelm Graf, »Die ›kompetentesten‹ Gesprächspartner? Implizite theologische Werturteile in Max Webers ›Protestantischer Ethik‹«, in: ders., *Fachmenschenfreundschaft. Studien zu Troeltsch und Weber*, Berlin 2014 (= *Troeltsch-Studien*, Neue Folge, Bd. 3), S. 111-149.

kennbar. Dies macht Weber allerdings auch nicht zu einem in irgendeiner Weise engagierten Kritiker des Christentums oder aller Religion. Friedrich Wilhelm Graf hat zur Beantwortung der »sehr schwierigen Frage nach Webers individuellen religiösen Wertorientierungen« die Formel »heroischer Agnostizismus« geprägt.[5] Zieht man das berühmteste Selbstzeugnis Webers in dieser Hinsicht heran, bestätigt es diese Diagnoseformel. In einem Brief an den Soziologen Ferdinand Tönnies, vermutlich vom 19. Februar 1909, schrieb Weber, daß er sich an atheistischen Kampagnen wie denen von Ernst Haeckel »nicht mit subjektiver Ehrlichkeit« beteiligen könne:

> Denn ich bin zwar religiös absolut unmusikalisch und habe weder das Bedürfnis noch Fähigkeit, irgendwelche seelischen »Bauwerke« religiösen Charakters in mir zu errichten; – das geht einfach nicht, resp. ich lehne es ab. Aber ich bin nach genauer Prüfung weder antireligiös noch *irreligiös*. Ich empfinde mich auch in dieser Richtung als einen Krüppel, als einen verstümmelten Menschen, dessen inneres Schicksal es ist, sich dies ehrlich eingestehen zu müssen, sich damit (um nicht in romantischen Schwindel zu verfallen) abzufinden, aber auch nicht – als ein Baumstumpf, der hin und wieder noch auszuschlagen vermag, – mich als einen vollen Baum aufzuspielen.[6]

Aus diesem Selbstzeugnis Webers wird oft nur die Formulierung »religiös absolut unmusikalisch« zitiert. Aus dem Zusammenhang gerissen, klingt diese, als spreche da jemand fröhlich-unbelastet von religiösen Dingen oder als kokettiere der Verfasser umfangreicher Studien zur Wirtschaftsethik der Weltreligionen mit seinem mangelnden persönlichen Interesse am eigentlich Religiösen. Im vollen Wortlaut macht die Briefstelle dagegen deutlich, daß sie auch und gerade einer Abgrenzung von aller Irreligiosität und aller militanten Religionsfeindschaft dient. Sie drückt eher ein tragisches Gefühl des Ausgeschlossenseins

---

5 Ebd., S. 114.

6 Der Brief ist abgedruckt in: *Max-Weber-Gesamtausgabe*, Abt. II, Bd. 6, Tübingen 1994, S. 64ff.

von etwas aus, von dem der suchende und forschende Verstand des Verfassers als von einer faszinierenden Dimension menschlichen Lebens gleichwohl nicht lassen kann.

Das Narrativ eines welthistorischen Prozesses der Entzauberung, das im vorhergehenden Kapitel ausführlich dargestellt und in Zweifel gezogen wurde, erhebt dieses tragische persönliche Gefühl allerdings in den Rang einer geschichtsphilosophischen Behauptung. Graf hat darauf aufmerksam gemacht, daß sich die Formel »religiös unmusikalisch« auch schon in der Originalfassung von Webers Aufsatz über die protestantischen Kirchen und Sekten in Nordamerika von 1906 findet, dort aber »signifikant verallgemeinert«:[7] »Wir modernen, religiös ›unmusikalischen‹ Menschen sind schwer imstande, uns vorzustellen oder auch nur einfach zu *glauben*, welche gewaltige Rolle in jenen Epochen, wo die Charaktere der modernen Kulturnationen geprägt wurden, diesen religiösen Momenten zufiel.«[8] Hier erscheint die »Verkrüppelung« in religiöser Hinsicht, die Weber sich selbst attestiert, nicht als einsame Abweichung von der Mehrheit der Gesunden, sondern schlechthin als Schicksal des »modernen« Menschen, wer oder was immer das sei. Obwohl das Narrativ der Entzauberung also nicht aggressiv religionskritisch auftritt, ist es paradoxerweise schwieriger, es im Sinne religiöser Erneuerung zu beerben. Max Webers Argumentation scheint offen gegenüber den Versuchen religiöser Revitalisierung, erkennt aber nur solche Versuche als intellektuell »satisfaktionsfähig« an, von denen er gleichzeitig nachzuweisen versucht, daß sie unter »modernen« Bedingungen keine Verwirklichungschance hätten. Als in sich konsequente Arten der Theodizee behandelt Weber lediglich – neben dem zarathustrischen Dua-

7 Ebd., S. 113, Anm. 12.

8 Max Weber, »›Kirchen‹ und ›Sekten‹ in Nordamerika. Eine kirchen- und sozialpolitische Skizze«, in: *Die Christliche Welt* 20 (1906), Sp. 558-562 und Sp. 577-583, hier Sp. 581. In der Fassung, die in Webers *Gesammelte Aufsätze* einging, ist dieser Passus gestrichen.

lismus, den er wegen der geringen Zahl seiner Anhänger eigentlich für vernachlässigenswert hält und nur wegen seines Einflusses auf das, was Weber noch das »Spätjudentum« nannte, überhaupt berücksichtigt – den (calvinistischen) Prädestinationsglauben und die indische Intellektuellen-Religiosität. Der Prädestinationsglaube ist für Weber eine mögliche Lösung des Problems, wie der gute Gott Leiden und Ungerechtigkeit zulassen kann, weil er die Unmöglichkeit behaupte, »Gottes Ratschlüsse mit menschlichen Maßstäben messen zu können«. Dies aber bedeute »in liebloser Klarheit den Verzicht auf die Zugänglichkeit eines Sinnes der Welt für menschliches Verstehen, welcher damit auch aller Problematik dieser Art ein Ende machte«.[9] Webers Protestantismusarbeiten hatten die psychologischen Folgen einer solchen Lösung des Theodizeeproblems für das Handeln der Menschen herausgearbeitet. Es war gerade sein Gedanke, daß zu diesen Folgen die Entstehung des Geistes des Kapitalismus zähle, der dann aber selbst eine ihm zugrunde liegende religiöse Gesinnung aushöhle. Weber war sich zudem der Tatsache bewußt, daß eine so konsequente »Lösung« oder, könnte man sagen, Beseitigung der Theodizeefrage »außerhalb des Kreises eines hochgesteigerten Virtuosentums nicht dauernd ertragen« werden konnte, weshalb ja auch der strikte Prädestinationsglaube im Lauf der Zeit selbst in der religiösen Tradition der Calvinisten bis zur Unverständlichkeit zurücktreten sollte.[10]

---

9 Max Weber, *Gesammelte Aufsätze zur Religionssoziologie*, Bd. 1, Tübingen 1920, S. 572 f.

10 Alan Wolfe, *The Transformation of American Religion. How We Actually Live Our Faith*, New York 2003. Besonders anschaulich schildert Wolfe diesen Sachverhalt in einem Interview (Homiletics online). Angesprochen auf die geringe Kenntnis theologischer Lehren unter (amerikanischen) Gläubigen, erklärt er sein Erstaunen, daß die meisten Presbyterianer wenig wissen von der Prädestinationslehre, »about which I would have thought people would have some familiarity, since it is associated with the historical origins of their church. Most people don't, and don't care, and you start to explain it to them and their eyes glaze over.«

Die andere in sich konsequente Form sah Weber in Indien am Werk. Er bezeichnet die »Vereinigung virtuosenhafter Selbsterlösung aus eigener Kraft mit universeller Zugänglichkeit des Heils, strengster Weltablehnung mit organischer Sozialethik, Kontemplation als höchsten Heilswegs mit innerweltlicher Berufsethik« als »außerordentliche metaphysische Leistung«.[11] Von ihrer Vereinbarkeit mit den Bedingungen modernen gesellschaftlichen Lebens aber kann für Weber keine Rede sein. Kein Wunder deshalb, daß Webers religionssoziologisches Œuvre insgesamt und sein Entzauberungsnarrativ im besonderen durchaus als ein Pfeiler der Christentumskritik aufgefaßt werden konnte.

So läßt sich die Problemkonstellation in den Wissenschaften von der Religion am Anfang des zwanzigsten Jahrhunderts, wie sie sich in den ehrgeizigsten Syntheseversuchen zeigt, auf den Begriff bringen. Es gibt allerdings in den Syntheseversuchen von Troeltsch und Weber (und verstreut auch schon vorher) einen weiteren Gesichtspunkt, der gesondert hervorgehoben werden muß, weil er den Ausgangspunkt bildet für eine bedeutende Weiterentwicklung des Diskurses über die Macht des Heiligen im Lauf des zwanzigsten Jahrhunderts. Es handelt sich um die Behauptung eines fundamentalen Einschnitts in der Religionsgeschichte der Menschheit, dessen Bedeutung so groß sei, daß verallgemeinernde Aussagen über Religion, wenn sie diesen Einschnitt ignorieren und damit Heterogenes zusammenwerfen, problematisch werden. In David Humes *Naturgeschichte der Religion* ist von einem solchen Einschnitt keine Rede, und auch Émile Durkheims soziologischer Rückgang auf die (angeblich) »elementaren Formen des religiösen Lebens« im Totemismus führt zu Schlußfolgerungen zur Rolle des Heiligen in der »Moderne«, die durch keinen Gedanken eines solchen Einschnitts gezügelt werden.[12] Bei William James deutet sich dage-

11 Weber, *Gesammelte Aufsätze zur Religionssoziologie*, Bd. 1, S. 573.

12 Eine leichte Einschränkung dieser Behauptung ergibt sich aus einer Be-

gen der Gedanke eines solchen historischen Einschnitts an; in seiner religionspsychologischen Argumentation nimmt dieser die Gestalt einer typologischen Unterscheidung von religiösen Mentalitäten an, weshalb er der historisch gerichteten Aufmerksamkeit leicht entgehen kann. James unterscheidet die »once-born« und die »twice-born«, die »Einmalgeborenen« und die »Zweimalgeborenen«.[13] Während das religiöse Streben der Einmalgeborenen schlicht auf Glück und Heil in dieser Welt gerichtet sei, halten die Zweimalgeborenen die Welt nicht für den Ort, an dem das gesuchte Heil letztlich gefunden werden könne. Sie streben nach dem Heil in einer anderen Welt. Ihr Begriff von »Erlösung« ist deshalb notwendig auf eine fundamentale Transformation ihrer selbst und der Welt insgesamt ausgerichtet. Damit ist nicht einfach ein Jenseits des physischen Lebens gemeint, sondern jenseits der irdischen eine andere Wirklichkeit, die als die wahre Wirklichkeit empfunden wird. Die Orientierung an ihr stellt dann eine zweite Geburt innerhalb des individuellen Lebens dar, ab der ein bloßes innerweltliches Glücksstreben immer als letztlich unbefriedigend gilt. »Primitive« Religionen, der griechisch-römische Polytheismus und auch neuere amerikanische Strömungen wie der Transzendentalismus erscheinen als Religionen für Einmalgeborene – an-

---

rücksichtigung von Durkheims Buch zur Universitätsgeschichte in Mittelalter und Renaissance. Vgl. Émile Durkheim, *Die Entwicklung der Pädagogik. Zur Geschichte und Soziologie des gelehrten Unterrichts in Frankreich*, Weinheim 1977.

13 William James, *Die Vielfalt religiöser Erfahrung* (1902), Frankfurt/M. 1997, S. 110-187. James folgt dabei einer begrifflichen Unterscheidung des britischen Theologen Francis W. Newman, des jüngeren Bruders von Kardinal Newman, in: ders., *The Soul. Its Sorrows and Its Aspirations*, London ^{3}1852, S. 89-91 (vgl. James, *Die Vielfalt religiöser Erfahrung*, S. 509, Anm. 2). Gut erkannt hat den Zusammenhang von psychologischer Typenbildung und religionshistorischer Behauptung: Felicitas Krämer, *Erfahrungsvielfalt und Wirklichkeit. Zu William James' Realitätsverständnis*, Göttingen 2006, S. 86-88. Ich stimme allerdings ihrer Zuordnung des Hinduismus nicht zu.

ders als das, was »Brahmanen, Buddhisten, Christen, Mohammedaner, zweimal geborene Menschen, deren Religion nicht naturalistisch ist, aus ihrer jeweiligen Mystik und ihrem Entsagungsglauben gewinnen«.[14]

Damit klingt bei James ein Gedanke an, der sich Ende des neunzehnten Jahrhunderts in vielfältiger Gestalt in den Wissenschaften von der Religion ausbreitete, nämlich der einer Entwicklung der Religionen hin zu einer höheren Stufe mit dem Namen »Erlösungsreligion«. Bei Josiah Royce, der James' Religionspsychologie, wie im zweiten Kapitel dargestellt, in einer wichtigen Richtung weitergeführt hatte, wird die Existenz »höherer« Religionen, namentlich Buddhismus und Christentum, wie selbstverständlich in Anspruch genommen.[15] Von einer eindeutigen Definition des Begriffs »Erlösungsreligion« kann bei den verschiedenen Autoren, die ihn nach seiner Prägung durch den Theologen Otto Pfleiderer 1878 verwendeten, allerdings keine Rede sein.[16] Das Maß, in dem Erlösung als Erlösung *von* der Welt statt *in* der Welt gedacht wurde, variiert dabei – sowohl in den behandelten Religionen wie in den Ansichten der Wissenschaftler über sie. Dies soll hier nicht im einzelnen verfolgt werden. Wichtig an dieser Stelle ist vor allem, daß sich der Gedanke eines fundamentalen geschichtlichen Einschnitts hin zur Entstehung von »Erlösungsreligionen« sowohl bei Ernst Troeltsch wie bei Max Weber, also in beiden großen Syntheseversuchen, findet.

Es kann nicht überraschen, daß der Gedanke eines solchen Einschnitts beim Christen Troeltsch eine Rolle spielt. Kein gläubiger Christ kann die christliche Religion nahe an Religionen

14 Ebd., S. 166.

15 Z. B. Josiah Royce, *The Sources of Religious Insight*, New York 1912, S. 8.

16 Guter Überblick bei: Edith Hanke, »Erlösungsreligionen«, in: Hans G. Kippenberg, Martin Riesebrodt (Hg.), *Max Webers »Religionssystematik«*, Tübingen 2001, S. 209-226. Dort (S. 211) der Verweis auf die erste Verwendung des Begriffs bei: Otto Pfleiderer, *Religionsphilosophie auf geschichtlicher Grundlage*, Berlin 1878, S. 725.

ohne fundamentalen Transzendenzbezug heranrücken. Troeltsch dachte über diese Frage im Zusammenhang seiner Untersuchung nach, wie denn auf dem Boden einer umfassenden Durchsetzung der historischen Denkweise von einer Absolutheit des Christentums als wahrer Religion oder von ihm als höchster und unüberwindbarer Stufe der Religionsentwicklung gesprochen werden könne. Entsprechend findet sich seine Definition von »Erlösungsreligion« dort, wo er von der (verneinenden) Beantwortung der Frage, ob die historische Denkweise die Anerkennung des Christentums ausschließe, zu der Frage übergeht, ob »die historische Denkweise auch positiv die Anerkennung des Christentums als der höchsten für uns geltenden religiösen Ideen- und Lebenswelt«[17] einschließe. Diese Frage führt ihn zum Vergleich des Christentums nicht mit allen Religionen, sondern nur mit den »Universalreligionen« – mit denjenigen Religionen also, die »mit der natürlichen Gebundenheit der Religion an Staat, Blut und Ort und mit der Verflechtung der Gottheit in Naturkräfte und Naturerscheinungen« gebrochen und die die Vorstellung einer »deutlich in die Sinnenwelt hineintretenden übersinnlichen Welt absoluter jenseitiger religiöser Güter«[18] hervorgebracht haben. Judentum und Islam sieht Troeltsch dann allerdings als bloß partielle Überwindungen der »natürlichen und partikularen Gebundenheiten« und als »Gesetzesreligionen«, die dem Individuum den Aufstieg in die »höhere Welt« durch eigene Anstrengungen zu gesetzeskonformem Handeln zumuten.

Erst die Erlösungsreligionen vollenden den Bruch zwischen beiden Welten und reißen den Menschen innerlich los von der gesamten vorgefundenen Wirklichkeit, auch von seiner eigenen Seelennatur, um ihn mit göttlichen Kräften erfüllt ihr wieder gegenüber zu stellen und ihm dadurch das Tun des die Welt überwindenden und ihren alleini-

17 Ernst Troeltsch, *Die Absolutheit des Christentums und die Religionsgeschichte (1902/1912)*, Berlin 1998 (= KGA, Bd. 5), S. 191.

18 Ebd., S. 193.

gen Wert darstellenden Guten zu gewähren, samt der sicheren Hoffnung des Sieges und des Lebens für eine höhere Welt.[19]

Zu diesen Erlösungsreligionen zählt für Troeltsch dann keineswegs nur das Christentum. Er nennt ausdrücklich auch die indischen Erlösungsreligionen, Annäherungen an sie im Neuplatonismus und Gnostizismus der Spätantike sowie Ansätze auch in den »Gesetzesreligionen«, als die Troeltsch, wie erwähnt, Judentum und Islam klassifiziert. Dem Prophetismus wird eine für die Entstehung der Erlösungsreligion wichtige Rolle zugeschrieben; das Christentum überschreite diesen aber auch ganz wesentlich. Das ist vermutlich der Grund, warum Troeltsch seine historische Soziologie des Christentums mit Jesus beginnen läßt und erst nachträglich auf die Vorbereitung des Messiasglaubens in der prophetischen Tradition zu sprechen kommt.[20]

Auch bei Max Weber findet sich der Gedanke eines fundamentalen Einschnitts in der Religionsgeschichte der Menschheit; allerdings wird dieser nicht konsistent mit dem Begriff »Erlösungsreligion« bezeichnet. Zentral für ihn war die Rolle der »Propheten«; einflußreich war vermutlich die Rede von einem »prophetischen Zeitalter« bei dem evangelischen Theologen Wilhelm Bousset,[21] das – keineswegs begrenzt auf die hebräischen Propheten – *den* Einschnitt zwischen Jahrtausenden magischer Religion und der neuen Zeit postmagischer Erlösungsreligionen markiert. Gerade auch Weber hebt Parallelen (und

19 Ebd. Zum Thema aus seinen späteren Schriften auch: ders., »Erlösung: II. Dogmatisch«, in: *Die Religion in Geschichte und Gegenwart*, Tübingen 1910, Bd. 2, Sp. 481-488, und ders., *Glaubenslehre*, München, Leipzig 1925, S. 326-364.

20 Ernst Troeltsch, »Glaube und Ethos der hebräischen Propheten« (1916), in: ders., *Aufsätze zur Geistesgeschichte und Religionssoziologie*, hg. von Hans Baron, Tübingen 1925, S. 34-65; ders., »Erlösung: II. Dogmatisch«, Sp. 481-488.

21 Wilhelm Bousset, »Propheten und Prophetische Religionen«, in: ders., *Das Wesen der Religion, dargestellt an ihrer Geschichte*, Halle 1906, S. 82-103.

Unterschiede) zu Griechenland, Indien und China hervor.[22] Der Sinn des Begriffs »Erlösungsreligion« scheint sich bei Weber allerdings schleichend verschoben zu haben. »Während die ›Erlösungsreligion‹ in den §§ 10 und 11 in *Wirtschaft und Gesellschaft* noch mit der ›Gesinnungsethik‹ im protestantisch-kantianischen Sinn in Verbindung gebracht wird, rückt sie in der ›Zwischenbetrachtung‹ in die Nähe der Brüderlichkeitsethik, die eindeutig zum weltablehnenden Typus der Gesinnungsethik gehört.«[23] Anstelle des Puritanismus scheint der Buddhismus zum Prototyp der Erlösungsreligion bei Weber zu werden.

Es ist jedoch hier nicht nötig, die terminologischen Entwicklungen bei Weber (oder vielleicht seine Inkonsistenzen) philologisch zu verfolgen. Mir geht es an dieser Stelle nur darum, nachzuweisen, daß auch Weber zu der Frage getrieben wurde, was die ethische Aufladung des Erlösungsgedankens für die Geschichte von der Macht des Heiligen bedeutet. So unterschiedlich die Erlösungsziele und Erlösungswege von den Religionen auch immer konzipiert werden mögen, gemeinsam ist einigen wenigen von ihnen die Vorstellung von einem Guten, das das irdische menschliche Gedeihen weit überschreitet.

Auf diesen Punkt wird hier deshalb so großer Nachdruck gelegt, weil sich an ihm auch eine neue Konstellation des Diskurses über Wissenschaft und Glaube ablesen läßt. Wenn die bloße wissenschaftliche Beschäftigung mit den Religionen schon als Gefährdung des Glaubens empfunden wurde, dann bestand eine Möglichkeit zur friedlichen Koexistenz darin, die Kompetenz der Wissenschaften auf die »niederen« Religionen zu begrenzen. Nichts mußte ja dagegen sprechen, Religionen historisch, psychologisch oder soziologisch zu erforschen, deren Wahrheit

22 Max Weber, *Religiöse Gemeinschaften*, in: *Max-Weber-Gesamtausgabe*, Abt. I, Bd. 22.2, S. 183f. und ders., »Hinduismus und Buddhismus«, in: ders., *Gesammelte Aufsätze zur Religionssoziologie*, Bd. 1, Tübingen 1921, S. 155.

23 Hanke, »Erlösungsreligionen«, S. 224 (im Anschluß an Wolfgang Schluchter).

ohnehin kein moderner Zeitgenosse verfocht. Ebenso mußte es als unproblematisch erscheinen, wenn menschliche Erfahrungen untersucht wurden, die eben auch außerhalb eines mit Wahrheitsanspruch auftretenden religiösen Glaubens gemacht werden konnten. Aber der Diskurs über Erlösungsreligionen rückt gewissermaßen an den Kernbereich »höherer« Religionen heran. Konnte eine Religion, die sich selbst als Produkt einer göttlichen Offenbarung versteht, zulassen, daß sie mit den Mitteln der verschiedenen Wissenschaften durchleuchtet wird – und dies nicht nur in Äußerlichkeiten, sondern in dem sogar, was als die göttliche Offenbarung selbst von ihr behauptet wird? War es überhaupt zumutbar, als wahre Religion zusammen mit vielen anderen Phänomenen, die eben nicht auf eine Selbstoffenbarung Gottes zurückgehen, unter dem Sammelbegriff »Religion« behandelt zu werden? Steckte dann nicht doch schon im bloßen begrifflichen Zugriff eine Vermenschlichung des Göttlichen, die – wie unschuldig sie auch auftreten mochte – destruktive Konsequenzen für den Glauben zeitigen mußte?

Ich behaupte nun in der Tat, daß die wissenschaftliche Beschäftigung mit Religion, sobald sie sich auf Christentum und Judentum erstreckte, in Europa und Nordamerika prompt in diesem Sinne als Provokation aufgefaßt wurde. Dies galt nicht nur für eine sich der Wissenschaft verweigernde alte Orthodoxie, die es immer gegeben hat, sondern auch für eine neue, die sich gerade auch gegen die fortgeschrittensten Syntheseversuche – in der Theologie gerade gegen den von Ernst Troeltsch – profilierte und nach dem Ersten Weltkrieg mit neuen Chancen auf öffentliches Gehör rechnete. Diese neue Orthodoxie aber machte, wenn ihr widersprochen werden sollte, eine weitere Vertiefung des historisch-sozialwissenschaftlichen Diskurses über die Entwicklung der Religion erforderlich. Was sich in den recht unklaren Erörterungen über »Erlösungsreligion« präformiert fand, wurde in den letzten Jahrzehnten, so behaupte ich, unter dem Stichwort »Achsenzeit« zugespitzt und in der

Tat entscheidend weitergeführt. Damit aber ergeben sich neue Verläufe der Argumentationsfronten auf diesem Gebiet.

Repräsentativ für viele andere Zeugnisse solcher neoorthodoxen Wissenschaftskritik aus den frühen 1920er Jahren soll hier der junge Leo Strauss stehen. Er nahm die Veröffentlichung eines »Quellenhandbuchs« zur Religionsphilosophie im Jahr 1924 zum Anlaß, in einer Rezension unter dem etwas groß geratenen Titel »Zur Auseinandersetzung mit der europäischen Wissenschaft«[24] zu einer radikalen Kritik am ganzen Projekt einer wissenschaftlichen Untersuchung der Religion – aller Religion – anzusetzen. Herausgeber des rezensierten Bandes war Georg Wobbermin, erster deutscher Übersetzer von William James' religionspsychologischem Meisterwerk und Nachfolger von Ernst Troeltsch auf dessen Heidelberger Lehrstuhl, nachdem Troeltsch nach Berlin gewechselt war. Strauss erwähnt in diesem Text zwar Troeltschs Namen nicht, meint ihn in seiner Polemik aber zumindest mit, wenn er eine Kategorie nennt, die zeitweise für Troeltsch charakteristisch war, die des »religiösen Apriori«.[25] Namentlich genannt werden Rudolf Otto und Ernst Cassirer. Zielrichtung der Kritik sind alle, die im Anschluß an Kant und/oder Schleiermacher die aufklärerische Religionskritik kritisch in die Schranken gewiesen haben. Auf diese Weise sei die Religion zwar gerettet worden, so Strauss; sie habe dabei aber einen hohen Preis bezahlt, nämlich den »ihrer idealistischen, ihrer romantischen Umdeutung«:

Je mehr sich nun aber die Wissenschaft von der Religion, die es nun nicht mehr nötig hatte, die Religion zu *kritisieren*, der konkreten Tat-

24 Leo Strauss, »Zur Auseinandersetzung mit der europäischen Wissenschaft« (1924), in: ders., *Philosophie und Gesetz. Frühe Schriften* (= *Gesammelte Schriften*, Bd. 2), Stuttgart 1997, S. 341-349. Zur Interpretation und Kontextualisierung ausgezeichnet: Stephan Steiner, *Weimar in Amerika. Leo Strauss' Politische Philosophie*, Tübingen 2013, S. 54f. Strauss' Text bezieht sich auf Georg Wobbermin (Hg.), *Religionsphilosophie*, Berlin 1924.

25 Strauss, »Zur Auseinandersetzung«, S. 343.

sächlichkeit der Religion zuwandte, um so klarer wurde, daß der durch die Romantik wenn nicht preisgegebene, so doch gefährdete Transzendenz-Anspruch der Religion, der zugleich die letzte Wurzel des spezifischen Wahrheits-Anspruchs der Religion sein dürfte, das Lebens-Prinzip der Religion ist – daß demgemäß eine idealistisch umgedeutete Religion vielleicht die amüsanteste Sache von der Welt, aber jedenfalls nicht mehr Religion sein kann.[26]

Strauss sieht die Überwindung der Polarisierung von Wissenschaft und Offenbarungsglaube, dem Glauben an »brutal tatsächliche Offenbarung«,[27] nicht als Fortschritt, sondern als Verlust des dogmatischen Anspruchs der Religion. In der europäischen Kritik des Christentums sei eo ipso immer das Judentum mit kritisiert worden; hier liege sogar »der entscheidende Grund für die sogenannte Assimilation«.[28] Ausgeschlossen scheint bei Strauss die Wiedergewinnung eines Verständnisses von Transzendenz und göttlicher Selbstoffenbarung auf dem Boden der Wissenschaften von der Religion. In dieser Hinsicht bestand eine geistige Wahlverwandtschaft des prononciert jüdischen Denkers Leo Strauss zum radikalen Umschwung in der protestantischen Theologie der Zeit, vielleicht sogar eine Abhängigkeit von dieser.[29] Die Polemik einer neuen Generation richtete sich gegen Religionspsychologie und Religionsgeschichte glei-

26 Ebd.

27 Ebd.

28 Ebd., S. 342. Wichtig zum Kontext: Thomas Meyer, *Vom Ende der Emanzipation. Jüdische Philosophie und Theologie nach 1933*, Göttingen 2008.

29 Strauss spricht im 1964 verfaßten Vorwort zur erstmaligen Veröffentlichung des deutschen Originals seines Hobbes-Buchs vom »Wiedererwachen der Theologie, das für mich durch die Namen von Karl Barth und Franz Rosenzweig bezeichnet ist«. Vgl. Leo Strauss, *Hobbes' politische Wissenschaft und zugehörige Schriften. Briefe* (= *Gesammelte Schriften*, Bd. 3), Stuttgart 2008, S. 7-10, hier S. 7. Hinweis darauf bei Friedrich Wilhelm Graf, *Der heilige Zeitgeist. Studien zur Ideengeschichte der protestantischen Theologie in der Weimarer Republik*, Tübingen 2011, S. 49f.

chermaßen. Friedrich Gogarten, einer der Wortführer,[30] sah in ihnen nicht Mittel zur Bewältigung einer religiösen Krise, sondern im Gegenteil die Gefahr einer Vertiefung und Verschärfung dieser Krise, weil nun alles Göttliche vermenschlicht und damit das Menschliche vergöttlicht werde.[31] Gegen die Relativismusgefahr des Historismus sollte nicht Troeltschs subtilem Weg der Reflexion auf die Auseinandersetzung mit historisch gezeitigten Absolutheitsansprüchen gefolgt werden; vielmehr schien der einzige Ausweg in der Restauration einer ahistorischen Offenbarungskonzeption zu liegen. Die Strömungen zur Versöhnung von säkularer Wissenschaft und religiösem Glauben seien allesamt ebenso wie das ganze Projekt einer historischen Theologie historisch gescheitert.

In dieser Revolte einer jungen Generation und in ihrem Kampf gegen die Wissenschaftstraditionen aus der Zeit vor dem Weltkrieg vermischen sich verschiedene Motive. Das Fronterlebnis trennte die Weltkriegsgeneration von den Älteren, die ohne eigentliche Kriegserfahrung zur Sinngebung des Krieges beizutragen versucht hatten. Die Todesnähe in jungen Jahren oder zumindest ihre Imagination vertiefte den Ernst existentieller Fragestellungen. Viele Züge der Vorkriegskultur, auch solche, bei denen ein kausaler Zusammenhang mit dem Krieg schwer vorstellbar erscheint, wurden in die Abwertung der tradierten Kultur einbezogen.[32] Der Ton war dabei oft enorm aggressiv. Die Jungen fühlten sich – so eine im Rückblick sehr

---

30 Friedrich Gogarten, »Die Krisis unserer Kultur« (1920), in: ders., *Die religiöse Entscheidung*, Jena 1921, S. 32-53.

31 Dazu Christian Henning, »Die Funktion der Religionspsychologie in der Protestantischen Theologie um 1900«, in: ders., Erich Nestler (Hg.), *Religion und Religiosität zwischen Theologie und Psychologie*, Frankfurt/M. 1998, S. 27-78, hier S. 73f.

32 Eine faszinierende Studie über diese Zusammenhänge auf einem anderen Gebiet der Kultur liefert: Albrecht Koschorke, »Moderne als Wunsch. Krieg und Städtebau im 20. Jahrhundert«, in: *Leviathan* 27 (1999), S. 23-42.

stark pointierende Formulierung – im Gegensatz zu einer »ökumenischen Koalition der weichen, weiblich-schwachen, müden und sentimentalischen Resignationstheologen, der Impressionisten ohne entschiedenen Tatwillen oder offensive Gestaltungskraft, gefangen in passivistischem Erlebnisgeschwätz, nur der je eigenen, unausweichlich subjektivistischen Erfahrung verpflichtet. Die von den Gottesdenkern der *Frontgeneration* verwendeten Bilder und Begriffe für diese älteren Religionsgelehrten wie Harnack und Troeltsch, Cohen und Buber lassen eine Signatur medizinischer Pathologisierung erkennen: krank, verfaulend, modrig und absterbend, sie stinken schon, repräsentieren den Tod mitten im Leben. Friedrich Gogarten erklärt am 10. Juni 1920 im programmatischen Manifest ›Zwischen den Zeiten‹ [...] man lebe nicht gerne unter Leichen.«[33]

Es liegt mir persönlich allerdings fern, das Verständnis für diese Revolte zu verweigern und eine ungebrochene Fortsetzung etwa des liberalen Protestantismus der Vorkriegszeit für

33 Graf, *Der heilige Zeitgeist*, S. 50 f., unter Verweis auf Friedrich Gogarten, »Zwischen den Zeiten« (1920), in: Jürgen Moltmann (Hg.), *Anfänge der dialektischen Theologie*, Bd. II, München 1963, S. 95-102, hier S. 97. Im selben Band von Graf findet sich eine ausführliche Auseinandersetzung mit Gogarten (S. 265-328) und mit Troeltschs Reaktionen auf die entsprechenden intellektuellen Bewegungen (S. 139-160). Troeltsch hat auf Gogarten im Jahr 1921 noch selbst reagiert: ders., »Ein Apfel vom Baume Kierkegaards«, in: *Christliche Welt* 35 (1921), 11, Sp. 186-189, jetzt auch in: Moltmann (Hg.), *Anfänge*, S. 134-140. Eine gute Auseinandersetzung mit dem Versuch, den christlichen Glauben *nicht* als Phänomen der allgemeinen Religions- und Kulturgeschichte zu betrachten, und den paradoxen Folgen dieses Versuchs liefert: Gerhold Becker, *Neuzeitliche Subjektivität und Religiosität. Die religionsphilosophische Bedeutung von Heraufkunft und Wesen der Neuzeit im Denken von Ernst Troeltsch*, Regensburg 1982, v. a. S. 9-40. Gertrud von Le Forts Roman *Der Kranz der Engel* (zweiter Teil ihres Werks *Das Schweißtuch der Veronika*) enthält eine erschütternde Szene, die teilweise als Zusammenstoß Troeltsch – Gogarten im Hause des Älteren aufzufassen ist (München 1956, S. 539 ff.). Dazu Eugen Biser, *Glaubensprognose. Orientierung in post-säkularistischer Zeit*, Graz 1991, S. 57-63.

wünschenswert zu erklären oder, im Gegenzug zur geschilderten Pathologisierung, nun die Revolteure zu pathologisieren. Überraschen kann auch nicht, daß einige der Motive, die zur Revolte führten, durch die Verbrechen des Nationalsozialismus und den Zweiten Weltkrieg später weiter an Glaubwürdigkeit gewannen. Doch war es nicht zwingend, daß die Sorge vor dem Verlust eines radikalen Verständnisses von göttlicher Transzendenz die Gestalt einer Feindschaft gegen die Wissenschaften von der Religion oder vor allem gegen die sich darauf stützende Theologie annehmen mußte. Das genau zeigt sich in dem Diskurs über die »Achsenzeit«, den es schon lange gab, bevor ihn der Philosoph Karl Jaspers nach dem Ende des Zweiten Weltkriegs auf den Begriff brachte. Die Konsequenzen daraus sind denn auch ganz andere als die des Kulturprotestantismus.

Auf diesen Diskurs, der in seinen neueren Formen auch als schöpferische Fortführung von Max Webers Analyse der Weltreligionen gesehen werden kann, ist jetzt näher einzugehen. Dabei beginne ich die Darstellung nicht chronologisch, sondern wegen seiner überragenden Bedeutung mit Karl Jaspers. Selbstverständlich verfolgte auch er mit seinen Beiträgen sehr spezifische Motive. Diese waren in seinem Fall keine christlichen oder jüdischen. Er hat den Diskurs auch mit einigen unnötigen Zuspitzungen belastet, die in der anschließenden historisch-sozialwissenschaftlichen Forschung stark modifiziert werden sollten. Was bei ihm als unerklärliche Gleichzeitigkeit von religiös-politischen Phänomenen in unterschiedlichen Zivilisationen erschien, verliert seinen mysteriösen Charakter, wenn es in einen Zusammenhang mit der Geschichte des archaischen Staats gebracht wird. Zwar kann an dieser Stelle kein umfassender empirischer Überblick über eine reiche und im Fluß befindliche Forschung gegeben werden. Doch sind einige grundlegende Informationen nötig, um eine Bestimmung verständlich zu machen, auf die der Gedankengang dieses Kapitels zuläuft. Es ist die These, daß die Religionsgeschichte der Menschheit an identifizierbaren Orten und Zeitpunkten und in nachvollziehbaren sozialen Prozessen eine Idee hervorgebracht habe, die als Transzendenz gefaßt werden kann. Sinn dieser Idee von Transzendenz ist eine Reflexivierung des Heiligen; Transzendenz bedeutet hier reflexiv gewordene Sakralität. Damit erreichte die Macht des Heiligen ein historisch neuartiges Niveau.

Karl Jaspers: Kommunikation über Transzendenz[34]

Eines der wichtigsten Arbeitsfelder der gegenwärtigen Forschung auf dem Gebiet der historischen Sozialwissenschaften stellt die sogenannte Achsenzeit dar. Mit diesem Begriff wird seit einem Buch von Karl Jaspers aus dem Jahr 1949, das den Titel *Vom Ursprung und Ziel der Geschichte* trägt, ein Zeitraum um die Mitte des letzten vorchristlichen Jahrtausends bezeichnet, in dem – so Jaspers – alle großen Weltreligionen und übrigens auch die antike griechische Philosophie ihren Ursprung hatten. Die entsprechenden geistigen Prozesse in den großen Kulturen der Menschheit hätten weitgehend unabhängig voneinander stattgefunden; sie seien also nicht auf Einflüsse der einen Kultur auf die andere zurückzuführen. In ihnen allen komme ein mythisches Zeitalter zu seinem Ende, an dessen Stelle ein Zeitalter der systematischen Reflexion auf die Grundbedingungen der menschlichen Existenz getreten sei.

Während in den ersten drei Jahrzehnten nach der Veröffentlichung von Jaspers' Buch diese hier zunächst nur äußerst knapp charakterisierte Idee nur sporadisch aufgenommen und wenig diskutiert wurde, hat sich seit den 1970er Jahren eine reiche Forschung zur Überprüfung von Jaspers' These entwickelt. Im Vordergrund dieser Forschung steht, ihrem sozialwissenschaftlichen

34 Im folgenden greife ich auf umfangreiche Passagen aus meinem Buch zum Thema zurück. Vgl. Hans Joas, *Was ist die Achsenzeit? Eine wissenschaftliche Debatte als Diskurs über Transzendenz*, Basel 2014. Diese Passagen werden hier vielfältig ergänzt und revidiert.

Charakter entsprechend, die Frage nach den gesellschaftlichen Auswirkungen dieser neuen Art von Religion (und Philosophie). Während zuvor, im mythischen Zeitalter, das Göttliche in der Welt und Teil der Welt war, also keine wirkliche Trennung zwischen dem Göttlichen und dem Irdischen bestand und die Geister etwa der Ahnen und die Götter direkt beeinflußt und manipuliert werden konnten, weil sie eben Teil der Welt waren oder das Reich der Götter lediglich eine Parallelwelt darstellte, die nicht viel anders funktionierte als die irdische Welt, tat sich mit den neuen Erlösungsreligionen und Philosophien der Achsenzeit eine erhebliche Kluft auf zwischen beiden Sphären. Das Göttliche – so der zentrale Gedanke – wurde in dieser Zeit zum Eigentlichen, dem Wahren, dem ganz Anderen, dem gegenüber das Irdische nur defizitär sein kann.

Mit diesem Gedanken stellt sich aber nicht eine bloße metaphysische Differenz ein. Es ergibt sich vielmehr eine unerhörte Spannung zwischen dem »Mundanen« (dem Weltlichen) und dem Transzendenten, eine Spannung mit erheblichen politisch-sozialen Konsequenzen! Denn mit diesem Gedanken ist beispielsweise eine Art Gotteskönigtum nicht mehr vereinbar. Der Herrscher kann nicht mehr gottgleich sein, wenn die Götter einen anderen Ort haben. Mehr noch, von nun an kann der Herrscher tendenziell gezwungen werden, sich vor den göttlichen Postulaten zu rechtfertigen. Der Herrscher ist dann von dieser Welt – und hat sich vor der wahren jenseitigen Welt zu rechtfertigen. Man kann deshalb von einer Entsakralisierung politischer Herrschaft sprechen. Eine neue Form der (Herrschafts-)Kritik wird dadurch möglich, die eine völlig neuartige Dynamik in den historischen Prozeß bringt, weil nun die Möglichkeit besteht, darauf hinzuweisen, daß der Herrscher den göttlichen Geboten nicht genügt. Gleichzeitig wird es nun auch möglich, in viel radikalerer und verbissenerer Weise über den richtigen Gott oder die richtige Auslegung der göttlichen Gebote zu streiten, was über kurz oder lang zu Konflikten und auch zur Differenzierung zwischen ethnischen und religiösen

Kollektiven führen sollte. Intellektuelle *avant la lettre* – Priester, Propheten usw. – spielen nun eine wesentlich wichtigere Rolle als noch vor der Achsenzeit, weil sie unter anderem die schwierige Aufgabe haben, den eigentlich unzugänglichen Willen Gottes oder der Götter zu interpretieren, einen Willen, der nicht mehr so einfach mit irdischen Kategorien zu fassen ist. Mit dem Gedanken der Transzendenz öffnete sich quasi die Geschichte, das heißt, es wurden völlig neue Konfliktfelder denkbar. Etwas abstrakter formuliert: Mit dem Gedanken der Transzendenz ist auch der Gedanke der fundamentalen Rekonstruktionsbedürftigkeit weltlicher Ordnung aufgetaucht. Von nun an kann gesellschaftliche Ordnung entlang der göttlichen Vorgaben als veränderungswürdig begriffen werden. Auch die Strukturen sozialer Ungleichheit können damit entsakralisiert werden. Erstmals werden auch gezielte Umwälzungen denkmöglich. Durch die Wirkungsmächtigkeit von Ideen, die in der Achsenzeit ihren Ursprung haben, ist also eine neue gesellschaftliche Dynamik aufgetreten.

In der philosophischen Literatur über Karl Jaspers spielt seine Achsenzeitthese eine überraschend geringe Rolle. Die Philosophen scheinen dazu zu neigen, die Überprüfung der empirischen Berechtigung dieser These den Historikern, Soziologen oder anderen zu überlassen. Die Nichtphilosophen wiederum ziehen in der Regel die These aus Jaspers' Werk heraus, ohne ihre Verzweigungen in diesem Werk zu beachten.[35] Die wenigen

35 Unter den wenigen Ausnahmen sind zwei Artikel von Aleida Assmann: »Jaspers' Achsenzeit, oder Schwierigkeiten mit der Zentralperspektive in der Geschichte«, in: Dietrich Harth (Hg.), *Karl Jaspers. Denken zwischen Wissenschaft, Politik und Philosophie*, Stuttgart 1989, S. 187-205, und dies., »Einheit und Vielfalt in der Geschichte. Jaspers' Begriff der Achsenzeit neu betrachtet«, in: Shmuel N. Eisenstadt (Hg.), *Kulturen der Achsenzeit*, Bd. 2, Frankfurt/M. 1992, S. 330-340. Außerdem Norbert J. Rigali, »A New Axis: Karl Jaspers' Philosophy of History«, in: *International Philosophical Quarterly* 10 (1970), S. 441-457; Georges Goedert, »Die universalgeschichtliche Einheitsidee bei Karl Jaspers«, in: *Jahrbuch der Österreichischen Karl-Jaspers-Gesellschaft* 11 (1998), S. 9-27;

Versuche zur Kontextualisierung, die es gibt, kommen nicht über den Hinweis auf die Tatsache hinaus, daß das Buch *Vom Ursprung und Ziel der Geschichte* in den Jahren nach dem Zweiten Weltkrieg entstand. Es kann auch in der Tat kein Zweifel sein, daß es eine Reaktion auf die erschütternden Erfahrungen des Nationalsozialismus und des Zweiten Weltkriegs darstellte. Aber es wäre eine schreckliche Simplifizierung, es deshalb dem Genre der nach 1945 blühenden Literatur über die Besonderheiten des »Abendlandes« zuzurechnen. Jaspers' Buch hatte nicht den selbstbeweihräuchernden Duktus des Großteils dieser Literatur.

In seinen früheren Schriften, etwa seiner berühmten Studie *Die geistige Situation der Zeit* von 1932, war Jaspers davon noch nicht frei gewesen. »Bildung« etwa hatte er damals noch ganz im Sinn der europäisch-humanistischen Tradition, in ihrem hohen Anspruch, aber eben auch in ihren Grenzen verstanden.[36] Der Bann der Weberschen Vorstellungen über die Entwicklung des »okzidentalen Rationalismus« war damals für ihn noch nicht gebrochen. Jetzt aber ging er nicht nur durch die stärkere Berücksichtigung der Philosophie (neben den Religionen) über diese hinaus, sondern auch, weil er nun versuchte, in den nichteuropäischen Traditionen echte gleichberechtigte Gesprächspartner zu sehen, sich also auch mit Europa in einer nichteurozentrischen Weise zu beschäftigen.

Im Unterschied zum späteren akademischen Radikalismus geschah diese Eurozentrismuskritik allerdings nicht aus einer Art westlichem Selbsthaß heraus, sondern war von dem Motiv geleitet, den Universalismus auf eine neue Grundlage zu stellen

---

Richard Dietrich, »Karl Jaspers als Geschichtsdenker«, in: ders. (Hg.), *Historische Theorie und Geschichtsforschung der Gegenwart*, Berlin 1964, S. 75-98; Suzanne Kirkbright, *Karl Jaspers: A Biography*, New Haven 2004, v. a. S. 199-207. Vgl. auch die Bemerkungen bei Austin Harrington, *German Cosmopolitan Social Thought and the Idea of the West. Voices from Weimar*, Cambridge 2016, S. 361, Anm. 45.

36 Karl Jaspers, *Die geistige Situation der Zeit*, Berlin, Leipzig 1932, z. B. S. 100-102.

und ihn auf neue Weise zu verteidigen. Gegen die Ideologien der Zeit – und das hieß: gegen die kommunistische Tyrannei und die von ihr erzwungene Säkularisierung, gegen die Versuche der Nazis, auf eine germanische, vorchristliche, vorachsenzeitliche Religion zurückzugehen und gegen alle anderen politischen und philosophischen Detranszendentalisierungsversuche, gegen die Ideologie des Szientismus, gegen eine bloße ungebrochene Fortsetzung der europäischen religiösen Traditionen, gegen alle teleologischen Geschichtsphilosophien, gegen die völlige Abtrennung der Philosophie von den religiösen Fragen – gegen all diese Strömungen stellte sich Jaspers mit dem Plädoyer, die Vielzahl existierender Universalismen zu erkennen und eine philosophische Konzeption der Möglichkeiten für ihre Verständigung zu entwickeln.[37] Jaspers selbst hatte einen protestantischen Hintergrund, ließ aber in Schriften und Interviews keinen Zweifel daran, daß er selbst kein Gläubiger war. Den Satz, »Gott habe in Jesus Christus aller Welt sich offenbart«, könne er nicht nur nicht glauben, sondern er verstehe ganz abgesehen vom Glauben schlicht nicht, was es heißen solle, daß Christus Gottes Sohn, menschgewordener Gott sei. Er hatte jedoch den größten Respekt vor den nachachsenzeitlichen Religionen. Mit der These von der Achsenzeit, der zeitlichen Koinzidenz entscheidender religiöser Innovationen, habe er »eine unerhört erregende Tatsächlichkeit« empirisch feststellen wollen, »auf die alle Völker und Glaubensweisen sich einigen könnten, weil der Inhalt hier keine Glaubensvorstellung, sondern ein dokumentierter Tatbestand« sei.[38] Sein Ausweg aus der unlösbar erscheinenden Konstellation der Pluralität und Bedrohtheit des Universalismus lag nicht im Anspruch der Philosophie, den rationalen

37 Karl Jaspers, *Der philosophische Glaube angesichts der Offenbarung*, München 1962.

38 Zum Beispiel: »Philosophie und Offenbarungsglaube. Ein Gespräch mit Heinz Zahrnt«, in: Hans Saner (Hg.), *Karl Jaspers: Provokationen. Gespräche und Interviews*, München 1969, S. 63-92, hier S. 89 und 85.

Kern religiösen Glaubens zu reformulieren, sondern in der Idee der Philosophie als einer Vermittlerin in der Kommunikation zwischen Gläubigen. Deshalb sehe ich sein Werk nicht nur als wichtige Inspiration für eine historisch-vergleichende Religionssoziologie, sondern auch für eine Theorie der Spezifika unserer Kommunikation über grundlegende Werte und über Erfahrungen der Transzendenz. Eine solche Kommunikation setzt laut Jaspers voraus, daß wir imstande sind, andere Formen des Glaubens als unsere eigenen ebenfalls als Versuche zur Artikulation einer nie völlig artikulierbaren Erfahrung des Göttlichen aufzufassen, was unser Verhältnis zu unserer eigenen religiösen Tradition beeinflußt, da wir auch diese dann nicht als eine dogmatisch erstarrte Lehre, sondern als nie endgültigen Artikulationsversuch verstehen. Seine Sorge galt einer machtbetonten Inanspruchnahme der Transzendenz, die die Bewegung des Transzendierens zum Erstarren brächte.[39] Deshalb ruft uns diese Philosophie aber auch nicht zum Bruch mit den für uns formativen religiösen Erfahrungen und Traditionen auf, sondern zur Erneuerung unserer Artikulationsversuche. Der interreligiöse Dialog, aber eben auch der Dialog zwischen der Philosophie und den Religionen verbessert so das Selbstverständnis aller Beteiligten.[40] Bei Jaspers selbst bleibt allerdings undeutlich, ob es ihm vornehmlich um ein »gemeinsames Band der religiösen Versöhnung« oder um einen bloßen »Donjuanismus« im Religiösen ging.[41]

---

39 Paul Ricœur, »Philosophie und Religion bei Karl Jaspers«, in: Paul Arthur Schilpp (Hg.), *Karl Jaspers*, Stuttgart 1957, S. 604-636, hier S. 616f.; Heinrich Barth, »Karl Jaspers über Glaube und Geschichte« (1950), in: Hans Saner (Hg.), *Karl Jaspers in der Diskussion*, München 1973, S. 274-296, hier S. 286ff.

40 Zu Jaspers' Bedeutung in dieser Hinsicht vgl. Jörg Dittmer, »Jaspers' ›Achsenzeit‹ und das interkulturelle Gespräch«, in: Dieter Becker (Hg.), *Globaler Kampf der Kulturen? Analysen und Orientierungen*, Stuttgart 1999, S. 191-214.

41 So Ricœur, »Philosophie«, S. 633; ähnlich Barth, »Karl Jaspers«, S. 292. Auch Leszek Kolakowski hat in einer bedeutenden Auseinandersetzung

Als Jürgen Habermas 1995 den Karl-Jaspers-Preis erhielt, verwies er in seiner Dankesrede darauf, daß Jaspers' ganze Philosophie als Versuch gedeutet werden müsse, einen dritten Weg zu finden zwischen einem relativistischen Historismus und einem abstrakten Universalismus.[42] Dieser Versuch steht gewiß in einer komplizierten Kontinuität mit den Arbeiten von Max Weber (und Ernst Troeltsch). Jaspers knüpfte mit der Achsenzeitthese nicht nur an Webers Analyse der Weltreligionen an, sondern wollte auch aus einer Sackgasse heraus, in die er Weber geraten sah.[43] Webers starke Betonung letzter Wertbindungen und der Unvermeidlichkeit des Entweder-Oder, existentieller Entscheidungen zwischen konkurrierenden Werten also, erschien ihm als problematisch, da diese davon gefährdet ist, dezisionistisch überzogen zu werden, als sei die Wahl letzter

mit Jaspers darauf aufmerksam gemacht, daß dessen Begriff der »Chiffre« insofern mißverständlich sei, als er die Vorstellung einer Möglichkeit der »Dechiffrierung« zumindest eines ursprünglichen Textes nahelege – was beides aber von Jaspers gerade nicht angenommen werde. Gleichzeitig sind Jaspers' Chiffren nicht Möglichkeiten, in wirkliche Berührung mit dem Göttlichen zu kommen. Vgl. Leszek Kolakowski, »Philosophical Faith in the Face of Revelation«, in: ders., *Modernity on Endless Trial*, Chicago 1990, S. 108-119, hier S. 113. Einen interessanten Versuch, auf der Basis von Karl Rahners religiösem Inklusivismus Jaspers' Bild von Jesus Christus und seinen religiösen Pluralismus zu kritisieren, hat vorgelegt: James A. Montmarquet, »Jaspers, the Axial Age, and Christianity«, in: *American Catholic Philosophical Quarterly* 83 (2009), S. 239-254.

42 Jürgen Habermas, »Vom Kampf der Glaubensmächte. Karl Jaspers zum Konflikt der Kulturen«, in: ders., *Vom sinnlichen Eindruck zum symbolischen Ausdruck*, Frankfurt/M. 1997, S. 41-58.

43 Zur Bedeutung Webers für Jaspers vgl. Dieter Henrich, »Karl Jaspers: Denken im Blick auf Max Weber«, in: Wolfgang Mommsen, Wolfgang Schwentker (Hg.), *Max Weber und seine Zeitgenossen*, Göttingen 1988, S. 722-739; und jetzt Joshua Derman, »Philosophy Beyond the Bounds of Reason: The Influence of Max Weber on the Development of Karl Jaspers's *Existenzphilosophie*, 1909-1932«, in: David Chalcraft u.a. (Hg.), *Max Weber Matters. Interweaving Past and Present*, Farnham, Burlington 2008, S. 55-71. Weder Henrich noch Derman gehen dabei auf die Achsenzeitthematik überhaupt ein.

Werte willkürlich und als sei kein vernünftiges Wort der Verständigung zwischen den Trägern differierender Werte möglich. Lange Zeit war ihm Max Weber gerade wegen dessen Betonung existentieller Verantwortung ohne geschichtsphilosophisches Fundament auch als Mensch so bewunderungswürdig erschienen. Aber aus einem Brief von Jaspers an Webers Bruder Alfred vom 26. 3. 1945[44] wissen wir, daß er – gegen Max Weber und sich hier von ihm distanzierend – eine Kommunikation für möglich hielt, die auch noch »letzte Standpunkte« verflüssigt. Das war für Jaspers eine wesentliche, wenn nicht überhaupt *die* Aufgabe der Philosophie: solch grenzenlose Kommunikation möglich zu machen. In der Tat brauchen wir zumindest eine Theorie der Kommunikation über Werte und über die Erfahrungen, aus denen unsere Bindung an sie erwächst, die über eine bloße Theorie diskursiv-rationaler Argumentation hinausgeht. Diese Kommunikation über Werte kann nicht in bloßer Einfühlung bestehen, doch ebensowenig stellt sie eben einen Fall des rational-argumentativen Diskurses dar. Jaspers' Rekonstruktion der fundamentalen Innovation der Achsenzeit ist als Grundlegung für einen Dialog zwischen der Philosophie und den nachachsenzeitlichen Religionen und zwischen diesen Religionen intendiert. In diesem Sinn hat Jaspers' Beitrag zur Achsenzeitdebatte nicht wie der manch anderen Verfassers einfach eine explizite religiöse Dimension oder eine implizite, sondern versucht die Grundlage zu liefern für einen zeitgenössischen Diskurs, der offen ist für alle religiösen Artikulationen der Transzendenz und für nichtreligiöse Formen eines moralischen Universalismus. Jaspers' Denken paßt damit zu den vielfältigen Versuchen, über den historistischen Relativismus hinauszugelangen, ohne mit der Einsicht zu brechen, daß auch universalistische Geltungsansprüche nicht in der »Vernunft« als solcher fundiert sind, sondern aus einer kontingenten Geschichte hervorgehen,[45] die

44 Alfred Weber, *Ausgewählter Briefwechsel*, Marburg 2003, S. 129 f.

45 Hans Joas, »Max Weber und die Entstehung der Menschenrechte. Eine

gleichwohl nicht irrelevant für ihre Geltung ist. Jaspers' Werk gehört damit zu ähnlichen Versuchen Georg Jellineks und Ernst Troeltschs, den Historismus zu transformieren.[46] In historisch-soziologischer Hinsicht stellt es freilich, wie sich zeigen wird, nicht viel mehr als einen Anstoß dar.

Achsenzeit: Wort, Idee, Bedeutung

Warum nennt Jaspers die von ihm gemeinte Phase der Geschichte eigentlich die *Achsen*zeit? Vor allem für alle Kenner des Werks von Georg Simmel liegt es nahe, bei ihm die Inspiration für diese Namensgebung zu suchen, da Simmel vor allem in seinem späten, den jungen Heidegger so stark beeinflussenden Werk *Lebensanschauung* von der »Achsendrehung« als dem entscheidenden Vorgang bei der Entstehung idealer Geltungen spricht. Liebe etwa, so Simmel, könne durch eine körperliche Anziehung ausgelöst worden sein, aber wenn das ursprüngliche Begehren zur Herausbildung einer intensiven persönlichen Beziehung geführt hat, dann nehme diese Beziehung eine eigenständige Qualität an, die sie selbst zur Quelle von Normen und Werten mache. Als »Achsendrehung« wird hier also die Entstehung kultureller Objektivationen bezeichnet, die aus dem Fluß des Lebens hervorgehen, nun aber selbst auf diesen einwirken.[47]

Studie über kulturelle Innovation«, in: Gert Albert, Agathe Bienfait, Steffen Sigmund, Claus Wendt (Hg.), *Das Weber-Paradigma. Studien zur Weiterentwicklung von Max Webers Forschungsprogramm*, Tübingen 2003, S. 252-270.

46 Hans Joas, »Eine deutsche Idee von der Freiheit? Cassirer und Troeltsch zwischen Deutschland und dem Westen«, in: Rainer Forst, Martin Hartmann, Rahel Jaeggi (Hg.), *Sozialphilosophie und Kritik*, Frankfurt/M. 2009, S. 288-316. Es ist insofern bemerkenswert, daß eine der ersten Rezensionen von Jaspers' Buch den Titel »Die Überwindung des Historismus« hatte; vgl. Rudolf Schottländer, in: *Der Monat* 2 (1949), 12, S. 96-98.

47 Georg Simmel, *Lebensanschauung. Vier metaphysische Kapitel*, Mün-

Am vollkommensten scheint Simmel in der Religion »die Drehung um die Formen vollzogen«.[48] Doch gegen diese Deutung des Ursprungs von Jaspers' Begriffswahl – wie sie von Amerikas führendem Simmel-Kenner Donald Levine verfochten wurde[49] – scheint mir zu sprechen, daß Jaspers mit seiner Achse nicht die relative Autonomie kultureller Objektivationen bezeichnen wollte, sondern die eine »Achse«, um die sich die ganze Weltgeschichte dreht – den Punkt in der Geschichte also, der eine dichotome Unterscheidung erlaubt zwischen allem, was vorher war, und allem danach.

Jaspers bezieht sich an der entscheidenden Stelle auch nicht auf Simmel, sondern auf Hegel. Er sah Hegel als den letzten gro-

---

chen, Leipzig 1918. Zum Begriff der Achsendrehung bei Simmel vgl. Hans Joas, *Die Entstehung der Werte*, Frankfurt/M. 1997, S. 124-128. Zum Einfluß von Simmels Buch auf den frühen Heidegger und dessen Verständnis des Todes: Michael Großheim, *Von Georg Simmel zu Martin Heidegger. Philosophie zwischen Leben und Existenz*, Bonn 1991; John E. Jalbert, »Time, Death, and History in Simmel and Heidegger«, in: *Human Studies* 26 (2003), S. 259-283, und die instruktive Einleitung von Donald N. Levine und Daniel Silver zur englischsprachigen Ausgabe von Simmels Buch: *The View of Life*, Chicago 2010, S. IX-XXXII.

48 Simmel, *Lebensanschauung*, S. 84.

49 Donald N. Levine, »Note on the Concept of an Axial Turning in Human History«, in: Said Amir Arjomand, Edward A. Tiryakian (Hg.), *Rethinking Civilizational Analysis*, London 2004, S. 67-70. Man könnte allerdings argumentieren, daß Simmel in seinem Essay über Michelangelo in der Tat die Zuwendung zum Irdischen in der Renaissancekunst als »Achsendrehung« gegenüber der Transzendenzorientierung der Gotik interpretiert und in diesem Sinn seine Begrifflichkeit auf Aufstieg und Niedergang von »Transzendenz« anwendet. Von diesem Wandel als einem Wendepunkt der Weltgeschichte spricht er aber nicht: Georg Simmel, *Philosophische Kultur*, Potsdam 1923, S. 168. Einen älteren Versuch, weniger einen Einfluß Simmels auf Jaspers zu behaupten als vielmehr Simmels Idee der Achsendrehung auf Jaspers' Achsenzeit anzuwenden, also den Beginn der »Achsendrehung« in der »Achsenzeit« zu behaupten, stellt dar: Leo Franke, »Die Achsenzeit als Wendung zur Idee: K. Jaspers und G. Simmel«, in: *Zeitschrift für philosophische Forschung* 26 (1972), S. 83-102.

ßen Exponenten des abendländischen Geschichtsdenkens, für welches seit Augustinus unzweifelhaft war, daß Gottes Offenbarungshandlungen die entscheidenden Einschnitte der Weltgeschichte seien. So habe Hegel gesagt: »Alle Geschichte geht zu Christus hin und kommt von ihm her; die Erscheinung des Gottessohns ist die *Achse* der Weltgeschichte.«[50] Für Jaspers, nach dem Zweiten Weltkrieg schreibend, war eine solche christozentrische oder christentumszentrische Auffassung allerdings nicht länger akzeptabel. Seine Theorie der Achsenzeit entsprang genau dem Versuch, eine empirisch haltbare und universell akzeptable Alternative zu dieser Auffassung zu finden. Das Problem mit Jaspers' Hegel-Bezug ist allerdings, daß die Stelle, auf die er anspielt, von ihm nicht belegt und in Hegels Werken bis heute nicht eindeutig identifiziert werden konnte. Am nächsten kommt ihr eine Passage in Hegels Vorlesungen über die Philosophie der Geschichte, in der Hegel die Trinitätsidee als entscheidend bezeichnet: »Gott wird nur so als *Geist* erkannt, indem er als der Dreieinige gewußt wird. Dieses neue Prinzip ist die Angel, um welche sich die Weltgeschichte dreht. Bis *hierher* und von *daher* geht die Geschichte.«[51] Für Hegel hieß das, daß mit der Entstehung der christlichen Religion und ihrer Durchsetzung im Römischen Reich »das Selbstbewußtsein sich zu denjenigen Momenten erhoben [hatte], welche zum Begriff des Geistes gehören, und zum Bedürfnis, diese Momente auf eine absolute Weise zu fassen«.[52] Damit aber war in seiner Kon-

---

50 Karl Jaspers, *Vom Ursprung und Ziel der Geschichte*, München 1949, S. 19 (Hervorhebung durch mich, H. J.).

51 Georg Wilhelm Friedrich Hegel, *Vorlesungen über die Philosophie der Geschichte*, Frankfurt/M. 1969 (= *Werkausgabe*, Bd. 12), S. 386f. Kurioserweise übersetzt die englischsprachige Ausgabe das Wort »Angel« hier als »axis«: Vgl. Hegel, *The Philosophy of History*, New York 1956, S. 319. Diesen Hinweis verdanke ich Austin Harrington (Leeds).

52 Hegel, *Vorlesungen*. Zur Interpretation dieser Stelle klassisch: Karl Löwith, *Von Hegel zu Nietzsche. Der revolutionäre Bruch im Denken des 19. Jahrhunderts* (1941), Hamburg 1981, S. 44ff., v. a. S. 47.

struktion der Geschichte aus dem Prinzip der Freiheit des Geistes heraus eine Stufe erreicht, über die in der Sphäre der Religion nichts hinausführen kann. Die in Europa übliche Zeitrechnung erwies sich damit nicht als eine zufällige Konvention, sondern war von einem für die ganze Menschheit geltenden Sinn.

Es scheint also, als hätte Jaspers schlicht die Begriffe »Angel« und »Achse« verwechselt und als hätte uns diese Verwechslung den Begriff »Achsenzeit« eingebracht. Ein neuer Fund lenkt die Aufmerksamkeit aber auf eine andere Quelle von Jaspers' Wortgebrauch. In einem jahrzehntelang weitverbreiteten katholisch-theologischen *Lehrbuch der Dogmatik* findet sich nämlich vor Jaspers schon die Verwendung des Begriffs »Achse« in bezug auf das Christus-Ereignis. Die Menschwerdung Gottes, so heißt es bei Joseph Pohle, »bezeichnet den Gipfel und Kulminationspunkt der Selbstoffenbarung Gottes an die Menschheit. *So ist Christus in Wahrheit die Achse der Welt und Weltgeschichte*, der lebendige Beweis des Theismus.«[53] Möglicherweise haben sich in Jaspers' Erinnerung also Lesefrüchte aus Hegel und der katholischen Theologie überlagert.

Viel wichtiger als die philologische Frage nach der Herkunft des Worts »Achsenzeit« ist natürlich das Problem der intellektuellen Ursprünge der damit bezeichneten Idee. Hier war Jaspers ohne Zweifel aufs stärkste beeinflußt von den Schriften Max Webers, von dessen Bruder Alfred Weber und durch diese beiden von Ernst Troeltsch und dessen Freund Wilhelm Bousset. Sie alle hatten in ihren Arbeiten schon über Ähnlichkeiten

53 Joseph Pohle, *Lehrbuch der Dogmatik*, Bd. 1, Paderborn 1914, S. 20 (Hervorhebung H. J.). Den Hinweis auf diese Stelle verdanke ich Roland Kany (München). Über einen Nachweis, daß Jaspers diesen Text kannte, verfüge ich allerdings nicht. Die erste Verwendung der Begriffe »Achse« und »Achsenzeit« bei Jaspers ist festzustellen in einem 1946 von ihm in Genf gehaltenen Vortrag: Karl Jaspers, *Vom europäischen Geist*, München 1947, S. 8 bzw. 9.

zwischen den hebräischen Propheten und vergleichbaren Erscheinungen in anderen Kulturen geschrieben und Begriffe wie »prophetisches Zeitalter« oder »synchronistisches Zeitalter« aufgebracht, um diese Ähnlichkeiten als Gemeinsamkeiten einer geschichtlichen Phase zu bezeichnen. Sie standen wiederum in dieser Hinsicht unter dem Einfluß bedeutender Religionswissenschaftler (Hermann Siebeck) und Indologen (Thomas William Rhys Davids) des neunzehnten Jahrhunderts, so daß man schon von einer Achsenzeitdebatte um 1900 gesprochen hat.[54] Aber auch diese Autoren waren nicht die ersten. Jaspers selbst nannte zwei Vorläufer: den Sinologen Victor von Strauss und den klassischen Philologen und Philosophen Ernst von Lasaulx. Doch während von Strauss in seinem Lao-Tse-Kommentar von 1870 nur wenige Zeilen diesem Thema widmete, entwickelte Lasaulx die von Jaspers aufgegriffene Idee in der Tat in großer Breite in einem bemerkenswerten Buch von 1856. Doch auch er erwähnt schon Vorläufer.[55] Auf dem gegenwärtigen Stand zur Geschichte dieser Idee sieht es so aus, als stamme die früheste Formulierung der Achsenzeitthese von dem großen Orientalisten Abraham Hyacinthe Anquetil-Duperron, dem Begründer der Iranistik, der zugleich einer der Begründer der vergleichenden Religionswissenschaft war, einem tiefreligiösen und royalistischen französischen Gelehrten, der 1769 behauptete, daß die von Zarathustra seiner Meinung nach im sechsten Jahrhundert vor Christus artikulierten Ideen Teil

---

54 Martin Riesebrodt, »Ethische und exemplarische Prophetie«, in: Kippenberg/Riesebrodt (Hg.), *Max Webers »Religionssystematik«*, S. 193-208.

55 Ernst von Lasaulx, *Neuer Versuch einer alten, auf die Wahrheit der Tatsachen gegründeten Philosophie der Geschichte* (1856), München 1952. (Zu ihm ausführlicher in einem Exkurs weiter unten in diesem Kapitel.) Lasaulx erwähnt August Friedrich Gfrörer, *Urgeschichte des menschlichen Geschlechts*, Schaffhausen 1855, vgl. dort S. 206f., und Eduard Röth, *Die ägyptische und die zoroastrische Glaubenslehre als die ältesten Quellen unserer spekulativen Ideen*, Mannheim 1846. Dieser verweist (ebd., S. 348) auf Anquetil-Duperron als seine Quelle.

einer umfassenderen »Revolution« in vielen Weltgegenden waren.[56] Ich halte es für eine empirische Frage, ob noch frühere Formulierungen gefunden werden können, und behaupte nicht, daß die Kette von Fundorten auch eine Einflußbahn sei.

Es scheint zudem, als habe sich die Beobachtung – lange bevor sie durch Jaspers eine griffige Bezeichnung erhielt – bei vielen Autoren sowohl in der deutsch- wie der englischsprachigen Welt gefunden. Einige Beispiele, die teils Zufallsfunde darstellen, mögen genügen.

Bei einer fast völlig vergessenen Gestalt der frühen britischen Soziologie, John Stuart Stuart-Glennie, findet sich in fast wörtlicher Anlehnung an Ernst von Lasaulx der Entwurf einer neuen Geschichtsphilosophie und dabei die Rede von einer »moral revolution« etwa im sechsten Jahrhundert vor Christus. Es ist unklar, wie abhängig diese Diagnose von den Vorgängern, vor allem von Lasaulx, im einzelnen war.[57] Auch die frühe amerikanische Religionswissenschaft hat in einem Lehrbuch der Religi-

---

56 Dietrich Metzler, »A. H. Anquetil-Duperron (1731-1805) und das Konzept der Achsenzeit«, in: *Achaemenid History* 7 (1991), S. 123-133. Er bezieht sich auf Anquetil-Duperrons Übersetzung und Herausgabe der altiranischen Zend-Avesta (Paris 1771). Zur Charakterisierung von Anquetil-Duperrons Leistung vgl. Jürgen Osterhammel, *Die Entzauberung Asiens. Europa und die asiatischen Reiche im 18. Jahrhundert*, München 1998, S. 293-296. Er nennt Anquetil-Duperrons Übersetzung (ebd., S. 293) »die erste Befassung mit einem asiatischen Text völlig unabhängig von biblischen und mittelmeerisch-antiken Traditionen und damit das Gründungsdokument einer wahrhaft polyphonen Weltgeschichtsschreibung«. In französischer Sprache liegt eine umfassende Biographie des Gelehrten vor: Jean-Luc Kieffer, *Anquetil-Duperron. L'Inde en France au XVIII*[e] *siècle*, Paris 1983.

57 John Stuart Stuart-Glennie, *In the Morningland: Or, The Law of the Origin and Transformation of Christianity*, Bd. I: *The New Philosophy of History*, London 1873. Auf diesen Autor hat im Zusammenhang der Achsenzeitdebatte zuerst Lewis Mumford aufmerksam gemacht: ders., *The Transformations of Man*, London 1957, S. 57. Jetzt zu ihm ausführlich: Eugene Halton, *From the Axial Age to the Moral Revolution. John Stuart-Glennie, Karl Jaspers, and a New Understanding of the Idea*, New York 2014.

onsgeschichte Formulierungen hervorgebracht, die der Achsenzeitthese bis im Detail entsprechen.[58] Der evangelische Theologe Rudolf Otto, der mit seinem Buch von 1917 über *Das Heilige* den wohl größten theologischen Bucherfolg in Deutschland im zwanzigsten Jahrhundert erzielte und sich immer mehr über das Christentum hinaus zum Experten auch für die indische Religionsgeschichte entwickelte, ging 1932 den »Parallelen und Konvergenzen in der Religionsgeschichte« nach und stieß dabei ebenfalls auf den genannten Sachverhalt.[59] Der heute nur noch wenig gelesene Bruder Max Webers, Alfred, hat in seinem Hauptwerk von 1935 mit der Bezeichnung »synchronistisches Zeitalter« ebenfalls dasselbe Phänomen zu erfassen versucht.[60] Ein letztes Beispiel: Auch als der große deutsche Erzähler Alfred Döblin, der wie wenige andere sich für die Vielfalt der Religionen interessierte, während seines amerikanischen Exils die Einleitung zu einer englischsprachigen Auswahl aus den Schriften des Konfuzius übernahm, scheint ihm die Parallelität zu den Propheten Ezechiel und David, zu Solon und Pythagoras in Griechenland und zu Buddha in Indien offensichtlich und geläufig gewesen zu sein.[61]

Ich habe zu Beginn den Sinn der Achsenzeitthese über die Unterscheidung des Transzendenten und des Mundanen erläutert. Damit bin ich dem amerikanischen Sinologen Benjamin Schwartz gefolgt, der 1975 die Achsenzeit als »age of transcen-

---

58 George Foot Moore, *History of Religion*, Edinburgh 1914, Bd. 1, S. VIII/IX. Den Hinweis darauf fand ich in: James Turner, *Religion Enters the Academy. The Origins of the Scholarly Study of Religion in America*, Athens 2011, S. 65.

59 Rudolf Otto, »Parallelen und Konvergenzen in der Religionsgeschichte«, in: ders., *Das Gefühl des Überweltlichen*, München 1932, S. 282-305, v. a. S. 285. Sein Buch ist übrigens Wilhelm Bousset gewidmet, der schon 1906 den Begriff des »prophetischen Zeitalters« eingeführt hatte. Vgl. dazu oben in diesem Kap., S. 288, Anm. 21.

60 Alfred Weber, *Kulturgeschichte als Kultursoziologie*, Leiden 1935, S. 7.

61 Alfred Döblin (Hg.), *The Living Thoughts of Confucius*, New York 1940, z. B. S. 17.

dence« charakterisierte.[62] Noch präziser schiene es mir, von der Achsenzeit als dem Zeitalter der Entstehung einer Vorstellung von *Transzendenz* zu sprechen. Der italienische Althistoriker Arnaldo Momigliano schlug statt dessen vor, vom »age of criticism« zu sprechen, einem Zeitalter der *Kritik* also, und Shmuel Eisenstadt, der bedeutendste israelische Soziologe, der mehr als jeder andere bisher zur Revitalisierung der Achsenzeitforschung beigetragen hat, schließt sich dieser Betonung auf der normativen Relativierung alles Irdischen an.[63] Ein Widerspruch scheint mir zwischen diesen Charakterisierungen nicht zu bestehen, nur ein Unterschied in der Betonung: Im einen Fall liegt der Akzent auf der religionsgeschichtlichen Umwälzung selbst, im anderen Fall auf ihren sozialen und politischen Folgen. Es gibt freilich auch Stimmen wie die des schwedischen Sozialwissenschaftlers Björn Wittrock, die nur eine gestiegene *Reflexivität* und nicht die Idee der Transzendenz als charakteristisch für alle Umwälzungen der Achsenzeit betrachten.[64] Die

---

62 Benjamin Schwartz, »The Age of Transcendence«, in: *Daedalus* 104 (1975), 2, S. 1-7. Einen Sinn dafür zeigt auch Arnold Gehlen, wenn er sich weigert, »unser« Verständnis vom »Übernatürlichen« auf »primitive Kulturen« zu übertragen. Dort sei es vielmehr »eine Dimension, eine jederzeit entwickelbare Qualität des Alltäglichen, weil man ins Diesseits transzendiert, aber es ist nicht bezogen auf eine Verschiedenheit des Jenseits und Diesseits, die wir aus dem Begriffe des Übernatürlichen nicht mehr hinwegdenken können«. (Arnold Gehlen, *Urmensch und Spätkultur. Philosophische Ergebnisse und Aussagen* [1956], Frankfurt/M. [2]1964, S. 99.)

63 Arnaldo Momigliano, *Alien Wisdom. The Limits of Hellenization*, Cambridge 1975, S. 8f. – Von den überaus zahlreichen Arbeiten Shmuel Eisenstadts nenne ich an dieser Stelle nur: »Die Achsenzeit in der Weltgeschichte«, in: Hans Joas, Klaus Wiegandt (Hg.), *Die kulturellen Werte Europas*, Frankfurt/M. 2005, S. 40-68.

64 Björn Wittrock, »Cultural Crystallization and Civilization Change: Axiality and Modernity«, in: Eliezer Ben-Rafael, Yitzhak Sternberg (Hg.), *Comparing Modernities: Pluralism versus Homogenity. Essays in Homage to Shmuel N. Eisenstadt*, Leiden 2005, S. 83-123, hier S. 112.

Kontroversen betreffen hier vor allem den chinesischen Fall;[65] hier ist nicht der Ort, um dazu ins Detail zu gehen.[66]

Eine bedeutende Rolle für die Betonung der Reflexivität als des kennzeichnenden Merkmals des achsenzeitlichen Wandels spielten die bereits erwähnten Überlegungen des israelischen Wissenschaftshistorikers Yehuda Elkana über ein »Denken zweiter Ordnung« und seine Entstehung im antiken Griechenland, das heißt eines Denkens, das sich auf das Denken und Wissen selbst bezieht, wie wir es in der Sphäre von Überlegungen über den Beweis in der Mathematik, aber auch über das Vorgehen zur Lösung ethischer und politischer Fragen in der Philosophie vorfinden.[67] Obwohl ein solches Denken gewiß über die Parti-

65 Sowohl Benjamin Schwartz wie Robert Bellah legen großen Wert darauf, den Konfuzianismus als Religion mit »post-axialen« Zügen zu interpretieren und in mehreren chinesischen Traditionen Begriffe festzustellen, die ihrem Sinngehalt nach dem der Transzendenz entsprechen. Diese gleichwohl kontroverse Frage kann hier nicht weiter erörtert werden. Vgl. von Schwartz außer dem Artikel »The Age of Transcendence« auch sein Buch: *The World of Thought in Ancient China*, Cambridge, Mass., 1985. Außerdem: Heiner Roetz, *Die chinesische Ethik der Achsenzeit. Eine Rekonstruktion unter dem Aspekt des Durchbruchs zu postkonventionellem Denken*, Frankfurt/M. 1992; ders., »The Axial Age Theory: A Challenge to Historism or an Explanatory Device of Civilization Analysis? With a Look at the Normative Discourse in Axial Age China«, in: Robert N. Bellah, Hans Joas (Hg.), *The Axial Age and Its Consequences*, Cambridge, Mass., 2012, S. 248-273; Michael Puett, *To Become a God. Cosmology, Sacrifice, and Self-Divinization in Early China*, Cambridge, Mass., 2002, v. a. S. 1-29; Robert N. Bellah, *Religion in Human Evolution. From the Paleolithic to the Axial Age*, Cambridge, Mass., 2011, S. 399-480.

66 Johann Arnason, Shmuel N. Eisenstadt, Björn Wittrock, »General Introduction«, in: dies. (Hg.), *Axial Civilizations and World History*, Leiden 2005, S. 1-12, hier S. 7. Dieser Band enthält auch einen Artikel von Arnason zur Geschichte der Achsenzeitthese: »The Axial Age and Its Interpreters: Reopening a Debate«, S. 19-49. Dieser Artikel hat allerdings mehr programmatischen als wissenschaftsgeschichtlichen Charakter. Insofern ist sehr weiterführend jetzt: John D. Boy, John Torpey, »Inventing the Axial Age: The Origins and Uses of a Historical Concept«, in: *Theory and Society* 42 (2013), S. 241-259.

67 Yehuda Elkana, »Die Entstehung des Denkens zweiter Ordnung im an-

kularitäten spezifischer Situationen hinausstrebt und insofern die Möglichkeit universaler Geltung an seinem Horizont auftaucht, liegt der Akzent nicht auf dem *moralischen Universalismus*. Dieser wird in einer weiteren Linie der Anknüpfung an die Achsenzeitidee zum zentralen Merkmal des entsprechenden Wandels erklärt. Das ist besonders deutlich bei Karl-Otto Apel der Fall. Für ihn läßt sich eine psychologisch gewonnene »Entwicklungslogik der Moral« so umstandslos in einer Geschichtsrekonstruktion anwenden, daß sich – insbesondere in der »griechischen Aufklärung« der Sophisten und des Sokrates im fünften Jahrhundert vor Christus – der Wandel als einer von einer konventionellen zu einer postkonventionellen Moral beschreiben läßt. Er geht dabei sogar so weit, die Achsenzeit als »Adoleszenzkrise der Menschheit« zu bezeichnen. Der gemeinte Übergang scheint ihm nur möglich auf der Grundlage einer philosophischen Vernunftethik.[68] Eine weitere Version findet sich in Ernst Cassirers *Philosophie der symbolischen Formen*, in der der Übergang vom »Mythos« zur »Religion« durch die Einsicht in die *Symbolizität der Symbole* charakterisiert wird. »Die Religion«, schreibt Cassirer, »vollzieht den Schnitt, der dem Mythos als solchem fremd ist: indem sie sich der sinnlichen Bilder und Zeichen bedient, weiß sie sie zugleich als solche, – als Ausdrucksmittel, die, wenn sie einen bestimmten Sinn offenbaren, notwendig zugleich hinter ihm zurückbleiben, die auf diesen Sinn ›hinweisen‹, ohne ihn jemals vollständig zu erfassen und

---

tiken Griechenland«, in: Shmuel N. Eisenstadt (Hg.), *Kulturen der Achsenzeit. Ihre Ursprünge und ihre Vielfalt*, Bd. 1, Frankfurt/M. 1987, S. 52-88. Einen ganz eigenständigen Versuch in ähnlicher Richtung hat vorgelegt: Michael Horace Barnes, *Stages of Thought. The Co-Evolution of Religious Thought and Science*, Oxford 2000, v. a. S. 93-111.

68 Karl-Otto Apel, *Diskurs und Verantwortung. Das Problem des Übergangs zur postkonventionellen Moral*, Frankfurt/M. 1990, passim, z. B. S. 429 f. Die zitierten Formulierungen stammen aus dem von Apel geleiteten »Funkkolleg Praktische Philosophie/Ethik«, Studienbegleitbrief 2, Weinheim 1980, S. 51 bzw. S. 81.

auszuschöpfen«.[69] Damit wird, was bei anderen Denkern als Bruch zwischen vor- und nachachsenzeitlicher Religion gefaßt wird, von Cassirer als Übergang vom Mythos zur Religion bezeichnet.

Transzendenz, Kritik, Reflexivität, moralischer Universalismus und Einsicht in die Symbolizität der Symbole – damit haben wir vorläufig fünf verschiedene Antworten auf die Frage, was die Achsenzeit kennzeichne. Sie müssen einander, wie dies in Hinsicht auf »Transzendenz« und »Kritik« schon angemerkt wurde, nicht widersprechen. Aber miteinander identisch sind diese Bestimmungen ebensowenig, obwohl gewiß zwischen den Sachverhalten, auf die diese Kennzeichnungen zielen, intuitiv Zusammenhänge erkennbar sind. An dieser Stelle soll weder durch einen definitorischen Gewaltakt eine Klarheit gestiftet werden, die den Reichtum des Diskurses nur reduzieren würde, noch soll die Frage erörtert werden, ob eine der Bestimmungen oder eine weitere geeignet sein könnte, die anderen unter sich zu subsumieren.[70]

Meine Argumentation an dieser Stelle zielt zunächst, wie schon gesagt, noch nicht darauf, sondern vielmehr auf eine Sensibilisierung für die Tatsache, daß alle Beiträge zu dieser Debatte von Annahmen über und Einstellungen zur Religion geprägt sind. Es ist schon schwierig, überhaupt eine Sprache für das Gemeinte zu finden, in die nicht unkontrolliert ein spezifischer religiöser Glaube oder säkularistische Prämissen Einzug halten. Als ich von der *Entstehung* der Transzendenzvorstel-

---

69 Ernst Cassirer, *Philosophie der symbolischen Formen*, Bd. 2: *Das mythische Denken* (1923), Darmstadt 1958, S. 286. An Cassirer knüpft in der Literatur zur Achsenzeit besonders Matthias Jung an. Vgl. etwa seinen Beitrag »Embodiment, Transcendence, and Contingency: Anthropological Features of the Axial Age«, in: Bellah/Joas (Hg.), *The Axial Age*, S. 77-101.

70 Robert Bellah hat auf evolutionspsychologischer Grundlage versucht, durch den Begriff der »theoretic culture« einen synthetisierenden Begriff zu finden. Vgl. dazu unten S. 337f.

lung sprach, habe ich dies getan, um die Rede von der »Entdekkung« oder »Erfindung« zu vermeiden – da »Entdeckung« den achsenzeitlichen Durchbruch als religionshistorischen Fortschritt qualifiziert, während »Erfindung« nur für eine säkularistische Perspektive plausibel sein kann. Weiter: Wenn Transzendenz nicht als Definitionsmerkmal der Achsenzeit angesehen wird, ändert sich die Sicht auf die möglichen Folgen eines Verlusts der Transzendenz: Sie erscheinen dann als weniger dramatisch, weniger bedrohlich für den moralischen Universalismus als in der klassischen Sichtweise. Forderungen nach einer Rückbesinnung auf die ursprünglichen Impulse der Achsenzeit können heute als kraftvolle, selbst prophetische Befreiungen von verwässerten späteren Formen angesehen werden – oder als gefährliche Regression in obsolete Fanatismen. Die verschiedenen Versionen von achsenzeitlichen Veränderungen können gegeneinander ausgespielt werden – Athen oder Jerusalem?; es kann auch eine Nostalgie in Richtung vorachsenzeitlicher Mythen und Kosmologien oder einen radikalen Modernismus geben, der das Erbe der Achsenzeit als bloße Vorbereitung für eine Moderne ansieht, die in ihrem Kern von diesem Erbe unabhängig ist. Wir können – wie Jürgen Habermas schon in den 1970er Jahren[71] – das Verhältnis zur Achsenzeit als eines der Überwindung und Ersetzung oder – wie Robert Bellah – als eines der Addition und Integration betrachten. In jedem Fall eignet sich die Achsenzeitdebatte dazu, einerseits mehr oder

71 Es ist bemerkenswert, daß sich Jürgen Habermas in seinem Versuch zu einer Neuformulierung des Historischen Materialismus auf Jaspers' Achsenzeitthese bezog. Vgl. Jürgen Habermas, »Geschichte und Evolution«, in: ders., *Zur Rekonstruktion des Historischen Materialismus*, Frankfurt/M. 1976, S. 200-259, hier S. 241f. Ebenso bemerkenswert ist aber, daß für ihn das in der Achsenzeit entstandene Neue das Alte »ersetzt« – so explizit (S. 242) unter Bezug auf narrative bzw. argumentative Erklärungen. Hier liegt ein wesentlicher Unterschied zwischen den (damaligen) Auffassungen von Jürgen Habermas und denen von Robert Bellah (s. u.).

minder verborgene religiöse oder antireligiöse Voranahmen wichtiger Theorien der Geschichte und des sozialen Wandels aufzudecken und andererseits die oft aufgeregten gegenwärtigen Debatten über Religion historisch-soziologisch zu »erden«. Bevor sich die Darstellung den neueren Forschungen auf diesem Gebiet und ihren Ergebnissen zuwendet, sei in der Form eines Exkurses ein kurzer Rückblick auf den Beitrag eines einst wichtigen, heute aber weitgehend vergessenen Denkers erlaubt.

Exkurs: Lasaulx' Wiederbelebung der christlichen Universalgeschichtsschreibung

Name und Werk Ernst von Lasaulx' sind heute so vergessen, daß es angemessen erscheint, mit einigen biographischen Informationen über ihn zu beginnen.[72] Lasaulx, 1805 geboren, ent-

72 Meine Hauptquellen für die biographischen Informationen sind: Axel Schwaiger, *Christliche Geschichtsdeutung in der Moderne: Eine Untersuchung zum Geschichtsdenken von Juan Donoso Cortés, Ernst von Lasaulx und Vladimir Solov'ev in der Zusammenschau christlicher Historiographieentwicklung*, Berlin 2001, S. 236ff., und die Einleitung von Eugen Thurnher zur Wiederauflage von Lasaulx' Buch *Neuer Versuch einer alten, auf die Wahrheit der Tatsachen gegründeten Philosophie der Geschichte*, S. 7-60. Vgl. außerdem Friedrich Engel-Janosi, »The Historical Thought of Ernst von Lasaulx«, in: *Theological Studies* 14 (1953), S. 377-401. Von Engel-Janosi angeregt auch: Herta-Ursula Docekal, *Ernst von Lasaulx. Ein Beitrag zur Kritik des organischen Geschichtsbegriffs*, Münster 1970. Was die Charakterisierung des intellektuellen Milieus betrifft, dem Lasaulx angehörte, ist das Kapitel »Die Auseinandersetzung mit dem Zeitgeist« in Franz Schnabels Geschichte des neunzehnten Jahrhunderts unübertroffen: Franz Schnabel, *Deutsche Geschichte im neunzehnten Jahrhundert*, Bd. 4: *Die religiösen Kräfte*, München 1937, S. 164-202. Schnabel nennt aber irrtümlich Lasaulx einen Neffen von Görres (ebd., S. 168). Richtig ist, daß Görres mit Catherine von Lasaulx, einer Cousine Ernst von Lasaulx', verheiratet war. Detaillierte Informationen über die Gründe für Jacob Burckhardts starkes Interesse an Lasaulx und für seine Auseinandersetzung mit ihm bei Werner Kaegi, *Jacob Burckhardt. Eine Biographie*, Bd. XI, Basel 1977, v. a. S. 90-96; außerdem Alfons

stammte einem Luxemburger Adelsgeschlecht. Er war aufs engste mit den führenden Gestalten des konservativen Katholizismus im Bayern des neunzehnten Jahrhunderts verbunden: als Schüler von Joseph Görres, mit dem er auch verwandt war, und Schwiegersohn Franz von Baaders. Ohne die Spuren seines Werks in den Schriften berühmter Historiker wie Lord Acton und Jacob Burckhardt stieße man heute kaum mehr auf seinen Namen. Als ein bayerischer Prinz 1832 erster König von Griechenland nach dessen Unabhängigkeit vom Osmanischen Reich wurde, gehörte Lasaulx zu seiner Entourage. Der Aufenthalt in Griechenland und im Heiligen Land hinterließ tiefe Spuren in seinem Denken. Er bezeichnete das griechische Denken als ein zweites, apokryphes Altes Testament; das Christentum mußte so als die geglückte Synthese von Judentum und Griechentum erscheinen. Nach der Rückkehr wurde er Professor in München, wo Lord Acton zu seinen Studenten gehörte. Auch politisch war er höchst aktiv, unter anderem als Mitglied der Frankfurter Nationalversammlung von 1848; von seiner Professur wurde er zeitweilig suspendiert, da er gegen die Erhebung von Lola Montez, der Tänzerin und Geliebten von König Ludwig I., in den Adelsstand protestiert hatte. Ziel seiner gelehrten Bemühungen war die Wiederbelebung einer christlichen Universalgeschichtsschreibung in einer Zeit zunehmender Nationalisierung der Historie. Bis zum siebzehnten Jahrhundert hatte eine christliche Perspektive die Geschichtsschreibung in Europa selbstverständlich dominiert, aber danach war diese schrittweise von einer strikten Trennung zwischen empirisch fundierter Historiographie und einem theologischen Diskurs über Heilsgeschichte abgelöst worden. Lasaulx und andere romantische Denker nahmen nun an, daß sie mit den Mitteln eines organizistischen Denkens die alte Einheit von Theologie und Ge-

Koeter, *Ernst von Lasaulx' Geschichtsphilosophie und ihr Einfluß auf Jacob Burckhardts »Weltgeschichtliche Betrachtungen«*, Dissertation Universität Münster 1937, v. a. S. 90-127.

schichte wiederherstellen könnten – nicht freilich durch die Rückkehr zu dogmatischen oder biblisch fundierten Behauptungen über Geschichte, sondern in empirisch nachweisbarer Art. Der Titel des Hauptwerks von Lasaulx lautet: *Neuer Versuch einer alten, auf die Wahrheit der Tatsachen gegründeten Philosophie der Geschichte.* Ich interpretiere diesen Titel eben im Sinne eines neuen Versuchs in einem aufgegebenen Feld, nun aber in empirisch fundierter Weise. Von anderen konservativ-katholischen Denkern seiner Zeit unterschied sich Lasaulx durch ein »inklusivistisches« Verständnis von Religion. Für ihn standen nicht die Lehren der katholischen Kirche als offenbarte Wahrheiten allen anderen Formen des Christlichen und allen anderen Religionen schroff gegenüber; vielmehr gehörten alle Religionen für ihn zu ein und demselben Prozeß einer religiösen Entwicklung der Menschheit.[73] Ein solches inklusivistisches Verständnis von Religion war natürlich die logische Voraussetzung für die Anwendung organizistischer Metaphern oder Theoreme auf die Geschichte der Religion. Für Lasaulx besteht ein strikter Parallelismus zwischen der Entwicklung des einzelnen und der ganzer Völker. Religiöser Glauben sei immer der Ausgangspunkt. Jugendlicher Zweifel ist dann eine notwendige, aber vorübergehende Phase, die entweder in Verzweiflung oder einer Aussöhnung mit dem Glauben ende. Er dehnt die Analogie so weit aus, daß für ihn auch ein Nachlassen der Lebenskraft im Prozeß des Alterns für Völker ebenso gilt wie für Individuen. Aus diesem Grund haben manche Lasaulx irreführenderweise zu einem der Vorläufer von Oswald Spengler erklärt. Säkularisierung ist in Lasaulx' Sicht Anzeichen eines Verfalls des Organismus. Religiöse Indifferenz, ein Mangel an Respekt vor religiösen Traditionen, die Attraktion durch andere Glaubensformen, die Entstehung von Sekten, Skeptizismus oder völliger Glaubensverlust erscheinen so alle als Symptome der Degeneration; nach Lasaulx seien sie insbesondere in den höheren

73 Vgl. Schwaiger, *Christliche Geschichtsdeutung*, S. 267.

Schichten und bei den »Halbwissern«[74] zu finden. Die Unsterblichkeit der Seele und die Existenz göttlicher Wesenheiten werden nach Lasaulx erst dann zum Objekt intellektueller Spekulationen, wenn die ursprüngliche Vitalität, die Zweifel an ihnen als absurd erscheinen ließ, verlorengeht.

Aber diese Analogie von organismischer und religiöser Entwicklung hat bei Lasaulx eine klare Grenze.[75] Religion als solche entwickelt sich in seiner Konzeption nicht gemäß den Gesetzen der organischen Entwicklung. Religiöse Institutionen altern für ihn nicht und verfallen nicht. Im Gegenteil: Während die katholische Kirche schon Zeuge des Aufstiegs der europäischen Dynastien war, werde sie – spekuliert er – auch deren Niedergang erleben und überleben. Der Hauptunterschied zu älteren Versionen theologischen Geschichtsdenkens scheint hier darin zu liegen, daß Lasaulx die religiöse Revitalisierung eines alternden Volkes auszuschließen scheint. Andere Völker übernehmen die Rolle der Verfechter des Glaubens und geben ihm neue Lebenskraft. Angesichts der heutigen Globalisierung des Christentums und der niedrigen Fertilitätsraten säkularisierter Länder[76] klingen diese Spekulationen gar nicht völlig unplausibel – aber sie stehen offensichtlich auf wackligen Fundamenten. Sein inklusivistisches Verständnis der Religionsentwicklung und des Verhältnisses von Religion und Philosophie bringen Lasaulx dazu, über ein bloß kulturalistisches Verständnis der Entstehung der griechischen Philosophie hinauszugehen. An eben der Stelle, wo von den Parallelen zwischen der Adoleszenz von Individuen und der von Völkern die Rede ist, finden wir die vielleicht klarste Formulierung der Achsenzeitthese vor Jaspers:

---

74 Lasaulx, *Neuer Versuch*, S. 159.

75 An diesem Punkt unterscheidet sich meine Interpretation von der von Schwaiger, *Christliche Geschichtsdeutung*, S. 267.

76 Pippa Norris, Ronald Inglehart, *Sacred and Secular: Religion and Politics Worldwide*, Cambridge 2004. Dazu die brillante Kritik dieses einflußreichen Buches von Daniel Silver, »Religion without Instrumentalization«, in: *Archives européennes de sociologie* 47 (2006), S. 421-434.

Denn es kann unmöglich ein Zufall sein, daß ungefähr gleichzeitig, sechshundert Jahre vor Christus, in Persien Zarathustra, in Indien Gautama-Buddha, in China Konfutse, unter den Juden die Propheten, in Rom der König Numa und in Hellas die ersten Philosophen, Jonier, Dorier, Eleaten, als die Reformatoren der Volksreligion auftraten; es kann dieses merkwürdige Zusammentreffen nur in der inneren substantiellen Einheit des menschheitlichen Lebens und des Völkerlebens, nur in einer gemeinsamen, alle Völker bewegenden Schwingung des menschheitlichen Gesamtlebens seinen Grund haben, nicht in der besonderen Efferveszenz eines Volksgeistes.[77]

Dies klingt fast wörtlich wie Jaspers' Formulierung.

Jesus Christus ist für Lasaulx der größte Held der menschlichen Geschichte. Für ihn ist nicht nur Moses eine Figur der Geschichte der Offenbarung und des Heils, sondern dies sind eben auch Sokrates, Buddha, Zarathustra und andere. Unmerklich gleitet Lasaulx von der Beobachtung von Parallelen zwischen dem jüdisch-christlichen Heilsgeschehen und anderen religiösen Durchbrüchen zu einer bloß heroenorientierten Sicht der Geschichte hinüber. In seinem Buch listet er diejenigen auf, die für ihn den Heldenstatus verdienen, und diese Liste reicht bis in seine Zeit und umfaßt Namen wie Hamann, Kant, Goethe, Gluck, Mozart und – wenig überraschend – Joseph Görres, seinen akademischen Lehrer. Diese intellektuelle Tendenz blieb der Kirche nicht verborgen; einige Jahre nach seiner Veröffentlichung wurde Lasaulx' Buch vom Papst auf den Index verbotener Schriften gesetzt. Lasaulx starb vorher (1861), so daß wir nicht wissen können, wie er auf dieses Verdammungsurteil reagiert hätte. Auf jeden Fall war das päpstliche Verdikt tödlich für sein Werk, da es dadurch in katholischen Kreisen tabuiert wurde, während es bei liberalen Philosophen und Historikern als übermäßig katholisch und reaktionär verschrien blieb.[78] Sogar liberale Katholiken wie der große Kirchenhistoriker Ignaz von

77 Lasaulx, *Neuer Versuch*, S. 137.
78 Schwaiger, *Christliche Geschichtsdeutung*, S. 244.

Döllinger distanzierten sich von Lasaulx' Nivellierung der Rolle Christi im Heilsgeschehen. Charakteristischerweise spielten Auferstehung und Wiederkehr Christi keine Rolle in Lasaulx' Geschichtsphilosophie.

Man könnte allerdings Lasaulx auch zugute halten, daß er versucht hatte, die Religionsgeschichte und den Religionsdiskurs wieder miteinander ins Gespräch zu bringen – wie dies später etwa Ernst Troeltsch versuchen sollte. Die Parallelen zwischen den Weltreligionen bleiben eine Herausforderung für alle Gläubigen – aber auch für säkulare Geister. Die Frage der »Offenbarung« läßt sich nicht so einfach ignorieren. Lasaulx hatte an die Frage gerührt, ob es nur eine oder mehrere Offenbarungen geben könne, und er hatte die Stellung der Philosophie zum Anspruch der Offenbarung zum Thema gemacht. Das ist der Punkt, an dem Karl Jaspers, der einen ganz anderen Hintergrund hatte und ein anderes philosophisches Projekt verfolgte, den Faden fast ein Jahrhundert später wiederaufnehmen sollte.

Achsenzeit und archaischer Staat

Jaspers' Anstoß wurde in den letzten Jahrzehnten in vielfältiger Weise von den empirischen Kultur- und Sozialwissenschaften aufgenommen.[79] Von einem kleineren Text Hans Freyers abge-

79 Neben schon genannter Literatur seien als Überblicksartikel genannt: Stefan Breuer, »Kulturen der Achsenzeit. Leistung und Grenzen eines geschichtsphilosophischen Konzepts«, in: *Saeculum* 45 (1994), S. 1-33 (natürlich heute nicht mehr auf dem neuesten Stand); Antony Black, »The ›Axial Period‹: What Was It and What Does It Signify?«, in: *Review of Politics* 70 (2008), S. 23-39 (m. E. voller Mißverständnisse); Björn Thomassen, »Anthropology, Multiple Modernities and the Axial Age Debate«, in: *Anthropological Theory* 10 (2010), S. 321-342. – Eine umfassende Bibliographie enthält Bellah/Joas (Hg.), *The Axial Age*, S. 469-537.

sehen,[80] ist dies zunächst vor allem in dem umfangreichen Werk Eric Voegelins der Fall, das ab 1956 unter dem Titel *Order and History* im englischen Original erschien und inzwischen in einer zehnbändigen deutschen Übersetzung vorliegt.[81] Voegelin hatte 1929 ein Semester bei Jaspers und Alfred Weber in Heidelberg studiert,[82] aber sein Werk in seiner imponierenden Eigenständigkeit läßt sich keinesfalls auf Einflüsse dieser Denker reduzieren. Wegen seines riesenhaften Ausmaßes kann ihm hier keine in empirischer Hinsicht angemessene Erörterung gewidmet werden. Aber da Voegelin im Prozeß der Niederschrift sich von der phasenweise leitenden Achsenzeitidee teilweise auch wieder verabschiedete, ist eine knappe Erörterung im vorliegenden Zusammenhang zu rechtfertigen.

Empirisch geht Voegelin vor allem insofern weit über Jaspers hinaus, als er die bei diesem nur flüchtig und als Hintergrund für die Entstehung der achsenzeitlichen Neuerungen behandelten »vorachsenzeitlichen« Kulturen Mesopotamiens, Ägyptens und des alten Israel zu Beginn seines Werkes ausführlich behandelt. Weiter geht auch er nicht zurück, aber für die Kennzeichnung der Religionen der archaischen Staaten des sogenannten alten Orients entwickelt er eine Theorie des »kosmologischen Mythos«, in der politische und existentielle Ordnungsstiftung zusammengedacht werden. Schon im Frühwerk Voegelins, *Die politischen Religionen*, war ein zentrales Kapitel Echnaton gewidmet, da Voegelin schon 1938 die Auffassung vertrat, daß der Sonnenglaube der Ägypter »die älteste politische Religion eines großen Kulturvolkes« darstelle und seine Entwicklung »die Umrisse des Problems fast deutlicher hervortreten [lasse] als die späteren

80 Hans Freyer, »Der Einbruch der Transzendenz in die Geschichte«, in: ders., *Schwelle der Zeiten. Beiträge zur Soziologie der Kultur*, Stuttgart 1965, S. 121-156.

81 Eric Voegelin, *Ordnung und Geschichte*, 10 Bde., München 2002.

82 Vgl. zu biographischen Informationen das ausgezeichnete Einführungsbuch von Michael Henkel, *Eric Voegelin zur Einführung*, Hamburg 1998, hier S. 16.

und genauer bekannten Fälle des mediterranen und europäischen Kulturkreises«.[83] Es ist kein Wunder, daß spezialisierte Forschungen zu diesen Reichen sich oft mit Voegelin auseinandersetzen.[84] Was die bei Jaspers schon vollzogene Öffnung gegenüber China und Indien betrifft, ist bei Voegelin allerdings kein wirklicher Fortschritt festzustellen. Er geht auf sie nur relativ knapp ein,[85] und wo er diese Fälle streift, geschieht dies – insbesondere im Fall Chinas – überwiegend im Ton der Feststellung von Defiziten gegenüber der »westlichen« Geschichte; seine These vom »unvollständigen Durchbruch« Chinas grenzt er freilich von dem noch viel stärker defizitorientierten Denken Webers in dieser Hinsicht ausdrücklich ab. Als äußerst fruchtbar erwies sich aber, daß Voegelin viel mehr als Jaspers die genauen Bedingungen für die achsenzeitlichen Neuerungen in den Problemen der Staats- und Reichsbildung zu identifizieren versuchte. Dieser Anstoß wird sich in den Forschungen späterer Beiträger aufs stärkste auswirken.

Theoretisch-methodisch führt Voegelin, weit über die Vorläufer hinausgehend, einen erfahrungszentrierten Ansatz in die Achsenzeitforschung ein. Obwohl er sich lange Zeit auf politische Ideengeschichte spezialisiert hatte und seine Vorstellungen zunächst in dieser Gestalt zu verwirklichen versuchte, empfand er – unter dem Einfluß seiner frühen Beschäftigung mit William James[86] – die Konzentration auf begrifflich gefaßte Ideen immer mehr als unzureichend und versuchte in *Order and*

83 Eric Voegelin, *Die politischen Religionen* (1938), München 1993, S. 19-28.

84 Vgl. im Bd. 1 von Voegelin, *Ordnung und Geschichte*, Einführung bzw. Nachwort von Jan Assmann (S. 17-23 bzw. S. 213-224) und Peter Machinist, »Mesopotamien in Eric Voegelins ›Ordnung und Geschichte‹«, ebd., S. 177-212.

85 Vgl. Voegelin, *Ordnung und Geschichte*, Bd. 9 (*Die chinesische Ökumene*), S. 139-172. Mit Dank an Micha Knuth (Berlin) für gute Hinweise und Einwände zu meiner Interpretation.

86 Henkel, *Eric Voegelin*, S. 20. – Zur epochalen Bedeutung von James in dieser Hinsicht vgl. Joas, *Die Entstehung der Werte*, S. 58-86, und oben, Kap. 2.

History, die Symbole zum Gegenstand zu machen, in denen historische Erfahrungen vorbegrifflich artikuliert werden. Diese wichtige methodische Wende wird von ihm aber nicht wirklich konsequent vollzogen; immer wieder fällt Voegelin dort, wo er große Bögen von der Vergangenheit zur Gegenwart schlägt, in Behauptungen zurück, die nach bloßer Ideengeschichte klingen und seinen eigenen methodischen Postulaten nicht genügen.

In religiöser Hinsicht grenzt sich Voegelin von Jaspers vor allem durch eine stärkere Betonung der Einmaligkeit des Christentums ab. Zweifellos hat ja Jaspers das Hauptaugenmerk auf die dem Christentum vorausgehenden jüdischen und griechischen Neuerungen gerichtet. Voegelin sieht darin ein Versagen von Jaspers angesichts der grundstürzenden Bedeutung der (angeblich) nur im Christentum vollzogenen Wende zu einem einschränkungslosen Universalismus, der gleichzeitig ein Personalismus sei.[87]

Diese These ist gewiß von großem Gewicht. In der Gestalt, die ihr von Voegelin gegeben wird, fällt aber auf, daß sie nicht von einem gläubigen Christen aus spürbar religiöser Überzeugung vertreten wird. Voegelin wird vielmehr aus politischen Motiven zum Verteidiger der politischen Rolle des Christentums. Seine uneingeschränkte Bewunderung für das »christliche« Mittelalter und seine Kritik der Säkularisierung als eines Prozesses des Transzendenzverlusts klingen bei diesem säkularisierten Protestanten, als kämen sie aus dem Munde eines antimodernen Katholiken. Die Unterscheidung von Transzendenz und Immanenz wird von ihm so gehandhabt, als könnte nur ein transzendenzbezogener religiöser Glaube die Unverfügbarkeit garantieren, die dem Staat prinzipielle Grenzen setzt. Die Totalitarismen des zwanzigsten Jahrhunderts sind für ihn deshalb eine Spätfolge einer schon in Ketzerbewegungen des Alter-

87 Ein neuer Vergleich von Jaspers und Voegelin in dieser Hinsicht: Peter Brickey LeQuire, »The Axial Age Debate as Political Discourse: Karl Jaspers and Eric Voegelin«, in: *Clio* 43 (2014), S. 295-316.

tums und des Mittelalters einsetzenden Rebellion gegen Transzendenz; sie seien brandgefährliche Versuche zur Immanentisierung des »eschaton«. Voegelin verwendet als Kampfbegriff für sie den der Gnosis; seine Konstruktion eines Zusammenhangs von Totalitarismus und Gnosis ist freilich höchstens von ideengeschichtlicher und gewiß nicht von konkret-erfahrungsgeschichtlicher Plausibilität.[88]

Es ist kein Wunder, daß dieser Rahmen, in den Voegelins historische Forschung eingelassen ist, schärfste Kritik auf sich gezogen hat. Von christlicher Seite wird beklagt, daß das Evangelium in dieser politikzentrierten Geschichtsschreibung nur sehr verdünnt vorkomme und daß die Polemik gegen alles Gnostische zu weit gehe, wenn sie alle Affinität des Evangeliums mit ihm bestreite.[89] Und gegen die Tendenz, die Geschichte der letzten Jahrhunderte nur im Zeichen von Verlust und Verfall zu schreiben, hat Jan Assmann in großer Vehemenz zu Recht protestiert: »In Auschwitz wurde nicht das christliche Abendland, sondern das Judentum vernichtet, und zwar unter schweigender Duldung der Institutionen des Geistes, die Voegelin als Opfer der mörderischen Attacke hinstellt.«[90] Es kommt deshalb darauf an, die produktiven Gesichtspunkte einer Geschichte der Entstehung von Transzendenzvorstellungen, ihrer Säkularisierung in philosophischen Formen des moralischen Universalismus und ihres Verlusts in (religiösen und säkularen) Formen

88 Zu diesen Fragen liegt eine umfangreiche Literatur vor. Vgl. z. B. Udo Kessler, *Die Wiederentdeckung der Transzendenz. Ordnung von Mensch und Gesellschaft im Denken Eric Voegelins*, Würzburg 1995; Claus Heimes, *Politik und Transzendenz. Ordnungsdenken bei Carl Schmitt und Eric Voegelin*, Berlin 2009.

89 Bruce Douglass, »A Diminished Gospel: A Critique of Voegelin's Interpretation of Christianity«, in: Stephen A. McKnight (Hg.), *Eric Voegelin's Search for Order in History*, Baton Rouge 1978, S. 139-154.

90 Jan Assmann, »Der Sonderweg des christlichen Abendlandes. Eric Voegelin stiftet Feindschaft zwischen Geist und Ordnung und bestreitet der Neuzeit ihre Legitimität«, in: *Frankfurter Allgemeine Zeitung*, 3. 6. 1994, S. 10.

des Antiuniversalismus zu bewahren, ohne sie in das Gerüst zu zwängen, in dem sie sich bei Voegelin befinden.[91]

So imponierend Voegelins Werk in der Breite seiner Materialverarbeitung ist, blieb es doch durch seine idiosynkratischen Züge in den Sozialwissenschaften eher marginal. In der englischsprachigen Welt wurde Jaspers' »Achsenzeit«-Idee zunächst im wesentlichen an drei Stellen aufgenommen. Ebenfalls eher marginal blieb die Anknüpfung bei dem Kulturkritiker Lewis Mumford, der zudem behauptete, daß er unabhängig von Jaspers zu der Bezeichnung »axial« gekommen sei.[92] Er assoziiert dabei diese englische Übersetzung von Jaspers' »Achsen«-Begriff mit dem aus dem Griechischen stammenden Wort für Werttheorie »axiological«.[93] Das ist eine Verknüpfung, die in der deutschen Sprache nicht nahegelegt und von Jaspers nicht hergestellt wurde, die aber Mumford dazu dient, die große historische Wende der Achsenzeit als fundamentalen Wertewandel zu interpretieren.

Wesentlich folgenreicher sind die beiden anderen Versuche einer historisch-soziologischen Vertiefung der »Achsenzeit«-Idee. Der eine findet sich im Werk des bedeutendsten soziologischen Theoretikers der USA in den Jahrzehnten nach dem Zwei-

91 Diese Absicht habe ich in mehreren Arbeiten verfolgt. Vgl. Hans Joas, *Die Sakralität der Person. Eine neue Genealogie der Menschenrechte*, Berlin 2011; ders., »Sakralisierung und Entsakralisierung. Politische Herrschaft und religiöse Interpretation«, in: Friedrich Wilhelm Graf, Heinrich Meier (Hg.), *Politik und Religion. Zur Diagnose der Gegenwart*, München 2013, S. 259-286.

92 Mumford, *The Transformations of Man*, S. 57 die Behauptung der Unabhängigkeit seiner Wortwahl.

93 Lewis Mumford, *The Conduct of Life*, New York 1951, S. 221: »Deliberately, I use the word ›axial‹ in a double sense, meaning first of all that there must be a change in values, and further a change so central that all the other activities that rotate around this axis will be affected by it.« Das scheint allerdings nicht den Sinn von Jaspers' Achsenbegriff zu treffen. Zum Verweis auf »Axiologie«: ders., *The Transformations of Man*, S. 57.

ten Weltkrieg, Talcott Parsons. Er hatte mit seiner Entwicklung einer soziologischen Systemtheorie in den 1950er Jahren zwar größte Aufmerksamkeit gefunden, aber auch die Kritik geerntet, seine Theorie sei letztlich statisch, weil sie alle Antriebskräfte sozialen Wandels nur unter dem Gesichtspunkt der Bedrohung der Stabilität sozialer Systeme, also ihrer Restabilisierung, zu betrachten erlaube. Auf diese Kritik und auf interne Schwierigkeiten der Modernisierungstheorie reagierte Parsons mit der Ausarbeitung einer anspruchsvollen Theorie sozialen Wandels.[94] Diese nahm teilweise eine hochabstrakte Gestalt an, insofern es Parsons um die Identifikation von Wandlungsprozessen ging, die sich aus seinem Schema der Funktionen ergeben sollten, welche angeblich jedes soziale System zu erfüllen hat. Er versuchte aber darüber hinaus auch, auf dieser Grundlage ein konkret-historisches Schema der Evolution menschlicher Gesellschaften zu entwerfen. In diesem Zusammenhang erwies sich ihm als springender Punkt eine kulturelle Innovation, die über die archaische Staatsbildung Ägyptens und Mesopotamiens hinausführen sollte. Als diese kulturelle Innovation identifizierte er »das Erreichen eines höheren Verallgemeinerungsgrades der konstitutiven Symbolsysteme ihrer Kulturen«.[95] Er beschreibt diesen Wandel näher als »eine Differenzierung zwischen der Ordnung der Repräsentation der letzten Realität und der Ordnung der Repräsentation der ›conditio humana‹. Jegliche Anmaßung eines göttlichen Status durch einen Menschen war nunmehr ausgeschlossen, so daß die Institution des Gottkönigtums mit der archaischen Periode beendet war.«[96]

Diese Bestimmung ist keine andere als die, die Jaspers unter dem Stichwort »Transzendenz« gegeben hatte. Ebensowenig

94 Zum Hintergrund dieser theoretischen Wende vgl. Hans Joas, Wolfgang Knöbl, *Sozialtheorie*, Frankfurt/M. 2004, S. 130-137.

95 Talcott Parsons, *Gesellschaften. Evolutionäre und komparative Perspektiven* (1966), Frankfurt/M. 1975, S. 112.

96 Ebd., S. 112f.

wie der Philosoph Jaspers widmet sich der Soziologe Parsons allerdings den Ursachen des gemeinten Prozesses oder einer Einschätzung der »relativen Bedeutung der verschiedenen kulturellen und sozialen Faktoren«. Er erwähnt auch Jaspers nicht – obwohl er diesen aus seinem Studium in Heidelberg kannte und ihm sogar einen späten Lexikonartikel widmete, in dem er ebenso über Jaspers' einschlägiges geschichtsphilosophisches Werk kein Wort verliert.[97] Auch Voegelins Name fällt nicht, obwohl der enge intellektuelle Austausch mit diesem inzwischen dokumentiert ist.[98] Die wichtigste Wirkung von Parsons' ansatzweiser Integration der »Achsenzeit«-Idee in sein Theoriegebäude war wohl, daß seine beiden Meisterschüler in Harvard, Shmuel Eisenstadt und Robert Bellah, in kontinuierlicher kritischer Auseinandersetzung mit ihm ihre eigene Arbeit an den ungelösten Problemen dieser Konstellation orientierten.[99]

Es gab allerdings neben Harvard einen weiteren Ort, an dem in dieser Zeit der Versuch unternommen wurde, mit einem großen Theorieentwurf historisch-sozialwissenschaftlicher Art an Jaspers anzuknüpfen. Dabei handelt es sich um die University of Chicago, wo der große Islam-Historiker Marshall Hodgson, zeitweise Chairman des interdisziplinären Committee on Social Thought, unter ausdrücklicher Nennung von Jaspers, den grandiosen Entwurf einer nichteurozentrischen Weltgeschichtsschreibung vorlegte.[100] In seinem Fall liegen die religiösen Motive und Voraussetzungen für ein bedeutendes, durch den frü-

97 Talcott Parsons, »Karl Jaspers«, in: *International Encyclopedia of the Social Sciences*, Bd. 18, New York 1979, S. 341-345.

98 Peter Brickey LeQuire, Daniel Silver, »Critical Naïveté? Religion, Science and Action in the Parsons-Voegelin Correspondence«, in: *European Journal of Sociology* 54 (2013), S. 265-293.

99 Die Behauptung von Thomassen, »Anthropology«, S. 327, daß nur Denker, die »somewhat peripheral to mainstream functionalism« waren, die Achsenzeitidee aufgenommen hätten, bedarf insofern der Korrektur.

100 Vgl. Marshall Hodgson, *The Venture of Islam. Conscience and History in a World Civilization*, Bd. 1, Chicago 1958; ders., *Rethinking World*

hen Tod in vieler Hinsicht Fragment gebliebenes Werk auf der Hand. Er war Quäker und als solcher radikaler Pazifist; für ihn erwies sich das konventionelle Bild vom Islam als einer Kriegerreligion als völlig unzulänglich. Ganz andere Züge islamisch geprägter Kulturen wurden bei ihm betont. Er sah den Islam mit Respekt und spürbarer Sympathie für die Züge eines puritanischen Moralismus, die große Bedeutung der individuellen Gottesbeziehung und die in der Scharia steckende Distanz zum bloß geltenden staatlichen Recht. Sein besonderes Interesse galt der Geschichte der persischen Kultur, um die Einseitigkeit der Konzentration auf die Araber zu überwinden, außerdem den externen Einflüssen auf islamische Zivilisationen, etwa den enorm zerstörerischen Wirkungen der Mongoleninvasionen, um das Bild einer sich aus einer Art kulturell-religiösen Essenz ergebenden Entwicklung zu überwinden, sowie der religiösen Vielfalt in islamischen Kulturen, der inneren Pluralität des Islam und damit auch den zentralen Gestalten religiösen Virtuosentums.

Da er die Bedingungen ausführlich rekonstruierte, unter denen der Islam entstehen und sich rapide ausbreiten konnte, wurde er auf das Studium der Beziehungen zwischen den Kulturen – und nicht nur ihren Vergleich – geleitet. Gegen Webers Programm einer Rekonstruktion des okzidentalen Rationalismus wehrte er sich vehement. Es schien ihm auf einer ungenügenden Kenntnis der nichtwestlichen Kulturen zu beruhen. Den Entwurf einer Globalgeschichte, den er bei seinem Tod 1968 unvollendet hinterließ, wollte er zeitweise unter dem Titel »There is No Orient«[101] veröffentlichen. Methodisch schwebte ihm vor, Zivilisationen so zu analysieren, daß die Vielfalt der Bezugs-

---

History. Essays on Europe, Islam, and World History, Cambridge 1993 (zu Jaspers dort S. 21).

101 Vgl. Edmund Burke III, »Introduction. Marshall G. S. Hodgson and World History«, in: Hodgson, *Rethinking World History*, S. IX-XXI, hier S. XI, Anm. 5.

möglichkeiten zu ihren formativen Idealen ständig im Blick blieb. Inhaltlich bestritt er die Tendenz, den Umbruch zur »Moderne« in der Zeit der Reformation anzusetzen, und plädierte stattdessen, wie viele zeitgenössische Autoren, für das achtzehnte Jahrhundert. Den entscheidenden Einschnitt in der vormodernen Geschichte setzte er in der Mitte desjenigen Zeitraums an, in dem eine im wesentlichen auf Agrarwirtschaft beruhende, aber von Städten geprägte Kultur dominierte, also im Zeitraum 3000 vor Christus bis 1800 nach Christus. Diese Periodisierung fällt mit der von Jaspers' »Achsenzeit« zusammen, sie erhält aber bei Hodgson eine wesentlich tiefere sozialhistorische Fundierung.[102]

Auch Shmuel Eisenstadt und Robert Bellah hatten neben ihrer soziologischen Schulung an Max Weber, Émile Durkheim und, wie erwähnt, Talcott Parsons eine unverkennbar theologisch-religionsphilosophische Inspiration. Ich habe andernorts Eisenstadt als die Synthese von Max Weber und Martin Buber, Bellah als die von Parsons und Paul Tillich bezeichnet.[103] Das sind natürlich nur Kurzformeln, um äußerst komplexe Denkgebäude leicht faßlich zu machen. Eisenstadt hat sich vor allem das Verdienst erworben, zu untersuchen, wie eigentlich die umstürzenden Ideen der Achsenzeit selbst institutionelle Gestalt annehmen konnten. Ihre unerhörte Spannung zu allen politischen, sozialen und ökonomischen Verhältnissen blieb ja nicht einfach bestehen. Sie wurde in Lehren und Institutionen aufgelöst, die auch Kompromisse mit den Verhältnissen verkörperten. Damit verschob sich sein Interesse von einer Achsen*zeit* zu einem *Typus* sozialer Ordnung, der von »Axialität« geprägt sei, und von den primären Durchbrüchen der Achsenzeit zu

102 Vgl. hierzu William A. Green, »Periodization in European and World History«, in: *Journal of World History* 3 (1992), S. 13-53, zu Jaspers und Hodgson S. 42-46.

103 Hans Joas, »Robert N. Bellah. Religiöse Evolution und symbolischer Realismus«, in: Stephan Moebius, Dirk Quadflieg (Hg.), *Kultur. Theorien der Gegenwart*, Wiesbaden ^{2}2011, S. 83-91, hier S. 90.

den sekundären wie Christentum und Islam. Ganz besonders interessierten ihn auch die Formen, in denen Universalismen wieder zu partikularen und exklusivistischen, Gewalt rechtfertigenden Ideologien werden können: vom Jakobinismus bis zum religiösen Fundamentalismus.[104]

Der religiösen Dimension von Eisenstadts Werk wird man allerdings nicht gerecht, wenn man lediglich nach Spuren seines recht stark säkularisierten Judentums in seinem Denken fragt. Sicher waren die internen Spannungen im Staat Israel, die enorme Vielfalt der Fortsetzungen des Jüdischen, in vieler Hinsicht konstitutiv für sein Denken. Entscheidender aber scheint mir zu sein, wie Eisenstadt die Moderne in religiöser Hinsicht zu deuten versucht. Für ihn ist sie vornehmlich geprägt von der Kombination einer Orientierung auf eine universalistische, alle gegebenen Verhältnisse übersteigende und in diesem Sinne transzendente Ordnung mit einem dauernden Zweifel an deren Geltungsanspruch. Er macht sich Claude Leforts These zu eigen,[105] daß alle Gewißheit der Verbürgung einer solchen transzendenten Ordnung heute verlorengegangen sei. In einer solchen Lage helfe nur eine hohe Toleranz für Ambiguität, eine kontinuierliche Suche nach Gewißheit im melancholischen Bewußtsein, eine solche nie finden zu können. Bei Lefort und Eisenstadt scheinen mir dabei freilich zwei Dinge ineinander zu verschwimmen, deren deutliche Unterscheidung mir geboten erscheint: einerseits der Gedanke, daß der Glaube unter modernen Bedingungen

104 Vgl. die ausgezeichnete Darstellung von Eisenstadts Werkentwicklung in: Wolfgang Knöbl, *Spielräume der Modernisierung*, Weilerswist 2001, S. 221-261, dort auch zahlreiche bibliographische Angaben zu Eisenstadts Werken. Außerdem unter dem hier interessierenden Gesichtspunkt besonders auch: Ilana F. Silber, »Deciphering Transcendence and the Open Code of Modernity: S. N. Eisenstadt's Comparative Hermeneutics of Civilizations«, in: *Journal of Classical Sociology* 11 (2011), S. 269-280.

105 »An Interview with S. N. Eisenstadt: ›Pluralism and the Multiple Forms of Modernity‹«, in: *European Journal of Social Theory* 7 (2004), S. 319-404, hier S. 395.

prinzipiell unmöglich geworden sei, und andererseits der Gedanke, daß er unter diesen Bedingungen zur Option geworden sei, also notwendig ein Glaube im Angesicht des Unglaubens, im Bewußtsein der Möglichkeit des Unglaubens geworden sei. Ich votiere für die letzte und nicht die erste Deutung. Das subjektive Gewißheitsgefühl der religiösen Erfahrung wird vom Wegfall institutionalisierter Weltbilder, die einem bestimmten Glauben allgemeine unbefragte Geltung verleihen, nicht einfach annulliert.[106]

Noch viel eindeutiger auf der Sichtweise von Claude Lefort[107] beruht der wichtigste französische Beitrag zur Achsenzeitdebatte. Marcel Gauchet, einer der einflußreichsten zeitgenössischen französischen Intellektuellen überhaupt, hat schon 1985 den großen Entwurf einer »politischen Geschichte der Religion« vorgelegt, für den er den an Max Weber angelehnten Titel *Die Entzauberung der Welt*[108] gewählt hat. Die These, daß unter modernen Bedingungen Religion im Sinn einer kollektiven Kraft endgültig überholt sei und nur Relikte religiöser Traditionen im Orientierungshaushalt von Individuen noch eine Rolle spielen könnten, wird bei ihm so konsequent vertreten, daß in seiner Sicht Religion überhaupt nur in ihren frühesten Phasen, – als »primitive«, wie er sagt –, ihrem Begriff entsprochen habe. Entscheidend für sein Denken ist das Begriffspaar Autonomie/Heteronomie. Religion ist in dieser Sicht völlige Heteronomie, die Selbstverleugnung der schöpferischen Kräfte des Menschen, indem einem Schöpfergott, einer Vielzahl von Göttern oder einer kosmischen Ordnung von den Menschen zugeschrieben

---

106 Ausführlicher dazu Joas, *Glaube als Option*.

107 Der wichtigste Text von ihm ist: Claude Lefort, »Permanence du théologico-politique?«, in: ders., *Essais sur le politique (XIXe-XXe siècles)*, Paris 1986, S. 251-300.

108 Marcel Gauchet, *Le désenchantement du monde. Une histoire politique de la religion*, Paris 1985. Ich zitiere im folgenden aus der englischsprachigen Übersetzung: ders., *The Disenchantment of the World. A Political History of Religion*, Princeton 1997.

werde, was doch ihr höchst eigenes Vermögen zur »Instituierung« sei.[109] Jeder Ansatz zur Behauptung menschlicher Autonomie erscheint ihm deshalb als tendenziell areligiös oder antireligiös. Zum Thema Achsenzeit führt ihn die Frage nach der Rolle der Religion bei der Hervorbringung einer Welt ohne Religion. Die achsenzeitlich entstandenen Religionen, vor allem aber auf ihrer Grundlage das Christentum, stellen für ihn diese Kräfte dar, die zur Wiederaneignung der schöpferischen Kräfte im Selbstverständnis der Menschen geführt hätten.

Unverkennbar ist hier das nietzscheanische Motiv, das auch bei Max Weber und Karl Jaspers am Werke war, im christlichen Glauben eine Dialektik zu identifizieren, die diese Religion über sich selbst hinaustreibt. Weniger als Jaspers läßt Gauchet die Vielfalt der achsenzeitlichen Religionen in seiner Moderne-Konzeption zu. Er fällt insofern auf Max Weber zurück, dessen Tragik in seiner Geschichtsrekonstruktion aber verlorengeht. Er schreibt eine hegelianische Fortschrittsgeschichte mit den Mitteln von Max Webers Entzauberungsnarrativ. Man hat sein Buch deshalb zu Recht einen »postweberianischen Hegelianismus« genannt.[110]

Die Einseitigkeit und theologische Uninformiertheit von Gauchets Konzeption sind offensichtlich. Mit keiner Zeile widmet er sich den zahlreichen Versuchen, aus der »Verdanktheit« menschlicher Autonomie heraus den Gottesbezug des Menschen zu denken und damit die schlichte Opposition von religiöser Heteronomie und säkularer Autonomie zu überwinden.[111]

---

109 Zu diesem zentralen Gedanken der schöpferischen Bildung von Institutionen bei Leforts langjährigem Denkpartner Cornelius Castoriadis: Hans Joas, »Institutionalisierung als kreativer Prozeß. Zur politischen Philosophie von Cornelius Castoriadis«, in: *Politische Vierteljahresschrift* 30 (1989), S. 585-602, nachgedruckt in: ders., *Pragmatismus und Gesellschaftstheorie*, Frankfurt/M. 1992, S. 146-170.

110 So Jean Greisch in dem Diskussionsband zu Gauchets Buch: Pierre Colin, Olivier Mongin (Hg.), *Un monde désenchanté?*, Paris 1988, S. 22.

111 Ich nenne nur als Alternative: Paul Ricœur, »Theonomie und/oder Autonomie«, in: Carmen Krieg, Thomas Kucharz, Miroslav Volf (Hg.), *Die Theologie auf dem Weg ins dritte Jahrtausend. (Festschrift*

Aber das heißt nicht, daß seine genialische Skizze einer politischen Geschichte der Religion empirisch unergiebig wäre. Im Gegenteil: Viel mehr als Jaspers und auch deutlicher als Voegelin[112] setzt Gauchet die »Achsenzeit«-Idee mit der Geschichte des Staates in Beziehung. Er nennt die Entstehung des Staates »die erste religiöse Revolution in der Geschichte«.[113] Das ist sicher übertrieben, weil Gauchet damit die religiösen Dimensionen der Seßhaftwerdung und der Entstehung der Landwirtschaft bagatellisiert. Für ihn ist die Tatsache, daß diese früheren Prozesse von den Menschen im Sinne einer Gabe an sie gedeutet wurden, hinreichend, um ihnen den epochalen Charakter abzusprechen. Durch den Staat aber kehre das religiös Veräußerlichte in die menschliche Sphäre zurück; die Strukturen politischer Ordnung würden jetzt nicht mehr als tradiert und in mythischer Vergangenheit konstituiert, sondern als abhängig von menschlicher Willensbildung gedacht. Die Entstehung des Staates sei insofern die Achse der Weltgeschichte: »Dieses Ereignis trennt die Geschichte in zwei Teile und bringt die menschlichen Gesellschaften in ein völlig neues Zeitalter und ist ausschlaggebend dafür, daß sie in die Geschichte eintreten.«[114] Das heißt aber nicht, daß nun politischer und religiöser Wandel bei Gauchet einfach verschwimmen. Die achsenzeitlichen Innovationen seien das Ergebnis einer schöpferischen Reaktion auf die Entstehung des Staates, insbesondere auf die in ihn eingebaute expansive Tendenz. Der Staat bedroht innerhalb der

---

für Jürgen Moltmann), Gütersloh 1996, S. 324-345. Zu diesem Punkt außerdem: Jean-Paul Willaime, »À propos du ›désenchantement du monde‹ de Marcel Gauchet«, in: *Autres Temps. Les cahiers du christianisme social* 9 (1986), S. 68-75.

112 Voegelin wird merkwürdigerweise bei Gauchet trotz offensichtlicher inhaltlicher Entsprechungen nicht erwähnt. Darauf haben mehrere Rezensenten zu Recht hingewiesen: Adam Seligman, in: *American Political Science Review* 92 (1998), S. 960f.; Martin Riesebrodt, in: *American Journal of Sociology* 104 (1999), S. 1525f.

113 Gauchet, *The Disenchantment*, S. 13.

114 Ebd., S. 34.

ihn konstituierenden Gemeinschaft, erst recht aber außerhalb von ihr, jede tradierte Ordnung und erzeugt die Vision einer universalen Reichsbildung. Wie begrenzt diese im Konkreten auch immer bleibe, die Vision des Universalen könne dadurch aufgenommen und religiös gerade auch gegen den Staat gewendet werden. Gauchet geht so weit, Expansionskriege »eine der größten spirituellen und intellektuellen Kräfte« zu nennen, »die je in der Geschichte gewirkt haben«.[115] Der jüdisch-christliche Monotheismus wird so als verzweifelter Versuch, sich vom Imperialismus zu befreien, gedeutet.[116] Trotz aller Ungenauigkeiten im historischen Detail und rhetorischen Paradoxien, unter denen dieser ehrgeizige Entwurf leidet, ist hier ein wesentlicher Punkt identifiziert. Jaspers' immer mysteriös klingende Behauptung von der Gleichzeitigkeit der achsenzeitlichen Innovationen wird durch die konsequente Verknüpfung mit der Geschichte des Staates »entmystifiziert«. Bei Voegelin, Eisenstadt und Gauchet gewinnt eine politische Deutung die Oberhand, die Religion gleichwohl nicht für die Politik funktionalisiert. Verblüffend bei Gauchet ist aber, wie wenig ihm das historisch analysierte Phänomen in die Gegenwart hineinzureichen scheint.[117] Mit der Entstehung des modernen Staates, der er sich in seinem Buch auch widmet, scheint das Religiöse als Gegenkraft zum Staatlichen verschwunden zu sein.[118]

115 Ebd., S. 36.

116 Ebd., S. 107.

117 Das zeigt sich auch an seiner erstaunlichen Einschätzung, daß die Gefahr des Totalitarismus historisch hinter uns liege. Vgl. seine Äußerung in Colin/Mongin (Hg.), *Un monde*, S. 88f.

118 Auch der Beitrag des Moderne-Theoretikers Peter Wagner zur Achsenzeitdebatte ist offensichtlich von Leforts Diagnose beeinflußt. Ihm erscheint die Konsolidierung religiöser Lehren nach der Achsenzeit als relativer Verlust des Sinnes für »reflexivity, historicity and agentiality« oder zumindest doch als deren verengte Kanalisierung. Vgl. Peter Wagner, »Palomar's Question. The Axial Age Hypothesis, European Modernity and Historical Contingency«, in: Arnason u. a. (Hg.), *Axial Civilizations*, S. 87-106, hier S. 103.

Die enge Verknüpfung von Religionsgeschichte und Staatsgeschichte findet sich in allen neueren Beiträgen zur historisch-sozialwissenschaftlichen Erforschung der Achsenzeit. Die Spannung zwischen Jaspers, dem es gerade um eine »Entzauberung der Staatengeschichte«[119] gegangen war, und Gauchet, dem man umgekehrt eine Wiederverzauberung dieser Geschichte vorwerfen könnte, findet sich im Hintergrund all dieser Beiträge. Herausragend ist dabei einer der ehrgeizigsten universalgeschichtlichen Entwürfe unserer Zeit, der die »Achsenzeit«-Idee in eine weitreichende Konstruktion integriert. So konsequent wie vor ihm vielleicht nur Hodgson (im Rahmen dieser Debatte) befreit sich Ian Morris vom Narrativ der Entwicklung des okzidentalen Rationalismus. Dabei hilft ihm die entschiedene Berücksichtigung der innerlichen Vielfalt »westlichen«, »östlichen« und südasiatischen Denkens. »Östliches Denken kann ebenso rational, liberal, realistisch oder zynisch sein wie das westliche; und das wiederum ebenso mystisch, autoritär, relativistisch oder obskur wie das östliche.«[120] Großen Nachdruck legt er auch darauf, das achsenzeitliche Denken als Reaktion auf den vollentwickelten Staat – »mit kontinuierlichen Einnahmen, stehendem Heer und Beamtenapparat«[121] – zu deuten und nicht etwa diesen Staat auf das veränderte Denken der Achsenzeit zurückzuführen. Der Einfluß des neuen Denkens auf die Politik, insbesondere von Durchbrüchen im politischen Hinterland auf die gesellschaftliche Entwicklung der Großmächte,[122] sei gering und erst mit großer Verspätung überhaupt feststellbar, wobei dieser Einfluß meist mit Entschärfung der achsenzeitlichen Impulse erkauft wurde.[123]

119 Jaspers, *Vom europäischen Geist*, S. 26.

120 Ian Morris, *Wer regiert die Welt? Warum Zivilisationen herrschen oder beherrscht werden*, Frankfurt/M. 2011, v.a. S. 243-275, hier S. 257f.

121 Ebd., S. 246.

122 Ebd., S. 259.

123 Auf zwei weitere Beiträge gehe ich nicht näher ein. Eine umfassende populäre Darstellung liefert Karen Armstrong, *Die Achsenzeit. Vom*

Auf ein ganz neues Niveau hat die Achsenzeitdebatte der amerikanische Soziologe Robert Bellah gehoben. Der vielleicht bedeutendste Religionssoziologe der vergangenen Jahrzehnte hatte schon 1964, im direkten Arbeitszusammenhang mit seinem akademischen Lehrer Parsons, eine Skizze der Universalgeschichte der Religion in soziologischer Perspektive vorgelegt.[124] Als Altersprojekt betrieb er über anderthalb Jahrzehnte die breite Ausarbeitung und Revision der dort skizzierten Ideen. Das 2011 erschienene Werk *Religion in Human Evolution* stellt nur die Hälfte der ursprünglich geplanten Darstellung dar. Die Fortführung ist wegen des Todes des Autors im Jahr 2013 Fragment geblieben. Der vorliegende Band stellt aber schon als solcher eine gewaltige empirische und theoretische Leistung dar.

Empirisch hat Bellah viel mehr als alle Vorgänger den chinesischen und den indischen Fall umfassend auf dem heutigen Forschungsstand berücksichtigt und die Differenzen zwischen tribaler, archaischer und achsenzeitlicher Religion deutlich gemacht. Theoretisch hat er mehr als alle Vorgänger die Dimension sozialer Ungleichheit zusätzlich zu der politischer Herrschaft ins Bild aufgenommen. Dies kann hier nicht umfassend gewürdigt werden.[125] Von religiöser Bedeutung – und das inter-

---

Ursprung der Weltreligionen, Berlin 2006. – An einer materialistischen Erklärung versucht sich David Graeber in seinem – durch den Einfluß des Autors auf die Occupy-Bewegung – vielgelesenen Buch: ders., *Schulden. Die ersten 5000 Jahre*, Stuttgart 2012, S. 235-264. Interessant daran ist seine stärkere Berücksichtigung der Rolle von Geld und Münzprägung. Im einzelnen sind seine Angaben aber recht unzuverlässig. Insbesondere scheint er mir die achsenzeitlichen Innovationen nicht wie Gauchet oder Morris aus der Defensive der Opfer archaischer imperialer Expansion zu verstehen, sondern dieser Expansion selbst zuzuschreiben oder sie als bloßen »Eskapismus« einzuschätzen, als bloße Ahnung von Alternativen, die ihrer irdischen Verwirklichung bedürfen.

124 Robert N. Bellah, »Religious Evolution«, in: *American Sociological Review* 29 (1964), S. 358-374.

125 Aus den zahlreichen Besprechungen von Bellahs Werk nenne ich nur: Marcel Hénaff, »Three Crucial Aspects of Religion in Human Evolu-

essiert im vorliegenden Zusammenhang – ist das Leitmotiv seines Werkes: »Nothing is ever lost«. Das Neue an der Achsenzeit, wie immer wir es genau fassen: als moralischen Universalismus, als Transzendenzbezug, als Kritikfähigkeit, als höhere Reflexivität, als Einsicht in die Symbolizität der Symbole oder – das ist Bellahs eigener Vorschlag – als über das Mythisch-Narrative hinausgehende systematische und kritische Theoriebildung, dieses spezifisch Neue tritt jedenfalls zum Alten hinzu, ohne dieses je ganz zu verdrängen oder zu ersetzen. In den Religionen, auch in den nachachsenzeitlichen, lebt weiter oder kann weiterleben, was für diese vor der Achsenzeit bestimmend war: das Ritual und der Mythos. Bellah will, darin ganz amerikanischer protestantischer Christ, an das Prophetische anknüpfen, aber er weiß auch, daß das Prophetische leer läuft, wenn es sich nicht auf eine Substanz bezieht, die er – mit Tillich – im Sakramentalen, im katholischen Christentum, stärker ausgeprägt sieht. Keine Kultur ist für ihn rein achsenzeitlich, jede stellt eine Synthese von Archaischem und Axialem dar. Als Bellahs Buch von einem Rezensenten »the greatest work of liberal Protestant theology ever«[126] genannt wurde, wehrte sich der Belobigte vehement: nicht nur, weil er sein historisch-soziologisches Werk nicht als theologisch bezeichnet sehen wollte, sondern vor allem, weil er sich nicht einfach als »liberaler Protestant« versteht.[127] Die Betonung der unaufgebbaren Rolle des »Sakramentalen« klingt ja nicht gerade nach *liberalem* Protestantismus, und des-

---

tion: Shamanism, Sacrifice and Exogamic Alliance«, in: *European Journal of Sociology* 53 (2012), S. 327-335. Eine Auflistung der Auseinandersetzungen findet sich in: Michael Stausberg, »Bellah's ›Religion in Human Evolution‹. A Post-Review«, in: *Numen* 61 (2014), S. 281-299, hier S. 295-299. Zur Weiterführung von Bellahs Projekt vorläufig Bellah/Joas (Hg.), *The Axial Age*.

126 Thomas Joseph White, »Sociology as Theology«, in: *First Things* 234 (2013), S. 34-39, hier S. 34.

127 Robert N. Bellah, »A Reply to My Critics«, in: *First Things* 234 (2013), S. 49-55, hier S. 50.

halb ist es nur konsequent, daß er persönlich den Weg zu den Episcopalians, der amerikanischen Mitgliedskirche der Anglikanischen Gemeinschaft, gefunden hat.

Reflexivität und Sakralität

Dieser Durchgang durch die Geschichte der Forschungen und Debatten zur »Achsenzeit« hat an der gleich zu Beginn deutlich gewordenen Vielfalt der Bestimmungen, was nun eigentlich das »Wesen« dieser ominösen Epoche ausmache, nichts geändert. Sehr wohl aber könnte aus ihm ein Fortschritt in Richtung einer historisch-soziologischen Erdung der Frage hervorgegangen sein, welche Ursachen für die vielfältigen Veränderungen, auf die mit dem Begriff »Achsenzeit« Bezug genommen wird, namhaft zu machen sind. Die konkurrierenden Wesensbestimmungen haben sich als mitbedingt durch die spezifischen religiösen oder antireligiösen Voraussetzungen und Intentionen erwiesen. Anderes war vor dem Hintergrund der Geschichte der wissenschaftlichen Beschäftigung mit Religion auch nicht zu erwarten. Für die empirisch-historischen Befunde gilt dagegen eine größere Unabhängigkeit vom Ausgangspunkt der jeweiligen Forschung. Deshalb fällt es leichter, hier unbestreitbare Fortschritte in der Erkenntnis zu konstatieren. Diese Fortschritte werden natürlich nur dann wahrnehmbar, wenn die Arbeiten von Karl Jaspers nicht immer wieder als repräsentativ für den heutigen Diskussionsstand genommen werden. Es sollten nicht immer wieder Einwände gegen die Achsenzeitforschung erhoben werden, die in dieser Forschung selbst längst berücksichtigt wurden.[128]

---

128 Ein krasser Fall einer polemischen Kritik, die nur einen kleinen Teil dieser Forschung zur Kenntnis nimmt und sich vor allem auf popularisierende Wiedergaben stützt, liegt vor in: Iain Provan, *Convenient*

Es war schon davon die Rede, daß Jaspers bei all seinen Verdiensten die Achsenzeitdebatte mit drei unnötigen Annahmen belastet hat, nämlich der Annahme einer strikten Gleichzeitigkeit der achsenzeitlichen Durchbrüche in den verschiedenen Kulturen, des völligen Fehlens wechselseitiger Beeinflussung zwischen ihnen und einer historisch-soziologischen Unerklärlichkeit des Phänomens insgesamt. Die Negation möglicher Beeinflussungen ergab sich für Jaspers vermutlich aus seiner Absicht, ein euro- oder christozentrisches Bild der Weltgeschichte radikal zu überwinden. Es mußte ihm wichtig sein, die Aufmerksamkeit auf den eigenständigen Charakter der kulturellen Innovationen in China und Indien zu richten, statt diese wie auch immer im Schatten europäischer oder jüdisch-christlicher Entwicklungen zu belassen. Selbst wenn sich aber, etwa über die Seidenstraße oder über die Seeverbindungen des Indischen Ozeans, starke kulturelle Wechselwirkungen abgespielt haben sollten,[129] würde heute wohl niemand daraus folgern, daß Einflüsse aus anderen Kulturen ausschlaggebend waren für die Entstehung des jüdischen Prophetismus, der griechischen Philosophie, das Denken des Konfuzius oder die Botschaft Buddhas. Diese Annahme vom Fehlen jeder Beeinflussung ließe sich deshalb, wenn entsprechende Belege auftauchen sollten, ganz ohne Verlust für den Anspruch der Achsenzeitthese aufgeben.

Ähnliches gilt für die Annahme einer Gleichzeitigkeit der entscheidenden Neuerungsschübe. Auch hier mag das Motiv mitgeschwungen haben, die Unabhängigkeit der Veränderungen voneinander herauszustreichen. Wirkungen folgen ja zeitlich ihren Ursachen. Eisenstadt hat die Debattenlage dadurch zu verändern versucht, daß er die Rede von einer Achsen*zeit* –

Myths. The Axial Age, Dark Green Religion, and the World That Never Was, Waco 2013.

129 Auf bestehende Handelskontakte weist kurz Elmar Holenstein hin. Vgl. ders., *Philosophie-Atlas. Orte und Wege des Denkens*, Zürich 2004, S. 40.

die an die Gleichzeitigkeitsannahme gebunden scheint – durch die von der »Axialität« zu ersetzen versucht hat, einem Merkmal also, das unabhängig von dieser Gleichzeitigkeit in verschiedenen Kulturen auftauchen kann. Dieser Schachzug hat aber seine eigenen Nachteile. Es können dann Veränderungen in Richtung »Axialität« so bezeichnet werden, die eindeutig durch den Einfluß früherer kultureller Innovationen ausgelöst wurden, etwa durch die Rezeption des Buddhismus in Japan. Mir schiene es vorsichtiger, den Begriff Achsenzeit zu pluralisieren und etwa von der jeweiligen Achsenzeit in Griechenland, Israel, Indien und China zu sprechen. Diese muß nicht überall in genau denselben Zeitraum gefallen sein; es handelt sich aber immer um die Frage nach der Entstehung der fundamentalen Neuerungen und ihren Bedingungen.

Von der Unmöglichkeit einer Erklärung kann bei der gemeinten kulturellen Innovation nur in dem Sinn noch die Rede sein, wie es für alle ernsthafte Kreativität gilt: Auch im Rückblick bleibt bei den großen schöpferischen Leistungen der Eindruck, daß das Neue die Bedingungen in überraschender Weise überschreitet und jeder Blick auf diese Bedingungen, die ja ähnlich auch an vielen anderen Stellen gegeben waren, an denen es zu dem Neuen aber nicht kam, als unangemessene Verkleinerung der Innovation erscheinen muß. Entscheidend für die religiösen und philosophischen Umbrüche der Achsenzeit ist – das läßt sich als Konsens der Forschung heute und in Anknüpfung an Eric Voegelin und Marcel Gauchet festhalten – der Bezug dieser Umbrüche zum archaischen Staat. Ohne die Geschichte des Staats bleiben diese Veränderungen unverständlich. Aber die religiös-philosophischen Neuerungen folgen nicht mit innerer Notwendigkeit aus den Veränderungen auf der Ebene politischer Herrschaft. Wäre es so, dann müßten sie direkt mit ihnen korrelieren und dann handelte es sich bei ihnen um bloße Epiphänomene der Geschichte bürokratisch-militärischer Apparate. Das Fehlen achsenzeitlicher kultureller Impulse in einzelnen Fällen archaischer Staatsentwicklung kann dann als Einwand gegen die »Achsenzeit«-These überhaupt empfunden werden.[130] Wir müssen statt dessen die achsenzeitlichen Neuerungen als *kontingente schöpferische Reaktionen auf die Herausforderungen imperialer Staatlichkeit* begreifen. Diese Reaktionen sind kontingent, das heißt, sie konnten auch schwach ausfallen oder ganz ausbleiben. Sie erfolgten oft keineswegs in den Zentren archaischer Staatlichkeit selbst, sondern außerhalb dieser, allerdings unter der Voraussetzung einer Betroffenheit von diesen Zentren und eines Bewußtseins von ihrer Macht.[131] Gerade die mächtigen archaischen Staaten stellten eine Quelle der Bedrohung für ihre Nachbarn dar. Von den Assyrern und Babyloniern weiß dies jeder Bibelleser. Das (persische) Achämeniden-Reich, so Robert Bellah,[132] ist als Herausforderung im Hintergrund von gleich drei achsenzeitlichen Neuerungsprozessen – in Griechenland, Israel und Indien – auszumachen. Im chinesischen Fall scheint neben nomadischen Einfällen vor allem der Zusammenbruch einer bereits erreichten Ordnung beim Sturz der Zhou-Dynastie ausschlaggebend gewesen zu sein.[133]

---

130 Zur Gefahr der Reduktion auf die Staatsgeschichte vgl. oben die Bemerkungen zu Gauchet. Auch der ansonsten ausgezeichnete Beitrag von Sheldon Pollock zum Thema scheint mir darunter zu leiden, daß die achsenzeitlichen Neuerungen als notwendige Konsequenz und nicht als Reaktion auf die Entwicklungen imperialer Staatlichkeit begriffen werden: Sheldon Pollock, »Axialism and Empire«, in: Johann Arnason u. a. (Hg.), *Axial Civilizations and World History*, S. 397-450. Dieser Band enthält auch einen wichtigen Beitrag über die mesopotamischen Staaten, die meist nur als Kontrastfolie für die achsenzeitlichen Durchbrüche dienen, ihre eigenen Tendenzen in Richtung Axialität und die an sie anknüpfenden heterodoxen und oft nur kurzlebigen religiösen Innovationen: Piotr Michalowski, »Mesopotamian Vistas on Axial Transformations«, ebd., S. 157-182.

131 So in einem souveränen Überblicksartikel Björn Wittrock, »The Axial Age in World History«, in: Craig Benjamin (Hg.), *The Cambridge World History*, Bd. IV: *A World With States, Empires, and Networks, 1200 BCE – 900 CE*, Cambridge 2015, S. 101-119, hier S. 109.

132 Bellah, *Religion in Human Evolution*, S. 271.

133 Ebd., S. 399-480; auch Wittrock, »The Axial Age«, S. 109.

Die Art der Herausforderung bestimmt dann jeweils die Art der kontingent erfolgenden kreativen Reaktion mit. Die Niederlage gegen einen überlegenen Nachbarstaat kann etwa von den Propheten des Alten Testaments als Folge von Verstößen gegen den göttlichen Willen und als Strafe für diese interpretiert werden; es kann aber auch (bei Konfuzius) zu einer Idealisierung und Vergeistigung bedrohter oder untergegangener Strukturen von Herrschaft kommen. Weiterhin reagieren religiöse Traditionen in der Konfrontation mit anderen alten oder neuen Formen von Religion häufig mit einem neuen Verständnis ihrer selbst. So stellte die Entstehung des Buddhismus in der religiösen Welt Indiens eine Herausforderung dar, auf die mit einer Neuartikulation vedischer Traditionen reagiert wurde.[134] An dieser Stelle klingen alle diese Behauptungen natürlich oberflächlich und schematisch. Deshalb ist daran zu erinnern, daß es hier nicht darum geht, die komplexen religiös-politischen Konstellationen adäquat zu charakterisieren, sondern daß nur dem Vorurteil entgegengetreten werden soll, in der Achsenzeitdebatte werde die Entstehung des Neuen mystifiziert. Ganz im Gegenteil wurde das, was für Jaspers noch ein unauflösliches Rätsel zu sein schien, in ein empirisches Forschungsprogramm transformiert.[135] Von einem Abschluß dieser Forschungen kann allerdings in der Tat bisher nicht die Rede sein.

Ein weiterer häufig anzutreffender Einwand gegen die ursprüngliche Idee von Jaspers ist, daß der Bruch- oder Durchbruchcharakter der achsenzeitlichen Neuerungen systematisch überschätzt werde. Dies gelte sowohl für den Beginn der Veränderungen wie für die Folgen. Hinsichtlich des Beginns müsse von einer viel größeren Kontinuität mit den Religionsformen

134 Bellah, *Religion in Human Evolution*, S. 481-566; Wittrock, »The Axial Age«, S. 115.

135 Besonders instruktiv als Auflistung ungelöster Forschungsprobleme: Johann P. Arnason, »Rehistoricizing the Axial Age«, in: Bellah/Joas (Hg.), *The Axial Age and Its Consequences*, S. 337-365.

in archaischen Staaten oder hochentwickelten Stammesgesellschaften ausgegangen werden; hinsichtlich der Folgen sei festzustellen, daß diese oft viel weniger dramatisch ausgefallen seien, als es die Rede von einem abrupten welthistorischen Sprung auf eine höhere Ebene menschlicher Kultur nahelege. Mir scheint jedoch auch hier kein Grund für eine abstrakte Negation der Achsenzeitthese gegeben.

Zunächst einmal ist offensichtlich, daß alle neuen achsenzeitlichen Vorstellungen immer mit den Mitteln vorachsenzeitlicher Traditionen artikuliert werden müssen. So können vorachsenzeitliche Vorstellungen von einem Jenseits im Sinne eines Totenreichs mit neu aufkommenden Transzendenzvorstellungen[136] ebenso korrespondieren wie vorachsenzeitliche Ideen von der Perfektion des Himmels mit achsenzeitlichen Ethisierungen des Erlösungsgedankens. Im chinesischen Fall ist sicherlich unbestreitbar, daß die konfuzianische Ethik ein vorhandenes Ethos nicht erfindet, sondern verallgemeinert. Es ist überhaupt so, daß die neuen Ideale mit den alten koexistierten und nur in einem langwierigen Prozeß – der bis heute keineswegs abgeschlossen ist – die Oberhand gewinnen konnten.[137] Die Neuerungen sind also gewiß nie Schöpfungen aus dem Nichts, sondern das Ergebnis einer kritischen Reflexion auf Tradiertes, eines »standing back and looking beyond«, wie es – in einer

136 Bernhard Lang, »Die zweigeteilte Welt. ›Jenseits‹ und ›Diesseits‹ in der katholischen Theologie des 19. und 20. Jahrhunderts«, in: Lucian Hölscher (Hg.), *Das Jenseits. Facetten eines religiösen Begriffs in der Neuzeit*, Göttingen 2007, S. 203-232, hier S. 208f.

137 So sehr klar die bemerkenswerte theologische Rezeption der neueren Achsenzeitforschungen bei: Robert Cummings Neville, *Religion. Philosophical Theology*, Bd. 3, Albany 2015, S. 47-63, hier S. 53f. Die theologische Rezeption der früheren Forschung am ausgeprägtesten bei John Hick, *An Interpretation of Religion. Human Responses to the Transcendent*, London 1989, S. 21-35. Aus der gegenwärtigen deutschen Theologie sachkundig und weiterführend: Bernd Elmar Koziel, *Achsenzeit, Apokalyptik, Gnade. Zur Hermeneutik des christlichen Glaubens*, Würzburg 2015, S. 43-75.

der meistzitierten Formulierungen der Achsenzeitliteratur – von Benjamin Schwartz ausgedrückt wurde: »Ob man sich mit den Upanishaden, dem Buddhismus oder Jainismus in Indien beschäftigt, mit dem Aufstieg des biblischen Judentums, der Entstehung der griechischen Philosophie oder des Konfuzianismus, Daoismus und Mohismus in China – überall findet man eine Art des Zurücktretens, um weiter zu blicken, der Infragestellung und Reflexivität ebenso wie der Entstehung neuer positiver Perspektiven und Visionen.«[138]

Diese Sichtweise mindert die Durchschlagskraft von Einwänden sehr, die auf *vor* der Achsenzeit in Jaspers' Sinn liegende religiöse Veränderungen durchaus »axialen« Charakters hinweisen oder die hervorheben, daß vieles von dem, was retrospektiv als achsenzeitliche Veränderung erscheint, sich erst einer späteren Stilisierung verdankt.[139] Beide Punkte wurden in höchst bedenkenswerter Form immer wieder von dem großen Ägyptologen Jan Assmann betont.[140] Für ihn ist einerseits der kurzlebige Versuch einer Institutionalisierung des Monotheismus im Ägypten des Pharaos Echnaton eine Bewegung in Richtung Axialität; andererseits ist es dem Erforscher kulturellen Gedächtnisses besonders wichtig, die Kanonisierung von mythischen Figuren wie Homer und Jesaja von ihrer realen Existenz zu unterscheiden. Seine Lösung der beiden damit aufgeworfenen Probleme liegt in der Richtung, die schon Shmuel Eisenstadt beschritten hat, nämlich einer Umstellung von der These einer Achsen*zeit* auf die Erforschung der Gegebenheit von Axialität.[141]

---

138 Benjamin Schwartz, *The World of Thought in Ancient China*, Cambridge, Mass., 1985, S. 3.

139 Von diesem Punkt war hinsichtlich der Veränderung des Prophetenbilds schon am Ende von Kap. 4 die Rede.

140 Jan Assmann, *Of God and Gods. Egypt, Israel, and the Rise of Monotheism*, Madison 2008, S. 76-89; ders., »Cultural Memory and the Myths of the Axial Age«, in: Bellah/Joas (Hg.), *The Axial Age and Its Consequences*, S. 366-407.

141 Ebd., S. 400.

Mir scheint deshalb derselbe Einwand triftig, den ich gegen Eisenstadt vorgetragen habe: Der Abschied von der Gleichzeitigkeitsunterstellung sollte nicht zu einer Abkehr von der realgeschichtlichen Frage nach der Entstehung von Innovationen führen. Was die Folgen achsenzeitlicher Neuerungen betrifft, kann man schon Jaspers nicht vorwerfen, eine totale Umwälzung aller politischen oder ökonomischen Machtverhältnisse infolge religiöser oder philosophischer Umbrüche behauptet zu haben. Zwar steckt in den achsenzeitlichen Veränderungen unverkennbar ein machtkritisches Potential. Es ist deshalb nicht überraschend, daß die Vertreter der neuen Religionen und Philosophien häufig Verfolgung erleiden mußten.[142] Es war nie leicht, ein Prophet zu sein. Buddhas Lehren wurden als Angriff auf die indische Kastenordnung verstanden und aus dem Subkontinent, in dem sie entstanden waren, weitgehend vertrieben. Wenn Konfuzianer in ihrer Kritik an den Mächtigen im chinesischen Staat zu deutlich wurden, kam es vor, daß sie lebendig begraben wurden. Das Reich Ashokas in Indien wird als einer der seltenen Fälle eines harmonischen Verhältnisses von Imperium und achsenzeitlicher Ethik erwähnt.[143] Oft wurde der ursprüngliche Radikalismus aber bald auf der Ebene der Lehren und Institutionen gemäßigt und an die gegebenen politischen, sozialen und ökonomischen Bedingungen angepaßt. Die achsenzeitlichen Impulse konnten so auch zur neuen Legitimationsideologie werden; ihr Universalismus bot sich geradezu für die Rechtfertigung expansionistischer Tendenzen an. Imperien konnten Stärkung aus dem Selbstverständnis beziehen, nicht schlicht aus Machtinteresse auf Expansion zu zielen, sondern für eine gute Sache höchster ethischer Qualität. Das Bild durch und durch machtkritischer Religion ist genauso falsch wie das einer ausschließlich machtabhängigen und -rechtferti-

142 In Anlehnung an eine Passage in: Hans Joas, *Sind die Menschenrechte westlich?*, München 2015, S. 33f.

143 Wittrock, »The Axial Age«, S. 108.

genden Religion. Die Konstellationen politischer und religiöser Macht nach den achsenzeitlichen Veränderungen sind komplex; auf sie wird unter dem Stichwort »kollektive Selbstsakralisierung« im siebten Kapitel dieses Buches zurückzukommen sein.[144]

Die bisherigen zusammenfassenden Angaben zu den Resultaten der historisch-sozialwissenschaftlichen Achsenzeitforschung orientierten sich am Leitfaden grundsätzlicher Einwände gegen das zugrundeliegende Konzept. Deshalb war noch nicht die Rede von einem aus der empirischen Forschung hervorgehenden beträchtlichen theoretischen Fortschritt in diesen Arbeiten, einem Fortschritt gegenüber Max Weber und – in diesem Fall – der auf ihn zurückgehenden Typologie möglicher Erlösungswege, innerweltlich oder außerweltlich, asketisch oder mystisch. Weber hatte angenommen, daß der jeweilige Erlösungsweg von den zentralen Annahmen der jeweiligen Weltreligion weitestgehend vorgeformt sei. Das Wechselspiel zwischen religiösen Impulsen und mundanen Wirklichkeiten ist aber viel komplexer, als es diese Sichtweise vorgibt. Eisenstadt dagegen lenkte die Aufmerksamkeit zunehmend auf die Arten und Weisen, wie die in den achsenzeitlichen Religionen angelegte Spannung jeweils in bestimmten Kulturen gefaßt und aufgelöst wird.[145] Religionen sind in sich vielfältig und Kulturen nicht einfach aus Religionen abzuleiten. Bei der Ausbildung ihrer Institutionen spielen soziale Strukturen und politische Kämpfe ebenso eine Rolle wie Eigeninteressen der Akteure und neu ge-

---

144 Die bald eintretenden Fusionen von »axialer« Religion und politischer Macht betont William Herbrechtsmeier, »The Burden of the Axial Age. Transcendentalism in Religion as a Function of Empire«, in: Arthur L. Greil, David G. Bromley (Hg.), *Defining Religion: Investigating the Boundaries between the Sacred and Secular*, Oxford 2003, S. 109-126.

145 Beispielhaft Shmuel N. Eisenstadt, »Webers Analyse des Islams und die Gestalt der islamischen Zivilisation«, in: Wolfgang Schluchter (Hg.), *Max Webers Sicht des Islams*, Frankfurt/M. 1987, S. 342-359.

bildete Doktrinen. Wie bereits bei Weber gilt die Aufmerksamkeit den sozialen Trägern religiöser Innovationen, wird der Prozeß der Institutionalisierung von Idealen als machtgestützt und machtdurchdrungen gedacht. Bestimmte Interpreten heiliger Lehren wurden lizenziert, andere ausgeschlossen, verfolgt und unterdrückt. Die Inhaber der Macht können sogar den Prozeß religiöser Dogmenbildung an sich ziehen – wie der römische Kaiser Konstantin im Fall des Neuen Testaments. Damit wird aber zwischen die Erlösungsvorstellungen und die Erlösungswege eine Zwischenebene machtgestützter Institutionen eingezogen, gegen die wiederum aus religiösen und anderen Impulsen heraus Widerstand geleistet werden kann. Dies scheint mir ein wichtiger theoretischer Gewinn aus der Achsenzeitforschung zu sein.

Ein weiterer solcher Gewinn liegt in der Überwindung des für Weber leitenden Gesichtspunkts der Entstehung und Verbreitung eines »okzidentalen Rationalismus«. In starken Worten hat Jeffrey Alexander diesen Gewinn gefeiert.[146] Trotz ihrer außerordentlichen Gelehrtheit seien Webers historisch-vergleichende Untersuchungen »blinkered by the myopia of Orientalism« geblieben. Und auch für Talcott Parsons gelte dasselbe.[147] Erst in Eisenstadts Programm der »multiple modernities« und in Bellahs historischer Religionssoziologie sei dies überwunden worden.

Dem stimme ich mit einer allerdings gewichtigen Einschränkung zu. So klar aus dem Werk Eisenstadts hervorgeht, daß wir

146 Jeffrey Alexander, »The Promise and Contradictions of Axiality«, in: *Sociologica* 1 (2013), S. 1-7, hier S. 3.

147 Zu einer Verteidigung Webers gegen die aus der Achsenzeitforschung folgende Kritik vgl. John Torpey, »The ›Axial Age‹ vs. Weber's Comparative Sociology of the World Religions«, in: Roland Robertson, John Simpson (Hg.), *The Art and Science of Sociology. Essays in Honor of Edward A. Tiryakian*, London 2016, S. 189-203. Seine Argumentation beruht allerdings auf dem Mißverständnis, in der Achsenzeitliteratur würden die verschiedenen Religionen einander übermäßig angeähnelt.

die drei Ebenen der Ideale als solcher, der sozialen Institutionalisierung der Ideale und ihrer faktischen Verwirklichung unterscheiden müssen, so deutlich wird auch, daß Eisenstadt für seine Überwindung der Essentialisierung von Religionen einen Preis bezahlt: den einer Essentialisierung nun ganzer Zivilisationen. Es ist schon mehrfach bemerkt worden, daß Kolonialismus und Imperialismus in Eisenstadts Konzeption multipler Modernitäten und ihrer Genese fast nicht vorkommen.[148] Aber Kulturen und Zivilisationen sind ebensowenig wie Religionen in sich abgeschlossene und sich vornehmlich von endogenen Impulsen nährende Universen, sondern vielfältig aufeinander bezogene und in ihren Sinngehalten notwendig über sich selbst hinausweisende Gebilde. Eisenstadt bleibt hier noch im Bann des typologisierenden Vorgehens Webers.[149] In Bellahs Werk scheint mir die Verknüpfung von Religions- und Machtsoziologie besser gelungen als bei Eisenstadt und die Geschichte der Macht des Heiligen und der Rolle des Heiligen in der Geschichte der Macht damit besser getroffen.

Sosehr es nach dieser Darstellung hoffentlich einleuchtet, daß sich auf diesem Forschungsgebiet wichtige Erkenntnisfortschritte ergeben haben und weitere zu erwarten sind, wäre es doch unredlich zu behaupten, daß aus der empirischen Forschung auch eine unumstrittene Klärung der Frage, was nun eigentlich das Wesen der Achsenzeit ausmache, hervorgegangen sei oder hervorgehen werde. Die fünf angeführten Wesensbestimmungen – Transzendenz, Kritik, Reflexivität, moralischer Universalismus und Einsicht in die Symbolizität der Symbole – bleiben alle von Bedeutung; es ist sogar, in den Arbeiten vor allem von David Martin,[150] eine sechste hinzugetreten, die als Nebenmotiv auch

148 Knöbl, *Spielräume der Modernisierung*, S. 221-261.

149 Jeremy C. A. Smith, »Grounds for Engagement. Dissonances and Overlaps at the Intersection of Contemporary Civilizations Analysis and Postcolonial Sociology«, in: *Current Sociology* 63 (2015), S. 566-585.

150 David Martin, »Axial Religion and the Problem of Violence«, in: Bellah/Joas (Hg.), *The Axial Age and Its Consequences*, S. 294-316 (mit

schon bei anderen angeklungen war: das Ethos der Gewaltlosigkeit und der Abschied vom Heldenethos. Nur das bare Unverständnis kann diese Vielfalt von Bestimmungen als Ausdruck theoretischer Konfusion oder übler mythenbildender Absichten auffassen.[151] Gewiß sind die internen Zusammenhänge zwischen diesen Bestimmungen, die ja alle ein *fundamentum in re* haben, weiter aufzuklären. Es geht hier ganz offensichtlich um grundlegende Fragen des Verständnisses menschlicher Handlungsfähigkeit, der Sozialität des Menschen, der Temporalität sozialer Prozesse und der Einbettung des Menschen in den Kosmos organischer und anorganischer Entwicklungen und Gesetzmäßigkeiten.

Was die einzelnen achsenzeitlichen Kulturen betrifft, erweisen sich die verschiedenen Bestimmungen als jeweils in unterschiedlichem Maße plausibel. Hier ist der Begriff der »Familienähnlichkeit« aus der Philosophie Ludwig Wittgensteins ein probates Mittel der Ordnungsstiftung. Wie in einer Familie nicht alle Merkmale bei jedem Mitglied ausgeprägt sein müssen und es doch genügend Merkmalsüberschneidungen gibt, um in jedem Fall die Familienzugehörigkeit zu erkennen, so wird kein einziger achsenzeitlicher Fall von allen Veränderungen in gleichem Maße gekennzeichnet sein, und doch ist ihre Verwandtschaft miteinander aufgrund der untergründigen Logik, die die Merkmale verbindet, unverkennbar. Eine eindeutige Wesensbestimmung kommt aber auf dem Wege der Induktion aus empirischen Fällen nicht zustande. Sie bedarf, wie Ernst Troeltsch an der Frage nach dem Wesen des Christentums exemplarisch vorgeführt hat,[152] der zukunftsgerichteten Absicht und der Entscheidung. Jede andere Vorstellung wäre inkonsistent mit dem bisherigen Nachweis

einem Hinweis auf wichtige und umfangreiche vorangehende Arbeiten des Autors zum Thema). Dieses Motiv spielt auch eine wichtige Rolle in der Darstellung von Armstrong, *Die Achsenzeit*.

151 So Provan, *Convenient Myths*.

152 Ernst Troeltsch, »Was heißt ›Wesen des Christentums‹?« (1903), in: ders., *Gesammelte Schriften*, Bd. II, Tübingen 1922, S. 386-451.

der Rolle religiöser (oder antireligiöser) Motive in der Debatte über die Achsenzeit oder über Religionsgeschichte überhaupt. Der archimedische Punkt läßt sich auch hier nicht einnehmen.

In diesem Sinne ist es zu verstehen, wenn hier – im Zusammenhang der Frage nach der Macht des Heiligen – als knappste mögliche Charakterisierung der Achsenzeit die einer Reflexivierung des Heiligen genannt wird. Im Unterschied zu denjenigen, die an die Stelle des Merkmals »Transzendenz« dasjenige der »Reflexivität« setzen wollen, geht es mir darum, Transzendenz als eine Reflexivierung des Sakralen erkennbar zu machen. Reflexivität richtet sich ebenso wie auf die Bedingungen erfolgreichen Denkens und Handelns in praktischen Zusammenhängen und auf die Grundlagen richtigen moralischen und rituellen Handelns auf die Grundfrage nach dem Ursprung des Heiligen. Vorstellungen über Transzendenz[153] sind insofern das Produkt einer konsequenten Reflexion auf diesen Ursprung der Heiligkeit. Die Vorstellungen über Transzendenz radikalisieren die Erfahrung der Unverfügbarkeit des Heiligen. Entmagisierung ist deshalb ein notwendiges Korrelat von Transzendenzvorstellungen, weil Magie den Versuch zur Verfügung über das Heilige darstellt. Mit den Vorstellungen von Transzendenz wird der Verzicht auf die Verfügung über das Heilige ethisiert. Gott, der transzendente Gott, kann so – in einem christlichen Zusammenhang[154] – als »Quell aller Heiligkeit« angesprochen werden.

153 Als Überblick über die Bedeutungen des Begriffs vgl. Ingolf Dalferth, »The Idea of Transcendence«, in: Bellah/Joas (Hg.), *The Axial Age and Its Consequences*, S. 146-188. Sehr lehrreich zur Begriffsgeschichte und zur Frage der Eignung des Begriffspaars transzendent/immanent für die Erfassung der Religionsgeschichte ist der Aufsatz von Johannes Zachhuber, »Transzendenz und Immanenz als Interpretationskategorien antiken Denkens im 19. und 20. Jahrhundert«, in: Izaak de Hulster, Nathan MacDonald (Hg.), *Divine Presence and Absence in Exilic and Post-Exilic Judaism*, Tübingen 2013, S. 23-54.

154 So im sogenannten Zweiten Hochgebet der katholischen Messe. Der katholische Philosoph Josef Pieper ging so weit, die Verwendung des Attributs »heilig« für die Wesensart Gottes abzulehnen und sie auf

»Quell aller Heiligkeit« – die Formulierung bedeutet aber sehr wohl, daß Heiligkeit aus der Transzendenz ins Mundane ausströmt und nicht in der Transzendenz verbleibt. Die Formulierung ist deshalb keineswegs eine, die von allen Religionen, die auf die Achsenzeit mittelbar oder unmittelbar zurückgehen, gebilligt würde – von den säkularen Wertsystemen und Philosophien ganz zu schweigen, die etwa ihren moralischen Universalismus gerade in der Überwindung von religiösen und metaphysischen Transzendenzvorstellungen oder in deren Beschränkung auf eine prinzipiell immanent verbleibende Überschreitung des Gegebenen verankert sehen. Die Vorstellung von einer Menschwerdung Gottes, von der Inkarnation, stellt für Christen eine neuartige Vermittlung zwischen achsenzeitlicher Transzendenz und Immanenz dar. Von Juden und Muslimen kann diese Vermittlung aber als Rückfall hinter das erreichte Transzendenzverständnis, ja als Abfall vom Monotheismus wahrgenommen werden. Selbst innerhalb des Christentums kann eine gesteigerte Betonung der Transzendenz Gottes, etwa bei Calvin und den Calvinisten, zu einer geringeren Orientierung hin auf den Mensch gewordenen Gott, den Gottessohn, führen. Umgekehrt mögen Christen auf Judentum und Islam die Vorstellung von Gottesferne projizieren. Wir berühren deshalb hier tiefreichende Fragen der Differenz religiöser Grundintentionen. Eine Entscheidung dieser Fragen ist nicht auf dem Wege der empirischen Wissenschaften möglich.

Gewiß ist aber, daß Vorstellungen von Transzendenz im anspruchsvollen Sinn achsenzeitlicher Metaphysiken das Produkt

---

»die Beschaffenheit eines Stücks hiesiger Weltwirklichkeit« zu begrenzen: »Obwohl natürlich Gott, und Gott allein, im äußersten und absoluten Sinne ›heilig‹ ist, wird man ihn dennoch niemals mit den Namen *sacer, sacré, sacred,* ›sakral‹ bezeichnen – womit dann zugleich auch das andere klar ist: daß der Bereich des Nicht-Sakralen nicht als etwas schon kraft Definition Gottverlassenes oder gar Widergöttliches verstanden werden kann.« (Josef Pieper, *Was heißt »sakral«? Klärungsversuche,* Ostfildern 1988, S. 17f.)

einer Kultur der Reflexion sind. Kein Mensch könnte, auf sich gestellt, bis zu diesem Punkt vorstoßen. Wo aber diese Vorstellung entstanden ist, kann sie selbst in Ritualgestalt Ausdruck finden. Wie sich Transzendenz als reflexiv gewordene Sakralität zur vorreflexiv erfahrenen Sakralität genau verhält und verhalten soll, läßt sich nur durch die Unterscheidung verschiedener Ebenen von Zeichenhaftigkeit aufklären. Bildhafte Zeichen etwa oder situationsbezogene Indizien verlieren nicht alle Funktion, wenn es zur Entstehung situationsunabhängiger Symbolisierungen gekommen ist.[155] Die weniger reflektierten Formen werden nicht einfach durch die reflektierteren ersetzt oder verdrängt; sie ändern aber ihren Charakter, wenn sie in diese einbezogen werden, etwa in eine Vorstellung von Transzendenz. Wenn wir Entmagisierung Entzauberung nennen, müssen wir uns ihrer Kehrseite in der Religionsgeschichte, der Entstehung von Transzendenzvorstellungen, bewußt sein. Die Entwertung dieser Transzendenzvorstellungen, auch wenn sie im konkreten Fall angebracht sein sollte, stellt dann keine logische Fortsetzung eines Prozesses der Entmagisierung dar, sondern ist in vieler Hinsicht dessen Umkehrung. Mit dieser Entwertung geht ja gerade ein Gegengewicht gegen die immerwährende Tendenz zu einem magischen, instrumentalistischen Verhalten zum Sakralen verloren. Für die Entwicklung in Richtung eines Weltbildes der Immanenz ist jedenfalls ein anderer Begriff als für die Überwindung der Magie vonnöten, um nicht der Suggestion zu erliegen, in der Bewegung, die zur Entstehung von Tran-

155 Vgl. oben, Kap. 2 u. ö. Auf die Ebenen von Zeichenhaftigkeit komme ich in Kap. 7 zurück. An dieser Stelle wird zusätzlich deutlich, warum die Pioniere eines Religionsverständnisses, das auf einer semiotischen Anthropologie aufbaut – nämlich Friedrich Schleiermacher einerseits, Charles Sanders Peirce und Josiah Royce andererseits –, in Kap. 2 dieses Buches ausführlicher behandelt werden mußten. Auf beide Traditionen stützt sich, sie kreativ fortführend wie kaum ein anderer: Hermann Deuser, *Religionsphilosophie*, Berlin 2009, hier v. a. Teil III, »Das Unbedingte: Ausarbeitung von Kreativität« (S. 259-339).

szendenzvorstellungen in der Achsenzeit geführt habe, sei auch schon deren spätere moderne Entwertung einbeschlossen gewesen.

6
Spannungsverhältnisse
Eine neue Deutung von Max Webers »Zwischenbetrachtung«

Der Begriff der »Entzauberung«, um dessen Sinn, Reichweite und Problematik es in den beiden letzten Kapiteln wesentlich ging, ist in der Geschichte der Sozial- und Kulturwissenschaften nach Max Weber eingelassen in ein ganzes Geflecht weiterer Begriffe, die zusammengenommen noch viel mehr beanspruchen als eine Aussage über eine fundamentale Dynamik der Religionsgeschichte. Schon bei Weber selbst dient der Begriff der Entzauberung dem Verständnis der Vorgeschichte und Vorbereitung moderner »Rationalisierung«. In der Soziologie nach dem Zweiten Weltkrieg ging diese Vorstellung eine (meist recht unklare) Verbindung mit dem Begriff der Differenzierung ein. Funktionale Differenzierung erschien dadurch als Merkmal »moderner« Gesellschaften ebenso wie eine (an Weber angelehnte) Vorstellung einer Differenzierung kultureller Wertsphären. Gerade aus dieser Verbindung erwuchsen dann auch Vorstellungen über Prozesse der »Modernisierung« – sowohl im Sinn der Vorgeschichte der Moderne wie im Sinn der nachholenden Entwicklung anderer Gesellschaften oder der weiteren Entwicklung von Gesellschaften, die bereits in die »Moderne« eingetreten waren. »Entzauberung« ist gewissermaßen der religionsbezogene Prozeßbegriff, um dessen Verflechtung mit den modernediagnostischen Prozeßbegriffen *Differenzierung*, *Rationalisierung* und *Modernisierung* es nun gehen soll.

Das vorliegende Kapitel verfolgt einen eindeutigen Zweck.[1]

1 Ich stütze mich im folgenden zu Beginn auf: Hans Joas, »Gefährliche Prozeßbegriffe. Eine Warnung vor der Rede von Differenzierung, Rationalisierung und Modernisierung«, in: Karl Gabriel, Christel Gärtner,

Es ist gedacht als Warnung vor *gefährlichen* Prozeßbegriffen, vor Begriffen also, die die Soziologen in die Irre führen, wenn sie ihren Gegenwartsanalysen damit ein historisches Fundament zu geben versuchen, und die ihre schädliche Wirkung über die Grenzen des Faches hinaustragen, wenn andere, etwa Historiker, in ihnen sozialwissenschaftlich bewährte theoretische Orientierung zu finden meinen. Die Warnung vor den drei »gefährlichen« Prozeßbegriffen – das sei zur Vermeidung von Mißverständnissen vorausgeschickt – gilt nur für diese und nicht für Begriffe überhaupt, die soziale Prozesse zu erfassen versuchen, im Gegenteil.[2] Es geht also um die Warnung vor solchen Prozeßbegriffen, die die Erfassung sozialer Prozesse eher behindern als ermöglichen, weil sie Tendenzen langfristigen historischen Wandels immer schon zu kennen vorgeben oder heterogene und widersprüchliche Veränderungen homogenisieren und vereindeutigen. Um die Schärfe des Tonfalls dieser Warnung verständlich zu machen, muß ich zu Beginn kurz zurückblenden auf das Verhältnis von Soziologie und Geschichte in der Zeit der Konstitution des Faches Soziologie, und zwar unter dem besonderen Gesichtspunkt der Rolle des Themas Religion dabei. Dann werden die drei erwähnten »gefährlichen« Prozeßbegriffe im einzelnen erörtert. Daraus ergibt sich die Frage, welche Konsequenzen sich aus einem gesteigerten Bewußtsein für die Gefährlichkeit dieser Prozeßbegriffe ergeben. Insbesondere ist hier nach den Konsequenzen für unser Verständnis von

---

Detlef Pollack (Hg.), *Umstrittene Säkularisierung: Soziologische und historische Analysen zur Differenzierung von Religion und Politik*, Berlin 2012, S. 603-622. Die Auseinandersetzung mit Webers »Zwischenbetrachtung«, die den größten Teil des Kapitels einnimmt, ist dort nicht enthalten.

2 Der Versuch von Andrew Abbott, eine »processual sociology« zu entwickeln, ist deshalb nicht Gegenstand meiner Kritik. Vgl. ders., *Processual Sociology*, Chicago 2016. Den Begriff »dangerous nouns of process« entnehme ich den Schriften des britischen Religionssoziologen David Martin. Vgl. etwa ders., *The Future of Christianity*, Farnham 2011.

Religion zu fragen. In einer ausführlichen Interpretation wird zudem genauer vorgeführt, wie sich unser Verständnis von Max Webers berühmter »Zwischenbetrachtung« verändert, wenn sein Text im Lichte dieser Fragestellung neu gelesen wird.

Die Soziologie hat bekanntlich als eigenständige akademische Disziplin mehrere Wurzeln. In sie sind philosophische, teilweise anthropologisch gestützte Überlegungen über das Wesen menschlicher sozialer Beziehungen ebenso eingegangen wie sozialreformerisch intendierte Enqueten über soziale Probleme (wie Armut, Trunksucht und Verbrechen), Versuche zur Zeitdiagnose und zur Charakterisierung der modernen Gesellschaft als solcher ebenso wie Entwürfe einer Systematisierung des enormen historischen und ethnologischen Wissens, das das neunzehnte Jahrhundert hervorgebracht hatte. Im günstigen Fall ergibt die Zusammenführung so disparater Stränge brillante Schriften von breiter interdisziplinärer Ausstrahlung. Im ungünstigen Fall jedoch droht das Fach immer wieder in seine Konstituentien zu zerfallen, in disziplinäre Subkulturen, die einander wenig zu sagen haben und sich angrenzenden Fächern mehr verbunden fühlen als ihrer Mutterdisziplin.

Orientiert man sich allerdings an den universitären Curricula, dann läßt sich eine innere kognitive Stabilität der Disziplin Soziologie immerhin in zwei Hinsichten feststellen. Unumstritten ist ein bestimmter Kanon empirischer Methoden der Datenerhebung und Datenanalyse. Für viele besteht entsprechend die professionelle Identität des Fachs vor allem in diesen Methoden, vor allem den quantitativen, aber auch den qualitativen. Doch gibt es ebenso einen Konsens hinsichtlich dessen, was als klassische soziologische Theorie zu betrachten ist. Überall in der Welt werden heute unbestritten die Werke von zwei Autoren, nämlich Max Weber und Émile Durkheim, zum Kanon der Soziologie erklärt, ohne dessen gute Kenntnis man zur Fachgemeinschaft schlicht nicht gehört.

Diese Tatsache lenkt allerdings leicht davon ab, wahrzunehmen, wie unwahrscheinlich diese theoretische Kanonbildung eigentlich ist. In den ersten Jahrzehnten des Faches war von diesen kanonischen Autoren international nur am Rande die Rede. Max Weber galt in Deutschland zu seinen Lebzeiten keineswegs als die alle anderen eindeutig überragende Gestalt der neuen Disziplin, und international hatte die Rezeption seines Werks damals noch kaum begonnen. Émile Durkheim war zwar in Frankreich am einflußreichsten, was die Institutionalisierung des Fachs Soziologie betrifft, aber erneut läßt sich nicht von einer beträchtlichen Rezeption seines Werks etwa in Deutschland oder den USA während seiner Zeit sprechen. Häufig bemerkt wurde, daß sich Weber und Durkheim anscheinend wechselseitig nicht wahrgenommen haben. Hinzu kommt, daß im Falle der Schriften Webers vieles Fragment blieb oder gar nicht Eingang in den Kanon fand und daß das Verhältnis der beiden »Evangelien«, die ja keineswegs dieselbe Geschichte erzählen, zueinander unendlich komplex ist.[3] Alle Versuche, den Kanon zu erweitern und Adam Smith oder Karl Marx oder George Herbert Mead oder Georg Simmel im selben Maße zum Bestandteil des Kanons zu machen, bleiben kontrovers. Und die moderne soziologische Theorie hat zwar durchaus einen Korridor gemeinsamer Fragestellungen, aber gewiß nicht eine feste paradigmatische Gestalt.

Dies alles ist zu erwähnen, weil ich einen Punkt anziele, ohne dessen Klärung mir ein Urteil über die Prozeßbegriffe, die die Soziologie heute dominieren, nicht möglich erscheint. Es geht mir um die Beobachtung, daß die Schriften sowohl von Weber wie von Durkheim zwei Charakteristika aufweisen, die für die Soziologie als Fach in unserer Zeit gerade nicht gelten. Beide beschäftigten sich mit sozialen Phänomenen in der gesamten Geschichte der Menschheit, und für beide war das Thema Religion zentral. Es wurden also zwei Wissenschaftler, die einen univer-

3 Zur Frage, ob es eine Konvergenz der Schriften der beiden Klassiker gab, vgl. Hans Joas, Wolfgang Knöbl, *Sozialtheorie. Zwanzig einführende Vorlesungen*, Berlin 2011, S. 39-71.

salhistorischen Anspruch verfochten und für die die Religionsgeschichte zentraler Teil der Universalgeschichte war, zu Klassikern eines Fachs, für das eben diese beiden Bestimmungen nicht gelten. Die Soziologie schrumpfte immer mehr zur »Gegenwartswissenschaft«, von den Nachzüglern der Klassiker wie Norbert Elias beklagt,[4] von anderen geradezu programmatisch gefordert; unvermeidlich fördert dieser vorrangige Aktualitätsbezug schwer kontrollierbare Spekulationen. Und die Soziologie als ganze drängte ihr Untergebiet, die Religionssoziologie, immer mehr in eine marginale Position hinein, in der, sofern sie überhaupt weiter betrieben wurde, doch mit Rückwirkungen dieser Forschung auf das Fach insgesamt kaum zu rechnen war.

Der beschriebene Sachverhalt klingt paradox. Handelt es sich um den Verrat eines Faches an seinen Gründern? Aber warum hält es dann überhaupt an ihnen fest und erklärt gar retrospektiv und immer eindeutiger Weber und Durkheim zu seinen Gründern? Die Aufklärung der Paradoxie scheint mir auf der Hand zu liegen. Die Soziologie verliert den historischen Horizont und marginalisiert die Religion, kanonisiert aber gleichzeitig Autoren und Schriften, für die eben dieses beides nicht gilt, weil die Theorien der Klassiker selbst dieser Entwicklung Vorschub leisten. Sie tun dies in zweierlei Hinsicht. Sie enthalten erstens selbst Annahmen über eine fortschreitende Säkularisierung, was ja nichts anderes bedeutet, als daß Religion immer mehr an Bedeutung verliere. Zweitens finden sich Annahmen

---

4 Vgl. Norbert Elias, »Über den Rückzug der Soziologie auf die Gegenwart«, in: *Kölner Zeitschrift für Soziologie und Sozialpsychologie* 35 (1983), S. 29-40. Treffend die Formulierung des amerikanischen Historikers William Sloane aus dem Jahr 1912, die Sozialwissenschaften zeigten gegenüber der Geschichtswissenschaft »the amusing independence [...] of children living on a handsome allowance from their parents« (in: ders., »The Substance and Vision of History«, in: *American Historical Review* 17 [1912], S. 235-251, hier S. 237; zitiert nach Peter Novick, *That Noble Dream. The »Objectivity Question« and the American Historical Profession*, Cambridge 1988, S. 91).

über eine Spezifik der Moderne als eine ganz neuartige historische Formation, für die angeblich vieles von dem nicht gilt, was bisher historisch immer gegolten hat. Dieser zweite Zug kann zu einem simplen dichotomischen Bild führen (»Gemeinschaft« versus »Gesellschaft«; mechanische versus organische Solidarität; traditionale versus moderne Gesellschaft); es kann auch auf drei Phasen hin erweitert (Chicagoer Schule: »Rekonstruktion«) oder raffiniert aufgefächert werden (Parsons' »pattern variables«)[5] – gemeinsam ist doch die Unterstellung eines fundamentalen Bruchs mit aller bisherigen Geschichte in einem neuen Zeitalter, für das sich im Lauf der Zeit immer mehr der Begriff »Moderne« eingebürgert hat. Diese *Moderne ohne Religion* wird damit zum Gegenstand der Soziologie. Für die Religion muß sie sich dann im wesentlichen nur noch als für eine Bedingung des Entstehens dieser Moderne interessieren: daher die zentrale Rolle von Webers Essay zur protestantischen Ethik und auch von Durkheims Theorie des Wandels im Charakter der Arbeitsteilung und des Rechts.

Hier droht ein Mißverständnis dessen, was ich zu sagen versuche. Ich bin mir sehr wohl bewußt, daß die Schriften der beiden Klassiker Elemente enthalten, die sich dieser Darstellung entziehen: Webers Theorem der »Entzauberung« zielt zunächst, wie ausführlich dargestellt, eher auf Entmagisierung und dann auf weitere Prozesse, ist aber gewiß nicht identisch mit einer simplen Säkularisierungsthese; Durkheims reife Religionstheorie kann gerade auch als wichtiger Ansatz für eine Analyse aller Arten von Sakralisierung, auch der Sakralisierung säkularer Gehalte wie der Nation oder der Menschenrechte betrachtet werden. Darauf wird zurückzukommen sein. Zunächst einmal geht es nur darum, plausibel zu machen, daß ein einfacher Rückgang auf die Klassiker unbefriedigend bliebe, wenn nicht das

5 Zu diesen Alternativen vgl. einerseits Hans Joas, *Pragmatismus und Gesellschaftstheorie*, Frankfurt/M. 1992, andererseits Joas/Knöbl, *Sozialtheorie*, S. 107f.

aus ihren Annahmen getilgt wird, was Anlaß zur Entwicklung der Soziologie als einer Wissenschaft von der religionslosen Moderne gegeben hat.

Durch den Glaubwürdigkeitsverlust und die Krise der Säkularisierungstheorie erhält diese Frage nun heute eine dramatische Aktualität. Selbst diejenigen, die wie Ronald Inglehart und Pippa Norris, Steven Bruce sowie Detlef Pollack an der These von einem kausalen Zusammenhang von Modernisierung und Säkularisierung festhalten, werden einräumen, daß sie in die Minderheit geraten sind, daß sich in den Sozialwissenschaften die Hegemonie verschoben hat von einer Dominanz der Säkularisierungsthese hin zu ihrer Zurückweisung. Selbstverständlich bedeutet diese Zurückweisung nicht, daß nun die Säkularisierungsthese einfach umgedreht werden dürfte. Mit der Kritik der Annahme, Modernisierung führe notwendig zu Säkularisierung, wird nicht das Phänomen der Säkularisierung vieler europäischer und einiger weniger nichteuropäischer Gesellschaften bestritten; es wird vielmehr nach dessen Erklärung erst richtig gefragt. Mit der Skepsis gegenüber der Erklärungskraft der Theorie funktionaler Differenzierung geht ebensowenig ein naives Plädoyer für gesellschaftliche Entdifferenzierung einher, wohl aber die Forderung, im Lichte der historischen Entwicklungen des zwanzigsten und frühen einundzwanzigsten Jahrhunderts zu fragen, ob die – aus den Klassikern abgeleiteten und kanonisierten – Theorien wirklich imstande sind, diese Entwicklungen zu erklären. Es kann nicht nur darum gehen, die Differenzierungstheorie historisch anzuwenden und zu sehen, was dabei herauskommt und wie sich der Stand historischer Forschung in diesen Rahmen fügt. Es muß vielmehr das Phänomen der Differenzierungstheorie selbst historisch reflektiert und in Konkurrenz zu Alternativen gebracht werden.

Nun steht eine solche Kritik der Theorie funktionaler Differenzierung ja nicht am Anfang – im Gegenteil. Schon 1984 hat etwa der amerikanische Soziologe und Historiker Charles Tilly in seinem schwungvollen Buch *Big Structures, Large Processes,*

Huge Comparisons[6] die Vorstellung fortschreitender funktionaler Differenzierung als »pernicious postulate«, »verderbliches Postulat« bezeichnet. Er gesteht bereitwillig zu, daß eine ganze Reihe von Prozessen sozialen Wandels es im neunzehnten Jahrhundert plausibel erscheinen ließ, den aus Evolutionsmodellen der Biologie gewonnenen Differenzierungsbegriff nun soziologisch anzuwenden: die Spezialisierung der Arbeit, der Ausbau staatlicher Bürokratien, die Ausbreitung von Warenmärkten und die Vervielfältigung des Vereinswesens schienen alle in die gleiche Richtung zu weisen. An diesen Prozessen schien sich ein allgemeines Gesetz sozialen Wandels zu bestätigen, das zudem einen in irgendeinem Sinn progressiven Charakter dieses Wandels besagte. Was da im späten neunzehnten Jahrhundert als Theorie entstanden war – nicht ohne von skeptischen und ironischen Zurückweisungen begleitet zu werden –, ging in der Zeit zwischen den Weltkriegen allerdings fast wieder unter, kam aber um etwa 1960 mit großer Intensität zurück, als Talcott Parsons seine Suche nach einer Theorie sozialen Wandels um diesen zuvor von ihm abgelehnten Gedanken herum zu bauen begann. Wolfgang Knöbl hat in seiner vorzüglichen Geschichte der Modernisierungstheorie gezeigt, wie sehr es sich bei diesem Manöver um eine Art Vorwärtsverteidigung der Nachkriegsmodernisierungstheorie in ihrer ersten Krise handelte.[7]

Tilly bestreitet also nicht, daß es Prozesse funktionaler Differenzierung gibt. Aber er betont, daß gleichzeitig mit ihnen auch eine Fülle von Prozessen festzustellen sind, die man eher als Entdifferenzierungsprozesse bezeichnen muß. Seine Beispiele sind sprachliche Standardisierungsprozesse im Zusammenhang von Nationalstaatsbildungen, die Entwicklung eines Massenkonsumgütermarkts und die Agglomeration von kleinen Herrschaftsgebieten zu Nationalstaaten. Für weitere zentrale Prozesse

6 Charles Tilly, *Big Structures, Large Processes, Huge Comparisons*, New York 1984, v. a. S. 43-53.

7 Wolfgang Knöbl, *Spielräume der Modernisierung*, Weilerswist 2001.

sozialen Wandels wie fortschreitende Kapitalkonzentration und die Diffusion von Weltreligionen (wie wir sie heute bei der enormen Expansion von Christentum und Islam im Weltmaßstab beobachten können) passen beide Begriffe – Differenzierung und Entdifferenzierung – nicht. Hinzu kommt, daß Differenzierungsprozesse am einen Ort – Tillys Beispiel ist die europäische Schuhindustrie des neunzehnten Jahrhunderts – oft zu Entdifferenzierungsprozessen an anderem Ort – in den Empfängerländern von Schuhexporten – führen.

Wenn dies aber zutrifft, dann muß es Anlaß sein zu einer Klärung des logischen Status der Theorie funktionaler Differenzierung. Ist sie ein Angebot zur Beschreibung einzelner Prozesse sozialen Wandels oder des einen großen globalen Prozesses des sozialen Wandels insgesamt? Ist der Anspruch rein deskriptiv oder geht er darüber hinaus in Richtung Erklärung, sind also Differenzierungsprozesse in ihren Ursachen und ihrem Verlauf erklärt, wenn sie als solche bezeichnet werden? Inwiefern hat die Theorie funktionaler Differenzierung einen normativen Gehalt, wird von ihr ein Entwicklungstrend also nicht nur beschrieben oder vielleicht erklärt, sondern sogar als wünschenswert ausgezeichnet? Zweifellos ist der normative Gehalt oft ganz wesentlich, wodurch eine Kritik an der explanatorischen Kraft dieser Theorie von ihren Vertretern eben oft als quasitotalitäres Plädoyer für eine Rücknahme existierender Formen von Differenzierung wahrgenommen wird. Zielt der Begriff der Differenzierung vornehmlich auf einen Zustand oder auf einen immer höher werdenden Grad der Unterscheidung von Funktionssystemen? Hat die moderne Gesellschaft einen Zustand funktionaler Differenzierung erreicht oder ist in der Zukunft mit einem immer weiteren fortschreitenden Differenzierungsprozeß zu rechnen?

Wie erwähnt, gibt es zu all diesen Unklarheiten unter Anhängern und Kritikern dieser Theorie seit Jahrzehnten intensive Debatten. Ich selbst habe in einem Buch von 1992[8] die offenen

8 Hans Joas, *Die Kreativität des Handelns*, Frankfurt/M. 1992, S. 326f.

Fragen systematisch zusammenzustellen versucht, als da sind die Frage nach den Ursachen, den Wirkungen, den Trägern, den Hemmungen, dem Zeitmaß, den Kontingenzen und der normativen Bewertung von Differenzierungsprozessen. Auf all diese Fragen werden von den Parsons-Schülern und von deren Schülern durchaus kreative Antworten gegeben. Es ist völlig unmöglich, dies hier umfassend darzustellen. Ich begnüge mich mit der Beobachtung, daß sich in den USA eine schrittweise »Liberalisierung« dieser Theorie durch immer stärkere Öffnung zu handlungstheoretischen Begründungen vollzogen hat (über Eisenstadt und Bellah zu Alexander), die zunächst zu einer Rücknahme des explanatorischen Anspruchs und dann sogar zum Verzicht auf das Etikett »(neo-)funktionalistisch« führte, während in Deutschland durch den überragenden Einfluß von Niklas Luhmanns Radikalisierung des Funktionalismus eine Theorie Wirkung entfaltete, die jedes soziale Phänomen kontingent setzen kann und nur eines nicht, nämlich eben den Prozeß fortschreitender funktionaler Differenzierung. Während im ersten Fall Konturlosigkeit droht, haben wir im zweiten einen gefährlichen Prozeßbegriff krassesten Charakters.

Durkheim und Simmel sind die Bezugsklassiker dieser Theorie der Differenzierung. Aus Max Webers Werk ist ein anderer gefährlicher Prozeßbegriff in den Kanon eingegangen, nämlich der einer fortschreitenden »Rationalisierung«. Es ist heute wohl unumstritten, daß wir Webers Werk zumindest in seiner Entwicklung nicht aus dieser Fragestellung heraus rekonstruieren dürfen. Der Weber-Biograph Dirk Kaesler etwa macht es ganz

---

Die Debatte ist natürlich seither nicht stehengeblieben, sondern insbesondere in Deutschland intensiv weitergeführt worden. Wichtig sind vor allem die Arbeiten von Uwe Schimank (ders., *Theorien gesellschaftlicher Differenzierung*, Opladen ^{3}2007) und Thomas Schwinn (ders., *Differenzierung ohne Gesellschaft. Umstellung eines soziologischen Konzepts*, Weilerswist 2001). Beide bemühen sich um eine handlungstheoretisch ergänzte (Schimank) bzw. fundierte (Schwinn) Weiterentwicklung der Differenzierungstheorie.

klar, daß Weber nicht von der Intuition eines »universalhistorischen Prozesses der Rationalisierung aller Lebensbereiche in allen Kulturen und zu allen Zeiten« *ausging*, sondern vielmehr *nachträglich* auf die Idee verfiel, seine disparaten Studien zu Prozessen der Bürokratisierung, Industrialisierung, Intellektualisierung, Entwicklung des rationalen Betriebskapitalismus, Spezialisierung, Versachlichung, Methodisierung, Disziplinierung, Entzauberung, Säkularisierung und Entmenschlichung dadurch auf eine gemeinsame Formel zu bringen.[9] Es ist aber doch sehr die Frage, ob diese retrospektive Selbstsystematisierung wirklich überzeugt und als »ungewolltes Produkt seiner zahlreichen Einzelforschungen« (so Kaesler), ja als »Entdeckung« (so Schluchter)[10] aufgefaßt werden darf oder ob eine fruchtbarere Aneignung Webers nicht dadurch erreicht werden kann, daß die einzelnen genannten Prozesse gerade nicht als Teile eines übergreifenden Rationalisierungsprozesses aufgefaßt werden. Ich nenne an dieser Stelle nur zwei Gründe für meine Skepsis gegenüber dem überwölbenden Prozeßbegriff »Rationalisierung«. Erstens gibt es doch radikale Differenzen zwischen einer Rationalisierung im Sinn einer zunehmenden Orientierung an erwerbswirtschaftlichen Prinzipien und einer Rationalisierung etwa im Sinn einer intellektuellen Systematisierung der Glaubensgehalte einer Religion durch Theologen. Es ist meines Erachtens nicht angemessen, für beide Prozesse denselben Begriff zu verwenden – es sei denn, man unterstellt, daß das eine und das andere doch in irgendeinem kausalen Zusammenhang miteinander stehen. Dies aber – und das ist mein zweiter Grund – ist nur plausibel, wenn wir die Existenz eines spezifischen Rationalisierungsprozesses über sehr lange Zeiträume hinweg in einer bestimmten Kultur,

9 Dirk Kaesler, »Max Weber«, in: ders. (Hg.), *Klassiker der Soziologie*, Bd. 1, München [5]2006, S. 191-214, hier S. 199f.

10 Wolfgang Schluchter, *Religion und Lebensführung*, Bd. 1, Frankfurt/M. 1991, S. 102. Schluchter schließt mit dieser Wortwahl an die heroisierende Darstellung von Webers Witwe an: Marianne Weber, *Max Weber. Ein Lebensbild*, Tübingen 1923, S. 349.

das heißt die Entwicklung des »okzidentalen Rationalismus« unterstellen. Ich will an einem einzigen Satz Webers illustrieren, was mich hier so beunruhigt. In der Hinduismus-Studie kommt Weber im Zusammenhang einer Erörterung der Kastenordnung und der mit ihr verbundenen Kommensalitätsschranken auf den berühmten Streit zwischen Petrus und Paulus in Antiochia zu sprechen und schreibt: »Die Abstreifung aller rituellen Geburts-Schranken für die Gemeinschaft der Eucharistie, wie sie in Antiochia vor sich ging, war auch – hingesehen auf die religiösen Vorbedingungen – die Konzeptionsstunde des ›Bürgertums‹ des Occidents, wenn auch dessen Geburt, in den revolutionären ›conjurationes‹ der mittelalterlichen Städte, erst mehr als ein Jahrtausend später erfolgte.«[11] In einem eng logischen Sinn hat Weber natürlich recht: Ohne gemeinsames Abendmahl kein mittelalterliches Stadtbürgertum.[12] Aber es ist nicht selbstverständlich, die Schaffung einer solchen Vorbedingung in einem Ereignis der Religionsgeschichte zu suchen, das sich eintausend Jahre früher zugetragen hat. Damit rücken nämlich sehr langfristige religiöse Traditionen in eine Rolle ein, die auch von zeitgenössischen Konstellationen gespielt werden könnte. Es wird diesen Traditionen zwar keine Determinationskraft zugesprochen; sie werden aber doch so als Ermöglichungs- oder Verhinderungsbedingungen behandelt, daß man von einer Unterschätzung der Anpassungsflexibilität von Religionen sprechen

11 Max Weber, *Gesammelte Aufsätze zur Religionssoziologie*, Bd. 2, Tübingen 1921, S. 40.

12 Hier ist allerdings einschränkend darauf hinzuweisen, daß Weber zu rasch Mahlsakrament und wirkliche Mahlzeit gleichsetzt. Ulrich Berners Einwand ist gravierend: »Wenn [beim kultischen Mahl, H. J.] die Verbindung zur wirklichen Mahlzeit oder die bewußte Thematisierung der Tischgemeinschaft nicht gegeben ist – und das gilt wohl für die mittelalterliche Situation, auf die Weber sich bezieht –, dann sollte das Abendmahl nicht als Kommensalität bezeichnet werden.« (Ulrich Berner, »Kommensalität«, in: Hubert Cancik, Burkhard Gladigow, Matthias Laubscher [Hg.], *Handbuch religionswissenschaftlicher Grundbegriffe*, Stuttgart 1993, Bd. 3, S. 390-392, hier S. 391.)

kann. Die Frage nach der Entwicklung des »okzidentalen Rationalismus« ist von bestimmten Annahmen über eine dauerhafte Spezifik des Westens und über die gemeinsamen Züge aller »Rationalisierung« getragen – Annahmen, die meines Erachtens heute, etwa durch den enormen ökonomischen Aufstieg Ost- und auch Südasiens, an Plausibilität verlieren. Die Frage nach dem Zusammenhang von Religion und Heraufkunft eines erwerbsorientierten Bürgertums in Europa ist für die Aufgaben einer historisch-vergleichenden Religionssoziologie gewiß zu eng, vielleicht aber überhaupt falsch gestellt.

Noch deutlicher als bei Weber selbst, dessen Werk ja viele produktive interne Inkonsistenzen aufweist, wird die hier lauernde Gefahr dort, wo sein Werk konsistent gemacht, durch und durch systematisiert wird. Bei Wolfgang Schluchter, der wohl mehr als jeder andere in dieser Richtung geleistet hat, wird etwa in seiner Arbeit zum okzidentalen Christentum – der übrigens der zitierte Weber-Satz als Motto voransteht[13] – Webers Analyse der mittelalterlichen »Gemeindereligiosität« in ihrer sektenhaften oder sektenähnlichen Form ganz in das Gerüst der Vorbereitung ethischer Rationalität und damit des Geistes der Reformation und der Herausbildung des modernen Kapitalismus eingezwängt. So imponierend diese Systematisierung ist, so einseitig ist sie auch. Es wäre ja auch ein ganz anderer Blick möglich gewesen, der diese Form des Christlichen als eine eigenen Rechts mit vielen verschiedenen späteren Anknüpfungsmöglichkeiten und auch schon zeitgenössischen Affinitäten dargestellt hätte.

Für die Zeitdiagnostik ist Webers gefährlicher Prozeßbegriff »Rationalisierung« enorm einflußreich geworden, mehr noch als der eher akademisch gebliebene Begriff der funktionalen Differenzierung. Webers eigene tragische Sicht, die kommunistisch-utopische Übertrumpfung Webers in Georg Lukács' Kon-

13 Wolfgang Schluchter, *Religion und Lebensführung*, Bd. 2, Frankfurt/M. 1991, S. 382f.

zeption von Verdinglichung und ihrer Überwindung durch eine leninistisch geführte Revolution, die erneut tragische Resignation in der *Dialektik der Aufklärung* von Max Horkheimer und Theodor Adorno, die wieder optimistischeren Aufsprengungen dieses Denkens in Jürgen Habermas' Idee kommunikativer Rationalität und Alain Touraines Konzeption von Subjektivierung – all das hat das intellektuelle Selbstverständnis der letzten Jahrzehnte sehr stark an diesem gefährlichen Prozeßbegriff orientiert. Für Religion blieb – außer bei Touraine – nirgendwo viel Platz in dieser Moderne-Diagnose, indem ihr durch die These von der fortschreitenden »Entzauberung«, durch die Vision ihrer utopischen Überwindung oder durch die rationalistische Vorstellung einer immer stärkeren »Versprachlichung des Sakralen« die Kraft genommen wird.

Der dritte gefährliche Prozeßbegriff, vor dem ich hier warnen will, ist der der Modernisierung. Dieser kann allerdings durchaus ungefährlich sein. Er ist es dann, wenn wir darunter nichts weiter verstehen als wirtschaftliches Wachstum und produktivitätserhöhende Wirkungen wissenschaftlichen Forschens. Dann gab es immer Modernisierung; ihr Ausmaß oder ihr Tempo sind so gesehen schlicht empirische Fragen. Wir können dann etwa von der Modernisierung agrarischer Technik im Hochmittelalter sprechen, ohne damit große theoretische Ansprüche zu verbinden. Viel häufiger wird dieser Begriff aber im Sinne eines Übergangs zu einer spezifischen Epoche genannt »Moderne« verwendet. Damit aber infiziert sich dieser Begriff mit der ganzen Problematik des Moderne-Begriffs. Dieser leidet ja unter einer berüchtigten Unschärfe, was die genaue zeitliche Lokalisierung allein des Beginns dieser Epoche betrifft (von 1492 bis 1968) und, ähnlich dem der funktionalen Differenzierung, unter einem Verschwimmen empirischer und normativer Ansprüche. Noch wichtiger aber ist, daß in der sogenannten Modernisierungstheorie ebenfalls Prozesse wie Bürokratisierung, Demokratisierung und Säkularisierung als eng miteinander verkoppelte Unterprozesse gedacht werden statt als relativ selbständige Prozesse, die freilich in vielfältigen Abhängigkeiten voneinander stehen, aber eher ein Spannungsfeld ergeben als einen ganzheitlichen Prozeß.

Mehr will ich zur Warnung vor diesem dritten gefährlichen Prozeßbegriff an dieser Stelle nicht sagen.[14] Dringlicher ist ja die Frage, was denn herauskäme, wenn meiner Warnung Gehör geschenkt würde. Für manche gehört zum Beispiel die Theorie der funktionalen Differenzierung so sehr zum identitätskonstitutiven Kern der Soziologie (oder eine spezifische Variante der Rationalisierungstheorie so sehr zum identitätskonstitutiven Kern der Kritischen Theorie), daß sie fürchten, beim Verzicht auf diese Theoreme löse sich aller Theorieanspruch überhaupt auf und es bleibe nur noch die Geschichtsschreibung selbst übrig, die Wissenschaft von der Geschichte in all ihrer Kontingenz. Es ist deshalb angebracht, an dieser Stelle die Grundgedanken einer theoretischen Alternative ohne gefährliche Prozeßbegriffe wenigstens zu skizzieren und aus ihr einige vorläufige Aussagen zur Geschichte des Verhältnisses von Religion und Macht abzuleiten, bevor dies im abschließenden Kapitel genauer entwickelt wird. Ich beginne mit einer knappen Andeutung, wie der Rückgriff auf die soziologischen Klassiker Weber und Durkheim sich darstellt, wenn er im Bewußtsein der Gefährlichkeit dieser Prozeßbegriffe geschieht und mit Abstand zu der auf sie sich berufenden Vorstellung einer religionslosen Moderne. Bei beiden beschränke ich mich auf je zwei Hinweise, von denen jeweils einer auf das Religions- beziehungsweise auf das Moderne-Verständnis zielt.

---

14 Mehr dazu im Kapitel »Das Zeitalter der Kontingenz« in: Hans Joas, *Glaube als Option. Zukunftsmöglichkeiten des Christentums*, Freiburg 2012, S. 106-128. Über das dort Gesagte hinaus ist darauf hinzuweisen, daß wir es heute zunehmend mit einem Begriff zu tun haben, der ähnlich problematische Züge hat wie die gefährlichen Prozeßbegriffe, die hier behandelt wurden: »Globalisierung«. Vgl. zu diesem: Olaf Bach, *Die Erfindung der Globalisierung. Entstehung und Wandel eines zeitgeschichtlichen Grundbegriffs*, Frankfurt/M. 2013.

Versucht man bei Durkheim zumindest probeweise die differenzierungstheoretischen Annahmen zunächst einzuklammern, wird man ihn als Pionier einer Theorie dynamischer Prozesse der Sakralisierung oder der Idealbildung erkennen. Darauf lag der Nachdruck im dritten Kapitel dieses Buches. In dieser Theorie und gewiß nicht in einer Reduktion von Religion auf die Funktion sozialer Integration liegt die eigentliche Errungenschaft seines klassischen Werks über die elementaren Formen des religiösen Lebens. In dieser Theorie liegt auch der Grund, warum sein Aufsatz von 1898 zum Ausgangspunkt einer Soziologie der Menschenrechte als einer modernen Sakralisierung der Person werden konnte. Aber ein einfacher Rückgriff auf diesen Klassiker ist nicht möglich. Denn trotz aller Großartigkeit seiner Theorie der Sakralisierung hat diese gravierende Mängel, die deutlich mit Durkheims laizistischen politischen Intentionen zusammenhängen: Im Unterschied zu Weber, der den fundamentalen Einschnitt der Entstehung ethisierter Erlösungsreligion im »prophetischen Zeitalter« erkannte, verfehlte Durkheim diesen Punkt und ähnelte damit moderne, auch säkulare Sakralität den Strukturen der Religion von Stammesgesellschaften an.[15]

Das Bild der Moderne wird bei Durkheim viel mehr als bei Weber von einer Vorstellung funktionaler Differenzierung geprägt. Probleme der Zeit werden als Umstellungsprobleme auf diesen neuen Modus, als zeitweise Anomie, gedeutet. Damit aber fehlen seiner Theorie, ähnlich wie der späteren Modernisierungstheorie, die Mittel, die Totalitarismen des zwanzigsten Jahrhunderts anders denn als Abwege vom Modernisierungspfad aufzufassen. Eine »totalitäre Moderne« gibt es in dieser Konstruktion dann nicht, was den latent normativen Charakter der Moderne-Vorstellung enthüllt.

Mit dem Verständnis von Religion ist dieser Punkt insofern verbunden, als die Sakralisierungen im Rahmen der Totalitarismen – *die* Nation, *die* Rasse, *die* Klasse, *die* Partei, *der* Führer,

15 Vgl. Kap. 3 und 5 dieses Buches.

die Revolution – in Durkheims eindimensionaler Vorstellung von Sakralisierung nicht unterschieden werden können von einer Sakralisierung mit Transzendenzbezug. Universalismus wird deshalb bei ihm mit Säkularismus gekoppelt, statt die Gefahr eines säkularistischen Antiuniversalismus und das Potential eines religiösen Universalismus zu erfassen.

Webers Denken wiederum war zum Zeitpunkt seines frühen Todes durchaus noch im Fluß, und man kann darüber spekulieren, ob er selbst an all dem überhaupt festgehalten hätte, was später kanonisiert wurde. Diese Spekulation erhält Nahrung durch neuerlich verfügbar gewordenes Material, wie etwa die Edition von Webers Staatssoziologie-Vorlesung im Jahr 1920, das heißt in den Wochen unmittelbar vor seinem Tod, aber auch durch die Berücksichtigung eines Zeitungsartikels über einen Wiener Vortrag Webers im Jahr 1917.[16] Weber hebt dort, wie auch sonst, die angebliche Einzigartigkeit der okzidentalen Stadt hervor und schließt seine Charakterisierung der modernen politischen Herrschaftsformen mit der Hervorhebung der Stadt und der »durch sie zuerst entwickelten Art der Politik und Wirtschaftspolitik« als »dritter unentbehrlicher historischer Komponente der modernen politischen Herrschaftsformen« neben der »rationalen Bürokratisierung der monarchischen Militärstaaten und des rationalen Kapitalismus«. Hier werden sowohl Militärstaat wie Kapitalismus wie auch die städtische Selbstverwaltung als »rational« qualifiziert. Doch Weber kann damit schwerlich ein einheitliches Prinzip meinen. Die Eigenlogik staatlichen Handelns im modernen Nationalstaat oder in einer postnationalen Konstellation, die Eigenlogik wirtschaftlichen Handelns in verschiedenen institutionellen Ausformungen kapitalistischer

16 Max Weber, *Allgemeine Staatslehre und Politik (Staatssoziologie)*, hg. von Gangolf Hübinger, Tübingen 2009 (= *Max-Weber-Gesamtausgabe*, Abt. III, Bd. 7); ders., »Probleme der Staatssoziologie. Bericht der Neuen Freien Presse (Wien) vom 26.10.1917«, in: ders., *Herrschaft*, hg. von Edith Hanke, Tübingen 2005 (= *Max-Weber-Gesamtausgabe*, Abt. I, Bd. 22.4), S. 745-756, hier S. 755.

Wirtschaft und die Eigenlogik mehr oder minder demokratischer Selbstverwaltung sind schließlich nicht miteinander identisch. Gemeint sein kann sinnvoll nur eine in sich äußerst spannungsvolle Konstellation. Der Begriff der Rationalität scheint diese Spannung jedoch eher zu verdecken, als aufzuschlüsseln. An einem bestimmten Punkt der Analyse werden der handlungstheoretische Analyseanspruch Webers und die Unterstellung eines universalhistorischen Rationalisierungsprozesses miteinander in Konflikt geraten müssen.

Der zweite Hinweis bezieht sich auf Webers Verständnis von Religion, das im vierten Kapitel dieses Buches im Medium der kritischen Erörterung seiner Entzauberungskonzeption zum Thema wurde. Dabei zeigte sich, daß es dort, wo Weber die Magie der Religion historisch vorausgehen läßt oder die Theodizee-Problematik als grundlegend für die Religion ansieht, eine kognitivistische oder intellektualistische Schlagseite hat. Fundamentaler als Sinn- und Gerechtigkeitsfragen sind aus meiner Sicht dagegen die Dynamiken der Heiligkeitserfahrung und ihrer Interpretation, die den Rahmen erst hervorbringen, in dem solche Fragen gestellt werden können. Dabei hat Weber im weiteren Verlauf seiner Entwicklung durch sein wachsendes Verständnis der Ekstase-Thematik, vor allem in seiner genialischen sogenannten »Zwischenbetrachtung«, eine Schematik für die Konkurrenz von Ekstase- (oder Selbsttranszendenz-)Erfahrungen entwickelt, die für jede Analyse der »Spannungsverhältnisse zwischen Welt und Religion« grundlegend ist. Diese Schematik wird aber unter seinen Händen mit einer These der Konkurrenz von inneren Eigengesetzlichkeiten von Wertsphären verbunden, woran dann später eine differenzierungstheoretische Lesart anknüpfen konnte. Dadurch erscheinen im weiteren Verlauf der Rezeption Webers Rationalisierungs- und Differenzierungstheorie als gut kompatibel, ja als geradezu nach Verknüpfung rufend. Möglich wäre aber auch, ohne eine solche Behauptung von der Eigenlogik kultureller Sphären auf der Ebene von Handlung und Erfahrung zu verbleiben und verschiedene

Arten von Spannungsverhältnissen zu unterscheiden. Dann erscheinen die Konflikte zwischen verschiedenen Zugängen zu Erfahrungen der Selbsttranszendenz (in Religion, Kunst, Erotik, Gewalt, Rausch usw.) als Probleme der Individuen und Kollektive sowie als Balanceakte der Institutionen – ohne einen übergeschichtlichen Richtungspfeil in Richtung Entzauberung oder fortschreitende Differenzierung. Dieser alternativen Denkmöglichkeit, die in diesen Formulierungen nur angedeutet ist, soll an dieser Stelle nun ausführlicher nachgegangen werden, da sie für die Erarbeitung einer Alternative zur Geschichte von der Entzauberung von strategisch zentraler Bedeutung ist.

Webers »Zwischenbetrachtung« – eine neue Deutung

Durch den Begriff »Modernisierung« und die ihn ins Zentrum stellende »Modernisierungstheorie« erscheint der Zusammenhang der gefährlichen Prozeßbegriffe »Differenzierung« und »Rationalisierung« wie festgefügt. Dabei liegt er keineswegs auf der Hand. Die beiden Begriffe meinen ja nicht einfach in unterschiedlicher Terminologie dasselbe. Sie entstammen, wie in diesem Kapitel dargelegt wurde, sehr verschiedenen theoretischen Zusammenhängen, werden allerdings beide von dem großen Prestige getragen, im Zentrum des Werkes von jeweils einem der beiden unumstrittenen Klassiker der Soziologie zu stehen. Bei Durkheim, dem Klassiker der Differenzierungstheorie, ist aber eben von Rationalisierung nie die Rede, und bei Weber, auf den die Rationalisierungstheorie zurückgeht, kommt der Begriff »Differenzierung« zwar gar nicht selten vor, aber immer nur »beiläufig«.[17] Gleichwohl hat sich seit dem Aufstieg der Mo-

17 So auch Schimank, *Theorien*, S. 49. In der »Zwischenbetrachtung« ist zweimal von »Differenzierung« bzw. sich differenzierenden Kulturgütern die Rede: Max Weber, »Zwischenbetrachtung: Theorie der Stufen und Richtungen religiöser Weltablehnung«, in: ders., *Gesammelte Auf-*

dernisierungstheorie nach dem Zweiten Weltkrieg eine Art Konsens herausgebildet, daß auch Webers Theorie der Rationalisierung einen Beitrag zur Theorie der Differenzierung geleistet habe. Repräsentativ für viele andere stehe hier die Darstellung in einem Lehrbuch der Differenzierungstheorie.[18] Dieser zufolge komme in der Durkheimschen Variante der Theorie insbesondere »die Vielfalt von Mikro-Differenzierungen zwischen den verschiedenen Rollen in den Blick«, während Webers Aufmerksamkeit »den sich parallel dazu in der modernen Gesellschaft herausbildenden Makro-Differenzierungen zwischen verschiedenen gesellschaftlichen Teilbereichen« gegolten habe. Dies klingt wie eine friedliche Arbeitsteilung. Indem der Autor des Lehrbuchs, Uwe Schimank, hinzufügt, daß sich Durkheim vor allem »für die abstrakte Logik von Differenzierung und Integration moderner Gesellschaften«[19] interessiert und diese mit vormodernen Gesellschaften recht pauschal kontrastiert habe, während es Weber um den »konkreten historischen Vorgang der Herausbildung der kulturellen Leitideen des Westens«[20] in einem keineswegs zwangsläufigen Prozeß gegangen sei, zeigt er zwar deutlich, daß er sich der beträchtlichen theoretischen Unterschiede zwischen den beiden Klassikern völlig bewußt ist. Gleichwohl folgt seine Deutung Max Webers dem Leitfaden, aus einer kulturellen Besonderheit des Westens auf parallele Steigerungen der Rationalität des Handelns, der Theoriebildung, bürokratischer Verwaltung und der Werte zu schließen. Dabei bedeutet die gesellschaftliche Rationalisierung der Wertdimension, daß sich das Handeln der Menschen »an einer *begrenzten Pluralität* von Wertmaßstäben ausrichtet, die alle eine je besondere

sätze zur Religionssoziologie, Bd. 1, Tübingen 1920, S. 536-573, hier S. 571 bzw. S. 570. Eine elektronische Recherche führt zu fast 200 Fundstellen in Webers Schriften.

18 Schimank, *Theorien*, S. 49.

19 Ebd., S. 50.

20 Ebd.

›Eigengesetzlichkeit‹ besitzen«.[21] Politik, Wirtschaft, Recht, Kunst und Erotik werden als solche rationalisierungsfähigen »Wertsphären« gedeutet, zwischen denen es unvermeidliche Spannungen gebe, die den Zusammenhalt von Gesellschaften notwendig auch immer gefährdeten. Für diesen Zusammenhalt bedürfte es deshalb auch anderer Quellen, die etwa auf der Ebene bürokratischer Organisation lägen.

So lautet eine weitgehend kanonisierte Sicht der Dinge, und niemand wird bestreiten, daß damit ein eindrucksvolles Bild von Universalgeschichte und Moderne zumindest in Umrissen auftaucht. Die Divergenz zwischen einer stärker handlungstheoretischen und einer systemtheoretischen Soziologie führt zu unterschiedlichen Akzentuierungen, die aber nicht so ausgeprägt sind, daß sie eine fundamentale Gemeinsamkeit in Frage stellen würden. Stärker handlungstheoretische Autoren, die insofern auch näher an Max Webers Selbstverständnis bleiben, heben zu Recht hervor, daß dieser nicht annahm, die Komplexitätssteigerung von Gesellschaften löse von selbst Prozesse funktionaler Differenzierung aus. Sie fragen deshalb nach den Werten, Zwecken und Strategien, über die konkrete Akteure differenzierte Ordnungen hervorbringen.[22] Umgekehrt hat der entschiedenste Verfechter einer systemtheoretischen Lektüre Webers, Niklas Luhmann, etwas gönnerhaft Weber zwar eine »impressionistische Prägnanz der Beschreibungen« attestiert, zugleich aber, weil diese keine theoretische Weiterentwicklung zulasse, »auf eine systemtheoretisch besser anschlußfähige Begrifflichkeit« umgestellt, mit der er Webers wesentliche Einsicht bewahren wollte: »Die unbedingt bewahrenswerte Einsicht ist, daß Rationalisierung differenziert, und dies in einem doppelten Sinne: daß

---

21 Ebd., S. 55.

22 Nach Schwinn, *Differenzierung*, S. 153. Vgl. außerdem Wolfgang Schluchter, *Grundlegungen der Soziologie. Eine Theoriegeschichte in systematischer Absicht*, Tübingen ²2015, S. 273-321; ders., *Religion und Lebensführung*, Bd. 2, S. 62-108.

Ablehnung Energien freisetzt für den Aufbau einer eigenen Rationalität und daß zugleich die Rationalisierung anderer Lebensbereiche klarstellt, womit man sich nicht identifizieren kann.«[23] Völlig unkontrovers ist bei diesen divergierenden Versuchen, Weber für eigene Theoriekonstruktionen in Anspruch zu nehmen, welcher seiner Texte dabei die entscheidende Grundlage bildet. Anstatt die verschiedenen Anknüpfungen an Weber nun detailliert zu erörtern, die in diesem Fall von Jürgen Habermas bis Niklas Luhmann in Deutschland, von Jeffrey Alexander bis Rogers Brubaker in den USA reichen,[24] wird hier erneut – wie schon bei der Analyse von Webers Entzauberungskonzeption im vierten Kapitel dieses Buches – der Versuch unternommen, zumindest experimentell von einer eingespielten Deutungstradition abzugehen und den Blick auf den Text selbst zu richten. Es geht um Max Webers berühmte »Zwischenbetrachtung« und den Versuch, sie *nicht* im Lichte der Differenzierungstheorie zu lesen.

Max Weber gibt selbst in aller wünschenswerten Deutlichkeit an, welchen Zweck er mit seiner »Zwischenbetrachtung« verfolgt. Die »Zwischenbetrachtung« schließt an die umfangreiche Analyse von Konfuzianismus und Daoismus sowie ihrer soziologischen Grundlagen in China an und geht der ebenso ausführlichen Beschäftigung mit der indischen Religiosität voraus. Weber kontrastiert China und Indien in extremer Weise, die fast schon an kulturelle Klischees erinnert, vor denen er nur durch sein Bewußtsein typologischer Zuspitzung bewahrt bleibt. Während er dem Konfuzianismus nur das absolute Minimum an religiöser Entwertung der Welt und an ihrer praktischen Ab-

23 Niklas Luhmann, »Die Ausdifferenzierung der Religion«, in: ders., *Gesellschaftsstruktur und Semantik. Studien zur Wissenssoziologie der modernen Gesellschaft*, Bd. 3, Frankfurt/M. 1989, S. 259-357.

24 Jürgen Habermas, *Theorie des kommunikativen Handelns*, Frankfurt/M. 1981, Bd. 1, S. 225-366; Jeffrey C. Alexander, *The Classical Attempt at Theoretical Synthesis: Max Weber*, London 1983; Rogers Brubaker, *The Limits of Rationality. An Essay on the Social and Moral Thought of Max Weber*, London 1984.

lehnung zuspricht,[25] sei die indische Religiosität »im stärksten Kontrast gegen China die Wiege der theoretisch und praktisch weltverneinendsten Formen von religiöser Ethik, welche die Erde hervorgebracht hat«.[26] Zweck der »Zwischenbetrachtung« ist also ausdrücklich, ein Verständnis dafür zu schaffen, wie es überhaupt zu einer solchen religiösen Weltverneinung kommen konnte, »aus welchen Motiven heraus und in welchen Richtungen religiöse Ethiken der Weltverneinung überhaupt entstanden und verliefen«.[27]

Als Mittel für diesen eindeutig benannten Zweck entwirft Weber ein theoretisch abgeleitetes, also nicht induktiv gewonnenes Schema. Auch hinsichtlich des methodischen Status dieses Schemas äußert er sich sehr klar. Zunächst einmal hält er – negativ – fest, daß das Schema selbst keine Philosophie darstellen solle, auch nicht im Sinne einer Leugnung der möglichen Aufhebbarkeit von Wertkonflikten. Es gehe vielmehr – positiv – zunächst nur um ein Orientierungsmittel in einer »sonst unübersehbaren Mannigfaltigkeit«;[28] die Konstruktion sei insofern »lediglich ein technischer Behelf zur Erleichterung der Übersichtlichkeit und Terminologie«.[29] Das klingt alles ganz unverdächtig und pragmatisch und ist von jeder Behauptung historischer Tendenzen weit entfernt. Dies gilt auch, wenn We-

---

25 Weber, *Gesammelte Aufsätze zur Religionssoziologie*, Bd. 1, S. 514. Meine Interpretation stützt sich auf die späteste Fassung von Webers Text. Zu ihrer Entstehung 1920 und ihrem Verhältnis zu den früheren Versionen ist – neben den Angaben in der Edition der *Max-Weber-Gesamtausgabe*, Abt. I, Bd. 19 – sehr nützlich: Wolfgang Schluchter, *Rationalismus der Weltbeherrschung. Studien zu Max Weber*, Frankfurt/M. 1982, S. 208-214. Ich stimme auch seiner Deutung zu, die »Zwischenbetrachtung« sei als »Bindeglied« zwischen Webers materialen Forschungen und seinen berühmten Reden über Wissenschaft bzw. Politik als Beruf zu betrachten.

26 Ebd., S. 536.

27 Ebd.

28 Ebd., S. 537.

29 Ebd.

ber hinzufügt, daß die im Schema konstruierten einzelnen Wertsphären – auf die näher einzugehen sein wird – von ihm in einer rationalen Geschlossenheit präsentiert werden, »wie sie in der Realität selten auftreten, aber allerdings: auftreten können und in historisch wichtiger Art aufgetreten sind«.[30] Gegenüber der Wirklichkeit steht eine solche Typologie in einem von allen Kausalitätsannahmen freien Verhältnis. Sie dient nur der begrifflichen Erfassung der Wirklichkeit, um deren faktische Abweichung von theoretisch konstruierten Typen feststellen zu können. Von einer irgendwie gearteten Theorie der Differenzierung der Wertsphären könnte bei solcher methodischen Beschränkung des Anspruchs gar keine Rede sein.

Allerdings geht Weber selbst sehr wohl einen Schritt über diesen bescheidenen Anspruch hinaus, freilich in sehr vorsichtigen Worten. »Unter Umständen«, schreibt er, »könnte« seine Typologie »daneben« noch etwas mehr sein.[31] Was nämlich der Theoretiker rational konstruiere, indem er die konsequentesten Ausprägungen von Vorstellungen oder Verhaltensweisen herauspräpariere, sei durchaus nicht etwas, das den Menschen selbst, um die es in der historisch-soziologischen Analyse geht, völlig fremd sei. Bei allen Menschen gebe es eine zugegebenermaßen oft schwache Kraft rationaler Konsequenz. »Gerade die der Absicht nach rationalen, von Intellektuellen geschaffenen, religiösen Weltdeutungen und Ethiken aber waren dem Gebot der Konsequenz stark ausgesetzt.«[32] Im Unterschied zu einer von Kausalitätsannahmen völlig freien Typologie wird damit also ein freilich sehr schwacher Kausalitätsanspruch vertreten. Es gibt in der Welt einen wirkenden Anspruch auf rationale Konsequenz; bei Spezialisierung auf intellektuelle Arbeit wird dieser besonders stark empfunden. Aber Weber ist sich völlig bewußt, wie »begrenzt und labil diese Macht auch gegenüber

---

30 Ebd.
31 Ebd.
32 Ebd.

anderen Mächten des historischen Lebens überall war und ist«,[33] daß die Forderung der Widerspruchslosigkeit auch von Intellektuellen nur in empirisch variierendem Ausmaß erfüllt wird und in die ethischen Postulate in der Regel rational nicht ableitbare Stellungnahmen einfließen.

Noch einen Schritt weiter geht Weber allerdings, wenn er seiner Schematik die Aufgabe zuordnet, einen »Beitrag zur Typologie und Soziologie des Rationalismus selbst«[34] zu leisten. Die rationalsten Formen erlauben dann die empirische Feststellung, ob oder ob nicht in Wirklichkeit die theoretisch vorstellbaren rationalen Konsequenzen auch tatsächlich gezogen wurden. Schwierig an diesem weitestgehenden methodischen Anspruch Webers ist der Begriff »Rationalismus«. Er scheint ja auf mehr hinzuweisen als die rationale Konsequenz intellektuellen Arbeitens in allen kulturellen Zusammenhängen, nämlich auf eine Qualität, die der einen Kultur mehr zukommt als einer anderen. Webers erster Schritt nach der skrupulösen Darlegung des methodischen Status seiner Konstruktion bestätigt diesen Eindruck.

Weber beginnt nämlich seine substantiellen Ausführungen mit einer ersten begrifflichen Unterscheidung, die er schon zuvor in der Einleitung und in den Studien zum Protestantismus sowie zu China verwendet hatte, der zwischen *Askese* und *Mystik*. Beide treten hier als Ausdrucksformen der Weltablehnung auf: »[D]ie aktive Askese: ein gottgewolltes Handeln als Werkzeug Gottes einerseits, andererseits: der kontemplative Heilsbesitz der Mystik, der ein ›Haben‹, nicht ein Handeln bedeuten will, und bei welchem der Einzelne nicht Werkzeug, sondern ›Gefäß‹ des Göttlichen ist, das Handeln in der Welt mithin als Gefährdung der durchaus irrationalen und außerweltlichen Heilszuständlichkeit erscheinen muß.«[35] Diese einfache Entge-

33 Ebd.
34 Ebd.
35 Ebd., S. 538f.

gensetzung zweier religiöser Formen der Weltablehnung wird von Weber durch die Einführung einer weiteren Unterscheidung, nämlich der zwischen Innerweltlichkeit und Weltflucht, kompliziert. Damit haben wir es mit einer aus vier Typen bestehenden Typologie zu tun: weltflüchtige und innerweltliche Askese sowie weltflüchtige und innerweltliche Mystik.[36] Der stärkste Gegensatz besteht dann zwischen der weltflüchtigen Mystik und der innerweltlichen Askese, bei der »die Askese des Handelns sich innerhalb der Welt als deren rationale Gestalterin zur Bändigung des kreatürlich Verderbten durch Arbeit im weltlichen ›Beruf‹ auswirkt«;[37] hier denkt Weber natürlich an die Puritaner, deren welthistorische Rolle er mit nicht nachlassender Faszination verfolgt hat. Weltflüchtige Askese und innerweltliche Mystik können miteinander kombiniert auftreten oder in ihrer Praxis kaum unterscheidbar sein.

Die wissenschaftsgeschichtlichen Ursprünge dieser Begriffsentscheidungen Webers müssen hier nicht verfolgt werden.[38] Sehr wohl zu erwähnen ist aber, daß Weber, bevor er die begriffliche Schematik selbst einführt, in zwei Absätzen auf mögliche Zusammenhänge zwischen den unterschiedlichen Arten religiöser Ethik und unterschiedlichen Konzeptionen des Göttlichen eingeht. Im Anschluß an Ernst Troeltsch, worauf er selbst verweist, sieht Weber eine »Zusammengehörigkeit« der Konzeption eines überweltlichen Schöpfergottes mit einer aktiv asketi-

36 Weber spricht allerdings von weltflüchtiger Kontemplation, nicht weltflüchtiger Mystik.

37 Ebd., S. 539.

38 Dazu hilfreich die Artikel von Stefan Breuer über »Weltablehnung«, Volker Krech über »Mystik« und Hubert Treiber über »Askese« in: Hans G. Kippenberg, Martin Riesebrodt (Hg.), *Max Webers »Religionssystematik«*, Tübingen 2001, S. 227-240, S. 241-262, S. 263-278. Interessante Zweifel am wertneutralen Charakter von Webers Unterscheidung von Askese und Mystik insbesondere in Hinsicht auf die jesuitische Tradition (»in actione contemplativus«) äußert Anthony J. Carroll, *Protestant Modernity. Weber, Secularisation, and Protestantism*, Scranton 2007, S. 152f., Anm. 117.

schen Haltung zur Welt einerseits, einer »Verunpersönlichung und Immanenz der göttlichen Macht«[39] mit einer kontemplativ-mystischen Einstellung andererseits. Weber ist religionshistorisch viel zu gebildet, um eine solche Zusammengehörigkeit für unbedingt zu erklären. Insbesondere erkennt er, daß die (achsenzeitliche) Konzeption eines überweltlichen Gottes allein die »Richtung der Askese des Okzidents«[40] nicht bestimmt haben kann. Auch Judentum und Islam hätten dann ja machtvolle Formen innerweltlicher Askese hervorbringen müssen; für ihn stellt zudem das Christentum mit seiner Trinitätslehre und dem Heiligenkult[41] eine Schwächung der überweltlichen Gotteskonzeption des Judentums dar, was eine Erklärung der innerweltlichen Askese des Puritanismus allein aus der christlichen Gotteskonzeption unplausibel mache. Andere Umstände müßten also zumindest hinzugekommen sein. Weber spricht auch aus, an welche Art von Umständen er dabei denkt, nämlich »die Art der religiösen Verheißungen und der dadurch bestimmten Heilswege«.[42] Diese Vermutung liegt allerdings nur dann nahe, wenn die Ursache für die Entwicklung des spezifischen Potentials einer religiösen Tradition vor allem in Komponenten dieser Religion selbst gesucht wird. Es läge ansonsten ja näher, zumindest Judentum, Christentum und Islam ein ähnliches Potential zuzusprechen, das aber je nach nichtreligiös zu beschreibenden Umständen aktualisiert worden ist. Weber zeigt hier, daß er die wesentlichen Ursachen für die Herausbildung der innerweltlichen Askese in der Gotteskonzeption, den Heilsvorstellungen und den gedachten Heilswegen finden möchte. Das ist der Grund, warum seine Ankündigung, mit dem Schema seiner Typologie auch einen Beitrag zur Soziologie des Ra-

39 Weber, »Zwischenbetrachtung«, S. 538.

40 Ebd.

41 Zur Kritik an Webers Vorstellungen davon: Hans Joas, *Was ist die Achsenzeit? Eine wissenschaftliche Debatte als Diskurs über Transzendenz*, Basel 2014, S. 26-35.

42 Weber, »Zwischenbetrachtung«, S. 538.

tionalismus zu liefern, doch nicht ganz unproblematisch war. Sie basiert nämlich auf einer Unterstellung tiefliegender Zusammenhänge von Religion und Rationalisierung, die als solche mit diesem Schritt noch nicht als gerechtfertigt gelten können. Darauf ist zurückzukommen.

Getreu der Aufgabe, die Motive religiöser Weltablehnung verständlich zu machen, wendet Weber sich im nächsten Schritt den Vorformen von Askese und Mystik in der Religionsgeschichte zu. Seine Darstellung ist dabei von der schwerlich haltbaren Annahme geprägt, daß die Religionsgeschichte ihren Ausgangspunkt in der Magie habe.[43] Bei der Askese müssen wir an Formen der Enthaltsamkeit denken, die »zur Erweckung charismatischer Qualitäten oder zur Verhütung bösen Zaubers«[44] ausgeübt wurden. Schon in der Askese des Magiers sieht Weber damit die Abwendung von der Welt in den Dienst einer Beherrschung der Welt gestellt. Entscheidend ist für ihn aber, ob es sich nur um momentane Erhebungen ins Außeralltägliche handelt oder ob es gelingt, »statt des durch Orgie oder Askese oder Kontemplation akut und außeralltäglich, also: vorübergehend, erlangten heiligen Zustandes« einen »heiligen und deshalb des Heils versichernden Dauerhabitus der Erlösten«[45] zu erreichen. Während also die unerwartete Erfahrung der Selbsttranszendenz, aber auch noch deren fallweise Herbeiführung durch Praktiken der Askese oder Mystik die Menschen aus ihrem Alltag zwar herausheben, sie dann aber wieder in diesen zurückfallen lassen, kommt es durch die Orientierung an Propheten oder einem Heiland zur Orientierung der ganzen Lebensführung am Streben nach einem Heilsgut, nach einer ein für allemal geltenden Erlösung, nach einer (in Webers Sprache) »mindestens relativ rationalen Systematisierung der Lebensführung«.[46] Damit aber

---

43 Siehe dazu oben, Kap. 4.
44 Weber, »Zwischenbetrachtung«, S. 540.
45 Ebd., S. 540 f.
46 Ebd.

wird aus dem mit aller Erfahrung der Heiligkeit verbundenen akuten Spannungsverhältnis zum Profanen ein dauerhaftes Spannungsverhältnis einer religiösen Gemeinschaft zur Welt und ihren Ordnungen,[47] das von beiden Seiten her an Intensität gewinnen könne. Von der religiösen Seite her gelte dies, wenn die Gesinnung immer wichtiger werde und die Teilhabe an Ritualen und das Heilsgut der Erlösung immer innerlicher verstanden werde. Von der Seite der Welt und ihrer Ordnungen her wachse die Spannung, wenn die Rationalisierung der weltlichen Güter ihrerseits fortschreite.

Es ist an dieser Stelle noch keineswegs klar, was genau unter diesen weltlichen Gütern und insbesondere unter ihrer Rationalisierung zu verstehen ist. Deutlich ist allerdings, daß hier zum ersten Mal in der »Zwischenbetrachtung« ein Punkt erreicht ist, an den die kritisierte differenzierungstheoretische Interpretation verständlicherweise anknüpfen zu können meinte. Weber spricht hier nämlich davon, daß diese »Rationalisierung und bewußte Sublimierung der Beziehungen des Menschen zu den verschiedenen Sphären äußeren und inneren, religiösen und weltlichen, Güterbesitzes dann dazu [drängte], innere Eigengesetzlichkeiten der einzelnen Sphären in ihren Konsequenzen bewußt werden und dadurch in jene Spannungen zueinander geraten zu lassen, welche der urwüchsigen Unbefangenheit der Beziehung zur Außenwelt verborgen blieben«.[48] In der religiös motivierten Systematisierung der Lebensführung sei, so ist diese Stelle wohl zu verstehen, ein Potential enthalten, das sich auch in der rationalen Durchgestaltung der einzelnen Sphären des Weltlichen auswirkt, wodurch diese sich stärker nach je eigenen Gesetzmäßigkeiten entwickeln und in verstärkte Konflikte miteinander geraten. Weber fügt hinzu: »Es ist dies eine ganz allgemeine, für die Religionsgeschichte sehr wichtige Folge der

47 Insbesondere in den sogenannten Erlösungsreligionen. Zu Webers Verständnis vgl. oben, Kap. 5, insbes. S. 286, Anm. 16.

48 Weber, »Zwischenbetrachtung«, S. 541.

Entwicklung des (inner- und außerweltlichen) Güterbesitzes zum Rationalen und bewußt Erstrebten, durch Wissen Sublimierten.«[49] Von der methodischen Vorsicht bei der Einführung einer bloßen Typologie religiöser Formen der Weltablehnung und von dem schwachen Kausalitätsanspruch hinsichtlich der Wirkungen rationaler Konsistenzmotive kann an dieser Stelle keine Rede mehr sein. Ganz im Gegenteil wird hier ausdrücklich für die ganze Religionsgeschichte eine Entwicklung zum Rationalen behauptet sowie eine Auswirkung der Rationalisierung in der Religion auf die Rationalisierung gesellschaftlicher Sphären und auf mögliche Konflikte zwischen ihnen. Die Prüfung von Webers weiterer Argumentation muß zeigen, ob diese die große Last, die ihr damit aufgebürdet wird, in der Tat tragen kann. Die zentrale Frage wird lauten, ob Weber nicht – ähnlich wie im Fall seiner Konzeption von Entzauberung und wie bei seiner Verwendung der Begriffe Rationalität und Rationalisierung – auch hier, bei der Frage nach dem Spannungsverhältnis zwischen Religion und Welt, ganz unterschiedliche Probleme begrifflich so zusammenzieht, daß ihnen eine täuschende Gemeinsamkeit zugeschrieben wird. Dann hilft aber nur eine begriffliche Auflösung dieser Gemeinsamkeit und ermöglicht nur diese eine neue Sicht der tatsächlichen Zusammenhänge.

Weber wendet sich auf dieser Stufe seiner Argumentation nun nicht sofort der Reihe weltlicher Güter zu, an denen er seine These vorführen will, sondern legt noch einen weiteren Zwischenschritt ein, den man als die Frage nach der Herausbildung der Idee des moralischen Universalismus durch die Erlösungsprophetie der Achsenzeit bezeichnen kann. In grandioser Verknappung zeichnet Weber nach, wie die Prophetie die »naturgegebene Sippengemeinschaft« als zentrale wertgeladene Sozialform der bisherigen Menschheitsgeschichte zumindest relativ entwertete und »unter Sprengung der magischen Gebundenheit und

49 Ebd., S. 542.

Exklusivität der Sippen«[50] eine neue soziale Gemeinschaft schuf. In dieser von Verwandtschaftsbindungen unabhängigen, durch die gemeinsame Orientierung an Lehre oder Vorbild eines Propheten konstituierten Gemeinschaft entwickelt sich nun eine eigene Form der Ethik. Sie greift auf die vorhandenen Formen ethischen Verhaltens zurück, entgrenzt diese aber in mehreren Richtungen. Weber charakterisiert die Ethik vor dem prophetischen Zeitalter auf doppelte Art: Reziprozität und strikte Unterscheidung von Binnen- und Außenmoral. Gegenüber den Angehörigen der eigenen Gemeinschaft – ob diese nun Dorf, Sippe, Heereszug oder dergleichen sei – gilt »brüderliche Nothilfepflicht«, was wirtschaftlich sich ausdrückt als »entgeltlose Gebrauchsleihe, zinsloses Darlehen, Gastfreiheits- und Unterstützungspflicht des Besitzenden und Vornehmen gegenüber dem Unbemittelten, unentgoltene Bittarbeit auf dem Nachbar- und ebenso auf dem Herrenhof gegen bloßen Unterhalt«.[51] Gegenüber den Außenstehenden gelten diese Verpflichtungen nicht; bei diesen darf etwa im Fall des Tausches oder der Leihe der eigene Vorteil durchaus der oberste Gesichtspunkt sein. Diese alte ökonomische Nachbarschaftsethik wird nun nicht nur auf die Beziehungen innerhalb der religiösen Gemeinde übertragen, obwohl es allein schon bemerkenswert ist, daß die religiöse Gemeinde sich nicht an tradierte Sippen- oder Volksgrenzen hält. Die Ethik wird vielmehr aus der Erfahrungsgrundlage der Nahbeziehungen heraus äußerlich und innerlich gesteigert, wenn die Idee der Erlösung sublimiert wird: »Äußerlich bis zum brüderlichen Liebeskommunismus, innerlich aber zur Gesinnung der Caritas, der Liebe zum Leidenden als solchen, der Nächstenliebe, Menschenliebe und schließlich: der Feindesliebe.«[52] Weber erkennt in solch gesteigertem Liebesethos »die eigentümliche Euphorie aller Arten von sublimierter religiöser

50 Ebd.
51 Ebd.
52 Ebd., S. 543.

Ekstase«.[53] Nicht diese Euphorie ist aber damit das Charakteristische, sondern die Entwicklung »einer universalistischen Brüderlichkeit über alle Schranken der sozialen Verbände, oft einschließlich des eigenen Glaubensverbandes, hinweg«.[54] Weber sieht somit im Zusammenhang von »Prophetismus« und »universalistischer Brüderlichkeit« genau das, was hier als Entstehung des moralischen Universalismus in der Achsenzeit dargestellt wurde.[55] Und er sieht illusionslos, daß dieser Universalismus »mit den Ordnungen und Werten der Welt«[56] zusammenstoßen muß – je konsequenter er selbst aufgefaßt und je mehr diese Ordnungen und Werte der Welt »ihrerseits nach ihren Eigengesetzlichkeiten rationalisiert und sublimiert wurden«.[57]

Die Überlegungen Webers zur Entstehung des moralischen Universalismus – das läßt sich an dieser Stelle in Form eines Zwischenfazits festhalten – werden von ihm selbst keineswegs in der Sprache der Differenzierungstheorie und auch nicht in einem ihr entsprechenden Sinne gefaßt. Das wäre auch nicht plausibel gewesen. Weder handelt es sich bei der Sozialgestalt, die ein religiöses Ethos des moralischen Universalismus annimmt, um eine funktionale Differenzierung, noch kann dieses Ethos als eine neuentstandene »Wertsphäre« gedacht werden. Wenn die Differenz von Binnen- und Außenmoral eingezogen wird, wie dies bei der Entstehung einer religiösen Brüderlichkeitsethik der Fall ist, läge es viel näher, von einer Entdifferenzierung zu sprechen. Zwar entsteht eine neue Sozialform – etwa die »Kirche« –, aber nicht um ihrer selbst willen, sondern aus der Schwierigkeit heraus, ein universalistisches Ideal zu verwirklichen. Soll es als Ideal vor dem Verschwinden geschützt werden, muß es wenigstens bewahrt, an neue Generationen

53 Ebd.
54 Ebd., S. 543f.
55 Vgl. oben, Kap. 5.
56 Weber, »Zwischenbetrachtung«, S. 544.
57 Ebd.

weitergegeben, im Binnenverhältnis stärker gelebt und der Außenwelt als Ideal vorgehalten werden.[58] Die Rede von einer Wert*sphäre* wäre unangemessen, da sich der moralische Universalismus zwar pragmatisch auf die Schwierigkeiten seiner Verwirklichung einstellen kann und soll, er bei einer programmatischen Reduzierung auf das Verwirklichbare und einer völligen Beschränkung auf das Binnenverhältnis der Glaubenden aber den Charakter des Universalismus gerade verlieren würde. Die Christen etwa haben sich nie nur aufgerufen gefühlt, anderen Christen Beistand zu leisten; ihre universalistische Hilfsbereitschaft scheint beträchtlich zur Ausbreitung des Christentums im späten Römischen Reich beigetragen zu haben.[59] Es würde auch nicht helfen, wenn die Entstehung des moralischen Universalismus als Ausdifferenzierung von Religion gefaßt würde. Viele Religionen sind ja nicht mit einem Ethos des moralischen Universalismus verbunden, und nicht jeder moralische Universalismus ist religiös.

Max Weber hat in seiner bisherigen Argumentation also nicht von einem Differenzierungsprozeß gesprochen und hätte dies auch nicht plausibel tun können. Er redet vielmehr von einer Rationalisierung der Religion. Wenn darunter die Entwicklung zu einem moralischen Universalismus verstanden werden soll, ist der Gedankengang klar. Klärungsbedürftig ist dann aber weiterhin sehr wohl, warum diese Entwicklung den Anstoß dafür gegeben haben soll, daß verschiedene gesellschaftliche Sphären, wie es hieß, nach ihren Eigengesetzlichkeiten rationalisiert worden sein sollen. Warum soll Rationalisierung der Religion im Sinne eines moralischen Universalismus zwar selbst keinen Differenzierungsprozeß darstellen, aber Differenzierungen be-

58 Vgl. dazu die an Ernst Troeltsch anknüpfenden Überlegungen oben, Kap. 4, und: Hans Joas, *Kirche als Moralagentur?*, München 2016.

59 So argumentiert Walter G. Runciman, »The Diffusion of Christianity in the Third Century AD as a Case-Study in the Theory of Cultural Selection«, in: *Archives européennes de sociologie* 45 (2004), S. 3-21.

wirken? Gibt Weber dafür gute Gründe an oder entgrenzt er den Begriff Rationalisierung so, daß er deutlich mehr umfaßt als die Entstehung eines religiösen Ethos des moralischen Universalismus?

Damit stehen wir bei der Interpretation der »Zwischenbetrachtung« an dem Punkt, an dem Weber wirklich damit beginnt, einzelne gesellschaftliche Sphären unter dem Gesichtspunkt ihrer Eigengesetzlichkeit und dem ihres (sich vergrößernden) Zwiespalts mit den Forderungen religiöser Brüderlichkeit zu analysieren. Die Sphären, die Weber behandelt, sind Wirtschaft, Politik, Kunst, Erotik und Wissenschaft. Weder wird aber in irgendeiner Weise begründet, ob es nur diese Sphären gibt oder aus welchen theoretischen Gründen die Darlegungen sich auf die genannten beschränken – man könnte ja auch an das Recht oder den Sport denken –, noch erfahren wir, ob der Begriff der (Wert-)Sphäre einen bestimmten theoretischen Status hat und es überhaupt einleuchtet, der Erotik einen solchen Charakter zuzusprechen. Auf diese Problematik werde ich zurückkommen. Als Ordnungsprinzip Webers läßt sich zunächst erkennen, daß er die ökonomische und die politische Sphäre am Leitfaden der Eigengesetzlichkeiten des zweckrationalen Handelns analysiert, die ästhetische und die erotische Sphäre dagegen zu »jenen innerweltlichen Mächten des Lebens« rechnet, »deren Wesen von Grund aus arationalen oder antirationalen Charakters ist«.[60] Die jeweilige Spannung der Religiosität zu diesen »Sphären« muß deshalb unterschiedlich sein. Noch anders scheint sie für Weber »zum Reich des denkenden Erkennens«[61] auszufallen. Es ist zu prüfen, ob die Unterschiedlichkeit dieser Spannungsverhältnisse es überhaupt zuläßt, in ihnen jene Gemeinsamkeit festzustellen, die Webers Rede von Rationalität und Rationalisierung impliziert.

Weber beginnt die Durchmusterung mit der ökonomischen

---

60 Weber, »Zwischenbetrachtung«, S. 554.
61 Ebd., S. 564.

Sphäre, da ihm hier der Zwiespalt mit den Forderungen der Brüderlichkeitsethik bei zunehmender Rationalisierung am offensichtlichsten scheint. Wie Weber in seiner systematischen Religionssoziologie[62] die Diesseitsorientierung für alle Religion vor der Entstehung von Erlösungsreligionen für typisch erklärt hatte, so erwähnt er auch jetzt, daß die Mehrung des eigenen Wohlstands auf dieser Stufe religiöser Entwicklung durchaus zu den selbstverständlich akzeptierten Zielen religiösen Handelns gezählt habe. Mit den Erlösungsreligionen tritt aber in dieser Hinsicht ein Bruch ein. Weber führt hier nicht eigentlich aus, worin dieser Bruch besteht; seine Behauptung ist aber völlig plausibel, wenn wir an die intensivere Moralisierung des Handelns hinsichtlich der ihm zugrundeliegenden Gesinnungen und an den moralischen Universalismus denken, der den Genuß des eigenen Wohlstands schwierig macht, wenn dieser auf Kosten anderer geht oder von diesen nicht geteilt wird. Weber betont weniger diese prinzipielle Spannung zwischen Brüderlichkeitsethik und individueller Wohlstandsmehrung und mehr die Zunahme dieser Spannung durch die fortschreitende Rationalisierung der Wirtschaft. Sachliches, an Geldpreisen orientiertes und auf Markterfolg zielendes wirtschaftliches Handeln löse sich prinzipiell von persönlichen Beziehungen und deren ethischer Regulierbarkeit ab. »Der Kosmos der modernen rationalen kapitalistischen Wirtschaft wurde daher, je mehr er seinen immanenten Eigengesetzlichkeiten folgte, desto unzugänglicher jeglicher denkbaren Beziehung zu einer religiösen Brüderlichkeitsethik.«[63] Diese Aussage klingt nicht mehr nach einer bloßen, von Kausalitätsannahmen freien Typologie. Vielmehr wird in ihr die Geschichte des Kapitalismus als die Entfaltung der inneren Gesetzmäßigkeiten rationalen wirtschaftlichen Handelns gedeutet. Der Gedanke eines *zunehmenden* Zwiespalts zur Brüderlichkeits-

62 Max Weber, *Religiöse Gemeinschaften*, in: *Max-Weber-Gesamtausgabe*, Abt. I, Bd. 22.2, S. 121.

63 Weber, »Zwischenbetrachtung«, S. 544.

ethik hängt an dieser Unterstellung einer *zunehmenden* Unpersönlichkeit der wirtschaftlichen Zusammenhänge. Der Versuch zur Beeinflussung dieser unpersönlichen Zusammenhänge kann für Weber nur zur »Hemmung der formalen Rationalität«[64] führen, zum Konflikt zwischen formaler und materialer Rationalität. Hier tut sich natürlich eine Welt von Fragen auf. Es kann keineswegs als offensichtlich gelten, daß ungehemmte formale Rationalität der Königsweg zur Entwicklung der ökonomischen Sphäre ist. Die Einbringung von Gesichtspunkten materialer Rationalität – etwa im Wohlfahrtsstaat – kann die langfristige Entwicklung der Wirtschaft sogar fördern. Ebenso darf die Unpersönlichkeit real existierender kapitalistischer Wirtschaften gewiß nicht überschätzt werden.

Aber die Fragen einer adäquaten Kapitalismustheorie müssen hier am Rande bleiben. Richtig ist gewiß, daß die »Erlösungsreligionen« – mit Weber zu sprechen – »mit tiefem Mißtrauen« auf die Entfaltung der »brüderlichkeitsfeindlichen ökonomischen Mächte« geblickt und »die Warnung vor dem Haften an Geld und Gut bis zur Perhorreszierung gesteigert«[65] haben. Da die religiösen Gemeinschaften und ihre Mitglieder aber selbst den wirtschaftlichen Notwendigkeiten nicht entgehen können, werden sie sich zu vielfältigen Kompromissen gezwungen sehen, wofür Weber auf die Geschichte der Zinsverbote verweist.[66] Konsequent an den religiösen Forderungen haben sich immer nur religiöse »Virtuosen« orientiert, so die Mönche durch das Gelübde der Armut, das heißt den Verzicht auf Individualbesitz und die »Einschränkung der Bedürfnisse auf das absolut Unentbehrliche«.[67] In dieser Askese steckt insofern eine Para-

64 Ebd.

65 Ebd., S. 545.

66 An Max Weber anknüpfend und dessen Gedächtnis sein Buch sogar widmend, ist dieser Geschichte näher nachgegangen: Benjamin Nelson, *The Idea of Usury. From Tribal Brotherhood to Universal Otherhood* (1949), Chicago 1969 (erweiterte Ausgabe).

67 Weber, »Zwischenbetrachtung«, S. 545.

doxie, als sie für das Kollektiv der Mönche – das einzelne Kloster, den ganzen Orden – oft zu beträchtlichem Wohlstand führte, jedenfalls aber die Grundsätze rationalen Wirtschaftens für das Kollektiv zu berücksichtigen waren. In seiner bewußt überspitzenden typologischen Vorgehensweise erklärt Weber nur zwei Wege zur Auflösung der Spannung zwischen universalistischer Brüderlichkeitsethik und rationaler Wirtschaft für konsequent: den »Liebesakosmismus des Mystikers«[68] einerseits, die puritanische Berufsethik andererseits. Mit dem schwierigen Begriff »Liebesakosmismus«[69] zielt Weber auf ein Liebesethos, das sich nicht nur im Sinne einer Universalisierung auf alle Menschen, auch die fernstehenden oder feindlich gesinnten, erstreckt, sondern die »Gestalt objektloser Hingabe an jeden Beliebigen, nicht um des Menschen, sondern rein um der Hingabe als solcher [...] willen«,[70] annimmt. Die puritanische Berufsethik wiederum beruht darauf, daß die Welt radikal entsakralisiert[71] und ihre Versachlichung für gottgewollt erklärt wurde. Weber sagt zu Recht, daß in der radikalen Version dieses Ethos ein »Standpunkt der Unbrüderlichkeit«,[72] der Unterschiedlichkeit des Gnadenstands, eingenommen wird, der den christlichen Universalismus der Liebe aufgibt und den Namen Erlösungsreligion nicht mehr verdient.

Webers Konstruktion präsentiert damit zwei und nur zwei Formen der Spannungsauflösung als konsequent, die aber beide die Spannung nicht konstruktiv auflösen, sondern lediglich einen der Spannungspole abschalten. Die radikale puritanische Ethik ist kein Universalismus der Liebe mehr; auch der Liebesakosmismus reißt die Individuen nicht eigentlich zum konkre-

---

68 Ebd., S. 546.

69 Robert Bellah hat diesem Begriff einen wichtigen Aufsatz gewidmet: Robert N. Bellah, »Max Weber and World-Denying Love«, in: *Journal of the American Academy of Religion* 67 (1999), S. 277-304.

70 Weber, »Zwischenbetrachtung«, S. 546.

71 Dazu ausführlicher in Kap. 4 dieses Buches.

72 Weber, »Zwischenbetrachtung«, S. 546.

ten anderen hin, sondern verbleibt im Selbstgenuß selbstloser Hingabe, für die Weber Baudelaires Wort von der »heiligen Prostitution der Seele«[73] bemüht. Meines Erachtens heißt dies, daß jede authentische Orientierung an einer universalistischen Moral und noch mehr an einem universalistischen Liebesethos sich gerade davor hüten muß, der Spannung ein für allemal in einer der beschriebenen Weisen entgehen zu wollen. Der – von Weber überstilisierte – Puritaner verzichtet auf den Universalismus; der Mystiker des Liebesakosmismus aber weigert sich, den Universalismus mit seinen weiterbestehenden partikularen Verpflichtungen zu balancieren – Verpflichtungen gegenüber Nahestehenden, die sich nicht in Luft auflösen oder selbstverständlich hinter den Verpflichtungen gegenüber Fernstehenden zurücktreten.[74]

Im nächsten Schritt wendet Weber sich den Spannungen zwischen universalistischer Brüderlichkeitsethik und den politischen Ordnungen zu. Für die Religionen vor der historischen Entstehung des Universalismus gab es an dieser Stelle kein Problem. Die Götter waren so partikular wie die Gemeinschaften, in denen sie verehrt wurden. »Das Problem entstand vielmehr erst mit Sprengung dieser Schranken durch universalistische Religionen, mit dem einheitlichen Welt-Gott also, und in voller Stärke da, wo dieser ein Gott der ›Liebe‹ sein sollte: – für die Erlösungsreligion auf dem Boden der Brüderlichkeitsforderung.«[75] Auf dem Hintergrund der Forschungen zur Achsenzeit, die ich im vorhergehenden Kapitel dargestellt habe, wird erkennbar, daß Weber hier zu rasch folgert. So richtig es ist, erst mit dem moralischen Universalismus von einer Spannung zu den politischen

73 Ebd. Die Stelle findet sich in: Charles Baudelaire, »Le Spleen de Paris« (1869), in: ders., *Sämtliche Werke/Briefe*, Bd. 8, München, Wien 1977, S. 113-307, hier S. 151. Es ist übrigens durchaus fraglich, ob Weber hier den Sinn von Baudelaire, der ja auf den Dichter zielte, trifft.

74 Dazu ausführlicher unter Bezug auf die Kirchen und ihre Haltung in migrationspolitischen Fragen: Joas, *Kirche als Moralagentur?*, S. 71-79.

75 Weber, »Zwischenbetrachtung«, S. 546.

Ordnungen der Welt zu sprechen, so problematisch ist es, den Universalismus ausschließlich im Monotheismus – statt in der Vorstellung von Transzendenz – am Werke zu sehen und das christliche Liebesethos als einzige Form des Universalismus zuzulassen, bei der die Spannung zwischen diesem und den partikularen Ordnungen »in voller Stärke« zum Durchbruch kommt.

Wie bei der ökonomischen Sphäre gilt Webers Hauptinteresse auch bei den politischen Ordnungen nicht eigentlich der Geschichte der religiösen Stellungnahme selbst, der politischen Ethik der Weltreligionen also, sondern der Rationalisierung dieser Ordnungen. Der Grund dafür ist seine Annahme, daß durch diese Rationalisierung eine in den Erlösungsreligionen angelegte prinzipielle Spannung zur Welt immer ausgeprägter wird. Was aber kann Rationalisierung der politischen Ordnungen heißen? Weber spricht zuerst von Bürokratie und Justiz, weil diese für ihn mit dem rationalen Kapitalismus die »Verunpersönlichung«[76] gemeinsam haben. Doch könnte man hier einwenden, daß es sich bei Verwaltung und Rechtspflege des Staates gerade nicht um Politik handele und eine Rationalisierung der Politik im engeren Sinn schwer vorstellbar sei. Es hängt dabei alles davon ab, was unter Politik verstanden wird. Rationalität bedeutet in ewigen Kämpfen um die Macht etwas anderes als in politischer Partizipation und in der steten Kommunikation über die beste Einrichtung des Gemeinwesens.[77] Weber läßt keinen Zweifel, daß sich für ihn die staatliche Rechtspflege und Verwaltung »letzten Endes unvermeidlich stets wieder an der sachlichen Pragmatik der Staatsräson reguliere: an dem absoluten – für jede universalistische Erlösungsreligion letztlich sinnlos erscheinenden – Selbstzweck der Erhaltung (oder Umgestaltung) der inneren und äußeren Gewaltverteilung«.[78] We-

76 Ebd., S. 547.

77 So könnte man die Differenz zwischen einem weberianischen und einem republikanischen Politikverständnis knapp charakterisieren.

78 Ebd.

ber formuliert ein »realistisches« Verständnis des Staates, der nach innen durch das Monopol legitimer Gewaltsamkeit definiert wird und nach außen an der Sicherung seiner selbst und der Mehrung seiner Macht orientiert ist.[79] Die Drohung mit Gewalt und der zumindest gelegentliche Einsatz von Gewaltmitteln sind dann aber unvermeidlich; Weber ist auch insofern realistisch, als er weiß, daß solche Drohung und solcher Einsatz selbst zur Erzeugung von Gegengewalt führen kann und führt. Vom Standpunkt einer universalistischen Brüderlichkeitsethik aus, kann der Rekurs auf Gewalt nur dann als legitim gelten, wenn für das staatliche Handeln selbst eine universalistische Rechtfertigung gefunden werden kann. Auf diese Versuche, die etwa für die französische und die amerikanische politische Ideengeschichte so zentral sind, geht Weber aber gar nicht ein.[80] Er sieht nur die Alternative zwischen einer blasphemischen Inanspruchnahme Gottes für die eigene Seite im Machtkampf oder »die gänzliche Ausschaltung alles Ethischen aus dem politischen Räsonnement als das Reinlichere und allein Ehrliche«.[81] Wenn er hinzufügt, daß den Erlösungsreligionen die Politik dann als besonders brüderlichkeitsfremd gelten muß, wenn sie sachlich berechnend und leidenschaftslos verfährt, zeigt sich wieder beunruhigend die Vieldeutigkeit seines Verständnisses von Rationalität. Warum soll für ein universalistisches Liebesethos ein fanatisierter, hochgradig emotionaler Partikularismus weniger anstößig sein als ein kühl kalkulierender? Weber neigt dazu, ab-

79 Die Literatur zu Webers Staats- und Politikverständnis ist riesig und soll hier nicht aufgelistet werden. Aus meiner eigenen Arbeit verweise ich auf die Auseinandersetzungen mit Webers Haltungen zu Imperialismus und Krieg in: Hans Joas, *Kriege und Werte. Studien zur Gewaltgeschichte des 20. Jahrhunderts*, Weilerswist 2000, v. a. S. 96-100; ders., Wolfgang Knöbl, *Kriegsverdrängung. Ein Problem in der Geschichte der Sozialtheorie*, Frankfurt/M. 2008, v. a. S. 164ff.

80 Dazu in den beiden in der vorhergehenden Anmerkung genannten Büchern die Ausführungen zu Durkheim bzw. den USA.

81 Weber, »Zwischenbetrachtung«, S. 548.

strakte Unpersönlichkeit im staatlichen Handeln und rationale Religion im Sinne eines moralischen Universalismus als einander besonders fremd gegenüberzustellen, obwohl der Universalismus doch auch für ihn seinen Gegner zunächst im bloßen moralischen Partikularismus hat.

Wie wenig selbstverständlich Webers Annahmen hier sind, zeigt sich ganz drastisch im nächsten Schritt seiner Argumentation, in dem er auf den Krieg zu sprechen kommt. Wenn die für den Staat konstitutive Gewaltandrohung im Außenverhältnis realisiert wird, passiert etwas, das Weber als weitere Steigerung der Rationalisierung der politischen Sphäre zu deuten scheint. Anders ist nicht zu begreifen, warum er gerade auch im Krieg den Zwiespalt von Brüderlichkeitsethik und sphärenspezifischer Rationalisierung besonders scharf ausgeprägt findet. Er nimmt an – unvermeidlich unter dem Eindruck des Weltkriegs –, daß dieser moderne, industrialisierte, strategisch hoch rationalisierte Krieg in zwei Hinsichten der religiösen Ethik nicht nur wie die ökonomische Sphäre als ihr radikal anderes entgegengesetzt ist, sondern auf ihrem eigenen Gebiet »als direkte Konkurrentin«[82] auftritt. Zum einen nämlich schaffe der Krieg »gerade in den modernen politischen Gemeinschaften ein Pathos und ein Gemeinschaftsgefühl« und löse »dabei eine Hingabe und bedingungslose Opfergemeinschaft der Kämpfenden und überdies eine Arbeit des Erbarmens und der alle Schranken der naturgegebenen Verbände sprengenden Liebe zum Bedürftigen als Massenerscheinung aus, welcher die Religionen im allgemeinen nur in Heroengemeinschaften der Brüderlichkeitsethik ähnliches zur Seite zu stellen haben«.[83] Einschränkend müßte hier hinzugefügt werden, daß sich das Erbarmen im Krieg keineswegs, wie von der universalistischen Brüderlichkeitsethik gefordert, auch auf die Menschen des Kriegsgegners zu erstrecken pflegt. Zum anderen, so Weber, könne der Krieg

82 Ebd.
83 Ebd.

dem Tod im Felde einen erlebten Sinn verleihen, wodurch »das Problem des ›Sinnes‹ des Todes in jener allgemeinsten Bedeutung, in welchem sich die Erlösungsreligionen mit ihm zu befassen veranlaßt sind, gar keine Voraussetzungen seiner Entstehung findet«.[84] Es ist natürlich eine empirische Frage, wie nahe dieses Bild vom Heldentod an der erfahrenen Wirklichkeit des einfachen Soldaten ist; hier sollte größte Skepsis gegenüber den Idealisierungen eines als sinnvoll erlebten Sterbens walten. Wichtig ist auch, daß Weber hier offensichtlich der Reflexion auf die Beantwortung von Sinnfragen eine Dimension der präreflexiven Erfahrung von Sinn vorschaltet, was in seiner Religionstheorie nicht durchgehend der Fall ist.[85] Gerade der Todesbezug und die tiefe existentielle Sinndimension des kriegerischen Sterbens machen den Krieg auch zur wichtigen Legitimationsquelle für Staaten und politische Verbände.

An dieser Stelle wechselt Weber von der anfänglichen Kontrastierung von sphärenspezifischer Rationalität und Brüderlichkeitsethik zu einer anderen Kontrastierung über, nämlich der von »Brüderlichkeitsreligiosität« und einer anderen Form von (neu entstehender) Sakralität. Wird das universalistische Ethos der Erlösungsreligion ernstgenommen, »muß die Brüderlichkeit der kriegsverbundenen Menschengruppe als bloßer Reflex der technisch raffinierten Brutalität des Kampfes entwertet scheinen und jene innerweltliche Weihe des Kriegstodes als Verklärung des Brudermordes«.[86] Damit entsteht aber ein ganz anderes Konkurrenzverhältnis als im Fall des rationalen Handelns in der ökonomischen und der politischen Sphäre. Dort war es die Konkurrenz zwischen dem universalistischen Ethos, das in außeralltäglichen Erfahrungen seine Grundlage hat, und dem alltäglichen rationalen Handeln; hier ist es die Konkurrenz zwischen zwei außeralltäglich fundierten Haltungen: »[...] ge-

84 Ebd.

85 Dazu oben, Kap. 4, S. 221f. und S. 248ff.

86 Weber, »Zwischenbetrachtung«, S. 549.

rade die Außeralltäglichkeit der Kriegsbrüderlichkeit und des Kriegstodes, welche er mit dem heiligen Charisma und dem Erlebnis der Gottesgemeinschaft teilt, steigert die Konkurrenz auf die äußerst mögliche Höhe.«[87] Weber scheint aber nicht deutlich genug zu erkennen, daß es sich hier um eine ganz andere Konkurrenz handelt als die, um die es ihm in der ökonomischen und politischen Sphäre zunächst ging; anders könnte er nicht von der extremen Steigerung derselben Konkurrenz reden. Es besteht auch ein Widerspruch zwischen der kurz zuvor geäußerten Behauptung, daß vor allem leidenschaftslose Sachlichkeit der Machtverfolgung als brüderlichkeitsfremd erlebt werde, und der These jetzt, daß die leidenschaftliche Kriegsbrüderlichkeit den Gegensatz auf die äußerst mögliche Höhe getrieben habe.

Wie in den Abschnitten über die ökonomische Sphäre fragt Weber nach den Möglichkeiten, die Spannung zwischen Universalismus und »Gewaltsamkeitspragma«[88] konsequent aufzulösen, und wieder findet er diese einerseits bei den Puritanern, wenn sie Gewalt zur Durchsetzung göttlicher Gebote für gerechtfertigt halten, und andererseits im »radikalen Antipolitismus der mystischen Heilssuche mit ihrer akosmistischen Güte und Brüderlichkeit«,[89] der Bereitschaft also, auch die andere Wange hinzuhalten, als größtem möglichen Gegensatz zum Ethos des Heldentums. Im Unterschied zur Behandlung der ökonomischen Sphäre, bei der Weber kein Interesse für die Formen des Kompromisses zeigte – eines Kompromisses, der doch unumgänglich ist, wenn die beiden angeblich konsequenten Formen unlebbar sind oder sich faktisch dem Spannungsverhältnis nur entziehen –, findet er auf politischem Gebiet diese Kompromißbildungen behandelnswert. Er nennt in diesem Zusammenhang den Einsatz von Gewalt gegen Ketzer aus Verantwortung für de-

87 Ebd.
88 Ebd.
89 Ebd.

ren Seelenheil oder für die Sache des Glaubens überhaupt in einem »heiligen Krieg« oder in Form eines auch auf Gewalt nicht verzichtenden Widerstandes von Gläubigen gegen die staatliche Unterdrückung ihres Glaubens. Von diesen altkirchlichen, calvinistischen und islamischen Formen setzt Weber scharf das Luthertum ab, das nur passive Resistenz zulasse und im übrigen »die Unbedenklichkeit des Gehorsams gegen die Weltobrigkeit auch da [bejahe], wo diese weltlichen Krieg befahl, weil sie, und nicht der Einzelne, die Verantwortung trage und weil die ethische Selbständigkeit der Ordnung der weltlichen Gewalt, im Gegensatz zur innerlich universalistischen (katholischen) Heilsanstalt, anerkannt wurde«.[90]

Weber weiß, daß die von ihm als einzig konsequent bezeichneten Formen in der Wirklichkeit nur von relativ marginaler Bedeutung waren und sich fast alle empirisch vorfindbaren Stellungnahmen der Religionen zum politischen Handeln als Kompromisse darstellen. Als »praktisch bedeutendster Typus«, der zugleich »das prinzipiell wichtigste Gegenbild gegen den Berufsgedanken der innerweltlichen Askese«[91] bildete, erscheint ihm das, was er als »organische Sozialethik« bezeichnet.

Für diese ist die ungleiche Verteilung des religiösen Charismas unter den Menschen der Ausgangspunkt, zugleich aber die Weigerung, aus dieser ungleichen Verteilung darauf zu schließen, daß deshalb auch Heil oder Erlösung nicht allen Menschen zukommen soll. »Ihre Sozialethik sucht daher eben diese Ungleichheit der charismatischen Qualifikationen in Verbindung mit der weltlichen ständischen Gliederung zu einem Kosmos berufsteilig geordneter gottgewollter Leistungen zusammenzubiegen, innerhalb dessen jedem Einzelnen und jeder Gruppe nach persönlichem Charisma und schicksalsbedingter sozialer und ökonomischer Lage bestimmte Aufgaben zufallen.«[92] Es

---

90 Ebd., S. 550.
91 Ebd., S. 551.
92 Ebd.

scheint mir offensichtlich, daß Weber mit dieser Beschreibung an Ernst Troeltschs Analyse der mittelalterlichen Sozialphilosophie, insbesondere des Thomas von Aquin, anknüpft.[93] Aber er spielt auch darauf an, daß im indischen Fall durch die Karma-Lehre aus einer vergleichbaren organischen Gesellschaftslehre ganz andere Konsequenzen hinsichtlich des individuellen Erlösungsstrebens gezogen wurden als im mittelalterlichen lateinischen Christentum. Damit baut er eine Brücke zu einem der wichtigsten Punkte seiner an die »Zwischenbetrachtung« anschließenden Hinduismus-Studie. Unmittelbar aber zeigt Weber, wie sich die verschiedenen, von ihm unterschiedenen Varianten – innerweltliche Askese, Liebesakosmismus, organische Sozialethik – wechselseitig wahrnehmen. Vom Standpunkt der organischen Sozialethik aus ist der »Heilsaristokratismus« der innerweltlichen Askese »die härteste Form der Lieblosigkeit und Unbrüderlichkeit« und die Mystik des Liebesakosmismus »nur egoistisches Mittel eigener Heilssuche«.[94] Umgekehrt erscheint die organische Sozialethik den Puritanern als Verzicht auf methodische Lebensführung und den radikalen Mystikern der Brüderlichkeit als Anpassung »an die Interessen der weltlich privilegierten Schichten«.[95] Die organische Sozialethik, so Weber keineswegs wertneutral, ertrage den Gedanken einer absoluten Sinnlosigkeit oder zumindest Unverständlichkeit der Welt nicht und denke die Welt deshalb als relativ rationalen Kosmos. Mit diesen Beschreibungen zielt Weber über das mittelalterliche Christentum hinaus gewiß auch auf das katholische Weltbild im ganzen.

Weber schließt die Analyse, die bei den Eigengesetzlichkeiten der politischen Sphäre begann, mit einer kurzen Reflexion auf das mögliche revolutionäre Potential der verschiedenen Varian-

---

93 Ernst Troeltsch, *Die Soziallehren der christlichen Kirchen und Gruppen*, Tübingen 1912, S. 286-358, v. a. S. 296-298.

94 Alle Zitate Weber, »Zwischenbetrachtung«, S. 552.

95 Ebd.

ten ab. Zuvor ordnet er noch die Frage, ob der ethische Wert eines Handelns mehr anhand der ihm zugrundeliegenden Gesinnung zu beurteilen sei oder mehr anhand der eintretenden Folgen, der Tatsache zu, daß in das rationale Handeln welcher Art auch immer eine Spannung zur Brüderlichkeitsethik eingelassen sei. Diese Behauptung steht in einem unklaren Verhältnis zur Rede von den Wertsphären; die Spannung scheint ihr zufolge ja über deren Unterscheidung hinaus gegeben. Für die möglichen revolutionären Wendungen der Brüderlichkeitsreligiosität sieht Weber wieder die beiden Möglichkeiten: den puritanischen Glaubenskrieg einerseits, eine radikale chiliastische Regelungsverneinung wie bei der Täuferrevolution andererseits. Die organische Sozialethik sei dagegen »überall eine eminent konservative, revolutionsfeindliche Macht«.[96]

Was sich bei der Behandlung des Krieges schon andeutete, daß nämlich die religiöse Brüderlichkeitsethik sich gerade auch in Konkurrenzverhältnissen zu anderen arationalen »Mächten des Lebens«[97] befindet und diese Spannungen nach eigener Auflösung verlangen, wird für Weber an zwei weiteren »Sphären« deutlich, der ästhetischen und der erotischen.

Webers Bemerkungen zur ästhetischen Sphäre sind äußerst knapp und extrem komprimiert. Es liegt ihnen dasselbe Schema der Unterscheidung eines Vor und eines Nach der Entstehung des moralischen Universalismus zugrunde, das aus der Erörterung der anderen Sphären vertraut ist, belastet durch die Annahme, daß die voruniversalistische Phase der Religionsgeschichte als magisch zu kennzeichnen sei. Allerdings fügt Weber Bemerkungen zur kollektiven Ekstase als wichtiger Form vorachsenzeitlichen religiösen Lebens hinzu. Entsprechend erwähnt er die enorme Bedeutung von Musik und Tanz für die frühe Religionsentwicklung ebenso wie die von »Idolen« und »Ikonen« oder von Bauwerken für die Rituale. Dabei ist ihm

96 Ebd., S. 553.
97 Ebd.

der Gesichtspunkt der Stilbildung durch die Stereotypisierung von Formen besonders wichtig. Mit der Entstehung einer universalistischen Brüderlichkeitsethik werden alle diese Formen als Träger magischer Wirkungen »nicht nur entwertet, sondern direkt verdächtig«.[98] Wieder redet Weber nicht nur von einer dadurch entstehenden prinzipiellen Spannung – jetzt zwischen Erlösungsreligion und »Kunst« –, sondern von einem zunehmenden Spannungsverhältnis, das nicht nur auf eine Intensivierung des Erlösungsverständnisses zurückgehe, sondern auch »auf die Entfaltung der Eigengesetzlichkeit der Kunst«.[99] »Die Kunst konstituiert sich nun als ein Kosmos immer bewußter erfaßter selbständiger Eigenwerte. Sie übernimmt die Funktion einer, gleichviel wie gedeuteten, innerweltlichen Erlösung: vom Alltag und, vor allem, auch von dem zunehmenden Druck des theoretischen und praktischen Rationalismus.«[100]

Wie beim Thema Kriegsbegeisterung in der Analyse der politischen Sphäre hebt Weber auch mit Blick auf die Kunst hervor, daß es um eine Konkurrenz zur Erlösungsreligion geht. Innerhalb eines solchen Konkurrenzverhältnisses kann es zu radikaler wechselseitiger Ablehnung ebenso kommen wie zum Versuch der Eingemeindung durch Bündnisschluß. Der Anspruch auf rein innerweltliche Erlösung durch künstlerische Produktion und ästhetische Erfahrung kann als solcher von keiner transzendenzbezogenen Religion einfach bejaht werden. Im Ästhetischen steckt eine unvermeidliche Spannung nicht nur zur Transzendenz, sondern zu allem Ethischen. Gerade weil ästhetische und religiöse Erfahrung miteinander verwandt sind, kann die ästhetische vom Standpunkt der religiösen aus als diabolische Ablenkung und »verantwortungslose Surrogatform des ersten religiösen Erlebens« erscheinen, Kunst überhaupt als »täuschendes Blendwerk, das Bildnis und Gleichnis

98 Ebd., S. 555.
99 Ebd.
100 Ebd.

religiöser Dinge rein als solches [als] Blasphemie«.[101] Gerade universalistische Massenreligionen hätten aber das Konkurrenzverhältnis eher in die Form von Bündnissen überführt, sich also der Kunst als Mittel der Propaganda bedient.

Der Abschnitt über die ästhetische Sphäre schwankt methodisch besonders deutlich zwischen dem Entwurf einer Typologie, die einen Überblick über die Formen des Verhältnisses von Kunst und Religion erlaubt, ohne irgendeine historische Tendenz zu wachsender Konkurrenz oder engerem Bündnis zu behaupten, und einer Theorie der Rationalisierung, der zufolge die Spannung zwischen Kunst und Religion zunehme, weil beide zunehmend ihren Eigengesetzlichkeiten folgten. »L'art pour l'art«, die Kunst um der Kunst willen, könnte wie eine Bestätigung der These von der wachsenden Eigengesetzlichkeit genommen werden. Doch vergeht dieser Eindruck gleich, wenn bewußt wird, daß es sich dabei nur um die Parole *einer* Richtung im Wettstreit künstlerischer Schulen gehandelt hat und kein Grund besteht, in ihr den Vorreiter der Kunstentwicklung insgesamt zu sehen. Es kann gerade der Ehrgeiz der Künstler sein, die starre Trennung der kulturellen Sphären in Frage zu stellen und zu überwinden. Aus der relativen Autonomie der Kunst können Bestrebungen zur Entdifferenzierung der kulturellen Sphären hervorgehen.

Bei der anschließenden Erörterung der erotischen Sphäre wiederholt sich diese Problematik. Völlig einleuchtend ist erneut der Nachdruck, den Weber auf die fundamentale Transformation der Ethik durch die Entstehung der Idee universeller Brüderlichkeit legt. Vor ihr ist Geschlechtsverkehr häufig auch Teil von Ritualen, die zu kollektiver Ekstase führen. In der kultischen Reinheit von Priestern scheint zwar bereits eine Ahnung von der dämonischen, ehe- und ordnungsgefährdenden Macht der Sexualität zu liegen. »Aber weiterhin war es dann allerdings

101 Ebd., S. 556.

nicht zufällig, daß die Prophetien und ebenso die priesterlich kontrollierten Lebensordnungen fast ohne jede bemerkenswerte Ausnahme den Geschlechtsverkehr zugunsten der Ehe reglementiert haben. Der Gegensatz aller rationalen Lebensregulierung gegen die magische Orgiastik und alle Arten irrationaler Rauschformen drückt sich darin aus.«[102] Hier geht es also wieder um das prinzipielle Spannungsverhältnis zwischen der religiösen Brüderlichkeitsethik der Erlösungsreligionen und einer Lebensmacht, die Ekstase und Erlösung außerhalb der Religion ermöglicht und verspricht. Wieder aber beläßt der Autor es nicht bei der Feststellung des prinzipiellen Spannungsverhältnisses oder einer Typologie der Konkurrenz- und Bündnisformen. Wie bei der Kunst hätte hier von religiöser Leibfeindschaft oder der Sakralisierung des Erotischen, von der erotischen als einer religiösen Erfahrung die Rede sein können. Weber steuert aber erneut auf seine These von der Erhöhung der Spannung zu, wieder für ihn verursacht durch Entwicklungen auf beiden Seiten. Im Fall der Sexualität nimmt Weber einen ursprünglichen bäuerlichen »nüchternen Naturalismus«[103] an, dem gegenüber erst die Sublimierung zu einer bewußt gepflegten Erotik überhaupt die Rede von einer »außeralltäglichen Sphäre«[104] rechtfertigt. Er behauptet sogar, daß in diesem Fall die Außeralltäglichkeit sich erst aus der »Hinwegentwicklung vom unbefangenen Naturalismus des Geschlechtlichen«[105] ergebe. Das könnte aus einer Unterschätzung der Wucht aller sexueller Erfahrung und ihres ordnungsgefährdenden Potentials resultieren und steht auch in einem möglichen Widerspruch zur These, die Weber kurz zuvor zu den Ursachen priesterlicher Keuschheit vorgetragen hatte.

Die These von der erst durch »Rationalisierung und Intellek-

102 Ebd., S. 557.
103 Ebd.
104 Ebd.
105 Ebd., S. 558.

tualisierung der Kultur«[106] bedingten Außeralltäglichkeit scheint Weber aber so wichtig, daß er den Stadien dieser Entwicklung ausführlicher nachgeht als bei allen anderen »Sphären« in diesem Text. Immerhin sich auf den Okzident beschränkend, ansonsten aber mit breitem Pinselstrich die Stellung der Erotik im antiken Griechenland, im christlichen Mittelalter und in der Renaissance nachzeichnend, zielt Weber auf das, was er »die letzte Steigerung des Akzents der erotischen Sphäre«[107] nennt. Er meint damit den Punkt, an dem die Ablehnung des Geschlechtlichen durch transzendenzbezogene Ethik umschlägt in die Vorstellung, daß gerade in ihm »eine innerweltliche Erlösung vom Rationalen«[108] liegen könne; dieser Umschlag aber werde eben durch die Steigerung des Rationalen nahegelegt. Besonders das Liebesethos in der Erlösungsreligion steigere diese Spannung, »weil die erotische Beziehung unter den angegebenen Bedingungen den unüberbietbaren Gipfel der Erfüllung der Liebesforderung: den direkten Durchbruch der Seelen von Mensch zu Mensch, zu gewähren scheint«.[109] Weber schwingt sich an dieser Stelle zu fast hymnischen Ausführungen über die Einswerdung mit einem anderen Menschen auf, die er eine so überwältigende Erfahrung nennt, daß sie »symbolisch«, ja er sagt »sakramental«[110] gedeutet werden muß. Es ist die Sprache der Mystik, die Weber für die Artikulation der Erfahrungen der Liebenden heranzieht, das Gefühl der Gewißheit, das doch unkommunizierbar bleibt,[111] »den kalten Skeletthänden rationaler Ordnungen ebenso völlig entronnen [zu sein, H. J.] wie der Stumpfheit des Alltages«.[112] Erst nach diesem Durchgang durch die Ge-

106 Ebd.

107 Ebd., S. 560.

108 Ebd.

109 Ebd.

110 Ebd.

111 So hatte bekanntlich William James die mystische Erfahrung gekennzeichnet. Vgl. dazu oben, Kap. 2, S. 66 und S. 102.

112 Weber, »Zwischenbetrachtung«, S. 561.

schichte der Sublimierung des Geschlechtlichen zu einer erotischen Wertsphäre kann Weber dann andeutungsweise wieder eine Typologie der Beziehungen zwischen religiöser Brüderlichkeitsethik und dieser Sphäre liefern. Sie reicht erneut von radikaler Ablehnung bis zum Quasibündnis. Abgelehnt wird die Erotik nicht aus der asketischen Herrschaftsabsicht über alles Naturale heraus, sondern wegen des Konkurrenzverhältnisses zwischen zwei Formen der Mystik, wie man sagen könnte: der »Gottinnigkeit«[113] und der Einswerdung mit dem Liebespartner. Aber psychologisch sei der erotische Rausch der religiösen Ekstase auch verwandt, was immer wieder zu einer »Surrogats- und Zusammengehörigkeitsbeziehung«[114] zwischen beiden führe.

Noch einem weiteren Bereich wendet sich Weber zu – nach der ökonomischen, der politischen, der ästhetischen und der erotischen Sphäre, ohne diesen allerdings auch als Sphäre zu bezeichnen. Er spricht vielmehr vom »Reich des denkenden Erkennens«.[115] Zu diesem sei die Spannung der Religiosität am größten und prinzipiellsten, wiederum aber erst nach der Entstehung der universalistischen Religionen. Vor dieser Entwicklungsstufe habe es »ungebrochene Einheit«[116] gegeben, etwa die intellektuelle Durchgestaltung eines konsistenten magischen Weltbildes in China. Danach gebe es zwar eine Fülle von Formen wechselseitiger Anerkennung von Religion und intellektueller Arbeit, etwa in Gestalt metaphysischer Spekulation. Wenn diese Religionen eine Lehre auszubilden versuchten, seien sie

113 Ebd.

114 Ebd., S. 563. Auch Ernst Troeltsch hat einen Sinn für dieses spezifische Spannungsverhältnis, was sich etwa bei seiner Erörterung des Aufstiegs des »Ideals der Virginität« im frühen Christentum zeigt. Er bezieht sich dabei auf »das naturgemäße Interesse starker Religiosität, die Konkurrenz der Erotik zu beseitigen, sei es durch strenge Zucht des Geschlechtstriebes, sei es durch Verschmelzung erotischer und religiöser Erregungen« (Troeltsch, *Soziallehren*, S. 100).

115 Weber, »Zwischenbetrachtung«, S. 564.

116 Ebd.

sogar auf solche rationale Apologetik angewiesen. Die Interessen der Priesterschaft an der Weitergabe ihrer Lehre wirkten ebenso in diese Richtung wie »die innerliche Nötigung durch den rationalen Charakter der religiösen Ethik und das spezifisch intellektualistische Erlösungsbedürfnis«.[117] In diesem Fall schildert Weber weder die typologisch möglichen Formen des Umgangs mit der Spannung von Glauben und Wissen noch die Stadien einer Entwicklung, die zum gegenwärtigen Stand der Dinge geführt hat. Er nimmt allerdings in Anspruch, daß das rationale empirische Erkennen, also die moderne Wissenschaft, die Welt »entzaubert«, das heißt in einen kausalen Mechanismus verwandelt habe, was einen Bruch mit der Vorstellung eines ethisch sinnvoll geordneten Kosmos darstelle.[118] Wie ich im vierten Kapitel dieses Buches argumentiert habe,[119] beschreibt dieser Gedankengang aber weder das Weltbild der Wissenschaft noch gar das der Menschen, die ihr Leben in einer von Wissenschaft geprägten Welt führen. Die Kritik an Webers Rede von der Entzauberung soll hier nicht wiederholt werden. Nur durch Webers entsprechende Hintergrundannahmen wird allerdings verständlich, warum er auch in der »Zwischenbetrachtung« (wie im Vortrag »Wissenschaft als Beruf«) behauptet, daß jede Religion an irgendeiner Stelle das »Opfer des Intellekts« fordern müsse.[120]

Die Überlegungen zu den Spannungsverhältnissen zwischen der »Welt« und den Forderungen einer universalistischen religiösen Brüderlichkeitsethik werden von Weber, der Aufgabenstellung der »Zwischenbetrachtung« entsprechend, nun keineswegs zu einer Theorie der fortschreitenden Differenzierung der Wertsphären zusammengefaßt, obwohl es in der Tat vielerlei Bemerkungen gab, die von zunehmender Orientierung an Ei-

117 Ebd., S. 565.
118 Vgl. ebd., S. 564.
119 Vgl. oben, Kap. 4, S. 230ff.
120 Ebd., S. 251f., einschließlich Anm. 194.

gengesetzlichkeiten und wachsenden Spannungsverhältnissen sprachen. Webers Zielrichtung ist jedenfalls hier eine andere. Er setzt noch einmal tiefer an und überlegt, wie überhaupt die Frage aufkommen konnte, ob der Weltverlauf insgesamt »ein irgendwie sinnvoller Vorgang sei«.[121] Nicht für alle Religion ist die Theodizee-Problematik damit konstitutiv, wohl aber auf der Stufe der Religionsentwicklung, auf der überhaupt das Wohl aller Menschen und der ganzen Welt in den Blick tritt. Für Weber tendiert die rationale Bearbeitung dieser Frage zu einer fortschreitenden »Entwertung der Welt«,[122] weil eben eine Lösung des Problems bei Beschränkung auf diese Welt, ohne Transzendenz, aussichtslos scheint. Die möglichen Lösungen dieser Problematik, etwa die Lehre von der Sündhaftigkeit der Welt als Ursache des Leidens, mußten dann die irdischen Güter weiter entwerten, und gerade auch die Idee zeitlos gültiger Werte mußte »die ethische Verwerfung der empirischen Welt wiederum weiter steigern«.[123] Noch weiter gesteigert werde diese Tendenz, wenn insbesondere die höchsten Kulturgüter unter Anklage gebracht würden, weil gerade sie aus sozialen Bedingungen hervorgingen, die unter dem strengen Blick der Brüderlichkeitsethik nicht bestehen könnten: aus Staaten mit ihren Gewalttaten, einer Wirtschaft der Lieblosigkeit, einer als Liebe nur verhüllten egoistischen Genußsucht, einer sinnzerstörenden und elitär sich formierenden Wissenschaft. Schließlich könne unter dem Gesichtspunkt des Todes, wie ihn die Erlösungsreligionen allem innerweltlichen Erlösungsstreben entgegenhalten, kein Streben nach Kulturgütern bis zu einem Punkt führen, der dem Leben ein sinnvolles Ende setzt. Damit aber wird die Welt zur »Stätte der Unvollkommenheit, der Ungerechtigkeit, des Leidens, der Sünde, der Vergänglichkeit, der notwendig schuldbelasteten, notwendig mit immer weiterer Entfaltung und Differenzierung

121 Weber, »Zwischenbetrachtung«, S. 567.
122 Ebd., S. 567.
123 Ebd., S. 568.

immer sinnloser werdenden Kultur«.[124] Auf diese Entwertung der Welt durch fortschreitende Rationalität der Ethik, des Denkens, der Organisation, der Erlebnisreflexion, mit der »Herauspräparierung der spezifischen Eigenart jeder in der Welt vorkommenden Sondersphäre« reagiere die Religion, indem sie immer »unweltlicher, allem geformten Leben fremder«[125] werde. So führt Webers Gedankengang zu einer eindeutigen These hinsichtlich der Religion. Man könnte diese die These von der Ortlosigkeit der Religion in der durch Rationalisierung geprägten differenzierten Kultur nennen. Es gibt bei Weber kein Pathos der endgültigen Überwindung der Religion, aber auch keinen Hinweis auf die Bedingungen ihrer authentischen Vitalität in der Gegenwart.

Die »Zwischenbetrachtung« endet nicht mit dieser These, sondern mit einer Typologie möglicher Lösungen des Theodizee-Problems. Konsequent erscheinen Weber der radikale Dualismus des Zarathustra, in dem auf die Allmacht Gottes verzichtet wird, der Prädestinationsglaube Calvins, der auf die Güte Gottes verzichtet, und die indische Intellektuellen-Religiosität. Damit ist die Brücke zwischen den Studien zum asketischen Protestantismus und denen zum Hinduismus und Buddhismus endgültig geschlagen.

Was aber zeigt nun dieser Versuch, Webers Text unter versuchsweiser Einklammerung seiner enormen Wirkungsgeschichte sprechen zu lassen – ein Versuch, der nicht nur davon abzusehen hat, daß eine Theorie des Zusammenhangs von Rationalisierung und funktionaler Differenzierung seit der Entstehung der Modernisierungstheorie in den westlichen Sozialwissenschaften nach dem Zweiten Weltkrieg zum Kernbestand dieser Wissenschaften gehört, sondern auch dem Klassiker Weber seinen kanonischen Status erst verliehen hat? Er zeigt zunächst, daß in dem Text in seiner enormen Verknappung und Thesen-

124 Ebd., S. 571.
125 Ebd.

fülle viele der verwendeten Begriffe, auch die zentralen, recht unklar und ungeklärt verwendet werden. Das bestreiten auch die führenden Interpreten Webers nicht. Was genau meint Weber, wenn er von einer »Wertsphäre« spricht? Wie verhält sich dieser Begriff zu dem ebenfalls auftauchenden Begriff der »Lebensordnung«? Was bedeutet »Eigengesetzlichkeit« in diesem Zusammenhang, vor allem, welcher kausale Anspruch ist mit der Rede von einer Eigengesetzlichkeit der Wertsphären verbunden? Liegt der Auflistung der behandelten Wertsphären eine latente Systematik zugrunde? Ist es überhaupt überzeugend, die ökonomische Sphäre eine Wertsphäre zu nennen? Durfte das Recht als Wertsphäre fehlen? Zu jeder dieser Fragen enthält die Forschungsliteratur kluge Antworten, die typischerweise die Gestalt konstruktiver Korrekturen annehmen.[126] So liefert Wolfgang Schluchter die bei Weber fehlende Definition der Wertsphären, wenn er von »überindividuellen Sinnzusammenhängen« spricht, die »als Lebensordnungen institutionalisiert und als Handlungsorientierungen internalisiert«[127] sind, und bemüht sich auch um die Erzeugung einer Systematik der Wertsphären. Einen umfangreichen Versuch zur Systematisierung und Bereinigung von Inkonsistenzen hat auch Thomas Schwinn vorgelegt. Wie schon erwähnt, hält Niklas Luhmann nur eine Übersetzung der Überlegungen aus der »Zwischenbetrachtung« in die Sprache der Systemtheorie für ertragreich. Auch bei ihm ist zwar das erklärte Ziel, Webers Überlegungen grundsätzlich

126 Neben den hier bereits genannten Arbeiten von Schluchter, Schwinn und Brubaker ist besonders zu denken an: Hartmann Tyrell, »Max Weber: Wertkollision und christliche Werte«, in: *Zeitschrift für Evangelische Ethik* 37 (1993), S. 121-138; Günter Thomas, *Implizite Religion. Theoriegeschichtliche und theoretische Untersuchungen zum Problem ihrer Identifikation*, Würzburg 2001, S. 84-98. Eine originelle These zu Einflüssen auf Webers »Zwischenbetrachtung« liefert Elisabeth Flitner, »Vom Kampf der Professoren zum ›Kampf der Götter‹. Max Weber und Eduard Spranger«, in: *Zeitschrift für Pädagogik* 44 (1998), 6, S. 889-906.

127 Schluchter, *Grundlegungen der Soziologie*, S. 308.

zu bewahren, die Form, die seine »Übersetzung« annimmt, entfernt sich aber faktisch weit von allem, was Weber behauptet hat.[128] Bei dem Theologen Günter Thomas dient Max Webers Text dazu, »implizite Religion«, das heißt funktionale Äquivalente zur Religion in modernen, funktional differenzierten Gesellschaften – etwa in Kunst oder Erotik – zu identifizieren. An allen diesen Arbeiten erstaunt erneut, wie schon im Fall des Entzauberungsnarrativs, eine relativ apologetische Haltung der Interpreten: Wenn etwas in Webers Text fehlt, wird versucht, dieses in anderen Teilen seines weitgespannten, aber oft fragmentarischen Werks zu finden. Viele Behauptungen Webers werden wie unbestrittene Tatsachen genommen; eine Identifikation mit Webers Intentionen überwiegt, obwohl das Verständnis dieser Intentionen Anlaß zu hitzigen Kontroversen gibt. Den systematisch eigenständigsten und anspruchsvollsten Versuch einer Anknüpfung an Weber und seine »Zwischenbetrachtung« sehe ich bei Jürgen Habermas.[129] Er teilt mit Weber die Idee, die Weltgeschichte am Leitfaden einer Theorie der Rationalisierung zu analysieren. Aber er weicht von Weber völlig ab, weil seinem Verständnis von Rationalisierung ein anderes Verständnis von Rationalität zugrunde liegt – eine Theorie kommunikativer Rationalität.[130] Was von Webers Verständnis von Rationalität her sich als *paradoxer* Charakter gesellschaftlicher Rationalisierung darstellt, wird von Habermas deshalb als deren *partieller* Charakter beschrieben. Webers Gedanke – der sich dann auf die linke Kulturkritik des zwanzigsten Jahrhunderts so stark auswirken sollte –, »daß in der Ausdifferenzierung der Eigengesetzlichkeit

128 In dieser Hinsicht stimme ich Schluchter und Schwinn völlig zu.

129 Habermas, *Theorie des kommunikativen Handelns*, Bd. 1, S. 225-366, v. a. S. 320-331.

130 Zu meiner Auseinandersetzung damit vgl. Hans Joas, »Die unglückliche Ehe von Hermeneutik und Funktionalismus«, in: Axel Honneth, Hans Joas (Hg.), *Kommunikatives Handeln. Beiträge zu Jürgen Habermas' ›Theorie des kommunikativen Handelns‹*, Frankfurt/M. 1986, S. 144-176; ders., *Die Entstehung der Werte*, Frankfurt/M. 1997, S. 274-291.

kultureller Wertsphären selbst schon der Keim der Zerstörung für die Rationalisierung der Welt, die sie doch ermöglicht, angelegt ist«, behalte seine Plausibilität »nur so lange, wie Weber für den moralisch-praktischen Rationalitätskomplex eine auf der Augenhöhe von moderner Wissenschaft und autonomer Kunst säkularisierte Form der religiösen Brüderlichkeitsethik, eine von ihrer erlösungsreligiösen Grundlage entkoppelte kommunikative Ethik *nicht* in Betracht zieht, sondern allgemein auf die Spannungsverhältnisse zwischen Religion und Welt fixiert bleibt«.[131] In aller Deutlichkeit spricht Habermas hier aus, daß ihm der moralische Universalismus der Erlösungsreligionen als vollkommen säkularisierbar erscheint, daß die Theorie kommunikativer Rationalität nichts anderes beansprucht, als ebendiese säkulare Philosophie des moralischen Universalismus zu sein, und daß auf dieser Grundlage eine Theorie umfassender Rationalisierung an Weber anknüpfen, aber diesen auch überwinden kann.

Keinem der damit knapp charakterisierten Wege soll hier gefolgt werden. Für mich ergibt sich aus meinen Überlegungen zur »Zwischenbetrachtung«, daß es problematisch ist, an Webers Verständnis von »Rationalisierung« in orthodoxer, systemtheoretisch transformierter oder kommunikationstheoretisch revidierter Form anzuknüpfen. Ausschließlich unter Bezug auf die »Zwischenbetrachtung« soll diese Aussage hier plausibel gemacht werden.

Blicken wir auf Webers Text zurück, so erscheint es als eindeutig, daß Weber in der Entstehung einer universalistischen religiösen Brüderlichkeitsethik den zentralen Einschnitt in der Religionsgeschichte der Menschheit sieht. Wie ich im fünften Kapitel gezeigt habe, spricht sehr viel für Webers Annahme, und ich sehe keinen Grund, ihm in dieser Hinsicht vom heutigen Wissensstand aus zu widersprechen. Für Weber ergab sich dieser Einschnitt aus einer »Rationalisierung« der Religion, die für ihn durch Entmagisierung, Ethisierung und innere Syste-

131 Habermas, *Theorie des kommunikativen Handelns*, Bd. 1, S. 331.

matisierung gekennzeichnet ist.[132] Er zielt mit diesen Kennzeichnungen auf dieselben Sachverhalte, die in den Diskussionen über die »Achsenzeit« als ein Syndrom von moralischem Universalismus, Reflexivität und Transzendenzerfahrung bestimmt werden. Auf einen ersten Unterschied zwischen Weber und den Ergebnissen der Achsenzeitforschung wurde schon im vorangehenden Kapitel aufmerksam gemacht. Die Achsenzeitforschungen machen sich frei von der Einengung der Frage nach der Entstehung eines »okzidentalen« Rationalismus. Die Perspektive auf China und Indien ist bei ihnen nicht geleitet von der Frage, warum es dort nicht zu etwas kam, was als »okzidentaler Rationalismus« bezeichnet wird. Vielmehr wird gefragt, welche anderen Formen des moralischen Universalismus, der Reflexivität oder des Transzendenzbezugs dort entstanden. Bei einer Betrachtung von Webers »Zwischenbetrachtung« ist aber nicht dies entscheidend, sondern die Frage, was aus der veränderten Perspektive für die Vorstellung einer von Rationalisierung induzierten Spannung zwischen den Wertsphären folgt. Nun hat die mikroskopische Lektüre von Webers Text ergeben, daß das, was Weber hier behandelt, nicht ein einziger Typus von Spannungsverhältnis ist, sondern es sich statt dessen um vier ganz unterschiedliche Typen von Spannungsverhältnissen zu handeln scheint:

1. Das erste Spannungsverhältnis hat seine Grundlage in der Spannung, die zwischen dem Sakralen und dem Profanen, dem Außeralltäglichen und dem Alltäglichen immer schon lag, durch die Entwicklung des (ethisch indifferenten) Sakralen zum (ethisch positiven und propositional definierbaren) »Ideal« aber enorm gesteigert wurde. Es ist die Spannung zwischen Ideal und Wirklichkeit oder, wenn die Ideale durch eine Reflexivierung des Sakralen in der Transzendenz lokalisiert werden, zwischen dem Transzendenten und dem Mundanen.

132 Zu Belegen und ihrer Interpretation vgl. oben, Kap. 4, v. a. S. 219f. und S. 227ff.

2. Das zweite Spannungsverhältnis ist das zwischen moralischem Universalismus und moralischem Partikularismus, zwischen der Orientierung an dem, was gut ist nicht nur für die Angehörigen der eigenen Sippe, des eigenen Volks, des eigenen Staats oder der eigenen Religionsgemeinschaft, sondern für alle Menschen, sogar die der Zukunft.[133]

3. Das dritte Spannungsverhältnis besteht zwischen der Orientierung an den Werten des moralischen Universalismus und einer bloßen instrumentellen Rationalität, wie sie dem rationalen Handeln im engeren Sinn der Mehrung des eigenen (oder eines sonstigen) Nutzens in Wirtschaft und Politik zugrunde liegen kann.[134]

4. Das vierte Spannungsverhältnis besteht zwischen konkurrierenden Quellen für die Erfahrung der Selbsttranszendenz, also etwa zwischen ästhetischer und religiöser Erfahrung, zwischen erotischer und religiöser Erfahrung, zwischen der Ekstase von Gewalttaten und der religiösen Ekstase sowie zwischen den aus Erfahrungen der Selbsttranszendenz erwachsenden Sakralisierungen. Diese müssen keineswegs den Charakter stabilisierter Wertsphären annehmen.[135] Aus diesem Spannungsverhältnis folgen die Versuche institutionalisierter Religionen, Ästhetik, Erotik, Gewalt und Rauschmittel entweder ins religiöse Leben zu

---

133 Auf mögliche Implikationen dieses Ethos für die Erinnerung an Opfer der Vergangenheit oder für die Bedürfnisse nichtmenschlicher Lebewesen gehe ich hier nicht ein.

134 Das macht die Frage, ob es sich bei der »ökonomischen Wertsphäre« Webers überhaupt um eine »Wertsphäre« handelt, höchst relevant. Vgl. dazu Brubaker, *Limits*, S. 86; Tyrell, »Max Weber«, S. 124; Schwinn, *Differenzierung*, S. 185-198.

135 Einen hochinteressanten Einwand gegen die Rede von »Wertsphären« hat bereits Karl Mannheim vorgetragen, wenn er schreibt, daß »auch das Auftreten bestimmter Wertsphären wie ihr jeweils konkreter Aufbau nur aus der konkreten Situation und dem Erlebnisstoff verstehbar« seien. Vgl. Karl Mannheim, *Ideologie und Utopie* (1929), Frankfurt/M. [6]1979, S. 74.

integrieren oder umgekehrt auszugrenzen und als dämonisch, das heißt negativ sakral, zu verdammen.

Für diese verschiedenen Typen von Spannungsverhältnissen, die alle in Webers »Zwischenbetrachtung« eine Rolle spielen, scheinen mir die Begriffe der Rationalität und der Rationalisierung, auch wenn sie als wertsphärenspezifische genommen werden, nicht wirklich geeignet. Die Begriffe nehmen eine extreme, verwirrende, nicht mehr beherrschbare Vieldeutigkeit an. Dasselbe gilt für die von ihnen produzierten Gegenbegriffe des Arationalen, Nichtrationalen, Antirationalen. Reflexivierung des Sakralen, Universalisierung des Moralischen, Steigerung des Instrumentalen, Raffinierung des Ästhetischen oder Sublimierung des Erotischen sind unterschiedliche Prozesse. Sie können zueinander in den verschiedensten Verhältnissen der Konkurrenz und der Allianz stehen.

Mit seiner Konstruktion einer Typologie der Spannungsverhältnisse scheint Weber durchaus selbst in diese Richtung gezielt zu haben. Aber mit seiner Redeweise von Rationalität und Rationalisierung hat er den möglichen Gewinn des typologischen Vorgehens gleich wieder verschenkt. Zumindest belastet er die Aussagen über Konkurrenzen und Allianzen laufend mit Behauptungen über die Steigerung von Spannungsverhältnissen durch steigende wertsphärenspezifische Rationalisierungen. Dabei sind die behaupteten Richtungspfeile in vielen Fällen von Weber nicht nachgewiesen und auch gar nicht nachweisbar. Es ist Zeit, sich von den Denkzwängen des gefährlichen Prozeßbegriffes »Rationalisierung« und auch von seiner Verknüpfung mit den Denkzwängen der Differenzierungstheorie zu befreien.

Konsequenzen

Die Konsequenz aus diesen Überlegungen ebenso wie die theoretische Alternative, von der bisher nur knapp die Rede war, ist deshalb zunächst in doppelter Weise zu charakterisieren. Zum einen führt die Skepsis gegenüber den gefährlichen Prozeßbegriffen dazu, eine Abstraktionsstufe niedriger anzusetzen, als es die Theorien funktionaler Differenzierung, Rationalisierung und Modernisierung tun. Wie Charles Tilly und andere große Repräsentanten der historischen Soziologie ziele ich auf die Ebene historisch spezifischer Prozesse der Organisation von Wirtschaft und Politik, allerdings auf einem viel breiteren handlungstheoretischen Fundament, als es bei denjenigen der Fall ist, die im wesentlichen von Modellen rationalen Handelns ausgehen. Solche Analysen der Konstellationen zwischen institutionell eingebetteten Prozessen bleiben aber der Vorstellung von der religionslosen Moderne verhaftet,[136] wenn sie nicht die Dynamik der immer neu entstehenden Sakralisierungen, das »Faktum der Idealbildung« – wie ich das nenne[137] –, in sich aufnehmen. An die Stelle der Vorstellung von linearen Prozessen der Säkularisierung oder Entzauberung muß die Analyse des Wechselspiels von Sakralisierung und Desakralisierung, eines Wanderns des Sakralen treten; an die Stelle von »funktionaler Differenzierung« und »Rationalisierung« die Analyse von ergebnisoffenen Prozessen des Wechselspiels institutionalisierter Handlungslogiken. Dabei sorgt die Sakralisierungsdynamik auch immer wieder für einen Umbruch und die Neuentstehung von Institutionen.

136 Zur Kritik an der Religionsverdrängung der historischen Soziologie: Philip Gorski, »The Return of the Repressed: Religion and the Political Unconscious of Historical Sociology«, in: Julia Adams, Elizabeth Clemens, Ann Orloff (Hg.), *Remaking Modernity. Politics, History, and Sociology*, Durham 2005, S. 161-189.

137 Hans Joas, *Die Sakralität der Person. Eine neue Genealogie der Menschenrechte*, Berlin 2011, S. 155f., sowie oben, Kap. 3 und 4.

Ich habe dieses Kapitel mit einem kurzen Rückblick auf das Verhältnis von Soziologie und Geschichte bei der Konstitution des Faches Soziologie begonnen und versucht, daraus für uns heute ein Anforderungsprofil für eine Soziologie zu entwickeln, die ein ähnliches Verhältnis zur universalhistorischen Forschung findet wie das, welches einmal für Weber und Durkheim kennzeichnend war. Fünf Merkmale scheinen mir für dieses Anforderungsprofil zu gelten: Eine solche Soziologie muß frei sein von der Fetischisierung einer homogenen Moderne, frei von säkularisierungstheoretischen Prämissen, frei von dem, was ich ein okzidentalozentrisches Weltbild nennen möchte. Sie muß sensibel sein für historische Kontingenz und muß schließlich ihre Stellung zu normativen Fragen aus dem »Faktum der Idealbildung« gewinnen. Um diesen Anforderungen gerecht zu werden, muß sie sich von gewissen Anlehnungen an die Naturwissenschaften befreien, auch von der Vorstellung fortschreitender funktionaler Differenzierung als eines *master trends* der Geschichte. All diese hier nur knapp formulierten Desiderata sind leitend für eine Alternative zur Geschichte von der Entzauberung.

Meine Ausführungen haben neben dieser Stoßrichtung, die das Fach Soziologie oder die Sozialwissenschaften insgesamt betrifft, aber auch noch eine religiöse Pointe. Die Vorstellung von der Religion als Wertsphäre einer Gesellschaft, gleichrangig mit allen anderen, oder als ein Funktionssystem, in Analogie zu all den anderen, ist ihrerseits säkularistisch. Religion hat Spezifika, aber diese liegen nicht in einer kulturellen Spezialisierung aufs Religiöse. Ihr Verhältnis zur Kultur insgesamt ist nicht das einer Kultursphäre zur anderen. Gläubige und ihre sozialen Organisationen erheben Ansprüche auf die Gestaltung aller Kultursphären und Funktionssysteme, wenn sie ihren Glauben ernst nehmen. Dies ist kein Plädoyer für religiösen Fundamentalismus oder Integralismus, da es unbestreitbar eine religiöse Lerngeschichte des Respekts vor anderen Wertsystemen und Glaubensformen sowie der Einsicht in die jeweils spezifische Funktionslogik von gesellschaftlichen »Teilsystemen« oder kulturellen »Wertsphären« gibt. Aber das Pathos universalistischer Religion und übrigens auch universalistischen säkularen Denkens fügt sich nicht ein in das Weltbild eines fortschreitenden Prozesses funktionaler Differenzierung. Ausmaß, Grad und Richtung dieses Prozesses sind selbst an den Idealen der Lebensführung und Weltgestaltung, religiösen und säkularen, zu messen.[138]

138 Ähnlich argumentiert Charles Taylor: »Daß die Aktivitäten eines bestimmten Bereichs ihre eigene innere Rationalität kennen und die ältere Form der religiös fundierten Normsetzung nicht mehr zulassen, bedeutet keineswegs, daß solche Tätigkeiten nicht nach wie vor stark durch den Glauben geprägt werden können.« (Vgl. ders., *Ein säkulares Zeitalter*, Frankfurt/M. 2009, S. 707 und auch S. 895.)

7
Das Heilige und die Macht
Kollektive Selbstsakralisierung und ihre Überwindung

Am Beginn dieses Buches stand die Auseinandersetzung mit David Humes klassischem Entwurf einer Naturgeschichte der Religion, das heißt mit einem der wirkungsmächtigsten Versuche, Religionen – wie sehr sie sich auch selbst als »übernatürlich« verstehen mögen – zumindest methodisch als menschliche Phänomene zu behandeln, als Ausdruck der menschlichen Natur und ihrer geschichtlichen Verwirklichungsformen. Was genau der Begriff »Religion« bedeutet und umfaßt, ist seit der Zeit dieser pionierhaften Leistung aus der Mitte des achtzehnten Jahrhunderts ebenso umstritten wie die Frage, was die menschliche Natur ausmacht und wie sich der Mensch als Naturwesen von anderen Lebewesen genau unterscheidet. Dem hermeneutischen Vorgehen dieses Buches entsprechend, wurden diese Fragen nicht einfach durch eigene definitorische Setzungen beantwortet. Die Chance dieses Vorgehens besteht ja darin, die Vielfalt und den Reichtum vergangener Denkversuche sensibel wahrzunehmen und sich auf die mannigfachen Gründe für unterschiedliche Bestimmungen ernsthaft einzulassen. Bei diesem Vorgehen wird auch unübersehbar, daß die jeweiligen Bestimmungen von »Religion« und »menschlicher Natur« bei den einzelnen Denkern nicht unabhängig voneinander sind. In die Darlegungen über die menschliche Natur fließen religiöse (oder antireligiöse) Vorstellungen ein, in die über Religion und ihr geschichtliches Schicksal anthropologische Annahmen.

Die konsequente Auffassung der Religion als eines menschlichen Phänomens kann Teil einer naturalistischen Religionskritik sein, muß es aber nicht. Wie sich in den ersten Kapiteln dieses Buches gezeigt hat, waren schon jüngere Zeitgenossen

Humes – wie Johann Gottfried Herder – bereit, den methodischen Schritt Humes mitzugehen, ohne aber damit dieselben religionsskeptischen oder religionskritischen Absichten zu verfolgen wie der große schottische Denker. Dieselbe Beobachtung, die wir hier bei den ersten Ansätzen zu einer empirisch fundierten Universalgeschichte der Religion gemacht haben, konnte in der Geschichte der Religionspsychologie und der Religionssoziologie gemacht werden. Zwischen den Extremen einer um die empirischen Tatsachen wenig besorgten dogmatischen Religionskritik und einer analogen Glaubensapologetik gibt es eine reichhaltige Wissenschaftsgeschichte, die von intensiven Wechselwirkungen zwischen Denkern vorangetrieben wird, deren Motive in religiöser Hinsicht oft konträr zueinander sind. Es gibt keine säuberlich zu trennenden Lager einer »kritischen« oder »apologetischen« Wissenschaft von der Religion – nicht in den hier behandelten Disziplinen, aber auch nicht im Verhältnis von Theologie und Religionswissenschaft. Solche pauschalisierenden Zuordnungen helfen nicht weiter; statt dessen muß es um Sachbehauptungen gehen und um gute Gründe für diese.

Wenn diejenigen, die die prinzipielle Legitimität religiösen Glaubens unter den Bedingungen eines von den Wissenschaften dominierten Zeitalters vertreten, sich der Herausforderung stellen wollen, die in einem »naturalistischen« Religionsverständnis steckt, dann genügt es nicht, biologisch begründeten Aussagen über den Menschen Glaubenssätze – wie den von der Gottebenbildlichkeit – entgegenzusetzen oder so zu tun, als könne man auf das naturale Stockwerk einfach ein zweites bauen, auf das bezogen dann von »Geist« und »Seele« des Menschen geredet werden dürfe.[1] Ähnlich unbefriedigend wie eine solche Vertei-

1 Die Metapher vom »zweiten Stockwerk« verdanke ich Matthias Jung. Vgl. ders., »Verkörperte Intentionalität – zur Anthropologie des Handelns«, in: Bettina Hollstein, Matthias Jung, Wolfgang Knöbl (Hg.), *Handlung und Erfahrung. Das Erbe von Historismus und Pragmatismus und die Zukunft der Sozialtheorie*, Frankfurt/M. 2011, S. 25-50, hier S. 25f. (»Anthropologische Schichtenmodelle, die das eigentlich Mensch-

digung des Glaubens ist eine Religionskritik, die in ihrem Menschenbild keinen Platz findet für Tatsachen, deren Gegebensein als unbestreitbar erscheint. Für meine Argumentation auf anthropologischer Ebene war vor allem eine solche Tatsache zentral, die ich als »Faktum der Idealbildung« bezeichne – die Tatsache also, daß Menschen in ihrem Zusammenleben wesentlich auch von Idealen geleitet sind, von Vorstellungen über das durch und durch Gute und das durch und durch Böse. Selbst diejenigen, die in Idealen nur Illusionen sehen, oder diejenigen, die Ideale für etwas halten, was den Menschen offenbart wurde und nicht von ihnen hervorgebracht ist, kommen um dieses Faktum der Existenz und des geschichtlichen Wandels von Idealen nicht herum. In mehreren Kapiteln dieses Buches war von der Entstehung intensiver affektiver Bindungen an solche Ideale in außeralltäglichen individuellen Erfahrungen oder in ekstatischen kollektiven körperlichen Praktiken die Rede. Für ein angemessenes Verständnis von Religion scheint mir in dieser Tatsache ein unkontroverses Fundament gefunden zu sein.

Was aber folgt aus der Tatsache des Vorhandenseins von Idealen für unser Verständnis des geschichtlichen Wandels solcher Ideale, der Geschichte der Religion oder säkularer Wertvorstellungen? Für eine Beantwortung dieser Frage hat die bisherige Argumentation, zumindest der Absicht nach, zwei positive und ein negatives Resultat erbracht. Positiv ergab sich erstens – vor allem in Anknüpfung an Ernst Troeltschs Geschichte des Christentums – die Einsicht in die enorme historische Vielfalt der Idealbildung sogar innerhalb einer einzigen religiösen Tradition und in die komplexen Wechselwirkungen zwischen religiösen Innovationen und den Versuchen, diesen institutionelle Gestalt zu geben. Zweitens wurde deutlich, daß es – wie die Forschungen über die sogenannte Achsenzeit demonstrieren – in der Geschichte der Menschheit an einzelnen Punkten zu einer

liche als zweites Stockwerk einem allgemein-biologischen Erdgeschoß aufsatteln [...].«)

fundamentalen Steigerung der Reflexivität derjenigen Prozesse kam, in denen etwas als »heilig« gefaßt wird. Strenggenommen führt erst diese Steigerung über die Ebene der vorreflexiven oder wenig reflexiven Sakralisierung hinaus zu »Idealen«, die sich über alle irdische Wirklichkeit erheben und zum Maßstab für deren normative Beurteilung werden. Neben die Tatsache der enormen historischen Variabilität der Idealbildung tritt damit die Tatsache, daß Menschen unter bestimmten Bedingungen zu einer Vorstellung von »Transzendenz« vorstoßen, die über alle innerweltliche »Sakralität« hinausweist. Zumindest im Sinne der *Existenz* von Transzendenzvorstellungen kann hier unleugbar von einer Tatsache gesprochen werden. Das negative Resultat liegt dort, wo sich das wohl einflußreichste Narrativ der Religionsgeschichte in unserer Zeit, nämlich Max Webers Geschichte von der »Entzauberung«, als zutiefst vieldeutig und insofern problematisch erwies. Keines der geschichtlichen Phänomene, auf die Weber mit seinem Begriff zielte, wird hier in Abrede gestellt, keines ist inexistent oder irrelevant. Aber der Zusammenhang zwischen diesen Phänomenen verliert, wenn wir die Vieldeutigkeit von Webers Begrifflichkeit durchschauen, seine Suggestivkraft. Gegen einen irreführenden und insofern gefährlichen Prozeßbegriff wie den der Entzauberung müssen dann – in Webers Werk ebenfalls angelegte – Konstellationsanalysen treten, die der Offenheit der Geschichte, auch und gerade der Religionsgeschichte, Rechnung tragen.

Somit ergeben sich drei Aufgaben für dieses abschließende Kapitel. Zuerst sollen die Gedanken zu einer Theorie der Sakralisierung und einer Anthropologie der Idealbildung, die sich über die bisherigen Ausführungen verstreut finden, in knapper Form systematisiert werden. Dann wird die Alternative zur Geschichte von der Entzauberung skizzenhaft dargelegt. Es versteht sich von selbst, daß dies hier nicht die Gestalt einer umfassenden Darstellung der Religionsgeschichte annehmen kann. Ich habe deshalb den Weg gewählt, ein einziges Phänomen in den Vordergrund zu rücken, das mir für die Geschichte der Religion wie die der Macht – und für die Geschichte der Fusionen von Religion und Macht – das zentrale zu sein scheint: die immerwährende Tendenz zur *kollektiven Selbstsakralisierung.* Bei der Behandlung von Émile Durkheims Religionstheorie im zweiten Kapitel und bei den Darlegungen über Transzendenzvorstellungen und moralischen Universalismus im fünften Kapitel war davon schon die Rede. Mit einer Skizze der Rolle kollektiver Selbstsakralisierung zunächst vor und dann nach der Entstehung des Staates und auch nach der Entwicklung von Transzendenzvorstellungen, die eine solche Selbstsakralisierung zu verbieten scheinen, soll die mögliche Fruchtbarkeit einer Alternative zur Geschichte von der Entzauberung gezeigt werden. Da sich in meinen Ausführungen schon bisher und erst recht dort, wo kollektive Selbstsakralisierung als Gefahr gedeutet und von ihrer notwendigen Überwindung gesprochen wird, ein normatives Urteil meldet, wird drittens kurz auf die normative Dimension der im wesentlichen empirisch gezielten Argumentation dieses Buches einzugehen sein.

Sakralisierung als anthropologisches Phänomen

Aussagen über die universelle Natur des Menschen bedürfen selbstverständlich der Approbation durch die biologische Forschung. Doch können grundlegende Bestimmungen des Menschenbildes keineswegs einfach den Vertretern des Faches Biologie überantwortet werden. Im Rückblick auf die Wissenschaftsgeschichte ließe sich leicht zeigen, wie sehr sich bis in die fachlichen Aussagen der Biologie hinein historisch relative Menschenbilder ausgewirkt haben. Auch wenn die körperliche Natur des Menschen die Grundlage für die Menschheitsgeschichte darstellt, heißt dies nicht, daß die Lebenswissenschaften deshalb das unumstrittene Fundament von Aussagen über den Menschen sind. Man könnte in Analogie zur Rede vom Vetorecht der Quellen für die historische Forschung[2] von einem Vetorecht der Biologie gegenüber anthropologischen Aussagen sprechen. Anthropologie ist, wenn dies zutrifft, deshalb nicht Grundlagenwissenschaft, sondern eine Dimension der »Selbstreflexion der Sozial- und Kulturwissenschaften auf ihre biologischen Grundlagen und ihre normativen Gehalte in bestimmten historisch-politischen Problemlagen«.[3] Alle Erwartungen, von der Biologie die endgültige Aufdeckung des Geheimnisses hinter aller Religion zu erhalten, sind schon aus diesem methodischen Grund irregeleitet. Jeder Versuch, aus Aussagen über die physiologischen Begleitprozesse religiöser Erfahrungen oder die evolutionäre Funktionalität (oder Disfunktionalität) religiöser Glaubensvorstellungen und Handlungen Urteile zur Geltung religiöser Rede abzuleiten, überzieht die Möglichkeiten der Biologie.

Es empfiehlt sich deshalb der umgekehrte Weg. Sein Ausgangspunkt kann natürlich nicht der Inhalt der religiösen Rede selbst sein, weil die Erwartung etwa eines anthropologischen Gottesbeweises ähnlich verfehlt wäre, wie es eine biologische Religionskritik ist. Selbst wenn sich zeigen ließe, daß der Mensch anthropologisch auf Religion hin angelegt ist, würde dies nicht rechtfertigen, sich einer »natürlichen« Tendenz hinzugeben, falls starke Gründe gegen diese sprächen. Ausgangspunkt hier ist deshalb keine einzelne Religion und noch nicht einmal Religion als solche, sondern nur, wie erwähnt, die Tatsache der Sakralisierung beziehungsweise Idealbildung. Angesichts dieser Tatsache aber ist zu fragen, was die anthropologischen Bedingungen ihrer Möglichkeit sind. Diese Weise des Fragens – nach den Bedingungen der Möglichkeit eines empirischen Phäno-

2 Reinhart Koselleck, *Vergangene Zukunft. Zur Semantik geschichtlicher Zeiten*, Frankfurt/M. 1989, S. 206.

3 Nach der Formulierung in: Axel Honneth, Hans Joas, *Soziales Handeln und menschliche Natur. Anthropologische Grundlagen der Sozialwissenschaften*, Frankfurt/M. 1980, S. 16.

mens – ist transzendentalphilosophischen Vorgehensweisen mit dem hier gewählten, von Pragmatismus und Historismus inspirierten Weg gemeinsam.

Den Überlegungen dieses Buches liegt, was dieses anthropologische Phänomen betrifft, ein fünfstufiger Gedankengang zugrunde. Alle fünf Stufen habe ich andernorts breit dargestellt, weshalb sie hier nur in knappster Form in Erinnerung gerufen werden sollen, vornehmlich um mögliche Mißverständnisse der Argumentation zu vermeiden.[4] Erst zusammengenommen ergeben die fünf Schritte den Grundriß einer Theorie der Sakralisierung, die wiederum den historischen Gedankengängen zugrunde gelegt werden kann.

Den *ersten Schritt* bildet eine bestimmte Konzeption des menschlichen Handelns als solchem und der in dieses Handeln eingelassenen sowie aus diesem Handeln resultierenden menschlichen Erfahrung. Diese Konzeption zielt nicht auf einzelne Handlungen und kontrastiert das Handeln nicht mit Zuständen der Ruhe oder der Kontemplation, sondern versucht, die Beziehung des Menschen als Organismus zu seiner Umwelt als zutiefst geprägt von den Aktivitäten des Organismus zu verstehen. Eine solche Konzeption wurde nicht nur, aber vor allem von den Denkern des amerikanischen Pragmatismus entwickelt, und zwar in Reaktion auf eine der größten wissenschaftlichen Umwälzungen aller Zeiten, nämlich die Darwinsche Revolution. Während die Grundthesen der biologischen Evolutionstheorie Darwins weithin als Komplettierung eines kausaldeterministischen Weltbilds und damit als tödlicher Schlag für christliche Vorstellungen von menschlicher Personalität und göttlichem Wirken in der Welt aufgefaßt wurden, sahen die Begründer des amerikanischen Pragmatismus (Charles Sanders Peirce und William James) ganz im Gegenteil, daß mit Darwin im Herzen der Naturwissenschaften die Einsicht in die Kontin-

4 Dabei greife ich auf einzelne Formulierungen aus früheren Schriften zurück.

genz von natürlichen Prozessen so aufbricht, daß sich daraus ganz neue Möglichkeiten für das Verständnis des Menschen und insbesondere des menschlichen Handelns ergeben. Ich habe vorgeschlagen, zur kürzesten möglichen Charakterisierung des intellektuellen Durchbruchs, den der Pragmatismus darstellt, von der »Kreativität des Handelns«[5] zu sprechen. Damit ist nicht ein einzelner Handlungstypus des kreativen Handelns gemeint, sondern eine Qualität allen menschlichen Handelns. Es ist auch nötig, dieses Verständnis von Kreativität gegenüber alternativen Formen näher zu bestimmen. Dies habe ich mit dem Begriff »situierte Kreativität«[6] versucht. Grundlegend ist nämlich die Idee, daß der Organismus Mensch in seinem Bezug zur Umwelt Problemspannungen erlebt, die bewältigt werden müssen, und daß dies der jeweilige Ausgangspunkt für neue Handlungsvarianten wird, die dann erneut ins routinisierte Handlungsrepertoire Eingang finden. Mit dieser Grundidee situierter Kreativität ändert sich das Selbstverständnis wissenschaftlichen Handelns und eröffnet sich, zunächst in der Disziplin Psychologie und dann in der ganzen Breite der Geistes- und Sozialwissenschaften,[7] das Programm, alle spezifisch menschlichen Leistungen aus ihrer Funktionalität für die aktive Bewältigung der Umwelt durch den menschlichen Organismus heraus zu begreifen. Ältere, vor Darwin entstandene denkerische Ansätze zur menschlichen Kreativität – etwa das Ausdrucksmodell von Johann Gottfried Herder und das »Produktionsparadigma« von Karl Marx[8] – wurden damit von ihren Einseitigkeiten befreit und auf verbesserte biologische Grundlagen gestellt. Mit diesem neuen Handlungsmodell verändern sich auch radikal

5 Hans Joas, *Die Kreativität des Handelns*, Frankfurt/M. 1992.

6 Ebd., S. 205.

7 Ebd., S. 187-212; ders., »Von der Philosophie des Pragmatismus zu einer soziologischen Forschungstradition«, in: ders., *Pragmatismus und Gesellschaftstheorie*, Frankfurt/M. 1992, S. 23-65.

8 Joas, *Die Kreativität des Handelns*, S. 113-127 bzw. S. 128-157.

die Vorstellungen über die Intentionalität des Handelns.[9] Intentionen, Motive, Werte erscheinen nicht länger als Bestandteile einer Innenwelt, die nur durch einen eigenen Akt des Entschlusses auf die Außenwelt einwirken können. Wahrnehmung und Erkenntnis werden vielmehr selbst als Phasen des Handelns aufgefaßt, durch welche das Handeln in seinen situativen Kontexten geleitet und umgeleitet wird. Die Setzung von Zwecken geschieht eben typischerweise nicht in geistigen Akten außerhalb von Handlungssituationen, sondern ist Resultat einer situierten Reflexion auf die in unserem Handeln immer schon wirksamen, vorreflexiven Strebungen und Gerichtetheiten. Unsere Wahrnehmungen sind immer schon strukturiert von unseren Handlungsfähigkeiten und -erfahrungen. Die Welt ist uns nie einfach als äußerliches Gegenüber unserer Innerlichkeit, sondern immer im Modus möglicher Handlungen gegeben.

Der Abschied von der Vorstellung, daß das menschliche Handeln am besten nach dem Zweck-Mittel-Schema zu begreifen sei, sensibilisiert auch für bestimmte Handlungsformen, die unter den Denkzwängen dieses Schemas oder überhaupt dem der Rationalität nur eine Randstellung einnehmen oder als defizitär erscheinen: das Spiel und das Ritual. Für die Pragmatisten nahm das Spiel im Gegensatz zu einer starken denkerischen Tradition eine zentrale Stelle in ihrem Verständnis des Handelns ein, weil für sie die kreative Lösung von Problemen die Fähigkeit voraussetzt, eingefahrene Handlungsbahnen zumindest imaginär zu verlassen und spielerisch oder experimentell neue Brückenschläge zwischen den eigenen Handlungstendenzen und den objektiven Gegebenheiten der Welt zu unternehmen. In pädagogischen Schriften von John Dewey und George Herbert Mead wurde das Spiel zum Inbegriff eines durch und durch als sinnvoll erlebten, in sich befriedigenden Handelns. Daraus wurden auch die Grundzüge einer Theorie des künstlerischen Handelns

9 Ebd., S. 218-244, bes. S. 232f.

und der ästhetischen Erfahrung abgeleitet.[10] Das Ritual bleibt bei den von protestantischer Ritualskepsis geprägten amerikanischen Pragmatisten allerdings eher am Rande. Aufgrund seiner internen Verwandtschaft mit dem Spiel – als »heiliges Spiel«[11] – ruft es aber förmlich danach, mit den Mitteln dieses Handlungsmodells untersucht zu werden. Hier – und nicht im kommunikativen Handeln – liegt die Möglichkeit der Verknüpfung von Pragmatismus und Durkheims später Religionstheorie.[12]

Aus dem so knapp gekennzeichneten Handlungsmodell des Pragmatismus entstand – und das ist der *zweite Schritt* in diesem Gedankengang – in der amerikanischen Sozialpsychologie am Ende des neunzehnten Jahrhunderts eine Theorie der Konstitution des »Selbst« aus den Prozessen sozialer Interaktion heraus. Gewiß waren schon vorher die Fragen der Selbstwahrnehmung und Selbstreflexion in vielfältiger Weise zum Thema gemacht worden. Aber erst bei Charles Horton Cooley und George Herbert Mead entstand eine anthropologische Theorie

10 Ebd., S. 204-212.

11 Zu den Gemeinsamkeiten von Ritual und Spiel im Rahmen der Achsenzeitdiskussion weiterführend: Adam B. Seligman, »Reflexivity, Play, Ritual, and the Axial Age«, in: *Sociologica* 1 (2013), S. 1-15. Klassisch – und unter Bezug auf die Untersuchungen des Durkheim-Schülers Marcel Granet zu Tanz und Musik im alten China: Johan Huizinga, *Homo Ludens. Vom Ursprung der Kultur im Spiel* (1938), Reinbek 1956, S. 21. (»Die Teilnehmer am Kult sind überzeugt, daß die Handlung ein gewisses Heil verwirklicht und eine Ordnung der Dinge zustandebringt, die höher ist als die, in der sie gewöhnlich leben. Trotzdem trägt die Verwirklichung durch Darstellung auch weiterhin in jeder Hinsicht die formalen Kennzeichen eines Spiels. Sie wird gespielt, innerhalb eines tatsächlich abgesteckten Spielraums aufgeführt, als Fest, das heißt in Fröhlichkeit und Freiheit. Eine eigene, zeitweilig geltende Welt ist ihr zuliebe abgezäunt. Mit dem Ende des Spiels ist aber seine Wirkung nicht abgelaufen; es wirft vielmehr auf die gewöhnliche Welt da draußen seinen Glanz und bewirkt für die Gruppe, die das Fest gefeiert hat, Sicherheit, Ordnung und Wohlstand, bis die heilige Spielzeit wieder da ist.«)

12 Vgl. oben, Kap. 3, v. a. S. 160.

der Spezifika menschlicher Kommunikation und Sozialität und im Anschluß daran eine genetische Analyse der Entwicklung des »self« beim Kinde.[13] Nach dieser Theorie bezeichnet das »Selbst« (oder die »Ich-Identität«, wie eine gebräuchliche deutsche Übersetzung lautet) nicht die biologische Individualität des Kindes und nicht seine sich allmählich herausbildende Persönlichkeitsstruktur, sondern die Struktur der Selbstbeziehung einer Person, sofern es dieser gelingt, die Bezüge zu unterschiedlichen Anderen und über die Zeit des Lebens hinweg in der Richtung auf Einheitlichkeit zu synthetisieren. Diese Theorie entstand aus dem Handlungsmodell des Pragmatismus, sobald in diesem ausdrücklich nicht nur der Umgang eines Handelnden mit seiner dinglichen Umwelt, sondern der Umgang mit anderen Handelnden in seinen Besonderheiten analysiert wurde. Damit traten die Verständnis- und Verständigungsprobleme zwischen Handelnden sowie die Funktion gesteigerter Selbstwahrnehmung und Selbstreflexivität für erfolgreiche Interaktion und sogar für den sensiblen Umgang mit Gegenständen in den Vordergrund. In engem Geflecht mit den Begriffen »Rolle«, »generalisierter Anderer« – etwa bei Teilnahme an organisierten Gruppenaktivitäten wie einem Mannschaftsspiel –, der Selbstkontrolle und der sozialen Kontrolle wurde hieraus ein ergiebiges sozialwissenschaftliches Forschungsprogramm. Nach dem Zweiten Weltkrieg setzten Versuche ein, dieses Programm mit psychoanalytischen Komponenten zu verknüpfen, am einflußreichsten im Werk Erik Eriksons.[14] Die Theorie der Entwicklung des »Selbst« oder der »Ich-Identität« wurde zu einer zeitgenössischen, von elitaristischen Untertönen freien Neuformulierung

13 George Herbert Mead, *Geist, Identität und Gesellschaft* (1934), Frankfurt/M. 1968. Dazu ausführlich Hans Joas, *Praktische Intersubjektivität. Die Entwicklung des Werkes von George Herbert Mead*, Frankfurt/M. 1980 (^{2}1989, ^{3}2000 mit jeweils neuen Vorworten). Zu Cooley: Hans-Joachim Schubert, *Demokratische Identität. Der soziologische Pragmatismus von Charles Horton Cooley*, Frankfurt/M. 1995.

14 Erik H. Erikson, *Identität und Lebenszyklus*, Frankfurt/M. 1966.

des Ideals der »Bildung« der Persönlichkeit.[15] Zwar wurde im Zeichen der »Postmoderne« Kritik an der unbefragten normativen Voraussetzung der Konzeption des »Selbst« laut. In diesen Schriften wurden nämlich nicht einfach zunehmende Schwierigkeiten für Identitätsbildungsprozesse beklagt, sondern umgekehrt der Zwang in der Zumutung – auch in der Selbstzumutung – von Konsistenz und Kontinuität der Person hervorgehoben.[16] Die rapide steigende Bedeutung von Kommunikationstechnologien, die Psychologisierung des Selbstverständnisses und die Multiplikation sozialer Beziehungen, in die viele Zeitgenossen eingebettet sind, wurden zum Anlaß genommen, von der kommunikativen Übersättigung der Person und der Auflösung eines kohärenten Selbst in eine fragmentierte Identität zu sprechen. Aber die Infragestellung des Konsistenzideals zieht nur die normativen Hintergrundannahmen, nicht aber den empirischen Kern dieser Theorie des Selbst ernsthaft in Zweifel.

Wesentlich kontroverser als die ersten beiden Schritte ist der *dritte Schritt* des Gedankengangs. Wenn das Selbst des Menschen nicht einfach gegeben ist und sich auch nicht in Reifungsprozessen von selbst entwickelt, sondern das Produkt der aktiven Bewältigung von Konflikten zwischen den Erwartungen anderer und der eigenen Selbstwahrnehmung darstellt, dann ist nicht anzunehmen, daß dieser Prozeß der Selbstbildung an irgendeinem biographischen Punkt ein für allemal einen Abschluß findet. Es mag zwar am Ende der Adoleszenzkrisen und im frühen

---

15 Eine einflußreiche Synthese des seinerzeitigen Forschungsstands bei: Lothar Krappmann, *Soziologische Dimensionen der Identität. Strukturelle Bedingungen für die Teilnahme an Interaktionsprozessen*, Stuttgart 1971. Krappmann nahm Impulse von Jürgen Habermas auf. Von dessen eigenen Beiträgen auf diesem Themengebiet sei hier exemplarisch genannt: »Moralentwicklung und Ich-Identität«, in: ders., *Zur Rekonstruktion des Historischen Materialismus*, Frankfurt/M. 1976, S. 63-91.

16 Z. B. Kenneth Gergen, *The Saturated Self. Dilemmas of Identity in Contemporary Life*, New York 1991. Vgl. auch Hans Joas, »Der Identitätsbegriff und seine postmoderne Herausforderung«, in: ders., *Die Entstehung der Werte*, Frankfurt/M. 1997, S. 227-251, v. a. S. 238f.

Erwachsenenalter bei vielen Menschen eine relativ dauerhafte Stabilisierung des Selbst erreicht werden, aber spätere Herausforderungen im Lebenslauf etwa durch den Alterungsprozeß oder durch unerwartete Lebensereignisse können diese Stabilität wieder zerstören und zum Umbau des Selbstverständnisses nötigen. Auch dies ist im Kern nicht wirklich kontrovers. Anders verhält es sich, wenn die Erschütterungen der symbolischen Grenzziehungen, die das Selbst ausmachen, radikal ernstgenommen werden. Für diese Erschütterungen – im positiven wie im negativen Fall – verwende ich den Begriff der Selbsttranszendenz.[17] Mit diesem Begriff wird nicht einfach die Herausforderung an ein Selbst, eine neue Lage aktivisch zu bewältigen, zum Thema. Es geht vielmehr um Erfahrungen, die eine fundamental passive Dimension aufweisen – um Erfahrungen nicht des Ergreifens von Handlungsmöglichkeiten, sondern des Ergriffenwerdens etwa durch Personen oder Ideale. Sozialität ist nämlich nicht nur die genetische Voraussetzung für die Entstehung von Handlungsfähigkeit und individueller Autonomie; diese bedürfen vielmehr ihrer periodischen Neubelebung durch den zeitweisen Einzug der symbolischen Abgrenzungen der Handelnden gegenüber ihrer Mitwelt und Umwelt. Erfahrungen, die die Selbstgrenzen in Frage stellen, reichen von lustvoller Verschmelzung bis zu traumatisierender Gestaltlosigkeit. Geistesgeschichtlich besonders einflußreich, was ein Verständnis dieser Phänomene betrifft, sind die romantischen Spekulationen zu einer Wiederentdeckung des Dionysos als des Gottes des Rausches und der wahnsinnigen Verzückung, vor allem in der Gestalt, die diese bei Friedrich Nietzsche annehmen.[18] Hier wird die Kunst zur modernen Möglichkeit einer Wiedergewinnung des Diony-

17 Dazu ausführlich Joas, *Die Entstehung der Werte.*

18 Schon in seinem Frühwerk: Friedrich Nietzsche, *Die Geburt der Tragödie aus dem Geiste der Musik*, in: ders., *Werke I*, München 1969, S. 7-134. Eine ausgezeichnete Rekonstruktion dieser Entwicklungen gibt: Jürgen Habermas, *Der philosophische Diskurs der Moderne*, Frankfurt/M. 1985. Vgl. auch Joas, *Die Kreativität des Handelns*, S. 279-285.

sischen und das Dionysische zum Ausweg aus den Aporien der Moderne erklärt – mit stärkster Wirkung auf rechte und linke Kulturkritik.

Die Ritualtheorie Émile Durkheims, die im dritten Kapitel dieses Buches ausführlich behandelt wurde, begibt sich durchaus auf dasselbe Terrain. Auch in ihr geht es um die Erneuerung sozialer Bindekräfte, die Entstehung von Institutionen und die Revitalisierung von Individuen und Kollektiven durch Erfahrungen der Selbstentgrenzung. Aber Durkheim ordnet seine Analysen nicht dem nietzscheanischen Ideal schöpferischer Selbststeigerung unter, sondern sucht gerade nach der Verbindung zwischen diesen Einsichten in Formen menschlicher Erfahrung und den normativen Erfordernissen einer universalistischen Moral. Vielleicht ist dies der Grund, warum seine Theorie außerhalb Frankreichs weniger Einfluß auf kulturkritische Strömungen hatte als Nietzsches Denken. So vielversprechend seine Theorie der Sakralisierung und deren Weiterentwicklungen sind, so unverkennbar ist Durkheim selbst einseitig, was die Phänomene der Erfahrung der Selbsttranszendenz betrifft. Er schildert nur das totemistische Ritual australischer Aborigines mit großer Genauigkeit und damit eine extreme Form kollektiver Ekstase in einer von geringer Individualisierung geprägten Kultur. Zwar analogisiert er diesen Fall immer wieder mit Beispielen kollektiver Ekstase im Frankreich der zahlreichen Revolutionen; aber dabei analysiert er nicht, wie sich die Bedingungen für solche Erfahrungen verändern und welch andere Möglichkeiten der Erfahrung der Selbsttranszendenz es unter den veränderten Bedingungen gibt. Durkheims Ritualanalyse muß deshalb in eine reiche Phänomenologie von Erfahrungen der Selbsttranszendenz eingegliedert werden. In dieser müssen etwa Erfahrungen des Verliebens und der Liebe, der Öffnung des Selbst im gelingenden Dialog oder im erschütternden Mitleid sowie euphorische Entgrenzungserfahrungen in der Natur neben die Erfahrung kollektiver Ekstase gesetzt werden. Auch religiöse Erfahrungen, die nicht einfach eine religiöse Interpretation allgemein zugänglicher Erfahrungen sind, sondern Glauben voraussetzen – ich nenne solche Erfahrungen »sakramentale Erfahrungen«[19] –, haben hier ihren Platz. Eine solche Phänomenologie darf aber auch nicht auf Erfahrungen der Selbsttranszendenz beschränkt sein, die von enthusiastischen Gefühlen begleitet werden. Zu ihr gehören auch Erfahrungen der Angst, in denen ein Mensch sich seiner tiefen Verletzbarkeit und Endlichkeit bewußt wird durch eigene Krankheit und Todesangst oder durch das Leiden geliebter Menschen und deren Verlust; Erfahrungen, in denen die Welt für uns ihren Handlungsreiz verliert und wir in die Depression der Sinnlosigkeit unserer Existenz hineinfallen; Erfahrungen schließlich, in denen uns das Gefühl der Schuld wegen begangener oder unterlassener Taten das Selbstverständnis als moralische Wesen raubt.[20] Neben den enthusiastischen, unsere Bindungen an Personen oder Werte konstituierenden Erfahrungen der Selbsttranszendenz und den Erfahrungen der Angst, in denen wir die Grenzen unseres Selbst nicht überschreiten, sondern ihrer innewerden, treten noch die destruktiven und selbstdestruktiven Formen der Überschreitung der Grenzen des Selbst. Nicht jede Öffnung dieser Grenzen erfolgt ja freiwillig. Wir können Opfer von Gewalttaten werden, einer Vergewaltigung nicht einfach unseres Körpers, sondern unseres Selbst. Von dieser Erfahrung können wir im weiteren Verlauf unseres Lebens uns ebensowenig lösen wie von den Erfahrungen, die zu unseren identitätsbildenden Bindungen an Personen und Werte geführt haben.[21] Die neue Schließung der Grenzen unseres Selbst

19 Hans Joas, *Braucht der Mensch Religion? Über Erfahrungen der Selbsttranszendenz*, Freiburg 2004, hier S. 25.

20 Diese Unterscheidungen im Anschluß an Paul Tillich, *Der Mut zum Sein* (1952), Hamburg 1965, S. 45-67.

21 Diese Erfahrungen der Gewalt, gerade auch die Erfahrungen der Gewalttäter, stellen ein wesentliches Motiv in meinen Arbeiten über Krieg und Kriegsfolgen dar. Vgl. z. B. Hans Joas, *Kriege und Werte. Studien zur Gewaltgeschichte des 20. Jahrhunderts*, Weilerswist 2000, S. 38 f. und S. 165-180.

nach einer Ekstase, sogar wenn wir diese absichtlich herbeigeführt haben, und nach Erfahrungen der Angst und der Gewalt kann mißlingen, wodurch wir uns dieser Erfahrungen als Verlust und nicht als Transformation zu etwas Neuem hin erinnern.

Der *vierte Schritt* folgt zwingend aus dem dritten. Die passive Dimension des Ergriffenseins in den Erfahrungen der Selbsttranszendenz ist notwendig die Erfahrung von ergreifenden Kräften. Etwas muß am Werk sein, wenn Individuen oder Kollektive über die bisherigen stabilisierten Grenzen ihres Selbst hinausgerissen werden. Die unerhörten Erfahrungen eines phasenweisen Selbstverlusts und einer über alles Alltägliche hinausschießenden Begeisterung etwa führen zu einer emotionalen Aufladung der Situation, in der diese Erfahrung gemacht wurde. In der Erfahrung der Selbstentgrenzung oder Selbstübersteigerung liegt eine affektive Gewißheit, die Elemente der Situation mit einer vorreflexiven Bindungskraft erfüllt, deren Stärke über die aller alltäglichen Erfahrung hinausgeht. Das meint Durkheim, wenn er vom »Heiligen« spricht. Erfahrungen der Selbsttranszendenz führen zwingend zur Attribution der Qualität des »Heiligen«[22] – natürlich nicht notwendig unter Verwendung dieser Bezeichnung. Dieses »Heilige« ist eine Qualität, die den ergreifenden Kräften zukommt; es ist, zumindest zunächst, keineswegs mit dem Guten identisch oder anderen positiv ausgezeichneten Bewertungen wie dem Wahren oder Schönen. Auch das Dämonische und das Diabolische fallen unter diese Kategorie. Deshalb habe ich für den Prozeß der Idealbildung zwar das Wissen über die Dynamik von Sakralisierungsprozessen in Anspruch genommen, aber doch darauf geachtet, nicht jeden Sakralisierungsprozeß zu einem der Idealbildung zu erklären. Um Idealbildung handelt es sich nur, wenn ein Sakrales ethisiert wird und sich der ideale Gehalt in artikulierter Form von der vorreflexiven Erlebnisqualität auch abstrahieren läßt.

22 Ausführlicher Hans Joas, *Die Sakralität der Person. Eine neue Genealogie der Menschenrechte*, Berlin 2011, v. a. S. 91-96, und oben, Kap. 3.

Damit ist der *fünfte Schritt* des Gedankengangs erreicht. Eine Schwäche von Durkheims Theorie der Sakralisierungsprozesse ist es, daß es bei ihm so aussehen konnte, als erwüchsen die subjektiven Artikulationen der Erfahrungen der Selbsttranszendenz einfach aus diesen Erfahrungen. Doch selbst bei intensivsten Verschmelzungserfahrungen innerhalb eines Kollektivs ist es unvermeidlich, daß diese geteilte Erfahrung irgendwann nach individueller Ausdeutung verlangt. Für diese bietet sich aber keineswegs ein und dieselbe, wiederum von allen geteilte Form an. Ganz offensichtlich gilt dieselbe Unterscheidung von Erfahrung und Selbstdeutung der Erfahrung auch bei Erfahrungen, die Individuen für sich, losgelöst von anderen, machen. Auch hier wäre es abwegig, der Erfahrungsdeutung dieselbe Evidenz zuzusprechen wie den Gefühlsqualitäten der Erfahrung. Menschen können durch intensive neue Erfahrungen zur »Konversion« zu einem neuen Wert- und Deutungssystem motiviert werden; es können ihnen aber auch ohne neue Erfahrungen neu begegnende Deutungen ihrer früheren Erfahrungen so viel stärker einleuchten, daß dies sie zur Konversion veranlaßt. Trotz einzelner Ansätze in ihrem Werk, diesem Sachverhalt gerecht zu werden, kommt man nicht umhin, sowohl der Religionspsychologie von William James wie der Religionssoziologie von Émile Durkheim in dieser Hinsicht ein Defizit anzukreiden – ein Defizit, das man als »hermeneutisches« oder als »semiotisches« Defizit bezeichnen kann. Auch bei Josiah Royce wird nur die Möglichkeit zu solchen Analysen eröffnet, und bei dem aus der hermeneutischen Tradition hervorgegangenen Ernst Troeltsch liegt das Augenmerk vor allem auf den Deutungsvorgängen der Wissenschaft und nicht auf den Selbstdeutungen der handelnden Menschen.

Unter dem Einfluß Charles Taylors hat sich für das gemeinte Phänomen der Begriff der »Artikulation« durchgesetzt. Dabei ist Taylor keineswegs der Urheber dieser Verwendung des Begriffs weit über die phonologische Bedeutung hinaus. Schon bei Wilhelm Dilthey finden wir den ausgeprägten Sinn für das gemeinte Phänomen und die Verwendung des Begriffs »Artikulation« dafür.[23] Taylor unterscheidet in seinen Analysen von Artikulationsprozessen vier Ebenen, die ich als die Ebenen der erlebten Situation, der präreflexiven Erfahrung, der individuellen Deutung von Erfahrungen und des kulturellen Vorrats an Deutungsmustern bezeichne.[24] Dabei verläuft der Prozeß der Artikulation nicht in einer eindeutig bestimmbaren Richtung, sondern vielmehr in Gestalt eines hermeneutischen Zirkels. Wir bewegen uns zwischen den unabhängig von uns bestehenden Gegebenheiten einer Situation, unserer ganzheitlichen Erfahrung dieser Situation, unserer eigenen gegenwärtigen Deutung unserer Erfahrung sowie öffentlich etablierten Deutungen immer wieder hin und her. Zwischen diesen Ebenen kann es ständig zu Friktionen kommen. Weitere Widerfahrnisse können im Widerspruch stehen zu unserer bisherigen Situationswahrnehmung; unsere bisherige Erfahrungsartikulation erscheint uns plötzlich unzulänglich; die öffentlich verfügbaren Deutungen verlieren ihre Plausibilität, die sie bisher gehabt haben mögen. Taylor selbst illustriert die Komplexität dieser Prozesse mit einem Beispiel aus der Erfahrung einer diskriminierten ethnischen Minderheit.[25] Die kulturelle Zuschreibung der Unterle-

23 Meines Wissens erstmals in: Wilhelm Dilthey, »Ideen über eine beschreibende und zergliedernde Psychologie« (1894), in: ders., *Einleitung in die Philosophie des Lebens / Abhandlungen zur Grundlegung der Geisteswissenschaften* (= *Gesammelte Schriften*, Bd. 5), Leipzig, Berlin 1924, S. 139-240, hier S. 217. Früher (ca. 1892/93), aber erst posthum veröffentlicht in: ders., »Leben und Erkennen. Ein Entwurf zur erkenntnistheoretischen Logik und Kategorienlehre«, in: ders., *Grundlegung der Wissenschaften vom Menschen und der Geschichte. Ausarbeitungen und Entwürfe zum zweiten Band der Einleitung in die Geisteswissenschaften* (= *Gesammelte Schriften*, Bd. 19), Göttingen 1982, S. 333-388, hier S. 345.

24 Vgl. im Anschluß an Taylor: Joas, *Die Entstehung der Werte*, S. 211f.

25 Charles Taylor, »Self-Interpreting Animals«, in: ders., *Philosophical Papers*, Bd. 1, Cambridge 1985, S. 45-76, hier S. 69. Ausgezeichnet dazu: Hartmut Rosa, *Identität und kulturelle Praxis. Politische Philosophie nach Charles Taylor*, Frankfurt/M. 1998, S. 84f. Instruktiv auch Taylors Kontroverse mit Kenneth Gergen: »Charles Taylor, Wittgenstein, Empi-

genheit kann zu Minderwertigkeitsgefühlen der Betroffenen führen, wenn sie sich diese zu eigen machen. Sie kann aber auch zum Widerstand gegen ein kulturell etabliertes Weltbild führen, indem Deutungen aus anderen Traditionen oder Kulturen mobilisiert werden. Der Artikulationsprozeß kann dabei sehr wohl Neues hervorbringen. Unsere Erfahrungen bleiben nicht unverändert, wenn wir ihnen in der Artikulation Gestalt verleihen.[26] Selbstverständlich findet dieser ganze Artikulationsprozeß oft nicht in Einsamkeit statt, sondern in unmittelbarer Wechselwirkung mit anderen, die unsere Ausdrucksversuche fördern oder hemmen.[27] Viele geltende kulturelle Selbstverständlichkeiten sind zudem vornehmlich in Praktiken verkörpert, die vollzogen werden, ohne daß jeder sich über sie und ihre Berechtigung bewußt Rechenschaft ablegt. Da es weiterhin neben mehr oder minder artikulierten Werten und den Praktiken des Alltagslebens institutionelle Regelungen gibt, die den Handelnden als verpflichtende Erwartungen gegenübertreten, müssen wir von einem Spannungsfeld ausgehen, das drei Pole hat: Institutionen, Werte und Praktiken. Veränderungen können von jedem dieser Pole ausgehen.[28]

Taylors Artikulationskonzeption ist freilich sprachzentriert. Die Zeichentheorie des Pragmatismus ist, ohne die unersetzbaren Leistungen der Sprache zu unterschätzen, in dieser Hinsicht

ricism, and the Question of the ›Inner‹«, in: Stanley Messer, Louis Sass, Robert Woolfolk (Hg.), *Hermeneutics and Psychological Theory*, New Brunswick 1988, S. 52-58.

26 Nicht in Anlehnung an Taylor, sondern in Weiterführung von Motiven von Cornelius Castoriadis habe ich argumentiert in: Hans Joas, »Über die Artikulation von Erfahrungen«, in: ders., *Braucht der Mensch Religion?*, S. 50-62.

27 Unübertroffen »artikuliert« von Heinrich von Kleist, »Über die allmähliche Verfertigung der Gedanken beim Reden«, in: ders., *Werke*, München 1966, S. 810-814.

28 Ausführlicher dazu in meiner Darstellung der Antisklavereibewegung als eines Modells moralischer Mobilisierung: Joas, *Die Sakralität der Person*, S. 132-146.

weniger einseitig. Andere Zeichensysteme als die Sprache – etwa bildhafte Darstellungen oder schauspielerische Verkörperungen – können uns bei der Artikulation von Erfahrungen besser helfen, und selbst in der Sprache kann für die Artikulation ein narrativer oder poetischer Modus dem diskursiv-rationalen überlegen sein.[29] Was schon für alltägliche Erfahrungen gilt, trifft in noch gesteigertem Maße für die außeralltäglichen Erfahrungen, die Erfahrungen der Selbsttranszendenz, zu. Diese Erfahrungen bedürfen der Artikulation in komplexen Symbolisierungen, denen sie sich gleichwohl immer auch entziehen. Werden diese Symbolisierungen nicht als Versuche zur Artikulation solcher Erfahrungen aufgefaßt, dann werden sie schon im Ansatz verfehlt. Die Reflexion hat dann auf die Differenz zwischen den Erfahrungen, ihren Symbolisierungen und dem in den Symbolisierungen Symbolisierten zu achten.[30]

Es muß deshalb darum gehen, nicht nur auf die Phänomene zu zielen, die konventionell als »Religion« klassifiziert werden oder bei denen Menschen den Religionsbegriff in ihrer Selbstbeschreibung in Anspruch nehmen. Ein solcher Klassifikations- und Selbstbeschreibungsbegriff hat selbstverständlich seine eigene Geschichte; er wird immer umkämpft sein, weil er ja zum Einsatz in substantiellen Auseinandersetzungen wird. In den Versuchen, der Intuition gerecht zu werden, daß die Totalitarismen des zwanzigsten Jahrhunderts in irgendeiner Weise an die

---

29 Der beeindruckendste gegenwärtige Versuch zu einer umfassenden Theorie der Artikulation findet sich in: Matthias Jung, *Der bewußte Ausdruck. Anthropologie der Artikulation*, Berlin 2009. Jung, Autor von Büchern über Dilthey und über eine Synthese von Hermeneutik und Pragmatismus auf dem Gebiet der Religionsphilosophie, arbeitet in der Auseinandersetzung mit den gegenwärtigen Kognitionswissenschaften die enorme Aktualität Diltheys heraus. Siehe auch ders., *Dilthey zur Einführung*, Hamburg 1996; ders., *Erfahrung und Religion. Grundzüge einer hermeneutisch-pragmatischen Religionsphilosophie*, Freiburg 1999, v. a. S. 261-403.

30 Vgl. dazu oben, Kap. 2 (Schluß) und Kap. 5 unter Bezug auf Ernst Cassirer.

historischen Religionen erinnern, zeigen sich die begrifflichen Schwierigkeiten in größter Deutlichkeit: »Religionsersatz« oder »Ersatzreligion«, »politische Religion« oder »säkulare Religion«, »Pseudoreligion«, »Kryptoreligion«, »verkappte« oder »neue Religion«, »Transzendenzverlust« oder »praktische Transzendenz« sind nur einige der Vorschläge, die hier gemacht wurden. Mir geht es nicht darum, durch eine Definition von Religion eine scheinbare Unabhängigkeit von diesen begrifflichen Kämpfen zu erringen, sondern vielmehr darum, die ganze Breite der Phänomene in den Blick zu nehmen, die sich zeigen, wenn wir an die Erfahrungen denken, die von Menschen gemacht werden und zur Attribution von Heiligkeitsqualitäten führen. Auch der Begriff »Heiligkeit« wird, wie nicht anders zu erwarten, zum Gegenstand begrifflicher Kämpfe.[31] Auch er wird hier nicht im Sinne eines Selbstbeschreibungsbegriffs verwendet, sondern in der Intention, einen Komplex affektiver Qualitäten zu bezeichnen, der sich aus Erfahrungen der Selbsttranszendenz ergibt und der auch vorliegen kann, wo Menschen diesen Begriff wegen seines Anklangs an tradierte und institutionalisierte Religionen vehement ablehnen. Einen endgültigen Ausweg aus solchen Begriffskämpfen gibt es nicht. Es hilft nur die immer erneute Erinnerung an die Phänomene, deren Verständnis erschlossen werden soll. Dieses Buch behauptet in diesem Sinne nicht die anthropologische Universalität der Religion; dies wäre nach den Religionskritiken und antireligiösen Bestrebungen in Europa seit dem achtzehnten Jahrhundert und den Säkularisierungsprozessen, die zu einem erzwungenen oder freiwilligen

31 Dies habe ich sehr deutlich in den Diskussionen über mein Buch *Die Sakralität der Person* erfahren, wenn die von Durkheim initiierte Unterscheidung des Religiösen und des Sakralen immer wieder ignoriert und mir die These eines »religiösen« Ursprungs der Menschenrechte unterstellt wurde. Ein Versuch zur Klarstellung in: Hans Joas, »Replik«, in: Hermann-Josef Große Kracht (Hg.), *Der moderne Glaube an die Menschenwürde. Philosophie, Soziologie und Theologie im Gespräch mit Hans Joas*, Bielefeld 2014, S. 243-264.

Abbruch religiöser Traditionen ohne Entstehung neuer Religionen geführt haben, offensichtlich unhaltbar. Behauptet wird allerdings die anthropologische Universalität der Erfahrungen der »Selbsttranszendenz« und der sich daraus ergebenden Zuschreibungen von »Heiligkeit«. Diese Behauptung gewinnt ihren vollen Sinn nur durch die ganze Konzeption des Handelns und der Erfahrung, der Konstitution und Transformation des Selbst, der Artikulation und Symbolisierung, die deshalb hier kurz zusammengefaßt wurde.

Die Rede von der »Macht des Heiligen« erscheint so als gerechtfertigt. In den Erfahrungen, die ich zu benennen versuche, und in den Bindungen, die aus diesen Erfahrungen hervorgehen, liegen tiefe Quellen unserer Lebenskraft und unserer Bereitschaft, Wünsche und unmittelbare körperliche Bedürfnisse zu beherrschen und zurückzustellen. Das Opfer zumindest unserer Bequemlichkeit, vielleicht aber sogar großer Vorteile oder unserer ganzen Existenz, kann uns als durch und durch sinnvoll erscheinen. Wir können uns, so klein unsere Stellung im Universum ist, als bedeutungsvollen, in unserer Individualität einmaligen und zur Mitwirkung aufgerufenen Teil eines Ganzen empfinden, bei aller ständigen Gefährdung als berechtigt zum Vertrauen in eine uns tragende Ordnung. Ich ziele mit dieser Beschreibung nicht ausschließlich auf umfassende religiöse oder geschichtsphilosophische Weltbilder, sondern auf vorreflexive Gegebenheiten unserer alltäglich erfahrenen Welt.[32]

Die »Macht« des Heiligen ist deshalb keineswegs nur metaphorisch gemeint. Doch wäre es abwegig, die Macht des Heiligen als die einzige Art von Macht zu betrachten. Schon auf der Ebene der individuellen Motivation schaltet die Attraktivität des Heiligen oder von Idealen nicht andere Motivationsquellen aus; in uns ringt vielmehr kontinuierlich ein besseres Selbst, das unsere Ideale verkörpert, mit anderen Strebungen und Routinen, die wir möglicherweise selbst mißbilligen. Auf der Ebene

32 Vgl. zu dieser Unterscheidung Kap. 4, S. 221f. und 248ff.

handelnder Kollektive lösen sich die leitenden Ideale ohnehin teilweise von denen der Individuen, und noch mehr gilt für die Aggregationsformen individueller und kollektiver Handlungen, daß sie nicht aus geteilten Idealen heraus erklärt werden können. Hinzu kommt, daß sich kein Prozeß der Sakralisierung in einem machtfreien Raum abspielt. Erfahrungen werden in machtdurchsetzten Zusammenhängen gemacht. Jeder Versuch zur authentischen Artikulation einer Erfahrung trifft auf vorhandene Symbolisierungen und tradierte Muster, an deren Aufrechterhaltung andere ein Interesse haben können. Dieses Interesse kann schlicht aus einer echten Bindung an diese Symbole und Artikulationsformen hervorgehen, es können aber auch andere Interessen zur Verteidigung des Status quo oder zur Monopolisierung von Sinndeutungsansprüchen führen. Es ist eine der großen Stärken der Religionssoziologie Max Webers, daß bei ihm die Rolle der Macht in der Religionsgeschichte ebenso wie die der Religion in der Geschichte der Macht stets berücksichtigt wird. Er interessiert sich immer für die sozialen Träger religiöser Lehren, die Affinitäten von bestimmten Ständen und Klassen zu bestimmten Formen religiösen Lebens und die sozialen Organisationsformen von Religion.[33] Ähnliches läßt sich über Ernst Troeltschs historische Soziologie des Christentums sagen, in der besonders die Rückwirkungen dieser sozialen Organisationsformen auf die Entwicklung religiöser Lehren herausgearbeitet werden.[34] Beider Arbeiten sind deshalb unentbehrlich, wenn das Wissen über die Dynamik von Sakralisierungsprozessen umfassend mit einer Theorie der Macht verknüpft werden soll.

Eine solche Theorie der Macht muß ihrerseits Macht als ein

---

33 Max Weber, *Religiöse Gemeinschaften*, hg. von Hans Gerhard Kippenberg (= *Max-Weber-Gesamtausgabe*, Abt. I, Bd. 22.2), Tübingen 2001, hier v.a. S. 218-290, bzw. ders., »Religionssoziologie (Typen religiöser Vergemeinschaftung)«, in: ders., *Wirtschaft und Gesellschaft*, Tübingen 1922, S. 267-296.

34 Vgl. oben, Kap. 4.

Phänomen des Handelns auffassen. Das heißt, daß jedes Verständnis unzulänglich ist, in dem Macht nur in Begriffen von Machtressourcen gegenständlicher Art und unter ausschließlicher Aufmerksamkeit auf die ungleiche Verteilung solcher Ressourcen analysiert wird. Eine solche Auffassung ist unzulänglich, weil die verschiedensten menschlichen Fähigkeiten und die unterschiedlichsten Gegebenheiten des sozialen Lebens so mobilisiert und kombiniert werden können, daß sie zu Machtressourcen werden. Es gibt deshalb nie eine fixe Verteilung dieser Machtressourcen. Ähnlich wie an die Stelle der Vorstellung einer festen Entität namens Religion die Beobachtung der Dynamik von Sakralisierungsprozessen treten sollte, ist die Vorstellung einer Entität staatlicher oder sonstiger Macht durch die Beobachtung der Dynamik von Prozessen der Machtbildung zu ersetzen.

Die soziologische Theoriebildung zu Prozessen der Machtbildung hat in den letzten Jahrzehnten die unfruchtbare ältere Entgegensetzung von materialistischen und kulturalistischen Positionen überwunden. »Macht« ist nicht bloß die Verfügung über bestimmte materielle Ressourcen wie Produktionsmittel oder Waffen, es gibt Machtwirkungen von Wertüberzeugungen und sozialem Vertrauen, die eben nicht nur Epiphänomene materieller Strukturen sind. Aber diese Überzeugungen und Bindekräfte können doch in vielen Situationen des Konflikts die Vorteile nicht ausgleichen, die sich aus der Verfügung über materielle Ressourcen ergeben, und bei aller fraglichen Legitimität einer Herrschaftsordnung kann der Rückgriff auf pure Gewaltmittel keineswegs ausgeschlossen werden. Durch kritische Selbstrevisionen auf beiden Seiten kann man in diesem Sinne von einer Konvergenz in Richtung einer solchen Theorie der Dynamik von Prozessen der Machtbildung sprechen.[35] Unabhängig von

35 Dies kann an dieser Stelle nicht breit ausgeführt werden. Deshalb nur der Hinweis, daß das Verhältnis von Kultur und Macht von beiden Seiten – der Parsons-Schule und der Konfliktsoziologie – am Ende der

diesen Theorieschulen hat, in der internationalen Diskussion bisher kaum bemerkt, der deutsche Soziologe Heinrich Popitz einige der sensibelsten Analysen zur Konstitution von Macht in Prozessen des Handelns vorgelegt.[36] Er interessiert sich, phänomenologisch geschult, für die Vielfalt von Machtformen, ihr Zusammenspiel und ihre Konvertibilität. Für ihn ist jede Kultur, ob religiös geprägt oder nicht, eine »Modellierung« spezifischer Befürchtungen und Hoffnungen, als solche aber zugleich »auch eine Systematisierung spezifischer Chancen, Drohungen und Versprechungen als Chancen der Macht einzusetzen. Jeder kulturelle Wandel verändert diese Chancen. Das heißt nicht, daß System und Wandel auf machtpolitische Motive zu reduzieren wären. Aber jeder kulturelle Wandel schafft neue Basen instrumenteller Machtausübung und baut alte ab. Jeder kulturelle Wandel demonstriert die Formbarkeit der Befindlichkeit des Bedrohtseins.«[37]

Was hier allgemein für kulturellen Wandel gesagt wurde, gilt für Prozesse der Sakralisierung und Idealbildung im besonderen. Jeder neue solche Prozeß hat, ob dies von jemandem beabsichtigt wird oder nicht, vielfältige Auswirkungen auf die existierende Verteilung von Macht. Durch neue Sakralisierungen

---

1960er Jahre für unbefriedigend geklärt gehalten wurde und darin auch ein Anstoß zu neuen Theoriebildungsversuchen lag (vgl. Hans Joas, Wolfgang Knöbl, *Sozialtheorie. Zwanzig einführende Vorlesungen*, Frankfurt/M. 2004, S. 283). Von seiten der Konflikttheorie sind vor allem die Arbeiten von Michael Mann und Randall Collins, von seiten der Parsons-Schule die von Robert Bellah und Shmuel Eisenstadt zu nennen. Bei Mann klingt nur noch in der Wortwahl (»ideologische Macht«) die alte Inspiration durch den Marxismus nach; bei Bellah und Eisenstadt kann von einem Parsonsschen Kulturdeterminismus keine Rede mehr sein. Als Überblick über die machttheoretischen Diskussionen der letzten Jahrzehnte nützlich und einflußreich: Steven Lukes, *Power. A Radical View*, Basingstoke 2004.

36 Heinrich Popitz, *Phänomene der Macht*, Tübingen 1992. Von ihm beeinflußt auch der wichtige Beitrag von: Gianfranco Poggi, *Forms of Power*, Cambridge 2001, im vorliegenden Zusammenhang v. a. S. 58-96.

37 Popitz, *Phänomene der Macht*, S. 102.

können alte Legitimitäten in Zweifel gezogen werden und neue Legitimationschancen sich ergeben für alte und neue Machtansprüche. Eine Vielzahl von Personen und Kollektiven, Gegenständen und Ideen kann sakralisiert werden: der Herrscher und das Land, das Volk und die Nation, die Rasse oder eine Klasse, die Wissenschaft oder die Kunst, die Kirche oder die Ware und der Markt. Sakralität, die ohnehin die Tendenz hat – wie schon Durkheim wußte –, weitere Gegenstände, Personen und Gehalte zu »infizieren«,[38] kann – durch Akte der »Weihe« innerhalb von Institutionen – absichtlich übertragen werden oder durch Transfer[39] von einer zur anderen Institution oder auch ganz ungeplant wandern.[40] Was wir als Säkularisierung bezeichnen, mit einem berüchtigt mehrdeutigen Begriff, kann unter dem Gesichtspunkt von Sakralisierungsprozessen ganz Verschiedenes sein: Die affektive Intensität der Bindung an ein Heiliges kann von einem Vorstellungsgehalt und einer Institution auf andere übertragen werden; das war zum Beispiel häufig dort der Fall, wo an die Stelle der Bindung an Christentum und Kirche die an Sozialismus und Partei trat. Es kann aber auch sein, daß Bindungsintensität schwindet, ohne daß sie zu neuen

38 Émile Durkheim, *Die elementaren Formen des religiösen Lebens* (1912), Frankfurt/M. 1981, S. 438.

39 Der Begriff »transfert de sacralité« wurde vermutlich zuerst von der französischen Historikerin Mona Ozouf verwendet in ihrer Untersuchung der Feste während der Französischen Revolution, in denen tradierte Sakralitäten auf die revolutionäre Nation übertragen wurden. Der Sache nach ist dieser Gedanke wie die institutionelle Möglichkeit der »Weihe«, auch des »Salbens«, natürlich älter. Vgl. Mona Ozouf, *La fête révolutionnaire 1789-1799*, Paris 1976, S. 317-340. (Dazu auch: Friedrich Wilhelm Graf, »Sakraltransfer«, in: *Religion in Geschichte und Gegenwart*, Bd. 7, Tübingen [4]2004, Sp. 748-749.)

40 Der älteste Beleg für den Begriff des Wanderns des Heiligen (»migrations of the holy«) ist meines Wissens: John Bossy, *Christianity in the West 1400-1700*, Oxford 1985, S. 153; vgl. jetzt auch William T. Cavanaugh, *Migrations of the Holy. God, State, and the Political Meaning of the Church*, Grand Rapids 2011.

Gehalten oder anderen Institutionen wandert, ein ersatzloser Motivationsverlust also eintritt.

Leitfaden für die Entwicklung einer Alternative zur Geschichte von der Entzauberung muß deshalb das Wechselspiel von vielfältigen Prozessen der Sakralisierung mit vielfältigen Prozessen der Machtbildung sein und nicht etwa die Geschichte der Wissenschaft oder des Erkenntnisfortschritts der Menschheit.[41] Die Kontingenz dieses Wechselspiels verbietet es, angesichts der Möglichkeit immer neuer Prozesse der Sakralisierung und Idealbildung auf einen geschichtsübergreifenden Prozeß der Entwertung aller Sakralitäten und Ideale oder eine Erstickung der Möglichkeit zur Neuentstehung von Idealen zu schließen. Der Begriff der Sakralisierung bezeichnet eben nicht einen einheitlichen welthistorischen Prozeß, sondern eine unüberschaubare und unprognostizierbare Vielfalt solcher Prozesse. Die Alternative zur Geschichte von der Entzauberung kann deshalb auch nicht in deren einfacher Umkehrung bestehen, wie die Rede von »Verzauberung« oder »Wiederverzauberung« der Welt insinuiert. Ein Gezeitenmodell des immerwährenden Hin und Her von Sakralisierung und Entsakralisierung wäre ebenfalls nicht aussagekräftig. Dem Entzauberungsnarrativ verhaftet bleibt schließlich sogar das Denkschema, alle Tendenzen, die nicht ins Bild passen, als bloße Reaktionsbildungen auf den einen dominanten Prozeß der Rationalisierung zu deuten: Jeder mystische Impuls, jede Rationalismuskritik, jeder Versuch zur Veränderung vorhandener Strukturen der Differenzierung wird damit entwertet und ins geschichtliche Abseits gestellt. Zu zeigen ist vielmehr, wie aus der Gesellschaftsgeschichte der Menschheit immer neue Sakralisierungen oder Re-

---

41 Zu den Gründen meiner Skepsis gegenüber der Vorstellung einer »kognitiven Entzauberung« vgl. oben, Kap. 4, S. 255-260. Zu einer analogen Argumentation, warum Säkularisierung nicht einfach auf Wissensfortschritte zurückzuführen ist, vgl. Hans Joas, *Glaube als Option. Zukunftsmöglichkeiten des Christentums*, Freiburg 2012, v.a. Kap. 3 (S. 66-85).

vitalisierungen alter Sakralisierungen hervorgehen, was deren Wirkungen auf Prozesse der Machtbildung sind, wie die Entstehung von Transzendenzvorstellungen die Tendenzen zu kollektiver Selbstsakralisierung prinzipiell in Frage stellte, aber doch nicht verhindern konnte, daß auch Transzendenzvorstellungen selbst wieder Mittel kollektiver Selbstsakralisierung werden. Das Verhältnis von Sakralität und Macht, Religion und Politik bleibt damit ein Spannungsverhältnis, das immer neue konkrete Auflösungen hervorbringt, aber nie als solches verschwinden wird.

Eine historische Skizze

Die Sakralisierung von Königen oder anderen Herrschergestalten scheint der offensichtliche Ausgangspunkt für eine historische Skizze des Verhältnisses von Macht und Heiligkeit. Unumstritten ist nämlich die globale Verbreitung dieses Phänomens. Obwohl es gewiß für die spezifische Ausprägung dieses Phänomens in unterschiedlichen Gesellschaften Einflüsse von außerhalb gegeben hat, scheint die Entstehung von Herrschersakralität selbst jeweils nicht einfach kulturelle Übernahme gewesen zu sein. Der vielleicht ehrgeizigste Versuch zu einer universalhistorischen, freilich aufs Christentum beschränkten Religionssoziologie in der Generation nach Max Weber und Émile Durkheim setzt deshalb mit diesem Phänomen ein und erklärt diesen Sachverhalt – daß der König »zugleich als höchster der Menschen und niedrigster der Götter« anzusehen sei und ein »Bindeglied zwischen der Sphäre der Sterblichen und der Sphäre der Unsterblichen« darstelle – zum notwendigen Ausgangspunkt eines solchen Versuchs.[42] Doch läßt dieses Vorgehen offen, wie

42 Die Rede ist von Werner Stark. Siehe ders., *Grundriß der Religionssoziologie*, Freiburg 1974, S. 11. – Dieses einbändige deutsche Werk ist eine vom Autor erstellte Kurzfassung seiner in englischer Sprache erschiene-

wir das Verhältnis von Sakralität und Macht *vor* der Entstehung des Königtums zu denken haben. Wie sollen wir uns dieses Verhältnis in nichtstaatlich organisierten Gesellschaften, bei geringem Machtgefälle unter den Mitgliedern, eigentlich vorstellen? Und welchen Einfluß haben die – im fünften Kapitel dieses Buches – geschilderten »achsenzeitlichen« Transzendenzvorstellungen auf die Sakralisierung von Herrschern genommen? Wenn, wie schon der oberflächliche Blick zeigt, in der Achsenzeit des letzten vorchristlichen Jahrtausends auch in den Kulturen, die von den neuen religiösen und philosophischen Ideen beeinflußt wurden, kein definitiver Bruch mit der Sakralisierung von Herrschern einsetzte, ist zu fragen, welche Kompromisse zwischen den neuen Konzeptionen und den tradierten Machtformen gefunden wurden oder ob sogar neue Rechtfertigungschancen für Macht und Herrschaft aus den transzendenzbezogenen Religionen abgeleitet wurden. Zwei weitere Sakralisierungen treten in den Blick, da in ihnen zumindest das Potential steckt, eine Alternative zur Sakralisierung eines Herrschers zu werden: die Sakralisierung des Volkes und die Sakralisierung der Person im Sinne einer universalen Menschenwürde, also einer Qualität jedes menschlichen Individuums. Wie sich zeigen wird, ist die Sakralisierung vor der Entstehung der Herrschersakralität am besten als kollektive Selbstsakralisierung zu kennzeichnen. Im folgenden wird der Blick auf die anderen Formen – Herrschersakralität vor und nach der Achsenzeit, Sakralisierung des Volkes und Sakralisierung der Person – von der Frage geleitet, inwiefern diesen Formen des Verhältnisses von Macht und Sakralität eine Überwindung der kollektiven Selbstsakralisierung oder doch wenigstens eine Gegenkraft zu dieser innewohnt.

Bei Aussagen über Gesellschaften vor der Entstehung staatlicher Strukturen ist größte Vorsicht geboten. Da die Schrift je-

---

nen fünfbändigen historischen Religionssoziologie: ders., *The Sociology of Religion. A Study of Christendom*, 5 Bde., New York 1966-1974.

weils im Zusammenhang mit der Entstehung staatlicher Strukturen (etwa der Abgabenregistratur) aufgekommen zu sein scheint, kann es nicht verwundern, daß solche Gesellschaften keine schriftlichen Selbstzeugnisse hinterlassen haben. Einsichten, die aus der ethnologischen Erforschung zeitgenössischer schrift- und staatsloser Gesellschaften gewonnen wurden, dürfen selbstverständlich nicht einfach so in die Geschichte übertragen werden, als enthüllten sie uns die Vergangenheit staatlich organisierter Gesellschaften an anderen Orten. Zudem sind Gegenwartsgesellschaften immer schon in eine Welt eingeschlossen, in der die staatlichen Strukturen anderer sich auf sie in massivster Weise auswirken. Auch der positive Beschreibungsbegriff »Stammesgesellschaften« ist mit der Geschichte des Kolonialismus und Imperialismus sowie der zivilisatorischen Abwertung als »wild« oder »primitiv« historisch so verknüpft, daß viele von seinem Gebrauch abraten.

An der Bedeutung des Rituals für solche vor- oder nichtstaatlichen Gesellschaften kann, bei aller Unsicherheit unseres Wissens im einzelnen, prinzipiell allerdings kein Zweifel sein. Wenngleich Durkheims klassischer Analyse[43] neben vielen empirischen Mängeln in theoretischer Hinsicht ihre ausschließliche Betonung kollektiver Erfahrungen und ein ungenügender Sinn für die Frage nach der Artikulation solcher Erfahrungen vorzuwerfen war, ist doch anzuerkennen, daß seine Einseitigkeiten ein erfreuliches Gegengewicht bilden gegen die Tendenz, den Individualismus moderner Kulturen in die Geschichte zurückzuprojizieren. Es wäre in der Tat völlig anachronistisch, die individuellen Erfahrungen einer Spannung zwischen Idealen oder zwischen Ideal und Wirklichkeit auch in diesen Gesellschaften für wesentlich zu halten. Weil Ideale eine Abstraktion von Heiligkeitserfahrungen sind, kann das Maß dieser Abstraktion variieren. Wenn die Abstraktion gering ausfällt, heißt das, daß die Heiligkeitserfahrung ihre situative Bindung stark beibehalten

43 Zur kritischen Erörterung vgl. Kap. 3 und die dort angegebene Literatur.

hat. Entsprechend wird dann die Fallhöhe zwischen Ideal und Wirklichkeit nur gering ausfallen oder kaum vorhanden sein. Wenn die heiligkeitskonstitutive Erfahrung eine kollektive ist, dann kann es auch sein, daß die Zuschreibung von Heiligkeitsqualitäten an bestimmte Individuen ganz unterbleibt.

Diese theoretische Erschließung des Charakters von Sakralität unter Bedingungen geringer Individualisierung scheint sich in Forschungen zu den australischen Aborigines, die nach Durkheim und in kritischer Distanz zu ihm unternommen wurden, und in Untersuchungen zu anderen nichtstaatlichen Gesellschaften zu bestätigen.[44] Stellen wir uns exemplarisch, der Beschreibung von William Stanner folgend, Gruppen von nomadischen Jägern und Sammlern vor, die nichts anbauen oder bauen und nirgends für lange Zeit verweilen, obwohl die Routen ihres Ortswechsels sehr wohl einem bestimmten Muster folgen und auf genauer Kenntnis der jahreszeitlichen Verfügbarkeit von Nahrungsmitteln und Wasser beruhen. Diese nomadischen oder halbnomadischen Gruppen von zehn bis sechzig Personen, die nur in geringem Maße Habe mit sich führen, fühlen sich durch Sprache und Sitten mit bestimmten anderen ähnlichen Gruppen eng verbunden, mit denen sie aber nur zu herausgehobenen Anlässen zusammenkommen. Das können große Feste sein, Initiationsriten, Konfliktaustragungen oder anspruchsvolle, eine große Zahl Beteiligter erfordernde Jagdexpeditionen. Die dabei stattfindenden organisierten oder sich spontan ergebenden Rituale ermöglichen intensive Erfahrungen, die sich vom Alltag des Lebens in kleinen Gruppen in der Tat deutlich unterschei-

44 Zu Australien wichtig die Arbeiten von William E. H. Stanner, »Religion, Totemism and Symbolism«, in: Ronald M. Berndt, Catherine H. Berndt (Hg.), *Aboriginal Man in Australia. Essays in Honour of Emeritus Professor A. P. Elkin*, Sydney 1965, S. 207-237; ders., »The Dreaming« (1956), in: Thomas G. Harding, Ben J. Wallace (Hg.), *Cultures of the Pacific. Selected Readings*, New York 1970, S. 304-315. Zur weiteren Forschung v. a. Robert N. Bellah, *Religion in Human Evolution. From the Paleolithic to the Axial Age*, Cambridge, Mass., 2011, S. 117-174.

den. Das strukturierte Leben des Alltags wird unterbrochen. Wenn diese Unterbrechung in der Analyse hervorgehoben werden soll, bietet sich der Begriff »Anti-Struktur«[45] an; wenn betont werden soll, daß es nicht nur um eine Auflösung von Strukturen geht, sondern um die Erfahrung einer kontrollierten Umwelt, in der Idealzustände erlebbar gemacht werden, die nach Rückkehr in den Alltag im Gedächtnis bleiben,[46] scheint ein Begriff wie »alternative Struktur«[47] besser geeignet. Da diese Rituale an festen Orten stattfinden, laden sich diese Orte mit besonders großer Bindungsenergie auf. Die Sakralisierung von Orten scheint in der Lebensweise der Angehörigen solcher sozialen Ordnungen zentral zu sein, wobei die Orte eben gerade durch ihre Sakralität nicht als bloße neutrale Schauplätze für ein sakrales Geschehen gedacht werden dürfen, sondern Ort und Geschehen in der Vorstellung eine schwer auflösbare Ganzheit bilden. Als gewissermaßen kleinste Einheit des Deutungssystems erweist sich unter diesen Umständen etwas, das in den Forschungen als »rhythmed events« oder »abiding events« bezeichnet wird – als Ereignisse zwar, nicht aber als einmalige Bestandteile einer irreversiblen zeitlichen Kette von Ereignissen, sondern als konstitutive, in ihrer Wirkung anhaltende, periodisch wiederkehrende Ereignisse am sakralen Ort.[48] Vieles von dem, was in der Literatur über die australischen Aborigines seit den Forschungen von Spencer und Gillen, die schon die wichtigste Quelle für Durkheim waren, als »Traumzeit« bezeichnet wurde

---

45 So Victor Turner, *Das Ritual. Struktur und Anti-Struktur* (1969), Frankfurt/M. 1989.

46 Vgl. die Definition von Ritual am Ende von Kap. 3.

47 So im Anschluß an die Forschungen von Ellen Basso über die brasilianischen Kalapalo Bellah, *Religion in Human Evolution*, S. 141. Vgl. Ellen Basso, *A Musical View of the Universe. Kalapalo Myth and Ritual Performances*, Philadelphia 1985, v. a. S. 253, wo die kreativen und heilenden Wirkungen von Ritualen hervorgehoben werden.

48 Bellah, *Religion in Human Evolution*, S. 147, im Anschluß an Tony Swain, *A Place for Strangers: Towards a History of Australian Aboriginal Being*, Cambridge 1973, S. 22.

und große Verständnisschwierigkeiten bereitet, wird damit durchschaubar. Es geht um das Ineinander einer mythischen Ursprungserzählung mit der Vorstellung, daß der Ursprung der Welt nicht in einer unwiederholbaren Vergangenheit liege, sondern sich immer wieder ereigne und ein alle Gegebenheiten durchziehendes Ordnungsprinzip enthalte.[49] In diesem Ordnungsprinzip aber sind Wirkliches und Mögliches nicht oder kaum voneinander unterschieden. Das führt Stanner dazu, das Leben unter diesen Bedingungen als »one-possibility thing« zu bezeichnen,[50] als das einzig mögliche, als alternativlos. Das Ideale hat sich vom Realen noch nicht getrennt oder kaum über dieses erhoben. Die Intensität der Sakralisierung von Orten und Ereignissen strukturiert ein Weltbild, ohne die Welt als veränderbare im Licht eines idealen Zustands zu präsentieren.

Von einem Gefälle der Macht unter den Mitgliedern einer solchen Gesellschaft ist in diesem Fall nur in zwei Hinsichten zu sprechen: Ältere haben Macht über Jüngere, Männer über Frauen. Ältere Männer sind diejenigen, die die größte Chance haben, Einfluß auf kollektive Entscheidungen zu nehmen. Selbstverständlich führen überlegene Fähigkeiten, Kräfte oder Einfallsreichtum oft zu Respekt und Folgebereitschaft. Es gibt aber keine formellen Ämter, um deren Besetzung gerungen werden könnte.[51] Eine große Rolle für die Autoritätsstrukturen spielt die Kenntnis der kollektiven Rituale selbst. Dies ist ein wichtiger Grund für die Achtung vor Älteren oder eben der »Experten« der Vorbereitung, Durchführung und Ausdeutung des Ritualgeschehens. Diese können ihr entsprechendes Wissen dabei als »Geheimwissen« behandeln und nur teilweise an andere weitergeben. Der Respekt kann damit Menschen gelten, die als überlegen und vorbildhaft erlebt werden, ohne daß diese Menschen aus ihrer Vorbildhaftigkeit verbindliche Ansprüche auf

49 Stanner, »The Dreaming«, S. 305.
50 Ebd., S. 307, S. 312.
51 Ebd., S. 314.

Gefolgschaft oder gar materielle Privilegien abzuleiten imstande wären.

So richtig es ist, gegen ein hobbesianisches Bild vorstaatlicher Gesellschaften als eines Kampfes aller gegen alle auf die Schönheit und Würde, auch die schöpferischen und genießerischen Züge des Lebens unter diesen Bedingungen hinzuweisen,[52] so wenig darf dieses romantisiert oder idyllisiert werden. Dagegen sprechen zwei Gründe. Der erste Grund besteht darin, daß das Fehlen eines ausgeprägten Machtgefälles nicht mit der Abwesenheit von Macht gleichgesetzt werden darf. In den Arbeiten von Stanner wird dieser Punkt nur dort sichtbar, wo er davon spricht, daß das System der weitgehend egalitären sozialen Ordnung bei den von ihm untersuchten Aborigines sich selbst schützt und erneuert: »Der entscheidende Punkt ist hier, daß die *checks and balances* nahezu perfekt zu sein scheinen und wirklich niemand die Art von Befriedigung zu wollen scheint, die von einer Position der Vorherrschaft über andere kommen könnte.«[53] Obwohl dies hier nicht ausgesprochen wird, scheint doch klar zu sein, daß der fehlende Wunsch nach Macht und Beherrschung anderer nicht auf angeborene Güte oder verinnerlichte Moral zurückzuführen ist. Wenn diese vorhanden wären, bräuchte es ja auch keine »checks and balances« und wäre es falsch, von einem »self-protective system« zu sprechen. Wir müssen uns statt dessen soziale Mechanismen vorstellen, mit denen individuelle Machtsteigerungsversuche durch kollektive Macht unterbunden werden. Das Fehlen eines Machtgefälles zwischen den Individuen deutet eben nicht notwendig auf die Abwesenheit von Macht hin, sondern auf die Stärke kollektiver Macht gegenüber den Individuen. Das ist auch heute in allen Ordnungen zu beobachten, die sich an Gleichheitsnormen orientieren. Die Betonung der aktiven Unterbindung individueller Machtsteigerung durch die Ausübung von Kollektivmacht

52 Ebd.
53 Ebd.

gewinnt zusätzliche Plausibilität durch die Beobachtung, daß im Sozialleben der den Menschen evolutionär vorausgehenden Primaten offensichtlich keineswegs Egalität herrschte, sondern ausgeprägte Dominanzhierarchien, in denen etwa ein oder wenige Alphatiere die sexuellen Reproduktionschancen weitgehend monopolisierten. In der menschlichen Sozialität scheint dies aber gerade in ihren frühesten Formen verhindert worden zu sein. Man hat deshalb sogar von einer U-Kurve der Egalitätsentwicklung gesprochen, da zwischen dem stark hierarchischen Charakter der Primatenverbände und den ebenfalls stark hierarchischen staatlich organisierten Gesellschaften sich die egalitären Strukturen vorstaatlicher Gesellschaften finden. Zu den Machtmitteln, mit denen dort die Entstehung eines Machtgefälles verhindert wird, gehören die verschiedensten Formen sozialer Sanktionierung von der Verspottung des Selbstbewußten bis zu seinem Ausschluß. Eines dieser Machtmittel ist auch die Macht des Heiligen in ihrer kollektiven Form: Rituale können nämlich das Gefühl der Zusammengehörigkeit so stärken, daß Individuen freiwillig auf Durchsetzungsansprüche verzichten; sie können auch vorhandene Machtgefälle zeitweise »karnevalistisch« außer Kraft setzen und ihnen damit ihre Selbstverständlichkeit im Alltag nehmen.[54]

Der andere Grund, warum die ritualgestützte und relativ egalitäre soziale Struktur der beschriebenen Gesellschaft nicht geeignet ist, als Gegenstand der Sehnsucht aufgefaßt zu werden, liegt in der Beschränkung der Sakralitätswirkungen auf die Mitglieder des Kollektivs, das am Ritual teilhat. Ohne die Abstraktion eines Ideals entsteht, wie beschrieben, zunächst einmal nur die Idealisierung eines bestimmten besonders gelungenen Zustands des Kollektivs selbst. *Die Sakralisierung ist ursprünglich immer auch eine Selbstsakralisierung des Kollektivs.* Die geteilte

54 Dieser Absatz stützt sich auf Christopher Boehm, *Hierarchy in the Forest. The Evolution of Egalitarian Behavior*, Cambridge, Mass., 1999. Vgl. Bellah, *Religion in Human Evolution*, S. 175-182.

Erfahrung an bestimmten Orten und Zeitpunkten, die einen Teil der Welt als »heilig« hervorhebt, strahlt unmittelbar auf die aus, die diese Erfahrung teilen – läßt aber andere, die nicht beteiligt sind, dadurch als weniger heilig oder unheilig, als »Schattenkreaturen«[55] erscheinen. Es ist natürlich eine empirische Frage, inwiefern die Nichtsakralisierung von Außenstehenden eine Rolle in Konflikten spielt und Umgangsweisen erlaubt, die gegenüber Zugehörigen verboten sind. Keinesfalls sollte die bloße Tatsache der Beschränkung der Sakralisierung auf ein bestimmtes Kollektiv als hinreichender Grund für entgrenzte Feindseligkeiten betrachtet werden. Aber mit der in die Konstitution von Heiligkeit eingelassenen kollektiven Selbstsakralisierung[56] kommt ein Problem in den Blick, das mir für das Verständnis der weiteren Geschichte der Macht zentral zu sein scheint. Jeder Schritt der Machtbildung über das beschriebene elementare Niveau hinaus wird im Horizont dieser Selbstsakralisierung des Kollektivs erlebt werden. Konkreter gesprochen heißt das,

55 Stark, *Grundriß der Religionssoziologie*, S. 19.

56 »Kollektive Selbstsakralisierung« ist der Sache nach in der Religionstheorie Émile Durkheims gemeint; ich bin mir aber keiner Stelle bewußt, an der er diesen Begriff tatsächlich verwendet. Ich selbst habe in meinem Buch zur Geschichte der Menschenrechte (Joas, *Die Sakralität der Person*, S. 234) zwar die universalistische Sakralisierung der Person von der »Selbstsakralisierung des privaten Individuums« unterschieden, ohne aber den Begriff der kollektiven Selbstsakralisierung zu benutzen. Bei verschiedenen Autoren ist von der »Selbstsakralisierung der Nation« oder der »Selbstsakralisierung imperialer Macht« die Rede. Auch der Begriff »kollektive Selbstsakralisierung« findet sich, aber ohne Hinweis auf einen Urheber. Zu Nation: Jörn Leonhard, *Bellizismus und Nation. Kriegsdeutung und Nationsbestimmung in Europa und den Vereinigten Staaten 1750-1914*, München 2008, S. 625; zu Imperien: Herfried Münkler, *Imperien. Die Logik der Weltherrschaft vom Alten Rom bis zu den Vereinigten Staaten*, Berlin 2005, S. 135; zur Verwendung des Begriffs: Mischa Meier, »Krisen und Krisenwahrnehmung im 6. Jahrhundert v. Chr.«, in: Helga Scholten (Hg.), *Die Wahrnehmung von Krisenphänomenen. Fallbeispiele von der Antike bis in die Neuzeit*, Weimar, Wien 2007, S. 111-125, hier S. 123.

daß damit den Alten oder den Ritualexperten tatsächliche Macht zuwachsen, ebenso wie umgekehrt bewährten Jägern oder Kämpfern eine größere Erfülltheit von sakralen Kräften zugeschrieben werden kann. Damit aber sind es nicht nur Zustände des Kollektivs, in denen dieses als ganzes sich gehoben fühlt, die wir als soziale Formen der Sakralität betrachten müssen. Es gibt dann die machtgestützte Sakralität einzelner und deren als sakral erlebte Macht.

In der historischen Wirklichkeit gibt es natürlich keinen Sprung vom geschilderten relativen Egalitarismus und der damit verbundenen kollektiven Selbstsakralisierung zum Despotismus archaischer Staatlichkeit. In den Gesellschaften ohne Staat vor und erst recht nach Seßhaftwerdung und Entwicklung landwirtschaftlicher Produktionsformen lassen sich eine Fülle von institutionellen Formen identifizieren, bei denen von beträchtlichem internen Machtgefälle sowie von Fusionen von Sakralität und Macht gesprochen werden kann. Ein Indiz für solche Fusionen liegt dort vor, wo das sakralitätskonstitutive Ritual sich spaltet in Formen, zu denen nicht jeder und jede Zugang hat, und solche, die weiterhin als quasiegalitäres Kollektivereignis stattfinden. Es scheint mir besser, von einer solchen Spaltung zu reden,[57] als von einer einlinigen Entwicklung hin zu hierarchisierten Formen des Rituals, da wir mögliche Gegenkräfte zur Machtkonzentration, die aus weiterbestehenden egalitären Formen des Rituals hervorgehen können, nicht ignorieren sollten. Aber die Aufmerksamkeit auf Gegengewichte und -tendenzen darf umgekehrt auch nicht davon ablenken, die enormen Machtdifferenzen innerhalb von Kollektiven, die auf dem Weg zur Staatlichkeit festgestellt werden können, zu bagatellisieren. Zur Veranschaulichung geeignet ist hier die von allen traditionellen polynesischen Gesellschaften vielleicht am besten

57 Bei Robert Bellah fand ich den Ausdruck »ritual bifurcation«, der mir diesen Gedanken gut zu bezeichnen scheint (Bellah, *Religion in Human Evolution*, S. 570).

ethnologisch erforschte die auf der kleinen Insel Tikopia. Von einem Staat kann dort noch in der ersten Hälfte des zwanzigsten Jahrhunderts – so die Beschreibungen – nicht gesprochen werden, ebensowenig jedoch von ursprünglichem Egalitarismus. Verwandtschaft ist hier ein wesentliches Strukturierungsprinzip, doch gibt es innerhalb und zwischen Verwandtschaftsgruppen ein deutliches Statusgefälle. Es gibt Häuptlinge der einzelnen Clans und Prozeduren zu deren Bestimmung, die man Wahlverfahren nennen könnte, obwohl in diese Verfahren »dynastische« Elemente – etwa: Sohn des früheren Häuptlings zu sein – machtvoll hineinspielen. Einen Häuptling für alle Clans gibt es nicht, wohl aber die Vorstellung, daß der Häuptling des Clans mit dem größten Ansehen als Repräsentant aller – nicht als Herrscher – angesehen werden dürfe. Unter dem Gesichtspunkt des Verhältnisses von Sakralität und Macht ist der wichtigste Punkt, daß Häuptlinge nach ihrer Wahl in einem festen Ritual »tabuisiert«, das heißt geweiht oder sakralisiert werden. In diesem Ritual, in dem ausdrücklich von der Verleihung von Sakralitätsqualität durch das Kollektiv die Rede ist, wird die bisher profane Person in ein Objekt verwandelt, für das all das gilt, was auf heilige Gegenstände zutrifft. Unaufgeforderte Berührung ist von da ab ausgeschlossen. Die körperliche Haltung ihm gegenüber ist eine der Verehrung, ausgedrückt durch Verbeugung und Niederknien. Der Häuptling besucht niemand von sich aus, sondern gibt Audienzen, und ißt nicht in der Gegenwart anderer, weil dies den Eindruck, den er macht, ins Profane verschieben würde. So schwach ausgeprägt die Macht dieser Art von Häuptlingen ist, so deutlich erkennbar ist ihre herausgehobene priesterliche Rolle. Diese Rolle aber ist nicht etwa unerheblich für das physische Wohlergehen der ihm anvertrauten Menschen, als würde dieses in einer säkularen ökonomischen, politischen oder militärischen Sphäre gesichert. Im Gegenteil hängt dieses Wohlergehen wesentlich vom Wohlwollen übermenschlicher Kräfte und Wesen ab, mit denen umzugehen nun die vornehmste Aufgabe des Häuptlings und Oberpriesters ist. Nur er opfert Speise und Trank für die machtvollen Wesen, sofern er nicht andere damit beauftragt, ähnlich zu handeln. Die Menschen müssen Abstand halten, wenn die heilige Opferhandlung zwischen ihm und den machtvollen übermenschlichen Wesen stattfindet; sie kennen die rituellen Formeln nicht, die gesprochen werden, und können sie nicht hören. Nach Abschluß aber dürfen sie mit Gesang, Tanz und geselligem Schmaus so feiern, wie es bei den alten Kollektivritualen üblich war.[58]

Auch dieses Bild sollte ebensowenig wie das der relativ egalitären nichtstaatlichen Ordnungen ohne feste Häuptlingsstrukturen idyllisiert werden. In die geschilderte Form religiös-politischer Ordnung sind mindestens drei Konfliktherde eingebaut, aus denen sich Auseinandersetzungen um Macht, aber auch Machtsteigerungstendenzen ableiten lassen. Erstens ist ja die Frage unvermeidlich, was eigentlich geschieht, wenn das durch Opfer herbeigesehnte Wohlwollen der übermenschlichen Wesen ausbleibt, wie es etwa bei Unwettern oder Mißernten der Fall ist. Dann kann der Häuptling und oberste Priester versuchen, durch größere Opfer dieses Wohlwollen zu erzwingen; er kann aber auch von denen, die ihn ins Amt gebracht und sakralisiert haben, als Versager betrachtet, abgesetzt oder gar getötet werden. Dieser Konfliktherd war der Ausgangspunkt für eines der einflußreichsten ethnologischen Werke überhaupt, James Frazers *The Golden Bough.*[59] Frazers Lebenswerk stand

58 Meine Darstellung, für deren empirische Gültigkeit im Falle Tikopia ich nicht bürgen will, stützt sich hier im wesentlichen auf die Forschungen von Raymond Firth und deren theoretische Verarbeitung bei Bellah. (Raymond Firth, *Rank and Religion in Tikopia. A Study in Polynesian Paganism and Conversion to Christianity*, London 1970; Bellah, *Religion in Human Evolution*, S. 182-191 und S. 570.)

59 Ich stütze mich auf die einbändige Ausgabe: James George Frazer, *The Golden Bough. A Study in Magic and Religion*, New York 1923. Die ursprüngliche Fassung stammt von 1890; es gibt aber zahlreiche, immer weiter vermehrte Ausgaben. Zum Überblick über Leben und Werk: Hans Wißmann, »James George Frazer (1854-1941)«, in: Axel Michaels (Hg.),

im Hintergrund vieler Arbeiten zu einer Universalgeschichte der Religion, auf die im vorliegenden Buch Bezug genommen wurde: von Durkheims Totemismusverständnis bis zu Max Webers spezifischer Unterscheidung von Magie und Religion. Im *Golden Bough* hatte der Altphilologe Frazer, sich auf antike Quellen stützend, die Geschichte der Priester eines Diana-Heiligtums in den Albaner Bergen bei Rom erzählt, deren Lebenskraft für die ganze Kraft der Vegetation verantwortlich gemacht wurde. Das aber hieß, daß das Schwinden der Kräfte des Priesters eine Gefährdung aller darstellte, der nur durch seine Tötung und Ersetzung durch einen kraftvollen Nachfolger entgegengetreten werden konnte. Auch diesem wird dann eines Tages wieder dasselbe Schicksal drohen. Frazer versuchte, Beispiele für diesen Mechanismus aus allen Epochen und Kulturen zusammenzutragen, und behauptete, damit auch die Vorstellung eines sein Leben verlierenden, aber dann wieder auferstehenden Gottes aus der Logik der Vegetationszyklen (Ostern im Frühjahr) verständlich machen zu können. An dieser Stelle interessieren aber weniger solche angeblichen Konsequenzen eines realen Geschehens auf spätere Mythenbildungen, sondern die Idee einer Tendenz zur Gewalt – einerseits in der möglichen Tötung des versagenden Priesters und Häuptlings, andererseits in der Steigerung des Opfers hin zum Menschenopfer.

Ein zweiter Konfliktherd liegt in den Umverteilungswirkungen von Ritualen, die in ihrer Durchführung vom Häuptling und Priester monopolisiert werden. Für Opferrituale sind Gaben nötig, auch und erst recht für die anschließenden kollektiven Festivitäten. Diese Gaben müssen eingesammelt und aufbewahrt, oft auch eigens produziert werden. Obwohl der Häuptling und Priester nicht machtvoller und wohlhabender als andere sein muß, gibt ihm doch seine Rolle in der Koordination der

---

Klassiker der Religionswissenschaft. Von Friedrich Schleiermacher bis Mircea Eliade, München 1997, S. 77-89.

ritualbezogenen Aktivitäten zumindest eine bessere Chance zur Aneignung von Gütern für sich und die Seinen. Es scheint durchaus immer fließende Übergänge von solcher bloßen Koordination zur wirtschaftlichen Besserstellung und Macht gegeben zu haben.[60] Damit aber kommt in die fallweise Verknüpfung von Sakralität und Macht eine selbststabilisierende Dynamik hinein. Es entstehen Interessen an der Aufrechterhaltung einer ungleichen Verteilung und Mittel zu deren Durchsetzung.

Der dritte Konfliktherd ist damit verbunden. Wenn der Häuptling und Priester vornehmlich oder ausschließlich mit den machtvollen Wesen kommuniziert, dann nimmt er zunächst nur situativ Züge von diesen Wesen an; schon seine Tabuierung macht daraus etwas Dauerhaftes, allerdings nichts Unverwirkbares. Diese dauerhafte Sakralität kann aber, wie alles Sakrale, andere und anderes »infizieren«, etwa die Angehörigen des Häuptlings und Priesters oder alle Mitglieder des betreffenden Clans. Diese sich ausbreitende Sakralität kann als bedingungslose, mit den physischen Bedingungen gegebene, empfunden oder gedacht werden. Dann gilt eine bestimmte Abstammung als fundamental höherwertig als eine andere. Im Herkunftsstolz und Heiratsverhalten von Aristokratien wie in der Rede von ihrem edlen Geblüt haben sich solche Vorstellungen bis in unsere Zeit erhalten. Weil die Sakralisierung ganzer Clans sich in einem Macht- und Interessenfeld abspielt, können genealogische Kenntnisse vorgeschrieben oder verboten, können genealogische Linien manipuliert werden – mit beträchtlichen Konsequenzen für Ansprüche auf Landbesitz und Landnutzung.[61]

Zwei Begriffe habe ich in der knappen Veranschaulichung sozialer Ordnungen, die noch keinen Staat kennen, aber auch nicht mehr strikt egalitär sind, bisher vermieden: König und

60 Bellah, *Religion in Human Evolution*, S. 194, in Anschluß an Marshall Sahlins, *Stone Age Economics*, Chicago 1972, S. 140.

61 Zu Beispielen aus dem vorkolonialen Hawaii: Bellah, *Religion in Human Evolution*, S. 197-209.

Gott. Statt von Königen war von Häuptlingen die Rede, die zugleich oberste Priester sind, statt von Göttern von machtvollen Wesen und Kräften. Grund für die Meidung beider Begriffe war, daß sie vor der Herausbildung des Staates noch nicht ganz passend sind. Nun ist hier gewiß nicht der Ort, um die Frage zu klären, was genau einen Staat ausmacht und inwiefern eine Begrifflichkeit, die von europäischen Phänomenen seit der frühen Neuzeit abstrahiert ist, überhaupt auf ältere Phasen der europäischen Geschichte und auf archaische außereuropäische Formen der Macht angewendet werden kann. Hier genügt die Kennzeichnung, daß sich an einzelnen Orten und Zeitpunkten eine Form der Machtkonzentration und Machtdifferenzierung herausgebildet hat, für die Verwandtschaft und Abstammung nicht mehr als dominantes Organisationsprinzip behauptet werden können. Über dieses ältere – nicht verschwindende – Organisationsprinzip schiebt sich ein anderes, neues, das wesentlich aus einem arbeitsteilig handelnden Organisations- und Zwangsapparat besteht. Eine kleine Gruppe erhält damit die Chance, Überschüsse aus der landwirtschaftlichen Produktion zu verbrauchen, kollektive Arbeiten (etwa der Errichtung und Pflege eines Bewässerungssystems) arbeitsteilig zu organisieren, Auseinandersetzungen autoritativ zu entscheiden, innere und äußere Feinde mit Gewalt zu unterdrücken und in demonstrativem Luxus zu leben. Mit dieser Kennzeichnung ist keine Behauptung einer Zwangsläufigkeit der Entwicklung hin zum Staat verbunden;[62] es gibt viele Beispiele für einen Abbruch oder eine Umkehr solcher Entwicklungstendenzen. Allerdings ändert sich die Lage dort, wo die Entwicklung zum Staat stattfindet, da das überlegene Organisationspotential sich in erfolgreichen Expansionsbestrebungen niederschlagen und deshalb bei den Nachbarn zu defensiven Reaktionsbildungen ähnlichen Charakters führen kann. Am bekanntesten sind hier die Schilderungen des Alten

62 Mit guten Gründen argumentiert gegen eine solche Unterstellung: Michael Mann, *Geschichte der Macht*, Bd. 1, Frankfurt/M. 1990, S. 112-123.

Testaments,[63] vor allem im Ersten Buch Samuel, bezüglich des Wunsches Israels, auch wie die Nachbarvölker einen König zu haben, und die widerstrebende Erfüllung dieses Wunsches durch Gott.

Nicht zwangsläufig also, aber doch häufig wurde dieser Weg der Staatsbildung beschritten, teils in Nachahmung benachbarter und bedrohlicher Staaten, teils aber auch völlig ohne den Einfluß von Vorbildern als immer neue, aber überaus ähnliche Kreation. Niemand wird die Staatsbildung in China auf die des antiken Orients zurückführen wollen oder umgekehrt, und die der Maya und der Inka sind offensichtlich nicht mit den anderen verbunden. Überall aber findet sich die Herausbildung eines *sakralen Königtums.* Wir haben es hier mit einem Phänomen zu tun, das sich von frühen Agrargesellschaften bis in unsere Gegenwart hinein findet, wobei die genaueren ökonomischen Bedingungen und religiösen Vorstellungen weit voneinander abweichen. Für die Frage nach den Verknüpfungen von Sakralität und Macht ebenso wie für die nach den Gestalten kollektiver Selbstsakralisierung liegt hier ein Gegenstand von allerhöchster Bedeutung. Die klare Konturiertheit dieses Phänomens bei Variabilität seiner Bedingungen spricht gegen die Neigung, in ihm ein bloßes Resultat bestimmter ökonomischer Bedingungen und entsprechend in Gottesvorstellungen die bloße Projektion der Königsidee auf übermenschliche Kräfte zu sehen. Es scheint vielmehr zur gemeinsamen Herausbildung beider Vorstellungskomplexe oder vielmehr eines Vorstellungskomplexes mit diesen beiden Seiten gekommen zu sein.[64] Dem muß die Rekon-

---

63 Vgl. 1 Samuel 8-12.

64 Bellah, *Religion in Human Evolution*, S. 212. Neben Bellahs Darstellung (S. 210-264) sind für meine folgenden Überlegungen vor allem wichtig: Francis Oakley, *Kingship. The Politics of Enchantment*, Oxford 2006; Franz-Reiner Erkens, *Herrschersakralität im Mittelalter. Von den Anfängen bis zum Investiturstreit*, Stuttgart 2006 (darin S. 34-88 zur Entwicklung vom Alten Orient zur römischen Spätantike); ders. (Hg.), *Die Sakralität von Herrschaft. Herrschaftslegitimierung im Wechsel der Zeiten*

struktion desjenigen Prozesses der Machtbildung Rechnung tragen, welcher die kollektive Selbstsakralisierung vorstaatlicher Ordnungen in die Gestalt der enormen Sakralisierung des einen, alles beherrschenden und gegenüber den übermenschlichen Kräften repräsentierenden Königs transformiert.

Die globale Verbreitung des Phänomens des sakralen Königtums und seine historische Kontinuität dürfen allerdings nicht von seiner inneren Varianz ablenken. Schon Werner Stark hat einen Vorschlag zu einer soziologischen Typologie gemacht und dabei drei Hauptformen voneinander unterschieden,[65] wobei er sich vermutlich bereits auf Vorgänger stützte. Der König kann erstens selbst als Gott oder doch zumindest als von göttlicher Abstammung oder bei seinem Tode zu einem Gott werdend vorgestellt werden. Oft wird auch die Institution des Königtums selbst als göttliches Geschenk und der König damit als Stellvertreter Gottes oder der Götter unter den Menschen gedacht. Zweitens kann der König zwar nicht selbst als göttlich, aber doch als von Göttern gesandt, erwählt, erhoben oder gesalbt aufgefaßt werden; er bleibt damit zwar Mensch, erfreut sich aber einer besonderen Nähe zum Göttlichen. Und der König kann drittens in Fortführung der Verbindung von Häuptlings- und Oberprie-

---

und Räume, Berlin 2002; ders., »Herrschersakralität. Ein Essai«, in: Andrea Beck, Andreas Berndt (Hg.), *Sakralität und Sakralisierung. Perspektiven des Heiligen*, Stuttgart 2013, S. 15-32; aus der Soziologie außer Bellah auch Stark, *Sociology of Religion*, Bd. 1, S. 7-68. Eine separate Auseinandersetzung mit den einzelnen, vornehmlich an Webers Begrifflichkeit orientierten Werken wie dem von Stefan Breuer, *Der charismatische Staat. Ursprünge und Frühformen staatlicher Herrschaft*, Darmstadt 2014, will ich hier nicht führen.

65 Stark, *Sociology of Religion*, Bd. 1, S. 24-35. Die Typologie bei Erkens, *Herrschersakralität im Mittelalter*, S. 29, ähnelt der von Stark. In seinem ausgezeichneten Buch macht Erkens einen terminologischen Vorschlag, den ich verwirrend finde und dem ich deshalb nicht folge. Er möchte den Begriff »sakrales Königtum« als Oberbegriff für alle drei Typen verwendet wissen, von denen dann das »Sakralkönigtum« nur einer sei (ebd., S. 31).

steramt in vorstaatlichen Gesellschaften vornehmlich oder ausschließlich als oberster oder gar einziger Priester gedacht sein, im Extremfall nur als ein solcher neben einem eigentlichen militärischen Machthaber, wie es etwa im Frankenreich und in Japan vorkam. Auch dann besteht an seiner Zugehörigkeit zu den Menschen kein Zweifel, obwohl er durch die Nähe zum Göttlichen an dessen Aura partizipiert. Die drei Typen müssen in der Wirklichkeit natürlich keineswegs klar und unvermischt auftreten. In ein und derselben Kultur kann das Verständnis des Königtums sich in dieser Hinsicht wandeln, nicht einheitlich oder umstritten sein. So scheint in Mesopotamien seit der Zeit Hammurabis (etwa 1800 vor Christus) die Vorstellung von der göttlichen Zeugung des Herrschers aufgegeben worden zu sein, ohne daß damit alle damit verbundenen Vorstellungen völlig verschwunden wären.[66] Es kann überhaupt Diskrepanzen zwischen der offiziellen Selbstdarstellung des Königtums und dem tatsächlich gelebten Glauben der Bevölkerung geben – in beiden Richtungen, einerseits als eine Art Legitimationskrise des sakralen Königtums, dessen Ansprüche auf taube Ohren stoßen, andererseits als spontane Sakralisierung durch das Volk, die vom Gegenstand dieser Sakralisierung zynisch als Machtchance oder ironisch als dummer Aberglaube aufgenommen wird: Der römische Kaiser Vespasian soll auf eine schwere Erkrankung mit dem Ruf »Weh mir, ich glaube, ich werde ein Gott« reagiert haben.[67] Diese Reaktion wird verständlicher, wenn man bedenkt, daß die Divinisierung der römischen Kaiser weniger von Rom selbst mit seiner republikanischen Geschichte, sondern von den Herrschaftstraditionen eroberter orientalischer Provinzen ausgegangen ist, obwohl auch im republikanischen Rom Reminiszenzen an ein archaisches sakrales Königtum le-

66 Ebd., S. 35.

67 Nach dem Bericht des römischen Historikers Sueton: »Vae, puto deus fio.«

bendig geblieben waren und es damit auch eigene Anknüpfungspunkte für dessen imperiale Wiedergeburt gab.

Für uns heute scheint mir die Sakralisierung des Herrschers angesichts der Erfahrungen mit dem Hitler- oder Stalin-Kult leicht nachvollziehbar, nicht aber die Divinisierung, wenn wir unter dieser die Erhebung eines Herrschers oder Priesters in den Stand der Göttlichkeit selbst verstehen. Das liegt daran, daß auch noch die säkularsten Zeitgenossen einen anspruchsvolleren Gottesbegriff stillschweigend unterstellen, als es unter Bedingungen archaischer Staatlichkeit der Fall gewesen zu sein scheint. Die Vorstellung der Zeugung eines Herrschers oder des Stammvaters einer Herrscherdynastie durch einen Gott oder des Übergangs eines Herrschers in einen Gott im Augenblick seines Todes setzt eine Durchlässigkeit zwischen dem Irdisch-Menschlichen und dem Göttlichen voraus, das Fehlen einer metaphysischen Kluft, so daß zwischen der Ordnung des Kosmos und der des Staates nicht nur eine Analogie, sondern wirkliche Einheit bestehen konnte. Unter den Bedingungen von Staatlichkeit konnten die organisatorischen Ressourcen, die für die verschiedensten staatlichen Aufgaben mobilisiert wurden, auch in Handlungen und Projekte wie den Bau von Tempeln und Grabstätten der Herrscher (Pyramiden) einfließen, die auch den Nachgeborenen imponieren, selbst wenn sie von diesen als unverständliche Verausgabung empfunden werden sollten. Unverständlich sind sie aber nur, wenn rückblickend die Intensität der Selbstsakralisierung einer sozialen Ordnung in der Gestalt der Herrschersakralität nicht mehr nachvollzogen wird. Dann bleiben vor allem die gewaltsamen Aspekte dieser Kulturen in Erinnerung. Unsere Phantasie ist bis heute von Bildern durchsetzt, die auf diese Gewaltförmigkeit zurückgehen: die Menschenopfer der Azteken, der Verschleiß menschlicher Arbeitskräfte im Pyramidenbau der Pharaonen, die Grausamkeiten des Nebukadnezar – wobei dahingestellt bleiben soll, was von diesen Bildern historischer Wirklichkeit oder feindlicher Greuelpropaganda entsprang. Wir sollten gewiß das faktische Vermögen despotischer Herrscher, die von ihnen beherrschten Gesellschaften zu durchdringen und die von ihnen getroffenen Entscheidungen »logistisch zu implementieren«, nicht überschätzen.[68]

Zumindest auf imaginärer Ebene ist die enge Verknüpfung oder gar Fusion von Sakralität und hochkonzentrierter Macht im archaischen Staat ein Schreckensszenario von anhaltender Wucht geblieben. Es ist aber eben auch nicht das abschließende Kapitel der Geschichte. Ganz abgesehen von den Tendenzen, die Machtkonzentration wieder zu reduzieren, auf die unter dem Stichwort einer Sakralisierung des Volkes gegen die Herrschersakralität noch einzugehen sein wird, ist hervorzuheben, daß es Reaktionen auf die Fusionen von Sakralität und Macht gab, die diese durch Radikalisierung und Ethisierung des Sakralen verunmöglichen, ihnen für alle Zeiten einen Riegel vorschieben wollten. Gemeint ist hiermit die Entstehung einer Vorstellung von Transzendenz, durch die eine Grenze zwischen allem Irdischen und dem Göttlichen etabliert wird, die kein Herrscher überschreiten kann. Jesu Wort vor Pilatus »Mein Reich [oder in anderen Übersetzungen: mein Königtum] ist nicht von dieser Welt« (Joh. 18,36) ist wohl die schlagendste Formulierung einer solchen radikalen Unterscheidung. Sie kam nicht mit Jesus auf, sondern wurde von ihm bereits vorausgesetzt.

Auf diese Entstehung einer Vorstellung von Transzendenz in der Geschichte zielen die Forschungen und Auseinandersetzungen über ein »prophetisches Zeitalter« oder die »Achsenzeit«. Diese wurden in diesem Buch bereits dort ausführlich behandelt,[69] wo es um die Frage eines fundamentalen Einschnitts in der Religionsgeschichte der Menschheit und die Möglichkei-

68 In Anlehnung an Michael Manns wichtige Unterscheidung von »despotischer« und »infrastruktureller« Macht, die er eben im Zusammenhang einer Erörterung der vergleichenden Untersuchung archaischer Imperien einführt (vgl. ders., *Geschichte der Macht*, S. 278f.).

69 Siehe Kap. 5.

ten einer historisch-sozialwissenschaftlichen Erklärung dieses Einschnitts ging. Das Ergebnis der Überlegungen war ein doppeltes, und nur dieses – und nicht seine Begründung – soll hier in Erinnerung gerufen werden. Es zeigte sich, daß sich dieser religionsgeschichtliche Einschnitt nur als Reaktion auf die Herausbildung des archaischen Staats erklären läßt und insofern aufs engste mit Veränderungen in der Struktur der Macht und politischer Herrschaft zusammenhängt. Es geht aber um eine *Reaktion* auf diese Veränderungen, nicht um deren automatische Folge, also um schöpferische und als solche kontingente Antworten auf neue Herausforderungen. Diese Antworten sind von Fall zu Fall sehr unterschiedlich; für alle zusammen ließ sich ein Syndrom gesteigerter Reflexivität, der Entstehung von Vorstellungen eines moralischen Universalismus und der Transzendenz feststellen. Ich habe deshalb vorgeschlagen, den Kern der religiösen Umwälzung im Verständnis von Transzendenz als reflexiver Sakralität zu sehen.

Die enorme Konzentration von Macht und ihre Fusion mit Sakralität im archaischen Staat provozierte damit eine neuartige Vision, in der die Sakralität irdischer Macht prinzipiell in Frage gestellt, die Stützung auf Gewaltmittel radikal abgelehnt und jeder kollektiven Selbstsakralisierung eines begrenzten menschlichen Kollektivs der Anspruch des Wohls aller Menschen entgegengehalten wurde. Wie sich schon durch die Expansion archaischer Staaten eine Aussicht auf universale Weltbeherrschung und eine relative Unabhängigkeit von Verwandtschaft und Ethnizität herausgebildet hatte, so konnten sich diese neuen Formen des Sakralitätsverständnisses an alle Menschen, unabhängig von ihrer Zugehörigkeit zu existierenden Sozialformen, richten. Damit öffnete sich die bisherige Selbstsakralisierung des Kollektivs einen Spaltbreit. Ethnisches und religiöses Kollektiv traten auseinander, eine Idee von Menschheit konnte entstehen, die Idee radikalen Gewaltverzichts oder sogar des versöhnenden Selbstopfers in den Mittelpunkt treten. Die Geschichte von Jesus Christus ließe sich vor diesem Hintergrund als die eines Bruchs sowohl mit der Selbstsakralisierung des jüdischen Volkes wie mit der des römischen Imperiums lesen.

So revolutionär dieser religionsgeschichtliche Einschnitt erscheint, so falsch wäre es, aus ihm auf einen ähnlich revolutionären Umbruch in der Geschichte der Macht zu schließen. Keineswegs sind die Entsakralisierung politischer Macht, Gewaltlosigkeit und Orientierung auf das Wohl aller Menschen zum stabilen kulturellen Besitz wenigstens der von der Achsenzeit geprägten Zivilisationen geworden. Da sich die entsakralisierenden religiösen Kräfte oft schon nach kurzer Zeit als Quellen neuer religiöser Legitimation politischer Macht in Dienst nehmen ließen, kann der angeblich welthistorische Einschnitt rückblickend fast als politisch folgenlose Episode erscheinen. Ausschließlich unter Bezug auf das Christentum soll dies hier kurz veranschaulicht werden, obwohl sich die These durchaus auch auf andere und nicht nur die monotheistischen religiösen Traditionen bezieht.[70]

Die Geschichte des Christentums ist, sobald es überhaupt in die Nähe der politischen Macht gekommen ist, durchzogen, ja beherrscht von Versuchen, die Sakralität von Herrschern im Rahmen christlicher Vorstellungen zu begründen. Diese Geschichte beginnt noch vor dem Zeitpunkt, da das Christentum unter Kaiser Theodosius dem Großen 391 zur Staatsreligion des Römischen Reiches wurde, nämlich mit der sogenannten Konstantinischen Wende im Jahr 311, also der Anerkennung des Christentums als legitimer Religion und der persönlichen Zuwendung des Kaisers Konstantin zum christlichen Glauben.[71]

70 Vgl. die Bemerkungen über Buddhismus und Gewalt in Kap. 1.

71 Dazu neben Erkens, *Herrschersakralität im Mittelalter*, S. 60-80, und Oakley, *Kingship*, S. 68-76, hilfreich: Hartmut Leppin, »Kaisertum und Christentum in der Spätantike. Überlegungen zu einer unwahrscheinlichen Synthese«, in: Andreas Fahrmeir, Annette Imhausen (Hg.), *Die Vielfalt normativer Ordnungen. Konflikte und Dynamik in historischer und ethnologischer Perspektive*, Frankfurt/M. 2013, S. 197-223.

Schon während seiner Regierungszeit setzte »eine Entwicklung der christlichen Herrscheridee ein, die direkt oder indirekt vorbildlich und prägend wurde für alle nachfolgenden Herrscher des christlichen Abendlandes (und darüber hinaus). Keinem christlichen Kaiser jedoch ist eine so überschwengliche, ja, überbordende Verehrung und gewaltige Erhöhung zuteil geworden wie Konstantin, der die Christen von einem ungeheuren Druck befreite, ihnen als Retter, Wohltäter und Förderer gegenübertrat und daher schließlich als Werkzeug des Himmels bei der Förderung des göttlichen Heilsplans erschien.«[72] Berühmt ist vor allem die Form, die die christliche Verehrung dieses Kaisers bei dem frühen Kirchenhistoriker und Konstantin-Biographen Eusebius von Caesarea annahm, wo der Kaiser als von Gott erwählt, Werkzeug und Stellvertreter Gottes, Abbild und Beauftragter Christi, Priester, Bischof und Kämpfer gegen die Feinde des Glaubens erscheint. Psychologisch ist diese Reaktion gewiß verständlich, obwohl die theologische Schrankenlosigkeit auch verblüfft. Soziologisch spielte sicherlich eine beträchtliche Rolle, »daß sich neben der episkopalen Gemeindeorganisation noch keine hierarchische Gesamtorganisation innerhalb der Kirche ausgebildet hatte«.[73] Für die Geschichte des Oströmischen beziehungsweise Byzantinischen Reiches erwies sich die Verschmelzung von Kaiser- und Christuskult, die treffend als »Hybridisierung«[74] bezeichnet wurde, als besonders prägend. Die Kaiserwürde wurde hier auf Gott selbst zurückgeführt und nicht erst durch kirchliche Krönung erworben.[75] Doch wäre es falsch, aus der bloßen Tatsache einer Herausbildung des Papsttums im lateinischen Westen und damit der Koexistenz eines stärker sakralen und eines stärker machtbezogenen Pols auf eine prinzipielle Distanz zur Sakralisierung des Königs oder Kaisers zu

72 Erkens, *Herrschersakralität im Mittelalter*, S. 62.
73 Ebd., S. 64.
74 Stark, *Grundriß der Religionssoziologie*, S. 13.
75 Erkens, *Herrschersakralität im Mittelalter*, S. 77.

schließen. Es bildete sich vielmehr spätestens unter Karl dem Großen eine neue und eigenständige Form theozentrischer Machtlegitimation heraus, die in der Folgezeit zwar immer wieder einem Gestaltwandel, etwa in Richtung Christozentrik, unterlag, der aber gewiß nicht als Entsakralisierung bezeichnet werden kann.[76] Für eine christliche Sakralisierung des Herrschers wurden die verschiedensten Traditionen mobilisiert, deren jeweiliges Gewicht in der Forschung kontrovers ist: antike römische und orientalische Traditionen, keltische und germanische in den christianisierten Völkern, biblische, vor allem alttestamentliche. In seinem klassischen Werk über die Ursprünge des Glaubens an eine wundertätige Heilkraft christlicher Könige hat Marc Bloch herausgearbeitet, daß es dabei nicht nur um Elemente einer Legitimationsargumentation oder um Symbole ging, sondern um »das Vorbild für eine ganz konkrete Institution«,[77] nämlich die Salbung von Königen mit geweihtem Öl. In den Auseinandersetzungen um die Art des Salbungsöls – dem für die Bischofsweihe verwendeten oder dem für Laien üblichen – spielte sich der Kampf um die genaue sakrale Definition des Königsamts ab. Zumindest bis zum elften Jahrhundert kann nicht behauptet werden, daß der lateinische Westen Euro-

---

76 Bahnbrechend zu dieser Thematik Ernst H. Kantorowicz, *The King's Two Bodies. A Study in Medieval Political Theology* (1957), Neuausgabe Princeton 2016. Als knapper Überblick über die Diskussion neben der Einleitung Conrad Leysers (ebd., S. IX-XXIII): Bernhard Jussen, »*The King's Two Bodies* Today«, in: *Representations* 106 (2009), S. 102-117.

77 Marc Bloch, *Die wundertätigen Könige* (1924), München 1998, S. 102. Das gesamte Kapitel »Die Wurzeln der königlichen Heilkraft: das geheiligte Königtum in den ersten Jahrhunderten des Mittelalters« (S. 87-119) ist für die Frage der Herrschersakralität unter christlichen Bedingungen von großer Bedeutung. Im Zusammenhang des vorliegenden Buches möchte ich darauf hinweisen, daß für Blochs bedeutendes Werk der Einfluß Émile Durkheims, seiner Schüler und seines Lehrers Fustel de Coulanges von zentraler Bedeutung ist. Vgl. dazu R. Colbert Rhodes, »Émile Durkheim and the Historical Thought of Marc Bloch«, in: *Theory and Society* 5 (1978), S. 45-73.

pas eine geringere Prädisposition zur christlichen Rechtfertigung der Herrschersakralität gezeigt hat.

Zwei Sachverhalte scheinen gegen diese Behauptung zu sprechen. Zum einen gab es durchaus immer wieder Ansätze dazu, der geistlichen Autorität der Kirche den Primat auch gegenüber dem Kaiser zuzusprechen, vor allem dann, wenn dieser sich nicht in Übereinstimmung mit der kirchlichen Lehre befand oder eindeutig einer schweren Sünde schuldig wurde.[78] Es kam auch zu prinzipiellen Stellungnahmen von Päpsten des fünften Jahrhunderts, deren genaue Reichweite unklar ist und an die sich jedenfalls ihre Nachfolger nicht wirklich gebunden fühlten.[79] Doch dürfen diese vereinzelten Stimmen und Ansätze nicht zu einer stetig wachsenden Tradition aufgerechnet und einem angeblich monolithischen Osten gegenübergestellt werden, als habe dort das Kaisertum sich selbstverständlich etwa gegen mönchischen Widerstand immer durchsetzen können.[80]

Zum anderen gab es im elften Jahrhundert zwar den großen und später geradezu mythisierten Zusammenprall von Papsttum und Kaisertum, der unter dem Namen »Investiturstreit« bekannt ist. Gemeint ist damit ein Streit um die Frage, wer das Recht habe, Geistliche, insbesondere Bischöfe, in ihr Amt einzusetzen. Dieser Konflikt und seine Lösung scheinen sich dazu zu eignen, als Beleg für ein frühes Auseinandertreten von Sakralität und Macht im Westen Europas herangezogen werden zu können.[81] Mindestens drei Gründe sprechen aber gegen eine

78 Erkens, *Herrschersakralität im Mittelalter*, S. 64-68 sehr differenziert zur Quellenlage und Unsicherheit hinsichtlich einiger tradierter Vorfälle.

79 Oakley, *Kingship*, S. 76-79.

80 Ebd., S. 80.

81 Die Literatur dazu ist immens. Ich verweise hier nur auf die Darstellung bei Erkens, *Herrschersakralität im Mittelalter*, S. 190-214 (mit zahlreichen Literaturangaben) und, wegen der Bedeutung für die Erörterung der historischen Reichweite der soziologischen Theorie funktionaler Differenzierung, auf die Beiträge von Hartmann Tyrell, Gerd Althoff, Wilfried Hartmann und Sita Steckel sowie den Kommentar von Otto Gerhard Oexle in: Karl Gabriel, Christel Gärtner, Detlef Pollack (Hg.),

solche Interpretation. Erstens trifft es keineswegs zu, daß die kurzfristige Entsakralisierung des Kaisers und Königs Heinrich IV. in Canossa zu einem langfristigen und umfassenden Sakralitätsverlust des Königtums führte.[82] Das gilt innerhalb des Reichs, wo sich die Stellung des Kaisertums in der Folgezeit eher festigte, erst recht aber außerhalb. Von einer starken Wahrnehmung dieses Konflikts außerhalb des Reichs scheint gar keine Rede sein zu können.[83] Zweitens beginnen nach dieser Zeit außerhalb des Reichs neue Prozesse der Sakralisierung des Königtums. Von den wundertätigen Königen – in England und Frankreich – war schon bei der Erwähnung der grundlegenden Untersuchung Marc Blochs die Rede. An dieser Stelle ist zusätzlich hervorzuheben, daß es sich bei der Vorstellung, Könige könnten nicht nur aufgrund ihrer persönlichen Frömmigkeit, als »Heilige« wie alle anderen Heiligen, Wunder tun, sondern gewissermaßen von Amts wegen, nicht um ein Relikt vorchristlicher Zeiten handelte, sondern diese Vorstellung sich erst nach der Zeit des Investiturstreits entfaltet hat. Bemerkenswert ist dabei auch, daß man insgesamt nichts dabei fand, »die mit Blick auf die römische Kaiserwürde entwickelten Sakralvorstellungen, die doch ursprünglich einer universalen Größe galten, auf die rechtgläubigen Könige von Herrschaftsverbänden zu übertragen, denen kein universaler Zug mehr eigen war«.[84] Drittens

---

Umstrittene Säkularisierung. Soziologische und historische Analysen zur Differenzierung von Religion und Politik, Berlin 2012, S. 39-187. Ich selbst habe in diesem Band (S. 620f.) darauf hingewiesen, daß die Kirche in diesem Fall eine Trennung vom Staat, aber – in den Worten von Ernst Troeltsch – eben »nicht auch umgekehrt eine Trennung des Staates von der Kirche« angestrebt habe und sich dieser Sachverhalt schlecht für eine Beschreibung in differenzierungstheoretischen Begriffen eignet. Vgl. Ernst Troeltsch, *Die Soziallehren der christlichen Kirchen und Gruppen* (1912), Tübingen 1991, S. 213f.

82 Erkens, *Herrschersakralität im Mittelalter*, S. 233.

83 Rudolf Schieffer, »Worms, Rom und Canossa in zeitgenössischer Wahrnehmung«, in: *Historische Zeitschrift* 292 (2011), S. 593-612.

84 Erkens, *Herrschersakralität im Mittelalter*, S. 88.

ist nicht zu übersehen, daß die relative Stärkung des Papsttums gegenüber dem Kaiser dazu führte, daß dieses Papsttum selbst Züge einer sakralen Monarchie annahm oder Päpste sich selbst als Nachfolger des römischen Kaisers Konstantin inszenierten – wie Thomas Hobbes es im *Leviathan* polemisch formulierte, als er das Papsttum als das Gespenst des untergegangenen Römischen Reichs bezeichnete, das, eine Krone auf dem Haupt, auf dessen Grabstätte sitze.[85] Aus diesen Gründen scheint es mir besser, nicht von einer irgendwie gerichteten Akkumulation der Tendenzen zur Entsakralisierung der Macht zu sprechen, nicht von einem die Geschichte des lateinischen Christentums in Europa durchziehenden »Vektor«, wie Charles Taylor dies getan hat,[86] sondern »die Wandelbarkeit der sakralen Herrscheridee, das An- und Abschwellen ihrer Intensität und die Umgestaltungen ihrer Äußerungsformen«[87] wirklich ernst zu nehmen. Damit geraten die in verschiedenen Konstellationen sehr verschiedenen Ausdrucksformen in den Blick – in der Epoche des Ab-

85 Dazu Oakley, *Kingship*, S. 116f.; Thomas Hobbes, *Leviathan* (1651), Frankfurt/M. 1976, S. 531 (Übersetzung geändert, H.J.). Zu diesem Thema auch Kantorowicz, *The King's Two Bodies*, S. 87-192.

86 Charles Taylor, *Ein säkulares Zeitalter*, Frankfurt/M. 2009. Zur Kritik daran Hans Joas, »Die säkulare Option und ihre Folgen«, in: *Deutsche Zeitschrift für Philosophie* 57 (2009), S. 293-300.

87 Erkens, *Herrschersakralität im Mittelalter*, S. 216. In unserem Zusammenhang ist darauf hinzuweisen, daß Erkens sich an anderer Stelle ausdrücklich auch gegen das Entzauberungsnarrativ Max Webers ausspricht: »Insgesamt aber läßt sich sagen, daß das mit Blick auf eine zunehmend rationalere Erfassung und Deutung der Welt geprägte Wort eines weiteren und besonders wichtigen Stichwortgebers der modernen Geschichtswissenschaft, nämlich Max Webers, von der ›Entzauberung der Welt‹ nicht für das Königtum zutrifft.« (Erkens, »Herrschersakralität«, in: Beck/Berndt [Hg.], S. 28.) Bei meinem anderen wichtigsten Gewährsmann in Sachen Herrschersakralität, Francis Oakley, ist im Untertitel des Buches und in der Überschrift eines Kapitels von »enchantment« bzw. der »disenchanted world« die Rede. Es fällt aber auf (*Kingship*, S. 137), daß er das achtzehnte Jahrhundert zum Beginn des Entzauberungsprozesses erklärt, wogegen bei Weber von der Reformation als Höhepunkt dieses Prozesses die Rede war.

solutismus etwa die Gestalt des »Sonnenkönigs« Ludwig XIV. in Frankreich und des englischen Königs Jakob I. Letzterer begann 1610 eine Rede vor beiden Häusern des Parlaments mit den wahrhaft radikalen Worten: »Der monarchische Staat ist das erhabenste Ding auf der Welt. Denn Könige sind nicht nur Statthalter Gottes auf Erden und sitzen nicht nur auf Gottes Thron, sondern werden von Gott selbst Götter genannt.«[88]

In der Sakralisierung des Herrschers als *unseres* Herrschers war, wenn sie denn in den Einstellungen der Bevölkerung gegründet war, immer auch eine kollektive Selbstsakralisierung verborgen – bei aller Machtlosigkeit gegenüber dem Herrscher ein Untertanenstolz auf seine Macht, die die der anderen Herrscher übertrifft. Aber es steckt in diesem Stolz auf den Herrscher als Inbegriff des Kollektivs immer auch ein oppositionelles Potential. Dieses kann sich gegenüber der Herrschersakralität verselbständigen, die *Sakralisierung des Volkes* kann gegen die Sakralisierung des Herrschers ausgespielt werden. Wir verstehen eine so radikale Manifestation eines herrscherlichen Sakralitätsanspruchs, wie wir sie gerade bei Jakob I. von England fanden, auch nur dann richtig, wenn wir erkennen, wogegen sie sich richtete: nicht nur gegen wiedererstarkende päpstliche Ansprüche, sondern vor allem gegen zirkulierende katholische und calvinistische Konzeptionen eines Widerstandsrechts gegen Tyrannen oder Häretiker auf dem Thron oder sogar einer politischen Autorität aus einem Konsens oder Mandat der Beherrschten.[89] Diese Ideen hatten zwar eine neue Form angenommen,

---

88 Erkens, *Herrschersakralität im Mittelalter*, S. 129.

89 Ebd., S. 127f. Wolfgang Reinhard hat gezeigt, wie wenig eindeutig Ideen über Widerstandsrecht, Volkssouveränität und Demokratie bestimmten Konfessionen zugeordnet werden können, wie sehr sie vielmehr je nach Unterdrückungs- und Minderheitensituation von allen mobilisiert werden konnten. Vgl. ders., »Historiker, ›Modernisierung‹ und Modernisierung. Erfahrungen mit dem Konzept ›Modernisierung‹ in der neueren Geschichte«, in: Walter Haug, Burghart Wachinger (Hg.), *Innovation und Originalität*, Tübingen 1993, S. 53-69, v.a. S. 68.

gehen aber selbst auf eine konstante Unter- und Gegenströmung zurück, die durch die ganze Geschichte der Herrschersakralität hindurch verfolgt werden kann. Obwohl die Quellenlage für solche Gegenströmungen naturgemäß oft schlechter ist, da schriftliche Überlieferung von den herrschenden Kräften wesentlich bestimmt wird, genügt der Verweis auf die karnevalistische Umkehrung von Hierarchien, prophetische Herrscherkritik, mönchische Verweigerung der Einordnung in weltliche Ordnungen, populäre Formen der Respektlosigkeit oder Aufstände von Unterdrückten wie Sklaven und armen Bauern, um zu veranschaulichen, daß Herrschaft immer eine Beherrschung von Gegenkräften darstellt. Von diesen Gegenkräften kann eine entsakralisierende Wirkung gegenüber der Herrschersakralität ausgehen; sie können aber auch selbst zur alternativen Sakralisierung eigener Anführer oder eben der Gegenkräfte selbst führen, zur Sakralisierung des »Volkes«. Dabei ist der soziale Umfang dessen, was als Volk figuriert und entsprechend – etwa in der Formel, Volkes Stimme sei Gottes Stimme (»Vox populi, vox Dei«) – sakralisiert wird, äußerst variabel. Es kann sich um die städtischen Bürger oder die städtischen Unterschichten, um ländliche Armut oder sogar um aristokratische Opposition gegen absolutistische Herrschaft handeln.[90]

Vor dem Hintergrund der hier erläuterten Annahmen zur Dynamik kollektiver Selbstsakralisierung kann es nicht überraschen, wenn die Sakralisierung des Volkes die Gestalt ethnischer kollektiver Selbstsakralisierung annimmt. Die Soziologie war dafür seit ihren Anfängen sensibel – seit William Graham Sumner die berühmte Unterscheidung von »in-group« und »out-group« eingeführt und aus ihr seine Theorie des Ethnozentrismus abgeleitet hatte.[91] Für ihn war die Feindseligkeit ge-

---

90 Zur Verwendung dieser Formel durch die »Frondeurs« in Bordeaux 1652/53 siehe Oakley, *Kingship*, S. 138.

91 William Graham Sumner, »War« (1903), in: ders., *War and Other Essays* (hg. von Albert Galloway Keller), New Haven 1919, S. 3-40. Zur Darstel-

genüber Nichtmitgliedern eines Kollektivs schlicht die Kehrseite des Zusammengehörigkeitsgefühls im Inneren. Der Ethnozentrismus ist in dieser Sichtweise eine notwendige Folge des inneren Bandes, das Konflikte und Interessendivergenzen innerhalb eines Kollektivs in Schach hält und so im ewigen Konkurrenzkampf der Gesellschaften diesen innere Einheit verleiht. Auch Max Weber war sich dieser Zusammenhänge bewußt und verknüpfte sie mit Klassenunterschieden oder ständischen Abstufungen innerhalb des angeblich homogenen »Volkes«: »In der Tat ist die Überzeugung von der Vortrefflichkeit der eigenen und der Minderwertigkeit fremder Sitten, durch welche die ›ethnische Ehre‹ gespeist wird, den ›ständischen‹ Ehrbegriffen durchaus analog. ›Ethnische‹ Ehre ist die spezifische Massenehre, weil sie jedem, der der subjektiv geglaubten Abstammungsgemeinschaft angehört, zugänglich ist.«[92] Die armen Weißen in den Südstaaten der USA, so Weber, seien deshalb mehr als die Plantagenbesitzer die sozialen Träger der Rassenantipathie, »weil gerade ihre soziale ›Ehre‹ schlechthin an der sozialen Deklassierung der Schwarzen hing«.[93] Alle Äußerlichkeiten können dabei zu Symbolen ethnischer Zugehörigkeit oder Abstoßung werden.

Für ein Verständnis der Geschichte des Nationalismus sind diese Zusammenhänge ausschlaggebend. Es stellt keine Leugnung der vielfältigen ökonomischen, politischen oder militärischen Ursachen für Nationalstaatsbildungen dar, wenn man nationalistischen Bewegungen mehr als zweckrationale Motive unterstellt, sondern ihnen und ihren einzelnen Mitgliedern eine *Sakralisierung der Nation* zuschreibt.[94] Ebensowenig wie die

---

lung und Diskussion seiner Theorie vgl. Hans Joas, Wolfgang Knöbl, *Kriegsverdrängung. Ein Problem in der Geschichte der Sozialtheorie*, Frankfurt/M. 2008, S. 154-160.

92 Max Weber, »Ethnische Gemeinschaften«, in: ders., *Wirtschaft und Gesellschaft*, Tübingen 2001, S. 168-190, hier S. 178.

93 Ebd., S. 179.

94 Ich stimme in dieser Hinsicht insbesondere den Arbeiten von Anthony

kollektive Selbstsakralisierung in relativ egalitären Stammesgesellschaften nur eine Sakralisierung der menschlichen Mitglieder des Kollektivs darstellte, sondern von der Sakralisierung von Orten, Zeiten und Gegenständen auf das Kollektiv ausstrahlte, ist die kollektive Selbstsakralisierung einer Nation auf die Menschen begrenzt. Sie geht immer darüber hinaus und bezieht ein bestimmtes Territorium mit markanten landschaftlichen Qualitäten und historischen Erinnerungspunkten, eine Vergangenheit mit Siegen und Niederlagen, Helden und Märtyrern sowie Sitten, Werte oder Rechtsvorstellungen ein. Die Sakralisierung der Nation kann sich auf ein existierendes Staatsgebiet richten oder dessen Erweiterung anstreben, weil weitere Gebiete als von Natur aus zugehörig empfunden oder behauptet werden. Es kann um die Wiederherstellung »authentischer« Sitten und Institutionen gehen, die durch profanisierende, »verunreinigende« äußere Einflüsse oder durch eigene Achtlosigkeit verlorengegangen sind. Wo Staatlichkeit schwach

---

D. Smith zu. Vgl. ders., *Chosen Peoples*, Oxford 2003; ders., »Ethnic Election and National Destiny: Some Religious Origins of Nationalist Ideals«, in: *Nations and Nationalism* 5 (1999), 3, S. 331-355. Smith ist stark beeinflußt von den Arbeiten George L. Mosses vor allem zur deutschen Geschichte. Vgl. ders., *Die Nationalisierung der Massen. Von den Befreiungskriegen bis zum Dritten Reich*, Frankfurt/M. 1976. Reichhaltiges Material zum Zusammenhang von Nation und Religion in Deutschland bzw. Europa findet sich in den beiden folgenden Sammelbänden: Heinz-Gerhard Haupt, Dieter Langewiesche (Hg.), *Nation und Religion in der deutschen Geschichte*, Frankfurt/M. 2001; dies. (Hg.), *Nation und Religion in Europa. Mehrkonfessionelle Gesellschaften im 19. und 20. Jahrhundert*, Frankfurt/M. 2004. Außerdem: Dieter Langewiesche, *Reich, Nation, Föderation. Deutschland und Europa*, München 2008, S. 68-92. Ein sehr guter Forschungsüberblick, der das Ziel einer Integration von Religions- und Nationalismusforschung verfolgt, bei: Philip S. Gorski, Gülay Türkmen-Dervisoglu, »Religion, Nationalism, and Violence: An Integrated Approach«, in: *Annual Review of Sociology* 39 (2013), S. 193-210. Vgl. außerdem Stark, *The Sociology of Religion*, Bd. 1, S. 69-135. Das Buch von Leonhard, *Bellizismus und Nation*, stellt ein wahres Kompendium der Wechselwirkungen von Sakralisierung der Nation und Nationalisierung des Sakralen in Europa und den USA dar.

entwickelt ist, kann sich die Sakralisierung der Nation auf das Volk ohne Staat richten und die Unabhängigkeit von vorhandenen staatlichen Ansprüchen oder die Gründung eines eigenen Staates als Ziel entwickeln.[95] Die Sakralisierung des Volkes oder einer Nation kann politisch völlig verschiedene Ausdrucksformen annehmen – von der Sakralisierung eines politischen Führers, der als Inkarnation eines mythisierten einheitlichen Volkswillens diktatorisch regiert, bis zur Begründung demokratischer Verfahren als institutioneller Übersetzung einer Souveränität des Volkes. Es gibt gute Gründe, die Wiederentstehung einer republikanischen Tradition in den italienischen Städten des späten Mittelalters ebenfalls nicht etwa als desakralisierende Tendenz, sondern im Gegenteil als Neubelebung der Sakralität der Politik und »Wiederentdeckung der Verschmelzung von Heiligem und Macht, die der griechisch-römischen Antike eigen war«, aufzufassen; in den Worten eines Beraters der Republik Florenz im fünfzehnten Jahrhundert: »Deus est respublica, et qui gubernat rempublicam gubernat Deum. Deus est iustitia, et qui facit iustitiam facit Deum«.[96] Paolo Prodi, der dies zitiert, folgert: »Die Heiligkeit des Monarchen wird durch eine kollektive Sakralität als Ausdruck der neuen kollektiven Identität ersetzt«[97] – von Savonarolas Florenz bis zur Entstehung der Vereinigten Staaten. Das Verhältnis dieser im christlichen Europa neuartigen, auf die Antike zurückgreifenden Fusion von Sakralität und Macht zu den religiösen Traditionen ist dabei völlig

95 Reiches Material etwa zu den Buren in Südafrika und zur zionistischen Bewegung bei: Donald Harman Akenson, *God's Peoples. Covenant and Land in South Africa, Israel, and Ulster*, Ithaca 1992.

96 Zitate aus Paolo Prodi, »Konfessionalisierungsforschung im internationalen Kontext«, in: Hans Joas (Hg.), *Die Anthropologie von Macht und Glauben. Das Werk Wolfgang Reinhards in der Diskussion*, Göttingen 2008, S. 63-82, hier S. 67f. (»Gott ist die Republik, und wer die Republik beherrscht, beherrscht Gott. Ebenso ist Gott die Gerechtigkeit, und wer die Gerechtigkeit ausübt, schafft damit Gott.«)

97 Ebd., S. 68.

variabel: »Sie reicht von der Assimilierung des Kultes und der Modelle der Heiligkeit fast in Form der spannungsfreien Symbiose bis zu Haltungen des völligen Widerspruchs, die auch zum Bruch führen können.«[98]

Der große religionsgeschichtliche Einschnitt der Entstehung »achsenzeitlicher« Religionen, von Vorstellungen der Transzendenz und des moralischen Universalismus, hat auch bei der Sakralisierung des Volkes Einfluß auf die Ausdrucksgestalt, wirkt aber als solcher nicht verhindernd auf die Tendenz zur kollektiven Selbstsakralisierung.[99] Wie schon unter Bedingungen der Herrschersakralität christliche Rechtfertigungen eine Mission des Herrschers zur Verteidigung und Verbreitung des Glaubens in Anspruch nahmen, so lädt sich die Sakralisierung des Volkes oder der Nation häufig mit dem Motiv einer spezifischen geschichtlichen Mission auf. Aus der naiven Egozentrik, Schützling des eigenen Gottes zu sein, wird unter Bedingungen des moralischen Universalismus eine Überzeugung, vor allen anderen Völkern auserwählt zu sein. Dieses Auserwähltheitsbewußtsein kann, muß aber nicht missionarische Gestalt annehmen;[100] in jedem Fall stellt es eine ingeniöse Verknüpfung von Universalismus und Partikularismus dar. Ich bin weit davon entfernt, einen solchen Auserwähltheitsglauben negativ mythisieren zu wollen, im Gegenteil: Es ist gut nachvollziehbar, wenn das Gefühl einer unerhört überlegenen religiösen Einsicht, die dem eigenen Volk zuteil geworden ist, in Begriffen einer besonderen »Begnadung« für

98 Ebd.

99 Zur Geschichte der Sakralisierung des Staates und ihrer Gefahren jetzt sehr differenziert (auch in der Auseinandersetzung mit meiner These von der Sakralität der Person): Ludwig Siep, *Der Staat als irdischer Gott. Genese und Relevanz einer Hegelschen Idee*, Tübingen 2015.

100 Für die Gründe, warum in der Geschichte des antiken Judentums sich der Missionarismus nur schwach ausbildete, interessierte sich Max Weber stark. Vgl. oben, Kap. 4. – Anthony D. Smith versucht, diesen Unterschied durch die Begriffe »covenanted« und »missionary peoples« auszudrücken. Siehe ders., *Chosen Peoples*, S. 95.

ebendiese »Offenbarung« artikuliert wird. Entscheidend unter dem Gesichtspunkt des moralischen Universalismus ist aber, ob die Vorstellung von der eigenen kollektiven Auserwähltheit als unkündbare und unbedingte Bevorzugung oder als bedingte, verwirkbare und auch anderen zuteil werden könnende erscheint.[101] Berühmt ist eine Stelle beim Propheten Amos, in der ein Sonderrecht für das Volk Israel ausdrücklich bestritten wird.[102]

Der Auserwähltheitsglaube kann entsprechend moralisch disziplinierend nach innen, er kann aber auch rechtfertigend und motivierend für Expansionen nach außen wirken. Die Geschichte des Selbstverständnisses der USA ist von diesen Spannungen in geradezu exemplarischer Weise durchzogen.[103] Über die Jahrhunderte schon vor der Staatsgründung bis in unsere Zeit ziehen sich Äußerungen, die die eigenen – oft durchaus partikularistischen – Ziele universalistisch überhöhen und den Amerikanern eine Mission zur Zivilisierung der Welt zuschreiben. Die Ausdrucksform dafür greift oft auf alttestamentliche Motive zurück. Es wäre aber falsch, in diesen Tendenzen kollektiver Selbstsakralisierung unter den Bedingungen des moralischen Universalismus einfach die Auswirkungen einer untergründigen Motivkontinuität zu sehen. Bestimmte alte Deutungsschemata eignen sich eben für die Artikulation neuartiger Situationen, die in irgendeiner Form artikuliert werden müssen. Die USA sind auch keineswegs der einzige Fall. In der Geschichte der Kolonialpolitik etwa Großbritanniens und Frankreichs spielen Behauptungen über Zivilisierungsmissionen eine

101 Conor Cruise O'Brien hat dafür die schöne Formulierung von der Auserwähltheit mit oder ohne »tenure« gefunden: ders., *God Land: Reflections on Religion and Nationalism*, Cambridge, Mass., 1988, S. 42.

102 Amos 9,7.

103 Vgl. Ernest Lee Tuveson, *Redeemer Nation. The Idea of America's Millennial Role* (1968), Chicago 1980; Cavanaugh, *Migrations of the Holy*, S. 88-108. Speziell zur Geschichte der amerikanischen Außenpolitik: Knud Krakau, *Missionsbewußtsein und Völkerrechtsdoktrin in den Vereinigten Staaten*, Frankfurt/M., Berlin 1967.

zentrale Rolle.[104] Die Sowjetunion nahm in Anspruch, von der Mission zur Ausbreitung des Sozialismus im Interesse des weltweiten Proletariats geleitet zu sein, und in der Geschichte des deutschen Nationalismus konnte geradezu aus dem Widerstand gegen einen falschen rationalistischen »westlichen« Universalismus eine nationale Mission der Deutschen begründet werden. »Jede der modernen Nationen hat ihren eigenen Messianismus entwickelt, eine Version des Weltendramas, in der ihr die Titelrolle zufällt.«[105]

Die Sakralisierung des Volkes oder der Nation muß keineswegs religiöse Formen annehmen. Die Unterscheidung der Begriffe sakral und religiös sowie die Annahme säkularer Heiligkeiten – wie sie für dieses Buch leitend ist[106] – erlaubt es, Abstand zu halten von empirisch schwer zu haltenden Theorien über Republikanismus und Nationalismus als Produkten eines Säkularisierungsprozesses. Auch der Missionarismus universalistischer Religionen setzt sich unter Bedingungen der Säkularisierung fort. Von der Sowjetunion war bereits die Rede, doch ist schon der höchst säkulare Interventionismus der französischen Revolutionstruppen ein einschlägiges Beispiel.[107] Es gibt durchaus bemerkenswerte Kontinuitäten in der französischen Geschichte zwischen dem christlichen Auserwähltheitsglauben – die französische Nation als älteste Tochter der Kirche – und der säkular-revolutionären Gestalt – die Republik als Nation der Menschenrechte.[108]

---

104 Dazu ausgezeichnet Jürgen Osterhammel, »›The Great Work of Uplifting Mankind‹, Zivilisierungsmission und Moderne«, in: Boris Barth, Jürgen Osterhammel (Hg.), *Zivilisierungsmissionen. Imperiale Weltverbesserung seit dem 18. Jahrhundert*, Konstanz 2005, S. 363-425; zu Frankreich: Daniel Bogner, *Das Recht des Politischen. Ein neuer Begriff der Menschenrechte*, Bielefeld 2014.

105 Stark, *Grundriß der Religionssoziologie*, S. 31.

106 Vgl. v. a. Kap. 3 dieses Buches und die erste Hälfte des vorliegenden Kapitels.

107 Zu den entsprechenden Rechtfertigungen beim jungen Friedrich Schlegel und Joseph Görres vgl. Joas/Knöbl, *Kriegsverdrängung*, S. 83 f.

108 Dazu Smith, *Chosen Peoples*, S. 106-115.

Derselbe Befund gilt auch für diejenige weitere Sakralisierung, die hier wegen ihrer welthistorischen Bedeutung zu behandeln ist, nämlich die *Sakralisierung der Person*. Einer Formulierung Émile Durkheims folgend, habe ich mit diesem Ausdruck den Prozeß bezeichnet, der zur Institutionalisierung der Menschenrechte und des Wertes universaler Menschenwürde geführt hat.[109] Ich sehe in diesem Prozeß den zweiten großen historischen Schub einer radikalen Entsakralisierung politischer Macht – nach dem achsenzeitlichen Durchbruch mit der Entstehung der Grundlagen für die Weltreligionen und die Philosophie. Unter dem Gesichtspunkt des Verhältnisses von Sakralität und Macht überragt die Institutionalisierung der Menschenrechte die Bedeutung des Investiturstreits und der Reformation in der europäischen Geschichte.

Diese Behauptung leuchtet gewiß nur dann ein, wenn zwei Mißverständnisquellen geschlossen werden. Es geht bei der Geschichte der Menschenrechte weder um eine bloße Ideengeschichte noch um eine Geschichte der Säkularisierung. Der Durchbruch zur Sakralisierung der Person kann aus einer internen Lerngeschichte einer universalistischen Religion hervorgehen. Dies war dort der Fall, wo die Entdeckung religiös Verfolgter, daß sie selbst zur religiösen Verfolgung Andersgläubiger verführbar sind, zu Versuchen der Selbstbindung in Gestalt der Institutionalisierung der Religionsfreiheit führte.[110] Gemeint ist damit natürlich nur eine solche Begründung von Religionsfreiheit, die nicht aus rein pragmatischen Gründen oder aus Indifferenz gegenüber aller Religion gewährt wird. Es muß auch eine Religionsfreiheit sein, die die Freiheit der Nichtgläubigen einschließt. Selbstverständlich kann ein ähnlicher Lernprozeß andere Menschen zur Ablehnung aller existierenden Formen von Religion als einer persönlichen Option führen. Für diese

109 Joas, *Die Sakralität der Person*; ders., *Sind die Menschenrechte westlich?*, München 2015.

110 Joas, *Die Sakralität der Person*, S. 23-62.

Menschen stellt sich dann die Frage, ob ihre Ablehnung sie zur Befürwortung einer Unterdrückung der Religion oder ebenfalls zum Einsatz für die Religionsfreiheit im genannten Sinne führt. Entscheidend ist die – religiöse oder nichtreligiöse – Sakralisierung jeder Person, jedes Menschen, unabhängig von Verdiensten und Vergehen.

Diese Sakralisierung der Person erfordert zwingend eine relative Entsakralisierung von Staat, Herrscher, Nation oder Gemeinschaft. Sie erfordert nicht, wie oft angenommen wird,[111] eine Säkularisierung im Sinne eines Verzichts auf die Vorstellung von Gott als dem Quell aller Heiligkeit. In dieser Vorstellung kann vielmehr gerade, wie gesehen, ein Gegengewicht gegen die Sakralisierung irdischer politischer Macht liegen.

Ein angemessenes Verständnis der Geschichte der Menschenrechte muß deshalb zwar die Entstehung und Entwicklung der Ideen über eine gleiche Würde aller Menschen einbeziehen, sich aber auf die Formen rechtlicher Positivierung dieser Ideen konzentrieren. Die Idee, daß allem Menschlichen eine besondere Qualität zukommt, war vermutlich nie ganz abwesend; Durkheim hat dies anhand des elementaren Respekts vor dem menschlichen Blut zu zeigen versucht.[112] Im vollen Sinn entsteht die empirische Vorstellung einer Menschheit, die dann normativ als moralischer Universalismus aufgeladen werden kann, aber erst in der Achsenzeit. In meinen Ausführungen habe ich großen Wert darauf gelegt, auch diese ideengeschichtliche Neuerung auf die Geschichte der Macht zu beziehen – als eine schöpferische Reaktion auf den expansiven archaischen Staat. Jenseits der Verfügbarkeit dieser Idee aber muß sich die Geschichte der Menschenrechte vor allem für deren Institutionalisierung interessieren. Damit ziele ich auf die einzelstaatliche Institutionalisierung einerseits, auf eine transnationale Kodifizierung andererseits. Er-

111 Erkens, »Herrschersakralität«, S. 29.

112 Émile Durkheim, *Die elementaren Formen des religiösen Lebens* (1912), Frankfurt/M. 1981, S. 190.

stere begann mit den Menschenrechtserklärungen der amerikanischen und der französischen Revolution in der zweiten Hälfte des achtzehnten Jahrhunderts, letztere mit der Allgemeinen Erklärung der Menschenrechte von 1948. Alle haben selbstverständlich ihre jeweiligen Vorgeschichten und Wirkungsgeschichten.[113] Auch diese Entwicklungen können, so meine Behauptung, nicht aus inneren Reifungsprozessen der Idee oder einer langsamen Akkumulation guter Begründungen erklärt werden, sondern nur aus Konstellationen von Sakralisierungs- und Machtbildungsprozessen. Die Menschenrechtserklärungen des achtzehnten Jahrhunderts haben die Geschichte des absolutistischen Staats und seiner Herrschersakralität, die Erklärung von 1948 hat die Geschichte des totalitären faschistischen und nationalsozialistischen Staats als Hintergrund. Der weitere Ausbau der Menschenrechte geschieht wesentlich in Auseinandersetzung mit dem kolonialen Staat und dem kommunistischen Totalitarismus. Auch die Menschenrechte werden aber, wie die Idee universaler Menschenwürde, nie gesicherter kultureller Besitz. Es gibt auch hier keinen Vektor zunehmender Sakralisierung der Person.[114] Sie können wie alle Sakralisierungen zur bloßen Rechtfertigung machtpolitischer Strategien verkommen oder gar, weil sie ein Hindernis für staatliches Handeln darstellen, ausdrücklich relativiert werden. Das ist in den letzten Jahren hinsichtlich des Folterverbots in der Terrorismusbekämpfung geschehen. Wenn dies auf breiter Front geschähe, erwiese sich erneut ein Widerpart zur Selbstsakralisierung machtvoller Kollektive als zu schwach.

Mit der Behandlung von vier Formen des Verhältnisses von Sakralität und Macht – der kollektiven Selbstsakralisierung ega-

113 Dazu mehr in den in Anm. 109 genannten Büchern und der dort aufgeführten Literatur.

114 Hans Joas, »Ist die Menschenwürde noch unser oberster Wert?«, in: *Die Zeit*, 7. Juni 2013 (Beilage Philosophie), S. 10f., jetzt auch in: Die Zeit (Hg.), *Wie soll ich leben? Philosophen der Gegenwart geben Antwort*, München 2014, S. 43-49.

litärer Stammesgesellschaften, der Herrschersakralität, der Sakralisierung des Volkes oder der Nation, der Sakralität der Person – wird weder behauptet, daß es keine weiteren Formen der Verknüpfung von Sakralität und Macht gebe, noch wird eine historische Entwicklungstendenz, die mit Notwendigkeit von der einen Form zur anderen führe, unterstellt. Im Gegenteil: Mir erscheint die Vielfalt real existierender Formen kaum überblickbar, und ich bin mir bewußt, daß die deutlicher herauspräparierten Typen nur ein Beitrag dazu sein können, die reale Vielfalt überhaupt auf Begriffe zu bringen. Keiner hat um 1900 vorausgesagt, daß das zwanzigste Jahrhundert eine Verknüpfung der Bewegungen von Nationalismus und Sozialismus in Gestalt des italienischen Faschismus und des deutschen Nationalsozialismus hervorbringen würde, und ohne das kontingente Ereignis des Ersten Weltkriegs wäre es dazu vielleicht auch nicht gekommen. Damit entstanden aber auch ganz neue Formen der Sakralisierung der Politik, die an den archaischen Staat erinnern, aber durch die nun zur Verfügung stehenden technischen Mittel in ihrer Wucht auch immens gesteigert sind. Ähnliches gilt für die stalinistische Sowjetunion und die von ihr in anderen Ländern installierten Regime.[115] Wer hat den Aufstieg eines terroristischen islamistischen Fundamentalismus bis hin zum Versuch einer Kalifatsstaatsbildung langfristig vorausgesagt? Wer hätte gedacht, daß ein auf dem Marxismus-Leninismus und seiner Imperialismustheorie fundierter Staat eine

115 Umfassend: Michael Burleigh, *Irdische Mächte, göttliches Heil. Die Geschichte des Kampfes zwischen Politik und Religion von der Französischen Revolution bis in die Gegenwart*, München 2008; Hans Maier (Hg.), *Wege in die Gewalt. Die modernen politischen Religionen*, Frankfurt/M. 2000. Zu den Kontroversen über den Begriff »politische Religion« und die Leistungskraft bzw. Grenzen von Burleighs Ansatz u. a.: Philippe Burrin, »Political Religion: The Relevance of a Concept«, in: *History and Memory* 9 (1997), S. 321-349; David D. Roberts, »›Political Religion‹ and the Uses and Disadvantages of an Analytical Concept«, in: *Contemporary European History* 18 (2009), S. 381-414.

Herrscherdynastie mit magischen Ansprüchen hervorbringen kann, wie es in Nordkorea der Fall ist? Wer hätte erwartet, daß gerade aus der schiitischen Richtung des Islam im Widerstand gegen eine säkularisierende Entwicklungsdiktatur neue Formen einer theokratischen Verfassung entstehen, wie wir es im Iran sehen? Die Sozialwissenschaften sind häufig in der Gefahr, ihre Theorien von einigen wenigen »führenden« Ländern zu abstrahieren und dem Rest der Welt eine nachholende Entwicklung in derselben Richtung zu prognostizieren oder zu empfehlen. Eine Theorie, die demgegenüber die Vielfalt der Konstellationen von Macht und Sakralität hervorhebt, erwartet eine Vielfalt von Formen, da die Macht der einen die Gegenkräfte der anderen mobilisiert, und das oft in ganz unerwarteten Richtungen. So können aus allen achsenzeitlichen Traditionen Formen des religiösen Fundamentalismus oder des Nationalismus hervorgehen, aber auch Formen des Widerstands gegen diese. Diese Religionen können sowohl Hindernis wie Treibmittel kollektiver Selbstsakralisierung sein. Das soll nicht heißen, daß alle Formen der Macht jederzeit möglich sind, wohl aber, daß alle religiösen und säkularen Traditionen ein beträchtliches Maß an Flexibilität in sich haben, was ihre Anpassung an Machtverhältnisse betrifft. Es gilt, der »Hegelschen Versuchung« teleologischer Geschichtsdeutung zu entgehen,[116] ohne dabei zu vergessen, daß die Menschheit eine einzige Geschichte hat.[117]

---

116 Paul Ricœur, *Zeit und Erzählung*, Bd. 3, München 1991, S. 312-333. Vgl. hierzu auch oben, Kap. 4, die Passage zum antihegelianischen Impuls bei Troeltsch.

117 Bei meiner ersten öffentlichen Präsentation dieser Gedankengänge (siehe Vorwort) habe ich diese mit Bemerkungen zur »Sakralisierung Europas« (besser: »Selbstsakralisierung Europas«) verknüpft und auf gegenwärtige Tendenzen zur Idealisierung Europas, seiner Kultur und Vergangenheit aufmerksam gemacht. Diese finden sich übrigens bei islamophoben und »abendlandverteidigenden« Gegnern des europäischen Einigungsprozesses ebenso wie bei seinen Verteidigern. Das Medienecho auf meinen Vortrag hob fast nur diese Warnung vor der Sakralisierung Europas hervor. Vgl. Hans Joas, »Sakralisierung und

Der Schwerpunkt der Ausführungen dieses Buches lag nicht auf dem Gebiet normativer Fragen. Auch bei der Abwehr teleologischer Geschichtskonstruktionen geht es mir vor allem darum, den Blick für die empirische Vielfalt der Phänomene und die Aufgaben historisch sensibler sozialwissenschaftlicher Erklärung offen zu halten. Aber es wäre nicht ehrlich, so zu tun, als seien meine Überlegungen gar nicht von Werten geleitet und ohne normative Konsequenzen.

Nach meinem eigenen Eindruck – der in diesen Dingen aber nicht der allein ausschlaggebende ist – gilt dies jedenfalls in zwei Hinsichten. Erstens ist schon die These von einem fundamentalen Einschnitt in der Religionsgeschichte ganz offensichtlich gesteuert von der Annahme, daß der moralische Universalismus dem moralischen Partikularismus prinzipiell überlegen sei. Ich verstehe sehr gut die Motive all jener, die sich gegen die Unterscheidung »höherer« Religionen von anderen wenden. Aber ich glaube, daß in ihren Motiven selbst, in ihrer Bevorzugung der Toleranz gegenüber der Intoleranz, ein nichtrelativistisches Urteil steckt. Die Geschichte der Toleranz zu schreiben, so denke ich, heißt deshalb sehr wohl, sie affirmativ zu schreiben, wenngleich diese Geschichte eben keine teleologische ist, sondern nur in ihrer ganzen Kontingenz »genealogisch« rekonstruiert werden kann.[118] Dieses Argument ist allerdings auf die Frage von höherer *Moral* beschränkt und kann nur auf höhere *Religion* übertragen werden, wenn wir unterschiedliche Affinitäten der Religionen zu universalistischer Moral annehmen. Alle achsenzeitlichen Religionen haben aber diese Affinität im Grund-

Entsakralisierung. Politische Herrschaft und religiöse Interpretation«, in: Friedrich Wilhelm Graf, Heinrich Meier (Hg.), *Politik und Religion. Zur Diagnose der Gegenwart*, München 2013, S. 259-285, hier S. 283-285.

118 Über »affirmative Genealogie« Joas, *Die Sakralität der Person*, S. 147-203.

satz, sosehr sie diese durch Repartikularisierungen immer auch wieder selbst aus sich vertreiben. Eine Abwertung der vorachsenzeitlichen Religionen ist aber nur dann gegeben, wenn diese – wie bei James Frazer und Max Weber – als bloß magisch disqualifiziert werden. Dem bin ich in diesem Buch wiederholt entgegengetreten. Wenn diese Abwertung nicht geschieht, werden auch diese Religionen in ihrer spirituellen Würde erkennbar und Quelle vielfältiger Inspiration. Sie entgehen allerdings nicht der Reflexion auf ihr Verhältnis zum moralischen Universalismus.[119] Das Magische wird damit als immerwährende Möglichkeit erkennbar, die nicht einer angeblich überwundenen Kulturstufe zugehört.

Zweitens ist der Leitfaden »kollektive Selbstsakralisierung«, den ich für die historische Skizze des Verhältnisses von Heiligkeit und Macht und damit einer möglichen Alternative zur Geschichte von der Entzauberung gewählt habe, schon durch die in ihm enthaltene kritische Distanzierung von allen Formen des moralischen Partikularismus keineswegs wertfrei. Es wurde ganz offensichtlich danach gefragt, wie die Überschreitung aller gegebenen Sozialformen möglich sein soll, und zwar sogar so, daß nicht nur alle heute lebenden Menschen in den Blick kommen, sondern auch die künftigen, und nicht nur das Wohl aller Menschen, sondern der Welt insgesamt. Durch die Hervorhebung der Sakralität der Person werden dabei Formen des Universalismus problematisiert, die nicht zugleich die Würde jedes einzelnen respektieren. Das betrifft zum Beispiel theokratische

119 Ein eindrucksvolles Beispiel für den verletzenden Charakter der Abwertung nichtchristlicher afrikanischer Religion als bloßer Magie findet sich in der Autobiographie des bedeutenden kenianischen Romanciers Ngũgĩ wa Thiong'o. Er schildert, wie eine seiner ersten Erzählungen, von ihm unter dem Titel »Meine Kindheit« eingereicht, von der Zeitschrift mit der Überschrift »Ich, der Hexer« versehen wurde und seine eigene Reflexion auf seinen bisherigen Glauben in eine prokoloniale Verdammung des Glaubens einer ganzen Gemeinschaft verdreht wurde. Vgl. ders., *Im Haus des Hüters*, Frankfurt/M. 2016, S. 165.

Autoritarismen ebenso wie laizistische Diktaturen. Beide erscheinen in meinem Bezugsrahmen durch ihre mangelnde Garantie von Religionsfreiheit als normativ problematisch. Die jeweilige richtige Balance moralisch rechtfertigbarer Sakralisierungen ist institutionell und individuell immer erst zu finden.

Auch auf der Ebene der Individuen enthebt uns das Bekenntnis zum moralischen Universalismus nicht der Findung der richtigen Balance zwischen unseren partikularen Verpflichtungen etwa gegenüber unseren Angehörigen und den Ansprüchen, die wir aus unserem moralischen Universalismus ableiten.[120] Auch als einzelne sind wir hineingestellt in vielfältige Spannungsverhältnisse, von denen hier im Anschluß an Max Webers »Zwischenbetrachtung« die Rede war.[121] Aus diesen Verhältnissen führt kein Weg ein für allemal heraus. Max Weber, dessen Geschichte von der Entzauberung in diesem Buch kritisiert wurde, würde dieser normativen Schlußfolgerung gewiß nicht widersprechen.

---

120 Zu den Komplikationen dieser Balance: Joas, *Kirche als Moralagentur?*, S. 69-79.

121 Vgl. oben, Kap. 6.

Literatur

Abbott, Andrew, *Processual Sociology*, Chicago 2016.

Adams, George P., »The Interpretation of Religion in Royce and Durkheim«, in: *The Philosophical Review* 25 (1916), S. 297-304.

Ahlstrom, Sydney (Hg.), *Theology in America. The Major Protestant Voices from Puritanism to Neo-Orthodoxy*, Indianapolis 2003.

Akenson, Donald Harman, *God's Peoples. Covenant and Land in South Africa, Israel, and Ulster*, Ithaca 1992.

Alexander, Jeffrey, *The Classical Attempt at Theoretical Synthesis. Max Weber*, London 1983.

–, »Culture and Political Crisis: ›Watergate‹ and Durkheimian Sociology«, in: ders. (Hg.), *Durkheimian Sociology. Cultural studies*, Cambridge 1988, S. 187-244.

–, »The Promise and Contradictions of Axiality«, in: *Sociologica* 1 (2013), S. 1-7.

– / Smith, Philip (Hg.), *The Cambridge Companion to Durkheim*, Cambridge 2005.

Allen, N. J. / Pickering, W. S. F. / Watts Miller, William (Hg.), *On Durkheim's ›Elementary Forms of Religious Life‹*, London 1998.

Apel, Karl-Otto, *Diskurs und Verantwortung. Das Problem des Übergangs zur postkonventionellen Moral*, Frankfurt / M. 1990.

Armstrong, Karen, *Die Achsenzeit. Vom Ursprung der Weltreligionen*, Berlin 2006.

Arnason, Johann P., »Rehistoricizing the Axial Age«, in: Robert N. Bellah, Hans Joas (Hg.), *The Axial Age and Its Consequences*, Cambridge, Mass., 2012, S. 337-365.

– / Eisenstadt, Shmuel N. / Wittrock, Björn, »General Introduction«, in: dies. (Hg.), *Axial Civilizations and World History*, Leiden 2005, S. 1-12.

Assmann, Aleida, »Jaspers' Achsenzeit, oder Schwierigkeiten mit der Zentralperspektive in der Geschichte«, in: Dietrich Harth (Hg.), *Karl Jaspers. Denken zwischen Wissenschaft, Politik und Philosophie*, Stuttgart 1989, S. 187-205.

–, »Einheit und Vielfalt in der Geschichte. Jaspers' Begriff der Achsenzeit neu betrachtet«, in: Shmuel N. Eisenstadt (Hg.), *Kulturen der Achsenzeit*, Bd. 2, Frankfurt/M. 1992, S. 330-340.

Assmann, Jan, »Der Sonderweg des christlichen Abendlandes. Eric Voegelin stiftet Feindschaft zwischen Geist und Ordnung und bestreitet der Neuzeit ihre Legitimität«, in: *Frankfurter Allgemeine Zeitung*, 3.6.1994, S. 10.

–, *Die Mosaische Unterscheidung oder Der Preis des Monotheismus*, München 2003.

–, »Alle Götter sind eins!«, in: *Süddeutsche Zeitung*, 15.9.2004, S. 14.

–, *Of God and Gods. Egypt, Israel, and the Rise of Monotheism*, Madison 2008.

–, »Cultural Memory and the Myths of the Axial Age«, in: Bellah/Joas (Hg.), *The Axial Age and Its Consequences*, S. 366-407.

–, *Exodus: Die Revolution der Alten Welt*, München 2015.

Auxier, Randall, *Time, Will and Purpose: Living Ideas from the Philosophy of Josiah Royce*, Carbondale 2009.

Bach, Olaf, *Die Erfindung der Globalisierung. Entstehung und Wandel eines zeitgeschichtlichen Grundbegriffs*, Frankfurt/M. 2013.

Balzac, Honoré de, »Lettres sur Paris, 9.1.1831«, in: ders., *Œuvres diverses*, Bd. 2, Paris 1925, S. 114f.

Barnes, Michael Horace, *Stages of Thought. The Co-Evolution of Religious Thought and Science*, Oxford 2000.

Barry, Jonathan/Hester, Marianne/Roberts, Gareth (Hg.), *Witchcraft in Early Modern Europe. Studies in Culture and Belief*, Cambridge 1996.

Barth, Heinrich, »Karl Jaspers über Glaube und Geschichte« (1950), in: Hans Saner (Hg.), *Karl Jaspers in der Diskussion*, München 1973, S. 274-296.

Barth, Ulrich, »Friedrich Schleiermacher«, in: Friedrich Wilhelm Graf (Hg.), *Klassiker der Theologie*, Bd. 2, München 2005, S. 58-88.

Basso, Ellen, *A Musical View of the Universe. Kalapalo Myth and Ritual Performances*, Philadelphia 1985.

Baudelaire, Charles, »Le Spleen de Paris« (1869), in: ders., *Sämtliche Werke/Briefe*, Bd. 8, München, Wien 1977, S. 113-307.

Beauchamp, Tom L. (Hg.), *David Hume: A Dissertation on the Passions/The Natural History of Religion*, Oxford 2007.

Beck, Ulrich, *Risikogesellschaft. Auf dem Weg in eine andere Moderne*, Frankfurt/M. 1986.

Becker, Gerhold, *Neuzeitliche Subjektivität und Religiosität. Die religi-*

onsphilosophische Bedeutung von Heraufkunft und Wesen der Neuzeit im Denken von Ernst Troeltsch, Regensburg 1982.
Begemann, Christian, *Furcht und Angst im Prozeß der Aufklärung*, Frankfurt/M. 1987.
Beidelman, T. O., *W. Robertson Smith and the Sociological Study of Religion*, Chicago 1974.
Bellah, Robert N., »Religious Evolution«, in: *American Sociological Review* 29 (1964), S. 358-374.
–, »Liturgy and Experience«, in: James D. Shaugnessy (Hg.), *The Roots of Ritual*, Grand Rapids 1973, S. 217-234.
–, »Max Weber and World-Denying Love«, in: *Journal of the American Academy of Religion* 67 (1999), 2, S. 277-304.
–, *Religion in Human Evolution. From the Paleolithic to the Axial Age*, Cambridge, Mass., 2011.
–, »A Reply to My Critics«, in: *First Things* 234 (2013), S. 49-55.
–/Joas, Hans (Hg.), *The Axial Age and Its Consequences*, Cambridge, Mass., 2012.
Belliger, Andréa/Krieger, David J. (Hg.), *Ritualtheorien. Ein einführendes Handbuch*, Wiesbaden 2006.
Berlin, Isaiah, »Hume und die Quellen des deutschen Antirationalismus«, in: ders., *Wider das Geläufige. Aufsätze zur Ideengeschichte*, Frankfurt/M. 1982, S. 259-290.
Berman, Morris, *The Reenchantment of the World*, Ithaca 1981.
Berner, Ulrich, »Kommensalität«, in: Hubert Cancik, Burkhard Gladigow, Matthias Laubscher (Hg.), *Handbuch religionswissenschaftlicher Grundbegriffe*, Bd. 3, Stuttgart 1993, S. 390-392.
Biser, Eugen, *Glaubensprognose. Orientierung in post-säkularistischer Zeit*, Graz 1991.
Black, Antony, »The ›Axial Period‹: What Was It and What Does It Signify?«, in: *Review of Politics* 70 (2008), S. 23-39.
Bloch, Marc, *Die wundertätigen Könige* (1924), München 1998.
Boehm, Christopher, *Hierarchy in the Forest. The Evolution of Egalitarian Behavior*, Cambridge, Mass., 1999.
Bogner, Daniel, *Das Recht des Politischen. Ein neuer Begriff der Menschenrechte*, Bielefeld 2014.
Bogusz, Tanja/Delitz, Heike (Hg.), *Émile Durkheim. Soziologie – Ethnologie – Philosophie*, Frankfurt/M. 2013.
Bonhoeffer, Dietrich, *Sanctorum communio. Dogmatische Untersuchung zur Soziologie der Kirche*, München 1954.
Bossy, John, *Christianity in the West 1400-1700*, Oxford 1985.

Bousset, Wilhelm, »Propheten und Prophetische Religionen«, in: ders., *Das Wesen der Religion, dargestellt an ihrer Geschichte*, Halle 1906, S. 82-103.
–, *Kyrios Christos*, Göttingen 1913.
Boy, John D. / Torpey, John, »Inventing the Axial Age: The Origins and Uses of a Historical Concept«, in: *Theory and Society* 42 (2013), S. 241-259.
Brague, Rémi, *Die Weisheit der Welt. Kosmos und Welterfahrung im westlichen Denken*, München 2006.
Brent, Joseph, *C. S. Peirce. A Life*, Bloomington 1993.
Breuer, Stefan, *Max Webers Herrschaftssoziologie*, Frankfurt/M. 1991.
–, »Kulturen der Achsenzeit. Leistung und Grenzen eines geschichtsphilosophischen Konzepts«, in: *Saeculum* 45 (1994), S. 1-33.
–, »Magie, Zauber, Entzauberung«, in: Kippenberg/Riesebrodt (Hg.), *Max Webers »Religionssystematik«*, S. 119-130.
–, *Der charismatische Staat. Ursprünge und Frühformen staatlicher Herrschaft*, Darmstadt 2014.
–, »Max Weber, das Charisma und Erwin Rohde«, in: *Zeitschrift für Religions- und Geistesgeschichte* 67 (2015), 1, S. 1-16.
Brose, Thomas, *Johann Georg Hamann und David Hume. Metaphysikkritik und Glaube im Spannungsfeld der Aufklärung*, 2 Bde., Frankfurt/M. 2006.
Brown, Peter, *The Cult of the Saints. Its Rise and Function in Latin Christianity*, Chicago 1981.
Brown, Steven, »The ›Musilanguage‹ Model of Music Evolution«, in: Nils L. Wallin, Björn Merker, Steven Brown (Hg.), *The Origins of Music*, Cambridge, Mass., 2000, S. 271-301.
Brubaker, Rogers, *The Limits of Rationality. An Essay on the Social and Moral Thought of Max Weber*, London 1984.
Buber, Martin, *Das dialogische Prinzip*, Gütersloh 1986.
Buckle, Henry Thomas, *Geschichte der Civilisation in England* (1861), Bd. 2, Leipzig 1874.
Bultmann, Christoph, *Die biblische Urgeschichte in der Aufklärung. Johann Gottfried Herders Interpretation der Genesis als Antwort auf die Religionskritik David Humes*, Tübingen 1999.
Burke III, Edmund, »Introduction. Marshall G. S. Hodgson and World History«, in: Marshall Hodgson, *Rethinking World History*, Cambridge 1993, S. IX-XXI.
Burleigh, Michael, *Irdische Mächte, göttliches Heil. Die Geschichte des*

Kampfes zwischen Politik und Religion von der Französischen Revolution bis in die Gegenwart, München 2008.

Burrin, Philippe, »Political Religion: The Relevance of a Concept«, in: *History and Memory* 9 (1997), S. 321-349.

Caillois, Roger, *Der Mensch und das Heilige* (1950), München 1988.

Carroll, Anthony J., *Protestant Modernity. Weber, Secularisation, and Protestantism*, Scranton 2007.

Casanova, José, »Religion, the Axial Age, and Secular Modernity in Bellah's Theory of Religious Evolution«, in: Bellah/Joas (Hg.), *The Axial Age and Its Consequences*, S. 191-221.

Cassirer, Ernst, *Philosophie der symbolischen Formen* (1923-29), 3 Bde., Darmstadt 1958.

–, *Die Philosophie der Aufklärung* (1932), Hamburg 2007.

–, *Das Erkenntnisproblem in der Philosophie und Wissenschaft der neueren Zeit*, Bd. 4: *Von Hegels Tod bis zur Gegenwart* (1950), Darmstadt 1973.

Cavanaugh, William T., *Migrations of the Holy. God, State, and the Political Meaning of the Church*, Grand Rapids 2012.

Chadwick, Owen, *The Secularization of the European Mind in the 19th Century*, Cambridge 1975.

Chamboredon, Jean-Claude, »Émile Durkheim: Le social, objet du science. Du moral au politique?«, in: *Critique* 445/446 (1984), S. 460-531.

Christ, Karl, »Fustel de Coulanges und die antike Gesellschaft«, in: Fustel de Coulanges, *Der antike Staat*, S. 9-20.

Class, Gustav, »Untersuchungen zur Phänomenologie und Ontologie des menschlichen Geistes, Leipzig 1896«, in: *American Journal of Theology* 1 (1897), S. 789-792.

Claussen, Johann Hinrich, *Die Jesus-Deutung von Ernst Troeltsch im Kontext der liberalen Theologie*, Tübingen 1997.

Clendenning, John, *The Life and Thought of Josiah Royce*, Nashville 1999.

Colin, Pierre/Mongin, Olivier (Hg.), *Un monde désenchanté?*, Paris 1988.

Collins, Randall, *Interaction Ritual Chains*, Princeton 2004.

Conant, James, »The James/Royce Dispute and the Development of James's Solution«, in: Ruth Anna Putnam (Hg.), *The Cambridge Companion to William James*, Cambridge 1997, S. 186-213.

Croce, Paul Jerome, *Science and Religion in the Era of William James. The Eclipse of Certainty, 1820-1880*, Chapel Hill 1995.

Cuchet, Guillaume, »La réception catholique des ›Formes élémentaires de la vie religieuse‹ (1912) d'Émile Durkheim«, in: *Archives de sciences sociales des religions* 159 (2012), S. 29-48.

Dalferth, Ingolf, »The Idea of Transcendence«, in: Bellah/Joas (Hg.), *The Axial Age and Its Consequences*, S. 146-188.

Daston, Lorraine/Park, Katharine, *Wunder und die Ordnung der Natur 1150-1750*, Berlin 2002.

Deacon, Terrence, *The Symbolic Species. The Co-evolution of Language and the Brain*, New York 1997.

Derman, Joshua, »Philosophy Beyond the Bounds of Reason: The Influence of Max Weber on the Development of Karl Jaspers's *Existenzphilosophie*, 1909-1932«, in: David Chalcraft, Fanon Howell, Marisol Lopez Menendez, Hector Vera (Hg.), *Max Weber Matters. Interweaving Past and Present*, Farnham, Burlington 2008, S. 55-71.

Deuser, Hermann, *Gottesinstinkt. Semiotische Religionstheorie und Pragmatismus*, Tübingen 2004.

–, *Religionsphilosophie*, Berlin 2009.

–, *Was ist Wahrheit anderes als ein Leben für eine Idee? Kierkegaards Existenzdenken und die Inspiration des Pragmatismus*, Berlin 2011.

–/Joas, Hans/Jung, Matthias/Schlette, Magnus (Hg.), *The Varieties of Transcendence. Pragmatism and the Theory of Religion*, New York 2016.

Dewey, John, *Experience and Nature*, Chicago 1925; dt.: *Erfahrung und Natur*, Frankfurt/M. 1995.

–, *The Quest for Certainty. A Study of the Relation of Knowledge and Action* (1929), New York 1980; dt.: *Die Suche nach Gewißheit*, Frankfurt/M. 1998.

–, *Logic. The Theory of Inquiry*, New York 1938; dt.: *Logik. Die Theorie der Forschung*, Frankfurt/M. 2002.

Dietrich, Richard, »Karl Jaspers als Geschichtsdenker«, in: ders. (Hg.), *Historische Theorie und Geschichtsforschung der Gegenwart*, Berlin 1964, S. 75-98.

Dilthey, Wilhelm, »Ideen über eine beschreibende und zergliedernde Psychologie« (1894), in: ders., *Einleitung in die Philosophie des Lebens/Abhandlungen zur Grundlegung der Geisteswissenschaften* (= *Gesammelte Schriften*, Bd. 5), Leipzig, Berlin 1924, S. 139-240.

–, *Das Erlebnis und die Dichtung*, Leipzig 1907.

–, »Das Problem der Religion« (1911), in: ders., *Gesammelte Schriften*, Bd. VI, Leipzig, Berlin 1924, S. 288-305.
–, »Leben und Erkennen. Ein Entwurf zur erkenntnistheoretischen Logik und Kategorienlehre«, in: ders., *Grundlegung der Wissenschaften vom Menschen und der Geschichte. Ausarbeitungen und Entwürfe zum zweiten Band der Einleitung in die Geisteswissenschaften* (= *Gesammelte Schriften*, Bd. 19), Göttingen 1982, S. 333-388.
Dittmer, Jörg, »Jaspers' ›Achsenzeit‹ und das interkulturelle Gespräch«, in: Dieter Becker (Hg.), *Globaler Kampf der Kulturen? Analysen und Orientierungen*, Stuttgart 1999, S. 191-214.
Döblin, Alfred (Hg.), *The Living Thoughts of Confucius*, New York 1940.
Docekal, Herta-Ursula, *Ernst von Lasaulx. Ein Beitrag zur Kritik des organischen Geschichtsbegriffs*, Münster 1970.
Douglas, Mary, *Purity and Danger*, Harmondsworth 1966.
–, *Ritual, Tabu und Körpersymbolik. Sozialanthropologische Studien in Industriegesellschaft und Stammeskultur*, Frankfurt/M. 1981.
–, *In the Active Voice*, London 1982.
Douglass, Bruce, »A Diminished Gospel. A Critique of Voegelin's Interpretation of Christianity«, in: Stephen A. McKnight (Hg.), *Eric Voegelin's Search for Order in History*, Baton Rouge 1978, S. 139-154.
Drescher, Hans Georg, *Ernst Troeltsch. Leben und Werk*, Göttingen 1991.
Dumézil, Georges, »Réflexions sur ›La Cité Antique‹«, in: Fustel de Coulanges, *La cité antique*, Paris 1982, S. 7-30.
Durkheim, Émile, *Les formes élémentaires de la vie religieuse* (1912), Paris 1960; dt.: *Die elementaren Formen des religiösen Lebens*, Frankfurt/M. 1981.
–, »Préface«, 1. Band der Zeitschrift *L'Année sociologique* (1896/97), in: ders., *Journal sociologique*, Paris 1969, S. 31-36.
–, *Le suicide* (1897), Paris 1973; dt.: *Der Selbstmord*, Neuwied 1973.
–, *L'éducation morale* (1934), Paris 1963; dt.: *Erziehung, Moral und Gesellschaft*, Frankfurt/M. 1984; engl.: *Moral Education. A Study in the Theory and Application of the Sociology of Education*, New York 1961.
–, *Textes*, Bd. 2, Paris 1975.
–, *Die Entwicklung der Pädagogik. Zur Geschichte und Soziologie des gelehrten Unterrichts in Frankreich*, Weinheim 1977.
–, *Frühe Schriften zur Begründung der Sozialwissenschaft*, hg. von Lore Heisterberg, Darmstadt 1981.

–, *Über soziale Arbeitsteilung* (1893), Frankfurt/M. 1988.
–, *Physik der Sitten und des Rechts. Vorlesungen zur Soziologie der Moral*, hg. von Hans-Peter Müller, Frankfurt/M. 1991.
–/Mauss, Marcel, »Selbstrezension der ›Formes élémentaires‹ 1913«, in: Émile Durkheim, *Journal sociologique*, Paris 1969, S. 700-707.

Eisenstadt, Shmuel N., »Webers Analyse des Islams und die Gestalt der islamischen Zivilisation«, in: Wolfgang Schluchter (Hg.), *Max Webers Sicht des Islams*, Frankfurt/M. 1987, S. 342-359.
–, »Interview: Pluralism and the Multiple Forms of Modernity«, in: *European Journal of Social Theory* 7 (2004), S. 319-404.
–, »Die Achsenzeit in der Weltgeschichte«, in: Hans Joas, Klaus Wiegandt (Hg.), *Die kulturellen Werte Europas*, Frankfurt/M. 2005, S. 40-68.
Elias, Norbert, »Über den Rückzug der Soziologie auf die Gegenwart«, in: *Kölner Zeitschrift für Soziologie und Sozialpsychologie* 35 (1983), S. 29-40.
Elkana, Yehuda, »Die Entstehung des Denkens zweiter Ordnung im antiken Griechenland«, in: Shmuel N. Eisenstadt (Hg.), *Kulturen der Achsenzeit. Ihre Ursprünge und ihre Vielfalt*, Bd. 1, Frankfurt/M. 1987, S. 52-88.
Engel-Janosi, Friedrich, »The Historical Thought of Ernst von Lasaulx«, in: *Theological Studies* 14 (1953), S. 377-401.
Erikson, Erik H., *Identität und Lebenszyklus*, Frankfurt/M. 1966.
Erkens, Franz-Reiner, *Herrschersakralität im Mittelalter. Von den Anfängen bis zum Investiturstreit*, Stuttgart 2006.
–, »Herrschersakralität. Ein Essai«, in: Andrea Beck, Andreas Berndt (Hg.), *Sakralität und Sakralisierung. Perspektiven des Heiligen*, Stuttgart 2013.
–, (Hg.), *Die Sakralität von Herrschaft. Herrschaftslegitimierung im Wechsel der Zeiten und Räume*, Berlin 2002.

Fahey, Tony, »Max Weber's Ancient Judaism«, in: *American Journal of Sociology* 88 (1982), S. 62-87.
Fechtner, Kristian, *Volkskirche im neuzeitlichen Christentum. Die Bedeutung Ernst Troeltschs für eine künftige praktisch-theologische Theorie der Kirche*, Gütersloh 1995.
Feldhay, Rivka, »Religion«, in: Katharine Park, Lorraine Daston (Hg.), *The Cambridge History of Science*, Bd. 3: *Early Modern Science*, Cambridge 2008, S. 727-755.

Feuerbach, Ludwig, »Zur Beurteilung der Schrift ›Das Wesen des Christentums‹ (1842)«, in: ders., *Werke*, hg. von Erich Thies, Bd. 3, Frankfurt/M. 1975, S. 210-222.

Finley, Moses I., »The Ancient City: From Fustel de Coulanges to Max Weber and Beyond«, in: *Comparative Studies in Society and History* 19 (1977), S. 305-327.

Firth, Raymond, *Rank and Religion in Tikopia. A Study in Polynesian Paganism and Conversion to Christianity*, London 1970.

Flitner, Elisabeth, »Vom Kampf der Professoren zum ›Kampf der Götter‹. Max Weber und Eduard Spranger«, in: *Zeitschrift für Pädagogik* 44 (1998), S. 889-906.

Fournier, Marcel, *Émile Durkheim*, Paris 2007.

–, »›Les Formes élémentaires‹ comme œuvre collective. Les contributions d'Henri Hubert et de Marcel Mauss à la sociologie de la religion tardive d'Émile Durkheim«, in: *Canadian Journal of Sociology* 39 (2014), S. 523-546.

Franke, Leo, »Die Achsenzeit als Wendung zur Idee: K. Jaspers und G. Simmel«, in: *Zeitschrift für philosophische Forschung* 26 (1972), S. 83-102.

Frazer, James George, *The Golden Bough. A Study in Magic and Religion*, New York 1923.

Frei, Hans, *The Eclipse of Biblical Narrative. A Study in Eighteenth and Nineteenth Century Hermeneutics*, New Haven 1974.

Freyer, Hans, »Der Einbruch der Transzendenz in die Geschichte«, in: ders., *Schwelle der Zeiten. Beiträge zur Soziologie der Kultur*, Stuttgart 1965, S. 121-156.

Fustel de Coulanges, Numa Denis, *La cité antique* (1864), Paris 1982 bzw. 1984; dt.: *Der antike Staat. Kult, Recht und Institutionen Griechenlands und Roms*, München 1988.

Gabriel, Karl / Gärtner, Christel / Pollack, Detlef (Hg.), *Umstrittene Säkularisierung. Soziologische und historische Analysen zur Differenzierung von Religion und Politik*, Berlin 2012.

Gauchet, Marcel, *Le désenchantement du monde. Une histoire politique de la religion*, Paris 1985.

–, *The Disenchantment of the World. A Political History of Religion*, Princeton 1997.

Gavin, William Joseph, *William James and the Reinstatement of the Vague*, Philadelphia 1992.

Gawlick, Günter / Kreimendahl, Lothar, *Hume in der deutschen Aufklärung. Umrisse einer Rezeptionsgeschichte*, Stuttgart 1987.

Gehlen, Arnold, *Urmensch und Spätkultur. Philosophische Ergebnisse und Aussagen* (1956), Frankfurt/M. ^{2}1964.

–, *Studien zur Anthropologie und Soziologie*, Neuwied 1963.

Gephart, Werner, *Strafe und Verbrechen*, Frankfurt/M. 1990.

Gergen, Kenneth, »Charles Taylor, Wittgenstein, Empiricism, and the Question of the ›Inner‹«, in: Stanley Messer, Louis Sass, Robert Woolfolk (Hg.), *Hermeneutics and Psychological Theory*, New Brunswick 1988, S. 52-58.

–, *The Saturated Self. Dilemmas of Identity in Contemporary Life*, New York 1991.

Gerrish, Brian A., *Continuing the Reformation. Essays on Modern Religious Thought*, Chicago 1993.

Gfrörer, August Friedrich, *Urgeschichte des menschlichen Geschlechts*, Schaffhausen 1855.

Gibbon, Edward, *Verfall und Untergang des römischen Imperiums* (1776-1788), 6 Bde., München 2003.

Goedert, Georges, »Die universalgeschichtliche Einheitsidee bei Karl Jaspers«, in: *Jahrbuch der Österreichischen Karl-Jaspers-Gesellschaft* 11 (1998), S. 9-27.

Gogarten, Friedrich, »Die Krisis unserer Kultur« (1920), in: ders., *Die religiöse Entscheidung*, Jena 1921, S. 32-53.

–, »Zwischen den Zeiten« (1920), in: Jürgen Moltmann (Hg.), *Anfänge der dialektischen Theologie*, Bd. II, München 1963, S. 95-102.

Gorski, Philip, »The Return of the Repressed: Religion and the Political Unconscious of Historical Sociology«, in: Julia Adams, Elizabeth Clemens, Ann Orloff (Hg.), *Remaking Modernity. Politics, History, and Sociology*, Durham 2005, S. 161-189.

–/Türkmen-Dervisoglu, Gülay, »Religion, Nationalism, and Violence. An Integrated Approach«, in: *Annual Review of Sociology* 39 (2013), S. 193-210.

Graeber, David, *Schulden. Die ersten 5000 Jahre*, Stuttgart 2012.

Graf, Friedrich Wilhelm, »Die antihistoristische Revolution in der protestantischen Theologie der zwanziger Jahre«, in: Jan Rohls, Gunther Wenz (Hg.), *Vernunft des Glaubens. Wissenschaftliche Theologie und kirchliche Lehre. Festschrift zum 60. Geburtstag von Wolfhart Pannenberg*, Göttingen 1988, S. 377-405.

–, »Sakraltransfer«, in: *Religion in Geschichte und Gegenwart*, Bd. 7, Tübingen ^{4}2004, Sp. 748f.

–, *Der heilige Zeitgeist. Studien zur Ideengeschichte der protestantischen Theologie in der Weimarer Republik*, Tübingen 2011.

–, *Fachmenschenfreundschaft. Studien zu Troeltsch und Weber*, Berlin 2014.

–, »Die ›kompetentesten‹ Gesprächspartner? Implizite theologische Werturteile in Max Webers ›Protestantischer Ethik‹«, in: ders., *Fachmenschenfreundschaft*, S. 111-149.

– / Rendtorff, Trutz (Hg.), *Ernst Troeltschs Soziallehren. Studien zu ihrer Interpretation* (= *Troeltsch-Studien*, Bd. 6), Gütersloh 1993.

Green, William A., »Periodization in European and World History«, in: *Journal of World History* 3 (1992), S. 13-53.

Gregory, Brad, *The Unintended Reformation. How a Religious Revolution Secularized Society*, Cambridge, Mass., 2012.

Große Kracht, Hermann-Josef (Hg.), *Der moderne Glaube an die Menschenwürde. Philosophie, Soziologie und Theologie im Gespräch mit Hans Joas*, Bielefeld 2014.

Großheim, Michael, *Von Georg Simmel zu Martin Heidegger. Philosophie zwischen Leben und Existenz*, Bonn 1991.

Guttmann, Julius, »Max Webers Soziologie des antiken Judentums« (1925), in: Wolfgang Schluchter (Hg.), *Max Webers Studie über das antike Judentum. Interpretation und Kritik*, Frankfurt/M. 1981, S. 289-326.

Habermas, Jürgen, »Geschichte und Evolution«, in: ders., *Zur Rekonstruktion des Historischen Materialismus*, Frankfurt/M. 1976, S. 200-259.

–, »Moralentwicklung und Ich-Identität«, in: ders., *Zur Rekonstruktion des Historischen Materialismus*, Frankfurt/M. 1976, S. 63-91.

–, *Theorie des kommunikativen Handelns*, 2 Bde., Frankfurt/M. 1981.

–, *Der philosophische Diskurs der Moderne*, Frankfurt/M. 1985.

–, »Vom Kampf der Glaubensmächte. Karl Jaspers zum Konflikt der Kulturen«, in: ders., *Vom sinnlichen Eindruck zum symbolischen Ausdruck*, Frankfurt/M. 1997, S. 41-58.

–, »Eine Hypothese zum gattungsgeschichtlichen Sinn des Ritus«, in: ders., *Nachmetaphysisches Denken II. Aufsätze und Repliken*, Berlin 2012, S. 77-95.

Hahn, Hans Peter, »Durkheim und die Ethnologie. Schlaglichter auf ein schwieriges Verhältnis«, in: *Paideuma* 58 (2012), S. 261-282.

Halton, Eugene, *From the Axial Age to the Moral Revolution. John Stuart-Glennie, Karl Jaspers, and a New Understanding of the Idea*, New York 2014.

Hamann, Johann Georg, *Hauptschriften*, Bd. VII, Gütersloh 1956.

Hampe, Michael/Krämer, Felicitas, »Befreiende Erfahrungen. Religion bei William James«, in: ders., *Erkenntnis und Praxis. Zur Philosophie des Pragmatismus*, Frankfurt/M. 2006, S. 254-291.

Hanke, Edith, »Erlösungsreligionen«, in: Kippenberg/Riesebrodt (Hg.), *Max Webers »Religionssystematik«*, S. 209-226.

Harrington, Austin, *German Cosmopolitan Social Thought and the Idea of the West. Voices from Weimar*, Cambridge 2016.

Harrison, Peter, *›Religion‹ and the Religions in the English Enlightenment*, Cambridge 1990.

Hartog, François, »Préface«, in: Fustel de Coulanges, *La cité antique*, S. V-XXIV, Paris 1984.

Haupt, Heinz-Gerhard/Langewiesche, Dieter (Hg.), *Nation und Religion in der deutschen Geschichte*, Frankfurt/M. 2001.

–, (Hg.), *Nation und Religion in Europa. Mehrkonfessionelle Gesellschaften im 19. und 20. Jahrhundert*, Frankfurt/M. 2004.

Hausner, Sondra L. (Hg.), *Durkheim in Dialogue. A Centenary Celebration of »The Elementary Forms of Religious Life«*, New York 2013.

Hegel, Georg Wilhelm Friedrich, *The Philosophy of History*, New York 1956.

–, *Vorlesungen über die Philosophie der Geschichte* (= Werkausgabe, Bd. 12), Frankfurt/M. 1969.

Heimes, Claus, *Politik und Transzendenz. Ordnungsdenken bei Carl Schmitt und Eric Voegelin*, Berlin 2009.

Heimpel, Hermann, »Geschichte und Geschichtswissenschaft. Bericht über die 23. Versammlung deutscher Historiker in Ulm«, in: *Vierteljahrshefte für Zeitgeschichte* 5 (1957), S. 1-17.

Hellmich, Wolfgang, *Aufklärende Rationalisierung. Ein Versuch, Max Weber neu zu interpretieren*, Berlin 2013.

Hénaff, Marcel, »Three Crucial Aspects of Religion in Human Evolution: Shamanism, Sacrifice and Exogamic Alliance«, in: *European Journal of Sociology* 53 (2012), S. 327-335.

Henkel, Michael, *Eric Voegelin zur Einführung*, Hamburg 1998.

Henning, Christian, »Die Funktion der Religionspsychologie in der Protestantischen Theologie um 1900«, in: ders., Erich Nestler (Hg.), *Religion und Religiosität zwischen Theologie und Psychologie*, Frankfurt/M. 1998, S. 27-78.

Henrich, Dieter, »Karl Jaspers: Denken im Blick auf Max Weber«, in: Wolfgang Mommsen, Wolfgang Schwentker (Hg.), *Max Weber und seine Zeitgenossen*, Göttingen 1988, S. 722-739.

Héran, François, »L'institution démotivée. De Fustel de Coulanges à Durkheim et au-delà«, in: *Revue française de sociologie* 28 (1987), S. 67-97.
Herbrechtsmeier, William, »The Burden of the Axial Age: Transcendentalism in Religion as a Function of Empire«, in: Arthur L. Greil, David G. Bromley (Hg.), *Defining Religion. Investigating the Boundaries between the Sacred and Secular*, Oxford 2003, S. 109-126.
Herder, Johann Gottfried, »Exzerpt Hume: natürliche Geschichte der Religion«, in: ders., *Sämtliche Werke*, hg. von Bernhard Suphan, Bd. 32, Berlin 1899, S. 193-197.
–, *Schriften zum Alten Testament* (= *Werke*, Bd. 5), Frankfurt/M. 1993.
Herms, Eilert, »Metaphysik und Christentumstheorie. Beobachtungen und Erwägungen zu Josiah Royces ›religiöser Philosophie‹ und Fundamentaltheologie«, in: *Zeitschrift für Theologie und Kirche* 71 (1974), S. 410-455.
–, »Josiah Royces Beitrag zur Theorie des Christentums: Beobachtungen und Erwägungen zu seinen Hibbert Lectures über ›The Problem of Christianity‹«, in: *Theologische Zeitschrift* 36 (1980), 5, S. 286-310, und 6, S. 355-373.
Hick, John, *An Interpretation of Religion. Human Responses to the Transcendent*, London 1989, S. 21-35.
Hintze, Otto, »Kalvinismus und Staatsräson in Brandenburg zu Beginn des 17. Jahrhunderts«, in: *Historische Zeitschrift* 144 (1931), S. 229-286.
Hobbes, Thomas, *Leviathan* (1651), Frankfurt/M. 1976.
Hodgson, Marshall, *The Venture of Islam. Conscience and History in a World Civilization*, Bd. 1, Chicago 1958.
–, *Rethinking World History. Essays on Europe, Islam, and World History*, Cambridge 1993.
Holenstein, Elmar, *Philosophie-Atlas. Orte und Wege des Denkens*, Zürich 2004.
Hollier, Denis (Hg.), *Das Collège de Sociologie 1937-1939*, Berlin 2012.
Holloway, R. Ross, »›La cité antique‹ of Fustel de Coulanges and Its Modern Critics«, in: *Revue des archéologues et historiens d'art de Louvain* 32 (1999), S. 1-5.
Honneth, Axel/Joas, Hans, *Soziales Handeln und menschliche Natur. Anthropologische Grundlagen der Sozialwissenschaften*, Frankfurt/M. 1980.
Horkheimer, Max/Adorno, Theodor W., *Dialektik der Aufklärung* (1944), Frankfurt/M. 1969.
Horstmann, Axel, »Mythos, Mythologie«, in: Joachim Ritter u. a. (Hg.),

Historisches Wörterbuch der Philosophie, Bd. 6, Basel 1984, Sp. 281-318.

Hughes, H. Stuart, *Consciousness and Society. The Reorientation of European Social Thought 1890-1930*, Cambridge, Mass., 1958.

Huizinga, Johan, *Homo Ludens. Vom Ursprung der Kultur im Spiel* (1938), Reinbek 1956.

Humbach, Karl-Theo, *Das Verhältnis von Einzelperson und Gemeinschaft nach Josiah Royce. Eine Untersuchung zum Zentralproblem der Sozialphilosophie*, Heidelberg 1962.

Hume, David, *The Natural History of Religion* (1757), in: ders., *Principal Writings on Religion*, Oxford, 1993, S. 134-193; dt.: *Die Naturgeschichte der Religion* (übersetzt und herausgegeben von Lothar Kreimendahl), Hamburg 1984.

–, *A Treatise of Human Nature* (1739/40), Oxford 1978.

Humphreys, S.C., *The Family, Women and Death. Comparative Studies*, Ann Arbor 1983.

Idinopulos, Thomas / Wilson, Brian C. (Hg.), *Reappraising Durkheim for the Study and Teaching of Religion Today*, Leiden 2002.

Jacobi, Friedrich Heinrich, »Einleitung in des Verfassers sämtliche philosophische Schriften« (1815), in: ders., *Schriften zum transzendentalen Idealismus*, Hamburg 2004, S. 373-433.

Jalbert, John E., *Time, Death, and History in Simmel and Heidegger*, in: *Human Studies* 26 (2003), S. 259-283.

James, William, »Letter to Alice James, October 17, 1867«, in: *The Correspondence of William James*, Bd. 4, Charlottesville 1995, S. 212-217.

–, *The Varieties of Religious Experience* (1902), New York 1982; dt.: *Die Vielfalt religiöser Erfahrung*, Frankfurt / M. 1997.

–, *Der Pragmatismus* (1907), Hamburg 1977.

–, *Some Problems of Philosophy*, New York 1911.

–, »Reflex Action and Theism«, in: ders., *The Works*, Bd. 19, Cambridge, Mass., 1979, S. 90-113.

Jaspers, Karl, *Die geistige Situation der Zeit*, Berlin, Leipzig 1932.

–, *Vom europäischen Geist*, München 1947.

–, *Vom Ursprung und Ziel der Geschichte*, München 1949.

–, *Der philosophische Glaube angesichts der Offenbarung*, München 1962.

Jay, Martin, *Songs of Experience. Modern American and European Variations on a Universal Theme*, Berkeley 2005.

Jerryson, Michael K./Juergensmeyer, Mark (Hg.), *Buddhist Warfare*, Oxford 2010.

Joas, Hans, *Praktische Intersubjektivität. Die Entwicklung des Werkes von George Herbert Mead*, Frankfurt/M. 1980 ([2]1989, [3]2000 mit jeweils neuen Vorworten).

–, »Durkheim und der Pragmatismus«, in: *Kölner Zeitschrift für Soziologie und Sozialpsychologie* 37 (1985), S. 411-430.

–, »Die unglückliche Ehe von Hermeneutik und Funktionalismus«, in: Axel Honneth, Hans Joas (Hg.), *Kommunikatives Handeln. Beiträge zu Jürgen Habermas' »Theorie des kommunikativen Handelns«*, Frankfurt/M. 1986, S. 144-176.

–, »Institutionalisierung als kreativer Prozeß. Zur politischen Philosophie von Cornelius Castoriadis«, in: *Politische Vierteljahresschrift* 30 (1989), S. 585-602.

–, *Die Kreativität des Handelns*, Frankfurt/M. 1992.

–, *Pragmatismus und Gesellschaftstheorie*, Frankfurt/M. 1992.

–, *Die Entstehung der Werte*, Frankfurt/M. 1997.

–, *Kriege und Werte. Studien zur Gewaltgeschichte des 20. Jahrhunderts*, Weilerswist 2000.

–, »Das Leben als Gabe. Die Religionssoziologie im Spätwerk von Talcott Parsons«, in: *Berliner Journal für Soziologie* 12 (2002), S. 505-515.

–, »Max Weber und die Entstehung der Menschenrechte. Eine Studie über kulturelle Innovation«, in: Gert Albert, Agathe Bienfait, Steffen Sigmund, Claus Wendt (Hg.), *Das Weber-Paradigma. Studien zur Weiterentwicklung von Max Webers Forschungsprogramm*, Tübingen 2003, S. 252-270.

–, *Braucht der Mensch Religion? Über Erfahrungen der Selbsttranszendenz*, Freiburg 2004.

–, »Die soziologische Perspektive«, in: ders. (Hg.), *Lehrbuch der Soziologie*, Frankfurt/M. [3]2007, S. 11-38.

–, »Gesellschaft, Staat und Religion. Ihr Verhältnis in der Sicht der Weltreligionen. Eine Einleitung«, in: ders., Klaus Wiegandt (Hg.), *Säkularisierung und die Weltreligionen*, Frankfurt/M. 2007, S. 9-43.

–, »Die säkulare Option und ihre Folgen«, in: *Deutsche Zeitschrift für Philosophie* 57 (2009), S. 293-300.

–, »Eine deutsche Idee von der Freiheit? Cassirer und Troeltsch zwischen Deutschland und dem Westen«, in: Rainer Forst, Martin Hartmann, Rahel Jaeggi (Hg.), *Sozialphilosophie und Kritik*, Frankfurt/M. 2009, S. 288-316.

–, »Die Selbständigkeit religiöser Phänomene. Ernst Troeltsch als Vorbild der Religionsforschung«, in: *Fuge* 6 (2010), S. 15-28.

–, »Selbsttranszendenz und Wertbindung. Ernst Troeltsch als Ausgangspunkt einer modernen Religionssoziologie«, in: Friedrich Wilhelm Graf, Friedemann Voigt (Hg.), *Religion(en) deuten. Transformationen der Religionsforschung*, Berlin 2010, S. 51-64.

–, *Die Sakralität der Person. Eine neue Genealogie der Menschenrechte*, Berlin 2011.

–, »Schleiermacher and the Turn to Experience in the Study of Religion«, in: Dietrich Korsch, Amber L. Griffioen (Hg.), *Interpreting Religion. The Significance of Friedrich Schleichermacher's ›Reden über die Religion‹ for Religious Studies and Theology*, Tübingen 2011, S. 147-161.

–, »Robert N. Bellah. Religiöse Evolution und symbolischer Realismus«, in: Stephan Moebius, Dirk Quadflieg (Hg.), *Kultur. Theorien der Gegenwart*, Wiesbaden ^{2}2011, S. 83-91.

–, *Glaube als Option. Zukunftsmöglichkeiten des Christentums*, Freiburg 2012.

–, »Gefährliche Prozeßbegriffe. Eine Warnung vor der Rede von Differenzierung, Rationalisierung und Modernisierung«, in: Karl Gabriel, Christel Gärtner, Detlef Pollack (Hg.), *Umstrittene Säkularisierung. Soziologische und historische Analysen zur Differenzierung von Religion und Politik*, Berlin 2012, S. 603-622.

–, »Ist die Menschenwürde noch unser oberster Wert?«, in: *Die Zeit*, 7. Juni 2013 (Beilage Philosophie), S. 10f., jetzt auch in: Die Zeit (Hg.), *Wie soll ich leben? Philosophen der Gegenwart geben Antwort*, München 2014, S. 43-49.

–, »Sakralisierung und Entsakralisierung. Politische Herrschaft und religiöse Interpretation«, in: Friedrich Wilhelm Graf, Heinrich Meier (Hg.), *Politik und Religion. Zur Diagnose der Gegenwart*, München 2013, S. 259-285.

–, *Was ist die Achsenzeit? Eine wissenschaftliche Debatte als Diskurs über Transzendenz*, Basel 2014.

–, »Replik«, in: Große Kracht (Hg.), *Der moderne Glaube an die Menschenwürde*, S. 243-264.

–, »Säkulare Heiligkeit. Wie aktuell ist Rudolf Otto?«, in: Rudolf Otto, *Das Heilige. Über das Irrationale in der Idee des Göttlichen und sein Verhältnis zum Rationalen* (1917), München 2014, S. 255-281.

–, *Sind die Menschenrechte westlich?*, München 2015.

–, »Pragmatismus und Historismus. Meads Philosophie der Zeit und

die Logik der Geschichtsschreibung«, in: *Deutsche Zeitschrift für Philosophie* 63 (2015), S. 1-21.
–, »Was dürfen wir hoffen?«, in: Rudolf Walter (Hg.), *Inspiration für das Leben. Im Dialog mit der Bibel*, Freiburg 2015, S. 205-218.
–, *Kirche als Moralagentur?*, München 2016.
–, »Religious Experience and Its Interpretation: Reflections on James and Royce«, in: Deuser/Joas/Jung/Schlette (Hg.), *The Varieties of Transcendence*, S. 219-235.
–, »Nachwort«, in: Alfred Döblin, *Der unsterbliche Mensch/Der Kampf mit dem Engel*, Frankfurt/M. 2016, S. 613-636.
–, »Naturgeschichte der Religion als Religionskritik? David Hume und die Folgen«, in: Albrecht Beutel, Martha Nooke (Hg.), *Religion und Aufklärung*, Tübingen 2016, S. 3-17.
–, »More Weberian than Weber? David Martin's Political Sociology of Religion«, in: ders. (Hg.), *David Martin and the Sociology of Religion*, Oxford 2018.
–, (Hg.), *Was sind religiöse Überzeugungen?*, Göttingen 2003.
–/Knöbl, Wolfgang, *Sozialtheorie. Zwanzig einführende Vorlesungen*, Frankfurt/M. 2004.
–/Knöbl, Wolfgang, *Kriegsverdrängung. Ein Problem in der Geschichte der Sozialtheorie*, Frankfurt/M. 2008.
Jones, Robert Alun, »Robertson Smith, Durkheim, and Sacrifice: An Historical Context for ›The Elementary Forms of the Religious Life‹«, in: *Journal of the History of the Behavioral Sciences* 17 (1981), S. 184-205.
–, »Durkheim, Frazer, and Smith and the Sociology of Religion«, in: *American Journal of Sociology* 92 (1986), S. 596-627.
–, »Durkheim and ›La Cité antique‹. An Essay on the Origins of Durkheim's Sociology of Religion«, in: Stephen Turner (Hg.), *Émile Durkheim. Sociologist and Moralist*, London 1993, S. 25-51.
–, »Pragmatism and Protestantism in the Development of Durkheim's Sociology of Religion«, in: Idinopulos/Wilson (Hg.), *Reappraising Durkheim for the Study and Teaching of Religion Today*, S. 45-58.
–, »Practices and Presuppositions: Some Questions about Durkheim and ›Les formes élémentaires de la vie religieuse‹«, in: Jeffrey Alexander, Philip Smith (Hg.), *The Cambridge Companion to Durkheim*, Cambridge 2005, S. 80-100.
–/Vogt, W. Paul, »Durkheim's Defense of ›Les formes élémentaires de la vie religieuse‹«, in: *Knowledge and Society* 5 (1984), S. 45-62.

Jung, Matthias, *Dilthey zur Einführung*, Hamburg 1996.
–, *Erfahrung und Religion. Grundzüge einer hermeneutisch-pragmatischen Religionsphilosophie*, Freiburg 1999.
–, *Der bewußte Ausdruck. Anthropologie der Artikulation*, Berlin 2009.
–, »Verkörperte Intentionalität – zur Anthropologie des Handelns«, in: Bettina Hollstein, Matthias Jung, Wolfgang Knöbl (Hg.), *Handlung und Erfahrung. Das Erbe von Historismus und Pragmatismus und die Zukunft der Sozialtheorie*, Frankfurt/M. 2011, S. 25-50.
–, »Embodiment, Transcendence, and Contingency: Anthropological Features of the Axial Age«, in: Bellah/Joas (Hg.), *The Axial Age and Its Consequences*, S. 77-101.
–, *Gewöhnliche Erfahrung*, Tübingen 2014.
Jussen, Bernhard, »The King's Two Bodies Today«, in: *Representations* 106 (2009), S. 102-117.

Kaegi, Werner, *Jacob Burckhardt. Eine Biographie*, Bd. XI, Basel 1977.
Kaesler, Dirk, »Max Weber«, in: ders. (Hg.), *Klassiker der Soziologie*, Bd. 1, München [5]2006, S. 191-214.
–, *Max Weber. Preuße, Denker, Muttersohn. Eine Biographie*, München 2014.
Kail, P. J. E., »Understanding Hume's Natural History of Religion«, in: *The Philosophical Quarterly* 57 (2007), 227, S. 190-211.
Kantorowicz, Ernst H., *The King's Two Bodies. A Study in Medieval Political Theology* (1957), Princeton 2016; dt.: *Die zwei Körper des Königs. Eine Studie zur politischen Theologie des Mittelalters*, Stuttgart 1992.
Karsenti, Bruno, »De l'historiographie ancienne à la science sociale. Une nouvelle lecture de ›La cité antique‹ de Fustel de Coulanges«, in: Fustel de Coulanges, *La cité antique*, Paris 2009, S. 3-29.
–, »Sociology Face to Face with Pragmatism: Action, Concept, and Person«, in: *Journal of Classical Sociology* 12 (2012), S. 398-427.
Kaufmann, Franz-Xaver, »Wissenssoziologische Überlegungen zu Renaissance und Niedergang des katholischen Naturrechtsdenkens im 19. und 20. Jahrhundert« (1973), in: ders., *Soziologie und Sozialethik. Gesammelte Aufsätze zur Moralsoziologie*, hg. von Stephan Goertz, Freiburg (Schweiz) 2013, S. 321-354.
Kessler, Udo, *Die Wiederentdeckung der Transzendenz. Ordnung von Mensch und Gesellschaft im Denken Eric Voegelins*, Würzburg 1995.
Kieffer, Jean-Luc, *Anquetil-Duperron. L'Inde en France au XVIIIe siècle*, Paris 1983.

Kippenberg, Hans Gerhard, *Die Entstehung der Religionsgeschichte. Religionswissenschaft und Moderne*, München 1997.

–, »Religionsanalyse im Zusammenhang mit einer pragmatistischen Handlungstheorie«, in: Heinrich Wilhelm Schäfer (Hg.), *Hans Joas in der Diskussion. Kreativität – Selbsttranszendenz – Gewalt*, Frankfurt/M. 2012, S. 59-78.

–, »Dialektik der Entzauberung. Säkularisierung aus der Perspektive von Max Webers Religionssystematik«, in: Thomas Schwinn, Gert Albert (Hg.), *Alte Begriffe – Neue Probleme. Max Webers Soziologie im Lichte aktueller Problemstellungen*, Tübingen 2016, S. 81-116.

– / Riesebrodt, Martin (Hg.), *Max Webers »Religionssystematik«*, Tübingen 2001.

Kirkbright, Suzanne, *Karl Jaspers: A Biography*, New Haven 2004.

Kittsteiner, Heinz-Dieter, »Das Gewissen im Gewitter«, in: *Jahrbuch für Volkskunde* (1987), S. 7-26.

Klapczynski, Gregor, *Katholischer Historismus? Zum historischen Denken in der deutschsprachigen Kirchengeschichte um 1900*, Stuttgart 2013.

Kleist, Heinrich von, »Über die allmähliche Verfertigung der Gedanken beim Reden«, in: ders., *Werke*, München 1966, S. 810-814.

Klimkeit, Hans-Joachim, »Friedrich Max Müller (1823-1900)«, in: Axel Michaels (Hg.), *Klassiker der Religionswissenschaft. Von Friedrich Schleiermacher bis Mircea Eliade*, München 1997, S. 29-40.

Knöbl, Wolfgang, *Spielräume der Modernisierung. Das Ende der Eindeutigkeit*, Weilerswist 2001.

Koeter, Alfons, *Ernst von Lasaulx' Geschichtsphilosophie und ihr Einfluß auf Jacob Burckhardts »Weltgeschichtliche Betrachtungen«*, Dissertation Universität Münster 1937.

Kolakowski, Leszek, »Philosophical Faith in the Face of Revelation«, in: ders., *Modernity on Endless Trial*, Chicago 1990, S. 108-119.

König, René, »Soziologie in Berlin um 1930«, in: ders., *Soziologie in Deutschland. Begründer, Verfechter, Verächter*, München 1987, S. 258-297.

Korff, Hermann August, *Geist der Goethezeit*, Leipzig [2]1966.

Koschorke, Albrecht, »Moderne als Wunsch. Krieg und Städtebau im 20. Jahrhundert«, in: *Leviathan* 27 (1999), S. 23-42.

Koselleck, Reinhart, *Vergangene Zukunft. Zur Semantik geschichtlicher Zeiten*, Frankfurt/M. 1989.

Koshul, Basit Bilal, *The Postmodern Significance of Max Weber's Legacy: Disenchanting Disenchantment*, New York 2005.

Koziel, Bernd Elmar, *Achsenzeit, Apokalyptik, Gnade. Zur Hermeneutik des christlichen Glaubens*, Würzburg 2015.

Krakau, Knud, *Missionsbewußtsein und Völkerrechtsdoktrin in den Vereinigten Staaten*, Frankfurt, Berlin 1967.

Krämer, Felicitas, *Erfahrungsvielfalt und Wirklichkeit. Zu William James' Realitätsverständnis*, Göttingen 2006.

Krappmann, Lothar, *Soziologische Dimensionen der Identität. Strukturelle Bedingungen für die Teilnahme an Interaktionsprozessen*, Stuttgart 1971.

Krech, Volkhard, *Wissenschaft und Religion*, Tübingen 2002.

Laarmann, Matthias, »Sacrificium intellectus«, in: Joachim Ritter u. a. (Hg.), *Historisches Wörterbuch der Philosophie*, Bd. 8, Darmstadt 1972, Sp. 1113-1116.

Lamberth, David C., *William James and the Metaphysics of Experience*, Cambridge 1999.

Lang, Bernhard, »Prophet, Priester, Virtuose«, in: Kippenberg/Riesebrodt (Hg.), *Max Webers »Religionssystematik«*, S. 167-191.

–, »Die zweigeteilte Welt. ›Jenseits‹ und ›Diesseits‹ in der katholischen Theologie des 19. und 20. Jahrhunderts«, in: Lucian Hölscher (Hg.), *Das Jenseits. Facetten eines religiösen Begriffs in der Neuzeit*, Göttingen 2007, S. 203-232.

Langer, Susanne K., *Philosophie auf neuem Wege. Das Symbol im Denken, im Ritus und in der Kunst* (1942), Frankfurt/M. 1965.

Langewiesche, Dieter, *Reich, Nation, Föderation. Deutschland und Europa*, München 2008.

Lasaulx, Ernst von, *Neuer Versuch einer alten, auf die Wahrheit der Tatsachen gegründeten Philosophie der Geschichte* (1856), München 1952.

Lask, Emil, »Zum System der Wissenschaften«, in: ders., *Gesammelte Schriften*, Bd. III, Tübingen 1924, S. 239-293.

Lauster, Jörg, *Die Verzauberung der Welt. Eine Kulturgeschichte des Christentums*, München 2014.

Le Fort, Gertrud von, *Der Kranz der Engel*, München 1956.

Lefort, Claude, »Permanence du théologico-politique?«, in: ders., *Essais sur le politique (XIX*e*-XX*e *siècles)*, Paris 1986, S. 251-300.

Lehmann, Hartmut, *Die Entzauberung der Welt. Studien zu Themen von Max Weber*, Göttingen 2009.

–, *Religiöse Erweckung in gottferner Zeit. Studien zur Pietismusforschung*, Göttingen 2010.

Lehmkühler, Karsten, »Die Bedeutung des Kultus für das Christentum der Moderne. Eine Diskussion zwischen Wilhelm Bousset und Ernst Troeltsch«, in: Gerd Lüdemann (Hg.), *Die »religionsgeschichtliche Schule«. Facetten eines theologischen Umbruchs*, Frankfurt/M. 1996, S. 207-224.

Lemert, Charles, »1905: Weber in the Year of Miracles«, in: William H. Swatos Jr., Lutz Kaelber (Hg.), *The Protestant Ethic Turns 100. Essays on the Centenary of the Weber Thesis*, London 2005, S. IX-XII.

Leonhard, Jörn, *Bellizismus und Nation. Kriegsdeutung und Nationsbestimmung in Europa und den Vereinigten Staaten 1750-1914*, München 2008.

Leppin, Hartmut, »Kaisertum und Christentum in der Spätantike. Überlegungen zu einer unwahrscheinlichen Synthese«, in: Andreas Fahrmeir, Annette Imhausen (Hg.), *Die Vielfalt normativer Ordnungen. Konflikte und Dynamik in historischer und ethnologischer Perspektive*, Frankfurt/M. 2013, S. 197-223.

LeQuire, Peter Brickey, »The Axial Age Debate as Political Discourse: Karl Jaspers and Eric Voegelin«, in: *Clio* 43 (2014), S. 295-316.

–/Silver, Daniel, »Critical Naïveté? Religion, Science and Action in the Parsons-Voegelin Correspondence«, in: *European Journal of Sociology* 54 (2013), S. 265-293.

Leuba, James, »Studies in the Psychology of Religious Phenomena«, in: *American Journal of Psychology* 7 (1896), S. 345-347.

Levine, Donald N., »Note on the Concept of an Axial Turning in Human History«, in: Said Amir Arjomand, Edward A. Tiryakian (Hg.), *Rethinking Civilizational Analysis*, London 2004, S. 67-70.

–/Silver, Daniel, »Introduction«, in: Georg Simmel, *The View of Life*, Chicago 2010, S. IX-XXXII.

Lévi-Strauss, Claude, *Das Ende des Totemismus*, Frankfurt/M. 1965.

Loisy, Alfred, »Sociologie et religion«, in: *Revue d'histoire et de littérature religieuses* 4 (1913), S. 45-76.

Löwith, Karl, *Von Hegel zu Nietzsche. Der revolutionäre Bruch im Denken des 19. Jahrhunderts* (1941), Hamburg 1981.

–, »Die Entzauberung der Welt durch Wissenschaft. Zu Max Webers 100. Geburtstag«, in: *Merkur* 18 (1964), S. 501-519.

Luhmann, Niklas, »Die Ausdifferenzierung der Religion«, in: ders., *Gesellschaftsstruktur und Semantik. Studien zur Wissenssoziologie der modernen Gesellschaft*, Bd. 3, Frankfurt/M. 1989, S. 259-357.

Lukács, Georg, *Die Theorie des Romans. Ein geschichtsphilosophischer Versuch über die Formen der großen Epik* (1916), Darmstadt, Neuwied 1971.

Lukes, Steven, *Emile Durkheim: His Life and Work. A Historical and Critical Study*, London 1973.
–, *Power. A Radical View* (1974), Basingstoke 2004.
–, »Ist Durkheims Religionsverständnis mit dem Glauben vereinbar?«, in: *Berliner Journal für Soziologie* 22 (2013), S. 457-472.

MacCulloch, Diarmaid, *Christianity. The First Three Thousand Years*, New York 2009.
MacIntyre, Alasdair, »Läßt sich das Verstehen von Religion mit religiösem Glauben vereinbaren?« (1964), in: Hans G. Kippenberg, Brigitte Luchesi (Hg.), *Magie. Die sozialwissenschaftliche Kontroverse über das Verstehen fremden Denkens*, Frankfurt/M. 1978, S. 52-72.
Maier, Bernhard, *William Robertson Smith*, Tübingen 2009.
Maier, Hans (Hg.), *Wege in die Gewalt. Die modernen politischen Religionen*, Frankfurt/M. 2000.
Malherbe, Michel, »Hume's ›Natural History of Religion‹«, in: *Hume Studies* 21 (1995), 2, S. 255-274.
Malinowski, Bronislaw, *Magie, Wissenschaft und Religion* (1925), Frankfurt/M. 1983; engl.: *Magic, Science and Religion*, Garden City 1954.
Mann, Michael, *Geschichte der Macht*, Frankfurt/M. 1990, 1991, 1998, 2001.
–, *The Sources of Social Power*, Cambridge, 4 Bde. (Bd. 1: 1986; Bd. 2: 1993; Bd. 3: 2012; Bd. 4: 2013).
Mannheim, Karl, »Zur Problematik der Soziologie in Deutschland« (1929), in: ders., *Wissenssoziologie*, Neuwied 1964, S. 614-624.
–, *Ideologie und Utopie* (1929), Frankfurt/M. [6]1979.
Manuel, Frank, *The Eighteenth Century Confronts the Gods*, Cambridge, Mass., 1959.
Marcel, Gabriel, *La métaphysique de Royce*, Paris 1945.
Marett, Robert Ranulph, *A Jerseyman at Oxford*, London 1941.
Markschies, Christoph, *Das antike Christentum. Frömmigkeit, Lebensformen, Institutionen*, München 2006.
Marquard, Odo, »Lob des Polytheismus. Über Monomythie und Polymythie«, in: ders., *Abschied vom Prinzipiellen* (1981), Stuttgart 1991, S. 91-116.
Martin, David, »Das europäische Modell der Säkularisierung und seine Bedeutung in Lateinamerika und Afrika«, in: Hans Joas, Klaus Wiegandt (Hg.), *Säkularisierung und die Weltreligionen*, Frankfurt/M. 2007, S. 435-464.

–, *The Future of Christianity*, Farnham 2011.
–, »Axial Religion and the Problem of Violence«, in: Bellah/Joas (Hg.), *The Axial Age and Its Consequences*, S. 294-316.
Maryanski, Alexandra, »The Birth of the Gods. Robertson Smith and Durkheim's Turn to Religion as the Basis of Social Integration«, in: *Sociological Theory* 32 (2014), S. 352-376.
Mathews, Matthew T., »The Theological Framework of Josiah Royce's ›The Problem of Christianity‹«, in: *American Journal of Theology and Philosophy* 19 (1998), S. 275-291.
Mead, George Herbert, *The Philosophy of the Present*, La Salle 1932.
–, *Geist, Identität und Gesellschaft* (1934), Frankfurt/M. 1968.
–, *Philosophie der Sozialität*, Frankfurt/M. 1969.
–, *Gesammelte Aufsätze*, hg. von Hans Joas, Bd. 1, Frankfurt/M. 1980.
Meier, Mischa, »Krisen und Krisenwahrnehmung im 6. Jahrhundert v. Chr.«, in: Helga Scholten (Hg.), *Die Wahrnehmung von Krisenphänomenen. Fallbeispiele von der Antike bis in die Neuzeit*, Weimar, Wien 2007, S. 111-125.
Meinecke, Friedrich, *Die Entstehung des Historismus*, Bd. 1, München, Berlin 1936.
Metzler, Dietrich, »A. H. Anquetil-Duperron (1731-1805) und das Konzept der Achsenzeit«, in: *Achaemenid History* 7 (1991), S. 123-133.
Meyer, Eduard, *Geschichte des Altertums* (1884), Bd. 1, Darmstadt 1953.
Meyer, Thomas, *Vom Ende der Emanzipation. Jüdische Philosophie und Theologie nach 1933*, Göttingen 2008.
Michalowski, Piotr, »Mesopotamian Vistas on Axial Transformations«, in: Arnason u. a. (Hg.), *Axial Civilizations and World History*, S. 157-182.
Moebius, Stephan, *Die Zauberlehrlinge. Soziologiegeschichte des Collège de Sociologie* (1937-1939), Konstanz 2006.
Molendijk, Arie L., *Zwischen Theologie und Soziologie. Ernst Troeltschs Typen der christlichen Gemeinschaftsbildung: Kirche, Sekte, Mystik*, Gütersloh 1996.
Momigliano, Arnaldo, *Alien Wisdom. The Limits of Hellenization*, Cambridge 1975.
–, »Der antike Staat des Fustel de Coulanges«, in: ders., *Wege in die Alte Welt*, Berlin 1991, S. 192-208.
–, »A Note on Max Weber's Definition of Judaism as a Pariah Religion«, in: *History and Theory* 19 (1980), S. 313-318.
Mommsen, Wolfgang, *Max Weber und die deutsche Politik*, Tübingen ^{2}1974.

Montmarquet, James A., »Jaspers, the Axial Age, and Christianity«, in: *American Catholic Philosophical Quarterly* 83 (2009), S. 239-254.

Moore, George Foot, *History of Religions*, Edinburgh 1914.

Morris, Ian, *Wer regiert die Welt? Warum Zivilisationen herrschen oder beherrscht werden*, Frankfurt/M. 2011.

Mosse, George L., *Die Nationalisierung der Massen. Von den Befreiungskriegen bis zum Dritten Reich*, Frankfurt/M. 1976.

Mossner, E.C., *The Life of David Hume*, Oxford 1980.

Mumford, Lewis, *The Conduct of Life*, New York 1951.

–, *The Transformations of Man*, London 1957.

Münkler, Herfried, *Imperien. Die Logik der Weltherrschaft vom Alten Rom bis zu den Vereinigten Staaten*, Berlin 2005.

Musset, Alfred de, *La confession d'un enfant du siècle* (1915), Paris 1995; dt.: *Bekenntnisse eines Kindes seiner Zeit*, Berlin o.J.; *Bekenntnisse eines jungen Zeitgenossen*, Zürich 1999.

Nagl, Ludwig, *Charles Sanders Peirce*, Frankfurt/M. 1992.

–, *Das verhüllte Absolute. Essays zur zeitgenössischen Religionsphilosophie*, Frankfurt/M. 2010.

Nelson, Benjamin, *The Idea of Usury. From Tribal Brotherhood to Universal Otherhood* (1949), Chicago 1969.

–, »Wissenschaften und Zivilisationen, ›Osten‹ und ›Westen‹ – Joseph Needham und Max Weber«, in: ders., *Der Ursprung der Moderne. Vergleichende Studien zum Zivilisationsprozeß*, Frankfurt/M. 1986, S. 7-57.

Neville, Robert Cummings, *Religion. Philosophical Theology*, Bd. 3, Albany 2015.

Newman, Francis W., *The Soul. Its Sorrows and Its Aspirations*, London [3]1852.

Ngũgĩ wa Thiong'o, *Im Haus des Hüters*, Frankfurt/M. 2016.

Niebuhr, H. Richard, *The Social Sources of Denominationalism*, New York 1929.

Nietzsche, Friedrich, *Die Geburt der Tragödie aus dem Geiste der Musik*, in: ders., *Werke I*, München 1969, S. 7-134.

Nisbet, Robert A., *The Sociological Tradition*, New York 1966.

Norris, Pippa/Inglehart, Ronald, *Sacred and Secular. Religion and Politics Worldwide*, Cambridge 2004.

Novick, Peter, *That Noble Dream. The »Objectivity Question« and the American Historical Profession*, Cambridge 1988.

Nowak, Kurt, »Die ›antihistoristische Revolution‹. Symptome und Folgen der Krise historischer Weltorientierung nach dem Ersten Weltkrieg«, in: Horst Renz, Friedrich Wilhelm Graf (Hg.), *Umstrittene Moderne. Die Zukunft der Neuzeit im Urteil der Epoche Ernst Troeltschs* (= *Troeltsch-Studien*, Bd. 4), Gütersloh 1987, S. 133-171.

Nungesser, Frithjof, »Mead Meets Tomasello: Pragmatism, the Cognitive Sciences, and the Origins of Human Communication and Sociality«, in: Hans Joas, Daniel R. Huebner (Hg.), *The Timeliness of George Herbert Mead*, Chicago 2016, S. 252-275.

O'Brien, Conor Cruise, *God Land. Reflections on Religion and Nationalism*, Cambridge, Mass., 1988.

O'Connor, David, »Psychological Explanations of Religious Belief«, in: Alan Bailey, Dan O'Brien (Hg.), *The Continuum Companion to Hume*, London 2012, S. 265-278.

Oakley, Francis, *Kingship. The Politics of Enchantment*, Oxford 2006.

Oppenheim, S. J., Frank M., *Reverence for the Relations of Life. Reimagining Pragmatism via Josiah Royce's Interactions with Peirce, James, and Dewey*, Notre Dame 2005.

Osterhammel, Jürgen, *Die Entzauberung Asiens. Europa und die asiatischen Reiche im 18. Jahrhundert*, München 1998.

–, »›The Great Work of Uplifting Mankind‹, Zivilisierungsmission und Moderne«, in: Boris Barth, Jürgen Osterhammel (Hg.), *Zivilisierungsmissionen. Imperiale Weltverbesserung seit dem 18. Jahrhundert*, Konstanz 2005.

Otto, Eckart, »Die hebräische Prophetie bei Max Weber, Ernst Troeltsch und Hermann Cohen. Ein Diskurs im Weltkrieg zur christlich-jüdischen Kultursynthese«, in: Wolfgang Schluchter, Friedrich Wilhelm Graf (Hg.), *Asketischer Protestantismus und der ›Geist‹ des modernen Kapitalismus. Max Weber und Ernst Troeltsch*, Tübingen 2005, S. 201-255.

–, *Max Webers Studien des Antiken Judentums*, Tübingen 2002.

Otto, Rudolf, *Das Heilige. Über das Irrationale in der Idee des Göttlichen und sein Verhältnis zum Rationalen* (1917), München 2014.

–, »Parallelen und Konvergenzen in der Religionsgeschichte«, in: ders., *Das Gefühl des Überweltlichen*, München 1932, S. 282-305.

Ozouf, Mona, *La fête révolutionnaire 1789-1799*, Paris 1976.

Parsons, Talcott, *The Structure of Social Action*, New York 1937.

–, *Gesellschaften. Evolutionäre und komparative Perspektiven* (1966), Frankfurt/M. 1975.

–, »Durkheim on Religion Revisited: Another Look at the Elementary Forms of the Religious Life«, in: Charles Y. Glock, Philip E. Hammond (Hg.), *Beyond the Classics? Essays in the Scientific Study of Religion*, New York 1973, S. 156-180.

–, »Comparative Studies and Evolutionary Change«, in: ders., *Social Systems and the Evolution of Action Theory*, New York 1977, S. 279-320.

–, *Action Theory and the Human Condition*, New York 1978.

–, »Karl Jaspers«, in: *International Encyclopedia of the Social Sciences*, Bd. 18, New York 1979, S. 341-345.

Pearson, Lori, *Beyond Essence. Ernst Troeltsch as Historian and Theorist of Christianity*, Cambridge, Mass., 2008.

Peirce, Charles Sanders, »Ein vernachlässigtes Argument für die Realität Gottes« (1908), in: ders., *Religionsphilosophische Schriften*, hg. von Hermann Deuser, Hamburg 1995, S. 329-359.

–, *Collected Papers*, Cambridge, Mass., 1931.

–, *Values in a Universe of Chance (Selected Writings)*, hg. von Philip P. Wiener, New York 1958.

–, »Ideas, Stray or Stolen, about Scientific Writing. No. 1«, in: *The Essential Peirce*, hg. von Peirce Edition Project, Bd. 2, Bloomington 1998, S. 325-330.

Perrow, Charles, *Normale Katastrophen. Die unvermeidbaren Risiken der Großtechnik* (1984), Frankfurt/M. 1987.

Perry, Ralph Barton, *The Thought and Character of William James*, 2 Bde., Boston 1935.

Pettenkofer, Andreas, *Radikaler Protest. Zur soziologischen Theorie politischer Bewegungen*, Frankfurt/M. 2010.

–, »Sakralisierung und Abweichung. Das Collège de Sociologie, Marcel Mauss und die Aktualität der Durkheim-Schule«, in: *Mittelweg 36* 23 (2014), S. 95-110.

Pfleiderer, Otto, *Religionsphilosophie auf geschichtlicher Grundlage*, Berlin 1878.

Pickering, W. S. F., »The Response of Catholic and Protestant Thinkers to the Work of Émile Durkheim. With Special Reference to ›Les formes élémentaires‹«, in: *Durkheimian Studies* 14 (2008), S. 59-93.

Pieper, Josef, *Was heißt »sakral«? Klärungsversuche*, Ostfildern 1988.

Pocock, John G. A., »Superstition and Enthusiasm in Gibbon's History of Religion«, in: *Eighteenth-Century Life* 18 (1982), S. 83-94.

Poggi, Gianfranco, *Forms of Power*, Cambridge 2001.

Pohle, Joseph, *Lehrbuch der Dogmatik*, Bd. 1, Paderborn 1914.

Pollock, Sheldon, »Axialism and Empire«, in: Arnason u. a. (Hg.), *Axial Civilizations and World History*, S. 397-450.

Pomeranz, Kenneth, *The Great Divergence: China, Europe, and the Making of the Modern World Economy*, Princeton 2000.

Popitz, Heinrich, *Phänomene der Macht*, Tübingen 1992.

Potepa, Maciej, »Feuerbach und Schleiermacher«, in: Hans-Jürg Braun, Hans-Martin Sass, Werner Schuffenhauer, Francesco Tomasoni (Hg.), *Ludwig Feuerbach und die Philosophie der Zukunft*, Berlin 1990, S. 165-177.

Prendergast, Christopher, »The Impact of Fustel de Coulanges' ›La Cité antique‹ on Durkheim's Theories of Social Morphology and Social Solidarity«, in: *Humboldt Journal of Social Relations* 11 (1983/84), S. 53-73.

Prodi, Paolo, »Konfessionalisierungsforschung im internationalen Kontext«, in: Hans Joas (Hg.), *Die Anthropologie von Macht und Glauben. Das Werk Wolfgang Reinhards in der Diskussion*, Göttingen 2008, S. 63-82.

Proudfoot, Wayne, »From Theology to a Science of Religion. Jonathan Edwards and William James on Religious Affection«, in: *Harvard Theological Review* 82 (1989), S. 149-168.

Provan, Iain, *Convenient Myths. The Axial Age, Dark Green Religion, and the World That Never Was*, Waco 2013.

Puett, Michael, *To Become a God. Cosmology, Sacrifice, and Self-Divinization in Early China*, Cambridge, Mass., 2002.

Radcliffe-Brown, Alfred, »Brief vom 6. August 1912«, in: *Études durkheimiennes* 4, Dezember (1979), S. 2-7.

Radkau, Joachim, *Max Weber, Die Leidenschaft des Denkens*, München 2005.

Raposa, Michael L., »In the Presence of the Universe: Peirce, Royce, and Theology as Theosemiotic«, in: *Harvard Theological Review* 103 (2010), S. 237-247.

Rappaport, Roy A., *Ritual and Religion in the Making of Humanity*, Cambridge 1999.

Ratzinger, Joseph, »Das Christentum – die wahre Religion?«, in: ders., *Glaube – Wahrheit – Toleranz. Das Christentum und die Weltreligionen*, Freiburg 2003, S. 131-147.

–, »Bereitung zum priesterlichen Dienst«, in: ders., *Künder des Wortes und Diener eurer Freude* (= *Gesamtausgabe*, Bd. 12), Freiburg 2010, S. 423-450.

Reinhard, Wolfgang, »Gegenreformation als Modernisierung? Prolegomena zu einer Theorie des konfessionellen Zeitalters« (1977), in: ders., *Ausgewählte Abhandlungen*, Berlin 1997, S. 77-102.

–, »Historiker, ›Modernisierung‹ und Modernisierung. Erfahrungen mit dem Konzept ›Modernisierung‹ in der neueren Geschichte«, in: Walter Haug, Burghart Wachinger (Hg.), *Innovation und Originalität*, Tübingen 1993, S. 53-69.

Rhodes, Robert Colbert, »Émile Durkheim and the Historical Thought of Marc Bloch«, in: *Theory and Society* 5 (1978), S. 45-73.

Richardson, Robert D., »Schleiermacher and the Transcendentalists«, in: Charles Capper, Conrad Edick Wright (Hg.), *Transient and Permanent. The Transcendentalist Movement and Its Context*, Boston 1999, S. 121-147.

–, *William James. In the Maelstrom of American Modernism*, Boston 2006.

Ricœur, Paul, »Philosophie und Religion bei Karl Jaspers«, in: Paul Arthur Schilpp (Hg.), *Karl Jaspers*, Stuttgart 1957, S. 604-636.

–, *Zeit und Erzählung*, Bd. 3, München 1991.

–, »Theonomie und/oder Autonomie«, in: Carmen Krieg, Thomas Kucharz, Miroslav Volf (Hg.), *Die Theologie auf dem Weg ins dritte Jahrtausend. Festschrift für Jürgen Moltmann*, Gütersloh 1996, S. 324-345.

Riesebrodt, Martin, »Rezension: Marcel Gauchet, The Disenchantment of the World«, in: *American Journal of Sociology* 104 (1999), S. 1525 f.

–, »Ethische und exemplarische Prophetie«, in: Kippenberg/Riesebrodt (Hg.), *Max Webers »Religionssystematik«*, S. 193-208.

Rigali, Norbert J., »A New Axis: Karl Jaspers' Philosophy of History«, in: *International Philosophical Quarterly* 10 (1970), S. 441-457.

Riley, Alexander Tristan, *Godless Intellectuals? The Intellectual Pursuit of the Sacred Reinvented*, New York 2010.

Roberts, David D., »›Political Religion‹ and the Uses and Disadvantages of an Analytical Concept«, in: *Contemporary European History* 18 (2009), S. 381-414.

Rockefeller, Steven, *John Dewey. Religious Faith and Democratic Humanism*, New York 1991.

Roetz, Heiner, »The Axial Age Theory: A Challenge to Historism or an Explanatory Device of Civilization Analysis? With a Look at the Normative Discourse in Axial Age China«, in: Bellah/Joas (Hg.), *The Axial Age and Its Consequences*, S. 248-273.

–, *Die chinesische Ethik der Achsenzeit. Eine Rekonstruktion unter dem Aspekt des Durchbruchs zu postkonventionellem Denken*, Frankfurt/M. 1992.
Rohde, Erwin, *Psyche. Seelencult und Unsterblichkeitsglaube der Griechen* (1898), Darmstadt 1961.
Rosa, Hartmut, *Identität und kulturelle Praxis. Politische Philosophie nach Charles Taylor*, Frankfurt/M. 1998.
Rosati, Massimo, »The Archaic and Us: Ritual, Myth, the Sacred and Modernity«, in: *Philosophy and Social Criticism* 40 (2014), S. 363-368.
Rosenbaum, Stuart (Hg.), *Pragmatism and Religion*, Urbana 2003.
Rosenzweig, Franz, *Der Stern der Erlösung* (1921), Frankfurt/M. 1988.
Röth, Eduard, *Die ägyptische und die zoroastrische Glaubenslehre als die ältesten Quellen unserer spekulativen Ideen*, Mannheim 1846.
Royce, Josiah, *The Spirit of Modern Philosophy*, Boston 1892.
–, *The Philosophy of Loyalty*, New York 1908.
–, *William James and Other Essays on the Philosophy of Life*, New York 1911.
–, *The Sources of Religious Insight*, New York 1912.
–, *The Problem of Christianity* (1913), Washington, D.C. 2001.
–, *War and Insurance. An Address*, New York 1914.
–, *Fugitive Essays*, Cambridge, Mass., 1920.
Runciman, Walter G., »The Diffusion of Christianity in the Third Century AD as a Case-Study in the Theory of Cultural Selection«, in: *Archives européennes de sociologie* 45 (2004), S. 3-21.

Sahlins, Marshall, *Stone Age Economics*, Chicago 1972.
Saler, Michael, »Modernity and Enchantment: A Historiographic Review«, in: *American Historical Review* 111 (2006), S. 692-716.
Saner, Hans (Hg.), *Karl Jaspers: Provokationen. Gespräche und Interviews*, München 1969.
Scaff, Lawrence, *Fleeing the Iron Cage. Culture, Politics, and Modernity in the Thought of Max Weber*, Berkeley 1989.
Scheler, Max, *Vom Ewigen im Menschen* (1920), Bern 1954.
Schieffer, Rudolf, »Worms, Rom und Canossa in zeitgenössischer Wahrnehmung«, in: *Historische Zeitschrift* 292 (2011), S. 593-612.
Schiller, Friedrich, »Die Götter Griechenlands«, in: ders., *Werke in drei Bänden*, Bd. II, München 1966, S. 673-676.
Schimank, Uwe, *Theorien gesellschaftlicher Differenzierung*, Opladen ^{3}2007.
Schlegel, August Wilhelm, »Allgemeine Übersicht des gegenwärtigen

Zustandes der deutschen Literatur (1802/03)«, in: ders., *Geschichte der klassischen Literatur* (= *Kritische Schriften und Briefe*, Bd. 3), hg. von Edgar Lohner, Stuttgart 1964, S. 22-85.

Schleiermacher, Friedrich, *Über die Religion. Reden an die Gebildeten unter ihren Verächtern* (1799), Stuttgart 1969.

–, *Christliche Sittenlehre (Vorlesung im Wintersemester 1826/27)*, hg. von Hermann Peiter, Berlin 2011.

–, *Die christliche Sitte nach den Grundsätzen der evangelischen Kirche im Zusammenhange dargestellt*, Berlin 1843 (Nachdruck Waltrop 1999, hg. von Ludwig Jonas).

Schluchter, Wolfgang, *Rationalismus der Weltbeherrschung. Studien zu Max Weber*, Frankfurt/M. 1982.

–, *Religion und Lebensführung*, 2 Bde., Frankfurt/M. 1988.

–, »Einleitung«, in: Max Weber, *Wissenschaft als Beruf/Politik als Beruf* (= *Max-Weber-Gesamtausgabe*, Abt. I, Bd. 17), Tübingen 1992, S. 1-46.

–, *Die Entzauberung der Welt. Sechs Studien zu Max Weber*, Tübingen 2009.

–, *Grundlegungen der Soziologie. Eine Theoriegeschichte in systematischer Absicht*, Tübingen ²2015.

Schmid, Konrad, »Klassische und nachklassische Deutungen der alttestamentlichen Prophetie«, in: *Zeitschrift für neuere Theologiegeschichte* 3 (1996), S. 225-250.

Schmidt-Leukel, Perry, »Drei Kalkins und die Frage nach den Wurzeln religiöser Gewalt«, in: *Zeitschrift für Missions- und Religionswissenschaft* 97 (2013), S. 91-101.

Schnabel, Franz, *Deutsche Geschichte im neunzehnten Jahrhundert*, Bd. 4: *Die religiösen Kräfte*, München 1937.

Schottländer, Rudolf, »Die Überwindung des Historismus«, in: *Der Monat* 2 (1949), S. 96-98.

Schubert, Hans-Joachim, *Demokratische Identität. Der soziologische Pragmatismus von Charles Horton Cooley*, Frankfurt/M. 1995.

Schulze, Reinhard, *Der Koran und die Genealogie des Islam*, Basel 2015.

Schwaiger, Axel, *Christliche Geschichtsdeutung in der Moderne. Eine Untersuchung zum Geschichtsdenken von Juan Donoso Cortés, Ernst von Lasaulx und Vladimir Solov'ev in der Zusammenschau christlicher Historiographieentwicklung*, Berlin 2001.

Schwartz, Benjamin, »The Age of Transcendence«, in: *Daedalus* 104 (1975), S. 1-7.

–, *The World of Thought in Ancient China*, Cambridge, Mass., 1985.

Schwartz, Regina M., *The Curse of Cain. The Violent Legacy of Monotheism*, Chicago 1997.
Schwinn, Thomas, *Differenzierung ohne Gesellschaft. Umstellung eines soziologischen Konzepts*, Weilerswist 2001.
Scribner, Robert W., »The Reformation, Popular Magic, and the ›Disenchantment of the World‹«, in: *Journal of Interdisciplinary History* 23 (1993), S. 475-494.
–, *Religion und Kultur in Deutschland 1400-1800*, hg. von Lyndal Roper, Göttingen 2002.
Segal, Robert A., »Hume's ›Natural History of Religion‹ and the Beginning of the Social Scientific Study of Religion«, in: *Religion* 24 (1994), S. 225-234.
–, »Robertson Smith's Influence on Durkheim's Theory of Myth and Ritual«, in: Idinopulos/Wilson (Hg.), *Reappraising Durkheim for the Study and Teaching of Religion Today*, S. 59-72.
–, »William Robertson Smith vis-à-vis Émile Durkheim as Sociologist of Religion«, in: *Journal of Scottish Thought* 1 (2008), 2, S. 1-12.
Seibert, Christoph, *Religion im Denken von William James*, Tübingen 2009.
Seligman, Adam, »Rezension: Marcel Gauchet, *The Disenchantment of the World*«, in: *American Political Science Review* 92 (1998), S. 960-961.
–, »Reflexivity, Play, Ritual, and the Axial Age«, in: *Sociologica* 1 (2013), S. 1-15.
Sellmann, Matthias, *Religion und soziale Ordnung. Gesellschaftstheoretische Analysen*, Frankfurt/M. 2007.
Sharpe, Eric J., *Comparative Religion. A History*, Chicago ^{2}1986.
Siep, Ludwig, *Der Staat als irdischer Gott. Genese und Relevanz einer Hegelschen Idee*, Tübingen 2015.
Silber, Ilana F., »Deciphering Transcendence and the Open Code of Modernity: S. N. Eisenstadt's Comparative Hermeneutics of Civilizations«, in: *Journal of Classical Sociology* 11 (2011), S. 269-280.
Silver, Daniel, »Religion without Instrumentalization«, in: *Archives européennes de sociologie* 47 (2006), S. 421-434.
Simmel, Georg, *Lebensanschauung. Vier metaphysische Kapitel*, München, Leipzig 1918.
–, *Philosophische Kultur*, Potsdam 1923.
–, *Gesammelte Schriften zur Religionssoziologie*, hg. von Horst Jürgen Helle, Berlin 1989.
Sivin, Nathan, »Chinesische Wissenschaft. Ein Vergleich der Ansätze von Max Weber und Joseph Needham«, in: Wolfgang Schluchter

(Hg.), *Max Webers Studie über Konfuzianismus und Taoismus. Interpretation und Kritik*, Frankfurt/M. 1983, S. 342-362.
Sloane, William, »The Substance and Vision of History«, in: *American Historical Review* 17 (1912), S. 235-251.
Smith, Anthony D., »Ethnic Election and National Destiny: Some Religious Origins of Nationalist Ideals«, in: *Nations and Nationalism* 5 (1999), S. 331-355.
–, *Chosen Peoples*, Oxford 2003.
Smith, Christian (Hg.), *The Secular Revolution. Power, Interests, and Conflict in the Secularization of American Public Life*, Berkeley 2003, S. 1-96.
Smith, Jeremy C. A., »Grounds for Engagement: Dissonances and Overlaps at the Intersection of Contemporary Civilizations Analysis and Postcolonial Sociology«, in: *Current Sociology* 63 (2015), S. 566-585.
Smith, John E., *Royce's Social Infinite. The Community of Interpretation*, New York 1950.
–, »William James and Josiah Royce«, in: Ninian Smart, John Clayton, Steven Katz, Patrick Sherry (Hg.), *Nineteenth Century Religious Thought in the West*, Cambridge 1985, Bd. 2, S. 315-349.
Smith, Jonathan Z., »The Bare Facts of Ritual«, in: ders., *Imagining Religion: From Babylon to Jamestown*, Chicago 1982, S. 53-65.
Smith, William Robertson, *Die Religion der Semiten* (1889), Freiburg 1899.
Speer, Andreas, »Sacrificium intellectus«, in: *Archivio di filosofia* 76 (2008), S. 57-70.
Spencer, Baldwin/Gillen, F. J., *The Northern Tribes of Central Australia*, London 1904.
Sprondel, Walter M., »Entzauberung«, in: Joachim Ritter u. a. (Hg.), *Historisches Wörterbuch der Philosophie*, Bd. 2, Darmstadt 1972, Sp. 564f.
Stanner, W. E. H., »The Dreaming« (1956), in: Thomas G. Harding, Ben J. Wallace (Hg.), *Cultures of the Pacific. Selected Readings*, New York 1970, S. 304-315.
–, »Religion, Totemism and Symbolism«, in: Ronald M. Berndt, Catherine H. Berndt (Hg.), *Aboriginal Man in Australia. Essays in Honour of Emeritus Professor A. P. Elkin*, Sydney 1965, S. 207-237.
Stark, Werner, *Grundriß der Religionssoziologie*, Freiburg 1974.
–, *The Sociology of Religion. A Study of Christendom*, 5 Bde., New York 1966-1974.

Stausberg, Michael, »Bellah's ›Religion in Human Evolution‹. A Post-Review«, in: *Numen* 61 (2014), S. 281-299.

Stedman Jones, Sue, »From ›Varieties‹ to ›Elementary Forms‹. William James and Émile Durkheim on Religious Life«, in: *Journal of Classical Sociology* 3 (2003), 2, S. 99-121.

Steiner, Stephan, *Weimar in Amerika. Leo Strauss' Politische Philosophie*, Tübingen 2013.

Steinert, Heinz, *Max Webers unwiderlegbare Fehlkonstruktionen. Die protestantische Ethik und der Geist des Kapitalismus*, Frankfurt/M. 2010.

Stikkers, Kenneth W., »Royce and Gadamer on Interpretation as the Constitution of Community«, in: *The Journal of Speculative Philosophy* 15 (2001), S. 14-19.

Strauss, Leo, »Das Heilige« (1923), in: ders., *Philosophie und Gesetz. Frühe Schriften* (= *Gesammelte Schriften*, Bd. 2), hg. von Heinrich Meier, Stuttgart 1997, S. 307-310.

–, »Zur Auseinandersetzung mit der europäischen Wissenschaft« (1924), in: ders., *Philosophie und Gesetz. Frühe Schriften* (= *Gesammelte Schriften*, Bd. 2), hg. von Heinrich Meier, Stuttgart 1997, S. 341-349.

–, *Hobbes' politische Wissenschaft und zugehörige Schriften. Briefe* (= *Gesammelte Schriften*, Bd. 3), Stuttgart 2008.

Streminger, Gerhard, *David Hume. Der Philosoph und sein Zeitalter*, München 2011.

Strenski, Ivan, *The New Durkheim*, New Brunswick 2006.

Stroumsa, Guy G., *A New Science. The Discovery of Religion in the Age of Reason*, Cambridge, Mass., 2010.

–, »The Scholarly Discovery of Religion in Early Modern Times«, in: Jerry Bentley, Sanjay Subrahmanyam, Merry E. Wiesner-Hanks (Hg.), *The Cambridge World History*, Bd. VI, Teil 2: *The Construction of a Global World 1400-1800 CE*, Cambridge 2015, S. 313-333.

Stuart-Glennie, John Stuart, *In the Morningland: Or, The Law of the Origin and Transformation of Christianity*, Bd. I: *The New Philosophy of History*, London 1873.

Sumner, William Graham, »War« (1903), in: ders., *War and Other Essays*, hg. von Albert Galloway Keller, New Haven 1919, S. 3-40.

Swain, Tony, *A Place for Strangers: Towards a History of Australian Aboriginal Being*, Cambridge 1973.

Taves, Ann, *Fits, Trances, and Visions. Experiencing Religion and Explaining Experience from Wesley to James*, Princeton 1999.

Taylor, Charles, »Self-Interpreting Animals«, in: ders., *Philosophical Papers*, Bd. 1, Cambridge 1985, S. 45-76.
–, *Quellen des Selbst. Die Entstehung der neuzeitlichen Identität* (1989), Frankfurt/M. 1994.
–, *Varieties of Religion Today. William James Revisited*, Cambridge, Mass., 2002.
–, *Ein säkulares Zeitalter* (2007), Frankfurt/M. 2009.
–, »Recovering the Sacred«, in: *Inquiry* 54 (2011), S. 113-125.
–, »Disenchantment – Reenchantment«, in: ders., *Dilemmas and Connections. Selected Essays*, Cambridge, Mass., 2011, S. 287-302.
Tenbruck, Friedrich H., »Das Werk Max Webers«, in: *Kölner Zeitschrift für Soziologie und Sozialpsychologie* 27 (1975), S. 663-702.
Terrier, Jean, »›Auch in unserer Zeit werden Götter in den Massen geboren‹. Émile Durkheims Erklärungsansätze zur Entstehung gesellschaftlicher Ideale in der Moderne«, in: *Berliner Journal für Soziologie* 22 (2013), S. 497-516.
Thomas, Günter, *Implizite Religion. Theoriegeschichtliche und theoretische Untersuchungen zum Problem ihrer Identifikation*, Würzburg 2001.
Thomas, Keith, *Religion and the Decline of Magic*, New York 1971.
Thomassen, Björn, »Anthropology, Multiple Modernities and the Axial Age Debate«, in: *Anthropological Theory* 10 (2010), S. 321-342.
Thomsen, Anton, »Hume's ›Natural History of Religion‹«, in: *The Monist* 19 (1909), S. 264-288.
Tillich, Paul, *Der Mut zum Sein* (1952), Hamburg 1965.
–, *Wesen und Wandel des Glaubens*, Berlin 1961.
Tilly, Charles, *Big Structures, Large Processes, Huge Comparisons*, New York 1984.
Tiryakian, Edward A., »Durkheim's ›Elementary Forms‹ as ›Revelation‹«, in: Buford Rhea (Hg.), *The Future of the Sociological Classics*, Boston 1981, S. 114-135.
–, *For Durkheim. Essays in Historical and Cultural Sociology*, Farnham 2009.
–, »Book Review: Hans Joas, ›The Sacredness of the Person‹«, in: *Contemporary Sociology* 43 (2014), S. 187-190.
Tödt, Heinz Eduard, »Max Weber und Ernst Troeltsch in Heidelberg«, in: Wilhelm Doerr (Hg.), *Semper Apertus. Sechshundert Jahre Ruprecht-Karls-Universität Heidelberg 1386-1986. Festschrift in sechs Bänden*, Bd. 3, Berlin 1985, S. 215-258.
Tolstoi, Leo, »Die Vernichtung der Hölle und ihre Wiederherstellung«, in: ders., *Volkserzählungen und Legenden*, Berlin 1947, S. 392-416.

Tomasello, Michael, *Die kulturelle Entwicklung des menschlichen Denkens. Zur Evolution der Kognition*, Frankfurt/M. 2006.

Torpey, John, »The ›Axial Age‹ vs. Weber's Comparative Sociology of the World Religions«, in: Roland Robertson, John Simpson (Hg.), *The Art and Science of Sociology. Essays in Honor of Edward A. Tiryakian*, London 2016, S. 189-203.

Troeltsch, Ernst, *Kritische Gesamtausgabe* (KGA), Berlin 1998 ff.

–, »Die Selbständigkeit der Religion«, in: *Zeitschrift für Theologie und Kirche* 5 (1895), S. 361-436, und 6 (1896), S. 71-110 und S. 167-218, jetzt in: ders., *Schriften zur Theologie und Religionsphilosophie (1888-1902)* (= KGA, Bd. 1), Berlin 2009, S. 364-535.

–, »Auguste Sabatier: Esquisse d'une philosophie de la religion d'après la psychologie et l'histoire« (1987), in: *Deutsche Litteraturzeitung* 19 (1898), S. 737-742, jetzt in: ders., *Rezensionen und Kritiken (1894-1900)* (= KGA, Bd. 2), Berlin 2007, S. 328-333.

–, »Rezension: Reinhold Seeberg, Lehrbuch der Dogmengeschichte. 2. Hälfte (Erlangen/Leipzig 1898)«, in: *Göttingische gelehrte Anzeigen* 163 (1901), S. 15-30, jetzt in: ders., *Rezensionen und Kritiken (1901-1914)* (= KGA, Bd. 4), Berlin 2004, S. 89-111.

–, *Die Absolutheit des Christentums und die Religionsgeschichte (1902/1912)* (= KGA, Bd. 5), Berlin 1998.

–, »Was heißt ›Wesen des Christentums‹?« (1903), in: ders., *Gesammelte Schriften*, Bd. II, Tübingen 1922, S. 386-451.

–, »Religionswissenschaft und Theologie des 18. Jahrhunderts« (1903), in: ders., *Schriften zur Religionswissenschaft und Ethik (1903-1912)* (= KGA, Bd. 6.1), Berlin 2014, S. 69-95.

–, »Rezension: Julius Goldstein, Die empiristische Geschichtsauffassung David Humes mit Berücksichtigung moderner methodologischer und erkenntnistheoretischer Probleme. Eine philosophische Studie, Leipzig 1903«, in: *Historische Zeitschrift N. F.* 56 (1904), S. 477-482, jetzt in: ders., KGA, Bd. 4, S. 330-336.

–, »Psychologie und Erkenntnistheorie in der Religionswissenschaft« (1905), in: ders., KGA, Bd. 6.1, S. 215-256.

–, *Schriften zur Bedeutung des Protestantismus für die moderne Welt (1906-1913)* (= KGA, Bd. 8), Berlin 2001.

–, »Religionsphilosophie« (1907), in: ders., KGA, Bd. 6.1, S. 543-613.

–, »Erlösung: II. Dogmatisch«, in: *Die Religion in Geschichte und Gegenwart*, Tübingen 1910, Bd. 2, Sp. 481-488.

–, »Die Zukunftsmöglichkeiten des Christentums«, in: *Logos* 1 (1910/11), S. 165-185.

–, *Die Soziallehren der christlichen Kirchen und Gruppen* (1912), Tübingen 1991.
–, »Rezension: Peter A. Clasen, Der Salutismus (1915)«, in: *Historische Zeitschrift* 115 (1915), S. 327-330, jetzt in: ders., *Rezensionen und Kritiken (1915-1923)* (= KGA, Bd. 13), Berlin 2010, S. 84-87.
–, »Glaube und Ethos der hebräischen Propheten« (1916), in: ders., *Aufsätze zur Geistesgeschichte und Religionssoziologie. Gesammelte Schriften*, Bd. IV, Tübingen 1925, S. 34-65.
–, »Ein Apfel vom Baume Kierkegaards«, in: *Christliche Welt* 35 (1921), Sp. 186-189.
–, *Der Historismus und seine Probleme (1922)*, 2 Bde. (= KGA, Bd. 16.1 und 16.2), Berlin 2008.
–, *Aufsätze zur Geistesgeschichte und Religionssoziologie*, hg. von Hans Baron, Tübingen 1925.
–, »Der Deismus«, in: ders., *Aufsätze zur Geistesgeschichte und Religionssoziologie* (= *Gesammelte Schriften*, Bd. 4), Tübingen 1925, S. 429-487.
–, *Glaubenslehre*, München, Leipzig 1925, S. 326-364.
Turner, James, *Religion Enters the Academy. The Origins of the Scholarly Study of Religion in America*, Athens 2011.
Turner, Victor, *Das Ritual. Struktur und Anti-Struktur* (1969), Frankfurt/M. 1989.
Tuveson, Ernest Lee, *Redeemer Nation. The Idea of America's Millennial Role* (1968), Chicago 1980.
Tyrell, Hartmann, »›Das Religiöse‹ in Max Webers Religionssoziologie«, in: *Saeculum* 43 (1992), S. 172-230.
–, »Max Weber: Wertkollision und christliche Werte«, in: *Zeitschrift für Evangelische Ethik* 37 (1993), S. 121-138.
–, »Potenz und Depotenzierung der Religion – Religion und Rationalisierung bei Max Weber«, in: *Saeculum* 44 (1993), S. 300-347.

Vahland, Joachim, »Entzauberung. Max Weber und seine Interpreten«, in: *Kant-Studien* 90 (1999), S. 410-433.
–, *Max Webers entzauberte Welt*, Würzburg 2001.
Vaihinger, Hans, »Zur Einführung«, in: *Kant-Studien* 1 (1896), S. 1-8.
van der Veer, Peter, *The Modern Spirit of Asia. The Spiritual and the Secular in China and India*, Princeton 2014.
Voegelin, Eric, *Die politischen Religionen* (1938), München 1993.
–, *Ordnung und Geschichte* (1956-87), 10 Bde., München 2002.

Wagner, Peter, »Palomar's Question. The Axial Age Hypothesis, European Modernity and Historical Contingency«, in: Arnason u.a. (Hg.), *Axial Civilizations and World History*, S. 87-106.

Walsham, Alexandra, »The Reformation and ›The Disenchantment of the World‹ Reassessed«, in: *The Historical Journal* 51 (2008), 2, S. 497-528.

–, »Migrations of the Holy: Explaining Religious Change in Medieval and Early Modern Europe«, in: *Journal of Medieval and Early Modern Studies* 44 (2014), S. 241-280.

–, »Reformation Legacies«, in: Peter Marshall (Hg.), *The Oxford Illustrated History of the Reformation*, Oxford 2015, S. 227-268.

Warnke, Camilla, »Antike Religion und antike Gesellschaft. Wissenschaftshistorische Bemerkungen zu Fustel de Coulanges' ›La cité antique‹«, in: *Klio* 68 (1986), S. 287-304.

Waszek, Norbert, »Hume, Hegel, and History«, in: *Clio* 14 (1985), S. 379-392.

Watts Miller, William, »Secularization and the Sacred: Is There Really Something Called ›Secular Religion‹?«, in: Idinopulos/Wilson (Hg.), *Reappraising Durkheim for the Study and Teaching of Religion Today*, S. 27-44.

–, *A Durkheimian Quest. Solidarity and the Sacred*, New York 2012.

Weber, Alfred, *Kulturgeschichte als Kultursoziologie*, Leiden 1935.

–, *Ausgewählter Briefwechsel*, Marburg 2003.

Weber, M. Andreas, *David Hume und Edward Gibbon. Religionssoziologie in der Aufklärung*, Frankfurt/M. 1990.

Weber, Marianne, *Max Weber. Ein Lebensbild*, Tübingen 1923.

Weber, Max, *Max-Weber-Gesamtausgabe* (*MWGA*), Tübingen 1984ff.

–, »›Kirchen‹ und ›Sekten‹ in Nordamerika. Eine kirchen- und sozialpolitische Skizze«, in: *Die Christliche Welt* 20 (1906), Sp. 558-562 und Sp. 577-583.

–, *Briefe 1909-1910*, *MWGA*, Abt. II, Bd. 6, hg. von M. Rainer Lepsius und Wolfgang J. Mommsen, Tübingen 1994.

–, »Zwischenbetrachtung: Theorie der Stufen und Richtungen religiöser Weltablehnung«, in: ders., *Gesammelte Aufsätze zur Religionssoziologie*, Bd. 1, Tübingen 1920, S. 536-573.

–, *Gesammelte Aufsätze zur Religionssoziologie*, 3 Bde., Tübingen 1921.

–, *Wirtschaftsgeschichte. Abriß der universalen Sozial- und Wirtschaftsgeschichte* (1923), Berlin 1981.

–, »Die ›Objektivität‹ sozialwissenschaftlicher und sozialpolitischer Erkenntnis«, in: ders., *Gesammelte Aufsätze zur Wissenschaftslehre*, Tübingen 1973, S. 146-214.

–, »Über einige Kategorien der verstehenden Soziologie«, in: ders., *Gesammelte Aufsätze zur Wissenschaftslehre*, S. 427-474.
–, »Wissenschaft als Beruf«, in: ders., *Gesammelte Aufsätze zur Wissenschaftslehre*, S. 582-613.
–, *Religiöse Gemeinschaften*, *MWGA*, Abt. I, Bd. 22.2, hg. von Hans Gerhard Kippenberg, Tübingen 2001.
–, »Ethnische Gemeinschaften«, in: ders., *Wirtschaft und Gesellschaft*, Tübingen 2001, S. 168-190.
–, »Probleme der Staatssoziologie. Bericht der Neuen Freien Presse (Wien) vom 26.10.1917«, in: ders., *Herrschaft*, *MWGA*, Abt. I, Bd. 22.4, hg. von Edith Hanke, Tübingen 2005, S. 745-756.
–, *Allgemeine Staatslehre und Politik (Staatssoziologie)*, *MWGA*, Abt. III, Bd. 7, hg. von Gangolf Hübinger, Tübingen 2009.
Weiß, Johannes, »Max Weber: Die Entzauberung der Welt«, in: Josef Speck (Hg.), *Grundprobleme der großen Philosophen*, Bd. 4, Göttingen 1981, [2]1991, S. 9-47.
–, »Was steckt dahinter? (Rezension zu: Heinz Steinert, *Max Webers unwiderlegbare Fehlkonstruktionen*)«, in: *Archives européennes de sociologie* 52 (2011), S. 580-587.
Wellbery, David, »Die Imagination der Freiheit. Goethe als Zeitgenosse Hegels«, in: Axel Honneth, Gunnar Hindrichs (Hg.), *Freiheit. Stuttgarter Hegel-Kongress 2011*, Frankfurt/M. 2013, S. 31-54.
Weyel, Birgit, »Religion und Gefühl. Religionspsychologische Aspekte im Anschluß an William James«, in: *Arcadia. International Journal for Literary Studies* 44 (2009), S. 64-72.
White, Thomas Joseph, »Sociology as Theology. (Rezension zu: Robert N. Bellah, *Religion in Human Evolution*)«, in: *First Things* 234 (2013), S. 34-39.
Wichelhaus, Manfred, *Kirchengeschichtsschreibung und Soziologie im neunzehnten Jahrhundert und bei Ernst Troeltsch*, Heidelberg 1965.
Wilcox, Jeffrey A. / Tice, Terrence N. / Kelsey, Catherine L. (Hg.), *Schleiermacher's Influences on American Thought and Religious Life (1835-1920)*, 3 Bde., Eugene 2014.
Willaime, Jean-Paul, »À propos du ›désenchantement du monde‹ de Marcel Gauchet«, in: *Autres Temps. Les cahiers du christianisme social* 9 (1986), S. 68-75.
Willis, André C., *Toward a Humean True Religion. Genuine Theism, Moderate Hope, and Practical Morality*, University Park 2015.
Wilson, Brian C., »Altars and Chalkstones: The Anomalous Case of Puritan Sacred Space in Light of Durkheim's Theory of Ritual«, in: Idi-

nopulos/Wilson (Hg.), *Reappraising Durkheim for the Study and Teaching of Religion Today*, S. 163-182.
Winckelmann, Johannes, »Die Herkunft von Max Webers ›Entzauberungs‹-Konzeption. Zugleich ein Beitrag zu der Frage, wie gut wir das Werk Max Webers kennen können«, in: *Kölner Zeitschrift für Soziologie und Sozialpsychologie* 32 (1980), S. 12-49.
Wißmann, Hans, »James George Frazer (1854-1941)«, in: Axel Michaels (Hg.), *Klassiker der Religionswissenschaft. Von Friedrich Schleiermacher bis Mircea Eliade*, München 1997, S. 77-89.
Wittrock, Björn, »Cultural Crystallization and Civilization Change: Axiality and Modernity«, in: Eliezer Ben-Rafael, Yitzhak Sternberg (Hg.), *Comparing Modernities. Pluralism versus Homogenity. Essays in Homage to Shmuel N. Eisenstadt*, Leiden 2005, S. 83-123.
–, »The Axial Age in World History«, in: Craig Benjamin (Hg.), *The Cambridge World History*, Bd. IV: *A World With States, Empires, and Networks, 1200 BCE – 900 CE*, Cambridge 2015, S. 101-119.
Wobbermin, Georg, »Vorwort des Übersetzers«, in: William James, *Die religiöse Erfahrung in ihrer Mannigfaltigkeit*, Leipzig 1907, S. III-XVIII.
–, (Hg.), *Religionsphilosophie*, Berlin 1924.
Wolfe, Alan, *The Transformation of American Religion. How We Actually Live Our Faith*, New York 2003.
Wust, Peter, »Die Krisis des abendländischen Menschentums«, in: ders., *Weisheit und Heiligkeit. Vorträge und Aufsätze* (= *Gesammelte Werke*, Bd. VI), Münster 1966, S. 254-312.
Yandell, Keith, *Hume's »Inexplicable Mystery«. His Views on Religion*, Philadelphia 1990.
–, »Hume's ›Natural History of Religion‹«, in: Paul Russell (Hg.), *The Oxford Handbook of Hume*, Oxford 2016, S. 646-659.

Zachhuber, Johannes, »Transzendenz und Immanenz als Interpretationskategorien antiken Denkens im 19. und 20. Jahrhundert«, in: Izaak de Hulster, Nathan MacDonald (Hg.), *Divine Presence and Absence in Exilic and Post-Exilic Judaism*, Tübingen 2013, S. 23-54.
–, *Theology as Science in Nineteenth-Century Germany. From F.C. Baur to Ernst Troeltsch*, Oxford 2013.

Namenregister

Abbott, Andrew 356
Acton, John Emerich Edward Dalberg 317
Adams, George P. 90
Adorno, Theodor W. 213, 368
Ahlstrom, Sidney 68
Alexander, Jeffrey C. 155, 348, 364, 376
Amos (Prophet) 479
Anquetil-Duperron, Abraham Hyacinthe 308f.
Apel, Karl-Otto 85, 99, 313
Armstrong, Karen 336f., 350
Arnason, Johann 312, 343
Arnauld, Antoine 75
Ashoka 346
Assmann, Jan 37, 41f., 325, 345
Augustinus von Hippo 40, 128, 179, 251, 306
Auxier, Randall 94

Baader, Franz von 317
Balzac, Honoré de 211
Barnes, Michael Horace 313
Baron, Hans 170
Barth, Karl 17, 292
Barth, Ulrich 74
Basilius von Caesarea 40
Basso, Ellen 450
Baudelaire, Charles 392
Beauchamp, Tom L. 32, 46
Beck, Ulrich 235
Begemann, Christian 210, 212
Bekker, Balthasar 212
Bellah, Robert N. 9, 41f., 107f., 155, 162, 172, 190, 248, 256, 312, 314f., 328, 330, 337-339, 342f., 348f., 364, 391, 443, 450, 455, 457, 459, 461
Benedikt XVI. (Papst) *siehe* Ratzinger, Joseph
Bergson, Henri 64, 105
Berlin, Isaiah 51, 179
Berman, Morris 209
Berner, Ulrich 366
Bloch, Marc 469, 471
Boehm, Christopher 453
Bogusz, Tanja 134
Bonaventura 179
Bonhoeffer, Dietrich 210
Bossy, John 444
Bousset, Wilhelm 183, 288, 307f., 310
Brague, Rémi 211
Breuer, Stefan 244, 270, 462
Briggs, Robin 275
Brown, Peter 40
Brown, Steven 162
Brownson, Orestes 74
Brubaker, Rogers 376, 409
Bruce, Steven 361
Buber, Martin 213, 294, 330
Buckle, Henry Thomas 49
Buddha 43, 45, 310, 320, 340, 346
Bultmann, Christoph 53
Burckhardt, Jacob 316f.
Burke, Edmund, III. 329
Bushnell, Horace 74

Caillois, Roger 156
Calvin, Johannes 179, 254f., 275, 352, 408
Carroll, Anthony J. 380
Casanova, José 253
Cassirer, Ernst 52, 108, 137-139, 291, 313f., 438
Castoriadis, Cornelius 333, 437
Chadwick, Owen 275
Chamboredon, Jean-Claude 139f.
Clasen, Peter A. 193
Class, Gustav 71
Claussen, Johann Hinrich 270
Cohen, Hermann 294
Coleridge, Samuel Taylor 69
Collins, Randall 156, 161, 443
Comte, Auguste 144
Cooley, Charles Horton 428
Croce, Paul Jerome 69, 105
Cuchet, Guillaume 130

Darwin, Charles 69, 85, 425f.
David (König) 310
Dawkins, Richard 27
Deacon, Terrence 162
Deißmann, Adolf 183
Derman, Joshua 302
Descartes, René 79
Deuser, Hermann 85, 353
Dewey, John 50, 68, 70, 72f., 106, 221, 427
Diderot, Denis 48
Dilthey, Wilhelm 69-71, 75f., 179, 181f., 249, 435f., 438
Döblin, Alfred 262, 310
Döllinger, Ignaz von 320f.
Douglas, Mary 151
Durkheim, Émile 9, 13f., 19, 27, 39f., 64, 86, 112-115, 117-140, 143-145, 147-149, 151-161, 183f., 191, 202, 208, 210f., 239, 244-246, 248, 279, 284f., 330, 357-360, 364, 369-371, 373f., 394, 416, 423, 428, 432, 434f., 439, 444, 446, 448-450, 454, 458, 469, 481f.

Echnaton 249, 322, 345
Edwards, Jonathan 73, 89
Einstein, Albert 206
Eisenstadt, Shmuel 9, 172, 311, 328, 330f., 335, 340f., 345-349, 364, 443
Eliade, Mircea 248
Elias, Norbert 359
Eliot, George 71
Elkana, Yehuda 256, 312
Emerson, Ralph Waldo 73f., 89
Erikson, Erik H. 429
Erkens, Franz-Reiner 461f., 468, 470-473, 482
Eusebius von Caesarea 468
Ezechiel (Prophet) 310, 320

Fahey, Tony 269
Faure, Bernard 45
Feldhay, Rivka 258
Fénelon, François 75
Feuerbach, Ludwig 37, 71, 83f., 279f.
Firth, Raymond 456f.
Flitner, Elisabeth 409
Foucault, Michel 59
Fournier, Marcel 123, 147
Franke, Leo 305
Franziskus von Assisi 179
Frazer, James George 457f., 487
Frei, Hans 53
Freud, Sigmund 27, 37, 166
Freyer, Hans 321f.
Fries, Jakob Friedrich 75
Fustel de Coulanges, Numa Denis 13, 38f., 114, 137-147, 149-153, 183f., 469

Gauchet, Marcel 332-337, 341f.
Gavin, William Joseph 101f.

Gehlen, Arnold 50, 311
Gephart, Werner 210
Gfrörer, August Friedrich 308
Gibbon, Edward 35 f., 40, 48
Gillen, F. J. 115, 450
Gluck, Christoph Willibald 320
Gnauck-Kühne, Elisabeth 263
Goethe, Johann Wolfgang von 55, 320
Goffman, Erving 156
Gogarten, Friedrich 293 f.
Goldenweiser, Alexander 125
Goldstein, Julius 46
Görres, Joseph 316 f., 320, 480
Graeber, David 337
Graf, Friedrich Wilhelm 168, 281 f., 292, 294
Granet, Marcel 428
Gregor VII. (Papst) 179
Gregory, Brad 272
Greisch, Jean 333
Guttmann, Julius 267

Habermas, Jürgen 85, 99, 156, 158-162, 172, 249, 260, 302, 315, 368, 376, 410 f., 428, 430 f.
Haeckel, Ernst 281
Hall, G. Stanley 73
Hamann, Johann Georg 50-55, 75, 179, 320
Hammurabi 463
Hanke, Edith 214, 286, 289
Harnack, Adolf von 17, 98, 182, 294
Harrington, Austin 306
Hegel, Georg Wilhelm Friedrich 51, 71, 75, 77, 83 f., 89, 94, 105, 197, 258, 305-307, 333, 485
Heidegger, Martin 250, 304 f.
Heimpel, Hermann 17
Heinrich IV. (Kaiser) 471
Hellmich, Wolfgang 250
Helmholtz, Hermann von 69
Helvétius, Claude Adrien 48
Henrich, Dieter 302
Héran, François 144
Herbrechtsmeier, William 347
Herder, Johann Gottfried 14, 50, 52-59, 75 f., 107, 111, 179, 231, 258, 279, 420, 426
Herms, Eilert 87 f., 99
Hieronymus (Kirchenvater) 40
Hintze, Otto 171 f.
Hobbes, Thomas 39, 50, 292, 452, 472
Hodgson, Marshall 328-330, 336
Hoff, Ralf von den 145
d'Holbach, Paul Henri Thiry 48
Holenstein, Elmar 340
Holloway, R. Ross 145
Homer 345
Horkheimer, Max 213, 368
Huber, Wolfgang 10, 82
Hughes, H. Stuart 172 f.
Huizinga, Johan 428
Humboldt, Wilhelm von 179, 258
Hume, David 13 f., 29-42, 45-53, 55-59, 83, 107, 111, 146, 150, 237, 279, 284, 419 f.
Humphreys, S.C. 145

Inglehart, Ronald 319, 361

Jacks, L. P. 100
Jacobi, Friedrich Heinrich 50-52, 209 f.
Jaeschke, Walter 51
Jakob I. (König von England) 473
James, Alice 69
James, William 13 f., 22, 27, 39 f., 50, 62-70, 73-79, 81-93, 97 f., 100-109, 111, 113, 128, 136, 149, 153, 181 f., 202, 204, 231, 239, 249-251, 279, 284-286, 291, 323, 404, 425, 435
Jaspers, Karl 99, 262, 295 f., 298-

309, 315, 319-324, 326-330, 333-336, 339 f., 343, 345 f.
Jay, Martin 82-84
Jellinek, Georg 172, 304
Jerryson, Michael K. 44
Jesaja (Prophet) 267 f., 320, 345
Jesus von Nazareth / Jesus Christus 23, 98, 179 f., 182 f., 189, 242, 246 f., 268, 288, 300, 302, 306 f., 320 f., 465 f., 468
Jones, Robert Alun 121, 128, 140, 149, 153
Jung, Matthias 10, 221, 314, 420 f., 438

Kaesler, Dirk 233 f., 238, 364 f.
Kail, P. J. E. 58
Kant, Immanuel 50, 75-77, 178 f., 206, 231, 258, 289, 291, 320
Kany, Roland 307
Karl der Große 469
Kaufmann, Franz Xaver 199
Kautsky, Karl 177
Kippenberg, Hans G. 248
Kleist, Heinrich von 437
Knöbl, Wolfgang 10, 349, 362
Knuth, Micha 323
Kolakowski, Leszek 301 f.
Konfuzius 32, 310, 320, 340, 343
König, René 173
Konstantin (röm. Kaiser) 348, 467 f., 472
Korff, Hermann August 56
Koschorke, Albrecht 293
Koselleck, Reinhart 424
Koshul, Basit Bilal 250 f.
Krämer, Felicitas 63 f., 285
Krappmann, Lothar 430
Krech, Volkhard 210

Langer, Susanne K. 135
Laotse 308
Lasaulx, Catherine von 316
Lasaulx, Ernst von 308 f., 316-321
Lask, Emil 212
Lauster, Jörg 204
Lavater, Johann Caspar 75
Le Fort, Gertrud von 294
Lefort, Claude 331-333, 335
Lehmann, Hartmut 204, 209, 211 f., 276
Lemert, Charles 206
Leonhard, Jörn 476
LeQuire, Peter Brickey 324, 328
Lessing, Gotthold Ephraim 71
Leuba, James 66
Lévi, Sylvain 147
Levine, Donald N. 305
Lévi-Strauss, Claude 125
Loisy, Alfred 129
Löwith, Karl 205, 306
Ludwig I. (König von Bayern) 317
Ludwig XIV. (König von Frankreich) 473
Ludwig, Emil 211
Luhmann, Niklas 172, 364, 375 f., 409 f.
Lukács, Georg 212, 367 f.
Lukes, Steven 131, 149
Lukrez 39
Luther, Martin 179, 275

MacCulloch, Diarmaid 204
Macdonald, James 49
MacIntyre, Alasdair 60
Malherbe, Michel 46
Malinowski, Bronislaw 154 f.
Mandeville, Bernard 39
Mann, Michael 15 f., 443, 460, 465
Mannheim, Karl 171 f., 413
Manuel, Frank E. 51
Marcel, Gabriel 88
Marett, Robert Ranulph 38 f.
Markschies, Christoph 40
Marquard, Odo 41
Martin, David 9, 276, 349 f., 356

Marx, Karl 27, 280, 358, 426
Mathews, Matthew T. 98
Mauss, Marcel 126
McLennan, J.F. 149
Mead, George Herbert 70-73, 106, 158, 358, 427-429
Meinecke, Friedrich 52
Merleau-Ponty, Maurice 250
Metzler, Dietrich 309
Meyer, Eduard 144
Michelangelo Buonarroti 305
Mill, John Stuart 237
Molendijk, Arie L. 191f., 195
Momigliano, Arnaldo 311
Montesquieu, Charles de Secondat, Baron de 139, 145
Montez, Lola (Elizabeth Rosanna Gilbert) 317
Montmarquet, James A. 302
Moore, George Foot 309f.
Morris, Ian 336f.
Moses 320
Mosse, George L. 476
Moxter, Michael 82
Mozart, Wolfgang Amadeus 320
Müller, Friedrich Max 27
Mumford, Lewis 309, 326
Musset, Alfred de 211

Nagl, Ludwig 88
Nebukadnezar II. 464
Neville, Robert Cummings 344
Newman, Francis W. 285
Newman, John Henry 285
Ngũgĩ wa Thiong'o 487
Niebuhr, H. Richard 193
Nietzsche, Friedrich 37, 59, 99, 155, 248, 260, 268, 280, 333, 431f.
Nisbet, Robert A. 140
Norris, Pippa 319, 361

O'Brien, Conor Cruise 479
O'Connor, David 58
Oakley, Francis 461, 470, 472
Oppenheim, Frank 88, 93
Origenes 179
Osterhammel, Jürgen 309
Otto, Eckart 268, 270
Otto, Rudolf 64, 74, 109, 291, 310
Ozouf, Mona 444

Parker, Theodore 74
Parsons, Talcott 97, 129, 155, 172, 178, 191, 204, 208, 326-328, 330, 337, 348, 360, 362, 364, 442f.
Pascal, Blaise 75
Paulus von Tarsus 98, 179, 190, 242, 366
Peirce, Charles Sanders 69, 85-87, 93-98, 103, 107, 353, 425
Perrow, Charles 235
Petrus (Apostel) 366
Pettenkofer, Andreas 135
Pfleiderer, Otto 286
Pickering, W.S.F. 130
Pieper, Josef 351f.
Pius IX. (Papst) 199, 320
Platon 50
Pocock, John G.A. 42
Pohle, Joseph 307
Pollack, Detlef 361
Pollock, Sheldon 342
Pomeranz, Kenneth 271
Popitz, Heinrich 443
Potepa, Maciej 84
Prendergast, Christopher 140
Prodi, Paolo 477f.
Proudfoot, Wayne 73
Provan, Iain 339f., 350
Pythagoras 310

Radcliffe-Brown, Alfred 126
Radkau, Joachim 248
Rahner, Karl 302
Ranke, Leopold von 196f.
Rappaport, Roy A. 107f., 135, 155

Ratzinger, Joseph 8, 252
Reinach, Salomon 129f.
Reinhard, Wolfgang 272, 473
Renan, Ernest 138
Rhys Davids, Thomas William 308
Richardson, Robert D. 70, 73f.
Ricœur, Paul 301, 333, 485
Riesebrodt, Martin 308, 334
Riley, Alexander Tristan 147
Ripley, George 74
Ritschl, Albrecht 153
Rockefeller, Steven 73
Rohde, Erwin 248
Rosenzweig, Franz 212f., 292
Röth, Eduard 308
Royce, Josiah 14, 70f., 87-107, 111, 286, 353, 435
Rublack, Ulinka 275
Runciman, Walter G. 387

Saler, Michael 259
Savonarola, Girolamo 477
Scaff, Lawrence 205
Schäfer, Peter 42
Schaller, Christian 252
Scheler, Max 64, 109, 262
Schelling, Friedrich Wilhelm Joseph 138
Schieffer, Rudolf 471
Schiller, Friedrich 209
Schimank, Uwe 364, 373-375
Schlegel, August Wilhelm 209f.
Schlegel, Friedrich 480
Schleiermacher, Friedrich 14, 62, 67-77, 79-84, 153, 179, 258, 279, 291, 353
Schluchter, Wolfgang 205, 211, 215, 238, 240-242, 251, 289, 365, 367, 377, 409f.
Schmidt-Leukel, Perry 42f.
Schnabel, Franz 316
Schopenhauer, Arthur 99, 105, 280
Schottländer, Rudolf 304
Schulze, Reinhard 253
Schwaiger, Axel 316, 318-320
Schwartz, Benjamin 310-312, 344f.
Schwartz, Regina M. 41
Schwinn, Thomas 364, 375, 409f.
Scribner, Robert W. 272-275
Seeberg, Reinhold 175
Segal, Robert A. 30, 111, 148f., 152
Seibert, Christoph 101f.
Seligman, Adam 334
Siebeck, Hermann 308
Siebeck, Oskar 167
Silver, Daniel 328
Simmel, Georg 19, 210, 304f., 358, 364
Sloane, William 359
Smend, Rudolf 53
Smith, Adam 358
Smith, Anthony D. 475f., 478
Smith, Christian 21
Smith, John E. 88, 94, 100, 105
Smith, Jonathan Z. 163
Smith, William Robertson 38, 114, 137-139, 147-153, 183, 279
Sokrates 50, 313, 320
Solon 310
Spencer, Baldwin 115, 450
Spencer, Herbert 19, 49
Spengler, Oswald 318
Spinoza, Baruch de 39
Stanner, William E. H. 154, 449, 451f.
Stark, Werner 446f., 454, 462f., 468, 480
Steinert, Heinz 271
Strauß, David Friedrich 17, 71, 138
Strauss, Leo 109, 291f.
Strauss, Victor von 308
Stroumsa, Guy G. 26, 46
Stuart-Glennie, John Stuart 309
Sueton 463
Sumner, William Graham 474f.

Taves, Ann 64, 73
Taylor, Charles 9f., 22, 26, 103, 179, 185, 221, 232, 245f., 253f., 257f., 417, 435-437, 472
Tenbruck, Friedrich H. 222f., 237, 241, 243
Terrier, Jean 121
Theodosius I. (oström. Kaiser) 467
Thomä, Dieter 10
Thomas von Aquin 179, 184, 399
Thomas, Günter 132, 135f., 409f.
Thomas, Keith 259
Thomassen, Björn 328
Thomsen, Anton 35
Thoreau, Henry David 74
Thurnher, Eugen 316
Tillich, Paul 64, 107, 330, 338, 433
Tilly, Charles 361-363, 415
Tiryakian, Edward 127
Tolstoi, Leo 22f., 260
Tomasello, Michael 158
Tönnies, Ferdinand 262, 281
Torpey, John 348
Touraine, Alain 368
Troeltsch, Ernst 9, 15-18, 46, 55f., 64, 71, 75f., 82, 89, 97f., 106, 144, 153, 167-202, 239, 249, 270, 272, 276, 279f., 284, 286-288, 290f., 293f., 302, 304, 307, 321, 350, 380, 387, 399, 405, 421, 435, 441, 471, 485
Turner, James 26, 310
Turner, Victor 155, 450
Tyrell, Hartmann 247, 255, 409

Vahland, Joachim 261
Vaihinger, Hans 206
Vespasian (röm. Kaiser) 463
Voegelin, Eric 322-326, 328, 334f., 341
Vogt, W. Paul 121
Voltaire (François-Marie Arouet) 32, 48, 129

Wagner, Peter 335
Walsham, Alexandra 273, 275f.
Warburton, William 30
Weber, Alfred 193, 303, 307f., 310, 322
Weber, M. Andreas 30
Weber, Marianne 365
Weber, Max 8-12, 15-19, 22, 64, 144, 153, 167-169, 172f., 178f., 184, 187f., 191, 195f., 200-209, 211-257, 259-273, 275-277, 280-284, 286, 288f., 295, 299, 302f., 307, 310, 323, 329f., 332f., 347-349, 355-360, 364-367, 369-414, 416, 422, 441, 446, 458, 462, 472, 475, 478, 487f.
Weiß, Johannes 10, 205, 271, 277
Welby, Victoria 95
Wellbery, David 55
Wellhausen, Julius 153
Weyel, Birgit 67f.
White, Thomas Joseph 338
Wichelhaus, Manfred 199
Wiclif, John 179
Wieland, Christoph Martin 208
Willis, André C. 48
Wilson, Brian C. 274
Wittgenstein, Ludwig 64, 147, 350
Wittrock, Björn 311, 342f., 346
Wobbermin, Georg 76, 291
Wolfe, Alan 283
Wundt, Wilhelm 148
Wust, Peter 213f.

Yandell, Keith 58f.

Zarathustra 308, 320, 408

Sachregister

Achsenzeit 18, 188, 190, 245, 255f., 258, 288, 290f., 295-298, 300, 302-315, 319f., 322f., 326, 328, 330-354, 370, 381, 384-386, 392, 400, 412, 421, 428, 447, 465, 467, 478, 481f., 485-487
Anthropologie 13f., 21, 32, 38, 54f., 83, 107, 121, 125f., 128, 137, 151, 153, 155, 157, 159f., 162f., 240, 253f., 353, 357, 419, 421-425, 428f., 439f.
Artikulation/Ausdruck 40, 54f., 57, 59, 63, 65f., 79, 82, 86, 91, 97, 101f., 156, 159, 179, 186, 196, 231, 258, 265, 301, 303, 324, 404, 426, 434-438, 440f., 448, 479
Askese 185, 193, 227, 265, 347, 379-382, 390, 398f., 405
Atheismus 32, 48f., 83, 280f.
Aufklärung 32, 34, 36, 56f., 129, 137f., 207, 211, 213, 233, 252, 263, 275, 291, 313

Bewußtseinsphilosophie 81, 83
Brüderlichkeitsethik 238, 277, 289, 385f., 388-392, 394-397, 399-403, 405-407, 411
Buddhismus 42-45, 188, 191, 219, 262, 286, 289, 341, 343, 345f., 408

Calvinismus 199, 226, 274, 283, 352, 398, 408, 473
Charisma 179, 208, 243f., 267, 269, 382, 397f.
Christentum 14, 16, 18, 23, 25f., 31, 33-37, 40, 42, 44f., 48, 50, 52-58, 67, 76, 88, 98-100, 104, 121, 131, 135, 138, 142, 144, 147, 149, 152, 166f., 170-177, 179-195, 197-202, 204, 207, 213f., 224f., 237, 242, 244, 246f., 256-258, 262, 268, 273, 276, 279-281, 284, 286-288, 290, 292, 294f., 300, 306f., 310, 317-321, 324f., 331, 333, 335, 340, 348, 350-352, 363, 366f., 381, 387, 391, 393, 398f., 404f., 421, 425, 441, 444, 446, 467-471, 477f., 480
- katholisches 37, 79, 114, 129f., 147, 151, 181, 196, 199, 213, 222, 224-226, 252, 263, 272-274, 280, 307, 317-321, 324, 338, 351, 398f., 473
- lateinisches 35, 223, 241, 399, 404, 467-472, 477
- östliches/orthodoxes 35, 468, 470
- protestantisches 17, 35f., 64, 67, 114, 130, 151f., 167, 179, 181-183, 222, 226-228, 252, 268, 270, 273-275, 280, 282f., 289, 292, 294f., 300, 310, 324, 338, 360, 379, 428

siehe auch Einzelstichwörter

Daoismus 219, 228f., 262, 345, 376
Differenzierung, funktionale 19, 131, 230, 297, 327, 355, 361-364, 367-370, 372-376, 378, 383, 386-389, 401f., 406-410, 414-417, 445, 460, 470f.
Doktrinen, religiöse 21, 23, 33, 38-40, 43f., 55-57, 61, 65f., 77, 89, 92, 100, 113, 118, 131, 136f., 139f.,

142 f., 146 f., 149-151, 154, 159, 174-178, 181-186, 194, 201, 229, 251 f., 256, 274, 292, 300 f., 318, 330, 335, 346, 348, 352, 365, 381, 385, 399, 405-407, 420, 424, 441, 461, 467, 470

Ekstase 27, 39, 86, 119 f., 127, 133, 152, 154 f., 159, 244-246, 248, 264-266, 372, 386, 400, 402 f., 405, 413, 421, 432, 434
Entsakralisierung (Profanisierung) 16, 18 f., 202, 207, 213 f., 254 f., 259 f., 297 f., 391, 415, 445, 467, 469, 471 f., 474, 476 f., 481 f.
Enttranszendentalisierung (Immanentisierung) 207, 254 f., 259 f., 300, 315, 324 f., 439
Entzauberung 11 f., 15, 19 f., 22, 24, 168, 200, 203-215, 217-230, 232-234, 236-242, 246-248, 251, 253-257, 259-264, 270, 272, 275, 277, 282, 284, 332 f., 336, 353, 355, 360, 365, 368, 372 f., 376, 384, 406, 410, 415 f., 422 f., 445, 472, 487 f.
Erfahrung / religiöse Erfahrung 13-15, 21, 27, 38-40, 54 f., 57, 59, 61-68, 72-75, 77-79, 81-87, 89-91, 93, 98, 102 f., 106 f., 109, 111, 113 f., 116, 119-121, 127 f., 133 f., 137, 146, 152, 154-157, 159, 161, 163, 165 f., 180 f., 198, 219-222, 231 f., 240, 243-245, 247, 249-253, 263, 265 f., 290, 294, 301, 303, 323 f., 332, 351, 372 f., 382 f., 385, 396, 401, 403 f., 412 f., 421, 424 f., 427 f., 431-441, 448-450, 454
Erkenntnistheorie 50 f., 61, 75
Erlösungsreligion 18, 286-290, 297, 370, 383, 389-394, 396, 401, 403 f., 407, 411
Ethisierung 289, 344, 351, 370, 412, 434, 465
Ethnologie 13, 15, 18, 38, 107, 119, 124-126, 143, 151, 153-155, 166, 244, 357, 448, 456 f.

Freikirchen 193, 199
Funktionalismus 83, 122, 327 f., 335, 364, 370, 416 f., 424, 426

Gefühl / religiöses Gefühl 38, 40, 51 f., 66, 68, 70, 72-74, 78-84, 90, 119, 133, 141 f., 150, 152, 154, 232, 243, 246, 249, 260, 281 f., 332, 404, 433, 435, 453, 475, 478
Geschichtswissenschaft / Religionsgeschichtsschreibung 12-16, 18, 22, 25, 28-30, 37, 46 f., 49, 52, 57-59, 62, 76, 82 f., 85, 88, 108, 111, 126, 138, 152 f., 165-167, 175-178, 180-182, 196 f., 199-201, 204, 227, 240, 268, 279, 287, 289, 292, 295, 298, 304, 312, 316-320, 325 f., 328-330, 336, 356 f., 369, 416, 424, 466, 472, 485 f.
Gewalt / Krieg 35-37, 41-45, 156, 187, 237, 242, 293, 329, 331, 335, 350, 373, 393-398, 400 f., 407, 413, 433 f., 442, 458, 460, 464, 466 f.
Glaube / religiöser Glaube 12, 22-28, 31-33, 37 f., 47, 51 f., 56, 58 f., 61, 66, 73, 89 f., 105, 109, 118, 131, 136 f., 139, 143, 145-147, 186 f., 223, 228 f., 235 f., 238, 250-252, 256, 259, 263, 274 f., 277, 279, 289 f., 292 f., 300 f., 314, 318 f., 322, 324, 331-333, 387, 398, 406, 416, 420 f., 433, 463, 467 f., 478
Gnostizismus 288, 325

Handeln 52, 66, 78-81, 91, 112, 118, 120, 127, 132 f., 146, 155, 158-160, 163, 174, 178 f., 196, 215-217, 219, 222 f., 231 f., 237, 243-245, 248, 255, 264, 266, 350 f., 372, 374,

379 f., 389, 396, 400, 409, 413, 415, 424-429, 431, 435, 437, 441-443, 457
Handlungstheorie 82, 158-160, 179, 191, 196, 216, 364, 372, 375, 415, 425-429, 440
Heidentum 25 f., 38, 40 f., 190
Heilige, das 15, 18-20, 25, 37, 39, 113, 117 f., 127, 140, 145, 155 f., 159-162, 245 f., 253, 284, 289, 296, 349, 351, 353, 368, 412, 414 f., 434, 439 f., 444, 453, 459, 465, 477
Hermeneutik 55 f., 58, 68, 77, 82 f., 87 f., 96, 102, 249, 258, 419, 435 f., 438
Herrschaft, politische 49, 179, 198, 297, 337, 341, 343, 371, 442, 447, 463, 466, 471, 474
Hinduismus 43 f., 190 f., 219, 262, 283, 285 f., 288, 366, 376 f., 399, 408
Historismus 17, 52, 77, 83, 106, 169 f., 173 f., 176, 196, 293, 302-304, 425

Ideal / Idealbildung 14, 16, 44, 72, 81, 104, 113 f., 121-123, 127-129, 132, 149, 152 f., 157, 163, 170, 174, 179, 184-192, 194 f., 197-199, 202, 210, 212, 239, 250, 260 f., 267, 276, 304, 330, 344, 348 f., 370, 386 f., 396, 412, 415-417, 421 f., 424, 430 f., 434, 440 f., 443, 445, 448-451, 453
Idealismus 91, 139, 174, 178, 186, 191, 212, 291 f.
Immanenz 18, 26, 64, 156, 185, 200, 233, 253, 255, 257-259, 263, 284-286, 297 f., 310 f., 324, 327, 347, 351-353, 381, 389, 396, 399, 401, 404, 407, 412, 422, 465
Individualismus / Individualisierung 15, 61, 101, 103, 111, 113, 139, 187 f., 192 f., 200, 261, 432, 448 f.
Institution / Institutionalisierung 61, 65, 77, 92, 98 f., 102, 107, 112 f., 138-140, 143-145, 147, 159, 176, 180, 184, 190 f., 202, 263, 319, 325, 327, 330, 332 f., 345-349, 358, 371, 373, 407, 413, 415, 421, 432, 437, 439, 444 f., 455, 462, 469, 476 f., 481-483, 488
Intellektuelle / Intellektualismus 218-221, 223, 225 f., 233-235, 238, 240 f., 256 f., 263, 280, 282 f., 298, 319, 335, 365, 372, 378 f., 403-406, 408
Interpretation / Deutung 40, 57, 62 f., 82, 86 f., 96-101, 103, 152, 157, 249, 265, 372, 432 f., 435-437
Islam 25, 35 f., 42 f., 131, 138, 157, 262, 286-288, 328 f., 331, 352, 363, 381, 398, 484 f.

Jainismus 345
Judentum 18, 25, 40-42, 58, 121, 129, 131, 138, 148, 153, 180, 188, 207, 210, 223-226, 241, 246 f., 262, 264-270, 273, 283, 287 f., 290, 292, 295, 308, 317, 320, 324 f., 331, 335, 340, 343, 345, 352, 381, 460 f., 467, 478 f.

Kapitalismus 176, 195, 202, 222, 227-229, 261 f., 267, 271, 283, 365, 367, 371 f., 389 f., 393
Konfuzianismus 188, 219, 228 f., 262, 312, 344-346, 376
Kontemplation 79-81, 227, 284, 379-382, 425
Kontingenzerfahrung 34 f., 37, 39, 105

Luthertum 196, 222, 398

Macht / Machtbildung 11, 15, 18-20, 22 f., 122, 145, 187 f., 248, 261, 271,

284, 289, 296, 301, 342, 346-349, 351, 369, 393f., 397, 400, 405, 423, 440-447, 451-457, 459-463, 465-467, 469f., 472f., 477, 481-485, 487
Magie 118, 150, 208f., 215-226, 228-230, 233-235, 240, 243-249, 254f., 259, 264, 270, 273-275, 288, 351, 353, 372, 382, 384, 400f., 403, 405, 458, 485, 487
Magisierung/Entmagisierung 207f., 210, 218-226, 228-230, 233, 240f., 245, 247, 254f., 259, 263, 270, 272f., 275, 351, 353, 360, 412
Marxismus 122, 129, 177, 212, 443, 484
Materialismus 48, 50, 122, 138f., 143, 177f., 185, 232, 315, 337, 442
Menschenrechte/Menschenwürde 45, 130, 157, 169, 360, 370, 447, 480-483, 487f.
Metaphysik 56, 75, 77, 85f., 104, 230, 233, 284, 297, 352, 405, 464
Methodismus 61, 275
Moderne/modern 11, 13, 26, 30, 56, 85, 91, 114, 119f., 131, 140, 151f., 156, 159, 176, 178, 180, 195, 197, 200-207, 209, 213f., 216, 227-229, 231, 233, 241, 247, 256-258, 261-263, 267, 271, 282, 284, 290, 315, 324, 330-333, 335, 348f., 354f., 357f., 360f., 363, 367-371, 374f., 389, 395, 406, 410f., 415f., 430-432, 448, 460, 480
Modernisierung 19, 21, 262, 327, 355, 361f., 368-370, 373f., 408, 415
Monotheismus 33, 35-38, 40-42, 45, 237, 249, 335, 345, 352, 393, 467
Moral 19-21, 30, 36, 49, 56, 66f., 77, 80f., 92, 131, 142, 208f., 231f., 238f., 258f., 313, 329, 351, 385f., 389, 392, 395, 411, 413f., 432f., 452, 479, 486-488
Mystik 44, 61, 66, 91, 98, 102, 191f., 200, 215, 217, 238, 246, 251, 286, 335f., 343, 347, 379-382, 391f., 397, 399, 404f., 445
Mythos 22, 39, 41, 43f., 54, 79, 111, 137f., 150, 156, 209, 213, 233, 256, 296f., 313-315, 322, 334, 338, 345, 451, 458, 477

Naturalismus 15, 56, 68, 200, 232, 247-249, 286, 403, 419f.

Offenbarung 18, 31, 34, 54, 56f., 66, 89, 102, 155, 180, 290, 292f., 300, 306f., 320f., 421, 479

Partikularismus 43, 129, 142f., 287, 331, 392-395, 413, 478f., 486-488
Pfingstbewegung 157, 276
Philosophie/Religionsphilosophie 42, 46, 48, 50f., 63, 70, 73f., 76, 85f., 89, 93, 95f., 103f., 108, 136, 138, 142f., 157, 170, 206, 212f., 225, 231, 233, 237f., 250, 258, 282, 291, 296-303, 306, 308f., 312, 319-321, 325, 328, 330, 340f., 345f., 352, 357, 377, 411, 425, 438, 440, 447, 481
Pietismus 61, 275f.
Poesie 53-55, 111, 438
Polytheismus 33-38, 40f., 150, 183, 187f., 236f., 285
Positivismus 49, 57, 89
Prädestination 226, 274, 283, 408
Pragmatismus 13, 50, 63, 68-70, 75-77, 79, 81, 83-85, 87, 91, 95, 104, 106, 133, 135, 221, 231, 249f., 258, 425-429, 437f.
Profanität 120, 127, 155, 253, 255, 383, 412, 456
Prophet/Prophetie 42, 180, 207, 210, 223-225, 229, 233, 236, 238f., 241, 246, 253, 255, 260, 264-270,

273, 288, 298, 308, 310, 315, 320, 338, 340, 343, 345f., 370, 382, 384-386, 403, 465, 474, 479
Protestantismus, asketischer 222, 224f., 227, 229, 233, 241, 255, 267, 277, 408
Psychologie/Religionspsychologie 12-16, 18, 22, 25, 34, 39f., 47, 52, 59, 62-68, 72f., 75f., 78, 83, 85, 106-109, 111, 128, 136, 148, 152f., 165f., 180-182, 200f., 215f., 249, 251, 269, 279, 283, 285f., 289, 291f., 313, 405, 420, 426, 428, 430, 435, 468
Puritanismus 219, 224, 226, 228f., 254, 289, 329, 380f., 391f., 397, 399f.

Quäkertum 227, 329

Rationalisierung 19, 220, 233f., 238, 261, 355, 364f., 367-369, 372-376, 382-384, 386-389, 393, 395, 402f., 408, 410-412, 414f., 445
Rationalismus 50, 56, 58, 77, 91, 129, 227, 368
Rationalität 12, 22, 50, 52f., 56, 58, 109, 154, 159, 161, 178, 205f., 209, 215-217, 228-230, 235, 240, 243, 245f., 251, 256, 262-264, 268, 299-301, 303, 329, 336, 348, 365-368, 371f., 374-376, 378-380, 382-384, 388-391, 393-396, 399-401, 403f., 406-408, 410-415, 417, 427, 438, 445, 472, 475, 480
Reflexion/Reflexivität 18f., 56, 62, 82, 96, 109, 170, 186, 218, 237, 250, 252f., 256, 277, 296, 311f., 314, 335, 338, 344f., 349, 351, 353, 396, 408, 412, 414, 422, 427-429, 434, 436, 438, 440, 466, 487
Reformation 184, 195f., 199, 207, 224, 226, 241, 253, 256, 259, 263f., 270-275, 330, 367, 481
Religion
- ägyptische 58, 249, 322, 345
- antike 149f., 188, 236, 458
- griechische/römische 37f., 114, 137, 139-142, 151, 183, 285, 458
- »höhere« 126, 131, 153f., 210, 286, 290, 486
- »primitive« 18, 114, 126, 131, 139, 141, 150f., 153f., 160, 243, 285, 289, 311, 322, 332, 337, 448
- semitische 38, 114, 138f., 150f., 153, 183
Religion, Wissenschaft von der 12-16, 20-22, 25, 27f., 33, 37, 39, 46, 47, 55-59, 61f., 65, 67f., 76f., 82, 84-88, 94, 97, 106-109, 111, 113f., 123f., 128, 140, 147, 151f., 165-167, 180f., 184, 202, 220, 244, 276f., 284, 286, 289-292, 295, 308f., 339, 360, 396, 420, 423, 428
Religionsgeschichte 11, 15f., 19f., 22, 26, 28-35, 38, 45, 47, 52f., 55-59, 61, 111, 114, 125, 128f., 137f., 140f., 147f., 150f., 160, 171, 174, 176f., 179f., 183f., 187-189, 197, 202, 204, 207, 216-218, 223-226, 229, 240, 243, 247f., 255, 260, 263, 276, 284, 287f., 290, 295, 310f., 315, 318f., 321, 332-334, 336f., 351, 353, 355, 359, 366, 381-384, 400, 407, 411, 419-423, 441, 458, 465-467, 478, 486
Religionskritik 14f., 27-29, 31f., 36f., 45, 48, 50, 52f., 55-59, 61f., 65, 83, 124, 129f., 132, 138, 145, 181, 195, 242, 252, 279-282, 284, 291f., 419-421, 424, 439
Revitalisierung, religiöse 243, 254, 282, 319
Ritual/religiöse Praktiken 13-15, 36, 38f., 44, 61, 66, 79, 81, 113-118, 120-122, 125-133, 136-143, 145-147, 149-152, 154-163, 165, 182f., 188,

192, 245 f., 249, 267, 274, 338, 351, 353, 366, 383, 400, 402, 421, 427 f., 432, 448-451, 453, 455-459

sacrificium intellectus 12, 238, 251 f., 406
Sakralisierung 16, 19, 99, 129, 132, 187, 202, 208, 245, 254 f., 261, 274, 360, 370 f., 403, 413, 415, 422, 424 f., 432, 434 f., 441-446, 450 f., 453 f., 457, 459, 476-478, 482-485, 488
- der Person 152, 159, 370, 447, 481-484, 487
- des Herrschers 297, 370, 444, 446 f., 461-465, 467-474, 477 f., 482 f.
- des Volkes / der Nation 370, 444, 447, 465, 473-478, 480, 482, 484
Sakralität 18, 113 f., 116 f., 120-122, 127, 130, 134, 146, 154 f., 159, 161, 245, 248, 253, 255, 261, 263, 270, 296, 351-353, 370, 372, 382 f., 396 f., 412, 414, 422, 439 f., 444, 446-450, 453-456, 459, 461, 465-471, 477 f., 480-485, 487
Sakrament 192, 194, 198, 222 f., 225 f., 228, 240, 256, 273 f., 338, 366, 404, 433
Säkularisierung 11 f., 20-22, 25, 32 f., 99, 116, 121 f., 136, 157, 159 f., 200, 217, 243, 254 f., 257, 259 f., 262, 275, 280, 300, 318 f., 324 f., 331, 359-361, 365, 368 f., 411, 415 f., 439, 444 f., 480-482, 485
Säkularismus 26-28, 32 f., 56, 64, 109, 156 f., 166, 177, 180 f., 238, 245, 254, 257, 314 f., 370 f., 416
Säkularität 16, 18, 23 f., 66, 113, 117, 122, 132, 157, 171, 189, 238, 253 f., 293, 321, 325, 333, 352, 360, 370, 383, 411, 417, 421, 439, 456, 464, 480, 482, 485
Selbst 15, 77, 90, 95-97, 106, 116, 428-434, 440
Selbstbildung 72, 430
Selbstkontrolle 119, 429
Selbstsakralisierung, kollektive 19, 123, 129, 347, 423, 446 f., 453-455, 461 f., 464, 466 f., 473 f., 476, 478 f., 483, 485, 487
Selbststeigerung 119 f., 432
Selbsttransformation 67, 116, 123, 285, 440
Selbsttranszendenz 54 f., 61, 66, 81, 86 f., 116, 119 f., 127, 134, 137, 154, 156, 161, 163, 253, 301, 303, 372 f., 382, 413, 421, 431-435, 438-440, 449 f.
Selbstverlust 119 f., 434
Semiotik 14 f., 63, 85-87, 94-96, 103, 106 f., 132-135, 249, 353, 435, 437 f.
Sinn 66 f., 215, 218-222, 232, 240, 247-250, 253, 260 f., 263, 265, 283, 372, 396, 399, 407, 433, 440 f.
Sozialwissenschaften 30, 96, 136, 157, 171, 177 f., 290, 295-297, 311, 321, 326, 328, 336, 347, 355 f., 359, 361, 408, 416, 424, 426, 429, 466, 485 f.
Soziologie, allgemein 16, 22 f., 25, 49, 112, 119 f., 126, 130, 132, 136, 139, 145, 155, 167, 171-173, 176 f., 182 f., 185 f., 192, 194, 199 f., 215, 220 f., 230, 235 f., 256, 271, 298, 304, 309, 311, 316, 326-328, 330, 337, 339 f., 355-361, 369 f., 373, 375, 378 f., 381, 415 f., 442 f., 462, 468, 474
- Religionssoziologie 13-16, 18, 83, 98, 107, 112, 114, 124, 129-132, 136-138, 145, 147 f., 151 f., 165 f., 168, 170-175, 179 f., 182-184, 193, 198-201, 203 f., 207, 217, 222, 269, 279, 284, 288 f., 301, 337, 348 f., 359, 367, 376, 389, 420, 435, 441, 446

Staat/Staatsbildung 16, 32, 36, 38, 41, 44, 112, 142, 150, 187f., 194-196, 198f., 261, 263, 266, 287, 295, 322-324, 327, 329, 334-336, 341-344, 346, 362, 371, 393-396, 398, 407, 413, 423, 442, 447-449, 452f., 455-457, 459-467, 471, 473, 475-479, 482-484
Stoa 187f., 199
Symbol/Symbolisierung 54-56, 59, 107, 111, 129, 132-135, 160f., 181f., 187f., 247-249, 313f., 324, 327, 338, 349, 353, 404, 431, 438, 440f., 475

Taoismus *siehe* Daoismus
Teleologie 52, 103-106, 192, 300, 485f.
Theologie 13f., 16f., 21, 28-30, 40, 53-57, 61f., 64-68, 73-76, 83, 98, 100, 107-109, 151f., 166f., 173-177, 179f., 182f., 186, 195, 200f., 225, 268, 286, 288, 290, 292-295, 307, 310, 317, 319, 330, 333, 338, 344, 365, 410, 420, 468
Toleranz 36f., 41f., 45, 331, 486
Totemismus 40, 114-116, 124f., 127, 129, 133-135, 138f., 149, 151, 154, 183, 284, 432, 458
Transzendentalisierung 254f., 263
Transzendentalismus 73f., 285
Transzendenz 18f., 26, 64, 70, 84, 99, 109, 185, 253f., 257-259, 285-287, 289f., 292f., 295-298, 301, 303, 305, 310-312, 314f., 324f., 327, 331, 338, 344, 347, 349, 351-354, 371, 379-381, 393, 401, 404, 407, 412, 422f., 439, 446f., 465f., 478

Universalismus, (moralischer) 43, 56, 99, 104, 131f., 142f., 187-189, 191, 194, 199, 208, 259, 267f., 287, 299f., 302f., 313-315, 324-326, 331, 335, 338, 346, 349, 352, 371, 384, 386-389, 391-398, 400-402, 405f., 411-414, 417, 423, 432, 466f., 471, 478-483, 486-488

Verzauberung 11, 204, 208, 251, 253, 259, 275, 445

Wahrheit/Geltung 18, 25, 34, 41f., 44, 52, 57-60, 63, 91f., 101f., 107f., 159, 181, 189, 194, 209, 216, 253, 285, 287, 289f., 292, 297, 303f., 313, 318, 331f., 424, 434
Werte 21, 81, 156-159, 170f., 185, 189, 202, 210, 221, 236-238, 249, 251-253, 261, 281, 301-304, 326, 352, 374f., 377, 386, 400, 407, 413, 416, 421, 427, 433, 435, 437, 442, 476, 481, 486
Wertsphäre 230, 355, 372, 374f., 378, 383f., 386-390, 395-397, 399-401, 403-406, 408f., 411-414, 416f.
Wiederverzauberung 11, 204, 242, 336, 445
Wissenschaft/Wissenschaftlichkeit 11-13, 15f., 18, 21, 23, 31, 37, 39, 46f., 49, 52, 54, 56, 59, 62f., 65, 85f., 108f., 124f., 139, 152, 165, 180, 195, 206, 209f., 213, 215-217, 221, 223, 225f., 229-231, 233-236, 241, 243, 247, 256-260, 276f., 279, 289-293, 300, 312, 318, 347, 352, 368, 388, 406f., 411, 416, 420, 423, 426, 435, 444f.

Zeichen 59, 86, 94-97, 100, 106f., 111, 132-134, 146, 165, 249f., 313, 353, 438
Zoroastrismus 282f.